Wallensteinbilder im Widerstreit

Eine historische Symbolfigur in Geschichtsschreibung und Literatur vom 17. bis zum 20. Jahrhundert

Herausgegeben von
Joachim Bahlcke und Christoph Kampmann

2011
BÖHLAU VERLAG KÖLN WEIMAR WIEN

Gedruckt mit Unterstützung
der Deutschen Forschungsgemeinschaft

Bibliografische Information der Deutschen Nationalbibliothek:
Die Deutsche Nationalbibliothek verzeichnet diese Publikation in der
Deutschen Nationalbibliografie; detaillierte bibliografische Daten
sind im Internet über http://dnb.d-nb.de abrufbar.

Umschlagabbildung:
Fresko von Bernhard Neher dem Jüngeren mit der Darstellung
Albrecht von Wallensteins im Schillerzimmer des Weimarer Residenzschlosses.
Bildvorlage: Klassik Stiftung Weimar, Herzogin Anna Amalia Bibliothek

Ursulaplatz 1, D-50668 Köln, www.boehlau-verlag.com

Gesamtherstellung: WBD Wissenschaftlicher Bücherdienst, Köln
Gedruckt auf chlor- und säurefreiem Papier

ISBN 978-3-412-20609-3

Inhalt

Wallensteinbilder

Einleitende Bemerkungen zu Problemstellung, Leitfragen und Konzeption des vorliegenden Bandes

I.

„Im Schlosse zu Weimar läßt die Großherzogin zum Andenken an die Männer der ‚goldenen' Literaturperiode mehrere Zimmer in Fresco malen, ein Schiller-Zimmer, ein anderes mit Bildern aus Wieland's Dichtungen, ein drittes auf Herder bezüglich, einen größern Saal mit Darstellungen aus Goethe's Poesien", informierte die in Leipzig erscheinende „Zeitung für die elegante Welt" ihre Leser am 10. Mai 1838 über die Pläne der Großherzogin von Sachsen-Weimar-Eisenach, Maria Pawlowna, einige Räume in dem von ihr bewohnten Flügel des Schlosses neu ausschmücken zu lassen. „Die ganze interessante Kunstarbeit ist erst im Werke, nur im Schiller-Zimmer sind bereits einige Wände der Vollendung näher gebracht; eine Scene aus Fiesco, die letzte, wo Verrina den Herzog am Mantel ergreift, aus Carlos, ebenfalls die letzte, wo der Prinz in der Mönchsverhüllung von der Königin Abschied nimmt, aus Wallenstein die Scene, wo Friedland die Geliebten trennt; diese drei sind zum Theil ganz fertig."[1]

Die 1836 von Bernhard Neher d. J. begonnene und vier Jahre später vollendete Innendekoration des Schillerzimmers, von der ein Fresko mit der Darstellung Albrecht von Wallensteins als Umschlagabbildung für das vorliegende Sammelwerk ausgewählt worden ist, gilt zusammen mit seinen anderen kunst- und geistesgeschichtlich bedeutenden Fresken in den Dichterzimmern des Residenzschlosses als Hauptwerk des schwäbischen Malers und langjährigen Direktors der Stuttgarter Kunstschule.[2] Für den Entwurf und die „Auszierung" des Dichterzimmers war Neher vom künstlerischen Koordinator Ludwig Schorn nach Weimar geholt worden, einem

1 Fresco-Malereien in Weimar. In: Zeitung für die elegante Welt v. 10. Mai 1838, 364.

2 Zu Werk und Bedeutung von Neher vgl. Maier, Thomas/Müllerschön, Bernd: Die Schwäbische Malerei um 1900. Stuttgart 2000, 51–54; Hecht, Christian: Neher, Karl Joseph Bernhard (d. J.), v. In: Neue Deutsche Biographie 19 (1999) 36f.; Gauss, Ulrike/Löcher, Kurt (Hg.): Karl Joseph Bernhard von Neher 1806–1886. Aquarelle und Zeichnungen. Biberach an der Riß 1971, 33–46; Brinzinger, Adolf: Historienmaler Bernhard von Neher. In: Die christliche Kunst. Monatschrift für alle Gebiete der christlichen Kunst und der Kunstwissenschaft sowie für das gesamte Kunstleben 16 (1919/20) 100–111.

der bedeutendsten Kunstkritiker seiner Zeit, der die Öffentlichkeit über die Entstehung der Wandbilder in dem von ihm herausgegebenen „Kunst-Blatt" laufend informierte. Wie aus dem mit Neher geschlossenen „Vertrag über die Malereyen in dem zu Schillers Andenken bestimmten Zimmer nächst der Bibliothek Ihrer Kaiserlichen Hoheit der Frau Großherzogin" hervorgeht, waren sieben Szenen aus den dramatischen Hauptwerken Schillers für die großformatigen Bildfelder vorgesehen, darunter „eine Scene aus Wallenstein". Neher entschied sich für den 23. Auftritt im dritten Akt von „Wallensteins Tod", dem dritten und letzten Teil von Schillers Dramentrilogie, der am 20. April 1799 am Weimarer Hoftheater uraufgeführt worden war. Dargestellt ist der hochdramatische Moment, als Wallenstein im Gemach seiner Frau, der Herzogin von Friedland, energisch zwischen seine Tochter Thekla und ihren Geliebten Max Piccolomini tritt, in deren Beziehung er eine Gefahr für seine politischen Pläne sieht, und sein kompromißloses „Scheidet!" spricht.[3]

Gesichtszüge und Gestus Wallensteins folgen dem berühmten, in der ersten Hälfte des 17. Jahrhunderts von Anthonis van Dyck geschaffenen Porträt des Feldherrn, das später in zahlreichen Formen und Medien verbreitet und popularisiert worden ist. Nehers Ideal als Historienmaler entsprach der Anspruch auf historische Genauigkeit und Zuverlässigkeit. Deutlich wird dieses Streben, „die Vergangenheit so *authentisch* wie möglich abzubilden und zugleich erfahrbar zu machen",[4] beispielsweise in den Details der Kleidung und der Accessoires, bei der Kette des dem kaiserlichen Generalissimus 1628 verliehenen Ordens vom Goldenen Vlies oder dem alten, blau-goldenen Waldsteinschen Familienwappen mit dem doppelschweifigen Löwen. In der psychologischen Charakterisierung der Hauptfigur ist es ist vor allem der charismatische, letztlich aber unheimliche und furchterregende Machtmensch Wallenstein, der von den frühesten Lebensbeschreibungen bis zur jüngsten Biographie des Feldherrn die Phantasie von Künstlern, Dichtern, Malern und Historikern bewegt hat.[5]

---

3 Hecht, Christian: Dichtergedächtnis und fürstliche Repräsentation. Der Westflügel des Weimarer Residenzschlosses – Architektur und Ausstattung. Ostfildern-Ruit 2000, 53–64; ders.: „Mich hält kein Band, mich fesselt keine Schranke". Das Schillerzimmer im Weimarer Schloß. Marbach am Neckar 1996; Fahrner, Klaus: Der Bilddiskurs zu Friedrich Schiller. Stuttgart 2000 (Veröffentlichungen des Archivs der Stadt Stuttgart 82), 530–536; Hanfstängl, Fr[anz]/Lübke, Wilhelm: B. Neher's Fresken im Schiller- und Goethe-Zimmer des Grossherzoglichen Residenz-Schlosses zu Weimar. Stuttgart [um 1875].

4 Muhr, Stefanie: Der Effekt des Realen. Die historische Genremalerei des 19. Jahrhunderts. Köln/Weimar/Wien 2006 (Europäische Geschichtsdarstellungen 11), 12.

5 Vgl. zuletzt Rebitsch, Robert: Wallenstein. Biografie eines Machtmenschen. Wien/Köln/Weimar 2010. Auch hier wurde als Umschlagabbildung – dies unterstreicht die Wirk-

II.

Im Mittelpunkt dieses Sammelbandes stehen die Charakterisierung und das sich wandelnde Verständnis des kaiserlichen Generalissimus Albrecht von Wallenstein, einer der prominentesten Persönlichkeiten des Dreißigjährigen Krieges, ja wahrscheinlich der frühneuzeitlichen europäischen Geschichte überhaupt. Aus verschiedenen Blickwinkeln wird der Versuch unternommen, die einzelnen Darstellungen Wallensteins in Geschichtsschreibung und Literatur zwischen dem 17. und dem ausgehenden 20. Jahrhundert – die hier als „Wallensteinbilder" bezeichnet werden – umfassend in den Blick zu nehmen. Leitend ist dabei ein diachroner, interdisziplinärer und vergleichender Ansatz: Der Band konzentriert sich bei der Betrachtung dieser Wallensteinbilder absichtlich nicht auf einen zeitlichen Ausschnitt oder eine konkrete Gattung, sondern versucht vielmehr, die einzelnen Bilder in ihrer zeitlichen Breite und Vielfalt in den Blick zu nehmen.[6]

Fragen der Historiographiegeschichte haben seit geraumer Zeit Hochkonjunktur. Dies gilt auch für die Epoche der deutschen und europäischen Neuzeit. Neben den klassischen Themen wie Geschichtsschreibung und Geschichtsverständnis sowie der Beschäftigung mit einzelnen Geschichtsschreibern[7] sind dabei neue Fragestellungen und Gegenstandsbereiche in das

mächtigkeit einer einzigen bildlichen Darstellung – ein auf den Kupferstich van Dycks zurückgehendes Ölgemälde Julius Schnorr von Carolsfelds, eines der bekanntesten Maler der sogenannten Nazarenischen Kunst, gewählt.

6 Entsprechende Studien zu einzelnen Zeitabschnitten der Wallensteinrezeption, die Vorarbeiten für eine noch ausstehende Gesamtsicht liefern, liegen vor. Vgl. für die Diskussion unmittelbar nach Wallensteins Tod Medick, Hans: Wallensteins Tod. Auf den medialen Schlachtfeldern des Dreißigjährigen Kriegs. In: Daphnis 27 (2008) 111–130; Ernstberger, Anton: Für und wider Wallenstein. Stimmen und Stimmungen in Franken und der Oberpfalz zum Tode des Generalissimus. In: Rudolph, Hans Ulrich (Hg.): Der Dreißigjährige Krieg. Perspektiven und Strukturen. Darmstadt 1977, 68–88; Gottwald, Helga: Der Tod Wallensteins in der zeitgenössischen Berichterstattung. Wien 1958. Auch zum Wallensteinbild des 19. Jahrhunderts liegen einschlägige Fachstudien vor. Vgl. Davies, Steffan: The Wallenstein Figure in German Literature and Historiography 1790–1920. Leeds 2010 (Texts and dissertations 76; Bithell series of dissertations 36); Mannigel, Holger: Wallenstein in Weimar, Wien und Berlin. Das Urteil über Albrecht von Wallenstein in der deutschen Historiographie von Friedrich von Schiller bis Leopold von Ranke. Husum 2003 (Historische Studien 474); Hensel, Cécile: Die Wandlung des Wallensteinbildes in der deutschen Fachliteratur. Einführung in die Geschichte der Wallensteinforschung. Phil. Diss. Erlangen 1949.

7 Die neuere Forschungsliteratur zu diesen klassischen Themen ist inzwischen unübersehbar. Vgl. als neuere Forschungsüberblicke Maurer, Michael: Neuzeitliche Geschichtsschreibung. In: ders. (Hg.): Aufriß der Historischen Wissenschaften, Bd. 5. Stuttgart 2003, 281–

Blickfeld des Interesses gerückt. Im Fall der Frühneuzeitforschung sind dies etwa Aspekte der Hofhistoriographie,[8] der Memorialkultur[9] sowie das weite Feld der Mythenforschung, das derzeit besondere Aufmerksamkeit findet.[10] Innerhalb der Geschichtsschreibung des 19. und 20. Jahrhunderts wären vor allem die zahlreichen Einzeluntersuchungen zur personellen und organisatorischen Entwicklung der Geschichtswissenschaft,[11] ihrer Rolle im Nationalsozialismus[12] und der Formierung der Geschichtswissenschaften nach 1945[13]

499; Völkel, Markus: Geschichtsschreibung. Eine Einführung in globaler Perspektive. Köln/Weimar/Wien 2006, 195–249.

8 Grell, Chantal/Paravicini, Werner/Voss, Jürgen (Hg.): Les princes et l'histoire du XIVe au XVIIIe siècle. Bonn 1998 (Pariser historische Studien 47); Strohmeyer, Arno/Völkel, Markus (Hg.): Historiographie an europäischen Höfen (16.–18. Jahrhundert). Studien zum Hof als Produktionsort von Geschichtsschreibung und historischer Präsentation. Berlin 2009 (Zeitschrift für Historische Forschung. Beiheft 43).

9 Papenheim, Martin: Erinnerung und Unsterblichkeit. Semantische Studien zum Totenkult in Frankreich (1715–1794). Stuttgart 1992 (Sprache und Geschichte 18); Hengerer, Mark (Hg.): Macht und Memoria. Begräbniskultur europäischer Oberschichten in der Frühen Neuzeit. Köln/Weimar/Wien 2005; Liebsch, Burkhard/Rüsen, Jörn (Hg.): Trauer und Geschichte. Köln/Weimar/Wien 2001 (Beiträge zur Geschichtskultur 22); Behrmann, Carolin/Karsten, Arne/Zitzelsberger, Philipp (Hg.): Grab – Kult – Memoria. Studien zur politischen Funktion von Erinnerung. Köln/Weimar/Wien 2007.

10 Hirschi, Caspar von: Wettkampf der Nationen. Konstruktionen einer deutschen Ehrgemeinschaft an der Wende vom Mittelalter zur Neuzeit. Göttingen 2005; Doran, Susan / Freeman, Thomas S. (Hg.): The Myth of Elizabeth. Basinstoke u. a. 2003.

11 Neuere Literatur zu diesen Themenbereichen bei Muhlack, Ulrich: Geschichte und Theorie der Geschichtswissenschaft. In: Geschichte in Wissenschaft und Unterricht 49 (1998) 119–136, 187–199, 246–259, 360–369; Veit-Brause, Irmline: Eine Disziplin rekonstruiert ihre Geschichte: Geschichte der Geschichtswissenschaft in den 90er Jahren. In: Neue politische Literatur 43 (1998) 36–66; Hardtwig, Wolfgang: Die Verwissenschaftlichung der Geschichtsschreibung zwischen Aufklärung und Historismus. In: ders.: Geschichtskultur und Wissenschaft. München 1990, 58–91; Jaeger, Friedrich/Rüsen, Jörn (Hg.): Geschichte des Historismus. Eine Einführung. München 1992; Lingelbach, Gabriele: Klio macht Karriere. Die Institutionalisierung der Geschichtswissenschaft in Frankreich und in den USA in der zweiten Hälfte des 19. Jahrhunderts. Göttingen 2002 (Veröffentlichungen des Max-Planck-Instituts für Geschichte 181).

12 Neuere Überblicksdarstellungen bieten Schönwalder, Karen: Historiker und Politik. Geschichte im Nationalsozialismus. Frankfurt am Main u. a. 1992 (Historische Studien 9); Schulze, Winfried/Oexle, Otto Gerhard (Hg.): Deutsche Historiker im Nationalsozialismus. Frankfurt am Main 1999; Raphael, Lutz: Geschichtswissenschaft im Zeitalter der Extreme. Theorien, Methoden und Tendenzen von 1900 bis zur Gegenwart. München 2003.

13 Duchhardt, Heinz/May, Gerhard (Hg.): Geschichtswissenschaft um 1950. Mainz 2002 (Veröffentlichungen des Instituts für Europäische Geschichte Mainz. Beiheft 56); Conrad, Sebastian: Auf der Suche nach der verlorenen Nation. Geschichtsschreibung in West-

zu nennen. Als fruchtbar erwiesen sich darüber hinaus Studien zu methodischen Fragen, zum Beispiel bio-bibliographische Betrachtungen zu einzelnen führenden Vertretern des Faches[14] oder zum Verhältnis von literarischer und geschichtswissenschaftlicher Konstruktion.[15]

Einen anderen Weg, um Einblick in den Wandel von Geschichtsbildern und Geschichtsauffassungen zu erhalten, gingen Studien, die einen konkret gegenstandsbezogenen Zugang wählten. Sie rückten ein spezielles historisches Thema in den Mittelpunkt der Betrachtung, das im epochenübergreifenden komparatistischen Zugriff analysiert wurde, um die Veränderung der Deutungsmuster, der methodischen Ansätze sowie der Bewertungsmaßstäbe diachron, in einer Langzeitperspektive, herauszuarbeiten. Eine solche Vorgehensweise ist bei Themen der neuzeitlichen Geschichte bislang relativ selten erprobt worden. Dies ist bemerkenswert, denn wie fruchtbar solche konkret gegenstandsbezogenen Untersuchungen sind, haben andere Teildisziplinen der Geschichtswissenschaft bereits recht eindrücklich unter Beweis gestellt. Eine Pionierfunktion hatten hierbei die Studien des Althistorikers Karl Christ sowie weitere Arbeiten aus dessen Schule,[16] die an ausgewählten Sachthemen oder historischen Persönlichkeiten den Wandel von Geschichtsauffassungen nachzeichneten.[17] Daß ein solcher Ansatz mit Erfolg auch auf frühneuzeit-

deutschland und Japan 1945–1960. Göttingen 1999 (Kritische Studien zur Geschichtswissenschaft 134); Schulze, Winfried: Deutsche Geschichtswissenschaft nach 1945. München 1989 (Historische Zeitschrift. Beiheft N. F. 10); Raphael, Lutz: Die Erben von Bloch und Fevre. Annales-Geschichtsschreibung und nouvelle histoire in Frankreich 1945–1980. Stuttgart 1994.

14 Vgl. exemplarisch Mühle, Eduard: Für Volk und deutschen Osten. Der Historiker Hermann Aubin und die Deutsche Ostforschung. Düsseldorf 2005 (Schriften des Bundesarchivs 65); Dunkhase, Jan Eike: Werner Conze. Ein deutscher Historiker im 20. Jahrhundert. Göttingen 2010 (Kritische Studien zur Geschichtswissenschaft 194).

15 Fulda, Daniel/Tschopp, Silvia Serena (Hg.): Literatur und Geschichte. Ein Kompendium zu ihrem Verhältnis von der Aufklärung bis zur Gegenwart. Berlin u. a. 2002; Süßmann, Johannes: Geschichtsschreibung oder Roman? Zur Konstitutionslogik von Geschichtserzählungen zwischen Schiller und Ranke (1780–1824). Stuttgart 2000 (Frankfurter historische Abhandlungen 41).

16 Christ, Karl: Römische Geschichte und deutsche Geschichtswissenschaft. München 1982; ders.: Hellas. Griechische Geschichte und deutsche Altertumswissenschaft. München 1999.

17 Demandt, Alexander: Politische Aspekte im Alexanderbild der Neuzeit [1970/72]. In: ders.: Geschichte der Geschichte. Wissenschaftshistorische Essays. Köln/Weimar/Wien 1997 (Historica minora 1), 1–38; Stahlmann, Ines: Imperator Caesar Augustus. Studien zur Geschichte des Principatsverständnisses in der deutschen Altertumswissenschaft bis 1945. Darmstadt 1988; Schilling, Karl: Der neue Hannibal. Lucius Septimius Severus in der Sicht der deutschsprachigen Altertumswissenschaft. Marburg 1992.

liche Themenbereiche anwendbar ist, illustrierten zuletzt mehrere einschlägige Ausstellungsprojekte, von denen hier nur exemplarisch die Exposition zur Gustav-Adolf-Erinnerung mit dem sie begleitenden Katalogbuch genannt werden soll.[18]

Was konkret Albrecht von Wallenstein betrifft, so sind es vor allem drei Gründe, die eine epochenübergreifende Untersuchung seiner Person sinnvoll erscheinen lassen: die Kontinuität der Beschäftigung mit dem Feldherrn, seine quantitative wie qualitative Präsenz sowie die Intensität, mit der das Wallensteinthema immer wieder neu aufgegriffen und ausgeleuchtet worden ist.

Zunächst zur Kontinuität, die gerade im Fall der Wallensteinbilder besonders eindrücklich ist. Die Beschäftigung mit dem kaiserlichen Feldherrn setzte schon wenige Jahre nach dessen Tod 1634 ein. Hatte das Interesse an der Person Wallenstein sowie einzelnen Phasen seiner Biographie bis zum Ende des 18. Jahrhunderts schon stetig zugenommen, so lassen sich während des 19. und frühen 20. Jahrhunderts – namentlich im deutschsprachigen Raum – regelrechte Hochkonjunkturen des Themas beobachten. Auch im weiteren Verlauf des letzten Jahrhunderts erlosch das Interesse niemals völlig; es verschwand bemerkenswerterweise auch nach 1945 nicht, obwohl sich die politischen Rahmenbedingungen der historischen Forschung erheblich verändert und die zuvor so bedeutsamen nationalen Deutungsmuster spürbar an Einfluß verloren hatten. An einem sensiblen historiographiegeschichtlichen Wendepunkt der bundesrepublikanischen Nachkriegsgeschichte war das Wallensteinthema sogar wieder präsent: Es war die außerordentlich erfolgreiche Wallensteinbiographie von Golo Mann,[19] die in gewisser Weise die Initialzündung für jene Rückbesinnung auf die Geschichte darstellte, die seit den siebziger Jahren des 20. Jahrhunderts allgemein in einer breiteren Öffentlichkeit der Bundesrepublik Deutschland zu beobachten ist.[20] Das The-

18 Reichel, Maik/Schuberth, Inger (Hg.): Gustav Adolf. König von Schweden. Die Kraft der Erinnerung: 1632–2007. Dößel 2007.

19 Mann, Golo: Wallenstein. Frankfurt am Main 1971. Vgl. zur Resonanz des Werkes, das mit 280.000 verkauften Exemplaren (Stand 2008, ohne Lizenzausgaben und Übersetzungen) überhaupt einer der größten Verkaufserfolge eines historischen Buches der Nachkriegszeit darstellt, Lahme, Tilmann: Golo Mann. Biographie. Frankfurt am Main ^{3}2009 [^{1}2009], 350f. Die auf der Basis des Wallensteinbuches von Golo Mann angefertigte ZDF Dokumentation wurde 1978 mit Rolf Boysen in der Hauptrolle ausgestrahlt; als neue Gattung des Fernsehfilms wirkte sie in gewisser Weise stilbildend für die seither ausgestrahlten „Geschichtsdokudramen".

20 Zur „Rückkehr der Geschichte" seit den siebziger Jahren des 20. Jahrhunderts vgl. Conze, Eckart: Die Suche nach Sicherheit. Eine Geschichte der Bundesrepublik Deutschland von 1949 bis in die Gegenwart. Berlin 2009, 654–661.

ma war über Jahrhunderte hinweg ein Zugpferd und ist es bis an die Schwelle der Gegenwart geblieben. Insofern ist es für eine Untersuchung, die eine historiographiegeschichtliche Langzeitperspektive einnimmt, in besonderer Weise geeignet.

Zum anderen ist es die umfassende Präsenz der Wallensteinbilder, die sie als Themengebiet geeignet erscheinen lassen. Diese Feststellung zwingt zugleich in vielfacher Weise zur Grenzüberschreitung: Wallenstein ist bekanntlich sowohl ein Thema der Geschichtsschreibung als auch der literarischen Dichtung gewesen, die sich in einzigartiger Weise gegenseitig beeinflußten. Diese Präsenz zeigt sich aber auch innerhalb der Historiographie selbst. Dies wird deutlich durch die allein quantitativ erdrückende Fülle der Beiträge zu Wallenstein, der im 19. Jahrhundert zu einem bevorzugten Gegenstand von Geschichtsforschung und Geschichtsschreibung avancierte. Allein bis zum Jahr 1908 erschienen nach Zählung eines fleißigen Bibliographen insgesamt 2.524 Einzelstudien zu seinem Leben und Wirken.[21]

Die genannte Breite der geschichtswissenschaftlichen Behandlung wird aber nicht nur durch die Quantität der Geschichtsschreibung sinnfällig, sondern auch durch die spezifische Stellung des Themas zwischen wissenschaftlicher und populärer Historiographie. Auch hier überschreitet das Thema Grenzen. Die führenden Köpfe des Faches wandten sich der Thematik zu, im 19. Jahrhundert hat sich fast keiner der namhaften und etablierten Historiker die Beschäftigung mit Wallenstein entgehen lassen. Dies gilt für einen Leopold von Ranke, der dem kaiserlichen Generalissimus seine einzige Biographie gewidmet hat,[22] dies gilt aber auch für einen so völlig anders ausgerichteten und interessierten Historiker wie Jacob Burckhardt.[23] Es waren allerdings nicht nur die herausragenden Fachvertreter, die Wallenstein zum Gegenstand ihrer Forschung machten – Wallensteinbilder wurden stets auch in der populären Geschichtsschreibung transportiert.

Grenzüberschreitend waren die Wallensteinbilder von Geschichtsschreibung und literarischer Dichtung überdies in ganz buchstäblichem Sinn. Für das Wallensteinbild der Frühen Neuzeit galt das ohnehin. Die erste, gezielt als Biographie konzipierte Studie zu Wallenstein verfaßte mit Galeazzo Gualdo

21 Vgl. die von Georg Schmid begonnene und von Victor Loewe fortgeführte Zusammenstellung der „Wallenstein-Literatur“ in den Mittheilungen des Vereines für Geschichte der Deutschen in Böhmen von Band 17 (1879) bis Band 49 (1911).

22 Ranke, Leopold von: Geschichte Wallensteins. Leipzig 1869.

23 Burckhardt, Jacob: Schillers Wallenstein. In: ders.: Werke. Kritische Gesamtausgabe, Bd. 13: Vorträge 1870–1892. Aus dem Nachlaß hg. v. Maurizio Ghelardi und Susanne Müller. München/Basel 2003, 110–124.

Priorato ein italienischer Adeliger, weitere sehr frühe historische und literarische Verarbeitungen des Stoffes stammten aus England.[24] Dies galt aber auch für die Beschäftigung mit dem Stoff in der wissenschaftlichen Historiographie und der Literatur seit dem 19. Jahrhundert, denn nun wurde das Wallensteinthema zunehmend von tschechischen Autoren und Fachwissenschaftlern aufgegriffen. Es ist ein Charakterzug sowohl der älteren als auch der neueren deutschen Wallensteinliteratur, die Ansätze und Ergebnisse der tschechischen Geschichtsforschung mit leichter Hand – und zwar nicht nur aus Gründen fehlender sprachlicher Kompetenz – ignoriert zu haben, und dies obwohl Wallenstein einer alten Familie des böhmischen Herrenstands entstammte und historisch nur vor diesem böhmisch-tschechischen Hintergrund angemessen zu verstehen ist.

Neben der Kontinuität und Breite ist es schließlich die Intensität, mit der man sich dem Stoff gewidmet hat. Wenn bislang recht nüchtern von der Wallensteinthematik die Rede war, so erfaßt diese Bezeichnung nur ungenügend, mit welcher Leidenschaft und Erregung nicht nur in der literarischen Dichtkunst, sondern auch und gerade in der Historiographie die Geschichte dieses Feldherrn im Dreißigjährigen Krieg behandelt worden ist. Über weite Strecken war sie das Feld heftigster, mit äußerster Entschiedenheit und Schärfe ausgetragener Kontroversen. Wallenstein wurde spätestens im 19. Jahrhundert in Aneignung wie Ablehnung zu einer Symbolfigur. Ihre Deutung schien nach verbreiteter Auffassung weitgehende Rückschlüsse auf die Interpretation des deutschen und des europäischen Geschichtsverlaufs überhaupt zuzulassen. Anders formuliert: Die Wallensteinbilder polarisierten, sie waren in dieser Phase nicht von Konsens, sondern in hohem Maße von Widerstreit bestimmt. Gerade in der Polarisierung wurden die Voraussetzungen der eigenen Position deutlich gemacht, und gerade diese Polarisierung ließ die Grenzen von populärer und wissenschaftlicher Geschichtsschreibung unscharf werden. Auch noch nach Rankes sichtlich um Ausgewogenheit bemühter Wallensteindarstellung konnte 1881 in Berlin ein Werk mit dem knappen Titel „Die Lösung der Wallensteinfrage" publiziert werden. Dessen Autor, der durch zahlreiche Publikationen zur Geschichte seiner Heimat bekannte deutschböhmische Historiker und Jurist Edmund Schebek, ging offenbar wie selbstverständlich davon aus, daß die gebildete Öffentlichkeit sich ohne weiteres etwas unter „der" Wallensteinfrage vorstellen konnte und auf deren Beantwortung warte.[25]

---

24 Glapthorne, Henry: The Tragedy of Albertus Wallenstein, Late Duke of Fridland [...]. London 1639; vgl. ferner die frühe historische Darstellung der Ereignisse von Eger durch Carve, Thomas: Itinerarium cum historia facti Butleri, Gordon, Lesly et aliorum. O. O. 1639.

25 Schebek, Edmund: Die Lösung der Wallensteinfrage. Berlin 1881.

Es existierte freilich, wie die diachrone Perspektive zeigt, im Zuge dieser zum Teil leidenschaftlichen Auseinandersetzungen nicht die eine, alles entscheidende Wallensteinfrage, auf die alle anderen Fragen gleichsam zuliefen. Die Wallensteinfrage selbst wandelte sich vielmehr, so daß es bei Lichte besehen eine Vielzahl entsprechender Leitfragen gab. Dies war häufig die vielerörterte Schuldfrage, gekleidet in eine gerichtsähnliche Klärung des Sachverhalts, ob der Generalissimus tatsächlich zum Verräter am Kaiser geworden und daher zu Recht oder zu Unrecht auf dessen Befehl geächtet und getötet worden sei. Nicht weniger häufig war es die Frage nach dem Vorhandensein höherer Motive der einzelnen Protagonisten, die die Gemüter bewegte. Auch wenn sich die eigentlichen Leitfragen ständig änderten – die in ihnen enthaltene Leidenschaft blieb stets unverändert.

Weitreichende Konsequenzen hatte die Stellung Wallensteins als polarisierende Symbolfigur zudem für die Darstellung des Dreißigjährigen Krieges insgesamt. In den heftigen Debatten um Wallenstein werden in gewisser Weise die historiographischen Auseinandersetzungen um jenen Großkonflikt selbst sichtbar. Konsequenterweise erlosch das Interesse der Geschichtsschreibung an dem Krieg mit dem Tod der ebenso heroisierten wie verteufelten Führungspersönlichkeiten Wallenstein und König Gustav II. Adolf von Schweden, seinem großen Gegenspieler auf evangelischer Seite. Die Zeit nach 1634 spielte in den historischen Darstellungen seit dem 19. Jahrhundert eine eher randständige Rolle – mit weitreichenden Konsequenzen für das Bild dieses Krieges bis heute: Denn der Dreißigjährige Krieg nimmt historiographisch insofern eine besondere Stellung unter den bewaffneten Konflikten der Neuzeit ein, weil der Großteil aller Gesamtdarstellungen sich völlig auf die ersten Kriegsjahre konzentriert und von der zweiten Hälfte des Konflikts, die immerhin über dessen Ausgang entschied, faktisch nur noch am Rande Notiz nimmt.[26]

Diese drei Punkte – die Kontinuität, die Präsenz und die Intensität der Wallensteinbilder im Widerstreit – sind es vor allem, die es lohnend erscheinen lassen, Wallenstein in den Mittelpunkt einer epochenübergreifenden Betrachtung zu rücken. Auf die Frage, warum Wallenstein eine solche Bedeutung erlangen konnte, gibt es gewiß – und dies unterstreichen auch die nachfolgenden Beiträge – eine ganze Reihe möglicher Antworten. Zwei Aspekte seien gleichwohl schon einleitend herausgegriffen: Dies ist zum einen die Sonderstellung Wallensteins unter den Akteuren des Dreißigjährigen

26 Kampmann, Christoph: Europa und das Reich im Dreißigjährigen Krieg. Geschichte eines europäischen Konflikts. Stuttgart 2008, 5.

Krieges und zum anderen, wie kaum anders zu erwarten, das dramatische Werk Friedrich Schillers.

Die Frage nach der außerordentlichen Stellung Wallensteins unter den Akteuren des Dreißigjährigen Krieges ist gar nicht so unberechtigt, wie sie auf den ersten Blick erscheinen mag. Denn Wallenstein gehörte nicht zu jenen herausragenden Persönlichkeiten des Krieges, zu denen sich die historischen Betrachter in besonderer Weise hingezogen fühlen, weil sie augenscheinlich gestaltend, prägend gewirkt hätten.[27] Dies gilt für andere politische und militärische Akteure wie den schwedischen König Gustav II. Adolf und den französischen Kardinalpremier Richelieu in viel höherem Maße. Von den großen Erfolgen, die Wallenstein für den Kaiser und das Haus Österreich in den zwanziger Jahren des 17. Jahrhunderts erzielte, ist mit Blick auf den Gesamtverlauf des Krieges nicht allzuviel übrig geblieben.

Das Besondere dieser historischen Persönlichkeit liegt offensichtlich woanders, in seiner spezifischen Position: Wallenstein unterschied sich von allen übrigen Akteuren des Krieges dadurch, daß er sich einer klaren Einordnung und Kategorisierung entzog. Dies gilt zunächst in politischer Hinsicht: Einerseits war Wallenstein der unverzichtbare Diener des Kaisers, der im Ersten Generalat (1625–1630) dank seines organisatorischen, militärischen und ökonomischen Geschicks Ferdinand II., das Haus Österreich und die katholische Partei auf nie dagewesene Höhen führte, und der sich dann im Zweiten Generalat (1631–1634) angesichts der Bedrohung durch den Schwedenkönig nach Breitenfeld sogar zu einer Art Retter Habsburgs aufschwang. Zugleich aber war Wallenstein der beständig auf Unabhängigkeit und Selbstbestimmung bedachte General, der sich vom Hof bewußt fern hielt und gegenüber Wien in wachsendem Maße beispiellose Freiheiten beanspruchte – und der dadurch in einen erbitterten Konflikt mit seinem Oberherrn geriet. Am Ende hielt der Kaiser Wallenstein nicht für seinen treuesten Gefolgsmann, sondern umgekehrt für seinen gefährlichsten Gegner. Das Verhältnis Wallensteins zum Herrscher ist zweifellos ein Kernstück dieser eigenwilligen Verortung des Generalissimus. Dies gilt auch in religiöser Hinsicht: Wallenstein schuf mit seinen militärischen Erfolgen die Voraussetzungen für das sogenannte Restitutionsedikt von 1629, das als Höhepunkt der vom Kaiser intensivierten gegenreformatorischen Politik im Dreißigjährigen Krieg gelten kann. Wallenstein, der zu keinem Zeitpunkt wie Tilly die Rolle eines Glau-

27 Burckhardt, Jacob: Das Individuum und das Allgemeine (Die Historische Größe). In: ders.: Weltgeschichtliche Betrachtungen. Historisch-kritische Gesamtausgabe. Hg. v. Rudolf Stadelmann. [Pfullingen 1949], 253–299, hier 255f.

benskriegers annahm, ging freilich auch konfessionspolitisch auf Distanz zu seinem Kriegsherrn. Als Reichsfürst wie als Verhandlungsführer mit den protestantischen Mächten ließ er immer wieder durchblicken, daß er auch in dieser Hinsicht konsequent auf Eigenständigkeit pochte.[28]

Selbst im Gefüge der ständischen Gesellschaft ist Wallenstein nicht klar einzuordnen und festzulegen. Er selbst war zwar Abkömmling einer alten Adelsfamilie des böhmischen Herrenstands, gleichzeitig aber darauf bedacht, die Grenzen dieses Standes so rasch wie möglich zu überschreiten und zu einem Reichsfürsten mit eigener politischer Herrschaft zu avancieren. Der ebenso begabte wie ambitionierte Feldherr strebte eine solche Stellung auf geradezu provozierende Weise an: Seine fürstliche Selbstdarstellung als Bauherr, als Auftraggeber von Künstlern und in Wahlsprüchen, die sich als Demonstration eines unbändigen Aufstiegswillens deuten lassen, zielte ostentativ und für zahlreiche Zeitgenossen in geradezu skandalöser Weise auf die Durchbrechung eben jener Standesschranken. Eng damit zusammen hängt die Schwierigkeit, Wallenstein in ethnisch-nationaler Weise zu verorten. Er entstammte einem tschechischen Adelsgeschlecht, suchte aber immer ehrgeiziger Anschluß an die höchste deutsche Reichsaristokratie. Auch hier war er dann freilich nicht beheimatet, denn das Römisch-deutsche Reich und dessen komplizierte, auf Ausgleich und Konsens angelegte politisch-rechtliche Funktionsweise blieben ihm in letzter Konsequenz undurchsichtig und fremd.[29]

Im gewaltsamen Ende Wallensteins kulminierte dies alles – seine schwebende Position zum Kaiser, sein Pochen auf konfessionspolitische Autonomie und sein Versuch, die Standesschranken zu durchbrechen. Nun wurde der Feldherr und Reichsfürst endgültig zu jener merkwürdigen, mit den üblichen Kategorien nur schwer zu fassenden historischen Ausnahmepersönlichkeit. Schon den Zeitgenossen war diese Umwertung durchaus bewußt, und dies ist unter Umständen auch eine Erklärung für die merkwürdig teilnahmslose Reaktion auf Wallensteins Tod 1634.[30] Für unseren Zusammenhang ist wich-

---

28 Kampmann, Christoph: Zweiter Mann im Staat oder Staat im Staat? Zur Stellung Wallensteins in der Administration Kaiser Ferdinands II. In: Kaiser, Michael/Pečar, Andreas (Hg.): Der zweite Mann im Staat. Oberste Amtsträger und Favoriten im Umkreis der Reichsfürsten in der Frühen Neuzeit. Berlin 2003 (Zeitschrift für Historische Forschung. Beiheft 32), 295–315.

29 Nach wie vor unübertroffen Schubert, Friedrich Hermann: Die deutschen Reichstage in der Staatslehre der frühen Neuzeit. Göttingen 1966 (Schriftenreihe der Historischen Kommission bei der Bayerischen Akademie der Wissenschaften 7).

30 Srbik, Heinrich von: Wallensteins Ende. Ursachen, Verlauf und Folgen der Katastrophe. Salzburg ²1952 [Wien ¹1920], 252f.

tig, daß hier eben auch eine Wurzel der Faszination lag, die Wallensteins Persönlichkeit über Jahrhunderte hervorrufen sollte. Seine kaum einzuordnende Position wurde als rätselhaft, als erklärungsbedürftig und geheimnisvoll gedeutet. Die Titel von Arbeiten, die auf eine vermeintlich endgültige Lösung der Wallensteinfrage, das Wallensteinrätsel, das Undurchdringliche hinweisen, sind Legion. Und genau diese Unbestimmtheit eröffnete ungeahnte Möglichkeiten, in dieses Rätsel vieles hineinzuprojizieren, was bei anderen, realgeschichtlich klarer zu fassenden Akteuren wie Tilly kaum möglich gewesen wäre. Das Undurchsichtige und Rätselhafte von Wallenstein war zweifellos einer der Gründe, weshalb der kaiserliche Generalissimus auch die Aufmerksamkeit Schillers fand, dessen dramatisches Werk die zweite und wohl zentrale Ursache der fortdauernden Bedeutung der Wallensteinbilder gewesen ist. Wallenstein, der das ganze 18. Jahrhundert über von unterschiedlichen Gruppierungen gedeutet wurde, war zwar auch vor Schiller kein Unbekannter gewesen.[31] Und doch war dessen dramatisches Werk maßgeblich dafür, daß Wallenstein im Lauf des 19. Jahrhunderts überhaupt zu einer polarisierenden Symbolfigur aufsteigen konnte.

Schillers Trilogie gab dabei nicht nur den Anstoß für eine Fülle neuerer Bearbeitungen der Wallensteinthematik, sie blieb auch der zentrale Bezugspunkt der gesamten späteren Wallensteinrezeption. Dies gilt zugleich für die geschichtswissenschaftliche Diskussion, für die bezeichnenderweise Schillers dramatisches, nicht sein historisches Werk ausschlaggebende Bedeutung erlangte. Dies läßt sich nicht zuletzt daran ablesen, daß auch innerhalb der historischen Wallensteinwerke – einschließlich jener mit eindeutig wissenschaftlichem Anspruch – häufig regelrechte Bekenntnisse für oder gegen Schillers Deutung bzw. das, was die einzelnen Historiker darunter verstanden, abgelegt wurden.[32] Diese Bekenntnisse sind gleichfalls nicht ohne weiteres einzuordnen und entziehen sich einer einfachen Kategorisierung: Auf der einen Seite gab es glühende Wallensteinapologeten, die leidenschaftlich für eine vermeintliche „Reinigung" der geschichtswissenschaftlichen Diskussion von Schillers Einfluß eintraten,[33] auf der anderen Seite dem kaiserlichen Generalissimus positiv ge-

31 Mannigel: Wallenstein in Weimar, Wien und Berlin, 86–145. Ein weiteres Indiz für das 18. Jahrhundert ist die Darstellung in Johann Heinrich Zedlers Universal-Lexicon aller Wissenschaften und Künste, wo Wallenstein ungleich größere Aufmerksamkeit fand als andere Akteure des Dreißigjährigen Krieges.

32 Dies galt auch für die historische Wallensteinliteratur des 20. Jahrhunderts. Vgl. Schieder, Theodor: Schiller als Historiker. In: Historische Zeitschrift 190 (1969) 31–54, hier 49, 53f.

33 Schebek: Die Lösung der Wallensteinfrage, VIf.

genüberstehende Geschichtsschreiber, die Ehrenerklärungen für die „innerlich richtige“ Wallensteindeutung von Schillers dramatischem Werk abgaben.[34]

Wallenstein als Fixpunkt einer epochenübergreifenden Analyse von Geschichtsbildern zu thematisieren, kann nur gelingen, wenn engere Fachgrenzen überschritten werden. Zunächst setzt eine solche Analyse eine interdisziplinäre Perspektive voraus, in erster Linie eine Zusammenarbeit von Literatur-, Kunst- und Geschichtswissenschaftlern. Innerhalb der Geschichtswissenschaft ist überdies ein epochenübergreifendes fachliches Zusammenwirken von Historikern der Frühen Neuzeit und solchen der Geschichte des 19. und 20. Jahrhunderts erforderlich. Schließlich ist auch eine Überwindung nationaler Perspektiven unumgänglich. Besonders wichtig ist in diesem Fall die Einbeziehung der böhmischen und österreichischen Wallensteinforschung, die in diesem Band aus gutem Grund und erstmals systematisch in die Betrachtung mit einbezogen wurde.

III.

Leitender Gedanke bei der Auswahl der einzelnen Beiträge war, der Breite und dem Facettenreichtum des Themas gerecht zu werden und die entscheidenden Wendepunkte der historischen und literarischen Wallensteindiskussion vom 17. bis zum 20. Jahrhundert in den Blick zu nehmen. Um enzyklopädische Vollständigkeit kann es dabei gleichwohl nicht gehen. So ist beispielsweise den Wallensteinbildern im nationalsozialistischen Deutschland kein eigener Beitrag gewidmet, zumal der berühmte, im 19. Jahrhundert nicht selten als national fühlender und handelnder Staatsmann gezeichnete Feldherr des Dreißigjährigen Krieges in dieser Zeit erstaunlicherweise keine zentrale historische Bezugsgröße darstellte. Auch die vergleichsweise marginale Wallensteinforschung innerhalb der Deutschen Demokratischen Republik bzw. der Tschechoslowakei nach 1945 wird nicht eigens vorgestellt.

Die Gliederung der einzelnen Kapitel des Sammelbands stellt eine Verbindung von Chronologie und Systematik dar, die sich angesichts der Verschränkung der Thematik nur pragmatisch lösen läßt. Diese bestimmte auch die Leitfragen, die den einzelnen Beiträgen zugrundegelegt waren. Ausschlaggebend war stets die Frage, welche Züge das jeweilige Wallensteinbild im Wandel der Epochen besaß und wieso gerade dieses Wallensteinbild solche

34 Srbik, Heinrich von: Geist und Geschichte vom deutschen Humanismus bis zur Gegenwart, Bd. 1. Salzburg 1950, 157.

Bedeutung gewann. Diese Vorgehensweise lenkt den Blick von Wallenstein auf die jeweiligen Kontexte, denn nur in diesem Rahmen ist sie zu beantworten. Warum gewann in dem jeweiligen Kontext das entsprechende Wallensteinbild solche Bedeutung? Diese Leitfragen dienen dazu, trotz der Heterogenität der Wallensteinbilder und des weiten chronologischen Zugriffs einen Konzeptionskern zu wahren.

Das Wallensteinbild in der Reichspublizistik und Historiographie des Heiligen Römischen Reiches deutscher Nation steht im Mittelpunkt der ersten drei Beiträge. Christoph Kampmann geht den Prägungen und Wandlungen des spezifischen Wallensteinbildes in der protestantischen Geschichtsschreibung vor 1800 nach. Er konzentriert sich dabei besonders auf einen klassischen Referenztext des 17. Jahrhunderts, die 1648 und 1653 in zwei Bänden publizierte Chronik des königlich-schwedischen Hofhistoriographen Bogislaus Philipp von Chemnitz, die später von dessen Amtsnachfolger Samuel Pufendorf fortgeführt und abgeschlossen wurde. Die Textanalyse zeigt, daß der von Chemnitz konstruierte, auffallend individuell gezeichnete Wallenstein – als gleichsam negative Kontrastfigur zu König Gustav II. Adolf von Schweden – bereits lange vor dem Erscheinen von Schillers dramatischem und historischem Werk eine im wesentlichen moralisch-didaktische Aufgabe verfolgte: als mahnendes Exempel einer Persönlichkeit, die ihre ungezügelten Leidenschaften nicht habe beherrschen können und politisch daher folgerichtig gescheitert sei. Zwei frühen, auf Italienisch publizierten Lebensbeschreibungen des Friedländers, die der zeitweilig als Offizier in der Armee Wallensteins dienende und später an verschiedenen Höfen tätige italienische Adelige Galeazzo Gualdo Priorato 1643 in Lyon bzw. drei Jahrzehnte später in Wien publizierte, gilt die Aufmerksamkeit von Arno Strohmeyer. Sein Vergleich zwischen dem ersten, zu Beginn der Karriere Gualdo Prioratos veröffentlichten und dem französischen König gewidmeten Werk – es gilt heute als die älteste Biographie des Feldherrn überhaupt – und dem zweiten, im Umfeld des Wiener Kaiserhofs entstandenen Text läßt nicht nur spezifische Unterschiede der in konträren Entstehungskontexten entworfenen Wallensteinbilder deutlich werden; er erlaubt auch Rückschlüsse auf das politische Denken des 17. Jahrhunderts und das Ausmaß intellektueller Unabhängigkeit und Kritik. Mit den bildlichen Darstellungen Wallensteins – von dem berühmten, nach Anthonis van Dyck entstandenen und als Schul- und Geschichtsbuchillustration verbreiteten Stich bis hin zu den Popularisierungen in Ausstellungen und TV-Produktionen des 20. Jahrhunderts – setzt sich Hans Ottomeyer in seinem Beitrag über das Porträt des Feldherrn auseinander. Über die im engeren Sinn historiographischen Überzeugungsstrategien hinaus, die uns Deutungen eines bestimmten historischen Geschehens als wirklich und wahr annehmen lassen, zeigt er die Möglichkeiten der Kunst auf, einer solchen Darstellung Überzeugungskraft und überzeitliche Wirkung zu verschaffen.

Einen ersten und zugleich zentralen Wendepunkt für die hier im Mittelpunkt stehenden Frage- und Problemstellungen bildete Schillers 1799 vollendete Wallenstein-Trilogie, deren erster Teil, „Wallensteins Lager", bereits ein Jahr zuvor im Weimarer Hoftheater uraufgeführt worden war. Ausgehend von einer Unterscheidung zwischen „Geschichtsdrama" und „historischem Drama" fragt Norbert Oellers nach der Stellung des über mehrere Jahre entstandenen „Wallenstein" unter den historischen Dramen Schillers und untersucht, stets vergleichend und mit Blick auf die Entstehungs- und Wirkungsgeschichte des Werkes sowie die tieferen poetischen und philosophischen Absichten des Autors, dessen besondere Weise der Geschichtsbehandlung. Um die historiographiegeschichtliche Verortung des Dichterfürsten und um die tieferen Ursachen einer positiven Neuzeichnung des Friedländers geht es Holger Mannigel bei seinem Versuch, die Entstehung und den Wandel von Schillers Wallensteinbild in dessen bereits zuvor, in den Jahren 1791 bis 1795 veröffentlichter „Geschichte des Dreißigjährigen Kriegs" aufzuzeigen. Entgegen älteren Interpretationen, die dieses Werk mit Blick auf die spätere Dramen-Trilogie allenfalls als historiographisches Vorspiel einstuften, wird hier seine Bedeutung für den eminenten Umwertungsprozeß hervorgehoben, den Schiller mit seinem Geschichtswerk angestoßen habe und der den historischen Wallenstein gleichsam von einer Täter- in eine Opferrolle rücken ließ. Welche Bilder sich das lesende Publikum und die literarische Kritik während des 19. Jahrhunderts von Wallenstein machten, zeigt Arnd Beise am Beispiel der zeitgenössischen Rezeption der ersten Buchausgabe von Schillers dramatischem Mehrteiler auf. Schlagwörter wie national fühlender Staatsmann, Patriot und Vorläufer der deutschen Reichseinigung deuten bereits das Spektrum der Zuschreibungen an, die in der Folgezeit immer größeres Gewicht erlangen sollten.

Die im engeren Sinn literarische Be- und Verarbeitung des Wallensteinstoffes nach Schiller wird sowohl in der deutschen als auch in der tschechischen Literatur verfolgt – und damit in den beiden Kultur- und Sprachräumen, in denen der böhmische Adelige und Militär nach 1800 in Fachwelt wie breiterer Öffentlichkeit die größte Aufmerksamkeit fand. Während sich Johannes Süßmann auf die in deutscher Sprache verfaßten Romane und Erzählungen des 19. und 20. Jahrhunderts konzentriert, in denen an prominenter Stelle eine Wallensteinfigur vorkommt, legt Ludger Udolph seinen Beobachtungen zur tschechischen Wallensteinliteratur in diesem Zeitraum auch dramatische und lyrische Bearbeitungen, Balladen und Theaterstücke zugrunde. Für die deutschsprachige Erzählliteratur ist kennzeichnend, daß sich das Interesse an der mal als erkennbares Identifikationsangebot, mal als offensichtliches Feindbild aufgebauten Figur Wallenstein zwar zu bestimmten Zeiten verdichtete, insgesamt aber keine kontinuierliche Beschäftigung mit ihr zu erkennen ist. Obwohl die literarische Beschäftigung der Tschechen mit ihrem Landsmann ungleich später einsetzte und auch quantitativ gegenüber der deutschen Produktion deutlich zurückstand, ist in der tschechischen Literatur dagegen über zwei Jahrhunderte hinweg eine sehr viel direktere Verbindung zu politisch-gesellschaftlichen, religiösen und kulturellen Bedürfnissen, Hoffnungen und Ängsten festzustellen.

Eine vergleichbare, kontrastierende Gegenüberstellung einzelner Wallensteinbilder ist auch bei der Betrachtung der großdeutschen und der kleindeutschen Historiographie des 19. Jahrhunderts sinnvoll, denn beide Interpretationsrichtungen der deutschen Geschichte wirkten sich unmittelbar auf die Deutung des kaiserlichen Generalissimus aus. Thomas Brechenmacher macht diese Zusammenhänge am Beispiel der in ihrer Mehrheit katholisch-konservativen Autoren deutlich, die einen preußisch-protestantischen Nationalstaat ablehnten und an der Reichstradition als der eigentlichen und angemessenen Rahmenordnung der deutschen Geschichte festhielten: Im Urteil dieser großdeutschen Historiker konnte Wallenstein gegenüber fast nur eine Anklageposition vertreten werden. Einzelne Phasen und Protagonisten dieses historiographischen Konflikts und „Federkriegs" greift auch Hilmar Sack auf, wobei er vor allem die borussisch-kleindeutsche Geschichtsschreibung und Geschichtspolitik betrachtet, deren Vertretern tendenziell eine antihabsburgische und antikatholische Stoßrichtung zueigen war. Dabei zeigt sich, daß der Streit um die historische Bedeutung Wallensteins nicht nur von geschichtswissenschaftlichem Interesse war, sondern im Jahrhundert der Nationalstaatsbildung und Reichseinigung auch in der Tagespolitik – gut sichtbar im deutsch-deutschen Krieg von 1866 – Wirkung entfaltete. Deutlich wird freilich ebenfalls, daß die oft polemischen Debatten zwischen Groß- und Kleindeutschen vor allem in der zweiten Hälfte des 19. Jahrhunderts das Ihre zu einer wachsenden Professionalisierung der wissenschaftlichen Beschäftigung mit der Vergangenheit beitrugen.

Zwei weitere Beiträge, die auf den ersten Blick lediglich Einzelaspekte des Wallensteinbildes in der wissenschaftlichen Historiographie und Publizistik des 19. und frühen 20. Jahrhunderts betreffen, werfen Fragen grundsätzlicher Natur nach der Bedeutung von Quellenkritik und Quellenedition auf und sind damit von Relevanz für die Entwicklung der gesamten Geschichtsforschung und Geschichtsschreibung in dieser Phase. Daß selbst eine so rätselhafte, schillernde, kontroverse Deutungen nahezu erzwingende Figur wie Wallenstein mit dem Instrumentarium der historischen Quellenkritik objektivierbar sein könne, war, so Gerrit Walther, das zentrale Motiv der 1869 vorgelegten Wallensteinbiographie Leopold von Rankes: Auch eine scheinbare Tragödie wie diejenige des Friedländers, so läßt sich die monumentale, eine Gesamtgeschichte des Dreißigjährigen Krieges ersetzende Biographie des Altmeisters lesen, lasse sich letztlich als Quellenproblem verstehen, methodisch bearbeiten und analytisch bewältigen. Wie gleichwohl auch Quellenfunde und Quelleneditionen als Waffen im geschichts- und zeitpolitischen Umfeld eingesetzt werden konnten, demonstriert Norbert Kersken am Beispiel der zahlreichen, von Archivaren und Bibliothekaren, vor allem aber von Lehrern, Schriftstellern und anderen nichtprofessionellen Historikern bearbeiteten Quelleneditionen zur Person und Politik Albrecht von Wallensteins.

An der Wende vom 19. zum 20. Jahrhundert arbeiteten – unabhängig voneinander – vor allem zwei Fachwissenschaftler, ein tschechischer und ein österreichischer Historiker, an einer Neuinterpretation des Wallensteinthemas: Josef Pekař und sein acht Jahre jüngerer Kollege Heinrich von Srbik. Im Fall von Pekař, einem der profiliertesten Intellektuellen der späten Habsburgermonarchie und der Ersten Tschechoslowakischen Republik, war der Fall des Friedländers ein Thema, das ihn Zeit seines Lebens beschäftigte – von der 1895 auf Tschechisch publizierten Habilitationsschrift bis zu seinem Tod 1937. Dabei wurde, wie Joachim Bahlcke ausführt, aus dem deutschen Wallenstein immer klarer ein tschechischer Waldstein, aus dem Reichszusammenhang ein solcher der genuin böhmischen Staatlichkeit und Politik. Nach Erlangung der Unabhängigkeit 1918 wurde der kaiserliche Feldherr allerdings nicht nur von den Tschechen entdeckt, sondern auch von sudetendeutscher Seite immer stärker vereinnahmt. Nur scheinbar kam es dabei zu einer direkten Konfrontation mit dem gesamtdeutsch empfindenden Srbik, der, wie Winfried Schulze unterstreicht, 1920 das Handeln Wallensteins ein letztes Mal ganz aus der Reichsperspektive als eines von deutschem Nationalbewußtsein erfüllten Reichsfürsten interpretierte.

Eine ähnliche Konstellation, bei der zwei Historiker unabhängig voneinander größere, in Anliegen, Ansatz und avisiertem Adressatenkreis sich deutlich unterscheidende Biographien von Wallenstein verfaßten, ergab sich noch ein weiteres Mal in der zweiten Hälfte des 20. Jahrhunderts: Der 1969 von Hellmut Diwald publizierte „Wallenstein" und das zwei Jahre später von Golo Mann mit dem gleichen Obertitel vorgelegte Werk lassen Anschlüsse und Anknüpfungen an verschiedene ältere Interpretamente, Traditionslinien und Darstellungsmuster erkennen. In seiner Fallstudie über nationalkonservative Historiographie im geteilten Deutschland zeigt Roland Gehrke auf, mit welchen Mitteln Diwald dem Leser vermeintliche Parallelen zwischen der Zeit des Dreißigjährigen Krieges und der europäischen Nachkriegszeit suggerierte, in der die Lage Deutschlands ebenfalls von innerer Zerrissenheit, „Selbstzerfleischung“ und Fremdbestimmung gekennzeichnet sei. Diwald konstruierte seine Wallensteinbiographie ganz vom Jahr 1648 her, das für ihn eine ähnlich fatale Zäsur der deutschen Geschichte darstellte wie das Jahr 1945 – sie war für ihn gleichsam in doppelter Hinsicht ein Beleg für das Kontinuum verpaßter nationaler Möglichkeiten. Golo Manns atmosphärisch dichter, auch sprachlich kunst- und anspruchsvoll komponierter „Wallenstein“ liest sich dagegen über weite Strecken wie ein Roman, als den ihn der literarisch ambitionierte Autor, der sich im Sinne Schillers als Geschichtsschreiber und Dichter in einer Person verstand, selbst mehrfach bezeichnete. Wie Hans-Christof Kraus detailliert ausführt, überschritt Mann in mehreren Passagen seines Werkes die im eigentlichen und engeren Sinne wissenschaftliche Methode seiner Biographie; gerade in diesem Mittelweg zwischen wissenschaftlich solider Lebensdarstellung einerseits und literarisch-erzählender *biographie romancée* freilich liege das Exzeptionelle und Einzigartige dieses Werkes.

IV.

Die hier vorgelegten Beiträge gehen auf eine von den Lehrstühlen für Geschichte der Frühen Neuzeit an den Universitäten Stuttgart und Marburg organisierte Tagung zurück, die vom 8. bis 10. Oktober 2009 im „Haus der Geschichte Baden-Württemberg“ in Stuttgart stattfand. Die interdisziplinäre Fachkonferenz war eine von mehreren Veranstaltungen im Schiller-Gedenkjahr, die in Südwestdeutschland anläßlich des 250. Geburtstags des am 10. November 1759 in Marbach am Neckar geborenen Dichters organisiert wurden. Die Initiative ging in diesem Fall vom „Haus der Heimat“ in Stuttgart aus, einer Bildungs- und Begegnungsstätte, die sich in besonderer Weise mit dem gemeinsamen kulturellen Erbe derjenigen Regionen des östlichen Europa auseinandersetzt, die historische und kulturelle Bezüge zu Deutschland haben. Als Kooperationspartner gab das „Haus der Heimat“ wichtige Anregungen, es übernahm die vollständige Finanzierung und erarbeitete parallel zur Tagung eine Ausstellung mit dem Titel „Wallenstein. Feldherr – Verräter – Friedensvisionär“ mit einem umfangreichen Begleitprogramm. Hier galt der Blick ganz dem historischen Wallenstein, dort vor allem dem erinnerten Wallenstein. Beide Annäherungen an den berühmten Feldherrn des Dreißigjährigen Krieges entstanden völlig unabhängig voneinander, ergänzten sich jedoch in mehrfacher Hinsicht und bedingten so gewisse Fragestellungen und Themenschwerpunkte.

Die Tagung und der vorliegende Sammelband wären ohne die ideelle wie materielle Unterstützung zahlreicher Personen und Institutionen nicht zu realisieren gewesen. Zuvorderst danken wir der Stellvertretenden Leiterin vom „Haus der Heimat", Dr. Annemarie Röder, für die in vielen Gesprächen erfolgte inhaltliche Abstimmung beider Teilprojekte und die organisatorische Unterstützung. Dr. Thomas Schnabel, der Leiter des „Hauses der Geschichte Baden-Württemberg", stellte uns für die Tagung in seinem Haus großzügig den Arno-Borst-Saal zur Verfügung. Ihm und seinen Mitarbeitern sind wir zu großem Dank verpflichtet für die herausragende Betreuung im Vorfeld und auch während der Veranstaltung. Gleiches gilt für Alexandra Schellenberg, Historisches Institut der Universität Stuttgart, und die studentischen Hilfskräfte des Lehrstuhls für Geschichte der Frühen Neuzeit. Für vielfältige Unterstützung bei der redaktionellen Bearbeitung der Beiträge, der Satzeinrichtung und der Registererstellung dürfen wir uns überdies bei Christine Braun (Marburg) und Oliver Rösch M.A. (Würzburg) bedanken. Diese Arbeiten wurden dankenswerterweise durch einen Zuschuß der Historischen Kommission für die böhmischen Länder ermöglicht, für den wir Dr. Robert Luft Dank verpflichtet sind. Die Drucklegung des Bandes schließlich wurde durch die Deutsche Forschungsgemeinschaft ermöglicht, der wir ebenso unseren Dank sagen wie den Herausgebern der „Stuttgarter Historischen Forschungen" für die Aufnahme dieses Sammelwerks in diese Schriftenreihe.

Stuttgart/Marburg, im Juli 2011

Joachim Bahlcke – Christoph Kampmann

Christoph Kampmann

Der Friedländer als Kontrastfigur

Zur Sonderstellung Wallensteins in der protestantischen Historiographie des Alten Reichs

1. Einführung

Bei jeder Beschäftigung mit Wallensteinbildern ist Friedrich Schillers Wallensteintrilogie in irgendeiner Weise präsent. Dies gilt sogar für die Prägungen und Wandlungen des Wallensteinbildes in der protestantischen Historiographie *vor* 1800, mit denen sich die folgenden Ausführungen beschäftigen. Denn bei der Untersuchung dieser Thematik findet der Betrachter einen sehr ungleichgewichtigen Forschungsstand vor. Dies hängt nicht zuletzt mit der Bedeutung von Schillers „Wallenstein" für die Aufarbeitung der älteren Wallensteingeschichtsschreibung zusammen.

Die protestantische Wallensteinhistoriographie des 18. Jahrhunderts, insbesondere diejenige der zweiten Hälfte des 18. Jahrhunderts, die mit Namen wie Bucquoi,[1] Buder,[2] Schirach[3] und Herchenhahn[4] verbunden ist, hat bereits recht intensive wissenschaftliche Beachtung von historischer wie germanistischer Seite gefunden.[5] Die ältere Wallensteinhistoriographie, besonders

1 Bucquoi, Erdmann Friedrich: Leben und Thaten des General Wallenstein aus den besten Quellen zusammengezogen. Bunzlau u.a. 1783.

2 Buder, Christian Gottlieb: Geschichte des Dreißigjährigen Krieges und des Westphälischen Friedens. Zum Behuf der gegenwärtigen Staats=Begebenheiten. Frankfurt a. M./Leipzig 1748.

3 Schirach, Gottlob Benedict: Leben Albrechts Wallensteins Herzogs von Friedland. In: ders.: Biographie der Deutschen. Fünfter Theil. Halle 1773, 23–211.

4 Herchenhahn, Johann Christian: Geschichte Albrechts von Wallenstein des Friedländers. Ein Bruchstück vom 30jährigen Kriege, Bd. 1–3. Altenburg 1790–1791.

5 Von historischer Seite vgl. Hensel, Cécile: Die Wandlung des Wallensteinbildes in der deutschen Fachliteratur. Einführung in die Geschichte der Wallensteinforschung. Phil. Diss. Erlangen 1949, und neuerdings zentral Mannigel, Holger: Wallenstein in Weimar, Wien und Berlin. Das Urteil über Albrecht von Wallenstein in der deutschen Historiographie von Friedrich von Schiller bis Leopold von Ranke. Husum 2003, der intensiv auf die Wallensteinhistoriographie des 18. Jahrhunderts eingeht (ebd., 86–145). Auch von germanistischer Seite wurde im 20. Jahrhundert intensiv zu den historiographischen Quellen des Schillerschen Werkes geforscht; vgl. schon früh Fester, Richard: Vorstudien zur

jene des 17. Jahrhunderts, erhielt dagegen weit weniger wissenschaftliche Aufmerksamkeit. Ein Grund dafür ist die Konzentration der Forschung auf Schiller und dessen Quellen; unter dieser Perspektive schien die ältere protestantische Wallensteinhistoriographie weniger ergiebig zu sein. Es hing aber auch mit der Beurteilung dieser frühen protestantischen Geschichtsschreibung selbst zusammen: Wallenstein scheint in der Geschichtsschreibung des 17. Jahrhunderts, der protestantischen „Zeitgeschichtsschreibung"[6] zum Dreißigjährigen Krieg, keine besondere Rolle gespielt zu haben, jedenfalls, nachdem die heftigen Flugschriftenkontroversen unmittelbar nach seinem Tod abgeklungen waren.[7]

Im folgenden möchte ich am Beispiel der frühen protestantischen Geschichtsschreibung zu Wallenstein, auf die ich mich im Gesamtzusammenhang der Wallensteinbilder konzentrieren werde, versuchen zu zeigen, daß dieses Urteil so nicht berechtigt ist. Es ist zwar zutreffend, daß das Wallensteinthema auf protestantischer Seite im Zeitraum des 17. Jahrhunderts keine eigene monographische Behandlung gefunden hat, es hier also keine Entsprechung zu Gualdo Priorato[8] gegeben hat.[9] Aber es gab meines Erachtens doch

Säkularausgabe der historischen Schriften Schillers. In: Euphorion 12 (1905) 78–141 und ders., Schiller als historischer Materialiensammler. Nachträge zur Euphorion 12, 78ff. In: Euphorion 15 (1908) 456–474; in jüngerer Zeit Rothmann, Kurt: Friedrich Schiller. Wallenstein. Erläuterungen und Dokumente. Stuttgart 1977, 142–159, was den Blick naturgemäß besonders auf die Historiographie der zweiten Hälfte des 18. Jahrhunderts lenkte.

6 Hier wird der Begriff „Zeitgeschichte" im Sinne von Hans Rothfels als Epoche der Mitlebenden verstanden; vgl. ders.: Zeitgeschichte als Aufgabe. In: Vierteljahreshefte für Zeitgeschichte 1 (1953) 1–8, hier 2.

7 Die Flugschriftenpublizistik nach Wallensteins Tod ist Gegenstand intensiver Forschungen geworden; vgl. aus der Vielzahl der Studien: Ernstberger, Anton: Für und wider Wallenstein. Stimmen und Stimmungen in Franken und der Oberpfalz zum Tode des Generalissimus. In: Rudolph, Hans Ulrich (Hg.): Der Dreißigjährige Krieg: Perspektiven und Strukturen. Darmstadt 1977, 68–88; Srbik, Heinrich von: Wallensteins Ende. Ursachen, Verlauf und Folgen der Katastrophe. Salzburg ²1952 [¹1920], 210–271; Gottwald, Helga: Der Tod Wallensteins in der zeitgenössischen Berichterstattung. Wien 1958; zuletzt mit besonderer Berücksichtigung der Zeitungsliteratur vgl. Medick, Hans: Wallensteins Tod. Auf den medialen Schlachtfeldern des Dreißigjährigen Kriegs. In: Daphnis 27 (2008) 111–130.

8 Vgl. zu Galeazzo Gualdo Prioratos „Historia della vita d'Alberto Valstain, duca di Fridland" den Beitrag von Arno Strohmeyer in diesem Band. Eine weitere wichtige zeitgenössische Darstellung zu Wallenstein von katholischer Seite enthält das mehrfach wiederaufgelegte „Itinerarium cum historia facti Butleri, Gordon, Lesly et aliorum". O.O. 1639 von Thomas Carve. Wie Gualdo Priorato hatte Carve als Feldkaplan selbst in der Armee Wallensteins gedient, war also Zeitgenosse und Zeitzeuge des Generalissimus in dessen Armee.

9 Obwohl kein protestantischer Autor eine Wallensteinbiographie verfaßt hat, bedeutet dies nicht, daß die Figur des Generalissimus auf protestantischer Seite zeitgenössisch keine Fas-

eine eigene, ganz spezifische Konstruktion des Wallensteinsteinbildes in der protestantischen Zeitgeschichtsschreibung zum Dreißigjährigen Krieg. Zudem lassen sich markante Verbindungslinien von diesem Wallensteinbild der zeitgenössischen Historiographie zu jenem des 18. Jahrhunderts, die dann wohl sogar über das 18. Jahrhundert hinaus weitergewirkt haben, aufzeigen.

Diese These möchte ich im folgenden in drei Schritten entfalten. Im ersten Schritt werde ich diese spezifische Darstellungsweise in der protestantischen Zeitgeschichtsschreibung vorstellen. Im Fokus steht dabei – man könnte fast sagen: „natürlich" – der „Klassiker" der protestantischen Zeitgeschichtsschreibung zum Dreißigjährigen Krieg, die Chronik des königlich-schwedischen Hofhistoriographen Bogislaus Philipp von Chemnitz, die dann von dessen Amtsnachfolger Samuel Pufendorf fortgeführt und abgeschlossen worden ist. Trotz der überragenden Bedeutung dieses Werkes für die Geschichtsschreibung des Dreißigjährigen Kriegs ist das darin entwickelte Wallensteinbild noch nicht genauer und im Gesamtzusammenhang analysiert worden.[10]

Im zweiten Schritt möchte ich den Gründen für diese besondere Darstellungsweise Wallensteins nachspüren, auch auf dem Weg des Vergleichs mit weiteren, politisch anders orientierten Zeitgeschichtswerken protestantischer Autoren zum Dreißigjährigen Krieg.

Auf der Basis der erzielten Ergebnisse wird sodann abschließend versucht zu klären, inwieweit die skizzierte Wallensteinliteratur des 18. Jahrhunderts an dieses Wallensteinbild anknüpfen konnte, inwieweit schon im 17. Jahrhundert Prägungen und Wandlungen sichtbar werden.

---

zination ausgeübt hätte. Von einem (protestantischen) englischen Autor, Henry Glapthorne, stammt eines der ersten, wenn nicht das erste Theaterstück zu Wallenstein: The Tragedy of Albertus Wallenstein, Late Duke of Fridland [...]. Vgl. auch den Hinweis bei Medick: Wallensteins Tod, 121f. Anders als Medick annimmt, scheint das Stück schon in den 1630er Jahren im Druck verbreitet worden zu sein. Vgl. die Ausgabe London (Thomas Paine for George Hutton) 1639.

10 Zur besonderen Bedeutung dieses Werks vgl. Art. Chemnitz, Bogilaus Philipp von. In: Croxton, Derek/Tischer, Anuschka (Hg.): The Peace of Westphalia. A Historical Dictionary. Westport, Connecticut/London 2002, 55–57, hier 56. Chemnitz' Werk besaß in der breiten zeithistorischen Chronistik zum Dreißigjährigen Krieg ein Alleinstellungsmerkmal, weil es neben einer recht hohen Zahl prohabsburgischer bzw. prokaiserlicher Zeitgeschichtswerke zum Dreißigjährigen Krieg als einzige Darstellung eine dezidiert protestantisch-proschwedische Position vertrat; vgl. Benz, Stefan: Zwischen Tradition und Kritik. Katholische Geschichtsschreibung im barocken Heiligen Römischen Reich. Husum 2003, 348f. Damit nahm es in Aneignung und Ablehnung eine herausgehobene, stilbildende Funktion ein.

2. Zur Sonderstellung Wallensteins in der protestantischen Zeitgeschichtsschreibung

Damit kommen wir zum ersten Punkt, der spezifischen Darstellung und Charakterisierung Wallensteins in den zeithistorischen Geschichtswerken protestantischer Autoren. Unser Blick richtet sich zunächst auf den zeithistorischen „Klassiker" protestantischer Provenienz zum Dreißigjährigen Krieg, jenen des Bogislaus Philipp von Chemnitz.[11] Chemnitz hat sein Werk, „Der Königlich Schwedische in Teutschland geführte Krieg", in den Jahren 1648 und 1653 in zwei Bänden vorgelegt.[12] Der erste Band reicht bis zur Schlacht von Lützen, 1632 und schließt mit einer umfänglichen Panegyrik auf den in dieser Schlacht gefallenen Schwedenkönig, der zweite endet mit dem Jahr 1637. Aufgenommen und fortgeführt wurde Chemnitz' Geschichtsdarstellung dann von Samuel Pufendorf,[13] der das Gesamtwerk einschließlich der Teile von Chemnitz unter dem Titel „Commentariorum de Rebus Suecis Libri" 1686 erstmals publiziert hat.[14] Zeitzeugen des Dreißigjährigen Kriegs waren sowohl Chemnitz als auch Pufendorf, eine aktive militärische wie publizistische Rolle hatte freilich nur der fast eine Generation ältere Chemnitz

11 Bogislaus (oder Bogislaw) Philipp von Chemnitz (1605–1678) befand sich zunächst in niederländischen und schwedischen Militärdiensten, bevor er 1637 in die schwedische Militäradministration wechselte. 1644 stieg er zum königlich-schwedischen Hofhistoriographen, 1675 dann zum königlichen Rat auf. Neben seiner historiographischen Tätigkeit war er zur Zeit des Dreißigjährigen Kriegs auch als politischer Pamphletist tätig und veröffentlichte scharfe antihabsburgische Kampfschriften. Die berühmteste ist zweifellos die (bis ins 18. Jahrhundert immer wieder aufgelegte) „Dissertatio de Ratione Status Imperii Romano-Germanici" (1640 oder 1644), die unter dem Pseudonym „Hippolithus a Lapide" publiziert wurde. Darin wirft er dem Haus Österreich vor, die aristokratische Verfassung des Reiches in der Vergangenheit beständig in tyrannisch-„absolutistischer" Weise verletzt zu haben und macht weitreichende Reichsreformvorschläge, um das Haus Österreich zu entmachten und die ursprünglich aristokratische Form der Reichsverfassung wiederherzustellen. Vgl. Hoke, Rudolf: Hippolithus a Lapide. In: Stolleis, Michael (Hg.): Staatsdenker der frühen Neuzeit. München 1995, 118–128.

12 Bogislaus Philipp von Chemnitz, Königlichen Schwedischen in Teutschland geführten Kriegs, Erster Theil. Stettin 1648 [benutztes Exemplar UB Marburg VII dA 100], zitiert im folgenden als Chemnitz I (wie Anm. 12); Ander Theil. Stockholm 1653 [benutztes Exemplar UB Marburg VII dA 102b], zitiert im folgenden als Chemnitz II (wie Anm. 12).

13 Samuel (von) Pufendorf (1632–1694), 1661 Professor des Natur- und Völkerrechts in Heidelberg, 1670 in Lund, seit 1677, wie zuvor Chemnitz, königlich-schwedischer Hofhistoriograph, danach seit 1688 brandenburgischer Hofhistoriograph.

14 Pufendorf, Samuel: Commentariorum de Rebus Suecis ab expeditione Gustavi Adolfi Regis in Germaniam ad abdicationem usque Christinae. Utrecht 1686, Frankfurt a. M. ²1705.

im Krieg gespielt. Pufendorf lehnte sich in seiner Fortsetzung der Chemnitzschen Darstellung stilistisch und inhaltlich stark an das Werk seines Amtsvorgängers an, auch wenn er manch eigene Akzente setzt.[15] Insgesamt kann die offizielle schwedische Staatschronik zum Dreißigjährigen Krieg trotz der beiden unterschiedlichen Verfasser Chemnitz und Pufendorf durchaus als Einheit betrachtet werden und wird im folgenden auch entsprechend behandelt.[16]

Wallenstein wird in diesem Werk in einer ganz besonderen Weise dargestellt, die freilich nur sichtbar wird, wenn man sich die grundsätzliche historiographische Arbeitsweise von Chemnitz vergegenwärtigt. Chemnitz hat eine außerordentlich detailreiche, kleinschrittige Chronik des Kriegs vorgelegt. In enger Anlehnung an die Chronologie und gestützt auf zahlreiche Aktenstücke des Stockholmer Archivs, das ihm zugänglich war, berichtet er über die einzelnen Ereignisse des Kriegs, von den militärischen Geschehnissen und politischen Verhandlungen, wobei er stets um Detailgenauigkeit bemüht war.[17]

Der scharfe Propagandist Chemnitz, der während des Kriegs wütende antihabsburgische Pamphlete geschrieben hatte, tritt dabei in erstaunlich hohem Maße in den Hintergrund. Polemische Wertungen, politische, gar konfessionelle Werturteile finden sich bemerkenswert selten in dem Werk. Diese Zurückhaltung gilt in besonderem Maße für die Beurteilung der militäri-

15 Die Fortführung des Chemnitzschen Werks gehörte wohl zu den ersten Aufgaben Pufendorfs als neuernannter schwedischer Hofhistoriograph; die Tätigkeit Pufendorfs als schwedischer Hofhistoriker ist trotz des Vorhandenseins einschlägiger Quellen in vielerlei Hinsicht recht unerforscht geblieben; vgl. Döring, Detlef: Pufendorf-Studien. Beiträge zur Biographie Samuel von Pufendorfs und zu seiner Entwicklung als Historiker und theologischer Schriftsteller. Berlin 1992 (Historische Studien 49), 34.

16 Der annalistische Stil, den Lars Nilhén bei seiner knappen Analyse der Darstellungsweise Pufendorfs als königlich-schwedischer Hofhistoriograph konstatiert, ist also wesentlich darauf zurückzuführen, daß er nahtlos an Chemnitz' Darstellungsweise angeknüpft und deren annalistisch-antiquarischen Stil fortgeschrieben hat; vgl. zum Stil der Pufendorfschen Chronik Nilhén, Lars: On the Use of Natural Law. Samuel von Pufendorf as Royal Swedish State Historian. In: Modéer, Kjell Å. (Hg.): Samuel von Pufendorf. 1632–1982. Ett rätthistoriskt symposium i Lund 15–16 januari 1982. Stockholm 1986, 52–70, hier 58.

17 Vgl. zur Arbeitsweise Gallati, Frieda: „Der Königlich Schwedische in Teutschland geführte Krieg" des Bogislav Philipp von Chemnitz und seine Quellen. Frauenfeld 1902. Die Anregung zur Anfertigung des Werks ging auf Reichskanzler Oxenstierna zurück. Die schwedische Regierung veranlaßte, daß Chemnitz in großem Umfang auf gedrucktes Material zurückgreifen konnte, aber auch Zugang zu archivalischem Material erhielt; ebd., 18–40. Vgl. zur überwiegend auf reine Quellenwiedergabe und (teilweise willkürlich kompilierte) Tatsachenberichterstattung gerichtete Arbeitsweise Chemnitz' ebd., 41f., 59f.; zu der sorgfältigen, strengen Zusammenstellung der Ungenauigkeiten, die Chemnitz im Umgang mit seinen Quellen unterliefen, ebd., 68–74.

schen und politischen Akteure. Fürsten, Militärs und Diplomaten begegnen uns zwar, werden auch namentlich genannt, bleiben aber als Persönlichkeiten mit individuellen Charakterzügen weitgehend unsichtbar, sieht man von der einen großen Ausnahme, der Panegyrik für Gustav Adolf ab. Dies gilt für das militärische und politische Führungspersonal Schwedens, aber auch für jenes von Schwedens Verbündeten innerhalb und außerhalb des Reichs. Als ein charakteristisches Beispiel unter vielen sei der pfälzische Kurfürst und böhmische (Gegen-)König Friedrich V. genannt. Er bleibt als Persönlichkeit völlig konturenlos, selbst sein Tod im November 1632 wird lediglich mit dürren Worten vermerkt, ansonsten aber fast nicht kommentiert.[18] Pufendorf setzte diese trocken-faktologische, auf persönliche Wertungen weitestgehend verzichtende Darstellungsweise konsequent fort, er geht sogar noch weiter: Selbst Todesfälle wichtiger Akteure unter den schwedischen Verbündeten, etwa jener Kardinal Richelieus im November 1642 oder König Ludwigs XIII., werden nicht einmal mehr erwähnt oder chronistisch erfaßt, sondern sind nur noch indirekt erschließbar.[19]

Fast noch auffälliger ist der Verzicht auf Charakterisierungen und Wertungen des militärischen und politischen Personals der Gegenseite, auf der Seite des kaiserlich-katholischen Kriegsfeindes. Chemnitz und Pufendorf sind geradezu peinlich darauf bedacht, in ihrem voluminösen Werk jede Polemik gegen Führungspersönlichkeiten im feindlichen Lager zu unterlassen. Die feindliche Kriegspartei ist daher beinahe noch gesichtsloser als die eigene Seite. Selbst an der einen Stelle, an der das Geschichtswerk um eine Bewertung nun kaum herumzukommen scheint, bei der Erläuterung der Gründe für den Krieg und der Benennung des oder der Schuldigen, bleibt Chemnitz merkwürdig wortkarg. Er ringt sich eine Wertung ab, aber eine denkbar knappe: Ursache des Krieges sei das allseits bekannte Streben des Hauses Österreich nach der Universalmonarchie gewesen, das seit der erfolgreichen Heiratspolitik zu Zeiten Karls V. zu beobachten sei.[20] Der Kollektivsingular „Haus

18 Chemnitz I (wie Anm. 12), 449f. beschränkte sich darauf, den Tod des Pfalzgrafen zu vermerken, allein mit der Zusatzbemerkung, daß er auf die Leibesschwachheit Friedrichs zurückzuführen sei, die von der Schwermut des Pfalzgrafen nach der Nachricht vom Tod des Schwedenkönigs hergerührt habe.

19 Zum Tod Richelieus vgl. Pufendorf: Commentariorum de Rebus Suecis, 501, wo der Tod Richelieus im Zusammenhang neuer Hoffnungen der Kaiserlichen auf eine Kriegswende unter dem Rubrum „Casesarei ex morte Richelii mutationem sperant" erörtert wird. Zu Persönlichkeit und Lebensleistung des Kardinals äußern sich weder Pufendorf noch Chemnitz näher. Gleichfalls ganz beiläufig wird der Tod Ludwigs XIII. und der Regierungswechsel in Frankreich vermerkt; vgl. ebd., 527.

20 Chemnitz I (wie Anm. 12), 3: „Haben Sie [...] dahin zutrachten angefangen: Wie Sie ihre Hand/ je länger/ je weiter außstrecken [...] die gantze Welt/ oder doch den vornemsten

Österreich" wird nicht aufgelöst, die Hervorhebung einzelner Herrscher unterbleibt. Entsprechend verzichten Chemnitz und Pufendorf auf jegliche Invektiven gegen Ferdinand II., etwa auf seine Abhängigkeit von Jesuiten und seine „despotischen", „reichsabsolutistischen" Bestrebungen. Polemische Attacken solcher Art, die doch Lieblingsthemen des Pamphletisten Chemnitz gewesen waren, sucht man in dem Geschichtswerk vergebens.[21]

Vor diesem Hintergrund nun wird deutlich, daß Wallenstein im Geschichtswerk eine besondere Stellung einnahm. Er ist nämlich, wenn ich richtig sehe, die einzige Persönlichkeit auf kaiserlich-katholischer Seite, die in dem Werk in gewissem Rahmen individuelle Charakterzüge trägt, sozusagen ein persönliches Gesicht erhält, wenn auch beileibe kein besonders anziehendes. Nach der Schilderung der Flucht Wallensteins aus Pilsen und der blutigen Ereignisse von Eger 1634 fügte Chemnitz eine Zwischenbetrachtung ein, in der er den rasanten, geradezu schwindelerregenden Aufstieg des Friedländers dank seiner durchaus anerkannten Talente skizzierte und dann ein kurzes, aber eindringliches Persönlichkeitsprofil dieses Generals zeichnete.[22] Dabei griff er Wertungen und Charakterisierungen auf, die schon zuvor in den Text eingestreut worden waren. Insgesamt werden die problematischen Eigenschaften, die Wallensteins Charakter nach Auffassung von Chemnitz besaß, deutlich benannt. Besonderen Wert scheint Chemnitz dabei gar nicht so sehr auf die quasi „politischen" Untugenden Wallensteins, also auf seinen Ehrgeiz, seinen Machthunger gelegt zu haben, sondern auf die problematischen Wesenszüge im – modern gesprochen – kommunikativ-zwischenmenschlichen, also im persönlichen Bereich. Gerade sie hätten Wallenstein zu einem Schrecken für seine Offiziere und seine übrigen Untergebenen, aber auch für seinen kaiserlichen Herrn gemacht.[23] Eigens genannt werden sein Jähzorn, der vielzitierte „Schiefer" Wallensteins,[24] seine „Kaltsinnigkeit" in religiösen Angelegenheiten,[25] die ihn, den katholischen Generalissimus,

---

Theil derselben/ in ihre Gewalt bringen/ und also eine newe vollkommene Monarchey anrichten möchten."

21 Zur engen Beziehung zwischen der scharf antikaiserlichen Publizistik der Jahre 1631 bis 1633 und Chemnitz vgl. schon Weber, Friedrich: Hippolithus a Lapide. In: Historische Zeitschrift 29 (1873) 254–306, hier 283–300; vgl. auch Hoke: Hippolithus a Lapide, 118f.

22 Chemnitz II (wie Anm. 12), 330f.

23 Vgl. die Skizze ebd., 330, wo Wallensteins „sehr hochtrabenden Geistes/ eines fast Jähzornigen Gemüthes" beschrieben wird.

24 Ebd., 330: „Von seinem schieffer ward vor diesem viel geredet [...]".

25 Ebd.: „Er hette in seiner Nativitet Mercurium in nonâ Domo, welches Kaltsinnige Leute in der Religion, und die sich darumb nicht brennen liessen/ bedeuten thete: Derhalben Er auch von den Pfaffen/ und Sie hinwiederumb von Ihm/ weinig [sic!] gehalten."

zum ausgesprochenen Jesuiten- und Pfaffenhasser gemacht habe, sowie seine Strenge gegenüber den Untergebenen, die sich zur regelrechten „Tyrannei" habe steigern können.[26] Letztere taucht bei der Beschreibung Wallensteins immer wieder auf, nicht nur im Verhältnis zu Untergebenen, sondern auch zum Kriegsherrn, also dem Kaiser: Habe Wallenstein doch nicht davor zurückgeschreckt, seinem kaiserlichen Herrn Vertragskonditionen aufzuzwingen, die „den Knecht [sc. Wallenstein] gleichsamb uber den Herrn [sc. Ferdinand II.] setzten" und den kaiserlichen Dienstherrn damit gedemütigt hätten.[27] Wallenstein tritt also im Unterschied zu allen anderen Persönlichkeiten auf kaiserlich-katholischer Seite als Individuum mit benennbaren Charakterzügen auf, sogar mit sehr ausgeprägten eigenen Charakterzügen.

Überdies ist er auch der einzige Akteur der Gegenseite, dessen Handeln von Chemnitz mit diesen Charakterzügen sowie mit Emotionen bzw. Affekten erklärt wird.[28] Deutlich wird dies beispielsweise bei der Schilderung des „Prager Blutgerichts" im Jahr 1633, also der Hinrichtung von fahnenflüchtigen kaiserlichen Offizieren nach der Schlacht von Lützen. Wallenstein habe, so Chemnitz, nach dieser Schlacht und dem raschen Rückzug nach Böhmen dringend Truppen benötigt und auch alles nur Denkbare getan, um solche zu bekommen; aber selbst diese gefährliche Situation habe ihn nicht davon abgehalten, an den Offizieren, in denen er die Hauptverantwortlichen für seinen demütigenden Abzug aus Lützen, „die schnöde Flucht" der kaiserlichen Armee, gesehen habe, grausame Rachejustiz zu üben; auch hier habe sein unbändiger Jähzorn wieder die Oberhand gewonnen.[29]

---

26 Ebd., spricht Chemnitz vom „überaus strengen/ und schier tyrannischen Commendo" des Friedländers, das er über die Seinen ausgeübt habe.

27 Chemnitz I (wie Anm. 12), 295: „Diese condiciones, wiewol sie der Keyserlichen und des Hauses Oesterreichs grandezza gantz verkleinerlich waren/ in deme sie des Keysers authoritet dem Willen des Hertzogen von Friedland unterwürffig machten/ und den Knecht gleichsamb uber den Herrn setzten/ pressete die Noth/ vor dißmahl/ dem Keyser ab."

28 Bemühungen, die Gefühlswelt der Frühen Neuzeit zu kategorisieren, sind in der neuesten Forschung auf Kritik gestoßen. Inwieweit entsprechende Lehrtraditionen (etwa der Scholastik) lebensweltlich rezipiert wurden, bleibt zweifelhaft und umstritten. Vgl. Behringer, Wolfgang: Gefühl. In: Enzyklopädie der Neuzeit 4 (2006) 247–251, hier 247f. Auf trennscharfe Kategorisierungen der Begrifflichkeit wird angesichts dieser unübersichtlichen Forschungslage auch im folgenden verzichtet.

29 Chemnitz II (wie Anm. 12), 60: „Unangesehen aber der Hertzog von Friedland dergestalt des Volcks wol von nöthen hatte/ auch/ solches durch allerhand wege an sich zuziehen/ embsig war/ konte Er sich doch nicht enthalten/ das Er nicht an denen/ welche Er/ als feldflüchtige/ und ursacher der schnöden flucht vor Lützen beschüldiget/ seinen vorigen schiefer blicken lies. Dan es wurden/ den vierten tag Hornungs/ zu Prag/ nebenst einem Obristen/ Johan Niclas vom Hagen/ Teutschen Ordens Rittern/ und einem Obristen

Selbst Wallensteins Scheitern, seine „Conspiration" und ihre katastrophalen Folgen, wird auf diese düsteren persönlichen Seiten, auf Wallensteins Charakterschwächen im kommunikativen Umgang mit Freund und Feind, zurückgeführt. Der Friedländer habe sich tief in Verhandlungen mit Sachsen und Schweden eingelassen, freilich, so vermutet Chemnitz, nicht deshalb, weil er zum Hochverrat entschlossen gewesen sei. Vielmehr habe er zunächst Zwiespalt und Streit im gegnerischen Lager säen wollen.[30]

Doch über diese Ziele habe er auch die eigene Seite – dies läßt Chemnitz durchblicken – im unklaren gelassen. Entsprechend hätten die Verhandlungen den Argwohn seiner eigenen Offiziere und – von diesen alarmiert – des Kaisers geweckt, er „sey beym Keyser in verdacht gerathen"; tief in ein Netz von Verstellung und Mißtrauen eingewoben, sei Wallenstein nichts anderes übriggeblieben, als seinen „Verschwörungsplan" gegen den Kaiser tatsächlich umzusetzen. Wallenstein hätte sich schließlich genötigt gesehen, „die Consilia/ so Er anfangs wieder die Evangelische listiglich und betrieglicher weise/ zum schein/ geführet/ [...] in ernst [zu] ergreiffen".[31] Anders formuliert: Sein Mißtrauen, seine Abschottung und seine Verstellung haben Wallenstein nach Chemnitz' Auffassung zu einer Art Verräter wider Willen gemacht.

Die offizielle Lesart des Kaiserhofs war das nicht,[32] von einer planmäßigen, von langer Hand angelegten Verschwörung Wallensteins ist bei Chemnitz nicht die Rede; aber sie spricht den Friedländer auch nicht von Schuld

Lieutenant, Albrecht Freyherrn von Hoffkirchen/ unterschiedliche hohe Officierer/ mit dem schwerd/ andere mit dem strange vom leben zum tode gerichtet/ theils/ nach zubrechung des degens/ von der Armée abgeschaffet/ auch bey fünffzig/ hohe und niedere Officierer/ so sich ausdem staube gemachet/ mit nahmen vom Scharffrichter an die justitz geschlagen."

30 Ebd., 331, in Form einer Frage formuliert: „Oder ob nicht der gantze handel/ die Evangelische zubetriegen und auszumatten/ trennungen unter Ihnen anzurichten/ und also/ bey gegebener gelegenheit/ Denenselben abbruch zuthun/ von Ihm angesehen gewesen?"

31 Ebd.: „Worüber Er/ weil der schertz zu grob worden/ und Er gar zu extravagante, wunderbarliche manieren in seinen reden und actionen gebrauchet/ beym Keyser in verdacht gerathen: Welcher von seinen misgönnern und wiederwertigen dergestalt fomentiret worden/ und zugenommen; Das Er endlich die Consilia/ so Er anfangs wieder die Evangelische listiglich und betrieglicher weise/ zum schein/ geführet/ hiedurch gleichsamb genötiget und gezwungen/ in ernst wiewol gar zu spät/ ergreiffen müssen."

32 Vgl. zur offiziellen kaiserlichen Sichtweise von Wallensteins „Conspiration" als von langer Hand geplantem, zielstrebig betriebenem Verrat und systematischer Rebellion, die im offiziellen „Außführlichen und Gründtlichen Bericht" von Herbst 1634 ihre abschließende Formulierung gefunden hat: Kampmann, Christoph: Reichsrebellion und kaiserliche Acht. Politische Strafjustiz im Dreißigjährigen Krieg und das Verfahren gegen Wallenstein 1634. Münster/W. 1993, 191–195.

frei wie so manche Vertreter der katholischen Zeitgeschichtsschreibung, die Wallenstein teilweise oder ganz vom Vorwurf des Verrats entlasteten,[33] sondern wies seinen charakterlichen Schwächen doch eine gravierende Mitschuld zu. Seine persönliche Charakterdisposition, gerade im Umgang mit den eigenen Offizieren und dem Kaiser, hätte letztlich in hohem Maße zu seinem Verderben beigetragen.

Wie ungewöhnlich diese Herausstellung persönlicher Charaktermerkmale ist, die auch zur Erklärung konkreter Handlungsabläufe herangezogen werden, zeigt sich eindringlich, wenn vergleichend zur Darstellung Wallensteins jene des anderen prominenten Generals der kaiserlich-ligistisch-katholischen Partei in der ersten Kriegshälfte, diejenige von Johann Tserclaes Graf von Tilly, gegenübergestellt wird. Chemnitz geht in seinem Werk mit Tilly bemerkenswert schonend um, Kritik an konkreten Charakterschwächen sucht man vergeblich. Tilly erhält eine kurze, konventionelle, aber insgesamt durchaus lobende Würdigung von Chemnitz, der ihm zugesteht, „wegen seiner guten resolution und Tapfferkeit/ wegen seiner langwierigen experientz und Erfahrenheit/ scharffsinnigen Verstandes/ vorsichtigen conduicte/ und gewaltigen verrichteten Thaten/ wol unter die vornembsten KriegsHäubter unserer Zeit gerechnet werden“[34] zu dürfen. Und dem lediglich zum Verhängnis geworden sei, nicht ein Jahr früher von Gott abberufen worden zu sein, denn dies hätte ihn davor bewahrt, im schwedischen König seinen Meister zu finden.[35] Selbst

33 Schon einen Schritt zur Entlastung Wallensteins hat Galeazzo Gualdo Priorato getan, der zwar den Verratsvorwurf nicht zurückgewiesen, aber doch relativiert hat; vgl. Mannigel: Wallenstein, 64, und den Beitrag von Arno Strohmeyer in diesem Band. Noch weiter ging die 1645 in Krakau erstmals publizierte, europaweit viel gelesene und häufig wiederaufgelegte „Chronica Gestorum in Europam singularium“ des polnischen Bischofs Paweł Piasecki (Paulus Piasecius), der aufgrund der mageren Ermittlungsergebnisse des Kaiserhofs überhaupt das Vorhandensein einer „Conspiration“ des Friedländers in Abrede stellte; vgl. ebd. (hier zitiert nach der Ausgabe von 1648, 469, an der Piasecki zusammenfassend urteilt: „Conspirationis Valnstenianæ nullum indicium elici potest.“)

34 Chemnitz I (wie Anm. 12), 311.

35 Ebd.: „Als müssen wir bekennen/ daß Er auch den letzten Ruhm mit sich in die Grube genommen haben würde; Wann der Allmächtige Gott nur ein Jahr früher mit Ihm aus dieser Welt geeilet hette. Es ist aber der Göttlichen providentz gefällig gewesen/ ein Exempel Menschlicher Schwach= und Unvollkommenheit an Ihm darzustellen; in seinem hohen Alter das LorbeerCräntzlein Ihm abzunehmen; und dem Könige zu Schweden auffzusetzen: Also/ daß Er/ von dem höchsten grad der Glückseligkeit Urplötzlich vor Leipzig gestürtzet/ hernacher/ bis an sein Ende/ nichts als des/ Ihm den Rücken kehrenden/ Glücks Wiederwertigkeit erfahren. Jedoch ist diese Verenderung seiner erlangten reputation desto weniger verkleinerlich: Weil Er/ nicht einem gemeinen/ sondern einem so tapffern Helden/ dessen gleichen der ErdCreis in viel- und langen Zeiten nicht getragen/ die Siegs=Cron uberlassen.“

im Zusammenhang mit der Eroberung und Zerstörung Magdeburgs[36] bleibt die Kritik an Tilly sehr verhalten. Bei der recht ausführlichen Schilderung des „Excidium Magdeburgense" tritt Tilly, obwohl er doch als kaiserlich-ligistischer Oberbefehlshaber am furchtbaren Geschehen erheblichen Anteil hatte, sehr in den Hintergrund,[37] und selbst in der kurzen posthumen Würdigung werden die „unbarmhertzige proceduren zu Magdeburg"[38] nur bemerkenswert knapp und zurückhaltend berührt.

Wallenstein nahm in Chemnitz' Werk zum Dreißigjährigen Krieg, so darf an dieser Stelle zusammenfassend festgehalten werden, eine bemerkenswerte Sonderstellung ein, stellt er doch in dem Werk eine der wenigen Persönlichkeiten dar, die individuelle Charakterzüge tragen, und war er überdies der einzige Vertreter der kaiserlich-katholischen Partei, vielleicht überhaupt der einzige Akteur, dem genau benannte, individuelle Charakterzüge zugesprochen wurden.

3. Gründe für die historiographische Sonderstellung Wallensteins

Warum erhält Wallenstein nun dieses Alleinstellungsmerkmal, diese markant negative Charakterisierung – eine negative Charakterisierung, die Chemnitz und Pufendorf so keinem anderen Akteur zuteil werden ließen? Darauf soll nun im zweiten Teil meiner Ausführungen eine Antwort gesucht werden.

---

36 Zur enormen zeitgenössischen Wirkung, bei der nicht zuletzt die Rolle Tillys zwischen der katholisch-ligistischen und der protestantischen Publizistik heftig umstritten war, vgl. Lahne, Werner: Magdeburgs Zerstörung in der zeitgenössischen Publizistik. Magdeburg 1931; Kaiser, Michael: „Excidium Magdeburgense". Beobachtungen zur Wahrnehmung und Darstellung von Gewalt im Dreißigjährigen Krieg. In: Meumann, Markus/Niefanger, Dirk (Hg.): Ein Schauplatz herber Angst. Wahrnehmung und Darstellung von Gewalt im 17. Jahrhundert. Göttingen 1997, 43–64, hier 45f.

37 Tilly spielt bei der insgesamt schonungslosen Schilderung der Eroberung, Plünderung und Zerstörung Magdeburgs (vgl. Chemnitz I [wie Anm. 12], 158–161) eine untergeordnete Rolle; er begegnet bei Chemnitz eher als mäßigende Kraft, so beim Schutz der im Dom eingeschlossenen Bevölkerung (ebd., 160) oder bei seinem nach Tagen der Raserei gegebenen Befehl an die Soldateska, das Plündern einzustellen – ein Verbot, das er mit bewaffneter Hand durchgesetzt habe (ebd.).

38 Chemnitz I (wie Anm. 12), 311: „Nur haben zuletzt/ ohnlängst vor der Leipziger Schlacht [i. e. die Schlacht von Breitenfeld]/ die unbarmhertzige proceduren zu Magdeburg/ und der Rauch/ von dieser eingeäscherten Stadt entstanden/ solches sein Lob in etwas zuverdunckeln angefangen."

Anders als bei der Erhebung des Befunds selbst sind wir bei der Beantwortung dieser Frage eher auf Vermutungen angewiesen. Natürlich wäre es denkbar, daß diese herausgehoben negative Schilderung Wallensteins etwas mit der grundsätzlichen politischen Tendenz des Werks, ihrer proschwedischen und antikaiserlichen Ausrichtung, zu tun hat. Daß man also eigentlich auf den Kaiser zielte, aber sozusagen stellvertretend einen seiner wichtigsten „Helfer“ und Ratgeber anvisiert – ein in der politisch-publizistischen Auseinandersetzung des 17. Jahrhunderts, ja der gesamten Frühen Neuzeit, durchaus vertrautes propagandistisches Stilmittel.[39] In der antikaiserlichen Propaganda des Dreißigjährigen Kriegs firmierte Wallenstein ja durchaus als „böser Ratgeber“ Ferdinands II., der an Stelle des Kaisers attackiert wurde.[40] Es wäre grundsätzlich denkbar, daß dieses Stilmittel von einem antihabsburgisch eingestellten Autor wie Chemnitz hier aufgegriffen und verwendet wurde.[41]

Doch gibt es gute Gründe, die diese allzu vordergründige Deutung fraglich erscheinen lassen. Schon die Tatsache, daß allein Wallenstein auf kaiserlicher Seite diese herausgehoben negative Charakterisierung zugeschrieben wird, läßt an dieser Interpretation zweifeln. Warum sollten Chemnitz bzw. Pufendorf alle übrigen Räte und Militärs auf kaiserlicher Seite schonen?

Die Bedenken gegenüber einer solchen Deutung wachsen, wenn wir die Darstellung Wallensteins in dem Werk einmal mit der Charakterisierung Wallensteins in anderen Werken der Zeitgeschichtsschreibung vergleichen, die eine völlig andere politische Ausrichtung vertraten. Ich möchte dies beispielhaft tun anhand eines zeitgenössischen Geschichtswerks, der „Rerum Germanicarum Libri“ des Gelehrten und Schriftstellers Johann Peter Lotichius – ein Werk, das etwa zeitgleich mit jenem von Chemnitz, in den Jahren

39 Vgl. zu diesem verbreiteten Topos bei der publizistischen Kritik an fürstlichen Persönlichkeiten Kampmann, Christoph: Diskussionsbericht. In: Bosbach, Franz: Feindbilder. Die Darstellung des Gegners in der politischen Publizistik des Mittelalters und der Neuzeit. Köln/Weimar/Wien 1992, 235–242, hier 239.

40 Vgl. zur Charakterisierung Wallensteins als „böser Ratgeber“ Nolden, Karl: Die Reichspolitik Ferdinands II. in der Publizistik bis zum Lübecker Frieden. Köln 1957, 151f., 158; Kampmann, Christoph: Zweiter Mann im Staat oder Staat im Staat? Zur Stellung Wallensteins in der Administration Kaiser Ferdinands II. In: Kaiser, Michael/Pečar, Andreas (Hg.): Der zweite Mann im Staat. Oberste Amtsträger und Favoriten im Heiligen Römischen Reich im 17. und 18. Jahrhundert. Berlin 2003 (Beihefte der Zeitschrift für Historische Forschung 32), 295–315, hier 300f.

41 Zur bemerkenswerten politischen Sonderstellung von Chemnitz, der unter den zeitgenössischen Geschichtsautoren einer der wenigen mit antihabsburgischer Grundhaltung ist, vgl. Benz, Stefan: Zwischen Tradition und Kritik. Katholische Geschichtsschreibung im barocken Heiligen Römischen Reich. Husum 2003, 348f.

1646 und 1650, in Frankfurt am Main erschienen ist.[42] Die „Rerum Germanicarum Libri" des Lotichius sind geprägt von der ausgewiesen humanistischen Bildung des Autors und dessen Nähe zum Kaiser, der ihn zum Rat und zum Hofhistoriographen erhob.[43] Dies bestimmte die politische Perspektive des Verfassers, der die Ereignisse des Krieges konsequent aus kaiserlich-prohabsburgischer Perspektive schilderte. Im Zentrum der „Rerum Germanicarum Libri" steht entsprechend eine ausführliche, rhetorisch glanzvoll formulierte Panegyrik auf Kaiser Ferdinand II., der zum Inbegriff des weltklugen, demütigen und frommen Regenten stilisiert wird.[44] Konsequentermaßen rechnet Stefan Benz das historiographische Werk des Lotichius in seiner umfassenden einschlägigen Darstellung trotz der protestantischen Konfession des Verfassers dezidiert der katholischen barocken Geschichtsschreibung zu.[45]

Für unseren Zusammenhang ist aufschlußreich, wie Lotichius mit individuell geprägten Wertungen und Werturteilen über die politischen und militärischen Akteure umging. In dieser Hinsicht sind bemerkenswerte Parallelen zwischen Lotichius und dem politisch so ganz anders ausgerichteten Werk von Chemnitz und Pufendorf zu beobachten. Insgesamt hält sich auch Lotichius mit Negativurteilen über Charakter und Persönlichkeit der führenden militärischen und politischen Akteure erkennbar zurück. Wie bei Chemnitz und Pufendorf finden sich persönlich gefärbte Verurteilungen der feindlichen Protagonisten, also in diesem Fall jener auf schwedisch-protestantischer Seite, so gut wie nicht. So wird Gustav II. Adolf von Schweden nach der Schilderung seines Schlachtentods bei Lützen in einem panegyrischen Epigramm gewürdigt, das Lotichius bezeichnenderweise unterschiedslos beiden „Heroen"

42 Lotichius, Johann Peter: Rerum germanicarum sub Ferdinandi II. & III. Imperatoribus Gestarum. Pars prima [...]. Frankfurt a. M. 1646, pars secunda, Frankfurt a. M. [zitiert als Lotichius I und II (wie Anm. 42)]. Vgl. dazu Benz: Zwischen Tradition und Kritik, 341 und Repgen, Konrad: Über die Geschichtsschreibung des Dreißigjährigen Krieges: Begriff und Konzeption. In: ders.: Dreißigjähriger Krieg und Westfälischer Friede. Studien und Quellen. Hg. v. Franz Bosbach und Christoph Kampmann. Paderborn u.a. [2]1999 [[1]1998], 21–111, hier 38–42.

43 Zur Person und zum Werdegang des Lotichius, der als Medizinprofessor an verschiedenen Universitäten, darunter Rinteln und Marburg (in dessen lutherischer, hessen-darmstädtischer Phase), tätig war, bevor er sich auch dank seiner Dotation durch den Kaiser ganz der Schriftstellerei widmen konnte, Benz: Zwischen Tradition und Kritik, 340–342.

44 Es dominieren dabei Begriffe wie *humilitas* und *pietas*, während die streng konfessionell-katholische Ausrichtung dieses Habsburgers, seine Förderung der Jesuiten etc. bei Lotichius hier nicht vorkommen. Benz spricht in treffender Weise von der demonstrativ „konfessionell überparteilichen" Darstellung des Lotichius; vgl. ebd., 341.

45 Zu dem nur scheinbaren Widerspruch zwischen der protestantischen Konfession des Verfassers und seiner „katholischen" Geschichtsschreibung, der kein Einzelfall war, vgl. ebd., 348.

der Schlacht von Lützen gemeinsam, dem Schwedenkönig wie gleichermaßen dem bei Lützen gefallenen kaiserlichen Obersten Pappenheim gewidmet hat.[46]

Lediglich bei einer Persönlichkeit – und dies ist der für uns entscheidende Punkt – zeigt Lotichius keine Scheu vor einer persönlichen, negativ geprägten Charakterisierung, und dies ist auch bei Lotichius markanterweise Albrecht von Wallenstein. Der kaiserliche Hofhistoriograph schilderte Wallensteins negative Charakterzüge in vielleicht noch drastischerer Weise als Chemnitz und Pufendorf. Auch Lotichius nannte die gnadenlose Härte und Schärfe gegenüber seinen Untergebenen, während es der Friedländer zugleich verstanden hätte, das Vertrauen Kaiser Ferdinands II. zu gewinnen.[47] Verhängnisvoll sei aber vor allem Wallensteins Hochmut gewesen, der sich in skrupellosem Streben nach Reichtum und Macht gezeigt hätte. Je höher der Generalissimus gestiegen sei, desto deutlicher wäre die Unersättlichkeit und Grenzenlosigkeit dieses Strebens geworden.[48] Der Friedländer sei – und darin gipfeln alle Vorwürfe – von einer monströsen, grenzenlosen Herrschsucht getrieben worden, von der „monstrosa Fridlandi libidinatio".[49]

Es überrascht daher nicht, daß Lotichius seinem Leser den Friedländer ohne Umschweife als einen zweiten *Sejanus* vorstellt. Der aus dem Ritterstand stammende, unter Kaiser Tiberius zu fast unumschränktem Reichtum und Macht aufgestiegene altrömische Prätorianerpräfekt Sejanus, dessen Aufstieg und Fall der römische Geschichtsschreiber Tacitus in sehr düsteren Farben überliefert hatte,[50] war für die neustoizistisch geprägte Historiographie und Literatur seiner Zeit[51] der Prototyp des skrupellosen, von Leidenschaften ge-

---

46 Lotichius I (wie Anm. 42), 1122f., wo es in der Vorbemerkung zum Epigramm für Gustav Adolf und Pappenheim heißt: „Tam insigne, & penè incomparabile, heroum par, Gustavus Rex, & Pappenheimius, siquidem pugnam illam Lüzensem, toti orbi, posteritatique, posthâc futuram memorabilem, sanguine suo nobilitâssent. Age, non possum non immortali utriusque virtuti, atque honori, apponere hoc loco, unum, alterumque Epigrammation."

47 Lotichius II (wie Anm. 42), 140.

48 Ebd., 141: „Jam tum iste erat Fridlandi spiritus, ut, magna cum acquivisset, non nisi maxime quaeque concupisceret. Severitasque in virtutem, temeritas in pompam, cesserant. Nec dùm erat contenta splendore suo superbia."

49 Ebd., 142.

50 Vgl. Tacitus, Annalen 4 und 5.

51 Vgl. zur breiten, „enthusiastischen" Rezeption von Tacitus durch die Hofhistoriographie des 17. Jahrhunderts jetzt Völkel, Markus: Geschichtsschreibung. Eine Einführung in globaler Perspektive. Köln/Weimar/Wien 2006, 216; zur Rezeption des tacitistisch geprägten Neustoizismus in der habsburgischen Hofhistoriographie Repgen, Konrad: Ferdinand III. In: ders.: Dreißigjähriger Krieg, 319–343, hier 319f.

triebenen Emporkömmlings.[52] Nach dem Persönlichkeitsprofil, das Lotichius von Wallenstein zeichnete, war es nur konsequent, daß es für den kaiserlichen Historiographen zwischen dem unglücklichen Schicksal des Sejanus und jenem des Friedländers praktisch keinen Unterschied gab: „De Sejano narrat Tacitus [...] Eadem ferè cum Fridlando acta est fabula."[53]

Angesichts der engen Parallelen zwischen der Schilderung Wallensteins bei Chemnitz und Pufendorf auf der einen und bei einem von der Grundhaltung so andersartigen Autor wie Lotichius auf der anderen Seite scheinen vordergründig politische Deutungen dieses spezifischen Wallensteinbildes wenig plausibel zu sein.

Erheblich näher scheint man einer Erklärung dagegen zu kommen, betrachtet man das Chemnitzsche Wallensteinbild vor dem Hintergrund seiner Herrscherpanegyrik für Gustav II. Adolf, die Pufendorf weitestgehend übernommen hat. Wie bereits erwähnt, ragt die umfängliche Panegyrik für Gustav II. Adolf aus der sonst in Hinblick auf persönlich gefärbte Charakterisierungen so vorsichtigen Darstellung der schwedischen Hofhistoriographen heraus.

Diese Panegyrik durchbricht schon rein formal die übliche streng chronologisch aufgebaute Schilderung von Chemnitz. In einem weit ausholenden Rückblick wird der glanzvolle und glorreiche Lebensweg des Schwedenkönigs nachgezeichnet.[54] Im Stil der Herrschermemoria, also der unmittelbar nach dem Tod veröffentlichten Leichenpredigten und Leichenreden, aber auch entsprechender panegyrischer Lebensskizzen, die in großer Zahl in Umlauf waren, werden die Tugenden des bei Lützen Gefallenen, seine außergewöhnlichen Qualitäten als politischer Lenker und besonders als militärische Führungspersönlichkeit gewürdigt. Auffällig ist, daß die Schilderung nicht bei den sozusagen erwartbaren, topologischen Schilderungen der überragenden Fähigkeiten des Verstorbenen als politische und militärische Führungspersönlichkeit stehenbleibt.[55] Chemnitz bemüht sich viel mehr, ein sehr persönliches, anschauliches Bild des Königs als eines militärischen Befehlshabers zu zeichnen. Besondere Aufmerksamkeit liegt dabei auf der Schilderung seines Umgangs mit den Untergegebenen, sowohl den Offizieren als auch den einfachen Soldaten. Es entsteht das Bild eines königlichen Heerführers,

52 Kampmann: Zweiter Mann, 296–298.

53 Lotichius II (wie Anm. 42), 142: „De Sejano narrat Tacitus, eum aliâs apud Tiberium rerum potientem [...] Eadem ferè cum Fridlando acta est fabula."

54 Chemnitz I (wie Anm. 12), 472–478.

55 Zu den Herrschertugenden vgl. Repgen, Konrad (Hg.): Das Herrscherbild im 17. Jahrhundert. Münster 1991.

der mit seinen Soldaten lebt und trotz des gewaltigen Rangunterschieds von diesen aufrichtig geliebt wird. Anders formuliert: Gustav Adolf zeigt besondere Qualitäten in genau jenem Bereich, in dem Wallenstein nach Chemnitz' Darstellung als militärischer Vorgesetzter eine so düstere, fast schon abstoßende Figur abgibt. Wallenstein wird zur Kontrastfigur.

Diese auffällige Kontrastierung Wallensteins und Gustav Adolfs als gegensätzliche Persönlichkeiten wird an vielen Stellen des Chemnitzschen Geschichtswerks deutlich. Im folgenden führe ich lediglich zwei markante Beispiele für diese kontrastierende Darstellung an.

Zum einen ist hier der Jähzorn Wallensteins zu nennen, der von Chemnitz und Pufendorf als ein Grund für die Entfremdung des Generals von seinen Untergebenen angegeben wird. Von der Schilderung, wie Wallenstein seinem grausamen Jähzorn gegenüber seinen Untergebenen nach der Schlacht von Lützen freien Lauf läßt, war bereits die Rede.

Gerade dieser Charakterzug eines aufbrausenden Temperaments, das sich zu jähem Zorn habe steigern können, wird von Chemnitz auch bei Gustav Adolf thematisiert. Es entspricht dem Stil dieses sehr persönlich gehaltenen, unkonventionellen Herrscherlobs, daß Chemnitz auf diesen prima facie für den Schwedenkönig keineswegs schmeichelhaften Punkt eingeht. Doch was auf den ersten Blick als Tadel erscheinen könnte, wird von Chemnitz ins Positive gewendet: Gustav Adolf sei weit entfernt davon gewesen, sich von dieser Leidenschaft beherrschen zu lassen. Nie – so wird betont – habe er sich zu wirklichem Jähzorn, gar zu Grausamkeiten hinreißen lassen. Seine Untergebenen hätten durchaus gewußt, daß ihr Herr rasch erzürnen könne, aber nie hätte dies für irgendeinen „Betroffenen" ernsthafte Konsequenzen gehabt.[56] Im Gegenteil: In dieser stets beherrschten Form habe dieses aufbrausende Temperament durchaus segensreich gewirkt. Denn der König habe durchaus im Lagerleben vertrauten Umgang mit seinen Untergebenen pflegen können, ohne daß diese sich je zu irgendwelchen Vertraulichkeiten hätten hinreißen lassen, die der Autorität des königlichen Oberbefehlshabers hätten abträglich

56 Chemnitz I (wie Anm. 12), 474: „Dan ob Ihn manchmahl der Zorn ubereilet/ geschahe doch solches nicht/ als aus rechtmässigen Ursachen und Eyfer: Bestand auch derselbe zum öfftern in blosser alteration des Gesichtes und der Geberden; brach selten in harte/ rauhe Wort/ niemahln in die That und einiges Menschen Verderben/ unbedachtsamer Weise/ aus. Wie auch nicht weiniger [sic!] so geschwind diese Ungestüm sich erhub/ so geschwind legte sie sich wieder: Und hatte man/ wan die erste Hitze vorüber/ ferner vor keinem heimlichen grol sich mehr zubesorgen. Vielmehr befliß Er sich alsdan: Mit guten/ freundlichen Worten den vorübergangenen exces zulindern/ und zusänfftigen."

sein können.[57] Wirklicher Jähzorn, der Untergebene verletze, führe zu deren Haß, allzu große Vertraulichkeit zu Verachtung. Aber gerade seine ‚temperierten' Gefühlsausbrüche hätten Gustav Adolf erlaubt, sehr persönlich mit seinen Untergebenen umzugehen, ohne daß diese jemals vergessen hätten, mit wem sie es zu tun hatten, nämlich mit ihrem königlichen Kriegsherrn. In anderer Form sei Jähzorn – so betont Chemnitz an dieser Stelle – durchaus zu jenen „hohen Potentaten sehr schädlichen/ Menschlichen Gebrechen"[58] zu zählen, was sich als Anspielung auf den Jähzorn Wallensteins lesen läßt, dessen Kommando seinen Untergebenen aus diesem Grunde nicht selten als Tyrannei erschienen sei.

Mit Gustav Adolfs Temperament und seinem vertrauten Umgang mit den Untergebenen, seiner „Familiaritet", stellte Chemnitz Charakterzüge des Schwedenkönigs heraus, die bezeichnenderweise nicht zum üblichen Tugendkatalog der Herrscherpanegyrik gehörten. Gerade im Vergleich zu dem vordergründig ähnlichen, in Wirklichkeit – wie Chemnitz eindringlich darlegt – so ganz anderen Charakterbild der düsteren Persönlichkeit Wallensteins strahlen diese sehr persönlichen Wesenszüge des schwedischen Königs um so heller.

Das andere Beispiel ist die Schilderung des Schlachtentodes Gustav Adolfs und dessen Umstände. Chemnitz verwandte erhebliche Mühe darauf, dieses Sterben als ein gutes, gottgefälliges zu deuten. Einfach war dies nicht, denn der plötzliche Tod, der den Sterbenden eventuell unvorbereitet traf, blieb ein Schrecken und ließ nach verbreiteter, konfessionsübergreifender Auffassung

---

57 Ebd.: „Es nutzte aber dieser Zorn so viel; daß ob wol der König mit jederma/ auch des geringsten Standes Leuten/ wie mit seines gleichen/ zum allerfreundligsten conversirte und umbgieng/ dennoch der gebührende respect erhalten ward: Nachdemmal man wol wuste/ daß bey dieser seiner Freund= und Leutseligkeit/ Er/ wan man Ihm Ursache darzu gab/ nicht/ wie von der Bienen Weiser/ oder König berichtet wird/ allerdings ohne Stachel sich befand. War also die Freund= und Leutseligkeit zwar eine Ursache/ daß man Ihn/ wegen der/ zuweilen aufsteigenden cholera [Zornausbrüche] nicht hassen konte: Hingegen diese/ daß man Ihm auch gleichwol/ wegen seiner Familiaritet/ nicht zu nahe treten durffte."

58 Ebd.: „Darumb wollen wir [...] zweyer [...] sonst hohen Potentaten sehr schädlichen/ Menschlichen Gebrechen [des schwedischen Königs] Erwehnung thun; nemlich/ des jahe Zorns/ und der ubermessigen familiaritet: Deren jenner einen Haß in der Leute Gemüther zugebehren pfleget; diese der Verachtung Mutter ist. Welche/ ob deren wol unser Glorwürdigster König von theils beschüldiget werden wollen/ auch sie sich etlicher massen an Ihm befunden/ dennoch dergestalt temperiret gewesen seind: Daß sie ihres gewöhnlichen effects sich enteussert; Ihm und seinem stat zu keinem Nachtheil/ sondern vielmehr zu Nutzen gereichet; und also bey nahe der Tugenden natur und Eigenschafft an sich genommen."

Rückschlüsse auf das Vorleben des Verstorbenen zu.[59] Entsprechend wurde dieses ‚gute' Sterben Gustav Adolfs ausführlich geschildert: seine Vorbereitung in Gebet und Betrachtung auf den Tod in der Schlacht, den er – wie Chemnitz ausdrücklich vermerkte – vorausgeahnt habe,[60] schließlich sein beherzter Kampf, die tiefe Trauer, in die die Nachricht von seinem Tod sofort die gesamte schwedische Armee stürzte, die aber nun für ihren König weitergekämpft habe.[61] Die lange Schilderung des Schlachtentods Gustav Adolfs gipfelt in den Ausruf von Chemnitz: „Hat also sterbend Gesieget und ist Siegend gestorben; oder vielmehr aus diesem zergenglichen in ein bessers und unzergengliches Leben eingegangen."[62]

Der Kontrast zur Schilderung des Todes Wallensteins könnte kaum größer sein. Leitthema der entsprechenden Darstellung ist die Erbärmlichkeit von dessen Ende, die gänzliche Ehrlosigkeit und Verlassenheit des so tief Gestürzten. Nachdem Wallenstein hätte erkennen müssen, daß seine Getreuen fast vollständig von ihm abgefallen wären, sei ihm nichts als die Flucht geblieben. In Eger angekommen, vollzieht sich sein Schicksal: Kaisertreue Dragoner und Gemeine ziehen zu seinem Domizil, überfallen den einst scheinbar Allmächtigen, jetzt aber Überrumpelten und Verlassenen, zu nächtlicher Stunde, stechen den nur im Hemd vor ihnen stehenden Wehrlosen einfach nieder; wortlos bricht er zusammen und haucht seinen Geist aus. Nicht einmal gegenüber dem Leichnam des Getöteten hätten die Täter irgendwelche

---

59 Traditionell konnte die Frage, ob eine berühmte, umstrittene Persönlichkeit gottgefällig hatte sterben dürfen, ins Zentrum kontroverser publizistischer Auseinandersetzungen rücken. Berühmt, aber keineswegs singulär sind die entsprechenden Auseinandersetzungen im Fall von Luthers Sterben; vgl. dazu Brockmann, Thomas: Vorbild, Lehrer, Prophet der letzten Zeit. Luthermemoria und Lutherrezeption 1546–1617. In: Historisches Jahrbuch 129 (2009) 35–64, hier 60–62; Brückner, Wolfgang: Luther – heiliger Mann oder falscher Prophet? Legende und Antilegende 1517 und 1630. In: Strobl, Christine/ Neumann, Michael (Hg.): Mythen Europas. Schlüsselfiguren der Imagination, Bd. 4: Renaissance. Darmstadt 2006, 36–57, hier 48f. Die entsprechenden Ausführungen von Chemnitz zu Gustav Adolfs gottgefälligem Sterben haben daher durchaus – gerade angesichts entsprechender katholischer Polemik – apologetische Funktion.

60 Vgl. Chemnitz I (wie Anm. 12), 477. Dort wird geschildert, wie Gustav Adolf wenige Tage vor Lützen in Naumburg von einer jubelnden Menge empfangen wird, aber unbewegt von der Begeisterung seinem Hofprediger andeutet, daß die wahre Hoffnung auf Gott zu setzen sei, rechne er doch damit „daß GOtt wol in kurtzem seiner Armée ein Unglück begegnen lassen/ oder auch Ihn selbst/ durch den zeitlichen Todt/ hinweg nehmen dörffte".

61 Ebd., 464–466; vgl. auch die Wiedergabe der Predigt des Hofpredigers Hoe von Hoenegg, ebd., 468f.

62 Ebd., 477.

Pietät gezeigt, wie Chemnitz betonte: Eingewickelt in ein rotes Tuch, wird er auf einen Wagen gelegt und rasch fortgeschafft.[63]

Die Beschreibung gipfelt in den Worten, die als Gegenpol zur entsprechenden Bewertung von Gustav Adolfs seligem Heldentod gelesen werden können: „Also muste der/ in der gantzen Christenheit so gewaltig beschreiete/ Hertzog von Friedland/ mit einem liederlichen/ unlöblichen und schändlichen ende/ wie ein Rebelle/ und an seiner Herrschaft trewloser/ meineydiger verräther/ sein leben beschliessen."[64]

Schon die detaillierte Schilderung des entwürdigenden Umgangs mit dem Generalissimus ist ungewöhnlich, diese Wortwahl ist es noch mehr. Und gerade in der Gegenüberstellung zum gottgefälligen Sterben des Schwedenkönigs fallen die geradezu dämonischen Begleitumstände des Todes Wallensteins auf, die Chemnitz dem Leser gleichfalls nicht vorenthält. „Und ist hiebey sonderlich zumercken: Das selbigen abend/ in dem diese blutige exsecution vorgangen/ ein schrecklicher windbraus entstanden/ und bis gegen mitternacht/ eben die zeit über/ wie solches passiret/ gewehret."[65] Für Chemnitz ist diese Schilderung, deren Deutung dem Leser überlassen wird, vollkommen untypisch und stellt einen markanten Bruch mit der sonst sehr sachlichen, ja über weite Strecken trocken-chronistischen Darstellungsweise dar.

Die Gegenüberstellung von Gustav Adolf und Wallenstein kann beim Verständnis dieser ungewöhnlichen Passage weiterhelfen: Der Schilderung des Schlachtentodes des im Sterben triumphierenden Königs steht der furchterregende, schändlich verlassene Untergang des emporgekommenen kaiserlichen Generalissimus gegenüber, der im Leben wie im Sterben vollkommen gescheitert ist. Gerade in der Gegenüberstellung zu dem gottseligen Sterben des geliebten und tiefbetrauerten Königs und seinem Tod wird das Düster-Dämonische und Erniedrigende von Wallensteins Ende sichtbar.[66]

Bemerkenswerterweise gibt es auch bei der Darstellung Wallensteins als negativer Kontrastfigur auffällige Parallelen zwischen dem schwedischen

---

63 Chemnitz II (wie Anm. 12), 330.

64 Ebd.

65 Ebd.

66 Pufendorf kürzte in seiner Neubearbeitung und Fortsetzung des Chemnitzschen Werkes diese Sterbeszenen, nutzte aber die Prägnanz der lateinischen Sprache, um auf seine Weise die Kontrastierung noch deutlicher zu machen. Der lange Einschub zu Gustav Adolfs Leben und Tugenden wird treffend unter die Zwischenüberschrift „Gustavi Adolfi Regis Elogium" gestellt (vgl. Pufendorf: Commentariorum de Rebus Suecis, 84), dem dann wenig später das „Fridlandi Elogium" (wohlgemerkt ohne jede Nennung eines Ranges) folgt – ein bemerkenswertes *Elogium*, das vornehmlich schlechte Charaktereigenschaften des Hingeschiedenen nennt.

Hofhistoriographen Chemnitz und dem kaiserlichen Hofhistoriographen Lotichius. Es gibt Indizien, daß Wallenstein auch bei Lotichius entsprechend zum dunklen Gegenbild stilisiert wurde. Lotichius war offensichtlich bestrebt, negative Charaktereigenschaften Wallensteins herauszustellen, die den Kontrast zu seiner panegyrisch gefeierten „Heldengestalt", Kaiser Ferdinand II., besonders leuchtend aufscheinen lassen. So ist der eigentlich verderbliche Charakterzug Wallensteins bei Lotichius nicht Jähzorn oder tyrannisches Gebaren, auch wenn diese Eigenschaften genannt werden. Der eigentlich fatale Fehler Wallensteins sei sein Hochmut, seine „Superbia", gewesen, die ihn zum grenzenlosen Streben nach Einfluß und Macht verleitet habe. Dieser Mann habe keine Grenzen vor Gott und den Menschen gekannt, er habe nach der Herrschaft im römisch-deutschen Reich gegriffen, aber auch die hätte ihm dann wohl kaum genügt: „Illi [sc. Fridlando] Teutonicus tantùm vix satis orbis erat."[67]

Die Hervorkehrung dieses Negativbildes korrespondiert mit der Panegyrik für Ferdinand II. Im Mittelpunkt des ausführlichen Herrscherlobs für Ferdinand II. steht bei Lotichius – übrigens durchaus konform der üblichen Panegyrik des Hauses Österreich[68] – die „Humilitas", die Demut. Ferdinand II. sei ein Kaiser gewesen, der in allen Wechselfällen des Schicksals immer die tiefste Demut bewahrt und ein gelebtes Beispiel von Einfachheit sowie Bescheidenheit gewesen sei.[69] Dies wird bei Lotichius bildreich ausgeschmückt, sicher auch, weil es ihm die Möglichkeit bot, diesen Herrscher überkonfessionell und doch im Einklang mit der üblichen proösterreichischen Panegyrik zu preisen.[70] „Humilitas Ferdinandi" versus „Superbia Fridlandi": Auch hier nahm Wallenstein die Rolle der rhetorischen Kontrastfigur ein.

---

67 Lotichius II (wie Anm. 42), 159.

68 Brockmann, Thomas: Das Bild des Hauses Habsburg in der dynastienahen Historiographie um 1700. In: Kampmann, Christoph u.a.: Bourbon – Habsburg – Oranien. Konkurrierende Modelle im dynastischen Europa. Köln u.a. 2008, 27–57, hier 40f. Generell und auch bei Lotichius stand die *Humilitas* in der herrscherlichen (Selbst-)Darstellung in enger Beziehung zur Pietas und diente zur Abgrenzung von den Bourbonen.

69 Lotichius II (wie Anm. 42), 430f., wo ein ganzes Kapitel der „Ferdinandi humilitas" gewidmet ist.

70 Ebd.

4. Wallenstein als Kontrastfigur: Gründe für die historiographische Sonderstellung

Grundsätzlich war die historiographische Konstruktion von (negativen) Kontrastfiguren in der humanistischen Historiographie ein durchaus geläufiges Stilmittel; humanistisch geprägte Autoren orientierten sich hier an den Vorbildern der antiken politischen Historiographie, etwa gerade der im 17. Jahrhundert einflußreichen Vertreter wie Tacitus oder Sallust.[71]

Komplizierter ist die Frage zu beantworten, warum gerade Albrecht von Wallenstein diese Funktion zugewiesen wurde. Grundsätzlich lag es für Chemnitz nahe, als Kontrastfigur zu Gustav Adolf eine militärische Führungspersönlichkeit auszuwählen, kam es doch dem schwedischen Hofhistoriographen gerade auf die Hervorhebung der kriegerischen Tugenden des gepriesenen schwedischen Königs an, die Betonung seiner Qualitäten als „Roi connétable".

Zudem konnte die Historiographie gerade im Fall Wallenstein auf eine recht breite Pamphletliteratur zurückgreifen, in der die angeblich düsteren Seiten des kaiserlichen Oberbefehlshabers intensiv erörtert worden waren. An Quellen für ein solches Charakterbild mangelte es also nicht.[72]

Schließlich gab es noch einen dritten Aspekt, der sehr wahrscheinlich eine Rolle gespielt hat, gerade weil es sich bei den herangezogenen Werken um offizielle Auftragsarbeiten von Hofhistoriographen handelte: Wallenstein als Kontrastfigur zu präsentieren, war politisch vergleichsweise unproblematisch, da zu erwarten war, daß seine Charakterisierung als negative Kontrastfigur ohne heikle Folgen bleiben würde. Anders als bei anderen führenden militärischen und politischen Akteuren, gar bei fürstlichen, gab es keine Partei, die eine entsprechende Darstellung als feindseligen Akt und als Beleidigung hätte auffassen können und müssen. Dies war gerade in der offiziellen höfischen Historiographie kein zu vernachlässigender Gesichtspunkt: Wallenstein als Negativfigur zu zeichnen, war risikolos; es gab keine politische Formation mehr,

71 Vgl. Römer, Franz: Kontrastfiguren in den Annalen des Tacitus. In: Acta Antiqua Academiae Scientiarum Hungaricae 39 (1999) 297–312; auch schon Friedrich Krohn, Personendarstellungen bei Tacitus. Großschönau 1934, 15–17, 93–95.

72 Vgl. auch die ironische Bemerkung von Pappenheim in einem Schreiben an Kurfürst Maximilian über die Omnipräsenz und die Wirkung der antiwallensteinischen Publizistik. Zit. nach Mann, Golo: Wallenstein. Frankfurt a. M. [2]1971, 455 „Die gemeine falsche Sage über diesen Herrn [Wallenstein] ist den Leuten so stark imprimiert, daß ich oft selbst all dergleichen Zeitungen, welche so umständlich von ihm erzählt werden, zu glauben mich schwerlich verhindern kann, obgleich ich zur selbigen Zeit und Stund, für welche man das also Geschehene erzählt, bei ihm gewesen bin."

die sich auf ihn berief und sich mit ihm identifizierte. Dies mag auch erklären, weswegen die betrachteten Historiographen bei Verurteilungen anderer Persönlichkeiten der Gegenseite so vorsichtig und so zurückhaltend waren.

5. Verbindungslinien zum 18. Jahrhundert

Damit komme ich zum dritten und abschließenden Teil meiner Ausführungen, den Parallelen und Verbindungslinien zwischen dem Wallensteinbild der protestantischen Zeitgeschichtsschreibung und der Wallensteinliteratur des 18. Jahrhunderts.

Wie eingangs erwähnt, hat die Wallensteinliteratur des 18. Jahrhunderts bereits recht intensive Aufmerksamkeit in der Forschung gefunden. Dabei wurde sehr überzeugend herausgearbeitet, daß Wallenstein bereits in den Jahrzehnten vor dem Erscheinen von Schillers historischem und dramatischem Werk wachsende Bedeutung in der Historiographie erlangte. Zugleich wurde deutlich, daß diese historische Wallensteinliteratur vor Schiller eine im wesentlichen moralisch-didaktische Aufgabe verfolgte: Wallenstein wurde – bei allen Unterschieden im einzelnen – zu einem mahnenden Exempel stilisiert, zum „Monument" einer Persönlichkeit, das seine ungezügelten Leidenschaften nicht zu beherrschen gelernt habe und eben daran gescheitert sei. Er wird zum „Antihelden" eines pädagogischen Programms bzw. eines speziellen Erziehungsideals.[73]

Die negativen Charaktereigenschaften, eben seine Leidenschaften, wurden stark betont. Dies erklärt auch, wieso die Wallensteinliteratur des 18. Jahrhunderts, nicht zuletzt die protestantische, der offiziellen kaiserlichen Einschätzung folgte, daß Wallenstein im Zweiten Generalat zum Verräter geworden sei.[74]

Vergegenwärtigt man sich dieses Wallensteinbild des ausgehenden 18. Jahrhunderts, so wird erkennbar, daß es durchaus Vorprägungen durch die Zeitgeschichtsschreibung zum Dreißigjährigen Krieg gab. Nach den vorausgehenden Ausführungen sind zwei Aspekte besonders augenfällig: Dies ist zum einen die Konzentration auf die individuellen, und dabei die problematischen individuellen Charaktereigenschaften des Friedländers. Die Person Wallen-

73 Sehr überzeugend und unter Auswertung der zentralen Werke der Wallensteinliteratur der zweiten Hälfte des 18. Jahrhunderts Mannigel: Wallenstein, 86–130.

74 Ebd., 129f.

steins nahm – wie gesehen – in der betrachteten Zeitgeschichtsschreibung deshalb eine Sonderstellung ein, weil sie die einzige Persönlichkeit war, der solche problematischen Charaktereigenschaften zugesprochen werden konnten.

Gerade diese persönlichen, problematischen Charakterzüge dominieren auch die Wallensteinliteratur des ausgehenden 18. Jahrhunderts: Der Jähzorn, der Ehrgeiz und der Hochmut des Friedländers wurden vor allem aus didaktischen Gründen in einer Weise ausgeschmückt, die in der personenbezogenen Historiographie jener Zeit fast beispiellos sein dürfte.[75] Dabei wurde das, was in der Zeitgeschichtsschreibung mit wenigen Strichen skizziert worden war, in kräftigen Farben und Bildern ausgemalt.

Die andere und für den Zusammenhang der Wallensteinbilder vom 17. bis zum 20. Jahrhundert vielleicht noch wichtigere Verbindungslinie ist die Charakterisierung Wallensteins als einer Kontrastfigur, als einer Kontrastfigur mit pädagogisch-didaktischer Stoßrichtung. Auch dies war in der protestantischen Zeitgeschichtsschreibung schon angelegt. Als Kontrastfigur zur Panegyrik für Gustav Adolf war Wallenstein im 17. Jahrhundert in gewisser Weise Teil der Herrschermemoria, wurde er doch in einer so spezifischen Weise dargestellt, um das Bild des gefeierten Monarchen, dessen Erinnerung zelebriert werden sollte, noch heller erstrahlen zu lassen. Die Herrschermemoria, einschließlich jener in den Geschichtswerken, war aber keineswegs nur auf die individuelle Erinnerung und Verherrlichung des verstorbenen Herrschers gerichtet. Sie hatte einen ausgeprägt didaktisch-parenätischen Charakter. Dies galt gerade für jene Gustav Adolfs.[76]

Auch in dieser Hinsicht knüpfte die Wallensteinliteratur des 18. Jahrhunderts an die Zeitgeschichtsschreibung an, wurde Wallenstein doch nun in ganz ähnlicher Weise zu einer Kontrastfigur im Rahmen eines „Programms", in diesem Fall eines bürgerlich-moralischen Erziehungsprogramms. Es war

75 In diesem Zitat ist der auf Herchenhahns Geschichte Albrechts von Wallenstein gemünzte Kommentar von Helene Raff nach wie vor treffend und auf weitere Werke des 18. Jahrhunderts durchaus übertragbar, daß dieser mit seinem Wallenstein „einen Struwwelpeter auf historischer Grundlage [habe] schreiben wollen"; vgl. dies.: Ältere und neuere Wallenstein-Literatur. In: Deutsche Rundschau 162 (1916) 301–313, hier 304.

76 Vgl. zur Gattung der Herrschermemoria und ihrer didaktisch-paräentischen Funktion Kampmann, Christoph: Herrschermemoria und politische Norm. Geschichtliche Persönlichkeiten als Leitbilder vom Mittelalter bis zur Moderne. In: Historisches Jahrbuch 129 (2009) 3–17; zur entsprechenden Funktion der Memoria Gustav Adolfs vgl. ders.: Der Tod des Herrschers als Grenze und Übergang. Die normative Funktion der Herrschermemoria in der Frühen Neuzeit. In: Roll, Christine/Pohle, Frank/Myrczek, Matthias (Hg.): Grenzen und Grenzüberschreitungen. Bilanz und Perspektiven der Frühneuzeitforschung. Köln/Weimar/Wien 2010 (Frühneuzeit-Impulse 1), 263–270, hier 263f.

sehr wahrscheinlich kein Zufall, daß es gerade Wallenstein war, dem diese Rolle als „Antiheld“ in einem solchen Programm zugewiesen wurde. Hier gibt es eine sichtbare Parallele zur Darstellung zwischen der Wallensteinliteratur des 17. und jener des ausgehenden 18. Jahrhunderts: Nicht die Rolle Wallensteins als Kontrastfigur wandelte sich, sondern die positive Bezugsgröße: nämlich von der fürstlich-aristokratischen Herrschermemoria zum bürgerlichen, moralisch-sittlichen Erziehungsprogramm.

Die Darstellung Wallensteins als einer solchen Kontrastfigur, die wir in der Literatur des 17. Jahrhunderts auffinden können, weist freilich über das 18. Jahrhundert hinaus. Hier werden Kontinuitätslinien sichtbar, die im 17. Jahrhundert ihren Ursprung haben und über Schiller hinaus in das Wallensteinbild der Moderne fortwirken.

Arno Strohmeyer

Zwischen Kaiserhof und französischem Hof: Wallensteinbilder in den Biographien des Conte Galeazzo Gualdo Priorato (1643/1673)

1. Einleitung

Conte Galeazzo Gualdo Priorato kam 1606 in Vicenza zur Welt. Ähnlich wie sein Vater, ein Offizier im Dienst Venedigs, schlug er zunächst die militärische Laufbahn ein.[1] Im Dreißigjährigen Krieg diente er auf niederländischer, kaiserlicher, französischer, venezianischer, schwedischer wie bayerischer Seite als Söldner und erlebte 1625 unter dem Befehl Ernst von Mansfelds die Übergabe Bredas an Ambrosio Spinola sowie im folgenden Jahr als Offizier der Kavallerie die vernichtende Niederlage gegen die Truppen Wallensteins in der Schlacht bei Dessau. Nachdem er 1627/28 Zeuge der Belagerung der Hugenotten bei La Rochelle geworden war, trat er 1630/31 in die Armee Wallensteins ein, in der er 1632 in der Schlacht bei Nürnberg gegen Gustav II. Adolf von Schweden focht. Wann genau er den Dienst bei Wallenstein quittierte, ist unbekannt, jedenfalls zerschlugen sich nachher Pläne zur Beteiligung an einer Unternehmung des Moritz von Nassau gegen portugiesische Stützpunkte in

1 Zu Galeazzo Gualdo Priorato, der bislang hauptsächlich in der italienischen Historiographie Aufmerksamkeit fand, vgl. Gullino, G[iuseppe]: Gualdo Priorato, Galeazzo. In: Dizionario biografico degli Italiani, Bd. 60. Rom 2003, 162–167; Sodini, Carla: Scrivere e complire. Galeazzo Gualdo Priorato e le sue Relationi di stati e città. Lucca 2004 (Collana di Cultura e Storia Lucchese 36); Tamborra, Angelo: Introduzione. In: ders. (Bearb.)/Tosi, Luciano (Hg.): Il guerriero prudente e politico del Conte Galeazzo Gualdo Priorato. Perugia 2002, IX–XXI; Pellizzari, Giovanni: Galeazzo Gualdo Priorato storico di frontiera. Vicenza 1991; Toso Rodinis, Giuliana: G. Gualdo Priorato, un moralista veneto alla corte di Luigi XIV. Florenz 1968 (Biblioteca dell' „Archivum romanicum" I/93); Moraw, Peter: Kaiser und Geschichtschreiber um 1700 (I). In: Die Welt als Geschichte 22 (1962) 162–203, hier 174–203; Mencarelli, Riccardo: Un nobile vicentino alla Corte del Granduca di Toscana. Florenz 2007, http://eprints.unifi.it/archive/00001523/01/09-Mencarelli.pdf (letzter Zugriff am 20.5.2010), 1–7; Golubeva [!], Maria: Competent to Rule? Galeazzo Gualdo Priorato and a Secular View of Politics in Habsburg Dynastic History. In: Austrian History Yearbook 41 (2010) 71–87; Benz, Stefan: Zwischen Tradition und Kritik. Katholische Geschichtsschreibung im barocken Heiligen Römischen Reich. Husum 2003 (Historische Studien 473), 360–363.

Afrika und Südamerika. Weitere Tätigkeitsbereiche Gualdo Prioratos waren die Diplomatie, in der er unter anderem für Schweden, Venedig und Frankreich agierte, und der Hofdienst. 1659 ernannte ihn Königin Christina von Schweden zu ihrem Kammerherrn.

Am erfolgreichsten war der Italiener als Historiograph, eine Funktion, in der er ab den frühen vierziger Jahren des 17. Jahrhunderts in Erscheinung trat. Auch hier wirkte er für die verschiedensten Auftraggeber, unter denen der französische und schwedische Königshof herausragen. 1663 ernannte ihn Leopold I. zum kaiserlichen Hofhistoriographen. Aufgrund seiner Herkunft – das Wiener Kulturleben war damals stark italienisch geprägt[2] –, seiner Lebenserfahrung und der erwiesenermaßen vorhandenen historiographischen Fertigkeiten schien er für diese Funktion besonders geeignet. Der Umstand, daß er bereits für Protestanten wie für Gegner der *Casa de Austria* publiziert hatte, war kein Hinderungsgrund, denn eine derartige politische und intellektuelle Beweglichkeit war damals bei Auftraggebern wie Autoren keine Seltenheit. Gualdo Priorato ist deshalb, abgesehen von seiner italienischen Herkunft, national nicht zuzuordnen.[3] Die im Vergleich zu den Hofhistoriographen vor und nach ihm ausgezeichnete Ausstattung und die relativ hohe Besoldung zeigen, daß er in Wien eine privilegierte Stellung einnahm. Zudem war er sehr gut vernetzt und pflegte zu hochrangigen Mitgliedern des Hofstaats enge Beziehungen, darunter der Feldherr und Präsident des Hofkriegsrats Raimondo Montecuccoli.[4] Er wurde deshalb als „court historian par excellence“[5] bezeichnet. Gualdo Priorato starb schließlich 1678 in seinem Geburtsort Vicenza.[6]

---

2 Zum damaligen Einfluß der italienischen Kultur auf das Leben am Kaiserhof, wofür auch die Witwe Ferdinands III., Eleonora Gonzaga, eine hochgebildete Frau mit ausgeprägten literarischen und musikalischen Interessen, verantwortlich war, vgl. Opll, Ferdinand: Italiener in Wien. Wien 1987 (Wiener Geschichtsblätter. Beiheft 3/1987); Coreth, Anna: Kaiserin Maria Eleonore, Witwe Ferdinands III., und die Karmelitinnen. In: Mitteilungen des Österreichischen Staatsarchivs 14 (1961) 42–63; Duindam, Jeroen: Vienna and Versailles. The Courts of Europe's Dynastic Rivals, 1550–1780. Cambridge 2003, 77, 140, 159, 232; Spielman, John P.: The City & The Crown. Vienna and the Imperial Court 1600–1740. West Lafayette, Indiana 1993, 106–108; Ehmer, Josef/Ille, Karl (Hg.): Italienische Anteile am multikulturellen Wien. Innsbruck u. a. 2009 (Querschnitte 27).

3 Vgl. Golubeva: Competent to Rule, 73.

4 Vgl. Gherardi, Raffaella/Martelli, Fabio: La pace degli eserciti e dell'economia. Montecuccoli e Marsili alla Corte di Vienna. Bologna 2009, 35; Benz: Tradition, 360. Zur Stellung Gualdo Prioratos am Wiener Hof vgl. ferner Bérenger, Jean: L'Historiographie à la cour de Vienne (XVe–XVIIe siècles). In: Grell, Chantal (Hg.): Les Historiographes en Europe de la fin du Moyen Âge à la Révolution. Paris 2006, 109–126, hier 109f., 120.

5 Golubeva: Competent to Rule, 78.

6 Vgl. Benz: Tradition, 360–363.

Die Produktivität des Italieners ist beeindruckend, veröffentlichte er doch mehr als fünfzig teils mehrbändige Werke, darunter eine Darstellung des Dreißigjährigen Kriegs, mehrere Bücher zur französischen und englischen Geschichte, Biographien über Mazarin, Cromwell, Königin Christina von Schweden und Ferdinand III., Abhandlungen über das Festungswesen, den Pyrenäenfrieden sowie etliche Studien über ausgewählte Städte in Italien, den Niederlanden und im Heiligen Römischen Reich.[7] Eine seiner voluminösesten Arbeiten ist eine zwischen 1670 und 1674 in drei aufwendig gestalteten und reichlich illustrierten Bänden publizierte Geschichte Leopolds I., die späteren Biographen des Kaisers als Vorlage diente und das Bild des Habsburgers nachhaltig prägte.[8] Zahlreiche Neuauflagen und Übersetzungen belegen die umfassende Verbreitung seiner meist zeitgeschichtlich orientierten Schriften.

Die Lebensbeschreibung Albrechts von Wallenstein erschien erstmals 1643 in Lyon auf Italienisch[9] sowie 1668 in Rostock in lateinischer[10] und 1769 in Nürnberg in deutscher Übersetzung[11]. Das Werk ist zwar nicht eingehender erforscht,[12] wurde jedoch von nachfolgenden Biographen Wallensteins rezipiert. Praktisch unbekannt ist hingegen, daß Gualdo Priorato in dem Werk „Vite,

---

7 Vgl. das Werkverzeichnis bei Toso Rodinis: Gualdo Priorato, 215–221. Ein Verzeichnis der von Gualdo Priorato beschriebenen Städte findet sich bei Sodini: Scrivere e complire, 149f.

8 Priorato, Galeazzo Gualdo: Historia di Leopoldo cesare continente le cose pi memorabili succese in Europa, Bd. 1–3. Wien 1670–1674. Zur Wirkung des Werks vgl. Eisenberg, Nana: Studien zur Historiographie über Kaiser Leopold I. In: Mitteilungen des Instituts für Österreichische Geschichtsforschung 51 (1937) 359–413, hier 362f.; Coreth, Anna: Österreichische Geschichtschreibung in der Barockzeit (1620–1740). Wien 1950 (Veröffentlichungen der Kommission für Neuere Geschichte Österreichs 37), 13, 20, 53, 72f., 84f.; Moraw: Kaiser, 163f., 174–203; Strohmeyer, Arno: Nur Lorbeerkränze und Pietas? Herrschaft in der höfischen Geschichtsschreibung unter Leopold I. In: Völkel, Markus/ Strohmeyer, Arno (Hg.): Historiographie an europäischen Höfen (16.–18. Jahrhundert). Studien zum Hof als Produktionsort von Geschichtsschreibung und historischer Repräsentation. Berlin 2009 (Zeitschrift für Historische Forschung, Beiheft 43), 61–95.

9 Gualdo Priorato, Galeazzo: Historia della Vita d'Alberto Valstain, duca di Fritland [...]. Lyon 1643.

10 Ders.: Vita Alberti Walsteini, Ducis Friedlandiae [...]. Rostock 1668.

11 Ders.: Lebensgeschichte Albrechts von Waldstein, Herzogs zu Friedland, kaiserlichen Generalissimi [...]. Nürnberg 1769. Verleger war der Buchhändlersohn Georg Peter Monath. Vgl. Goldfriedrich, Johann: Geschichte des Deutschen Buchhandels vom Westfälischen Frieden bis zum Beginn der klassischen Litteraturperiode (1648–1740). Leipzig 1908, 414f.

12 Vgl. Mahlerová, Helena: Galeazzo Gualdo Priorato / Historie Albrechta z Valdštejna, vévody Frýdlantského. In: Souvislosti. Revue po literaturu a kulturu 13/3–4 (2002) 83–91.

et azzioni di personaggi militari, e politici“[13] dreißig Jahre nach der ersten eine zweite Lebensbeschreibung des Friedländers publizierte.

Ziel der folgenden Ausführungen ist eine vergleichende Analyse der Wallensteinbilder in diesen beiden Werken. Dabei sind die völlig unterschiedlichen Rahmenbedingungen zu vergegenwärtigen: Bei der ersten Biographie stand Gualdo Priorato am Beginn seiner Karriere als Historiograph und suchte die Nähe zum französischen Hof. Die zweite hingegen verfaßte er als etablierter Autor gegen Ende seiner Laufbahn im Umfeld des Kaiserhofs. Zur Kontrastierung erfolgen einige ‚komparatistische Seitenblicke‘ auf das Wallensteinbild Franz Christoph Khevenhüllers.

Dieser 1588 geborene, einem Kärntner Herrengeschlecht entstammende Adlige absolvierte nach seiner Konversion zum katholischen Glauben 1609 in habsburgischen Diensten eine Bilderbuchkarriere bis hin zum Ritter des Ordens vom Goldenen Vlies. Einen Markstein bildete dabei seine Tätigkeit als Gesandter Ferdinands II. in Madrid in den schwierigen Jahren zwischen 1617 und 1631, in denen er die mitunter kontroverse Außen- und Kriegspolitik der beiden Linien der *Casa de Austria* koordinieren mußte.[14] Khevenhüller besaß also, ähnlich wie Gualdo Priorato, Erfahrungen als Diplomat.[15] Im Gegensatz zu diesem wechselte er jedoch nicht regelmäßig das Lager, und er war auch kein Vielschreiber, sondern verfaßte nur ein einziges großes Werk, die „Annales Ferdinandei“, eine zwölfbändige Geschichte der europäischen Staatenpolitik von der Geburt Ferdinands II. 1578 bis zu dessen Ableben 1637, ergänzt durch zwei Bände mit Biographien namhafter Persönlichkeiten.[16] Wallenstein wird zum einen bei der Darstellung der Ereignisse zu Beginn der dreißiger Jahre des 17. Jahrhunderts erwähnt, naturgemäß besonders ausführlich 1634, zum anderen in einer sechsseitigen Kurzbiographie im zweiten Ergänzungsband.[17]

---

13 Gualdo Priorato, Galeazzo: Vite, et azzioni di personaggi militari, e politici [...]. Wien 1673.

14 Vgl. Ernst, Hildegard: Madrid und Wien 1632–1637. Politik und Finanzen in den Beziehungen zwischen Philipp IV. und Ferdinand II. Münster 1991 (Schriftenreihe der Vereinigung zur Erforschung der Neueren Geschichte 18).

15 Vgl. Coreth: Österreichische Geschichtschreibung, 70f.; Peball, Kurt: Franz Christoph Graf v. K[hevenhüller]-Frankenburg. In: Neue Deutsche Biographie, Bd. 11. Berlin 1977, 569f.

16 Khevenhüller, Franz Christoph: Annales Ferdinandei: oder wahrhaffte Beschreibung Kaysers Ferdinandi des Andern [...], Bd. 1–12. Leipzig ^{2}1721–1726 (die neun Bände der kaum verbreiteten Erstauflage, erschienen 1640–1646, reichen nur bis 1620); ders.: Conterfet Kupfferstich (soviel man deren zu handen bringen können) derjenigen regierenden grossen Herren so von Käysers Ferdinand deß Andern Geburt, biß zu desselben seeligsten Tödtlichen Abschied successivè regiert [...], Bd. 1–2. Leipzig 1721–1722.

17 Vgl. ders.: Conterfet, Bd. 2, 219–224; Davies, Steffan: The Wallenstein Figure in Ger-

2. Das Wallensteinbild in der „Historia della Vita d'Alberto Valstain" (1643)

Während Gualdo Priorato in etlichen seiner biographischen Werke den Protagonisten aus den Augen verlor und umfangreiche Ausführungen über die zeitgenössischen politischen Ereignisse die Darstellung prägen – die Lebensbeschreibung Leopolds I. etwa mußte von seinem Nachfolger als kaiserlicher Hofhistoriograph, Giovanni Battista Comazzi, auf ein besser lesbares Maß gekürzt werden[18] – steht in der „Historia della Vita d'Alberto Valstain" der Friedländer in der Tat im Zentrum (vgl. Abb. 1). Als roter Faden dient die Lebensgeschichte, veranschaulicht durch anekdotenhafte Situationsschilderungen und abgerundet durch eine kurze Erörterung des Aussehens und des Charakters des Generalissimus am Ende. Da Einzelnachweise wie Literaturangaben fehlen und der Adlige auf die Wiedergabe zentraler Dokumente im Anhang verzichtete, kann die Quellenbasis seiner Ausführungen nicht exakt rekonstruiert werden. Archivstudien dürften jedenfalls – anders als bei Khevenhüller[19] – keine größere Rolle gespielt haben. Das Fundament bilden vielmehr persönliche Erlebnisse und Erfahrungen, mündliche Informationen[20] und, wie bei anderen Werken nachgewiesen, die zeitgenössische Publizistik.[21]

Die Darstellung beginnt, nach der Widmung und der Vorrede an den Leser, die kurze geschichtstheoretische Überlegungen enthält, mit der Geburt Wallensteins, seiner protestantischen Erziehung und der Konversion zum

man Literature and Historiography 1790–1920. London 2010 (Modern Humanities Research Association, Texts and Dissertations 76; Institute of Germanic and Romance Studies, University of London, Bithell Series of Dissertations 36), 5.

18 Vgl. Strohmeyer: Lorbeerkränze, 71–76. In diesem Sinn bereits Hudtwalcker, [Martin Hieronymus]: Des Grafen Galeazzo Gualdo Priorato Beschreibung von Hamburg im Jahre 1663. In: Zeitschrift des Vereins für Hamburgische Geschichte 3 (1851) 140–156, hier 140.

19 Da sie den Inhalt nicht mehr vorhandener Akten referieren, besitzen die „Annales Ferdinandei" auch heute noch mehr als nur historiographiegeschichtliche Bedeutung. Vgl. Coreth: Österreichische Geschichtschreibung, 70.

20 Vgl. dazu die Angaben des Italieners in: Gualdo Priorato: Historia, 18; ders.: Lebensgeschichte, 75.

21 Vgl. Tschopp, Silvia Serena: Albrecht von Wallensteins Ende im Spiegel der zeitgenössischen Flugblattpublizistik. In: Zeitschrift für Historische Forschung 24 (1997) 25–51, hier 32. Pfefferkorn, Rudolf: Wallenstein und die Reichsidee. Eine historiographische Studie von Schiller bis Pekař. Diss. Berlin/Prag 1945, gedruckt Hermannsburg 1998, 12f., nennt die Relation des Jaroslav Sesyma Rašin von Riesenburg, die dieser im Auftrag des Kaiserhofs verfaßte, als eine der Quellen Gualdo Prioratos für dessen Geschichte Ferdinands II. und Ferdinands III.

katholischen Glauben, angeblich ausgelöst durch einen unverletzt überstandenen Fenstersturz.[22] Diese von etlichen Wallensteinbiographen herangezogene Erklärung für den Glaubenswechsel findet sich auch bei Khevenhüller.[23] Anschließend stehen die Bildungsreisen,[24] die Hinwendung zur Astrologie[25] und die Ehe mit Lucretia von Landeck im Mittelpunkt. Gualdo Prioratos Behauptung, es habe sich um eine alte, aber reiche böhmische Adlige gehandelt, die Wallenstein aufgrund ihrer Eifersucht um ein Haar vergiftet habe,[26] wurde von etlichen Historikern übernommen. Johann Christian Herchenhahn (1754–1795) machte daraus ein Drama, das sich als Drehbuch für einen Hollywoodfilm eignen würde: Die alte, aber reiche mährische Witwe habe aus ihren zahlreichen Freiern den jungen, gut gebauten, muskelbepackten und deshalb attraktiven böhmischen Adligen ausgewählt. Da diesem wegen seines unbändigen Ehrgeizes Geld wichtiger gewesen sei als alles Sinnliche, hätten ihn die vielen weißen Haare auf ihrem Kopf vom Ehebett nicht abgeschreckt. Als er jedoch die Liebe der alten Dame nicht hinreichend erwidert habe, sei diese auf die Idee gekommen, seine Zuneigung mit Hilfe eines Zaubertranks zu erzwingen, den Wallenstein nur dank seiner starken körperlichen Konstitution überlebt habe.[27] Die moderne Forschung betrachtet die Geschichte als frei erfunden.[28]

Die nächsten Schwerpunkte bilden die bekannten Stationen der militärischen Karriere Wallensteins und seine Erhebung in den Reichsfürstenstand.[29] Damit ist der Höhepunkt erreicht, und es beginnt der Abstieg mit der hauptsächlich durch eine Intrige der eifersüchtig gewordenen Kurfürsten herbeigeführten Entlassung, die Wallenstein jedoch als Ausdruck der Treue gegenüber Habsburg widerstandslos akzeptiert habe.[30] Es folgen die triumphale Rück-

22 Vgl. Gualdo Priorato: Historia, 2'; ders.: Lebensgeschichte, 9.

23 Vgl. Khevenhüller: Conterfet, Bd. 2, 221f. (mit Bezugnahme auf die Mutter Gottes).

24 Vgl. Gualdo Priorato: Historia, 3–5; ders.: Lebensgeschichte, 10–17.

25 Vgl. ders.: Historia, 5f.; ders.: Lebensgeschichte, 19–21.

26 Vgl. ders.: Historia, 5'–6; ders.: Lebensgeschichte, 21–24.

27 Vgl. Herchenhahn, Johann Christian: Geschichte Albrechts von Wallenstein, des Friedländers. Ein Bruchstük vom dreissigjährigen Krieg, Bd. 1–3. Altenburg 1790–1791, hier Bd. 1, 17. Das Werk bildet einen Höhepunkt der Negativsicht auf den Friedländer. Vgl. Mannigel, Holger: Wallenstein in Weimar, Wien und Berlin. Das Urteil über Albrecht von Wallenstein in der deutschen Historiographie von Friedrich von Schiller bis Leopold von Ranke. Husum 2003 (Historische Studien 474), 116–123.

28 Vgl. Diwald, Hellmut: Wallenstein. Biographie. Frankfurt a. M. 1987, 60, der diesbezüglich meint, Lügen hätten in der Geschichte bekanntlich lange Beine.

29 Vgl. Gualdo Priorato: Historia, 25; ders.: Lebensgeschichte, 104f.

30 Vgl. ders.: Historia, 33–36; ders.: Lebensgeschichte, 138–149.

Abb. 1: Porträt Albrechts von Wallenstein
in der „Historia della Vita d'Alberto Valstain" (1643)

kehr, ermöglicht durch einen Glücksfall, die Invasion Gustav Adolfs,[31] die Friedensverhandlungen mit dem sächsischen Kurfürsten sowie der Tod des Schwedenkönigs in der Schlacht bei Lützen.[32] Die unterlassene Hilfe für Regensburg, die Weigerung, Befehlen des Hofs nachzukommen, sowie Absprachen gegen den Herzog von Bayern und einige Minister hätten schließlich den Verdacht des Verrats aufkommen lassen und zum Rücktritt geführt, an dem Wallenstein trotz intensiver Bemühungen seiner Anhänger, ihn davon abzubringen, festgehalten habe.[33] Schließlich hätten einige Geistliche weitere Verratsvorwürfe erhoben, darunter ein Geheimbündnis mit Richelieu und den protestantischen Kurfürsten, was endgültig zum Verlust der Gunst Ferdinands II. geführt habe.[34] Obwohl der Habsburger – das wird betont – nur die

31 Vgl. ders.: Historia, 39'–42; ders.: Lebensgeschichte, 163–173.
32 Vgl. ders.: Historia, 47–50; ders.: Lebensgeschichte, 195–203.
33 Vgl. ders.: Historia, 51–56'; ders.: Lebensgeschichte, 211–235.
34 Vgl. ders.: Historia, 58f.; ders.: Lebensgeschichte, 243–245.

Gefangennahme angeordnet habe, sei Wallenstein schließlich von kaiserlichen Soldaten ermordet worden.[35] Den Abschluß bilden das äußere Erscheinungsbild des Friedländers, seine Kleidung, die Ernährungsgewohnheiten und der Charakter sowie eine kurze zusammenfassende Beurteilung seines Lebens.[36]

Zwar wurde das Werk historiographiegeschichtlich bislang nicht weitergehend analysiert,[37] da es jedoch als die erste Biographie Wallensteins gilt, schenkten ihm Historiker immer wieder ihre Aufmerksamkeit.[38] Besondere Beachtung fanden dabei diejenigen Passagen, die man aufgrund der Augenzeugenschaft Gualdo Prioratos für besonders authentisch hielt:[39] zum einen die Schilderungen von Wallensteins Verhältnis zu den Soldaten, zum anderen die Beschreibung seines Äußeren.[40] Die Verwendung durch Friedrich von Schiller wird erwogen.[41] Der Nürnberger Universalgelehrte Christoph Gottlieb von Murr, ein mit den Jesuiten sympathisierender Protestant, korrigierte in seiner 1806 in Halle veröffentlichten Studie Gualdo Prioratos Darstellung von Wallensteins Verhältnis zu den Jesuiten, das keineswegs so stark von

35 Vgl. ders.: Historia, 61; ders.: Lebensgeschichte, 259f.

36 Dem Italiener folgend war Wallenstein u. a. klug, streng, ehrgeizig und italophil. Vgl. ders.: Historia, 63'–65; ders.: Lebensgeschichte, 266–271.

37 Hensel, Cécil: Die Wandlung des Wallensteinbildes in der deutschen Fachliteratur. Diss. Erlangen 1949, 8f. geht kurz auf das Werk beziehungsweise die Übersetzung ein. Keine Einträge finden sich im Quellenverzeichnis und Register bei Davies: Figure.

38 Das Thema war jedoch als Drama bereits verarbeitet worden. Vgl. etwa Glapthorne, Henry: The tragedy of Albertus Vallenstein late Duke of Fridland, and generall to the Emperor Ferdinand the second [...]. London 1639.

39 Vgl. dazu die Vorrede des Übersetzers der deutschen Version, Linck, Wilhelm Friedrich: Geneigter Leser. In: Gualdo Priorato: Lebensbeschreibung, o. S.

40 „Er war von grosser Statur, von guter Leibes-Constitution, und aufgewekt, hatte schwarze Haare, die zulezt aber ganz grau wurden. Seine Farbe war etwas bleich, doch mehr helle als dunkel. Er hatte ernsthafte Augen, eine aufgestülpte und etwas gebogene Nase, ein hageres Angesicht, schwarze Augen, einen wilden Blik, der furchtsam anzusehen war, wenn er jemand starr betrachtete, eine hohe und Majestätische Stirne, die mehr mit Linien als mit Runzeln bezeichnet war, keine fleischigte Wangen, doch auch keine niedrige, im Ende aber, da er alt wurde, schienen sie sehr mager. Er trug keine Perruque, sondern ließ sich einige wenige Haare wachsen, auf die Art eines Schopfes, der aber rukwärts geschlagen war, und einige wenige Locken, die nur etwas krauß waren, und über die Schläfe hinter den Ohren hinab hiengen." Gualdo Priorato: Lebensgeschichte, 266; ders.: Historia, 63' (aus Verständnisgründen dient bei wörtlichen Zitaten die deutsche Übersetzung als Vorlage).

41 So machte zuletzt Holger Mannigel auf gedankliche Ähnlichkeiten bei der Darstellung der Maßlosigkeit als Ursache des Untergangs aufmerksam. Möglicherweise sei sogar die von Schiller an manchen Stellen zu erkennende Hinwendung zu einer positiveren Sicht Wallensteins durch Einflüsse Prioratos gefördert worden. Vgl. Mannigel: Wallenstein, 59, 64.

wechselseitiger Ablehnung erfüllt gewesen sei, wie von Gualdo Priorato behauptet.[42] In der 1834 in Potsdam veröffentlichten Wallenstein-Biographie Friedrich Christoph Försters diente das Werk in erster Linie als Quelle für das Aussehen, die Lebensweise und den Charakter des Friedländers.[43] Während es Friedrich von Hurter benutzte, um die Rekrutierungsmethoden Wallensteins und dessen Führungsansprüche in der Armee zu erhellen,[44] bemängelte Leopold von Ranke Gualdo Prioratos „Manie als sententiös zu glänzen", die in dem Werk „alles verdunkelt" habe.[45] Golo Mann beurteilte die Lebensbeschreibung wegen der fehlenden Belege kritisch und stellte bei der Darstellung von Wallensteins Bildungsweg skeptisch die Frage: „Aber woher will Priorato das alles wissen? Der Herzog-Generalissimus war nicht der Mann, einem welschen Leutnant seine Jugendgeschichte zu erzählen. Es sind Redensarten, wie man sie macht, um ein Buch zu füllen, wenn man Sicheres nicht zu bieten hat."[46] Resümierend gelangte er zu dem Urteil, in der Biographie stünde immerhin manchmal auch Wahres und dort, wo Falsches zu lesen sei, schiene es nicht erfunden, sondern eher die Folge von Mißverständnissen oder fehlerhafter Überlieferung.[47] Insgesamt kann man die Deutung Hellmut Diwalds für die Rezeption repräsentativ halten, der die Darstellung an denjenigen Stellen als zuverlässig einschätzte, wo Gualdo Priorato Augenzeuge gewesen sei,[48] ansonsten jedoch meinte, der Verfasser habe seiner Fantasie freien Lauf gelassen.[49]

42 Murr, C[hristoph] G[ottlieb] von: Die Ermordung Albrechts, Herzogs von Friedland. Halle [Saale] 1806, 25.

43 „Der Graf Gualdo Priorato, welcher in dem kaiserlichen Heere längere Zeit unter Wallenstein diente, hat mit der scharfen Auffassungsgabe eines Italieners jeden Zug des Herzogs belauscht und giebt uns von ihm eine Schilderung, welche um so lebendiger ist, als wir nicht etwa nur den dürftigen Schattenriß der äußerlichen Erscheinung, sondern eine lebendige Schilderung seines inneren Wesens erhalten." Förster, Friedrich Christoph: Wallenstein, Herzog zu Mecklenburg, Friedland und Sagan, als Feldherr und Landesfürst in seinem öffentlichen und Privat-Leben. Eine Biographie. Potsdam 1834, 308.

44 Vgl. Hurter, Friedrich von: Wallenstein's vier letzte Lebensjahre. Wien 1862, 62, 89. Ansonsten zog Hurter der Biographie die Darstellung Wallensteins in Gualdo Prioratos „Historia delle guerre di Ferdinando II. e Ferdinando III." (1640) und der „Historia di Ferdinando terzo Imperatore" (1672) vor.

45 Ranke, Leopold von: Geschichte Wallensteins. Leipzig [3]1872 (Leopold von Ranke's Sämmtliche Werke 23), 237. Vgl. dazu auch Mannigel: Wallenstein. 464.

46 Mann, Golo: Wallenstein. Sein Leben erzählt von Golo Mann. Frankfurt a. M. 1983 (Fischer Taschenbuchausgabe), 10.

47 Vgl. ebd., 343.

48 Vgl. Diwald: Wallenstein, 308.

49 „Bei allen anderen Nachrichten entwickelt er allerdings eine opernhaft stramme Fantasie und schmückt begeistert gerade diejenigen Details aus, von denen er nichts weiß." Ebd., 59f.

Bei einer Analyse des Werks dürfen freilich keine zeitfremden Kriterien herangezogen und die historisch-kritische Methode als Maßstab benutzt werden. Ebenso wenig ist die Frage nach Schuld oder Unschuld der passende Zugang, denn auch wenn Wallenstein über weite Strecken ausgesprochen positiv gezeichnet wird, war sie nicht das Leitmotiv des Verfassers. Orientiert man sich hingegen an den zeitspezifischen Gegebenheiten, sind drei Faktoren zu erkennen, die das Bild des Friedländers maßgeblich prägten:

1. Fachspezifische Rahmenbedingungen: Auch wenn Cicero namentlich nicht erwähnt wird, ist doch unübersehbar, daß sich Gualdo Priorato an dem in der Antike und im humanistischen Geschichtsdenken verwurzelten Grundsatz *historia magistra vitae* orientierte.[50] Demnach offenbarten Wallensteins zweimaliger Aufstieg und Fall die Schicksalhaftigkeit menschlicher Existenz sowie allgemeine Regeln des Lebens.[51] Dabei rückte der Italiener drei Sektoren ins Zentrum:

a. Fundamentale Lebensprinzipien: Bei der Lektüre des Buchs wird man mit einer großen Bandbreite an allgemeinen Maximen konfrontiert, darunter der Ansicht, eine unruhige Jugend sei ein Hinweis auf eine große Zukunft,[52] eine Anspielung an Wallensteins turbulente Entwicklungsjahre. Ferner ist zu lesen, daß nichts erfindungsreicher sei als die Eifersucht (der Kurfürsten gegenüber den Erfolgen des Feldherrn),[53] daß das Unglück anderer Menschen das eigene leichter erträglich mache (ausgeführt an der kritischen militärischen Lage des habsburgisch-katholischen Lagers nach der Abberufung des Friedländers)[54] und Reisen die Klugheit fördere (am Beispiel der Ausbildung Wallensteins).[55]

50 Vgl. Landfester, Rüdiger: Historia Magistra vitae. Untersuchungen zur humanistischen Geschichtstheorie des 14. bis 16. Jahrhunderts. Genf 1972; Goez, Werner: Die Anfänge der historischen Methoden-Reflexion in der italienischen Renaissance und ihre Aufnahme in der Geschichtsschreibung des deutschen Humanismus. In: Archiv für Kulturgeschichte 56 (1974) 25–48, hier 46f.

51 „Der Leser sehe hier einen Spiegel eines wunderbaren Glüksfalles: ein Beyspiel jener Thaten, die von der Großmuth beseelt, und von dem Ruhm erhoben, aber endlich durch die Unbeständigkeit des Schiksals erschüttert, und auf einem Thränenvollen Schauplatz in den Abgrund gestürzet worden: Eine Schilderung jenes Ruhmes, der an allen Orten von Hoheit erschallte, der die in der Welt gewöhnliche Schranken übertroffen, durch die Boßheit des Geschickes aber wankend gemacht, und durch beweinenswürdiges Ende elenderweise unterdrüket worden." Gualdo Priorato: Lebensgeschichte, 1f.; ders.: Historia, o. S.

52 Vgl. ders.: Historia, 5; ders.: Lebensgeschichte, 7.

53 Vgl. ders.: Historia, 36'; ders.: Lebensgeschichte, 151.

54 Vgl. ders.: Historia, 36'f.; ders.: Lebensgeschichte, 152f.

55 Vgl. ders.: Historia, 3; ders.: Lebensgeschichte, 11.

Lucretia von Landeck veranschauliche die universelle Einsicht: „Weiber sind Zauberinnen".[56]

b. Militärwesen: Wallensteins Karriere zeige, um drei Beispiele anzuführen, daß viele unerfahrene Offiziere einer Armee schadeten,[57] man bei der Vergabe der Posten den alteingesessenen Familien keineswegs neue vorziehen müsse[58] und ein fähiger General manchmal nützlicher sei als eine gute Armee.[59]

c. Fürst und Vasall: Besonders deutlich tritt die Auffassung von der Geschichte als Lehrmeisterin bei denjenigen Stellen ans Tageslicht, in denen Gualdo Priorato auf allgemeine Grundsätze des Verhältnisses zwischen Obrigkeit und Untertanen Bezug nimmt, um damit wahre Regierungskunst zu veranschaulichen.[60] So erfährt man etwa, daß Fürsten – gemeint ist Ferdinand II. – bei einem glücklichen Verlauf der Ereignisse tapferen Untertanen wenig Beachtung schenkten.[61] Je größer das Verdienst von Vasallen sei, desto eher käme ihr Fall.[62] Wallensteins tragisches Schicksal sei überhaupt erst infolge grober Verstöße Ferdinands II. gegen die Regeln weiser Herrschaft ermöglicht worden: Denn es sei ein schwerer Fehler eines Fürsten, Vasallen allzusehr zu erheben, würden diese doch dann alsbald ihre Unterwürfigkeit vergessen und, wie es beispielsweise Wallenstein getan habe, Reichsfürsten als Untergebene behandeln.[63] Die Entscheidung, den Friedländer um Rückkehr zu bitten, sei äußerst unklug gewesen, denn wie könne man nur einem Beleidigten den Degen in die Hand geben?[64] Allerdings könnten auch Vasallen gegen Regeln verstoßen, und genau so habe sich Wallenstein verhalten, indem er seine Wiederkehr an die Erfüllung völlig überzogener Forderungen geknüpft habe. An dieser Stelle ist zu erkennen, daß der Verfasser von seinem Protagonisten keineswegs nur ein positives Bild zeichnete: „Er [Wallenstein] schrieb dem, der ihn bat, hochmüthiger weiße Geseze fur, da er doch in alle Wege sich vor demselben hätte demüthigen sollen."[65] Ein Lebensgrundsatz laute jedoch,

56 Ders.: Lebensgeschichte, 22; ders.: Historia, 6.

57 Vgl. ders.: Historia, 40; ders.: Lebensgeschichte, 167.

58 Vgl. ders.: Historia, 40f.; ders.: Lebensgeschichte, 167–169.

59 Vgl. ders.: Historia, 59'; ders.: Lebensgeschichte, 249.

60 „Waldstein wird in der Welt einen grossen Lehrmeister abgeben. Ich werde mich befließigen, alle seine tugendhafte und würdige Eigenschaften genau zu erzehlen, damit man einsehen kann, wie viel es auch bey einem vieljährigen nützlichen Dienst schadet, wenn man einmal in den Verdacht der Untreue verfällt." Ders.: Lebensgeschichte, 4; ders.: Historia, 1'.

61 Vgl. ders.: Historia, 37; ders.: Lebensgeschichte, 155.

62 Vgl. ders.: Historia, 38; ders.: Lebensgeschichte, 158.

63 Vgl. ders.: Historia, 33'; ders.: Lebensgeschichte, 141f.

64 Vgl. ders.: Historia, 43; ders.: Lebensgeschichte, 179f.

65 Ders.: Lebensgeschichte, 163f.; ders.: Historia, 39'.

Vasallen sollten nicht mehr Gewalt verlangen, als ihr Rang und Stand erfordere.[66] Der Friedländer sei dabei Opfer seines übertriebenen Ehrgeizes geworden, ein Charakterzug, der selbst die allerklügsten Köpfe verblende.[67] Ein Untertan solle sich immer daran erinnern, daß er Untertan sei, und ein Fürst sich niemals dazu herablassen, Macht mit diesem zu teilen:[68] „So bald aber Ferdinandus vergaß, daß er Kayser war, und bat, so bald erinnerte sich Waldstein nicht mehr, daß er unterthan war, und schrieb vor."[69] Zusammengefaßt: Sowohl der Habsburger als auch Wallenstein hätten gegen Verhaltensregeln verstoßen, die sie aufgrund ihrer politisch-sozialen Stellung unbedingt hätten beachten müssen.

2. Intellektueller Kontext: Das Wallensteinbild Gualdo Prioratos ist von der Moralistik beeinflußt, einer spezifischen Form literarischer Darstellung der Resultate empirischer Menschenbeobachtung mit Hilfe aphoristisch zugespitzter oder witzig pointierter Sätze. Es handelt sich aber auch um eine grundsätzliche Weltsicht, die, ausgehend von Vorstufen in Antike, Humanismus und Renaissance, zwischen dem 16. und 18. Jahrhundert vor allem in Süd- und Westeuropa weit verbreitet war. Einen Höhepunkt erreichte sie im 17. Jahrhundert am französischen Königshof.[70] In ihrem Mittelpunkt stehen die Sitten und Handlungsweisen des Menschen, der als Triebwesen verstanden wird, gelenkt von Leidenschaften, Eitelkeit und Ehrgeiz, die der Verstand allenfalls zeitweise in den Griff bekomme. Vielen Handlungen unterlägen deshalb unmoralische Motive, die jedoch verschleiert würden, damit sie die Umgebung nicht durchschauen könne.[71]

Diese im Kern pessimistische Weltanschauung, die sich auch in den Werken von Michel de Montaigne, François de La Rochefoucauld und Jean de La Bruyère findet,[72] ist in der Biographie unübersehbar: Wallenstein, klug und hochbegabt, wird letztlich Opfer eines aus seiner adligen Herkunft resultierenden rücksichtslosen Strebens nach Ämtern und Würden, das ihn Demut und Un-

66 Vgl. ders.: Historia, 41'; ders.: Lebensgeschichte, 172.
67 Vgl. ders.: Historia, 39; ders.: Lebensgeschichte, 162.
68 Vgl. ders.: Historia, 41'; ders.: Lebensgeschichte, 173.
69 Ders.: Lebensgeschichte, 173f.; ders.: Historia, 41'f.
70 Vgl. Delft, Louis van: Le Moraliste classique. Essai de définition et de typologie. Genf 1982.
71 Vgl. Walther, Gerrit: Moralistik. In: Enzyklopädie der Neuzeit, Bd. 8. Stuttgart 2008, 776–779.
72 Vgl. Mourgues, Odette de: Two French Moralists. La Rochefoucauld & La Bruyère. Cambridge 1978; Hartwich, Kai-Ulrich: Untersuchungen zur Interdependenz von Moralistik und höfischer Gesellschaft am Beispiel La Rochefoucaulds. Bonn 1997 (Abhandlungen zur Sprache und Literatur 113).

tertänigkeit habe vergessen lassen.[73] Zur Illustration dieser Sicht griff Gualdo Priorato auf Aphorismen wie etwa folgenden zurück: „Der Ehrgeiz schmeichelt den menschlichen Trieben gar zu sehr. Der Mensch achtet keine Gefahr, keinen Fall, um Ungemach zu erjagen. Alle diejenigen, so sich nicht zu bezähmen und zu mäßigen wissen, streben meistentheils nach eingebildeter Hoheit."[74] Das Schicksal Wallensteins, so der Italiener, sei dafür ein lehrreiches Beispiel; Anleitung zum „richtigen" Leben ist ein typisches Anliegen der Moralisten.[75]

Der Einfluß der Moralistik ist an zwei weiteren Merkmalen zu erkennen: zum einen daran, daß Gualdo Priorato den Friedländer nicht als monolithisch geschlossene Persönlichkeit zeichnete, sondern facettenreich, voll von inneren Widersprüchen: kleinlich und großmütig,[76] gutgläubig und mißtrauisch,[77] halsstarrig und nachgiebig,[78] streng und nachsichtig,[79] zum anderen beim Verhältnis von Kirche und Politik, ein Leibthema des Italieners, der kein Hehl daraus machte, daß in seinen Augen in der Geschichte säkulare Motive gegenüber religiösen dominierten.[80] Gualdo Priorato nahm dabei keineswegs eine einseitig prokatholische Haltung ein, ganz im Gegenteil, ist das Werk doch voll mit Seitenhieben auf politisch aktive Kleriker. So legte er dar, daß es gefährlich sei, wenn sich Geistliche, die ihr Klosterleben nicht auf göttliche Eingebung hin führten, an der Regierung beteiligten, denn diese seien mit ihrem Stand unzufrieden und auf Erhöhung ihrer Einkünfte bedacht, weshalb sie dem Fürsten ständig Befehle erteilten.[81] Habe sich daher jemand einmal der Welt auf diese Weise entzogen, dann solle er sich auch nicht mehr in politische oder militärische Angelegenheiten einmischen:[82] „Der Scepter schickt sich nicht zum geistlichen Hirtenstab und der Helm nicht auf die Mönchsplatte."[83] Gualdo

73 „Waldstein war einer der grösten Generals, der edelmüthigsten Fürsten, der nüzlichsten Ministres aller vorhergehenden und jezigen Zeiten. Wenn er nur nicht so gar hoch mit seinen Absichten und Ansprüchen hinausgewollt hätte, er würde allezeit ruhmvoll gelebet, und seinen Neidern keine Gelegenheit gegeben haben, ihm, wie sie gethan, ein so schimpfliches Ende zuzubereiten." Gualdo Priorato: Lebensgeschichte, 271f.; ders.: Historia, 65.

74 Ders.: Lebensgeschichte, 162; ders.: Historia, 39.

75 Vgl. Zimmer, Robert: Die europäischen Moralisten zur Einführung. Hamburg 1999, 9.

76 Vgl. Gualdo Priorato: Historia, 14f.; ders.: Lebensgeschichte, 59f.

77 Vgl. ders.: Historia, 14'f.; ders.: Lebensgeschichte, 62f.

78 Vgl. ders.: Historia, 14'f.; ders.: Lebensgeschichte, 63.

79 Vgl. ders.: Historia, 15f.; ders.: Lebensgeschichte, 64–66.

80 Vgl. Golubeva: Competent to Rule, 73.

81 Vgl. Gualdo Priorato: Historia, 28f.; ders.: Lebensgeschichte, 117f.

82 Vgl. ders.: Historia, 28'; ders.: Lebensgeschichte, 119.

83 „Der Soldat soll den Priester zufrieden, und der General den Bischoff ungehindert lassen." Ders.: Lebensgeschichte, 129; ders.: Historia, 31.

Priorato richtete diese Worte an die Jesuiten in der Umgebung des Kaisers, deren selbstsüchtiges Handeln den Frieden verhindere. Als Wallenstein dagegen eingeschritten sei, habe er sich Todfeinde geschaffen.[84] Diese Geistlichen hätten Honig im Mund, aber Gift im Herzen und den General gehaßt, da er ihnen die Einmischung in Regierungsangelegenheiten verboten und befohlen habe, als Knechte Gottes zurückgezogen zu leben.[85]

Die antikirchliche Tendenz verweist zugleich auf eine weitere Geistesströmung, die das Werk prägte, den Tacitismus, jene in Italien im ausgehenden 16. Jahrhundert aufgekommene Form des politischen Denkens, in deren Mittelpunkt die moralisierende Interpretation der Werke des Tacitus im Sinn eines abgeschwächten Machiavellismus stand. Sie war, als Gualdo Priorato wirkte, in West- und Mitteleuropa weit verbreitet und hatte gerade in den Rand- und Übergangsgebieten zu den großen katholischen Monarchien Frankreich und Spanien, in denen der Italiener wirkte, einen geographischen Schwerpunkt.[86] Deshalb findet neben der Autorität des Monarchen, welche die Untertanen, namentlich Wallenstein, zu akzeptieren hätten, die Rationalität von Machterwerb und Machterhalt in Kombination mit einem sachlichen Politikstil besondere Aufmerksamkeit: „Was wäre daraus geworden, wenn der Kayser den Waldstein aus einem Freund zum Mitgenossen am Regiment, und aus einem Vertrauten zum Mitregenten bekommen hätte? Es ist den Kronen nichts schädlicher, als wann sie den Unterthanen Gelegenheit geben die höchste Gewalt zweydeutig zu machen.“[87] Typisch für diese Geisteshaltung sind auch jene Ausführungen des Italieners über weise Regierungskunst, in denen er die Ansicht vertritt, eine unerläßliche Voraussetzung erfolgreicher Politik sei es, die Umwelt über die wahren Beweggründe zu täuschen: Wer seine Gesinnung nicht verbergen könne, der solle sich auf Herrschen und Kommandieren erst gar nicht einlassen. Sobald sich Fürsten verstellten, säßen sie sicherer auf dem Thron.[88] Diese Argumentation verdeutlicht auch eine gedankliche Nähe zur Arcanlehre, die einen mit dem Tacitismus in Zusammenhang ste-

84 Vgl. ders.: Historia, 30f., 45'f.; ders.: Lebensgeschichte, 127–129, 187f.

85 Vgl. ders.: Historia, 55f.; ders.: Lebensgeschichte, 229–232.

86 Vgl. dazu die Charakteristik des Tacitismus bei Dreitzel, Horst: Monarchiebegriffe in der Fürstengesellschaft. Semantik und Theorie der Einherrschaft in Deutschland von der Reformation bis zum Vormärz, Bd. 1–2. Köln u. a. 1991, hier Bd. 2, 567–590; Muhlack, Ulrich: Der Tacitismus – ein späthumanistisches Phänomen? In: Hammerstein, Notker/Walther, Gerrit (Hg.): Späthumanismus. Studien über das Ende einer kulturhistorischen Epoche. Göttingen 2000, 160–182; Etter, Else-Lilly: Tacitus in der Geistesgeschichte des 16. und 17. Jahrhunderts. Basel u. a. 1966 (Basler Beiträge zur Geschichtswissenschaft 103).

87 Vgl. Gualdo Priorato: Historia, 57; ders.: Lebensgeschichte, 239.

88 Vgl. ders.: Historia, 49', 58; ders.: Lebensgeschichte, 206, 242.

henden Politikstil befürwortete, in dessen Mittelpunkt die Verschleierung der eigenen Absichten stand.[89]

Ebenfalls dem Tacitismus entsprechen die Unterordnung der Religion unter die Politik[90] und die Bedeutung umfangreicher Informationen: „Wahrhafte Berichte von den Handlungen anderer sind das Hauptaugenmerk, wornach Fürsten ihre Berathschlagungen und Schlüsse einzurichten haben [...]. Wer ohne Wegweiser reist, kann sich leicht verirren, und wer das Glüksspiel waget, aus blossen Vermuthungen zu schliessen, kann sich in seinem Urtheil gar leicht betrügen."[91] Mit Erfolg vorgelebt habe dies Wallenstein, der sich nicht nur über alles bestens in Kenntnis gesetzt, sondern darüber hinaus sogar dafür interessiert habe, die Beurteilung seiner Handlungen durch die Zeitgenossen zu erfahren.[92] Ergänzend muß hinzugefügt werden, daß Gualdo Priorato an anderen Stellen allerdings eine Wertschätzung der Untertanenliebe und tugendhafter Menschen erkennen läßt, von denen ein Fürst manchmal mehr lernen könne als von staatspolitischen Gutachten, er sich somit nicht ausschließlich am Prinzip kaltblütig kalkulierender Herrschaftspraxis orientierte.[93]

3. Persönliche Lebenssituation und Karrierepläne des Verfassers: Der dritte Faktor, der das Wallensteinbild mitgestaltete, ist die Lebenssituation Gualdo Prioratos, denn der Adlige stand, als er das Werk schrieb, gerade an einem Wendepunkt. Seine publizistische Tätigkeit gewann an Bedeutung und um in diesem Milieu Fuß zu fassen, benötigte er Patrone sowie den Zugang zu höfischen Kreisen. Die Widmung an Ludwig XIII. zeigt, daß er dabei nach Frankreich blickte.[94] Die Absicht, den französischen König gnädig zu stimmen, führte jedoch nicht zu einer einseitig antihabsburgischen Sicht, denn auch wenn Ferdinand II. als Monarch erscheint, der schwere Fehler begeht, so steht doch seine Herrschaftsgewalt nicht in Frage; ganz im Gegenteil, denn eine starke Hand wird befürwortet.[95] Wallensteins Schicksal solle, so konnte der Bourbone in der Vorrede lesen, „Staatsbediente von weitaussehenden Ab-

89 Vgl. Stolleis, Michael: Staat und Staatsräson in der frühen Neuzeit. Studien zur Geschichte des öffentlichen Rechts. Frankfurt a. M. 1990, 37–72; Ottmann, Henning: Geschichte des politischen Denkens, Bd. 3/1: Von Machiavelli bis zu den großen Revolutionen. Stuttgart/Weimar 2006, 240. Die Einflüsse der Arcanlehre sind auch in anderen Werken Gualdo Prioratos zu erkennen. Vgl. Golubeva: Competent to Rule, 83.

90 Vgl. Gualdo Priorato: Historia, 20'f.; ders.: Lebensgeschichte, 85.

91 Ders.: Lebensgeschichte, 77; ders.: Historia, 18'.

92 Vgl. ders.: Historia, 18'f.; ders.: Lebensgeschichte, 78.

93 Vgl. ders.: Historia, 21', 23'–24'; ders.: Lebensgeschichte, 90f., 98f., 102.

94 Vgl. ders.: Historia, Titelblatt. Die Widmung fehlt in der lateinischen Ausgabe, findet sich jedoch in der deutschen Übersetzung.

95 Vgl. ders.: Historia, 58, 59'; ders.: Lebensgeschichte, 242, 245.

sichten vorsichtig machen",[96] das heißt, den Untertanen als abschreckendes Beispiel dienen. Die Möglichkeiten einer einseitig positiven Darstellung Wallensteins waren somit begrenzt. So sei der Kaiser auch nicht Auftraggeber der Ermordung gewesen, denn, so ist zu lesen, er habe nur die Gefangennahme Wallensteins angeordnet.[97] Da er Ferdinand II. keineswegs so negativ zeichnete, wie es die antihabsburgische Propaganda machte, hielt sich Gualdo Priorato die Tür zum Kaiserhof offen. Eine eindeutig habsburgkritische Darstellung hätte seine spätere Karriere in Wien wohl verhindert.

Zusammengefaßt stellte Gualdo Priorato Wallenstein nicht als Verräter dar, sondern als hochbegabten und erfolgreichen Feldherrn, der schwere Fehler begangen habe, die auf allgemeine menschliche Schwächen zurückzuführen seien und seinen Untergang herbeigeführt hätten. Ferdinand II. habe zwar gegen die Regeln der Regierungskunst grob verstoßen, sei jedoch für die – trotz fehlender Beweise für den Verrat unumgänglich gewordene – Ermordung seines Vasallen nicht verantwortlich: „Es ist ein grosses Unglük für einen Fürsten, wenn man den Verschwörungen deswegen keinen Glauben geben will, weil sie nicht ausgebrochen und bewerkstelliget worden. In Sachen, die den Staat angreiffen, bedarf das Auge keines besondern Instrumentes zum richten und absehen, sowohl auf das Gegenwärtige, als auch auf das, so ins künftige sich zutragen kann."[98] Prägend wirkten ferner die persönliche Lebenssituation Gualdo Prioratos und geistesgeschichtliche Strömungen wie die Moralistik, der Tacitismus und die Arcanlehre.

Ein gänzlich anderes Bild entwarf Khevenhüller, der in sachlichem Erzählstil einen erfolgreichen Kriegsunternehmer zeichnete, dem es gelungen sei, bis zum General und Reichsfürsten aufzusteigen (vgl. Abb. 2). Dann jedoch habe er die übermäßig erwiesene Gunst des Kaisers verloren, weil er die Reichsstände mit Kontributionen und Einquartierungen zu stark belastet, entgegen den Anweisungen Ferdinands II. die Belagerung Stralsunds nicht beendet und sich zum Herrn der Ostsee aufzuschwingen gedacht habe. Vor allem auf Betreiben des bayerischen Kurfürsten und der Spanier habe sich dann der Kaiser entschlossen, den „Intolerandus Germaniae Dictator",[99] wie er genannt worden sei, zu entlassen. Nach der machtpolitisch unumgänglich gewordenen Rückkehr habe sich dieser dann verselbständigt, kaiserliche Befehle ignoriert und durch sein zögerliches Vorgehen Bayern wie Spanien noch stärker gegen sich aufgebracht. Wallenstein habe zwar so getan, als würde er

96 Ders.: Lebensgeschichte, Widmung, o. S.; ders.: Historia, Titelblatt.
97 Vgl. ders.: Historia, 61'; ders.: Lebensgeschichte, 257.
98 Ders.: Lebensgeschichte, 245; ders.: Historia, 58'.
99 Vgl. Khevenhüller: Conterfet, Bd. 2, 222.

Abb. 2: Porträt Albrechts von Wallenstein
in den „Annales Ferdinandei – Conterfet Kupfferstich"

die abermalige Abberufung durch den Kaiser akzeptierten, in Wirklichkeit jedoch nach der böhmischen Krone gestrebt und in der Armee eine Rebellion anzuzetteln versucht, weshalb ihn schließlich kaisertreue Soldaten ermordet hätten. Die Leitfrage der Darstellung lautet: schuldig oder nicht schuldig? Die Antwort ist eindeutig: schuldig.[100] Dieses Bild wird verständlich, wenn man sich die Entstehungsumstände vergegenwärtigt, denn Khevenhüller stand mehr als ein Jahrzehnt im diplomatischen Dienst der Habsburger, zu dessen Kennzeichen ein enges Klientelverhältnis und unbedingte Loyalität gegenüber dem Auftraggeber zählten. Die enge Bindung blieb auch nach der Rückkehr aus Madrid bestehen.

Aber mußte im unmittelbaren Umfeld des Kaiserhofs unbedingt ein prohabsburgisches und wallensteinkritisches Bild entstehen? Eine Antwort auf diese Frage erlaubt der Blick auf die zweite Wallensteinbiographie Gualdo Prioratos.

100 Vgl. ders.: Annales Ferdinandei, Bd. 12, 1105–1189.

3. Das Wallensteinbild in den „Vite, et azzioni di personaggi militari, e politici" (1673)

Gualdo Priorato veröffentlichte seine zweite Lebensbeschreibung Wallensteins 1673 in dem Werk „Vite, et azzioni di personaggi militari, e politici"[101] (vgl. Abb. 3). Das in italienischer Sprache verfaßte Buch setzt sich aus rund siebzig mit Porträts und Wappen versehenen Kurzbiographien bedeutender Militärs, Diplomaten, Politiker und Kleriker zusammen, einige aus dem Mittelalter oder der Renaissance stammend, viele von ihnen aber Zeitgenossen des Verfassers.[102] Den meisten Raum nehmen italienische Aristokraten ein, es finden sich jedoch ebenso ungarische, kroatische, böhmische und spanische Adlige, Oliver Cromwell sowie die kaiserlichen Diplomaten Johann Maximilian Graf von Herberstein und Leopold Wilhelm Graf von Königsegg, der später das Amt des Reichsvizekanzlers bekleidete, und der Kammerpräsident Georg Ludwig von Sinzendorf. Selbst die schwedischen Feldherrn Johann Banér und Bernhard von Sachsen-Weimar wurden berücksichtigt. Die Forschung schenkte der Sammlung bislang kaum Aufmerksamkeit. Allerdings wurde ihr zuletzt eine Schlüsselfunktion für das Verständnis der Ansichten Gualdo Prioratos in politischen und militärischen Angelegenheiten zugesprochen.[103] Wallensteins Darstellung nimmt in dem großformatigen Werk zwanzig Seiten ein und ist damit eine der umfangreichsten, genauso seitenstark wie diejenige Raimondo Montecuccolis. Sie fand in der Forschung, so weit sich das in

101 Gualdo Priorato: Vite. 1674 erschien eine selbst im Satzspiegel fast völlig identische zweite Auflage.

102 Die Lebensbeschreibungen sind in dem Werk, wie von Gualdo Priorato in der Vorrede erwähnt, alphabetisch nach Familiennamen angeordnet. Da eine Paginierung fehlt, ist die Bindung jedoch nicht eindeutig und variiert möglicherweise in anderen Exemplaren. Die beiden Drucke von 1673 und 1674 unterscheiden sich insofern, als wechselseitig nicht alle Biographien aufgenommen wurden. In der Auflage von 1673 fehlen die Darstellungen über Vitaliano Borromeo, Tiberius Carafa und Marco Sinovich, in der von 1674 die Beschreibungen von Maximilian Valentin von Martinitz, Federico Spinola, Guido Villa und Giron Francesco Villa sowie außerdem die von Gualdo Priorato verfaßte Widmung an Francesco Nerli (gilt für die Exemplare der Österreichischen Nationalbibliothek in Wien, nach den Angaben im VD 17 ist die Widmung im Exemplar der Bayerischen Staatsbibliothek in München vorhanden, vgl. VD17: 12:648425R). In der Vorrede erwähnt Gualdo Priorato Pläne zu weiteren Bänden, in denen er die Taten von Päpsten, Kardinälen und weiteren Geistlichen beschreiben wollte. Vgl. Gualdo Priorato: Vite, Vorrede, o. S.

103 Vgl. Golubeva: Competent to Rule, 77.

Abb. 3: Porträt Albrechts von Wallenstein in den „Vite, et azzioni di personaggi militari, e politici" (1673)

Anbetracht der nicht mehr überschaubaren Zahl an Publikationen über den Friedländer sagen läßt, bislang praktisch keine Beachtung.[104]

Derselbe Autor, ein konträrer Entstehungskontext: Während der Italiener, als er die erste Biographie verfaßte, am Beginn seiner historiographischen Laufbahn stand und er damit versuchte, die Kontakte zum französischen Hof zu intensivieren, war er nun ein etablierter Autor. Zwar widmete er das Werk nicht Leopold I., sondern dem Erzbischof von Florenz, Kardinal Francesco Nerli, Sekretär Papst Clemens' X., es entstand jedoch unmittelbar unter den Augen des Kaiserhofs. Das belegen der Druckort Wien und der Zeitpunkt der

104 Kurze Bezugnahmen auf das Gesamtwerk ebd., 77f.; Benz: Tradition, 362.

Publikation, denn Gualdo Priorato war inzwischen Historiograph des Habsburgers geworden.[105] Der Italiener selbst meinte, das Werk werde Nerli in der Erinnerung Leopolds I. verewigen.[106]

Über die Zensur ist, wie in vielen anderen Fällen auch, nichts bekannt. Dieser unterlag in Wien damals, zumindest in der Praxis, kein festes Schema. So konnte sie sowohl vor als auch nach der Drucklegung erfolgen. Eine deutlichere Zentralisierung und Institutionalisierung setzte hier erst mit den Staatsreformen von 1748/49 und der Etablierung der Bücher-Censurs-Hofcommission ein.[107] Als Zensoren agierten, entweder alleine oder in unterschiedlicher Reihenfolge, Mitglieder des Hofstaats, Beamte der Hofbibliothek, kaiserliche Regierungsorgane und der Rektor der Universität. Vereinzelt überprüfte sogar der Kaiser persönlich den Inhalt. Wollten Inhaber höherer Hofämter ihre Interessen gewahrt sehen, so konnte es durchaus vorkommen, daß sie ebenfalls einen Blick auf das Werk warfen. Insgesamt ist zu berücksichtigen, daß Höfe damals den Schriften ihrer offiziellen Historiographen besondere Aufmerksamkeit schenkten und vor allem die Verfasser zeitgeschichtlicher Arbeiten mit einer genauen Überprüfung rechnen mußten.[108] Gualdo Priorato erfüllte beide Kriterien, weshalb es für ihn ratsam war, bei der Veröffentlichung des Artikels über Wallenstein nicht gegen die vermute-

---

105 Das Titelblatt enthält den Hinweis „Con Licenza, e Privilegij“. Das Werk wird jedoch nicht angeführt bei Koppitz, Hans-Joachim (Hg.): Die kaiserlichen Druckprivilegien im Haus-, Hof- und Staatsarchiv Wien. Verzeichnis der Akten vom Anfang des 16. Jahrhunderts bis zum Ende des Deutschen Reichs (1806). Wiesbaden 2008 (Buchwissenschaftliche Beiträge aus dem Deutschen Bucharchiv München 75). Allerdings liegen die entsprechenden Akten nur unvollständig vor.

106 Vgl. Gualdo Priorato: Vite, Widmung an Francesco Nerli, o. S.

107 Vgl. Wolf, Norbert Christian: Von ‚eingeschränkt und erzbigott‘ bis ‚ziemlich inquisitionsmäßig‘: Die Rolle der Zensur im Wiener literarischen Feld des 18. Jahrhunderts. In: Haefs, Wilhelm/Mix, York-Gothart (Hg.): Zensur im Jahrhundert der Aufklärung. Geschichte – Theorie – Praxis. Göttingen 2007 (Das achtzehnte Jahrhundert. Supplementa 12), 305–330, hier 311. Vgl. ferner Klingenstein, Grete: Staatsverwaltung und kirchliche Autorität im 18. Jahrhundert. Das Problem der Zensur in der theresianischen Reform. Wien 1970.

108 Vgl. Tortarolo, Edoardo: Zensur als Institution und Praxis im Europa der Frühen Neuzeit. Ein Überblick. In: Zedelmaier, Helmut/Mulsow, Martin (Hg.): Die Praktiken der Gelehrsamkeit in der Frühen Neuzeit. Tübingen 2001 (Frühe Neuzeit 64), 277–294, hier 279; Giesecke, Michael: Der Buchdruck in der frühen Neuzeit. Eine historische Fallstudie über die Durchsetzung neuer Informations- und Kommunikationstechnologien. Frankfurt a. M. 1991, 462–470; Eisenhardt, Ulrich: Die kaiserliche Aufsicht über Buchdruck, Buchhandel und Presse im Heiligen Römischen Reich Deutscher Nation (1496–1806). Karlsruhe 1970 (Studien und Quellen zur Geschichte des deutschen Verfassungsrechts 3).

ten Vorstellungen Leopolds I. und anderer Mitglieder des Wiener Hofs zu verstoßen, andernfalls hätten der Verlust des Titels und die Entlassung gedroht. Es ist somit auf jeden Fall von einer Selbstzensur auszugehen.[109]

Zwei Grundsätze der Darstellung offenbart der Verfasser in der Vorrede: Zum einen seien Bücher die Anwälte der Toten, denn oftmals komme es vor, daß die Urteile der Nachwelt nicht dem eigentlichen Verdienst einer Person entsprächen. Die Feder könne jedoch den Klang des Ruhmes durch das gesamte Universum tragen.[110] Gualdo Priorato verfaßte das Werk also prospektivisch, mit Blick auf die Memoria der Dargestellten. Diesbezüglich gibt es einen Unterschied zur ersten Biographie, in der er diesen Aspekt nicht in dieser Deutlichkeit hervorhob. Zum anderen wird, eine weitere Differenz, die Religion in der Darstellung weitgehend ausgeklammert, weshalb er auch die Lebensläufe von Protestanten aufnahm: Nicht um das religiöse Gewissen dieser Personen ginge es ihm, sondern um deren ruhmreiche Handlungen und Taten.[111] Daher ist die konfessionelle Zugehörigkeit Wallensteins auch kein Thema, weshalb die Geschichte des glücklich überlebten Fenstersturzes, der zur Konversion geführt haben soll, fehlt. Ebenso vermißt man die zahlreichen Seitenhiebe auf die Jesuiten, denen Gualdo Priorato in der ersten Biographie eine Hauptschuld an Wallensteins Fall gab. Diese Funktion übernehmen nun die Kurfürsten, der Rivale Tilly und kaiserliche Offiziere, deren Neid durch die Erfolge des Friedländers geweckt worden sei. Bei diesen habe es sich um Feinde des Kaisers gehandelt, deren eigentliches Ziel es gewesen sei, Ferdinand II. zu schwächen, um ihn zu ihrem Bittsteller zu machen. Die Schuldfrage ließ der Italiener offen, denn, so ist zu lesen, die Wahrheit sei, wenn sie aus dem Mund des Rivalen komme, immer verdächtig.[112]

Ferner finden sich, hier knüpfte Gualdo Priorato deutlich an die erste Biographie an, kurz gerafft die stürmische Jugend, die Bildungsreisen, die Hinwendung zur Astrologie und der rasante Aufstieg mit den zahlreichen militärischen Erfolgen. Hier ließ sich der Italiener die Gelegenheit nicht entgehen, dem Leser gemäß dem Grundsatz *historia magistra vitae* wieder wertvolle Lebensgrundsätze auf den Weg zu geben. Unter diesen findet sich die Feststellung, Wallenstein habe seine Karriere nicht zuletzt dem Umstand zu verdanken, daß es ihm gelungen sei, seine Pläne geheim zu halten und seine

109 Zu den Kennzeichen der Selbstzensur vgl. Mix, York-Gothart: Zensur im 18. Jahrhundert. Prämissen und Probleme der Forschung. In: Haefs/Mix (Hg.): Zensur im Jahrhundert der Aufklärung, 11–23, hier 15f.

110 Vgl. Gualdo Priorato: Vite, Vorrede, o. S.

111 Vgl. ebd., o. S.

112 Vgl. ebd., o. S.

wahren Absichten zu verbergen.[113] Tacitismus und Arcanlehre wirkten also auch auf diese Darstellung ein.

Wallensteins Charakter wird als sonderbar beschrieben, zwischen antagonistischen Polen pendelnd, eine Sichtweise, die sich in der älteren Lebensbeschreibung ebenfalls findet, nun allerdings dezidiert hervorgehoben wird und Einflüsse der Moralistik in Erinnerung ruft. Weitere bekannte Elemente begegnen, wie das große Interesse an Informationen und die langjährigen treuen Dienste für die *Casa de Austria*, die nicht entsprechend gewürdigt worden seien. Fast wörtlich übernommen wurde die Beschreibung von Wallensteins Aussehen.[114] Freilich finden auch die Respektlosigkeit gegenüber dem Kaiser, der Größenwahn – Wallensteins Hof habe dem eines Weltherrschers entsprochen – und die undurchsichtige Politik nach der Wiederberufung ihren Platz. Das alles hätte es nach Wallensteins Tod vielen Menschen ermöglicht, die Tätigkeit des Friedländers übertrieben negativ darzustellen. Selbst seine treuesten Freunde hätten sich nun gegen ihn und sein Andenken gewandt und so getan, als seien sie seine größten Feinde gewesen. Der Angegriffene selbst habe sich dagegen ja nicht mehr zur Wehr setzen können. Dieses Beispiel zeige, wie die Machtstellung von Personen deren Beliebtheit beeinflusse.[115]

Besonders viel Platz widmete der Italiener der Ehrenrettung Ferdinands II., der über das tragische Ende seines Feldherrn zutiefst unglücklich gewesen sei, denn er hätte die Festnahme, nicht jedoch dessen Tod gewollt. Der Habsburger habe deshalb voller Trauer Tränen vergossen und die Verdienste Wallensteins, dessen herausragenden Mut und die vielen siegreichen Schlachten in Erinnerung gerufen, was die dürftige Bestattung des Friedländers, der eigentlich eine ägyptische Pyramide als Mausoleum verdient hätte, mehr als wett gemacht habe.[116]

Insgesamt unternahm Gualdo Priorato in der zweiten Biographie die schmale Gratwanderung einer an die erste Lebensbeschreibung anknüpfenden Darstellung Wallensteins, die von einer einseitigen Verurteilung Abstand nahm und das Ansehen des Friedländers im Gedächtnis retten sollte, ohne damit gegen die Vorstellungen des Kaiserhofs zu verstoßen. Charakteristisch für diesen Ansatz sind zum einen die Schlußworte der Kurzbiographie,[117] zum anderen jene Sätze der ersten Lebensbeschreibung, die sich fast wortgleich

113 Vgl. ebd., o. S.
114 Vgl. Anm. 40; Gualdo Priorato: Vite, o. S.
115 Vgl. ders.: Vite, o. S.
116 Vgl. ebd., o. S.
117 „Alles in allem zählte Albert Wallenstein, Herzog von Friedland, zu den größten Heerführern, den großzügigsten Fürsten und den tüchtigsten Staatsmännern der vergangenen und laufenden Jahrhunderte." Gualdo Priorato: Vite, o. S.

in der zweiten finden: „Die Fama öffnete sogleich ihren Mund, diesen Tod anzukünden, und machte um die Wette 1.000 Zungen beredt: Einige, um seine Handlungen recht scheußlich vorzustellen: Andere, um seine Unschuld in den Himmel zu erheben, und seine Tapferkeit dadurch noch höher zu preißen. Der Erfolg flog hurtig, gleichsam mit den Federn der Winde, von einem Pol biß zum anderen, und die Geschichtschreiber beeiferten sich um die Wette, sein Andenken dem spätesten Zeitalter aufzubehalten. Die Tugend, die Tapferkeit, die Edelmüthigkeit, und der grosse Geist dieses Fürsten, werden allezeit in lebhaftestem Andenken verbleiben. Seine Siege, sein Ruhm, sein tugendsames Bezeigen, werden in der Geschichte allezeit glänzen. Es wird aber dennoch Verdacht und Argwohn hinter ihm nachfolgen, um ihn herunter zu sezen. Die Welt mag Richter darüber seyn."[118]

Der Kaiserhof konnte damit offenbar leben, denn von einem Skandal ist ebensowenig bekannt wie von einer unehrenhaften Entlassung. Dabei wäre sogar noch nach der Erstveröffentlichung eine Änderung des Wallensteinbilds möglich gewesen.[119] Die Darstellungen von 1673 und 1674 sind jedoch identisch. Gualdo Priorato kehrte schließlich 1677 mit einer umfangreichen Gratifikation in seine Heimat zurück.[120]

4. Zusammenfassung

Der italienische Adlige Galeazzo Gualdo Priorato, in seiner Zeit ein ausgesprochen populärer Publizist und beliebter Historiograph, verfaßte zu Beginn und gegen Ende seiner Karriere jeweils eine Biographie Wallensteins. Die erste, veröffentlicht 1643 als Monographie in Lyon, gilt als die älteste Lebensbeschreibung des Feldherrn. Das Ludwig XIII. gewidmete, italienischsprachige Werk, von dem auch Übersetzungen ins Lateinische und Deutsche erschienen, zeigt den imposanten Aufstieg und tragischen Fall eines hochbegabten und erfolgreichen Kriegsunternehmers, herbeigeführt durch eine Kombination seiner menschlichen Schwächen, beispielsweise übermäßigen Ehrgeiz, grobe Regierungsfehler Ferdinands II. sowie die Intrigen neidischer Kurfürsten und Kleriker am Wiener Hof. Der Habsburger wird darin für das verhängnisvolle Ende des Friedländers allerdings nicht hauptverantwortlich

118 Ders.: Lebensgeschichte, 261f.; ders.: Historia, 62; ders.: Vite, o. S.

119 Die Biographien von Giovanni Battista Trucchi etwa, General Karl Emanuels II. von Savoyen, unterscheiden sich in den Versionen von 1673 und 1674.

120 Vgl. Benz: Tradition, 362.

gemacht, denn die Ermordung sei nicht auf seine Anordnung erfolgt. Zudem sei sie schon allein aufgrund der Vorwürfe des Verrats unvermeidbar geworden. Maßgeblich geprägt ist dieses, trotz der Widmung an den französischen König keineswegs einseitig habsburgkritische Bild, vom Verständnis der Geschichte als Lehrmeisterin des Lebens, von politischem Denken im Sinn von Moralistik, Tacitismus und Arcanlehre sowie der spezifischen Lebenssituation, in der sich Gualdo Priorato zum Zeitpunkt der Abfassung gerade befand.

Dreißig Jahre später stellt eine in dem Werk „Vite, et azzioni di personaggi militari, e politici“ enthaltene zwanzigseitige Kurzbiographie den Feldherrn etwas anders dar. Die Rahmenbedingungen hatten sich gewandelt, denn Gualdo Priorato war inzwischen ein renommierter und europaweit geschätzter Autor sowie Historiograph des Kaiserhofs. Das Wallensteinbild, das er in diesem Kontext konstruierte, unterschied sich in einiger Hinsicht von der ersten Beschreibung, denn der Verfasser klammerte die Religion nun aus und stellte den belehrenden Charakter von Wallensteins Leben und Schicksal stärker in den Hintergrund. Ein klares Anliegen war ihm hingegen die Ehrenrettung Wallensteins im kollektiven Gedächtnis. Ein Vergleich der beiden Bilder zeigt zum einen, daß im Umfeld des Wiener Hofs nicht nur wallensteinkritische Darstellungen veröffentlicht werden konnten, wie etwa Franz Christoph Khevenhüller in den „Annales Ferdinandei“ verfuhr. Zum anderen ist zu erkennen, daß höfische Geschichtsschreibung nicht eindimensional als unmittelbar gelenkt verstanden werden darf, denn der Einfluß des Wiener Hofs auf das Werk seines Historiographen ist zwar zu erkennen, war jedoch nicht stark genug, um ein einseitig negatives Bild zu erzeugen.

Hans Ottomeyer

Das Porträt des Feldherrn – Wallenstein in seiner Zeit

Eines ist gewiß: Alle kennen Wallenstein! Man hat von ihm gelesen, gehört, hat Bilder von ihm gesehen. Aber wodurch und mit welchen Mitteln formt sich das Bild einer Gestalt der Geschichte? Es geht hier um die Frage nach der Vorstellung, die wir uns von einer historischen Person machen und wie sie zustande kommt. Diese Mittel sind zeitspezifisch bestimmt und führen zu wechselnden Bildern.

Am bekanntesten unter den bildlichen Darstellungen ist der Stich von Albrecht Wenzel Eusebius von Wallenstein (1583–1634), Herzog von Friedland, der nach Anthonis van Dyck (1599–1641) entstand (Abb. 1).

Abb. 1: Bildnis Graf Albrecht Wenzel Eusebius von Wallensteins, Kupferstich von Pieter de Jode dem Jüngeren nach Anthonis van Dyck (1645/46)

Abb. 2: Wallenstein, Hüftbild nach rechts in Rüstung, Frontispiz zu Curieuses Bücher=Cabinet. Dritter Eingang [...]. Eröffnet durch Antonio Paullini, Köln/Frankfurt a. M. 1711

Der Stich ist als Schul- und Geschichtsbuchillustration verbreitet und zeigt uns Wallenstein, wie man ihn kennt: nach rechts gewendet und mit den Zeichen seines Ranges versehen – im schwarzen Harnisch, mit Kommandostab, Feldbinde und weißem, schmucklosem Kragen. Als sprechende Allusion ragt hinter ihm ein Waldgebirge auf, in Anspielung auf seinen damals gebräuchlicheren Namen von „Waldstein". Diese überzeugende Verbindung von Motiv und Form hat sich am meisten verbreitet, am intensivsten durchgesetzt und spukt bis heute in unseren Köpfen. Von der frühen Wirksamkeit dieses Bildes zeugen auch zahlreiche spiegelverkehrte Kopien der Graphik, bei denen Kopisten versuchten, durch Bearbeitungen ihre fehlende Originalität zu verhehlen. Sie existieren in Medaillonform, bereichert um eine *tabula*

Abb. 3: Wallenstein, Halbfigur nach rechts,
aus: Heinrich Anshelm von Ziegler und Kliphausen:
Historisches Labyrinth der Zeit, 1. Teil. Leipzig 1701

ansata, Inschriftentafeln, und in vielen weiteren Bearbeitungen, aber immer beruhend auf dem Bildnis, das van Dyck von Wallenstein schuf (Abb. 2 und 3). Erst die Gültigkeit des Kunstwerks vermag es, einem Bildnis überzeitliche Wirkung zu verschaffen. Es bedarf der Überzeugungskraft des historischen Zeugnisses durch die Persuation künstlerischer Qualität, um zu der Formfindung zu gelangen, die durch ihre Schlüssigkeit bildwirksam wird.

Die große offene Frage bleibt: Was läßt uns die historische Wirklichkeit erkennen? Was führt dazu, daß wir etwas für wahr und als wirklich annehmen? Was überzeugt uns schließlich? Dazu brauchen wir, ähnlich wie in einem juristischen Prozeß, mehrere Anhaltspunkte, denn nur ein Zeugnis *allein* erlangt keine Gültigkeit. Dies sind die Aussagen der Augenzeugen, es sind die

Abb. 4: Degen mit dem Wappen Albrecht von Wallensteins,
Antonio Piccinino/Daniel Sadeler, Mailand/München 1622/25

Relikte oder die Indizien, die als materielle Zeugnisse von der Wirklichkeit des Geschehens berichten, und es sind des weiteren Bilder von dem Geschehen und von dem entsprechenden Ort, um eine zeiträumliche Zuordnung zu treffen. Deutlich muß dies über die impliziten Zeugnisse hinausweisen und die Lebenswirklichkeit des Zeithorizonts evozieren.

Eine unübersehbare Rolle bei den historischen Überzeugungsstrategien spielen seit jeher profane Reliquien. Ihre Rolle ist so selbstverständlich, daß sie sowohl in der Kunstwissenschaft als auch in den historischen Disziplinen keine Einwertung oder Behandlung erfahren haben. Wallenstein-Relikte sind rar. Das Deutsche Historische Museum Berlin verwahrt ohne eine gesicherte, das heißt gesiegelte, datierte und unterschriebene Provenienz, also eine „Authentik", einen wappengeschmückten Degen, der aus der Sammlung von Prinz Carl von Preußen (1801–1883) stammt (Abb. 4). Er wird seit langem Wallenstein zugeschrieben, zeigt er doch vier nach links gewendete Löwen und einen Adler – Zeichen, die für Friedland und Wallenstein stehen. Die Devise lautet „FIDE ET OBSEQUVIO" („Durch Glauben und Gehorsam"). Das Gefäß des Degens stammt aus der Waffenschmiede des Kaisers und wird dem Eisenschneider Daniel Sadeler († 1632) zugeschrieben, der aus Antwerpen an den Hof Rudolfs II. in Prag berufen wurde. Die ältere Klinge kommt aus der Werkstatt des Mailänder Klingenschmieds Antonio Piccino (1509–1589). Dramatischerweise ist die Klinge des Degens gebrochen. Hans Stöcklein bemerkt 1922 sarkastisch: „Dieser Degen ist geeignet für ein Heraldikerduell“,[1] denn früher wurde das Wappen der italienischen Familie Sandrini zugeschrieben,[2] später dann aber kontrovers mit Wallenstein in Verbindung gebracht.

Ganz anders steht es mit Briefen, Urkunden und weiteren Dokumenten, die explizit und faßbar nach Ort, Zeit und Person und in genauer Definition der zeiträumlichen Koordinaten bestimmt werden. Aber da sie nur eine isolierte Aussage beinhalten, bilden sie lediglich einen Punkt, der sich auf den Verlauf der Geschichte bezieht und sich ihr zuordnen läßt. Briefe Wallensteins, von ihm unterschrieben und datiert, sind zahlreich erhalten. Zahlreich vor allem deswegen, weil er als Armeekommandant und Territorialherr große Verwaltungen mit entsprechender Geschäftskorrespondenz zu führen hatte. Dabei ging es auch um die Brandschatzung oder um das Freistellen von Plünderung und Zerstörung, mit dem Wallenstein sich hohe Geldleistungen von Dörfern und Städten erkaufte. Diese Freistellung von Plünderungen war eine Erpressung unter Androhung von Gewalt, die im wesentlichen zur Finanzierung der Heere Wallensteins und deren Versorgung beitrug.

Über diese Art von Briefen hinaus gibt es solche, bei denen es zu einer Vermengung von Dokument und profaner Reliquie kommt, wie beispielsweise im Fall des berühmten Blutbriefs vom 15. November 1632, in dem Wallenstein seinem General Gottfried Heinrich Graf zu Pappenheim befiehlt, unbedingt rasch auf dem Schlachtfeld von Lützen zu erscheinen, vorzurücken und auf keinen Fall weiter zu plündern, weil das nur aufhalte: „der Herr [lasse] alles stehen und liegen [...], auf [das] er morgen frue beÿ uns sich befünden [kann]“.[3] Pappenheim folgte diesem Befehl und erlag auf dem Schlachtfeld von Lützen einem Lungenschuß. Das Dokument blieb als Reliquie bis heute erhalten und ist ein sprechendes Zeugnis für die Wirklichkeit des dramatischen Geschehens.

Des weiteren existieren gedruckte Quellen zum Kriegsgeschehen, zum Beispiel über Verpflegungssätze, die mit ausführlicher formelhafter Titulatur Wallensteins beginnen, entsprechend persönlich paraphiert und gesiegelt sind und damit Rechtskraft erhalten. Das Druckwerk wird hier zur Urkunde und trägt als ein Element zu dem Bild von Wallenstein bei.

---

1 Stöcklein, Hans: Meister des Eisenschnittes. Beiträge zur Kunst- und Waffengeschichte im 16. und 17. Jahrhundert. Esslingen a. N. 1922, 70 (Degen D, 35). Vgl. ferner Müller, Heinrich/Kölling, Hartmut: Europäische Hieb- und Stichwaffen aus der Sammlung des Museums für Deutsche Geschichte. Berlin 1981, 379, Nr. 150.

2 Zeughausführer 1885, 135, Nr. 6704.

3 Zit. nach Mann, Golo: Wallenstein. Frankfurt a. M. [6]1997 [[1]1971], 733. Der Brief befindet sich im Heeresgeschichtlichen Museum in Wien.

Deutlich sprechender sind jedoch die Ereignisbilder. Sie entstehen als Zeichnungen, Gemälde, graphische Druckwerke stets in deutlicher zeitlicher Versetzung zu dem tatsächlichen Geschehen. Oft brauchte es Wochen, Monate oder gar Jahre, um in einem synthetischen Verfahren aus verschiedenen Skizzen, Notizen und Erkundigungen das avisierte Bild zusammenzusetzen und in einem zeitintensiven Verfahren technisch anzufertigen, um es schließlich aus dem Atelier an ein Publikum zu bringen. Hauptziele der Ereignisbilder sind die leicht lesbare Verdeutlichung, die Übersichtlichkeit und in jedem Fall auch eine propagandistische Intervention zugunsten eines Auftraggebers oder entsprechend dem überwiegenden Publikumsinteresse. Pieter Snayers (1592–1667), Matthäus Merian (1593–1650) und viele andere haben sich ein wirtschaftliches Auskommen durch Ereignisbilder geschaffen, die sie als Gemälde für die habsburgischen Kaiser fertigten oder als Graphiken auf Jahrmärkten und über Kolporteure an den Mann brachten.

Aber es sei mit aller Deutlichkeit gesagt: Um Quellentexte, historische Darstellungen, Chroniken steht es nicht anders. Auch sie entstehen zeitversetzt wie die Bilder. Sie nehmen gleichermaßen ein starkes argumentatives Interesse an der Darstellung von Geschichte, sie verfolgen ein übergeordnetes Ziel, und es braucht Jahre, um sie niederzuschreiben, zu drucken und zu verlegen. Es ist müßig, Bild und Schriftquellen gegeneinander abwägend dann in der Konsequenz unter ein ausschließliches Primat zu stellen.

Eine bevorzugte Form zur Darstellung der großen Massenschlachten des Dreißigjährigen Kriegs ist die Vogelperspektive, die einen Überblick vom Zeitgeschehen zu verschaffen versucht. Es sind große Panoramabilder mit einem horizontalen Ausschnitt, der im Vordergrund 50 bis 100 Meter erschließt, im Bildmittelgrund drei bis vier Kilometer erreicht und dessen Horizontlinie sich in einer Distanz von nahezu 100 Kilometern erstreckt. Der Blick, den der Maler fiktiv annimmt, hat seinen Blickpunkt in großer Höhe in einer „Vogelperspektive". Sie ist eine kunstvolle Komposition, bei welcher der angenommene Blickpunkt zur Erschließung des komplexen Geschehens dient. Nur im Kunstwerk ist diese Synthese zu erreichen. Eine merkwürdige Konsequenz dieser Darstellungsform ist jedoch, daß der Feldherr der tiefen Räumlichkeit zuliebe sehr häufig als Held des Geschehens fehlt.

Was die Vogelperspektive nicht leistet, vermag eine spezifische Form des Gruppenbildnisses zu vermitteln, die im frühen 17. Jahrhundert in den Niederlanden entstand und bei der die Augenzeugenschaft ganz und gar im Mittelpunkt steht. Die Augen der Dargestellten sind auf den Betrachter aus dem Bild heraus gerichtet. Damit wird der Kunstgriff des gerichteten, aktiven Blicks der Porträtierten seinem wesentlichen Ziel zugeführt, nämlich der

Abb. 5: „Das Nürnberger Friedensmahl vom 25. September 1649“, kolorierter Kupferstich von Wolfgang Kilian nach einem Gemälde Joachim von Sandrarts

Präsenz des Geschehens und der Beteuerung der Wirklichkeit der Darstellung in einer scheinbaren Momentaufnahme.

Bei dem Kupferstich „Das Nürnberger Friedensmahl vom 25. September 1649“, den Wolfgang Kilian nach einem Gemälde Joachim von Sandrarts schuf, ist dieser Bildtypus der historischen Zeugenschaft deutlich zur Geltung gebracht (Abb. 5). Durch die Publikation und Verbreitung dieses Blattes wurde der Kreis der Öffentlichkeit um ein Vielfaches erweitert und brachte den Rechtsakt des Friedensschlusses zur weiteren Geltung. Kein Vertragsabschluß, kein Friede, keine öffentliche Versammlung ohne Zeugen, die erst Rechtswirksamkeit schaffen. Die Veröffentlichung bzw. Publikation bedeutet die Erweiterung des Zeugenkreises.

Ein weiteres neues graphisches Medium des frühen 17. Jahrhunderts, das unser Bild von Wallenstein prägt, ist die synchrone Darstellung mit Szenen konsekutiven Geschehens, das sich in Schritten vor dem Auge des Betrachters vollzieht und das Blatt in mehrere Bildabschnitte gliedert.

Abb. 6: Der Herzog von Friedland (Wallenstein) wird zu Eger hingerichtet, anonym, Deutschland 1726, Kupferstich nach Matthäus Merian (1644)

Durch glückliche Umstände haben sich in Bezug auf die Ermordung Wallensteins am 15. Februar 1634 in Eger sowohl die seitenverkehrte Entwurfsskizze Matthäus Merians erhalten als auch die Ausführung des Kupferstichs mit der Beischrift „Der Hertzog von Friedland wird zu Eger hingerichtet ..." (Abb. 6). Dieses häufig überlieferte Flugblatt wurde einzeln – das heißt nicht in einer Publikation mit beigeordnetem Text – vertrieben und zeigt ein dramatisch hin und her wogendes Geschehen. In fiktiv angenommenen Bühnenausschnitten agieren die Täter und Opfer des gelungenen Mordanschlags. An der Wand der Stube Wallensteins meint man eben den Degen zu erkennen, der heute als „Wallenstein-Degen" erhalten ist. Die Vorzeichnung wird zum verkehrten, aber im Druck „richtigen" Bild in einer geschlossenen, durch die Umkehrung ausgewogenen Komposition, die ihre Bildaussage trotz ihrer fiktiven Bildfindung bis heute bewahrt hat. Aus solchen Bildmythen – sinnstiftenden Erzählungen – nähren sich unsere historischen Vorstellungen.

Ähnlich steht es um die vielen Porträts, die aus dieser Zeit von den historisch handelnden Persönlichkeiten auf uns überkommen sind. Ihre überzeitli-

Abb. 7: General Octavio Graf Piccolomini Piere de Arragona (1599-1656), Herzog von Amalfi als Hauptbevollmächtigter während des Nürnberger Friedenskongresses 1650/51, Anselm van Hulle, Nürnberg (?) 1650/51

che Wirkung war dabei bewußt intendiert. Beispielhaft hierfür ist das von Anselmus von Hulle 1650/51 geschaffene Bildnis von Wallensteins General Octavio Piccolomini (1599–1656), das den Dargestellten durch die Schlüsselfigur der Fama deutlich in eine Sphäre zukünftiger Wirksamkeit und Gültigkeit entrückt (Abb. 7). Die Silhouette der Nürnberger Burg im Hintergrund schafft eine Verortung des Geschehens. Der Sieger steht im Kontrapost, die Linke auf einen Tisch gelegt und die Rechte in die Hüfte gestützt. Mit seiner Pose zitiert er die Habsburger Audienzhaltung. Mit abgelegten Waffen steht er vor den Trümmern einer zerschmetterten Zivilisation und zeigt sich am Wendepunkt des Geschehens zwischen Krieg und Frieden im Jahr 1650.

Die Aufnahme verschiedener Bildwirklichkeiten wird durch den Künstler zur Verdichtung gebracht; die Komposition überzeugt durch einen in sich ge-

Abb. 8: Allegorie auf die Regierung von Kaiser Matthias (1612–1619), anonym, Prag 1614/15

schlossenen, stimmigen Lichtraum und eine durchgehende Farbtemperatur, die zur Überzeugungskraft und zur Bildwirksamkeit eines solchen Porträts entscheidend beitragen. Diese neue Art des allegorischen Porträts kann noch weiter aufgipfeln, wie beispielsweise bei der Darstellung von Kaiser Matthias, dessen Porträt in exuberanter, manieristischer Komposition und durch heterogene Elemente in allegorische Ausdeutung gebracht wird (Abb. 8). Dabei entwickelt sich eine politische Ikonographie, die versucht, das Herrscheramt auf verschiedenen Bedeutungsebenen abzusichern und anschaulich zu machen.

Die politische Ikonographie ist ein Bildgenre, das Verständigung durch eine nichtverbale Bildsprache sucht und damit in Europa eine Verbreitung erfährt, die alle Ländergrenzen und Sprachgrenzen in dieser Zeit zu überwinden vermag. Die politische Legitimation erfolgt durch die Anordnung und Ausdeutung verschiedener Bildebenen. Singulär bleibt die Darstellung Wallensteins als Mars im Kriegswagen, ein Deckengemälde von Baccio Bianco im

Abb. 9: Wallenstein zu Pferd,
vermutlich Christian Kaulfersch, 1631

Treppenhaus des Wallensteinpalais in Prag. Sie grenzt an den Bildtypus der Apotheose des Herrschers, eine barocke Bildformel, bei welcher der Herrscher in der Regel als Jupiter dargestellt wird oder in den Himmel zu Jupiter aufsteigt. Für den Feldherrn Wallenstein ist hier als entsprechende Rolle die des Kriegsgottes Mars gewählt. Das Gemälde entstand im Auftrag des Hausherren selbst. Das Treppenhaus ermöglicht keine Gesamtaufnahme, weshalb nur Details dieses Freskos als Bild verfügbar sind. Treppen waren ein wesentlicher Ort diplomatischer Empfänge: Treppenläufe und Treppenabsätze vermochten Bewegungsabläufe zu ordnen, und es war entsprechend kodifiziert, wer wem wie weit entgegenzukommen hatte.

Politische Ikonographie bestimmt einen Großteil der Werke bildender Kunst – es mögen dreißig Prozent der Gesamtproduktion sein. Das Kunstwerk wird ganz und gar in den Dienst der Überzeugungskraft der Propaganda gestellt; die Bildstrategien zielen auf Legitimation der Herrschaft durch Anciennität, auf den Vorgang der Machtübertragung und auf Vergegenwärtigung des entscheidenden historischen Geschehens. Auf dieser politischen Ikonographie beruhen – mehr noch als auf Texten – unsere Geschichtsbilder. Es sind aber keine expliziten Darstellungen, sondern Bilder, die zu überzeugen und zu überwältigen versuchen. Das Gesagte soll dazu dienen, die Bildnisse Wallensteins besser aufzuschlüsseln und gleichsam zu lesen.

Reiterbildnisse mit Pferd in Levade als Topos des Feldherrenporträts – wie von Tizian für Kaiser Karl V. als Sieger der Schlacht von Mühlberg gewählt – sind für Wallenstein selten. Ein überliefertes Reiterbildnis Wallensteins (Abb. 9) erhält seine allegorische Komponente durch den Lorbeerkranz über seinem Haupt als Verweis auf den Triumphator; die Kennzeichnung als kaiserlicher Feldherr geschieht nur im Ansatz durch die rote Schabracke des Rappen, den schwarzen Feldharnisch, den er befremdlicherweise ohne die rote kaiserliche Feldbinde trägt, und den Kommandostab. Sein Wappen ist auf einem Grenzstein deutlich in den Vordergrund gerückt. Wappensteine dienten dazu, die Grenzen des eigenen Besitzes, auf den die Ausübung der Herrschaft ausgedehnt war, zu kennzeichnen. Eine subtile Symbolsprache also, die für die Zeitgenossen überdeutlich lesbar war und für spätere Geschlechter noch immer lesbar bleibt.

Der Bildtypus des Feldherrn zu Pferde reicht weit zurück und begegnet uns bereits 1436 in einer gemalten Statuendarstellung des Feldherrn John Hawkwood (Giovanni Acuto) im Florentiner Dom von Paolo Uccello (1397–1475). Es war auch Uccello, der mit seiner um 1450/60 geschaffenen Darstellung der Schlacht von San Romano[4] – eine Auseinandersetzung zwischen den Stadtrepubliken Florenz und Siena im Jahr 1432 – das zeitgenössische ‚moderne' Schlachtenbild ins Leben gerufen hat. Die Kennzeichnung des Condottiere als Feldherr aus eigener Macht ist sowohl bei Hawkwood als auch bei Wallenstein besonders augenscheinlich. Dazu werden Bildformeln gebraucht, die den Auftraggeber des Freskos, das heißt den Kaiser oder die Stadt Florenz, nicht erscheinen lassen, aber die Zeichen der eigenen Macht deutlich betonen.

Das bedeutendste Bild Wallensteins bleibt das Grisaillegemälde, das der Maler Anthonis van Dyck schuf (Abb. 10), um ein großes kommerzielles Projekt in diesen bewegten Zeiten auf den Weg zu bringen. Er fertigte zwischen 1626 und 1635 eine beträchtliche Zahl kleinformatiger Grisaillegemälde der berühmtesten Leute seiner Zeit, die dann 1646 in Antwerpen in Form von Radierungen als Porträt-Kompendium herausgebracht wurden. Es waren die „Icones principum, virorum doctorum etc. numero centum ab Antonio van

4 Die drei Tafeln befinden sich heute in London, National Gallery, Paris, Louvre und in Florenz, Uffizien.

Abb. 10: Graf Albrecht von Wallenstein, Anthonis van Dyck, zwischen 1636 und 1641

Dyck pictore ad vivum expressae ejusque sumptibus aeri incisae“, die unter dem Titel *Iconographia* eine intensive europäische Verbreitung erfuhren. Darunter finden sich die Feldherren Tilly und König Gustav II. Adolf von Schweden. Siebzehn Blätter hat der Künstler selbst radiert, um ein Vorbild für die weiteren Umsetzungen durch professionelle Radierer zu geben und damit einen höchsten Qualitätsstandard abzusichern, der in der Folge zu den Überzeugungsstrategien dieser Ikonographie van Dycks gehörte. Alle Gemälde sind spiegelverkehrt angelegt, um sich erst in der graphischen Umsetzung als richtig zu bewähren. Es sind stets Grisaillen, die sorgsam Licht- und Schattenzonen gegeneinander absetzen und kalkulieren. Sie zeichnen sich zudem durch den behutsamen Umgang mit Attributen aus, um nicht das Augenmerk des Bildnisses und die Porträtwirkung zu verstellen. Aber eines ist unübersehbar: daß van Dyck im fernen, von den Spaniern bestimmten, Antwerpen oder in London, wo er sich ebenfalls aufhielt, keinem der von ihm dargestellten berühmten Männer je persönlich begegnet ist. Alle Porträts sind synthetisch erarbeitet und fiktiv wiedergegeben.

Die Radierung und deren ungezählte Nachstiche schaffen das gültige Bild von Wallenstein, das die Verschärfung auf den Machtmenschen hin kennzeichnet. Es ist die deutliche Übersteigerung der hohen Stirn, die übergroßen Hände, die betonte Schmucklosigkeit, die nicht durch ein einziges Ornament oder Accessoire beeinträchtigt wird.

Der Stecher Pieter de Jode der Jüngere (1604–1674) ragt mit einer besonderen Interpretation der van Dyckschen Bildvorlage hervor (Abb. 1): Das schemenhaft angedeutete Waldgebirge der Grisaille-Vorlage wird bei ihm zu einem schroffen Felskomplex, der sich als Zackenband hinter dem Haupt des Feldherrn steil aufragend ausbreitet. Es ist nicht zu übersehen, daß die Betonung des schroffen, drohenden und verschatteten Felsmassivs mit zu einem Stück „Seelenmalerei" beiträgt, welches das Wallensteinbild mitbestimmt.

Die großen Sammlungen der Porträtstiche des 17. Jahrhunderts wie in der Universitäts- und Landesbibliothek Münster und in der Herzog August Bibliothek Wolfenbüttel überliefern eine Vielzahl von Wallenstein-Darstellungen (Abb. 2 und 3). Diese Porträtstiche zeigen eines deutlich: wie weit sich die Typologien auseinanderentwickeln können. Die überwiegende Mehrheit von ihnen sind keine Bilder, die etwas bedeuten, sondern es sind Darstellungen, die, von einer klaren Grundtypologie ausgehend, in einer *ars multiplicanda* nur mehr schwer nach ihrer zeitlichen Abfolge hin unterscheidbar sind. Unklar ist, wer wem folgt. Die flüchtige Absicht, ein Bild zu machen und rasch zu verkaufen, steht bei ihnen deutlich im Vordergrund.

Die Grundvorstellung des Wallensteinbildes bleibt ganz und gar auf die Leistung van Dycks beschränkt. Und obwohl Wallenstein mit Sicherheit nicht in van Dycks Atelier in Antwerpen oder zwischendurch in London war, gelang es dem Flamen, die überzeugendste Bildversion zu fertigen, die sich in zahlreichen Kopien, Kupferstichen und Lithographien bis ins 20. Jahrhundert hinein tradiert hat und die das Rückgrat der Überlieferung bildet. Es gibt keine anderen gültigen Fassungen Wallensteins in den seltenen Porträts. Dies gilt sowohl für die Malerei als auch für die Bildhauerkunst. Es existieren nur einige schwache anonyme Bilder, die aber nur wenig über eine „Kirchenmalerqualität" hinausgehen. Sie haben keine Aufnahme in das kollektive Gedächtnis gefunden.

Das betrifft auch das Staatsporträt Wallensteins von Christian Kaulfersch dem Älteren von 1628, das in Schloß Friedland in Böhmen aufbewahrt wird, welches im Besitz des Feldherrn war. Es zeigt Wallenstein in der erwähnten Habsburger Audienzhaltung, wie sie für den Kaiser im Hofzeremoniell vorgeschrieben war. Hier ist er in die Ikonographie des Kaisers eingebunden, trägt die rote Feldbinde, steht vor einem roten Baldachin, und auch sein federgeschmückter Helm zeigt die Farbe der Habsburger. Er trägt ungewöhnlicherweise den im Feld üblichen Rock aus hellem Buff-Leder und entsprechend hohe Reiterstiefel, zudem den Feldherrenstab.

Die große bildliche Überlieferung soll aber nicht darüber hinwegtäuschen, daß das ‚wahre' Wallensteinbild auf Schrift und Schriftlichkeit beruht, also durch die geschriebene Geschichte geschaffen wurde, welche die Person in eine Erzählperspektive stellt und die Absicht hat zu erklären, was es mit dem Feldherrn Wallenstein auf sich hatte. Schillers „Wallenstein", erstmalig erschienen im Jahr 1800 in der Cottaschen Buchhandlung in Tübingen, wirkt dabei wie eine Wasserscheide für das Wallensteinbild vor und nach diesem großen Werk. Das „Dramatische Gedicht", entstanden zwischen Oktober 1798 und April 1799, bezieht sich auf die Zeitenwende 1800 und handelt von Zeit und Zeitlichkeit im historischen Geschehen, in dem sich große Personen verlieren. Das Zeitgeschehen war das Eindringen der französischen Revolutionstruppen auf das Gebiet des Heiligen Römischen Reiches deutscher Nation, die Bedrohung der Ordnung und der Zerfall eines festgefügten uralten Systems unter den neuen Forderungen von Freiheit und Menschenrechten. Schiller weiß das im Prolog prononciert auszudrücken. Dort heißt es:

> *„Und jetzt an des Jahrhunderts ernstem Ende, Wo selbst die Wirklichkeit zur Dichtung wird, Wo wir den Kampf gewaltiger Naturen Und ein bedeutend Ziel vor Augen sehn, Und um der Menschheit große Gegenstände, Um Herrschaft und um Freiheit wird gerungen, Jetzt darf die Kunst auf ihrer Schattenbühne Auch höhern Flug versuchen, ja sie muß, Soll nicht des Lebens Bühne sie beschämen.*
>
> *Zerfallen sehen wir in diesen Tagen Die alte feste Form, die einst vor hundert Und funfzig Jahren ein willkommner Friede Europens Reichen gab, die teure Frucht Von dreißig jammervollen Kriegesjahren. [...]*
>
> *In trüben Massen gäret noch die Welt, Und keine Friedenshofnung strahlt von fern. Ein Tummelplatz von Waffen ist das Reich [...]. Der Bürger gilt nichts mehr, der Krieger alles, Straflose Frechheit spricht den Sitten Hohn, Und rohe Horden lagern sich, verwildert Im langen Krieg, auf dem verheerten Boden."*[5]

Schillers Dichtung nimmt ihre Kraft aus den Problemen und Infragestellungen der Gegenwart und bezieht sich auf das Ende des Säkulums und das Heraufziehen einer ungewissen Zukunft. Sein „Wallenstein" wird selten aufgeführt, meist szenisch als Lesung inszeniert, vor allem aber wird er laut oder im Stillen von einer großen Leserschaft rezipiert.

Die ersten „Wallenstein"-Ausgaben waren nicht bebildert. Das änderte sich mit Illustrationen von Horace Vernet (1789–1863), die François Seraphin

5 Schiller, Friedrich: Werke. Nationalausgabe, Bd. 8. Hg. v. Hermann Schneider und Lieselotte Blumenthal. Weimar 1949, 4f. (Prolog zu „Wallensteins Lager").

Abb. 11: „Wallensteins Ermordung“, Horace Vernet/Gottfried Engelmann, 1803/39

Delpech (1778–1825) in Lithographien umgesetzt hat (Abb. 11). Hier wird in einem frühen *Style Troubadour* mit Kostümen der Renaissance eine fiktive Bildwelt erweckt. Diese „Wallenstein“-Illustrationen sind ebenso wenig bekannt geworden wie die große Zahl von Historiengemälden, die in der Folge entstanden, wie beispielsweise das Monumentalgemälde „Wallensteins Lager“ von Ferdinand Leeke (1859–1923), heute im Deutschordensmuseum Bad Mergentheim.[6]

Die einzige Ausnahme bildet die Rezeption des großen Gemäldes von Karl Theodor von Piloty, das auf Schillers Drama bezogen „Seni an der Leiche Wallensteins“ darstellt (Abb. 12). Piloty hat es 1855 geschaffen und auf Ausstellungen in München präsentiert, wo es große Beachtung erfuhr und graphisch verbreitet wurde. Es ist ein sorgfältig komponiertes Kunstwerk, basierend auf einer synthetischen Atelierszene mit Staffage. Das Modell, der aus Oberbayern stammende Graf von Arco-Stepperg (1808–1891), ließ sich eigens das rötliche Bart- und Haupthaar à la Wallenstein wachsen, um seine auf Kostümfesten gerühmte Ähnlichkeit mit dem Feldherrn weiter auszugestalten. Es ist eine Bildfindung aus der Zeit der Münchner Atelier- und Kostümfeste, den-

6 Vgl. Datenbank „Sammlung des Sonderauftrages Linz“, Nr. LI002725 (mit Abb.).

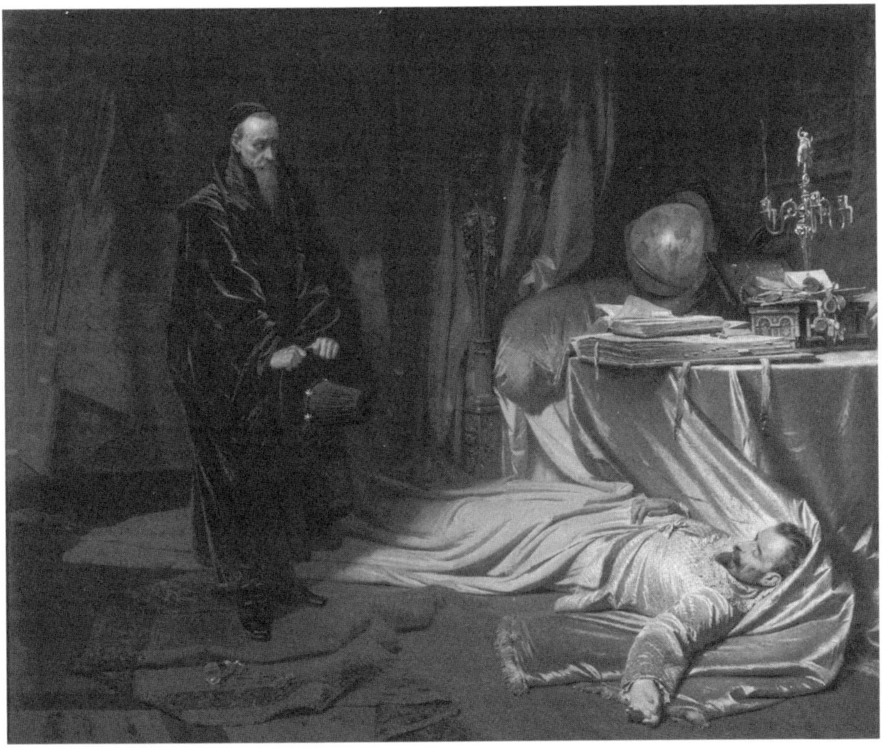

Abb. 12: „Seni vor der Leiche Wallensteins“, Karl Theodor von Piloty, 1855

noch handelt es sich um ein großes Historiengemälde, das seine Wirkung durchaus nicht verfehlt und sich in die Erinnerung eingeprägt hat. Pilotys „Seni an der Leiche Wallensteins“ empfiehlt sich durch seine Komposition, die kluge Farbwahl und die Dramatisierung des Augenblicks, überhöht durch den verlöschenden Kandelaber, die verschattete Weltkugel und die Gestalt des Astrologen, der aus dem Dunkeln tritt.

Bildformeln bleiben lange gültig. So wählte Heinrich Knirr (1862–1944) für sein Porträt Adolf Hitlers in der „Habsburger Audienzpose“ 1937 noch einmal das böhmische Waldgebirge als Hintergrund, um auf das Herkommen des „böhmischen Gefreiten“ oder auch den „größten Feldherrn aller Zeiten“ hinzuweisen (Abb. 13). Das Gemälde hängt im *Imperial War Museum* in London und baut die erprobten Bildformeln als Allusionen aus propagandistischen Gründen bewußt auf.

Wesentlich vermittelt wurde Wallenstein durch zahlreiche Aufführungen in den großen Schauspielhäusern und Staatstheatern der jungen Bundesrepublik Deutschland in den fünfziger Jahren des 20. Jahrhunderts, die zum Teil

Abb. 13: Bildnis Adolf Hitlers, Heinrich Knirr, 1937

im Ersten Deutschen Fernsehen gesendet wurden. Mit einer hochentwickelten Schauspielkunst in schwarz-weißen Bildern führten sie das Problemstück mit der vorgeblichen Klugheit des Handelnden und dem Schatten der Ratlosigkeit einem großen Publikum eindrücklich vor Augen. Gustav Gründgens spielte den Wallenstein am Düsseldorfer Schauspielhaus am 11. September 1953, andere Bühnen folgten. In Memmingen und in Altdorf, wo Wallenstein seine Studentenzeit zubrachte, gibt es sogar Wallensteinfestspiele. Golo Manns Wallensteinbiographie von 1971 wurde zu einem weit über das Bildungsbürgertum hinaus gelesenen Bestseller. Dies ist erstaunlich, insofern das Buch in einer eigentümlichen, wenn nicht spröden Sprache geschrieben und mit geschichtsphilosophischen Überlegungen befrachtet ist und durchaus einige Wochen Lesedauer in Anspruch nimmt. Einer der Leser war der damals neue Programmdirektor des Zweiten Deutschen Fernsehens, Dieter Stolte, der in einem vierteiligen Fernsehfilm Golo Manns Wallensteinbiographie medienwirksam in Szene setze.[7] Diese „Wallenstein-Doku“ war ein *visual turn*:

7 Wallenstein, Fernsehfilm in 4 Teilen, Drehbuch: Leopold Ahlsen, Regie: Franz Peter Wirth, deutsche Erstausstrahlung: 19. November 1978 im ZDF.

Abb. 14: Filmausschnitt aus „Wallenstein", Teil 1, ZDF, 1978
(Wallenstein im Hintergrund zweiter von rechts)

Aus den bisher Mitlesenden, Mitsehenden oder Mithörenden wurde eine Generation von Miterlebenden, denen eine neue emotionale Qualität der Geschichtsvermittlung vor Augen geführt wurde. Die Wallensteindokumentation von 1978 war ein entscheidender Schritt im deutschen *infotainment*. Die Fernsehserie basierte auf der so charakteristisch gewordenen Mischung von Spielszenen (Abb. 14), „Drehs" an authentischen Orten, einem Erzähler, auf Interviews mit Historikern und eingeblendeten historischen Darstellungen oder Zeugnissen. Die neue Form der Doku wurde in Deutschland gängig für das große Publikum. Den Historikern vom Fach und denen, die ein ausgeprägtes philologisches oder historisches Gewissen haben, ist dies natürlich suspekt. Das Doku-Format des ZDF ist bis heute in den Sendungen Guido Knopps in eben dem Rhythmustempo und mit genau der Mischung von Bildelementen lebendig wie damals, hat aber bisher noch keine kritische Analyse oder historische Würdigung erfahren.

Wallenstein hat auch eine Darstellung im Medium der historischen Ausstellungen erfahren. Die Ausstellung 1934 in Prag,[8] damals noch nicht mit einem ausführlichen Katalog begleitet, läßt sich kaum mehr rekonstruieren. Im Jahr 1980 befaßte sich eine Sektion der großen Landesausstellung „Um Glauben und Reich. Kurfürst Maximilian I." mit Wallenstein.[9] Sie wurde als zweiter Teil der „Wittelsbach und Bayern"-Ausstellungen mit authentischen Zeugnissen in der Münchner Residenz gezeigt. Das Thema wurde in einer weiteren Ausstellung des Hauses der Bayerischen Geschichte weiterverfolgt: „Der Winterkönig", 2003 in Amberg.[10] Und auch in der durch Millionen von Besuchern gesehenen Dauerausstellung des Deutschen Historischen Museums bietet sich ein breites Panorama von Erinnerungen an Wallenstein; dort sind alle Formen der Zeugnisse miteinander verknüpft und räumlich ausgebreitet.[11]

Diese Ausstellungen markieren das Ende der „Randständigkeit" der Bilder. Zeugnisse und Bilder werden zunehmend als Ergänzung der Geschichte, als formative Elemente der Geschichtsvorstellungen ernst genommen und an einzelnen Universitäten als sogenannte „angewandte Geschichte" gelehrt. Sicher hat Geschichte heute Konjunktur. Die Geschichtsverdrossenheit und Geschichtsvergessenheit der siebziger und achtziger Jahre des 20. Jahrhunderts ist vorbei. Es bleibt um so mehr ein lohnendes Unterfangen, sich die Wirkung der verschiedenen Überzeugungsstrategien zu vergegenwärtigen. Wie bildet sich aus dem, was wir hören, sehen und lesen im Zusammenwirken eine Vorstellung von unserer Geschichte? Wie schrieb Machiavelli: „Ein Herrscher braucht [...] alle [...] guten Eigenschaften nicht in Wirklichkeit zu besitzen; doch muß er sich den Anschein geben, als ob er sie besäße."[12] Ähnlich steht es mit der Wahrheit um den tragischen Helden Wallenstein.[13]

---

8 Die Ausstellung zu Wallenstein wurde 1934 anläßlich des 300. Jahrestags der Ermordung von Wallenstein im Prager Waldsteinpalais gezeigt. Vgl. den Beitrag von Joachim Bahlcke in diesem Sammelband.

9 Glaser, Hubert (Hg.): Um Glauben und Reich. Kurfürst Maximilian I., Bd. 1–2. München 1980.

10 Wolf, Peter u. a. (Hg.): Der Winterkönig. Friedrich V., der letzte Kurfürst aus der Oberen Pfalz. Augsburg 2003 (Veröffentlichungen zur Bayerischen Geschichte und Kultur 46/03).

11 Czech, Hans Jörg/Ottomeyer, Hans (Hg.): Deutsche Geschichte in Bildern und Zeugnissen. Wolfratshausen 2007.

12 Machiavelli, Niccolò: Der Fürst (*Il Principe*). Hg. v. Rudolf Zorn. Stuttgart [4]1978, 73 (Kap. XVIII: „Inwieweit Herrscher ihr Wort halten sollen").

13 Für die Überarbeitung des Aufsatzes sei Esther Sophia Sünderhauf gedankt.

Norbert Oellers

Das Wallensteindrama und seine Stellung unter den historischen Dramen Schillers

I.

Schiller wollte als Historiker kein Brotgelehrter, sondern ein philosophischer Kopf sein. Das hat auch etwas damit zu tun, daß er sich nicht zuletzt um des Brots willen an das Geschäft der Geschichtsschreibung machte. Er war, nach dem ziemlich sorgenfreien Leben, das ihm sein Freund Christian Gottfried Körner in den Jahren 1785 bis 1787 in Dresden und Leipzig ermöglicht hatte, auf Einnahmen aus publikumswirksamen Publikationen angewiesen, um seine Existenz als freier Schriftsteller fristen zu können. Die historischen Studien, die er bei der Arbeit an „Dom Karlos" getrieben hatte, vertiefte und erweiterte er 1787/88, nach dem Abschluß dieses Dramas, und brachte in kurzer Zeit den ersten (und einzigen) – bis 1567 reichenden – Band der „Geschichte des Abfalls der vereinigten Niederlande von der Spanischen Regierung" zustande, der ihn nicht nur für eine kleine Weile finanziell sicherte, sondern auch zu seiner Berufung an die Universität Jena führte, mit der Verpflichtung, Geschichte zu lehren.

In seiner oft paraphrasierten, zitierten, analysierten und interpretierten Antrittsvorlesung beschrieb Schiller im Mai 1789 die Aufgaben des Historikers, der eben kein Brotgelehrter sein solle; und er machte es, auf seine Art, grundsätzlich, indem er von der Universalgeschichte sprach, mithin von den Aufgaben des Universalhistorikers, dem es nicht genügen könne, die überlieferten Fakten zu sammeln, wodurch immer nur ein „Aggregat von Bruchstücken" (NA 17, 373)[1] zusammengebracht werde, sondern der (als philosophischer Kopf) versuchen müsse, „diese Bruchstücke durch künstliche Bindungsglieder" zu verketten und dadurch „das Aggregat zum System, zu einem vernunftmäßig zusammenhängenden Ganzen" (ebd.) zu machen. Wie kommt der Universalhistoriker zu den Bindungsgliedern? Er nimmt sie „aus sich selbst heraus, und verpflanzt sie ausser sich in die Ordnung der Dinge"

1 Zitiert werden die Werke und Briefe Schillers mit der Sigle NA sowie Band- und Seitenzahl im fortlaufenden Text nach: Schillers Werke. Nationalausgabe. Hg. v. Julius Petersen, Lieselotte Blumenthal, Benno von Wiese und Norbert Oellers. Weimar 1943ff.

(NA 17, 374). So reklamiert der Philosoph und Dichter Schiller das Recht für sich, als Historiker auch zu philosophieren und zu dichten. Damit hebt er den Unterschied zwischen Geschichtsschreiber und Dichter auf, den Aristoteles kurz und bündig so bestimmt hatte: „der eine berichtet, was wirklich geschehen ist, der andere, was geschehen könnte“, fortfahrend: „Deshalb ist auch die Dichtkunst etwas Philosophischeres und Gewichtigeres als die Geschichtsschreibung.“[2]

Daß sich Schillers Geschichtstheorie mit Auffassungen neuerer Historiker (etwa mit Hayden Whites sogenannten „Studien zur Tropologie des historischen Diskurses“ unter dem deutschen Titel „Auch Klio dichtet oder die Fiktion des Faktischen“[3]) wenn nicht geradezu deckt, so doch eng berührt, sei an dieser Stelle nur erwähnt. Und auch von der Hochschätzung des Historikers Schiller durch anerkannte Größen des Faches im 20. Jahrhundert sei nichts Genaueres gesagt als dies: 1960 haben sowohl Theodor Schieder als auch Golo Mann in Aufsätzen über „Schiller als Historiker“ – so die Überschrift beider Aufsätze – dargetan, daß Schiller ein exzellenter Historiker gewesen sei, freilich, wie besonders Schieder dargetan hat, weniger in seinen Geschichtswerken als vielmehr in seinen Dramen, vor allem im „Wallenstein“.[4]

Meiner ersten Einleitung mag sich, aus methodologischen Gründen, eine zweite, kürzere, anschließen: In der Literaturwissenschaft wird kaum je ein Unterschied gemacht zwischen „Geschichtsdrama“ und „historischem Drama“ (so wenig wie zwischen „Geschichtsroman“ und „historischem Roman“). Es scheint mir, nicht zuletzt aus pragmatischen Gründen, zweckmäßig, eine definitorische Unterscheidung vorzunehmen, und zwar derart: Ein Geschichtsdrama (ein Beispiel: Rolf Hochhuths „Der Stellvertreter“) beansprucht, nicht anders als ein Geschichtsroman (Beispiel: Felix Dahns „Ein Kampf um Rom“), geschichtliche Ereignisse zu vermitteln, also auch zu lehren, „was wirklich geschehen ist“ (Aristoteles), während der Dichter eines historischen Dramas (wie der eines historischen Romans) nicht die Genauigkeit geschichtlicher Fakten beobachtet, sondern den in der Regel dem Publikum bekannten Stoff aus der Geschichte nimmt, zum Zwecke der Poetisierung, das heißt der ‚Aufhebung‘ des Faktischen im Schönen. Die vorgeschlagene Differenzierung mag

2 Aus dem 9. Kapitel der Poetik des Aristoteles. Zit. nach Krüger, Joachim (Hg.): Ästhetik der Antike. Berlin/Weimar 1964, 276f. (nach der Übersetzung von Friedrich Bassenge).

3 White, Hayden: Auch Klio dichtet oder die Fiktion des Faktischen. Studien zur Tropologie des historischen Diskurses. Stuttgart 1986 [ND 1991] (Sprache und Geschichte 10).

4 Schieder, Theodor: Schiller als Historiker. In: Historische Zeitschrift 190 (1960) 31–54; Mann, Golo: Schiller als Historiker. In: Jahrbuch der Deutschen Schillergesellschaft 4 (1960) 98–109.

vergleichbar sein der Unterscheidung zwischen einem Geschichtsbuch und einem historischen Buch.

Zur Verdeutlichung dessen, wie Schiller in seinen Dramen mit der Geschichte, also mit dem Stoff, den diese ihm als gewesene Wirklichkeit (als ‚wirkliche Wirklichkeit') bot, umging, können zwei – von vermutlich mehr als zwanzig möglichen – Zitaten beitragen: „Darinn also", heißt es in der Abhandlung „Ueber die ästhetische Erziehung des Menschen" (1795), „besteht das eigentliche Kunstgeheimniß des Meisters, *daß er den Stoff durch die Form vertilgt* [...]." (NA 20, 382) Und vier Jahre später, am 19. Juli 1799, beklagt er in einem Brief an Goethe, daß er mit „Maria Stuart" nur mühsam vorankomme, „weil ich den poetischen Kampf mit dem historischen Stoff darinn bestehen mußte und Mühe brauchte, der Phantasie eine Freiheit über die Geschichte zu verschaffen, indem ich zugleich von allem was diese brauchbares hat, Besitz zu nehmen suchte" (NA 30, 73).

Schiller hat in der gedachten Bedeutung des Genres kein Geschichtsdrama geschrieben, doch sechs explizit historische Dramen. Die Zahl ließe sich auf acht erhöhen, wenn „Die Räuber" und „Kabale und Liebe" ihres jeweiligen historischen Hintergrundes wegen mitgezählt würden; erinnert sei an Schillers Rückgriff auf Schubarts ‚wahre' Erzählung „Zur Geschichte des menschlichen Herzens" in den „Räubern" und an die Kammerdienerszene in „Kabale und Liebe", in der vom Verkauf deutscher Landeskinder an die englische Krone gesprochen wird. Auf diese geschichtlichen Bezüge und ihre Verwendung in den genannten Dramen sei hier nicht näher eingegangen.

II.

„Die Verschwörung des Fiesko zu Genua. Ein republikanisches Trauerspiel" (1783), Schillers zweites überliefertes Drama, geht von historischen Darstellungen der Ereignisse aus, die Genua 1547 erschütterten, von William Robertsons „Geschichte der Regierung Kaiser Carls des V." (in deutscher Übersetzung 1770/71)[5] zum Beispiel und – vor allem – von des Kardinals von Retz „Histoire de la conjuration du comte Jean-Louis de Fiesque".[6] Doch ging es dem Dichter nicht um die historischen Fakten, ihre Wiedergabe oder

5 Robertson, William: Geschichte der Regierung Kaiser Carls des V., Bd. 1–3. Braunschweig 1770–1771.

6 Cardinal de Retz [Jean François Paul de Gondi]: Histoire de la conjuration du comte Jean-Louis de Fiesque. Paris 1665. Schiller benutzte vermutlich eine spätere Ausgabe (Paris 1682).

gar Interpretation, sondern um das jeweils Besondere einander entgegengesetzter Figuren, die von seiner Sturm-und-Drang-Phantasie ins Absonderliche gesteigert wurden, so daß es schließlich nur noch um hohe und niedrige Gesinnungen, um Größe und Erbärmlichkeit, um Erhabenheit und (ein wenig) Tragik geht. Wie Leser und Zuschauer mit den Handelnden zurechtkommen sollen, wird durch deren Charakterisierungen im Personenverzeichnis (NA 4, 11f.) schon angedeutet: Gianettina Doria ist ein „Mann von 26 Jahren. Rauh und anstößig in Sprache, Gang und Manieren. Bäurischstolz. Die Bildung zerrissen“, Fiesko ist „stolz mit Anstand – freundlich mit Majestät – höfischgeschmeidig, und eben so tükisch“, etc. Schiller ließ sich zwar anregen von der Geschichte, doch war er noch weit davon entfernt, sie im einzelnen so ernst zu nehmen, daß er sie ‚als solche‘, gesteigert ins Allgemeine, hätte behandeln wollen. Und schon gar nicht war ihm daran gelegen, dem Publikum Geschichtskenntnisse zu vermitteln.

Die intensivere Hinwendung zur Geschichte, die Vertiefung in historische Standardwerke führten bei der Entstehung des „Dom [später: Don] Karlos“ (1787), an dem Schiller mit längeren Unterbrechungen fünf Jahre arbeitete, zu einer grundsätzlich anderen Qualität des historischen Dramas, indem sich mehr und mehr das Interesse an der Rebellion der Niederländer gegen die spanische Regierung in den Vordergrund der in dramatischen Dialogen verhandelten ‚Gegenstände‘ schob, wobei die ursprüngliche Intention, mit dem Stück „in Darstellung der Inquisition, die prostituirte Menschheit zu rächen, und ihre Schandfleken fürchterlich an den Pranger zu stellen“ (NA 23, 81[7]), deutlich in den Hintergrund rückte. Auch das lange Zeit vorwaltende Thema: „ein Familiengemählde in einem fürstlichen Hauße“ (NA 23, 144[8]), mit allen Schrecklichkeiten der Beziehungen zwischen Philipp, Elisabeth und Karlos, hielt sich, je mehr Schiller mit der Geschichte vertraut wurde,[9] nicht mehr uneingeschränkt im Zentrum des Stücks. Und als der Dichter, um aus der Familientragödie, die auch eine Liebestragödie sein sollte, eine politische Tragödie zu machen, den vermeintlichen Freiheitshelden Marquis Posa als Anwalt der Niederlande mit den vermeintlichen Vorzügen idealistischer

7 Brief Schillers an Wilhelm Friedrich Hermann Reinwald vom 14. April 1783.

8 Brief Schillers an Wolfgang Heribert von Dalberg vom 7. Juni 1784.

9 Zu den wichtigsten Geschichtswerken, die Schiller bei der Arbeit an „Dom Karlos“ benutzte und die er wenig später seiner ersten großen historischen Schrift: „Geschichte des Abfalls der vereinigten Niederlande von der Spanischen Regierung“ (1788) zugrunde legte, gehören folgende Titel: [César Vichard de Saint-Réal]: L'histoire de Dom Carlos, Fils de Philippe II., Roy d'Espagne. Amsterdam 1691; Watson, Robert: Geschichte der Regierung Philipps des Zweyten, Königs von Spanien. Lübeck 1778; Robertson, Wilhelm: Geschichte der Regierung Kaiser Carls des V., Bd. 1–2. Braunschweig 1770–1771.

Beredsamkeit ausstattete, hatte er zwar die reale politische Situation der Zeit König Philipps II. von Spanien im Auge, glaubte aber nicht, daß eine genaue Schilderung der historischen Ereignisse seiner (des Dramatikers) Aufgabe entsprechen oder gar angemessen sein könnte. Im Zeitalter König Friedrichs II. von Preußen, der 1786 gestorben war, ließ er Posa, mit dem dann auch noch eine Freundschaftstragödie den andern Tragödien beigesellt wurde, mit angestrengtem Freiheitspathos ein leuchtendes Bild von einer Epoche der Aufklärung entwerfen („Das Jahrhundert/ Ist meinem Ideal nicht reif. Ich lebe/ Ein Bürger derer, welche kommen werden." [NA 7 I, 511]), das im Spanien des 16. Jahrhunderts weltfremd erscheinen mußte und den König zur verständlichen Charakterisierung seines Gesprächspartners geradezu einlud: „Sonderbarer Schwärmer!" (NA 7 I, 516) Posa scheitert, weil er die historische Situation verkennt, die Schiller allerdings – anders als Goethe im „Egmont" – immer weiter verschob, weil er ja auch, freilich anders als in „Kabale und Liebe", aktuell sein wollte.

Schiller mochte vor allem an „Dom Karlos" gedacht haben, als er am 10. Dezember 1788, nach Veröffentlichung seines Werks über den Abfall der Niederlande, an Caroline von Beulwitz schrieb: „Ich werde immer eine schlechte Quelle für einen künftigen Geschichtsforscher seyn, der das Unglück hat, sich an mich zu wenden. Aber ich werde vielleicht auf Unkosten der historischen Wahrheit Leser und Hörer finden und hie und da mit jener ersten philosophischen zusammentreffen. Die Geschichte ist überhaupt nur ein Magazin für meine Phantasie, und die Gegenstände müssen sich gefallen laßen, was sie unter meinen Händen werden." (NA 25, 154)

Fast für ein Jahrzehnt unterbrach Schiller seine dramatische Produktion. Erst 1796 griff er einen alten Plan auf, der auch durch die Anfang der neunziger Jahre erschienene „Geschichte des Dreyßigjährigen Kriegs" Nahrung bekommen hatte, und machte sich an den „Wallenstein", sein *opus maximum* (und wohl auch sein *opus optimum*) in drei Stücken, an dem er drei Jahre arbeitete – ein historisches Drama, das wie keines seiner anderen durch das Bemühen des Dichters bestimmt wurde, der ‚Wahrheit' der Geschichte nahe zu kommen, was freilich etwas anderes bedeutete als Darstellung oder gar Abbildung der Wirklichkeit; denn diese Wirklichkeit ließ sich nach seiner inzwischen gewonnenen Überzeugung nur als Aggregat erkennen, das es zum System zu runden galt. „Vordem", schrieb Schiller bereits am 21. März 1796 an Wilhelm von Humboldt, „habe ich wie im Posa und Carlos die fehlende Wahrheit durch schöne Idealität zu ersetzen gesucht, hier im Wallenstein will ich es probieren, und durch die bloße Wahrheit für die fehlende Idealitaet [...] entschädigen." (NA 28, 204) („Bloße" Wahrheit heißt hier: nichts als die Wahrheit.)

Das Unternehmen war schwierig genug, da Schiller in seinem Helden „nichts Edles“ fand, das zu diesen und jenen idealistischen Aufschwüngen getaugt hätte, sondern einen realistisch einzuschätzenden Machtpolitiker, dem auch nur „auf rein realistischem Wege“ dramatisch beizukommen wäre (ebd.). Was schließlich aus Wallenstein wurde, als notwendig an sich selbst, dem Repräsentanten wenn nicht *der* Geschichte, so doch einer Geschichtsepoche, scheiternden Helden, aber nicht nur an sich selbst scheiternd, sondern auch notwendig an den ihm von außen bestimmten Bedingungen seiner Existenz – darüber sind schon viele Bücher geschrieben worden, die sich nicht selten widersprechen, weshalb immer wieder die Möglichkeit zu neuen begründeten Ansichten besteht, wie das nun einmal im Umgang mit poetischen Werken selbstverständlich ist.

„Wallenstein“ ist kein Geschichtswerk, und ob die Titelfigur mit der Wirklichkeitsvorstellung kundiger Historiker zusammenstimmt, ist nicht wichtig für den Literaturwissenschaftler, der sich gewiß ist, daß es Schiller keineswegs in erster Linie darum ging, die Rezipienten seiner Dichtung über die – im großen und ganzen korrekt wiedergegebenen – Ereignisse in Pilsen und Eger vom Februar 1634 (mit der Ermordung Wallensteins am 25. dieses Monats) zu belehren, sondern durch die Dichtung wenigstens den Schein der Wahrheit zu erfahren (den schönen Schein der heiteren Kunst) – das Besondere als Kennzeichen des Allgemeinen.

Bevor ich mit wenigen Sätzen meine Sicht der Dinge vortrage, sei erwähnt, daß der Dichter sich bei seiner Arbeit noch einmal mit den wichtigsten Quellen zur Geschichte des Dreißigjährigen Krieges auseinandergesetzt hat, mit Johann Christian Herchenhahns „Geschichte Albrechts von Wallenstein“,[10] Christoph Gottlieb von Murrs „Beyträge zur Geschichte des dreyßigjährigen Krieges“,[11] Franz Martin Pelzels „Kurzgefaßte Geschichte der Böhmen“[12] und anderen Werken. Er hat sie benutzt, um sich die Freiräume, die Lücken auszusuchen, die er durch seine in sich selbst gefundenen Verbindungsglieder schließen wollte, um das Aggregat zum System, zu einem „vernunftmäßig zusammenhängenden Ganzen“ (NA 17, 373) zu erheben, wie es in der Antrittsrede heißt und erläutert wird. Was bei diesen Operationen geschah, läßt sich vielleicht zutreffend (das heißt im Sinne des Dichters) so beschreiben: Wallenstein repräsentiert insofern geschichtliche Außerordentlichkeit (ob Größe oder Gemeinheit, hohe oder kriminell niedrige Gesinnung,

10 Herchenhahn, Johann Christian: Geschichte Albrechts von Wallenstein des Friedländers. Ein Bruchstück vom 30jährigen Kriege, Bd. 1–3. Altenburg 1790–1791.

11 Murr, Christoph Gottlieb von: Beyträge zur Geschichte des dreyßigjährigen Krieges. Nürnberg 1790.

12 Pelzel, Franz Martin: Kurzgefaßte Geschichte der Böhmen. Prag 1774.

sei dahingestellt), als er sich nicht an seine – und keine andere – Zeit binden läßt. Er ist „der Fortuna Kind“ (NA 8, 141), ein vom nicht greifbaren Schicksal (das auch er selbst ist) begünstigter und verstoßener Machtmensch, dem alle Zufälle notwendig sind, der Friedensstifter sein möchte und deshalb zum Verräter wird, ohne auf dem Weg des Verrats sicher fortschreiten zu können, weil er den Weg krumm macht; er rechnet und berechnet nach scheinbaren Gesetzen, die in Wirklichkeit momentane Handlungsoptionen sind. Wallenstein: der Spieler als Spielball seiner selbst. „*Der* Geist ist nicht zu fassen, wie ein andrer./ Wie er sein Schicksal an die Sterne knüpft,/ So gleicht er ihnen auch in wunderbarer,/ Geheimer, ewig unbegriffner Bahn.“ (NA 8, 167) Als Max Piccolomini diese Verse spricht, weiß er noch nicht, daß Wallensteins Sternenglauben beliebig ist, Funktion seiner nicht faßbaren Einzigartigkeit, hinausgehend über den geschichtlichen Moment. Max weiß noch nichts von Wallensteins Verrats-Entscheidung, weiß nichts von einem Plan, der Generalissismus wolle König von Böhmen werden. Max schwärmt vom Frieden wie weiland Posa von der Gedankenfreiheit. Aber er weiß wie dieser, wenigstens ganz allgemein, wovon er spricht; denn er gehört seiner, einer des Friedens wie der Gedankenfreiheit entbehrenden Zeit an, und deshalb hat Schiller ihn, Max, erfunden (wie er Posas idealistische Höhenflüge erfunden hat).

Max kann Wallenstein, dem gelegentlich die zeitliche Orientierung abhanden gekommen ist („Von welcher Zeit ist denn die Rede, Max?“ fragt er [NA 8, 102], als Questenberg daran erinnert, was kurz zuvor geschehen war), die erbetene Auskunft geben – derselbe Max, der wenig später aus Verzweiflung über Wallensteins Verrat den Tod in der Schlacht sucht – Max, der phantastische Idealist, den Schiller erfinden mußte, um ihn in die Nähe jener Idealismus-Karikatur rücken zu können, die er in seiner Abhandlung „Ueber naive und sentimentalische Dichtung“ (1795/96) als hochproblematisch beschrieben hatte, weil der Phantast nicht „in die Unabhängigkeit von physischen Nöthigungen, [sondern] in die Lossprechung von moralischen [...] seine Freyheit“ setzt (NA 20, 503), das heißt: Er schwebt über der Wirklichkeit. Das tut ja auch Wallenstein, der partiell ein Spiegelbild Max Piccolominis ist.

Goethe hat in seiner „Wallenstein“-Rezension vom März 1799 – sicher mit ausdrücklicher Billigung Schillers – Wallenstein eine „phantastische Existenz“ genannt, „welche, durch ein außerordentliches Individuum und unter Vergünstigung eines ausserordentlichen Zeitmoments, unnatürlich und augenblicklich gegründet wird; aber, durch ihren nothwendigen Widerspruch, mit der gemeinen Wirklichkeit des Lebens und mit der Rechtlichkeit der menschlichen Natur scheitert [...].“[13] Die „gemeine Wirklichkeit“ („gemein“

13 Allgemeine Zeitung Nr. 90 vom 31. März 1799, 386.

nicht pejorativ verstanden!) und die „Rechtlichkeit der menschlichen Natur" hat Goethe, wie sich aus dem Kontext zweifelsfrei ergibt, mit Wallensteins Gegenspieler Octavio Piccolomini in Verbindung bringen wollen. Doch mir scheint, dieser steht seinem Sohn Max, an dem der Feldherr teilhat, nicht diametral entgegen, vertritt also nicht den Part des Verbrecherischen, von dem Goethe auch spricht als Teil des Feldherrn, sondern ebnet dem Verbrechen, dem der Verbrecher (?) Wallenstein zum Opfer fällt, ‚nur' den Weg.

Damit recht deutlich werde, daß der Dichter um ‚höherer Zwecke' willen mit den überlieferten Fakten spielen kann, läßt Schiller Wallenstein nicht, wie es ihn die Geschichtsbücher gelehrt hatten, durch Deveroux, einen erst in Eger auftauchenden Hauptmann der Wallensteinschen Armee, sondern durch Buttler ums Leben kommen, und dies mit dramaturgisch und ‚philosophisch' (oder: ideengeschichtlich) einleuchtenden Argumenten. Denn diesen (‚seinen') Buttler hat Schiller tatsächlich auf die Extremposition gegenüber Max Piccolomini verfügt. Aus kläglich niederen Beweggründen (weil er sich von dem lange so sehr verehrten Feldherrn getäuscht sieht) wechselt er, Buttler, von einem Augenblick zum andern die Partei, wird kaisertreu und denkt sofort an die Ermordung Wallensteins, greift gewissermaßen, als er vor die Entscheidung über sein weiteres Vorgehen gestellt wird, ohne weitere Überlegung zur Mordwaffe. Schiller hat nicht Deveroux zum Mörder Wallensteins gemacht, weil er ihn nicht ohne Mühe schon früher im Stück hätte agieren lassen können, was nötig gewesen wäre, um das Ende des Dramas mit seinem Anfang zusammenzuschließen. Von Buttler, dem seit vielen Jahren getreuen Waffengefährten Wallensteins, ist schon in „Wallensteins Lager" die Rede; in „Die Piccolomini" ist der Chef eines Dragonerregiments (dessen Biographie Schiller nach seinen Bedürfnissen umgeschrieben hat) ein wackerer Helfer auch des Verräters Wallenstein, bis er (in der ursprünglichen „Wallenstein"-Fassung noch in „Die Piccolomini", später in „Wallensteins Tod") von Octavio erfährt, daß er hintergangen wurde, da er mit dem versprochenen Grafentitel nicht ausgezeichnet wurde. Buttlers spontane Reaktion auf Octavios Aufforderung, sich von Wallenstein zu trennen, macht ihn mit einem Mal zum eigentlichen Gegenspieler des Feldherrn: „Nur von ihm trennen? O! er soll nicht leben!" (NA 8, 225) Max geht in den Tod, Octavio tritt in den Hintergrund, Buttler übernimmt die Regie des blutig endenden Geschehens. Hegel konnte es nicht fassen: „unglaublich! abscheulich! der Tod siegt über das Leben! Dieß ist nicht tragisch, sondern entsetzlich!"[14] Der letzte Vers des „Wallenstein"-Prologs lautet: „Ernst ist das Leben, heiter ist die Kunst."

14 Hegel, Georg Wilhelm Friedrich: Werke, Bd. 17. Berlin 1835, 413.

(NA 8, 6) Daß „Wallenstein" ein Kunstwerk ist, wird kaum zu bestreiten sein. Warum die Tragödie (als Kunst) heiter ist, wäre in anderen Zusammenhängen als unseren zu erläutern.

Noch ein Wort zu Buttler, an dem Wallenstein kaum weniger Anteil hat als an Max Piccolomini. Er ist eine Karikatur des Realisten, die Schiller der erwähnten Karikatur des Idealisten in „Ueber naive und sentimentalische Dichtung" schroff entgegengesetzt hat, der „gemeine Empiriker", der sich der Natur (also dem nicht Vernünftigen) „mit wahlloser blinder Ergebung" unterwirft. „Auf das Einzelne sind seine Urtheile, seine Bestrebungen beschränkt; er glaubt und begreift nur, was er betastet, er schätzt nur, was ihn sinnlich verbessert." (NA 20, 502)

Schiller hat versucht, Wallenstein in seiner nicht leicht zu analysierenden Vielschichtigkeit dem Zeitmoment seiner historischen Existenz zu entziehen, um zeigen zu können, was in *der* Geschichte für *die* Geschichte als allgemein gültig angesehen werden kann.

III.

In seinen weiteren historischen Dramen hat Schiller zunächst die mit „Wallenstein" begonnene Weise der Geschichtsbehandlung fortgesetzt. Weder in „Maria Stuart" noch in „Die Jungfrau von Orleans" hat er sich an die ihm bekannten, von ihm auch studierten Geschichtsbücher eng gehalten. Zur Verdeutlichung seiner poetischen, philosophisch fundierten und dramaturgisch ausgeklügelten Absichten hat er gerade *die* Momente der Handlungen besonders akzentuiert, für die es in der Geschichte keine Entsprechung gibt. In „Maria Stuart" ist dabei weniger wichtig, daß die Protagonistinnen verjüngt werden, als daß sie im Park von Fotheringhay aufeinandertreffen, womit die Peripetie des Trauerspiels allererst möglich wird. Und von nicht zu unterschätzender Bedeutung ist die Einflechtung Mortimers in das Geschehen,[15] weil durch ihn eine Parallelaktion zum Treiben Leicesters ermöglicht wird, wodurch das Schicksal beider Königinnen konturiert wird, mit dem bekannten

15 Wahrscheinlich hat Schiller die Gestalt Mortimers nicht erfunden, sondern bei der Lektüre eines von Benedikte Naubert aus dem Englischen übersetzten Romans von Sophia Lee („The Recess; or, A Tale of Other Times", 1783–1785 als Fortsetzungsroman in London erschienen [die deutsche Übersetzung: Die Ruinen, eine Geschichte aus den vorigen Zeiten. Leipzig 1786]) kennengelernt, doch hatte Mortimer mit der wirklichen Geschichte Maria Stuarts nichts zu tun. Vgl. NA 9 N I, 400.

Ergebnis: Weder Maria, die mit Zuversicht in den Himmel auffährt, noch gar Elisabeth, der eine glückliche Regierungszeit bevorsteht, lassen sich als tragische Figuren verstehen, sondern es geht in dem Trauerspiel um die – mit und gegen die Finten Leicesters und Mortimers agierende – Geschichte, die nicht zuläßt, daß zwei Menschen gleichen (in diesem Fall: sehr hohen) Ranges nebeneinander existieren, ohne sich gegenseitig aus der Welt schaffen zu wollen. Die Stärkere gewinnt.

In „Die Jungfrau von Orleans" geht Schiller noch einen Schritt weiter: Die Heldin (die bekanntlich auf dem Scheiterhaufen, nicht in der Schlacht ums Leben gekommen ist) wird bestraft, weil sie sich in liebender Zuwendung zu ihrem Feind äußerst menschlich zeigte – gegen das angenommene Gebot eines Gottes, den Schiller auch mal „die Götter" nannte,[16] um anzudeuten, daß es ihm in seiner „romantisch" genannten Tragödie nicht betont um mittelalterlich Christliches ging. Das Objekt der Liebe Johannas, der englische Heerführer Lionel, ist wieder, wie Max Piccolomini, eine Erfindung des Dichters, der wohl glaubte, das Tragische des Stückes, die Tragödie der Menschlichkeit durch diese gegen die Geschichte ausgedachte Szene auf dem Höhepunkt der dramatischen Handlung auf fiktional poetische Weise am besten akzentuieren zu können.

Zum letzten fertig gewordenen Drama Schillers, dem Schauspiel „Wilhelm Tell", ist in dem hier hergestellten Zusammenhang nur noch wenig zu sagen. Schiller hat sich bei der Behandlung der Sage vom Schweizer Befreiungskampf ziemlich genau an seine etwa zwanzig Quellen gehalten (Johannes Müller, Aegidius Tschudi, Johann Conrad Faesi, Johann Jacob Scheuchzer, Michael Ignaz Schmidt etc.) und dabei darauf geachtet, daß alles, nicht anders als in der Sage, ein volkstümliches Format behielt. Es kann daher nicht überraschen, daß er zweifelte, ob er mit dieser Art der Geschichtsbehandlung, ohne poetische Sondereinlagen, ohne „der Phantasie eine Freiheit über die Geschichte zu verschaffen" (NA 30, 73), nicht doch einen Rückschritt gemacht habe, wie er am 2. April 1805, fünf Wochen vor seinem Tod, in seinem letzten Brief an Wilhelm von Humboldt angedeutet hat: „Noch hoffe ich in meinem poetischen Streben keinen Rückschritt gethan zu haben, einen Seitenschritt vielleicht, indem es mir begegnet seyn kann, den materiellen Foderungen der Welt und der Zeit etwas eingeräumt zu haben. Die Werke des dramatischen Dichters werden schneller als alle andre von dem Zeitstrom ergriffen, er kommt selbst wider Willen mit der großen Masse in eine vielseitige Berührung, bei der man nicht immer rein bleibt." (NA 32, 206) Die große Masse hat bis

16 Vgl. Brief Schillers an Goethe vom 3. April 1801 (NA 31, 27).

heute „Wilhelm Tell“ gerade deshalb favorisiert, weil sie ihre materiellen Forderungen erfüllt sehen kann. Und sie hat zu „Wallenstein“ Distanz bewahrt, weil so schwer zu vermitteln ist, daß von geglückten historischen Dramen erwartet werden sollte, daß in ihnen die Poesie den deutlichen Vorrang vor den überlieferten Zeugnissen der Geschichte behauptet.

Was ist die Wahrheit der Geschichte? Schein in der Heiterkeit der Kunst.

Holger Mannigel

Entstehung und Wandel des Wallensteinbilds Schillers in der „Geschichte des Dreißigjährigen Kriegs"

Das historiographische Werk Friedrich Schillers hat in der vergangenen Dekade große wissenschaftliche Aufmerksamkeit gefunden. Dabei stand vor allem der Modus der Darstellung Schillers, das Erzählen, im Mittelpunkt literaturhistorischer und historiographiegeschichtlicher Forschung.[1] Insbesondere im Kontext der Revision der Historiographiegeschichtsschreibung im Horizont des *linguistic turn* trat er aus der Schattenzone an der Peripherie der Historiographiegeschichte und vor allem des Verdikts mangelnder Wissenschaftlichkeit hervor, das die sich formierende, quellenorientierte Geschichtswissenschaft des 19. Jahrhunderts über Schiller gesprochen hatte und das lange auf ihm lastete. Schiller avancierte dabei zu einer „Zentralfigur des Übergangs zur modernen Geschichtswissenschaft", ja zum „Diskursbegründer" narrativer Geschichtsschreibung überhaupt, dem „Modell der Moderne"[2], oder zum Neubegründer einer „rhetorisch-literarischen Geschichtsschreibung".[3] Diese Einordnung Schillers im Sinn einer quasi „transitorischen Erscheinung" setzte sich über die starren Grenzen der paradigmatischen Historiographie hinweg, für die Schiller – aber auch andere Historiker wie von Müller, Spittler, Woltmann oder Raumer – stets in einer Erklärungslücke verblieben.[4] Damit befreite sich die jüngere Historiographiegeschichtsschreibung von den Zwängen der starren Gegenüberstellung von „Aufklärung" und „Historismus" und warb zugleich für einen unbefangenen Blick auf die Anfänge der modernen Geschichtswissenschaft. Im Gegenzug kehrte sich das vermeintliche Problem der historiographiegeschichtlichen Verortung Schillers quasi um und die ‚objektive' Vieldeutigkeit, die mitreißende Darstellung auf Basis solider Studien

---

1 Süßmann, Johannes: Geschichtsschreibung oder Roman? Zur Konstitutionslogik von Geschichtserzählung zwischen Schiller und Ranke (1780–1824). Stuttgart 2000, 84–112.

2 Fulda, Daniel: Schiller als Denker und Schreiber der Geschichte. In: Feger, Hans (Hg.): Friedrich Schiller: Die Realität des Idealisten. Heidelberg 2006, 121–150, hier 122f.

3 Süßmann: Geschichtsschreibung, 110.

4 Vgl. Prüfer, Thomas: Die Bildung der Geschichte. Friedrich Schiller und die Anfänge der modernen Geschichtswissenschaft. Köln/Weimar/Wien 2002, 16; Gottlob, Michael: Friedrich Schiller und Johannes Müller. In: Dahn, Otto/Oellers, Norbert/Osterkamp, Ernst (Hg.): Schiller als Historiker. Stuttgart/Weimar 1995, 309–335.

sowie philosophischer, politischer und moralischer Deutungen, mithin seine Singularität konnte als bestimmendes Signum seiner historischen Schriften herausgearbeitet werden.[5]

Schiller als Geschichtsschreiber

Bereits in der „Geschichte des Abfalls der vereinigten Niederlande von der Spanischen Regierung“ (1788) beschränkt sich Schiller keineswegs auf das historisch Konkrete, sondern bereitet den Konflikt zwischen den Niederländern und der spanischen Krone hinsichtlich seiner dialektischen Qualität auf: „Die ganze Weltgeschichte ist ein ewig wiederholter Kampf der Herrschsucht und Freiheit [...].“[6] Daß die Geschichte der „Konflikt der Naturkräfte unter einander selbst und mit der Freiheit des Menschen“ sei, hat Schiller bereits in seiner Abhandlung „Über das Erhabene“ konstatiert.[7] Er deutet diesen Konflikt teleologisch als einen Fortschrittsprozeß, als eine „Fortschrittsgeschichte der Freiheit“, in der sich der Mensch erst als Mensch hervorbringt.

Der Gegenstand der Universalgeschichte ist, wie Schiller an anderer Stelle ausführt, „die ganze moralische Welt“[8] und umfasse das reiche „Vermächtniß von Wahrheit, Sittlichkeit und Freyheit“.[9] Die Geschichte als „Fortschritt der Menschheit zur Sittlichkeit in der Freiheit des Geistes“ vollziehe sich allerdings nicht kontinuierlich, sondern in einer Folge von Kämpfen, Gegensätzen und Katastrophen, wobei diese den Fortschritt aber nicht nachhaltig gefährden, da er irreversibel sei.[10]

Beide historischen Konflikte, den niederländischen Freiheitskampf und den Dreißigjährigen Krieg, deutet Schiller als eine Bestätigung seiner optimistischen Geschichtsauffassung. Allen Verwüstungen, Rückschlägen und Katastrophen zum Trotz schaffen sie eine neue Ordnung. Die Dialektik von Kon-

5 Prüfer: Bildung, 17.

6 Schiller, Friedrich: Schillers Werke. Nationalausgabe [NA]. Hg. v. Luise Blumenthal, Benno von Wiese und Norbert Oellers. Weimar 1943ff., hier Bd. 17, 39. Im folgenden wird diese Ausgabe zitiert mit der Sigle NA sowie Band- und Seitenzahl.

7 NA 21, 38–54, hier 49.

8 Ebd., 359.

9 NA 17, 376.

10 Vgl. Muhlack, Ulrich: Schillers Konzept der Universalgeschichte zwischen Aufklärung und Historismus. In: Dahn/Oellers/Osterkamp (Hg.): Schiller als Historiker, 5–28, hier 14.

flikten und neuen Ordnungs- und Zivilisationsstufen begründet die antithetische Struktur als das bestimmende Grundmuster der Geschichtsschreibung Schillers.[11]

Die „Geschichte des Dreißigjährigen Kriegs"

Die „Geschichte des Dreißigjährigen Kriegs" ist – neben der „Geschichte des Abfalls der vereinigten Niederlande" und der „Geschichte der Französischen Unruhen" – das dritte und letzte umfangreiche historiographische Werk Schillers.[12] Unterteilt in vier Bücher, entsteht es zwischen Mai 1787 bis zum September 1792 als Auftragsarbeit für den Leipziger Verleger Georg Joachim Göschen.[13] Es wird in den Jahren 1791 bis 1795 im „Historischen Calender für Damen" veröffentlicht. Der Umstand, daß Göschen den unter chronischem Geldmangel leidenden Dichter für das gemeinsame Projekt geschickt mit finanziellen Anreizen köderte, ließ Schiller bei seinen späteren Kritikern schnell in den Verdacht geraten, er habe das Werk nur um des Honorar willen geschrieben.[14]

---

11 Weitere Schriften Schillers zur Universalgeschichte: „Die Sendung Moses" (NA 17, 377–397), „Etwas über die erste Menschengesellschaft nach dem Leitfaden der mosaischen Urkunde" (ebd., 398–413), „Die Gesetzgebung des Lykurgus und Solon" (ebd., 414–444).

12 Vgl. Dann, Otto: Schiller als Historiker. In: Koopmann, Helmut (Hg.): Schiller-Handbuch. Stuttgart 1998, 653–698; Fester, Richard: Vorstudien zur Säkularausgabe der historischen Schriften Schillers. In: Euphorion 12 (1905) 78–142; Fulda, Daniel: Wissenschaft aus Kunst. Die Entstehung der modernen deutschen Geschichtsschreibung 1760–1860. Berlin 1996; Hahn, Karl-Heinz: Schiller und die Geschichte. In: Brandt, Helmut (Hg.): Friedrich Schiller. Angebot und Diskurs. Zugänge, Dichtung, Zeitgenossenschaft. Berlin/Weimar 1987, 78–91; Hoffmann, Michael: Schiller. Epoche – Werk – Wirkung. München 2003, 84–91; Meise, Helga: Geschichte des Dreißigjährigen Kriegs (1791–1793). In: Luserke-Jacqui, Matthias (Hg.): Schiller-Handbuch. Leben – Werk – Wirkung. Stuttgart/Weimar 2005, 330–336; Reinitzhuber, Holger: Schillers „Geschichte des Dreißigjährigen Krieges" als schriftstellerische Leistung. Ein Beitrag zur Ästhetik der historischen Belletristik. Kiel 1970; Schieder, Theodor: Schiller als Historiker. In: Historische Zeitschrift 190 (1960) 31–54; Seeba, Hinrich S.: Historiographischer Idealismus? Fragen zu Schillers Geschichtsbild. In: Wittkowski, Wolfgang (Hg.): Friedrich Schiller. Kunst, Humanität und Politik in der späten Aufklärung. Tübingen 1982, 229–249.

13 Vgl. Fröhlich, Harry: Schiller und die Verleger. In: Koopmann (Hg.): Schiller-Handbuch, 70–89, hier 81–83; Hahn, Karl-Heinz: Schiller, Göschen und der Historische Calender für Damen. In: Mix, York-Gotthart (Hg.): Kalender? Ey, wie viel Calender! Literarische Almanache zwischen Rokoko und Klassizismus. Wolfenbüttel 1986, 202–219.

14 Zum Verhältnis zwischen Schiller und Göschen vgl. Fröhlich: Verleger, 79–83. – Vgl. Schiller an Körner, 7. Januar 1788 (NA 25, 5). Zur Kritik vgl. Fester, Richard: Einleitung

Das früheste Zeugnis der Faszination Schillers für den Dreißigjährigen Krieg reicht freilich weiter zurück und stammt aus dem Jahr 1786, als er eher zufällig auf ein Werk über diese Epoche stieß. Ganz unter dem Eindruck der Lektüre schreibt er an seinen Freund Christian Gottfried Körner: „Täglich wird mir die Geschichte theurer. Ich habe diese Woche eine Geschichte des Dreißigjährigen Kriegs gelesen und mein Kopf ist mir noch ganz warm davon. Daß doch die Epoche des höchsten Nationen Elends auch zugleich die glänzendste Epoche menschlicher Kraft ist!"[15] Die antithetische Gegenüberstellung von höchstem Elend und glänzendster Kraft spiegelt bereits im Kern die historische Dialektik wider, die Ausdruck eines teleologischen Prinzips in der (Welt-)Geschichte ist, das Schiller wirksam sieht.

Der „philosophische Kopf", dem Schiller in der berühmten Gegensatzbildung in seiner Jenenser Antrittsvorlesung („Was heißt und zu welchem Ende studiert man Universalgeschichte") den „Brodgelehrten" als Antipoden gegenüberstellt, verknüpft entsprechend der Auffassung, „daß im Gebiete des Verstandes, [...] alles ineinandergreife", die disparaten Überlieferungen, das „Aggregat von Bruchstücken, zu einem vernunftmäßigen Ganzen", einem „System". Das schließt auch ausdrücklich die Verkettung der „Bruchstücke durch künstliche Bindungsglieder" ein. Es ist die Aufgabe des Geschichtsschreibers, die Lücken zu füllen, die in der Überlieferung bestehen. Im Sinn einer synthetisierenden Leistung stiftet der „philosophische Kopf" eine sinnvolle und „harmonische" Ordnung des Stoffs: „Er [der ‚philosophische Kopf', d. Verf.] nimmt also diese Harmonie aus sich selbst heraus und verpflanzt sie ausser sich in die Ordnung der Dinge, d.i. er bringt einen vernünftigen Zweck in den Gang der Welt, und ein teleologisches Prinzip in die Weltgeschichte."[16] In der historiographischen Praxis sichern die erzählerische Konstruktion und

in Schillers historische Schriften. In: Schiller, Friedrich: Schillers Sämtliche Werke. Hg. v. Eduard von der Hellen, Bd. 13/1. Berlin 1904–05, V–XL, hier X. Über die Hintergründe der Entstehung des Werks vgl. Engert, Th.: Einleitung. In: Schiller, Friedrich: Schillers sämtliche Werke. Historisch-kritische Ausgabe in zwanzig Bänden. Hg. v. Otto Güntter und Georg Witkowski, Bd. 15. Leipzig 1910–11, 5–10, hier 5; Diwald, Hellmut (Hg.): Friedrich Schiller. Wallenstein. Text von „Wallensteins Tod". Dokumentation. Frankfurt a. M./Berlin/Wien 1972, 44f.

15 Schiller an Körner, 15. April 1786 (NA 24, 46).

16 NA 17, 374. Zu den Umständen der Berufung Schillers nach Jena vgl. Tümmler, Heinrich: Signore Schiller. Der zunftfremde Professor und die Jenaer Philosophische Fakultät. In: Archiv für Kulturgeschichte 58 (1976) 444–458. Zum Begriff der Universalgeschichte vgl. Hahn, Karl-Heinz: Schiller und die Geschichte. In: Berghahn, Klaus L. (Hg.): Friedrich Schiller. Zur Geschichtlichkeit des Werkes. Kronberg i. Ts. 1975, 25–54, hier 37f.; Muhlack: Universalgeschichte, 22–28.

eine (moralisch-sittliche) Ästhetisierung, daß historische Fakten und ausgedeutete Leerstellen miteinander zu einem sinnhaften Ganzen werden.[17]

Daß sich der historische Stoff in seiner Komplexität, aber auch durch das Wirken des Zufalls einer eindeutigen teleologischen Konstruktion zuweilen verschließt und zudem der narrative Modus der Darstellung dem ideellen Zugriff des Autors entgegen wirkt, läßt sich sowohl bei der „Geschichte des Abfalls der vereinigten Niederlande" als auch bei der „Geschichte des Dreißigjährigen Kriegs" beobachten.[18] Insbesondere in der dramatischen Inszenierung der Begebenheiten und der virtuos gehandhabten Porträtkunst erweist sich die rhetorisch-literarische Geschichtsschreibung Schillers ganz auf der Höhe ihrer Kunst.

Mit dem weitgehenden Verzicht auf Anekdoten und allgemeine Sentenzen löst sich Schillers „Geschichte des Dreißigjährigen Kriegs" einerseits von Denk- und Stilmitteln einer humanistisch-moralisierenden historiographischen Tradition. Andererseits unterscheidet sich das Werk durch seine breit angelegten, durchgehend erzählenden Bücher von der speziell in der Reichshistorie üblichen kleinschrittigen, einzelne Abschnitte verbindenden Darstellungsweise gelehrter Abhandlungen. Dieses und der belletristische Anspruch seines Werks begünstigen die Eigenständigkeit seiner Darstellung.[19] Jenseits allen historiographischen Eklektizismus findet Schiller zu einer selbständigen Behandlung des historischen Stoffs, wobei die analytischen Passagen gegenüber den rein deskriptiven überwiegen.[20] Die Eleganz der Sprache, ihr plastisches Ausdrucksvermögen sowie der kühne, konzeptionelle Schwung der Erzählung heben die „Geschichte des Dreißigjährigen Kriegs" deutlich aus der Reihe zeitgenössischer Werke heraus.[21] Diese Darstellungsweise korrespondiert auf

---

17 Vgl. Alt, Peter-André: Schiller. Leben – Werk – Zeit, Bd. 1. München 2000, 64.

18 Vgl. Alt: Schiller, Bd 1, 64f.

19 Vgl. Reinitzhuber: Ästhetik.

20 Schieder: Schiller, 43.

21 Vgl. Schirach, Gottlieb Benedikt von: Leben Albrechts Waldsteins. In: ders.: Biographie der Teutschen, Teil 5. Halle 1773, 21–195; Neubuhr, Georg Philipp Anton: Beyträge zur Geschichte des 30jährigen Krieges. Schwerin/Güstrow/Buchenröder 1774; Murr, Christoph Gottlieb von (Hg.): Beyträge zur Geschichte des dreißigjährigen Krieges, insonderheit des Zustandes der Reichsstadt Nürnberg während desselben. Nebst Urkunden und vielen Erläuterungen zur Geschichte des berühmten Generalissimus Albrecht Wallensteins, Herzog zu Friedland. Nürnberg 1790. – Zur epochemachenden Wirkung der von Schiller begründeten neuen Betrachtungs- und Behandlungsweise für die Erforschung und Darstellung des Dreißigjährigen Kriegs vgl. Repgen, Konrad: Der Dreißigjährige Krieg im deutschen Geschichtsbild vor Schiller. In: Albrecht, Dieter/Aretin, Karl Otmar Freiherr von/Schulze, Winfried (Hg.). Europa im Umbruch 1750–1850. München 1995, 187–211, hier 189.

das engste mit Schillers Selbstverständnis als historischer Schriftsteller.[22] So bemerkte er in der Vorrede zur „Geschichte des Abfalls der vereinigten Niederlande", daß seine Absicht „mehr als erreicht" sei, wenn er einen Teil des Publikums davon habe überzeugen können, „daß eine Geschichte treu geschrieben seyn kann, ohne darum eine Geduldprobe für den Leser zu seyn" und „nothwendig zum Roman zu werden".[23] Gegenüber Körner trat Schiller noch entschiedener für eine literarisch anspruchsvolle Erneuerung der Geschichtsschreibung ein: „Wenn es eine Nothdurft ist, die Geschichte zu lehren, so hat derjenige nicht für Undank gearbeitet, der sie aus einer trockenen Wissenschaft in eine reitzende verwandelt, und da G e n ü s s e hinstreut, wo man sich hätte gefallen lassen müssen, nur M ü h e zu finden."[24]

An den Beginn der chronologisch voranschreitenden Darstellung des großen Konflikts stellt Schiller die Reformation: „Seit dem Anfang des Religionskriegs in Deutschland bis zum Münsterischen Frieden, ist in der politischen Welt Europens kaum etwas großes und merkwürdiges geschehen, woran die Reformation nicht den vornehmsten Anteil gehabt hätte."[25] Die Entscheidung, dieses Schlüsselereignis der Epoche zum Ausgangspunkt seiner Ausführungen zu nehmen, ist in der Überzeugung von einem kausalen Zusammenhang der historischen Ereignisse begründet. Die vielfältigen politischen Auswirkungen der Glaubensspaltung, die vom niederländischen Befreiungskampf über die spanisch-englische Rivalität gegen Ende des 16. Jahrhunderts bis zum verstärkten Engagement Dänemarks und Schwedens in der europäischen Politik reichen, verdichten sich bei Schiller zu einem großen Glaubenskampf, den das Haus Österreich unter dem Programm eines politischen und religiösen Universalismus gegen die Reformation und die „politische Freyheit der Europäischen Staaten" führt. Die historische Entwicklung mündet beinahe zwangsläufig in den Dreißigjährigen Krieg ein, den Schiller als einen Religionskrieg versteht.[26] Implizit ist dahinter der Anspruch zu erkennen, die Entwicklungsgeschichte des Dreißigjährigen Kriegs als ein Bedingungsgefüge von Ursache und Wirkung zu erklären; Schillers Werk bleibt in dieser Hinsicht durchaus der Aufklärungshistorie verhaftet.

Die spezifische Kohärenz von negativen Begebenheiten und positiven Wirkungen, die sein Interesse schon bei seiner oben erwähnten ersten Begeg-

22 Vgl. Darsow, Götz-Lothar: Friedrich Schiller. Stuttgart/Weimar 2000, 93f.
23 NA 17, 9.
24 Schiller an Körner, 7. Januar 1788 (NA 25, 3) [Sperrung im Original].
25 NA 18, 9.
26 Ebd., 14.

nung mit der Materie des Dreißigjährigen Kriegs in den Bann geschlagen hatte, vermerkt Schiller ebenfalls in der Einleitung. Europa sei „ununterdrückt und frei aus diesem fürchterlichen Krieg" hervorgegangen und habe „sich zum erstenmal als zusammenhängende Staatengesellschaft erkannt".[27] Mit diesem Credo unterstreicht Schiller die eminente historische Relevanz, die er der Thematik beimißt und rechtfertigt damit zugleich sein eigenes Werk. Die Verteidigung der Religionsfreiheit der Protestanten und die Bewahrung der Freiheit der Stände gegenüber den Interessen und Machtansprüchen des Hauses Habsburg können als übergeordnete Deutung und ‚Sinn' der Epoche aus dem Werk gelesen werden.[28] Ihren eigentlichen Zielpunkt findet die historische Entwicklung rund um die Ereignisse des Dreißigjährigen Kriegs aber in Schillers eigener, aufgeklärter Gegenwart. Sie ist die Folie, vor der jede historische Begebenheit, so die implizite These des Werks, im übergeordneten Prozeß der Entstehung des europäischen Systems freier Staaten und einer dauerhaften Friedensordnung auf der Grundlage des Westfälischen Friedens eine wichtige Bedeutung gewinnt. Die Geschichte der Reformation und der Glaubenskämpfe wird, analog zu Schillers Ausführungen seiner Antrittsvorlesung, insofern aus der Gegenwart heraus interpretiert und stellt eine wichtige Etappe im übergeordneten Prozeß der Zivilisierung und Kultivierung dar. Die Auseinandersetzung mit der Geschichte ist also kein Selbstzweck, sondern sie dient der Erklärung einer als ideal verstandenen Gegenwart als dem vorläufigen Endpunkt der historischen Entwicklung. In der Konsequenz sind die Kräfte, Tendenzen und Personen, die im Sinn der Ziele der Protestanten und mittelbar der Realisierung des großangelegten Programms der Aufklärung wirken, für Schiller bereits historisch legitimiert, noch bevor der erste Satz geschrieben worden ist. Diese ‚Erfolgsgeschichte' des Protestantismus sowie der Aufklärung, die in einer sublimen Tendenz das Werk durchzieht, erklärt womöglich auch, warum der Autor in seinem Panorama des Dreißigjährigen Kriegs weitgehend ohne die zeitgenössische konfessionelle Polemik auskommt.

Schiller zeigt sich darüber hinaus um eine (vordergründige) Sachlichkeit bemüht. Die „Pflicht der Unpartheylichkeit" erklärt er zu der „heiligsten des Geschichtsschreibers"; und als wolle er sie selbst demonstrativ unter Beweis stellen, weist er umgehend auf die eigennützigen Interessen der protestantischen Fürsten hin.[29] Auch an anderer Stelle merkt er die „Lüsternheit der Protestanten nach den geistlichen Gütern" an und wirkt so dem Vorwurf der

27 Vgl. ebd., 18, 10.
28 Vgl. Hoffmann: Schiller, 85.
29 NA 18, 294.

Parteinahme zugunsten der Protestanten entgegen.[30] Offenkundige Einseitigkeiten und inhaltliche Verzerrungen zugunsten der protestantischen Partei finden sich dennoch im gesamten Werk. Sie treten vor allem dort hervor, wo er katholische oder habsburgische Positionen berührt. Philipp II. und Ferdinand II. werden holzschnittartig als finstere Despoten skizziert. Noch drastischer offenbart sich die latente Tendenz des Werks in der Darstellung von Johann Tserclaes Tilly.[31]

Mit großem Enthusiasmus stürzt sich Schiller in die Arbeit an der historischen Materie. In Hochstimmung schreibt er im Anschluß an die Fertigstellung der ersten beiden Bücher am 26. November 1790 an seinen Freund Christian Gottfried Körner: „Ich sehe nicht ein, warum ich nicht, wenn ich ernstlich will, der erste Geschichtsschreiber in Deutschland werden kann."[32]

Doch die Haltung zum selbst gewählten Stoff und zur selbst gesteckten Aufgabe wandelt sich. Häufige krankheitsbedingte Unterbrechungen und ein zunehmender Termindruck lasten schwer auf dem Autor, so daß er die Fertigstellung des Manuskripts schließlich wie eine Erlösung feiert: „Eben schike ich den letzten Bogen Mscrpt fort. Jetzt bin ich frey und ich will es für immer bleiben. Keine Arbeit mehr, die mir ein anderer auflegt oder die einen anderen Ursprung hat als Liebhaberey und Neigung", heißt es in seinem Brief vom 21. September 1792 an Körner.[33] Schillers Neigung gilt in den kommenden Jahren zwischen 1793 bis 1795 den ästhetischen Schriften.[34] Parallel dazu reifen aber die Überlegungen zu einem Wallensteindrama, über das Schiller erstmals Anfang 1791 nachgedacht hatte.[35]

Bemerkenswert an der „Geschichte des Dreißigjährigen Kriegs" ist unzweifelhaft ihr Charakter als abgeschlossene und spannungsvoll gestaltete Geschichtserzählung. Die Gliederung des Stoffs ist chronologisch. Im ersten Buch spannt Schiller den Bogen vom Beginn der Reformation bis zur endgültigen Niederschlagung des böhmischen Aufstands 1620. Die Perspektive ist hier primär auf die politischen und religiösen Faktoren des Konflikts gerich-

30 Ebd., 24. Zur Kritik des konfessionellen Duktus' der Darstellung, vgl. Erdmannsdörffer, Bernhard: Zur Geschichte und Geschichtsschreibung des dreißigjährigen Kriegs. In: Historische Zeitschrift 14 (1865) 1–44, hier 3; Schnabel, Franz: Deutsche Geschichte im neunzehnten Jahrhundert, Bd. 3. Freiburg i. Br. [3]1954 [[1]1934], 36; Diwald: Schiller, 49.

31 NA 18, 13 (Philipp II.), 135 (Ferdinand II.), 149f. (Tilly).

32 NA 26, 58.

33 Ebd., 151.

34 Prüfer: Bildung, 89, 120.

35 Vgl. Oeller, Norbert: Wallenstein (1800). In. Luserke-Jacqui (Hg.): Schiller-Handbuch, 113–153, hier 113.

tet.[36] Mit Ferdinand II. tritt gegen Ende des ersten Buchs erstmals eine Person handlungsmächtig aus der bis dahin eher ideengeschichtlich gestalteten und begründeten Historie heraus.

Der Akzent der Darstellung liegt im zweiten, dritten und vierten Buch auf den Jahren 1620 bis 1634. Als bestimmende Protagonisten agieren dabei König Gustav II. Adolf von Schweden auf protestantischer und Wallenstein auf katholischer Seite. Insbesondere im dritten Buch spitzt sich der Antagonismus zu, werden hier doch der Siegeszug des „schwedischen Helden" durch das Reich, die Rückkehr Wallensteins und ihr Zusammentreffen in Lützen geschildert, das mit dem Sieg der Schweden, aber dem Tod des Königs endet. Im Mittelpunkt des vierten Buchs stehen die Aktionen Wallensteins in den Jahren 1633 und 1634, sein Kreisen um Treue und Verrat und schließlich seine Ermordung. Mit dem Tod des Friedländers schwindet nach Schillers eigenem Bekunden auch die „Einheit der Handlung". Der Epiker dominiert hier offenkundig über den Historiker, und es folgt im fünften Buch eine mehr oder weniger kursorische Darstellung der Ereignisse seit der Schlacht von Nördlingen (1636), bei der auch der Westfälische Frieden nur beiläufig erwähnt wird.

Die Gründe für den Umstand, daß die Darstellung insgesamt uneinheitlich und disproportioniert wirkt, sind zweifellos darin zu suchen, daß Schiller die Arbeiten an der „Geschichte des Dreißigjährigen Kriegs" nicht kontinuierlich durchgeführt, sondern – der gestaffelten Veröffentlichung folgend – mehrfach unterbrochen hat.

Das Wallensteinbild in der „Geschichte des Dreißigjährigen Kriegs"

Die Einführung von Albrecht von Wallenstein in das Geschehen erfolgt in der Mitte des zweiten Buchs im Kontext seines Angebots an Ferdinand II.: „Im Besitz eines unermeßlichen Vermögens, von ehrgeitzigen Entwürfen erhitzt, voll Zuversicht auf seine glücklichen Sterne, und noch mehr auf eine gründliche Berechnung der Zeitumstände, erboth er sich gegen den Kaiser auf eigne und seiner Freunde Kosten eine Armee auszurüsten und völlig zu bekleiden; ja selbst die Sorge für ihren Unterhalt dem Kaiser zu ersparen, wenn ihm gestattet würde, sie bis auf 50.000 Mann zu vergrößern. Niemand war, der

36 Vgl. Fulda: Wissenschaft, 256.

diesen Vorschlag nicht als die schimärische Geburt eines brausenden Kopfes verlachte, aber der Versuch war doch immer reichlich belohnt, wenn auch nur ein Theil des Versuches erfüllt wurde."[37]

Neben der erzählerischen Kunst, die in dieser kurzen Sequenz aufscheint, ist signifikant, daß Schiller das Vielschichtige, Außergewöhnliche und Einzigartige der historischen Figur und ihre Ausgangssituation präzise in den Blick nimmt: Reichtum, Ehrgeiz, astrologische Berechnung bei gleichzeitigem rationalen Kalkül und ein alle zeitgenössischen Dimensionen sprengendes Angebot bei relativer Sicherheit auf eine große Belohnung. Das nachfolgend skizzierte Bild des tyrannischen Generals rekurriert auf Vorwürfe, die seit Beginn des Ersten Generalats die fürstlichen Beschwerdeschriften gegen Wallenstein durchziehen und nachfolgend beinahe als Topoi in die Historiographie eingegangen sind.

Der Egoismus der Soldaten, ihre „Ruhmbegierde oder Gewinnsucht",[38] die sie unter die kaiserlichen Fahnen treibt und die spiegelbildlich als Wallensteins eigene Motive gelesen werden können, mahnen erstmals die Zweifelhaftigkeit des Feldherrn an. Ohne Skrupel und Rücksicht auf die Reichsverfassung verfolgt Wallenstein aus Sicht Schillers das Ziel, seine eigene Machtstellung zu vergrößern und abzusichern; er benutzt dabei das Heer gegen die Reichsstände als Repressivinstrument und kaschiert seine egoistischen nur vordergründig mit kaiserlichen Interessen. Schiller steigert den Vorwurf noch und konstatiert, Wallenstein habe, sobald er die Größe des Heers als politischen Machtfaktor erkannt habe, „auch den Gehorsam gegen den Kaiser abgeworfen". Er habe die Autorität des Kaisers mißbraucht und benutzt, „um jede andere Autorität in Deutschland zu zermalmen" und „die Deutschen Reichsfürsten sichtbar zu erniedrigen".[39] Über das Ziel Wallensteins während seines Ersten Generalats ist sich Schiller sicher: „Seine Absicht ging unverkennbar dahin, daß sein Oberherr in Deutschland keinen Menschen mehr zu fürchten haben sollte, den einzigen, dem er diese Allmacht verdankte."[40] Doch die gewaltsame Umgestaltung der Reichsverfassung und Errichtung eines kaiserlichen „Dominats" sei für Wallenstein nur Mittel zum Zweck, um sich neben dem Kaiser als Militärdiktator zu etablieren und unangreifbar zu machen.[41] In der Konsequenz sei durch eine permanente Heeresvergrößerung „ein königlicher

37 NA 18, 113.

38 Ebd., 118.

39 Ebd., 118f.

40 Ebd., 120.

41 Ebd., 119f.; vgl. Schmidt, Michael Ignaz: Geschichte der Deutschen, Bd. 9. Ulm 1789, 301.

Staat des Generals" entstanden, zu dessen Stabilisierung der Feldherr auch vor „unmäßigen Verschwendungen an seine Kreaturen" und „Bestechungen am Hofe des Kaisers" nicht zurückgeschreckt sei.[42] Die Belehnung mit Mecklenburg, die Schiller als ein Verbrechen an der Libertät der Fürsten einstuft, sei sichtbarster Ausdruck von Wallensteins maßlosem Ehrgeiz, im gleichen Maße aber auch von der Abhängigkeit des Kaisers. Mit seinen Besitzungen an der Ostsee habe Wallenstein „den Grundstein zu seiner Macht" legen wollen, um „seinen Herrn zu entbehren".[43]

Der historische Wallenstein gewinnt in diesen Passagen nur wenig an Profil. Er wird reduziert auf das einseitige, negative Bild eines von Machtgier und Maßlosigkeit Getriebenen. Anders jedoch als bei den angesprochenen Schriften und Geschichtswerken[44] mischt sich bei Schiller ein besonderer moralisch-sittlicher Akzent in die Darstellung. Die Maß- und Rücksichtslosigkeit des Vorgehens Wallensteins stellt einen gravierenden Verstoß gegen die „Nemesis" dar, „des ersten allgemeinen Gesetzes der ganzen Natur", „des Gesetzes des Maases",[45] das auf eine höhere Ordnung der Geschichte verweist. Die ausgleichende Gerechtigkeit ist die von Schiller in das historische Geschehen eingeführte Instanz, die das menschliche Handeln an einer moralisch-sittlichen Idealität bemißt und korrigiert. So geht beispielsweise Wallensteins Hybris vor Stralsund soweit, daß er die Stadt „wider die Natur" bezwingen will, so daß sein Scheitern gleichsam zwangsläufig erscheinen muß. Und auch die erste Absetzung Wallensteins, zu der sich Ferdinand II. auf dem Regensburger Kurfürstentag entschließt, wirkt wie ein Äquivalent zum ausschweifenden Habitus und den maßlosen Taten des kaiserlichen Feldherrn. In die historische Darstellung wird dergestalt eine moralische Idee hineingetragen.

Darüber hinaus aber überrascht im Kontext der ersten Absetzung eine dialektische Erklärung, die Schiller für den Wandel des Generals vom loyalen Diener zum Hochverräter offeriert: „[...] der Raub, der an ihm selbst verübt wurde, machte ihn zum Räuber. Durch keine Beleidigung gereizt, hätte er folgsam seine Bahn um die Majestät des Thrones beschrieben, zufrieden mit dem Ruhme, der glänzendste seiner Trabanten zu seyn, erst nachdem man ihn gewaltsam aus dem Kreise stieß, verwirrte er das System, dem er angehörte, und stürzte sich zermalmend auf seine Sonne."[46] Wallenstein erscheint weniger als entschlossen Handelnder, als vielmehr ein durch die erlebte Gewalt

42 NA 18, 119.
43 Ebd., 121.
44 Vgl. Anm. 20.
45 Schiller an Körner, 8. [u. 9.] August 1787 (NA 25, 122).
46 NA 18, 234.

und Demütigung in die Rolle des Empörers Gedrängter, ja es klingt sogar ein gewisses, anthropologisch begründetes Verständnis aus diesen Zeilen. Das Ikarus- beziehungsweise Luzifermotiv spielt indessen deutlich auf den späteren Untergang des Friedländers an und bewegt sich ganz im gedanklichen Horizont der durch die Hybris herausgeforderten Schicksalslogik.

Im zweiten Teil des dritten Buchs, das die Rückkehr Wallensteins ins Generalat behandelt, arbeitet Schiller das Bild des seit 1630 entschlossenen Verräters aus verletzter Ehre und gekränktem Stolz scharf heraus. Bis zur abschließenden Wertung über Wallenstein folgt er der Argumentationslinie der offiziellen Rechtfertigungsschrift und übernimmt die dort formulierten Vorwürfe in weiten Teilen.[47] Zielgerichtet gelingt es Wallenstein, die gesamte Macht in seiner Hand zu konzentrieren, um den bereits entworfenen „Plan zur künftigen Empörung" in den kommenden Monaten zu realisieren. Mit erzählerischem Gespür für die Dramatik der Situation konstatiert Schiller die Umkehrung aller Maßstäbe zu Beginn des zweiten Generalats, da Wallenstein, „dieser todeswürdige Verbrecher", nun „der unentbehrlichste Mann in der Monarchie" geworden sei.[48] Der Verrat, von dem im ersten Teil des dritten Buchs noch nicht die Rede war, ist nun das erklärte Ziel des dämonischen Machtmenschen.

Das Geschehen bis zur Schlacht von Lützen gerät vollständig in das Gravitationsfeld der beiden Protagonisten, König Gustav Adolf und Wallenstein, und gestaltet sich zu einem idealisierten Widerstreit zwischen Gut und Böse, zwischen edlen uneigennützigen Motiven und einem rachevollen Egoismus. Erst in diesem Gegensatz und Aufeinandertreffen wird das dramaturgische Moment sichtbar, das dem vorausgehenden Porträt des Friedländers zugrunde liegt.

Während Wallenstein eigenmächtig seine Kriegsentscheidungen trifft, die kaiserlichen Interessen hinter die eigenen zurückstellt und gegenüber Maximilian I. seine neugewonnene Macht mit großer Genugtuung ausspielt, sind Gustav Adolfs Motive redlich und edel.[49] Und anders als Wallenstein, der mit seiner ungezügelten Ruhmsucht die Nemesis herausfordert, ist sich Gustav Adolf der Grenzen seines Glücks und Schicksals auch auf dem Höhepunkt seiner Macht bewußt. „Auch in der Fülle seines Glücks die richtige Nemesis ehrend, verschmäht er eine Huldigung, die den Unsterblichen gebührt [...]",

47 Ebd., 236–245. Zum Vorwurf, Wallenstein habe mit seinem Zögern bei der Übernahme des Zweiten Generalats seinen Preis steigern und Rache für die erlittene Schmach der ersten Absetzung üben wollen, vgl. Schmidt: Geschichte der Deutschen, Bd. 10, 87–109.

48 NA 18, 246.

49 Ebd., 249f.

kommentiert Schiller Gustav Adolfs Auftreten vor Lützen, als sich die Soldaten ihm betend vor die Füße werfen wollen.[50] Trotzdem entgeht Gustav Adolf seinem Schicksal in der Schlacht nicht. Zur Erklärung seines frühen Tods, der angesichts seiner Tugendhaftigkeit kaum im Sinn einer ausgleichenden Gerechtigkeit erklärt werden kann, greift Schiller auf ein anderes Konstrukt zurück. Er beruft sich auf eine übergeordnete „Vernunft", die „ihre Würde fühlend" „das berechnete Uhrwerk der menschlichen Unternehmungen [...] gleich einem kühnen Griff aus den Wolken" angehalten habe.[51] Der Tod Gustav Adolfs, in dem der Zufall in die Geschichte einbricht und der sich dem Bestreben des Geschichtsphilosophen Schiller, die Geschichte als ein sinnhaftes, kausales System zu erklären, verweigert, wird in ein „anderes System von Gesetzen" transponiert.[52] Mit dem Verweis auf „eine höhere Ordnung der Dinge", deren Ablaufplan dem Menschen verborgen bleibt, sichert Schiller die Sinnhaftigkeit des Tods und in einem übergeordneten Sinn der historischen Entwicklung überhaupt.

Erst in der Schlußwertung über Gustav Adolf wird der Sinn seines vorzeitigen Tods transparent. Schiller präsentiert den schwedischen König abschließend in einer radikalen Neuinterpretation, die mit der gloriosen Idealisierung bricht und ein ganz anderes, gänzlich neues Bild entwirft. Es sei nicht mehr der „Wohlthäter Deutschlands" gewesen, der bei Lützen gefallen sei, sondern Gustav Adolf habe sich vom „Beschützer des Reichs" zum Eroberer und damit zu einer ernsten Gefahr für die „Freyheit der Stände" gewandelt. Unverkennbar sei das Ziel seines Ehrgeizes der Kaiserthron gewesen, ist sich Schiller gewiß.

Das Wallensteinbild bis zum Tod Gustav Adolfs wirkt holzschnittartig. Er ist ganz auf die Rolle des moralischen Antipoden festgelegt und vermag seine historische Relevanz bis dahin lediglich dadurch zu behaupten, daß er den Tod seines schwedischen Kontrahenten bewirkt.[53] Nach Lützen rückt der Herzog von Friedland keineswegs unmittelbar in den Fokus der Darstellung. Erst im Zusammenhang des Angriffs Herzogs Bernhard von Sachsen-Weimar auf Regensburg wendet sich Schiller wieder Wallenstein zu und schreibt dabei das negative Bild im Sinne der Vorwürfe der kaiserlichen Rechtfertigungsschrift fort.

In den Verhandlungen um einen Waffenstillstand mit Arnim und später gegenüber Thurn demaskiert sich Wallenstein endgültig als Verräter. Schil-

50 Ebd., 264f.
51 Ebd., 279.
52 Ebd.
53 Vgl. Fulda: Wissenschaft, 258.

ler führt aus, daß Wallenstein den Frieden mit Schweden gewollt habe und notfalls dafür auch den Kaiser bei einem eventuellen Widerstand „zum Teufel [habe, d. Verf.] jagen“ wollen. Neben der Restituierung Böhmens sollten die Jesuiten als „Urheber aller bisherigen Unterdrückungen“ aus dem Reich „verjagt“, die Schweden abgefunden und der Kaiser notfalls auch mit Waffengewalt zur Anerkennung dieser Friedensbedingungen gezwungen werden. Für sich selbst habe Wallenstein die böhmische Krone und als Ausgleich für Mecklenburg die Markgrafschaft Mähren gefordert.[54] Für Schiller offenbart er damit den egoistischen Kern seines langgehegten Racheplans. Er kommentiert: „Jetzt also war die Decke von dem Plan weggezogen, worüber er schon Jahre lang in geheimnisvoller Stille gebrütet hatte.“[55]

Als schließlich der Kurfürst von Bayern und die spanischen Gesandten gegen Wallenstein auftreten, läßt sich auch der Kaiser von der Notwendigkeit einer erneuten Absetzung seines obersten Generals überzeugen.[56] Die kaiserliche Entschlossenheit, den Feldherrn erneut abzusetzen, und erste Maßnahmen erhöhen den Druck auf den zunächst abwartenden Wallenstein und zwingen ihn früher als es ihm eigentlich opportun erscheint, aus Gründen der „Selbstvertheidigung“ zum Handeln. Das Bild des Zauderers Wallenstein, das in der Wallensteintrilogie ausgestaltet worden ist, klingt hier an: „Zu seiner Selbstvertheidigung mußte er jetzt eilen, einen Plan auszuführen, der Anfangs nur zu seiner Vergrößerung bestimmt war. Länger als die Klugheit rieth, hatte er mit der Ausführung desselben gezögert, weil ihm immer die günstigen Konstellationen fehlten, oder, wie er gewöhnlich die Ungeduld seiner Freunde abfertigte, weil die Zeit noch nicht gekommen war.“[57]

Wallenstein geht dabei mit Überlegung vor und entschließt sich zunächst, die Armee auf seine Seite zu bringen. Doch unterläuft ihm ein folgenschwerer Irrtum. Er unterschätzt in seiner Verblendung das Pflicht- und Treuegefühl der Soldaten und überschätzt seine eigene Machtposition. Wallenstein weiß nicht mehr zwischen legitimer und übertragener Macht zu differenzieren: „Berauscht von dem Ansehen, das er über so meisterlose Schaaren behauptete, schrieb er alles auf Rechnung seiner persönlichen Größe, ohne zu unterscheiden, wie viel er sich selbst, und wie viel er der Würde dankte, die er bekleidete.“[58]

Ist Wallensteins Scheitern insofern tragisch, als daß die Armee sich gerade in dem Augenblick verweigert, wo er ihr am meisten bedarf, so ist für Schiller

54 NA 18, 304.
55 Ebd. [Sperrung im Original].
56 Ebd., 311.
57 Ebd., 312 [Sperrung im Original].
58 Ebd., 315.

diese Aufkündigung der Gefolgschaft – auf den Begriff der Pflicht gebracht – nur allzu konsequent. Das geschichtsmächtige Prinzip der ausgleichenden Gerechtigkeit beweist erneut seine Wirksamkeit: „Zerreißen mußten alle Bande der Treue zwischen ihm und seinen Truppen, sobald sich die gleich geheiligten Bande der Treue zwischen ihm und dem Throne lösten, und die Pflicht, die er selbst verletzt, widerlegt und straft ihn durch den mächtigen Einfluß, den sie auf den rohen Schwarm seiner Krieger behauptet."[59]

Die Darstellung der Endphase des Konflikts zwischen dem Wiener Hof und dem kaiserlichen General erfolgt gedrängt und ist von historischen Ungenauigkeiten geprägt: Er schildert nur den Ersten Pilsener Revers und erwähnt auch nur das erste kaiserliche Absetzungspatent.[60] Die Ereignisse um den Ersten Pilsener Revers und die Tötung Wallensteins stellt Schiller in offenkundiger Anlehnung an Franz Christoph Khevenhiller dar.[61] Überraschend ist dabei die Stellungnahme gegenüber der rigorosen Haltung Wallensteins, die Schiller zuvor schon als Akt der „Selbstvertheidigung" bewertet hatte: „Einsam steht er da, verlassen von allen, denen er Gutes that, verrathen von allen, auf die er baute. Aber solche Lagen sind es, die den großen Charakter erproben. In allen seinen Erwartungen hintergangen, entsagt er keinem einzigen seiner Entwürfe; nichts giebt er verloren, weil er sich selbst noch übrig bleibt."[62] Schiller löst sich von der konkreten historischen Situation und gestaltet Wallenstein in idealistischer Überhöhung als Individuum, das allen Widerständen zum Trotz in einem Akt der Selbstbehauptung seine Freiheit und Würde verteidigt.[63] Sein entschlossenes Festhalten an seinen (Verrats-) Plänen korrespondiert mit Schillers Auffassung von der Geschichte als Kampf des Menschen mit den Naturkräften.

Allerdings ist die damit verbundene Aufwertung Wallensteins nur kurz, denn zur Darstellung der Endphase des Konflikts kehrt Schiller zur habsburgischen Version Khevenhillers zurück. Daß Wallenstein seinerseits schließlich das Opfer eines Verrats wird, erklärt Schiller abermals mit dem Verweis auf die ausgleichende Gerechtigkeit: „[...] die rächende Nemesis wollte, daß der Undankbare unter den Streichen des Undanks erliegen sollte".[64] Im ersten Nachruf auf Wallenstein schließt Schiller dann endgültig auf moralisch-sittlicher

59 Ebd.
60 Ebd., 315–319, 323–327.
61 Ebd.; vgl. Khevenhiller, Franz Christoph: Annales Ferdinandei, Bd. 1–12. Leipzig ^{2}1726 [^{1}1721/22], hier Bd. 12, 1136–1164.
62 NA 18, 321.
63 Vgl. Hoffmann: Schiller, 91.
64 NA 18, 323.

Ebene die Klammer zu seinen einleitenden Ausführungen, die die Maßlosigkeit des Friedländers herausstellten: „So endigte Wallenstein, in einem Alter von fünfzig Jahren, sein thatenreiches und außerordentliches Leben; durch Ehrgeitz emporgehoben, durch Ehrsucht gestürzt, bey allen seinen Mängeln noch groß und bewundernswerth, unübertrefflich, wenn er Maß gehalten hätte.“[65]

Wallenstein erscheint in dieser Beurteilung als Opfer seiner selbst. Sein Untergang wirkt, der Idee und dem Prinzip der Nemesis folgend, nur konsequent und als gerechte Strafe für seinen frevelhaften Stolz und seine ausschweifenden Pläne. Indem sich die Vorausdeutungen auf Wallensteins furchtbares Schicksal aus dem zweiten Buch erfüllen, verschafft Schiller den Adressaten seiner Geschichtserzählung ohne Zweifel eine moralische Genugtuung; Mitleid jedenfalls schließt diese Interpretation weitgehend aus.

Wie zuvor bei Gustav Adolf gewinnt Schiller durch diese Deutung dem Untergang Wallensteins und mittelbar der Geschichte eine Moral ab. Indem er im gewaltsamen Tod des Friedländers ein Exempel für die Wirkmächtigkeit der ausgleichenden Gerechtigkeit statuiert sieht, sichert Schiller zugleich die ästhetisch-moralische Sinneinheit der erzählten Geschichte, wie der Historie überhaupt. Der Verstoß gegen die Natur und eine höhere Ordnung verlangen nach einer Strafe, die durch den gewaltsamen Tod gleichsam vollzogen wird und im Sinn einer naturgesetzlichen Kraft zur Wiederherstellung der Ordnung führt. Das Chaos, die Gefahr des Verlusts einer Ordnung in der Weltgeschichte, ist damit gebannt, gleichzeitig bleibt ihre Sinnhaftigkeit garantiert. Auf einer Metaebene versöhnt Schiller den Friedländer durch das Konstrukt der Nemesis mit der Idee der Sittlichkeit. Mit dieser Ästhetisierung der Historie bleibt Schiller zwar im übergeordneten Traditionszusammenhang der Aufklärung, löst sich aber gleichzeitig von ihr. Seine Sinndeutung des Todes des Friedländers enthält keine konkrete Handlungsmaxime.

Schiller verwendet das Prinzip der ausgleichenden Gerechtigkeit als Substitut für die göttliche Providenz, die in der kaiserlichen Rechtfertigungsschrift mehrfach als Erklärungsmodell für das Aufdecken der angeblichen Verschwörung Wallensteins und als Rechtfertigung seines gewaltsamen Tods zitiert wird.[66] Fungieren beide in geschichtsphilosophischer Sicht auch quasi als Hintergrundfigur der historischen Darstellung, so ist der Ort, an dem sie plaziert sind, doch ein anderer: Während die göttliche Providenz zwar im Diesseits wirkt, jedoch einen deutlichen Verweis auf das Jenseits impliziert,

---

65 Ebd., 327.

66 Vgl. Mannigel, Holger: Wallenstein in Weimar, Wien und Berlin. Das Urteil über Albrecht von Wallenstein in der deutschen Historiographie von Friedrich von Schiller bis Leopold von Ranke. Husum 2003, 61f.

ist das Prinzip der ausgleichenden Gerechtigkeit ausschließlich im Diesseits, das heißt in der Geschichte selbst zu verorten. Die Nemesis vollzieht sich innerhalb des prozeßhaften Ablaufs der Geschichte. Diese erhält dadurch einen rechtsstiftenden und rechtswaltenden Charakter.[67] Das Urteil der Historie realisiert sich folglich im gewaltsamen, aber gerechten Tod des Friedländers.

Diese Ästhetisierung des kaiserlichen Generalissimus, die eine genuin Schillersche ist, bildet ein Komplement zum historisch-politischen Urteil, das Schiller in der habsburgischen Rechtfertigungsschrift und bei Khevenhiller vorgeprägt fand. Das Kalkül des Wiener Hofs, Wallenstein als Verräter und das eigene Vorgehen als legitim darzustellen, entspricht dieser Deutung auf einer anderen Ebene.

Das Prinzip der Nemesis wird von Schiller zur Sicherung der inneren Ordnung und Harmonie der Geschichte herangezogen. Die hegemonialen Bestrebungen der beiden Protagonisten werden durch die Idee einer naturgesetzlich wirkenden Kraft gleichsam neutralisiert und entschärft. Das Chaos, die Gefahr des Verlusts einer Ordnung in der Weltgeschichte, ist damit gebannt; ihr übergeordneter Sinn bleibt auf diese Weise garantiert.

Der Bruch im Wallensteinbild

Angesichts der Konsistenz dieses Bilds des Hochverräters und der ästhetisch-moralischen Deutung überrascht die Schlußkritik Schillers. Ganz im Gegensatz zu dem bisherigen Tenor wird der Verrat am Kaiser mit dem Hinweis auf die Tendenz der historischen Überlieferung grundsätzlich in Frage gestellt. Durch „Mönchsintrigen" habe Wallenstein in Regensburg das Erste Generalat und in Eger das Leben verloren. Schließlich gründe der Vorwurf des Verrats ebenso wie die Beschuldigung, die böhmische Krone erringen zu wollen, nicht auf streng bewiesenen Tatsachen, sondern auf lediglich wahrscheinlichen Vermutungen. „Nicht ganz treue Federn" hätten die Geschichte „dieses außerordentlichen Mannes" überliefert.[68] Auch dem Charakter des Friedländers, den Schiller wenige Seiten zuvor noch in den dunkelsten Farben porträtiert hat, bescheinigt er jetzt die „Tugenden des Herrschers und Helden". „Klugheit,

67 Vgl. Koselleck, Reinhart: Art. Geschichte. Die Herausbildung des modernen Geschichtsbegriffs. In: Brunner, Otto/Conze, Werner/Koselleck, Reinhart (Hg.): Geschichtliche Grundbegriffe. Historisches Lexikon zur politisch-sozialen Sprache in Deutschland, Bd. 2. Stuttgart 1975, 677–717, hier 677–680.

68 NA 18, 329f.

Gerechtigkeit, Festigkeit und Muth" würden „kolossalisch" hervorragen und allenfalls ein Defizit an „sanften Tugenden" sei zu bemängeln. Und als antizipiere er die emsigen Archivforschungen des 19. Jahrhunderts, erklärt er mit Blick auf die Quellenlage: „Noch hat sich das Dokument nicht gefunden, das uns die geheimen Triebfedern seines Handelns mit historischer Zuverlässigkeit aufdeckte, und unter seinen öffentlichen allgemein beglaubigten Thaten ist keine, die nicht endlich aus einer unschuldigen Quelle geflossen seyn." Viele der „getadeltsten Schritte" bewiesen „bloß seine ernstliche Neigung zum Frieden", das Mißtrauen dem Kaiser gegenüber sei gerecht, und das Bestreben, sich gegen ihn zu behaupten, verzeihlich gewesen. Zwar zeuge das Verhalten gegenüber Maximilian I. von „einer unedlen Rachsucht", aber „keine seiner Thaten berechtigt uns, ihn der Verrätherey für überweisen zu halten."[69] Erst aus Notwehr heraus sei er veranlaßt worden, „das Urtheil wirklich zu verdienen, das gegen den Unschuldigen gefällt war", doch legitimiere dieser späte, erzwungene Verrat das Vorgehen des Kaiserhofs keineswegs. Schiller beschließt diese Umwertung mit der berühmten dialektischen Auflösung: „so fiel Wallenstein nicht, weil er Rebell war, sondern er rebellirte, weil er fiel."[70]

Das Bild des Friedländers, das Schiller hier in wenigen Sätzen skizziert, ist verblüffend. Unvermittelt stehen beide Wallensteinbilder, das des krassen Verräters und das des um den Frieden ringenden, erst aus Notwehr rebellierenden Generals nebeneinander. Die große ungestüme Emphase, mit der Schiller die (Neu-)Bewertung aller entscheidenden Gesichtspunkte der Wallensteinproblematik angeht, die Konzentration, Bestimmtheit und Schärfe, mit der er sie durchführt, und nicht zuletzt die Plazierung am Ende im Sinn eines Schlußworts über Wallenstein unterstreichen den Anspruch des Gesagten.

Schiller bricht hier – wie schon im Fall Gustav Adolfs – bewußt mit historiographischen Traditionen und vermeintlichen Gewißheiten.[71] Erteilt er dort im Resümee dem volkstümlich protestantischen und idealistisch überhöhten Bild des lichten nordischen Glaubenskämpfers eine Absage, so desavouiert er im Fall Wallensteins das tradierte Bild des hochverräterischen Generals als tendenziöses Stereotyp und beharrt als Autor auf seiner „Unpartheylichkeit". Doch nicht nur durch die Überwindung von verfälschenden historiographischen Traditionen und Stereotypen gewinnen der schwedische König und sein Kontrahent in kaiserlichen Diensten an historischem Profil. Es ist auch der Bruch mit der ideell-ästhetischen Konzeption, der die beiden Protagonisten aus ihrer eindeutigen sittlich-moralischen Rollenzuweisung und dem

69 Ebd.
70 Ebd.
71 Vgl. auch Reinitzhuber: Schiller, 245.

limitierenden manichäischen Antagonismus von Schwarz-Weiß entläßt. Vielleicht kündigt sich darin bereits in Ansätzen eine Abkehr von dem Primat der Vernunft und einem linear-prozeßhaften Geschichtsdenken an, das in den kommenden beiden Jahren durch die radikalen Auswüchse der Französischen Revolution eine tiefgreifende Erschütterung erfahren und einen Paradigmenwechsel in der Geschichtsschreibung Schillers begründen wird, weg von der historischen hin zur poetischen Wahrheit.

Schillers Urteil über Gustav Adolf und seine weitausgreifenden, die Reichsverfassung stark gefährdenden Ziele überrascht zwar, ist aber als Ergebnis eigenständiger historischer Reflexion durchaus erklärbar. Anders verhält es sich mit der Revision des Wallensteinbilds: Hier vermischt sich ein souveränes Erkennen der tendenziösen Überlieferung mit poetischer Intuition und historischer Urteilskraft.

Gewisse Ansätze zu einer positiven Zeichnung des Wallensteinbilds lassen sich freilich schon in der älteren Historiographie finden: Das Argument, daß Wallenstein aus Notwehr gehandelt habe und quasi wider Willen zum Verräter geworden sei, hatte Bogislaw Philipp von Chemnitz in seiner „Geschichte des schwedischen Krieges“ (1648/53) formuliert, die auch Schiller als Grundlage diente. Auf die brüchige Quellenlage hatte zuvor bereits Christoph Gottlieb Murr hingewiesen.[72] Die große Emphase aber, mit der Schiller die Neubewertung aller entscheidenden Aspekte der Wallensteinproblematik angeht – angefangen von der ersten Absetzung über die Vorwürfe im Kontext der zweiten Enthebung bis zum historiographischen Nachruf –, die Bestimmtheit und argumentative Schärfe, mit der er sie formuliert, und nicht zuletzt die Plazierung am Ende im Sinn eines Schlußworts über Wallenstein, sind aber singulär und unterstreichen die Ernsthaftigkeit des Gesagten. Um der „Gerechtigkeit“ willen, so Schillers Argument, setzt er sich kritisch mit der überlieferten Wallensteintradition auseinander, die von dessen Feinden verfaßt worden sei.[73]

In dem abschließenden Porträt formuliert Schiller das Grundthema eines breiten Interpretationsstrangs, in dem Wallenstein später als Vorkämpfer einer deutschen und europäischen Friedenspolitik und -ordnung gesehen wurde. Spektakulär und von noch größerer Kühnheit als die erste war die zweite Folgerung, zu der Schiller gelangte und in der er seine Skepsis gegenüber der Authentizität der Überlieferung auf die Spitze trieb: Die Behauptung, mit Wallenstein sei ein Unschuldiger vom Kaiser verurteilt worden, mußte wie ein offener Affront auf alle diejenigen wirken, die das habsburgische Wallensteinbild stets erneuerten und zum Maßstab ihres Urteils machten. In der

72 Vgl. Anm. 21.
73 Vgl. Prüfer: Bildung, 288.

Unschuldsbehauptung drückt sich Schillers Bruch mit der bisherigen Geschichtsschreibung über Wallenstein am markantesten aus.

Zur Erklärung der diametralen Wendung des Wallensteinbilds bei Schiller ist in der Forschung bislang primär auf den Einfluß von Chemnitz verwiesen worden.[74] Der zentrale Kerngedanke Schillers, daß Wallenstein erst in der Endphase des Konflikts und durch Notwehr gezwungen, also wider Willen zum Rebellen geworden ist, geht fraglos auf Chemnitz zurück.[75] Eine weitere Quelle, aus der Schiller Anregungen für seinen Entschluß, das konventionelle Wallensteinbild umzukehren, bezogen haben könnte, ist Galeazzo Gualdo Priorato. Der Italiener, ein Zeitgenosse Wallensteins, der in dessen Heer gekämpft hatte, kann für sich in Anspruch nehmen, als erster auf die positiven Eigenschaften des Friedländers aufmerksam gemacht zu haben.[76]

Risse im tradierten Wallensteinbild des Verräters

Wenngleich Chemnitz auf protestantischer Seite den Anstoß zur Revision der habsburgischen Version des Wallensteinbilds gegeben haben mag, so ist nicht zu übersehen, daß sich die Historiographie seit der Mitte des 18. Jahrhunderts insgesamt zusehends skeptischer gegenüber dem Topos des Hochverräters zeigte. Offenkundig konnte die tendenziöse Überlieferung mit ihren ungeheuerlichen Beschuldigungen nicht mehr überzeugen. Aufgrund seines Quellenstudiums sind Schiller die zentralen Argumente des zeitgenössischen Diskurses sicherlich bekannt gewesen. Ob er sie allesamt rezipiert hat und inwieweit sie ihn inspiriert haben, kann nicht mit letzter Sicherheit belegt werden. Daß die Wallensteininterpretation Schillers aber in eine breitere historiographische Bewegung eingeordnet werden muß – was ihren exzeptionel-

74 Hensel, Cécile: Die Wandlung des Wallensteinbildes in der deutschen Fachliteratur. Einführung in die Geschichte der Wallensteinforschung. Erlangen 1949, 15; Diwald: Schiller, 31.

75 Zur Auffassung, daß Wallenstein die Verhandlungen mit den Alliierten nur als Täuschungsmanöver inszeniert habe, vgl. Chemnitz, Bogislaw Philipp: Königlich Schwedischer in Teutschland geführter Krieg, II. Theil, Stockholm 1653, 327f., 331. Zur Loyalität Wallensteins vgl. Pufendorf, Samuel: Commentariorum Rebus Suecicis, Bd. 6. Ulraiecti 1686, § 18.

76 Priorato, Galeazzo Gualdo: Historia delle guerre di Ferdinando Secondo e Ferdinando Terzo Imperatori, e del Rè Filippo Quarto di Spagna. Contro Gostavo Adolfo Rè di Suetia, e Luigi XIII. Rè di Francia, Bertani, Bd. 1. Venedig 1640; ders.: Historia di ferdinando terzo Imperatore. Wien 1672.

len Status keineswegs schmälert – kann durch einen kurzen Ausblick auf die zeitgenössische Wallensteinhistoriographie deutlich gemacht werden.

Die Wallensteinabhandlung des Helmstedter Professors Gottlob Benedikt von Schirach reflektiert beispielhaft die Zweifel der Epoche an dem tradierten Wallensteinbild. Schirach unterstreicht, dem selbst gesetzten Anspruch einer „Unpartheylichkeit" verpflichtet, die notorische Unzuverlässigkeit und Tendenz der Quellen.[77] Insbesondere gegenüber Khevenhiller, dessen Darstellung für die Festschreibung des Bilds vom hochverräterischen General konstitutiv ist, äußert er starke Bedenken, hält aber trotzdem an ihm als wichtigster Quelle fest.[78] Neubuhr ist noch eindeutiger in seiner Beurteilung und scheut sich nicht festzustellen: „Daß der Graf Khevenhiller auch kein Freund des Wallenstein gewesen sey, kann man in dem ganzen Werke wahrnehmen, und die Ursache davon ist leicht zu errathen, wenn man [...] nur die überall hervorblickende Neigung des Grafen zu dem Spanischen Ministerio bemerket [...]."[79] Mit Khevenhiller gerät die zentrale Instanz der frühen habsburgisch-katholischen Wallensteinhistoriographie ins Wanken. Auf die Einseitigkeit des Urteils über Wallenstein und den Umstand, daß alle positiven Eigenschaften des Feldherrn bisher negiert worden seien, hatte zuvor bereits der (unbekannte) Verfasser des Wallensteinartikels in Johann Heinrich Zedlers „Grosse[m] vollständige[n] Universal-Lexicon" (1747) hingewiesen: „Man verachtet offt diejenigen, welche ohnfehlbar würden gelobet worden seyn, wenn sie einen bessern Ausgang in ihrem Vornehmen gehabt hätten. Weil Wallenstein nicht König geworden ist, so will man seine Qualitäten verläugnen."[80] Dieser Geschichtsschreibung der ‚Sieger' hielt der Verfasser des Artikels unter Rekurs auf Pufendorf die militärischen Verdienste Wallensteins um den Kaiser und „seinen Verstand und seine Klugheit" entgegen.[81] An dem Tatbestand des Verrats zweifelte der unbekannte Autor hingegen grundsätzlich nicht.[82]

Demgegenüber zeigt sich Schirach wesentlich kritischer und legt den Finger auf einen neuralgischen Punkt.[83] Gegen Ende seiner Abhandlung bilanziert er: „Noch bis itzt bleibt die eigentliche Art der Verschwörung dunkel,

77 Schirach: Wallenstein, 202.

78 Ebd., 160, 207.

79 Neubuhr: Geschichte des 30jährigen Krieges, 2.

80 Anonymus: Art. Waldstein oder Wallenstein, auch Wallensteiner genannt (Albrecht Wenzel Eusebius). In: Zedler, Johann Heinrich (Hg.): Grosses vollständiges Universal-Lexicon Aller Wissenschafften und Künste, Bd. 52. Halle/Leipzig 1747, 1516–1558, hier 1554.

81 Ebd., 1554–1157.

82 Ebd., 1552.

83 Zur Skepsis gegenüber den Vorwürfen vgl. Schirach: Wallenstein, 88, 170f.

und zweydeutig. Wo sind die Beweise, daß Wallenstein nach der Krone von Böhmen gestrebt? Sie sind in den Nachrichten enthalten, welche der kaiserliche Hof empfing. Und weiß man gewiß, daß diese Nachrichten ohne Verläumdung sind?“[84] Was Schirach vage als Frage formuliert, wandelt sich bei Schiller schließlich zur Feststellung.

Wie schwer der grundsätzliche Einwand Schirachs wiegt, es gäbe keine eindeutigen Beweise für Wallensteins Verrat, wird aus der Entgegnung Michael Ignaz Schmidts ersichtlich: „Ihn übrigens ganz für unschuldig halten wollen, widerspricht allen Regeln der Wahrscheinlichkeit, wenn auch keine öffentlich beglaubte, oder gerichtlich bestätigte Beweise für das, was vor dem 11. Jänner [Schmidt meint den Ersten Pilsener Revers vom 12. Januar 1634, den er aber falsch datiert, d. Verf.] sich zugetragen, vorhanden sind.“[85] Die Replik Schmidts liegt ganz auf der habsburgisch-katholischen Argumentationslinie, die den Ersten Pilsener Revers in den Status eines Beweises für Wallensteins Verrat rückte.[86]

Im Gegensatz zu Schmidt und Schiller läßt Schirach sein Urteil letztlich aber in der Schwebe: „Man kan Wallensteinen eben so wenig von dem Verdachte der Verrätherey frey sprechen, als man denen Nachrichten trauen kan, welche Gordon, Lesly und Buttler, seine Feinde ausbreiteten, und welche hernach in die öffentliche Geschichte geflossen sind.“[87] Schirach verwirft das Bild des Hochverräters zwar nicht explizit, aber er relativiert die Vorwürfe – abgesehen von seiner obigen Kritik – zusätzlich, indem er sie fortan kategorisch übergeht. Die Grundlage seines eigenen Urteils über Wallenstein bilden andere Kriterien.[88]

Bemerkenswert ist, daß Schirach auf den schwerwiegendsten Vorwurf Khevenhillers und mittelbar der offiziellen Staatsschrift, Wallenstein habe das gesamte Kaiserhaus ausrotten wollen, nicht eingeht.[89] Anton von Klein, ein Epigone Schirachs, ist da deutlicher und bringt die Skepsis seiner Zeitgenossen gleichsam auf den Punkt: „Fast unglaublich scheinen seine Absichten [...]. Die Erniedrigung des Hauses Österreich war der Umfang von dem ganzen

---

84 Ebd., 202f.

85 Schmidt: Geschichte der Deutschen, Bd. 10, 173f.

86 Ebd., 158, 174.

87 Schirach: Wallenstein, 203.

88 Ebd., 183, 203.

89 Der Vorwurf stammt aus der Relation Piccolominis, der angab, Wallenstein habe ihm dies als eigentliches Ziel seiner Pläne anvertraut. Er ist dann, zusammen mit den anderen Ausführungen Piccolominis, in die Staatsschrift und später in Khevenhillers Werk eingeflossen. Vgl. Khevenhiller: Annales Ferdinandei, Bd. 11, 1130–1133; Murr: Beyträge, 251.

Plan seiner Rache. Er ist aber so ausschweifend seltsam, das man fast bey all seiner historischen Richtigkeit, Glauben beyzumessen, Bedenken traegt."[90]

Die historische Forschung tat sich bislang eher schwer, das Wallensteinbild der „Geschichte des Dreißigjährigen Kriegs" adäquat zu würdigen. Symptomatisch ist die Bemerkung Schieders, Schiller sei „mit dem historischen Wallenstein-Problem nicht zu Ende gekommen". Erst in dem Drama habe sich der Geschichtsschreiber vollendet.[91] Schieders Kritik an der „Geschichte des Dreißigjährigen Kriegs" gründet in einer Haltung, die einerseits ganz auf die Wallensteintrilogie zentriert, andererseits im Kern dem Wissenschaftsideal des 19. Jahrhunderts verhaftet ist. Fraglos nimmt sich, um den ersten Aspekt aufzugreifen, vor der poetischen Wahrheit des Wallensteinporträts des Dramas, dessen „geniale Getroffenheit" Thomas Mann gerühmt hatte, das vergleichsweise flüchtig angedeutete Bild der historiographischen Schrift eher karg und dürr aus.[92] Dadurch, daß die „Geschichte des Dreißigjährigen Kriegs" stets in Relation zum Drama bemessen und ihr allenfalls als „historiographisches Vorspiel"[93] Bedeutung zuerkannt worden ist, wurde die Spezifik und der Eigenwert des historiographischen Wallensteinporträts durch den übergroßen Schatten des dramatischen vollständig absorbiert. Dabei ging verloren, daß das von der historiographisch-pragmatischen Tradition emanzipierte Wallensteinbild Schillers im zeitgenössischen Vergleich einen herausragenden Platz beanspruchen kann. Es ist durch die Kühnheit, Sicherheit und Radikalität begründet, mit der Schiller die kursierenden Einwände aufgriff, Schlußfolgerungen aus ihnen zog und auf diese Weise zu Aussagen und Thesen gelangte, die sich zu einem griffigen, oppositionellen Wallensteinbild ergänzten.

Nachdem sich bei Schiller die Zweifel gegenüber dem tradierten Bild des Verräters verfestigt hatten, war der Schritt zu dem intuitiv erschlossenen (Gegen-)Entwurf des um den Frieden ringenden und unschuldig verurteilten Generals nicht mehr weit. Mit der Absage an den Verratsvorwurf war der Eckstein aus der habsburgischen Argumentation gebrochen, so daß die Fassade des katholisch-habsburgischen Wallensteinporträts ins Wanken geriet.

---

90 Klein, Anton: Wallenstein. In: ders.: Leben und Bildnisse der grossen Deutschen, Bd. 2. Mannheim 1787, 1–45, 41.

91 Schieder: Schiller, 49, 53f. Ähnlich argumentiert: Glück, Alfons: Schillers „Wallenstein". München 1976, 143.

92 Mann, Thomas: Versuch über Schiller. In: ders.: Gesammelte Werke, Bd. 1–13. Frankfurt a. M. 1990, Bd. 9, 870–950, hier 905. – Vgl. auch Schottky, Julius Max: Über Wallensteins Privatleben. München 1832, 6; Smolle, Leo: Wallenstein und das Zeitalter des Dreißigjährigen Kriegs. Graz 1911, 1–5.

93 Reinhardt, Hartmut: Die Wege der Freiheit. Schillers „Wallenstein"-Trilogie und die Idee des Erhabenen. In: Wittkowski (Hg.): Friedrich Schiller, 252–272, hier 252f.

Wenn die Friedensverhandlungen also nicht, wie vom Hof behauptet, den Zweck der Verschleierung des Verrats verfolgten,[94] wenn die Pilsener Reverse keineswegs aggressive Maßnahmen gegen den Hof waren,[95] sondern defensiven Charakter besaßen und als „das verzeihliche Bestreben, seine Wichtigkeit zu behaupten",[96] interpretiert werden konnten, dann lag der Gedanke nahe, durch Umkehrung der negativen Vorzeichen zu einer anderen, möglicherweise gerechteren, authentischeren Deutung des kaiserlichen Feldherrn zu gelangen. So wurde bei Schiller aus dem Verräter der gescheiterte Friedensbringer, aus der verdienten Strafe für die Rebellion der unschuldig Verurteilte, erst in Notwehr rebellierende General.

Gravierend war der Umwertungsprozeß, den Schiller anstieß und der Wallenstein von einer Täter- in eine Opferrolle rückte. Die Überwindung des statischen, seit der Veröffentlichung der kaiserlichen Rechtfertigungs- und Anklageschrift in der Historiographie immer wieder neu bekräftigten, negativen Wallensteinbilds, die in zeitgenössischen Geschichtswerken zwar zaghaft argumentativ vorbereitet wurde, vollzog sich erst in Schillers „Geschichte des Dreißigjährigen Kriegs" endgültig, allerdings unter dem Vorbehalt eines fehlenden quellenkritischen Nachweises. Die Komplexität der historischen Persönlichkeit und der mit ihrem Wirken und ihrem Tod verbundenen Problematik trat erst durch die Absage an eine pragmatische, moralisch aufgeladene Interpretation hervor.

Das Urteil Konrad Repgens, daß mit Schiller „etwas Neues" in der Darstellung des Dreißigjährigen Kriegs beginne, läßt sich insofern auch auf die Wallensteinproblematik ausdehnen.[97] Schillers „Geschichte des Dreißigjährigen Kriegs" avancierte schnell zu einem Referenzwerk der Wallensteinforschung, entfaltete dabei aufgrund ihrer Radikalität allerdings eine stark polarisierende Wirkung. Auf protestantischer Seite wurde sie zu einem zentralen Bezugspunkt ideeller Traditions- und Selbstvergewisserung. Auch die katholische Geschichtsschreibung konnte sich Schillers Wallensteinbild nicht entziehen, sondern mußte zunehmend von der früheren Selbstverständlichkeit ihres Verdikts abrücken und sich seinen Thesen stellen. Für beide Richtungen der Forschung bedeutete dies, daß sie durch intensive Archivforschungen versuchten, die Wallensteindeutung der „Geschichte des Dreißigjährigen Kriegs" zu bestätigen oder im Gegenteil, sie zu revidieren.

---

94 Vgl. Murr: Beyträge, 212, 253.

95 Ebd., 241–252 [Erster Pilsener Revers], 266–268 [Zweiter Pilsener Revers].

96 NA 18, 329.

97 Repgen: Geschichtsbild, 189.

Schiller formuliert hinsichtlich Wallenstein eine historische Option, von einem willkürlichen Umgang mit der Geschichte oder gar ihrer Auflösung zugunsten reiner Fiktion kann dennoch nicht die Rede sein. In der Ambivalenz des Wallensteinbilds deutet sich bereits die Grundproblematik der Dramentrilogie an.

Arnd Beise

Schillers ‚moderner' Wallenstein im Spiegel der zeitgenössischen Rezeption der ersten Buchausgabe

Schillers Wallenstein sei einer „der beschäftigendsten Charaktere, welche die Bühne kennt", schrieb Thomas Mann in seinem großen „Versuch über Schiller" zum „150. Todestag des Dichters".[1] In der Tat forderte diese schillernde Figur wie wenige andere die Interpreten heraus, denn Wallenstein fügte sich nicht der klassizistischen Kunsttheorie, entsprach nicht den Publikumserwartungen und schien irgendwie „zwischen den Zeiten"[2] zu stehen. Von Anfang an wurde über diese Figur diskutiert, ja eigentlich schon vor allem Anfang, wenn man damit das Erscheinen der Erstausgabe meint. Schiller war Mitte der neunziger Jahre des 18. Jahrhunderts bereits ein berühmter Autor, und das Erscheinen seines neuen Stücks, rund ein Jahrzehnt nach dem „Dom Karlos" (1787), wurde ungeduldig erwartet. Die Uraufführung von „Wallensteins Lager" am 12. Oktober 1798 im Weimarer Hoftheater war ein großer, viel besprochener Erfolg, ebenso wie diejenige der „Piccolomini (Wallensteins Erster Theil)" am 30. Januar 1799 und von „Wallensteins Tod" am 20. April 1799. Noch erfolg- und folgenreicher waren die Berliner Aufführungen der „Piccolomini" und von „Wallensteins Tod" (Premiere am 18. Februar beziehungsweise 17. Mai 1799). Da das Interesse immens war und das Berliner Bühnenmanuskript kursierte, war auch das publizistische Echo heftig. Schiller hielt noch vor Erscheinen der Buchausgabe der Wallenstein-Trilogie eine Monographie über seinen „Wallenstein in Hinsicht auf griechische Tragödien" aus der Feder von Johann Wilhelm Süvern in den Händen, mochte in dessen „Behauptungen" allerdings „nicht ganz einstimmen", wie er dem Verfasser schrieb.[3]

Wallenstein wurde auffällig verschieden interpretiert, weil er eine widerspruchsvolle Figur ist. Wahrscheinlich hätte Schiller vielen seiner Interpreten nicht beistimmen mögen, wenn er ihre Auslegungen noch kennengelernt hätte.

1 Mann, Thomas: Gesammelte Werke, Bd. 1–13. Frankfurt a. M. 1990, hier Bd. 9, 870–951, hier 905.

2 Schulz, Gerhard: Schillers „Wallenstein" zwischen den Zeiten. In: Hinck, Walter (Hg.): Geschichte als Schauspiel. Frankfurt a. M. 1981, 116–132, hier 116.

3 Schiller, Friedrich: Werke und Briefe, Bd. 1–12. Hg. v. Otto Dann u. a. Frankfurt a. M. 1988–2004, hier Bd. 12, 522.

Besonders seit der zweiten Hälfte des 19. Jahrhunderts mehrten sich die kühnsten Interpretationen dieses „problematischen Helden“,[4] wobei zunehmend zweifelhaft wurde, ob Schiller ihn in seinem dramatischen Mehrteiler wirklich „für alle Zeiten *verherrlicht*“ habe, wie es 1838 in Carl Herloßsohns „Damen-Conversations-Lexikon“ hieß.[5] Schillers Wallenstein, das sei im Grunde „eine Apotheose der Schwächlichkeit“, so Otto Ludwig in den fünfziger Jahren des 19. Jahrhunderts; „im Handeln oder vielmehr im Nichthandeln“ sei Wallenstein ein anderer „Hamlet: ein Mensch, der etwas thun soll und nicht kann, und endlich zur Strafe gedrängt wird, es zu thun. Hier wie dort sehen wir einen Menschen, in dem ein Gedanke vergebens ringt, aus eigner Kraft zur That zu werden.“[6] Hamlet aber, das ist Deutschland, wie wir seit Ferdinand Freiligrath[7] und Georg Gottfried Gervinus[8] wissen: ebenso ratlos wie unentschlossen bzw. „thatenarm und gedankenvoll“, um es mit Friedrich Hölderlin zu sagen.[9] Ist Wallenstein also ein Repräsentant Deutschlands und seiner Misere?

Nicht nur Schillers Wallenstein, auch den historischen Wallenstein sah das 19. Jahrhundert gern als „national fühlende[n] großdeutsche[n] Staatsmann“, den nur die Ungunst seiner Zeit daran gehindert habe, ein Vorläufer des ‚Eisernen Kanzlers‘ zu werden; einen „mißglückte[n] Bismarck“ nannte der dem Naturalismus verpflichtete Literaturrevolutionär Carl Bleibtreu daher den historischen Wallenstein.[10]

---

4 Werner, Hans-Georg u. a.: Deutschsprachige Literatur im Überblick. Leipzig ^{3}1973 [^{1}1965 unter dem Titel „Deutsche Literatur im Überblick“], 81.

5 Herloßsohn, C[arl] (Hg.): Damen-Conversations-Lexikon, Bd. 1–10. [Leipzig] 1834–1838, hier Bd. 10, 374 [Hervorhebung des Verfassers]. Der Herausgeber Carl Herloßsohn befaßte sich später in mehreren historischen Romanen mit der Zeit Wallensteins: Wallensteins erste Liebe, Bd. 1–3. Hannover 1844; Die Tochter des Piccolomini, Bd. 1–3. Altenburg 1846; Die Mörder Wallensteins, Bd. 1–3. Leipzig 1847.

6 Ludwig, Otto: Gesammelte Werke, Bd. 1–6. Hg. v. Adolf Stern. Leipzig 1891, hier Bd. 5/1: Studien, 303, 305.

7 Freiligrath, Ferdinand: Werke. Berlin/Weimar ^{3}1976 [^{1}1962], 74–76: „Deutschland ist Hamlet! […] Er sinnt und träumt und weiß nicht Rat; […] Zu einer frischen mut'gen Tat fehlt ihm die frische, mut'ge Seele! […] sein bestes Tun ist eben Denken […]. Drum fehlt ihm die Entschlossenheit; kommt Zeit, kommt Rat“ („Hamlet“, 1844).

8 Gervinus, Georg Gottfried: Shakespeare, Bd. 1–2. Leipzig ^{4}1872 [^{1}1849], hier Bd. 2, 130: „Einer unserer neueren politischen Dichter hat ein Gedicht mit den Worten begonnen: Hamlet ist Deutschland. Und dieser Ausspruch ist in der That kein geistreiches Spiel mit Worten oder verworrenen Vorstellungen. Denn ganz so wie Hamlet sind wir bis zu dieser letzten Zeit hin zwischen einer hart an uns rückenden Aufgabe rein praktischer Natur und einer herkömmlichen Entwöhnung von Thun und Handeln gestellt gewesen.“

9 Hölderlin, Friedrich: Sämtliche Werke und Briefe, Bd. 1–3. Hg. v. Michael Knaupp. München/Wien 1992–1993, hier Bd. 1, 193 („An die Deutschen“).

10 Bleibtreu, Carl: Unmaßgebliches über Friedrich Schiller (1905). In: Oellers, Norbert (Hg.):

Und in der Tat bietet auch Schillers „dramatisches Gedicht" (so die Gattungsbezeichnung seit der ersten Buchausgabe) für eine Interpretation des Protagonisten als Vorläufer der deutschen Reichseinigung mehrere Anhaltspunkte. Wallensteins Absehen sei das einig „deutsche Land" vom „Etsch" bis an „den Belt", „[s]o weit die deutsche Sprach geredet wird" („Die Piccolomini" II/5, V. 841; I/2, V. 237f.; II/7, V. 1249),[11] und Wallensteins Kunst sei es, aus Menschen verschiedenster Abkunft mit bewaffneter Hand ein einziges Volk zu schmieden, das in Frieden die blühenden deutschen Landschaften genießen könne. Schiller selbst hatte im „Prolog" zu dem dreiteiligen Stück dazu aufgefordert, das historische Drama auf der Folie der Gegenwart und ihrer politischen Kämpfe zu lesen. Nunmehr, da die im Dreißigjährigen Krieg geborene Staatsordnung am Ende sei, könne man froh in die Zukunft blicken, heißt es da – ohne daß indes eine Kausalverknüpfung zwischen den beiden Fakta hergestellt würde –, und in der Ferne stehe „ein bedeutend Ziel vor Augen" (V. 64), welches man im späten 19. Jahrhundert wie selbstverständlich mit der deutschen Einheit identifizierte.

Um 1800 dagegen spielte die nationale Einheit bei dem Gedanken an das „bedeutend Ziel" keine Rolle, sondern man dachte eher an die von Schiller im „Prolog" explizit genannte „Freiheit" (V. 66). Damit war weniger die politische als die persönliche Freiheit gemeint, selbst wenn sich das nicht genau trennen läßt.

Die Soldaten in „Wallensteins Lager" jedenfalls fühlen sich frei zu tun, „was nicht verboten" ist, zu reden was sie wollen (I/6, V. 319 und 336–343) und im übrigen das Leben in „Saus und Braus" (V. 232) zu genießen; „Freiheit" gebe es in der Welt nur noch bei den Soldaten (I/11, V. 1022f. und 1060–1067), deren gesellschaftliche Utopie die Militärdiktatur ist. „Leben und leben lassen" (V. 278), sei die Devise, solange der „Ordre" (V. 318) blind gehorcht werde. Diese äußerst fragwürdige, auch in dem Stück nur von wenigen in Frage gestellte, sehr preußische Freiheitsauffassung[12] wird in den

---

Schiller – Zeitgenosse aller Epochen. Dokumente zur Wirkungsgeschichte Schillers in Deutschland, Teil 1–2. München 1976, hier Teil 2: 1860–1966, 171–177, hier 173, 175.

11 Vgl. „Die Piccolomini" I/2, V. 210–240; II/5, V. 823–844; II/7, V. 1181f.; ich spiele auch an auf „Wilhelm Tell" II/7, V. 1448: „Wir wollen sein ein einzig Volk von Brüdern"; die Zitate aus Schillers Werken werden im folgenden stets unter Nennung von Akt/Szene und Versnummer nachgewiesen.

12 Vgl. Kant, Immanuel: Werkausgabe, Bd. 1–12. Hg. v. Wilhelm Weischedel. Frankfurt a. M. 1977, hier Bd. 11, 61 [Hervorhebung im Original]: „nur derjenige, der, selbst aufgeklärt, sich nicht vor Schatten fürchtet, zugleich aber ein wohldiszipliniertes zahlreiches Heer zum Bürgen der öffentlichen Ruhe zur Hand hat, – kann das sagen, was ein Freistaat nicht wagen darf: *räsonniert, so viel ihr wollt, und worüber ihr wollt; nur gehorcht!*"

zeitgenössischen Rezeptionszeugnissen allerdings kaum einmal thematisiert. Problematisiert wurde die Freiheit nur, insofern sie Kennzeichen der Autonomie eines *exzeptionellen* Individuums ist. Dieses Individuum ist natürlich Wallenstein, dessen Außerordentlichkeit, ja Exzentrizität[13] seinerzeit unumstritten war, wie immer man sein Handeln ethisch bewertete.[14] Das außerordentliche Individuum aber war dramatisch stets interessant, auch wenn es sich um einen Bösewicht handelte, jedenfalls bevor die Schaubühne Mitte des 18. Jahrhunderts in eine moralische Anstalt verwandelt wurde. „Der verrathene Verräther, oder der durch Hochmuth gestürzte Wallenstein" hieß etwa ein Schauspiel aus dem 17. Jahrhundert; ein anderes: „Das große Ungeheuer der Welt, oder das Leben und Todt des ehemals gewesenen Kayserlichen Generals Wallenstein".[15]

Gut anderthalb Jahrhunderte nach Wallensteins Tod war genug Zeit vergangen, um den gescheiterten General als Empörer nach Art der Stürmer und Dränger durchaus positiv zu sehen; es war auch genug Zeit vergangen, daß Wallenstein nicht mehr „dem Zeitungs- und Journal-Zwange im Gedächtniss"[16] unterworfen war, so daß sich der Dramatiker Freiheiten gegenüber der Historie erlauben konnte, insbesondere da der Charakter Wallen-

---

Dies sei die Maxime Friedrichs II. gewesen, des Königs von Preußen, ohne daß dies die absolutistische Despotie beeinträchtigt hätte, wie Gotthold Ephraim Lessing in einem Brief an Friedrich Nicolai vom 25. August 1769 seinerzeit befand: „sagen Sie mir von ihrer Berlinischen Freiheit zu denken und zu schreiben ja nichts. Sie reduziert sich einzig und allein auf die Freiheit, gegen die Religion so viel Sottisen zu Markte zu bringen als man will […]; lassen Sie einen in Berlin auftreten, der für die Rechte der Untertanen, der gegen Aussaugung und Despotismus seine Stimme erheben wollte, […] und Sie werden bald die Erfahrung haben, welches Land bis auf den heutigen Tag das sklavischste Land von Europa ist." Kiesel, Helmuth (Hg.): Briefe von und an Lessing 1743–1770. Frankfurt a. M. 1987, 622f.

13 Wallensteins Bestimmung „für das Ecentrische" betonte August Klingemann in seiner Besprechung der Berliner Aufführung in der Zeitschrift „Memnon", Leipzig 1800, Bd. 1, 98–106. Zit. nach Schiller: Werke und Briefe, Bd. 4, 900.

14 Vgl. den außerordentlich langen Artikel zu Wallenstein in Zedlers „Universal-Lexicon": Anonymus: Waldstein oder Wallenstein, auch Wallensteiner genannt (Albrecht Wenzel Eusebius). In: Zedler, Johann Heinrich (Hg.): Grosses vollständiges Universal-Lexicon Aller Wissenschafften und Künste, Bd. 52. Leipzig/Halle 1747, 1516–1558.

15 Rothmann, Kurt: Friedrich Schiller, Wallenstein. Erläuterungen und Dokumente. Stuttgart 1977, 141.

16 Eine Kategorie des Gießener Ästhetik-Professors Johann Christian Schaumann, der damit 1805 begründete, aus welchem Grund „die Kunst über Begebenheiten, die noch Zeitungsgeschichten sind", keinen „vollständigen Sieg erringen könne, denn die „Phantasie des Dichtenden und des Hörenden" sei wegen des „Zeitungs- und Journal-Zwang[s] im Gedächtniss" „nicht absolut frey". Zit. nach Beise, Arnd: Charlotte Corday. Karriere einer Attentäterin. Marburg 1992, 95.

steins, „ja selbst die Ursachen seines Unterganges etwas dunkel und ungewiß" seien, wie Ludwig Tieck seinerzeit anmerkte.[17]

Zu erwarten war bei einer Dramatisierung von Wallensteins Tod für die Zeitgenossen etwa Folgendes: „Der *große* Wallenstein wird sich in der ganzen Majestät seines Geistes erheben, um zur Ausführung seines kühnen Planes zu schreiten. Fürchterlicher Widerstand wird ihm in den Weg treten; er wird die Schwierigkeiten als Held überwinden und in dem Augenblick seines Sieges, von der ehernen Hand des Schicksals niedergeworfen, uns mit erhabenem, schauderndem Bedauern erfüllen!" So hat der Berliner Publizist Garlieb Merkel die Publikumserwartungen formuliert, um sofort festzustellen, daß nichts davon in Schillers Drama stattfindet. Wallenstein scheint vielmehr ein schwacher, schwankender Charakter zu sein, der „ungehindert von einem falschen Schritte zum andern" taumle und dabei so hinterlistige und schändliche Züge offenbare, daß man anfange, „klein von ihm zu denken".[18]

Und Merkel hat recht. Schiller gab sich schließlich auch alle Mühe, Wallenstein „niemals edel" und „nie eigentlich groß erscheinen" zu lassen, so schrieb er am 28. November 1796 seinem Freund Christian Gottfried Körner.[19] Sein Protagonist habe „wenig Würde", seine „Unternehmung" sei „moralisch schlecht" und „sie verunglückt physisch"; Wallenstein solle „die Materie sich unterwerfen" wollen, bei diesem Versuch aber unterliegen, heißt es in einem Brief vom 21. März 1796 an Wilhelm von Humboldt.[20]

Der Protagonist sollte den Umständen erliegen: Damit war er kein frühaufklärerischer Dramenheld mehr; er sollte aber nicht als Märtyrer einer guten Sache scheitern, und damit war er auch für die Tragödie nach barockem und spätaufklärerischem Muster nicht mehr geeignet.[21] Tatsächlich begann mit „Erscheinung dieses großen und merkwürdigen Dramas eine neue Epoche in unserer dramatischen Literatur", wie Ludwig Tieck 1823 in der „Dresdner Abend-Zeitung" schrieb.[22]

---

17 Dresdner Abend-Zeitung, 25. Januar–1. Februar 1823; wieder in Tieck, Ludwig: Dramaturgische Blätter, Bd. 1–2. Breslau 1826, hier Bd. 1, 51–83, hier 62; ders.: Kritische Schriften, Bd. 1–4. Leipzig 1848–52, hier Bd. 3, 37–62, hier 45.

18 Merkel, Garlieb: Freimütiges aus den Schriften. Hg. v. Horst Adameck. Berlin 1959, 330 [Hervorhebung im Original].

19 Schiller: Werke und Briefe, Bd. 12, 246.

20 Ebd., 161.

21 Vgl. Beise, Arnd: Untragische Trauerspiele. Christian Weises und Johann Elias Schlegels Aufklärungsdrama als Gegenmodell zur Märtyrertragödie von Gryphius, Gottsched und Lessing. In: Wirkendes Wort 47 (1997) 188–204.

22 Tieck: Dramaturgische Blätter, Bd. 1, 51; ders.: Kritische Schriften, Bd. 3, 37.

Diese Neuartigkeit des „Wallenstein" fiel auch den Zeitgenossen auf, doch hatten sie Schwierigkeiten, das Neue zu benennen und damit umzugehen.[23] Das Werk spottete jeder Regel und schien dennoch von hoher Qualität zu sein. Es wirkte monströs in jeder Hinsicht und schien trotzdem ein *chef d'œuvre* nicht nur seines Autors zu sein. Es war, nach gängigen Kriterien beurteilt, unzweifelhaft ein „schlechte[s] Drama", und zugleich mußte es als „Gedicht vortrefflich" genannt werden.[24]

Die wenigsten Schwierigkeiten hatten die Kritiker anscheinend mit dem Umfang des Stücks, das ja kein Dramenzyklus ist, sondern „ein Stück von eilf Akten" plus Prolog mit insgesamt 7.763 Versen. Daß dies alles „nicht in Einer Vorstellung aufgeführt werden" konnte, sondern verteilt auf drei Abende gespielt werden mußte, nahm man größtenteils als „pikante Neuerung" hin, obgleich die Frage aufkam, ob dies nicht das Fassungsvermögen „der Menschen aller Nationen und Zeitalter, die jemals als Zuschauer vor einer Bühne standen und stehen werden", überstieg[25] – eine Frage, die auch durch Peter Steins zehnstündige Berliner Inszenierung aus dem Jahr 2007 nicht endgültig beantwortet scheint; Matthias Heine, der Kritiker der „Welt" (21. Mai 2007) fühlte sich jedenfalls „trotz der vier Pausen" hinterher „erschöpft wie ein Fußsoldat nach einem Marsch".[26]

Größer war die Herausforderung durch die epische Anlage[27] der von Johann Friedrich Schink so genannten „Scenenreihe",[28] die einem anderen Kri-

---

23 Im späteren 19. Jahrhundert galt „Wallenstein" als Geburtsstück des historischen Dramas; vgl. Hettner, Hermann: Schriften zur Literatur. Berlin 1959, 172 („Das moderne Drama"); Dilthey, Wilhelm: Gesammelte Schriften, Bd. 1–26. Zuerst Leipzig, später Göttingen 1914–2006, Bd. 25: ‚Der Dichter als Seher der Menschheit'. Die geplante Sammlung literarhistorischer Aufsätze von 1895. Hg. v. Gabriele Malsch, 181: „Im Wallenstein schuf Schiller das historische Drama."

24 Merkel: Freimütiges, 332.

25 Allgemeine Literatur-Zeitung, 30.–31. Januar 1801. Zit. nach Schiller: Werke und Briefe, Bd. 4, 923. Vgl. Freytag, Gustav: Die Technik des Dramas. Hg. v. Klaus Jeziorkowski. Stuttgart 1983, 182f. [Hervorhebung im Original]: Freytag zweifelte 1863 nicht mehr an der Fassungskraft der Zuschauer, sondern stellte lediglich fest, „daß unsere Theaterverhältnisse es unmöglich machen, das ganze Kunstwerk in *einer* Aufführung darzustellen", doch sei es „denkbar, daß eine Zeit kommt, wo dem Deutschen die Freude wird, sein größtes Drama im Zusammenhang zu genießen."

26 Zit. nach http://www.welt.de/kultur/article884464/Lange_Haare_aber_gepflegt_muessen_sie_sein.html (letzter Zugriff am 5.7.2010).

27 Abusch, Alexander: Schiller. Größe und Tragik eines deutschen Genius. Berlin/Weimar [5]1975 [[1]1955], 249: die „Wallenstein-Trilogie" sei das „deutsche Nationalepos".

28 Neue allgemeine deutsche Bibliothek 1801, H. 1. Zit. nach Schiller: Werke und Briefe, Bd. 4, 940.

tiker denn auch als „Fehler in der Ökonomie des Stücks" erschien.[29] Daß das Stück nicht in allen Teilen auf die finale Katastrophe hin konstruiert ist, galt fast allen Kritikern als undramatisch. Immerhin könne man das „Wallenstein"-Drama „als ein poetisch-historisches Gemälde betrachten", meinte Garlieb Merkel.[30] Sein Kollege Ernst Brandes befürchtete aber, daß dadurch das „Interesse" an der „Handlung" doch zu sehr geschwächt würde.[31]

Am größten aber war die Provokation durch den bereits erwähnten unheroischen Charakter des Helden.[32] Nicht einig waren sich die Kritiker in dem Punkt, ob Schillers Fehler darin bestand, der Geschichte allzu treu geblieben zu sein – so Ernst Brandes in den „Göttingischen Anzeigen von gelehrten Sachen" – oder zu wenig treu geblieben zu sein – so der anonyme Rezensent der Jenaer „Allgemeinen Literatur-Zeitung".[33] Letztlich kam es aber bei dem Unwohlsein über Wallensteins ‚Schwäche' gar nicht auf die Beurteilung des historischen Generalissimus an, sondern auf das Verhältnis von Schillers Dramenfigur zu den ihr begegnenden Ereignissen.

Ein anonymer Kritiker der Berliner Zeitschrift „Eunomia" hat das Problem im Januar 1801 recht treffend beschrieben. Statt eines „Heldencharakter[s], der mit ehernem Eigensinn und festem Muthe seine Pläne durchführt, [...] erblicken wir hier mit Erstaunen einen äußerst schwankenden abergläubischen Charakter, dessen Willen sich jeder leicht bemächtiget, ohne daß der Held es selbst bemerkt".[34] Er sei es nicht gewohnt, vom Zufall beherrscht zu werden, meint Wallenstein in dem Stück („Wallensteins Tod" I/3, V. 136f.), doch geschehe genau das. Wallenstein erscheine „kaum als handelnde, dramatische Person"; sogar da, „[w]o er wirklich zu handeln scheint, ist er es nie selbst, sondern andere handeln durch ihn".[35]

29 Allgemeine Literatur-Zeitung, 30.–31. Januar 1801. Zit. nach Schiller: Werke und Briefe, Bd. 4, 924f.

30 Merkel: Freimütiges, 332.

31 Göttingische gelehrte Anzeigen, 11. August 1800. Zit. nach Schiller: Werke und Briefe, Bd. 4, 906.

32 Vgl. Goethe, Johann Wolfgang: Werke [Weimarer Ausgabe], Bd. 1–143 in 4 Abt. Hg. im Auftrag der Großherzogin Sophie von Sachsen. Weimar 1887–1919, 1. Abt., Bd. 40, 181f.: Motive und Charakterbild Wallensteins seien wie das ganze Stück „in sich ungleich"; Reinhardt, Hartmut: Wallenstein, in: Koopmann, Helmut (Hg.): Schiller-Handbuch. Stuttgart 1998, 395–414, hier 402: „Multiperspektivische Spiegelungen deuten auf ein inkommensurables Format, ziehen es aber auch ins Fragwürdige."

33 Göttingische gelehrte Anzeigen, 11. August 1800 bzw. Allgemeine Literatur-Zeitung, 30.–31. Januar 1801. Zit. nach Schiller: Werke und Briefe, Bd. 4, 906 bzw. 928f.

34 Eunomia 1801, H. 1. Zit. nach Schiller: Werke und Briefe, Bd. 4, 938.

35 Ebd., 939.

Auch dem anonymen Rezensenten der Jenaer „Allgemeinen Literatur-Zeitung" fiel auf, daß Schillers Wallenstein die Kontrolle über seine „Verhältnisse" verliert, ohne daß er merkt, wie nah er dadurch dem „Abgrund" kommt. Dadurch aber erstehe wieder so etwas wie „das große gigantische Schicksal", das die antike Tragödie durchwaltete und den Menschen erhebe, indem es ihn zermalme, wie der Rezensent anspielend auf eine Distichen-Reihe von Schiller sagte.[36]

Was dieser Rezensent noch einigermaßen zu goutieren schien, dünkte einem dritten anonymen Kritiker im „Leipziger Jahrbuch der neuesten Literatur" ganz verfehlt. „Ob überhaupt durch die Einmischung einer Nothwendigkeit, die ebenso wenig erklärt als abgewendet werden kann, das Tragische erhöht werde, wäre wohl noch eine Frage." Daß aber im „Wallenstein" das „Schicksal" – also eine „Verkettung von Begebenheiten, deren Ursachen dem menschlichen Auge verborgen liegen, die der freye Wille des Menschen nicht herbeyführt, und nicht vermindern kann" –, handlungsbestimmend sei, stimme nicht nur „traurig", sondern erfülle „uns mit Bitterkeit". Daß man „auch mit dem besten Willen dem widrigen Schicksale nicht entgehen kann", mochte zur paganen Religion der alten Griechen passen, doch „mit unsern Religionsbegriffen" lasse „sich diese Lehre weder im Leben noch auf der Bühne vereinigen".[37]

In der Tat umkreisen die drei anonymen Kritiker eine Eigenheit des Stücks, die es von fast allen früheren Dramen des 18. oder auch des 17. Jahrhunderts unterscheidet: der fehlende Sinn dieser – in Garlieb Merkels Worten – „Reihe von Begebenheiten, die sich nacheinander ereignen, ohne daß die folgenden notwendig aus den vorhergehenden herfließen".[38] Keineswegs läßt sich das „Schicksal" in der „Wallenstein"-Tragödie mit einer wie auch immer gearteten „Nothwendigkeit" gleichsetzen, was der Leipziger Kritiker noch versuchte. Vielmehr sah der Berliner Kritiker richtig, daß es der „Zufall" ist, der hier Schicksal spielt.

Der Zufall aber ist Gotteslästerung, wie Orsina zu Marinelli in Gotthold Ephraim Lessings „Emilia Galotti" (1772) sagt.[39] In der Spätantike und in der Frühen Neuzeit galt der Zufall als systematischer Gegenbegriff zur Vorse-

36 Allgemeine Literatur-Zeitung, 30.–31. Januar 1801. Zit. nach Schiller: Werke und Briefe, Bd. 4, 932f.

37 Leipziger Jahrbuch der neuesten Literatur, 26.–27. Januar 1801. Zit. nach Schiller: Werke und Briefe, Bd. 4, 912–914.

38 Merkel: Freimütiges, 326.

39 Lessing, Gotthold Ephraim: Werke, Bd. 1–8. Hg. v. Herbert G. Göpfert. München 1970–1979, hier Bd. 2, 181.

hung Gottes. „Willkür und Zufall" seien „unbekannt im Reiche der Vorsehung" („ne quid in regno providentiae liceat temeritati"), meinte Boethius seinerzeit.[40] Der Kirchenvater Aurelius Augustinus hatte nicht zufällig im 5. Buch seiner „Libri de civitate Dei" (413/26) stellvertretend für den gesamten heidnischen Götterhimmel Fortuna als Gegenfigur des christlichen Gottes bekämpft.[41] Sich dem Glück anzuvertrauen, galt also als „Idolatrie und eine Verletzung der Ehre Gottes",[42] weil es ein Bekenntnis zu Fortuna war. Auf Fortuna ist im Gegensatz zu Gott jedoch kein Verlaß. Ihre Launenhaftigkeit ist seit der Antike sprichwörtlich: „fortuna mutabilis et inconstans".[43] So wurde der Zufall oder das bloße Glück zu einem Gegenbegriff zur *Providentia* Gottes, also zur Vorsehung oder der geschichtlichen Notwendigkeit. Wer nicht auf Gott vertraute, sondern auf das Glück baute, war in den Augen der gläubigen Christen ebenso wie der ungläubigen Aufklärer bestenfalls ein Dummkopf oder Narr, wenn nicht gar ein Sünder und Verbrecher. Auch poetologisch galt ein Drama, in dem der Zufall herrscht, wenigstens bis zum Ende des 18. Jahrhunderts als schlecht motiviert. Lessing brachte dies auf die Formel, im Drama müsse alles wie im Universum „seinen guten Grund" haben. Der Zufall oder „blindes Geschick" habe hier keinen Platz. Vielmehr müsse das Drama etwas sein, „das sich völlig rundet, wo eines aus dem andern sich völlig erkläret", mit anderen Worten: Es „sollte ein Schattenriß von dem Ganzen des ewigen Schöpfers sein". Realismus sei daher nicht unbedingt angeraten. Nur weil etwas „wirklich geschehen ist", habe es noch lange keinen Platz in einem Stück, wenn es geeignet sei, unser Vertrauen in die beste aller Welten respektive in die „Vorsehung" zu erschüttern.[44]

40 Boethius, Anicius Torquatus Severinus: Die Tröstungen der Philosophie. Übersetzt v. Richard Scheven. Leipzig 1893, 126; ders.: De consolatione philosophiae libri quinque. Mit der Vorrede von Petrus Bertius. Padua 1721, 97.

41 Augustinus, Aurelius: Vom Gottesstaat. Übersetzt v. Wilhelm Thimme. Eingeleitet und kommentiert v. Carl Andresen. München 2007, Bd. 1, 219–221, 234–244.

42 Strohm, Christoph: Ethik im frühen Calvinismus. Berlin/New York 1996, 62f.

43 Die Redensart führte gegen Ende des 4. Jahrhunderts zum Beispiel Ammianus Marcellinus an. Vgl. ders.: Römische Geschichte. Lateinisch und deutsch und mit einem Kommentar versehen v. Wolfgang Seyfarth. Berlin [2]1970 [[1]1968], Bd. 1, 106f., und zwar samt zahlreicher Beispiele für „den Wankelmut der Glücksgöttin", die „manche Menschen bald bis zu den Sternen" führe, bald „in die Tiefen des Cocytus" stürze, um zu schließen: „quae omnia si scire quisquam velit quam varia sint et adsidua, harenarum numerum idem iam desipiens et montium pondera scrutari putabit"; vgl. Otto, August: Die Sprichwörter und sprichwörtlichen Redensarten der Römer. Gesammelt und erklärt. Leipzig 1890, 142.

44 Lessing: Werke, Bd. 4, 598f.

Genau das aber geschehe in Schillers „Wallenstein“, hatte der Leipziger Rezensent schon angedeutet. Die bekannte Reaktion Georg Wilhelm Friedrich Hegels nach der Lektüre des „Wallenstein“ bestätigt das. Es sei schrecklich, daß das Stück nicht als Theodizee funktioniere, sondern bestimmt sei von „einem schweigenden und tauben, toten Schicksal“. Am Ende sei „Alles aus, das Reich des Nichts, des Todes hat den Sieg behalten“, es gebe keine poetische Gerechtigkeit, keinen Trost, keine Katharsis: „es steht nur Tod gegen Leben auf, und unglaublich! abscheulich! der Tod siegt über das Leben! Dieß ist nicht tragisch, sondern entsetzlich!“[45]

Auch der ebenfalls anonym gebliebene Autor des Nachrufs auf Schiller, der am 19. Juni 1805 im „Intelligenzblatt“ der „Allgemeinen Literarischen Zeitung“ erschien, wies auf diese gottlose Tendenz von Schillers Dramaturgie hin. „Schillers *Hange zum Furchtbaren*“ lasse keine Katharsis zu; er zerreiße „uns das Herz [...], ohne die Wunden wieder zu heilen.“ Schiller führe „einen Jammer herbey, der uns mit Schaudern an die Schicksale der Menschen denken läßt, dem Unzufriedenheit mit der Vorsehung sich zugesellet, und Verzweiflung von weitem nachschleicht.“[46]

Der Nekrolog erinnerte daran, daß Schiller noch zu Zeiten seiner „Verschwörung des Fiesko zu Genua“ (1783) den Zufall „streng“ aus seinem Drama herausgehalten hatte, und der anonyme Verfasser fragte sich, warum er zuletzt in Schillers dramatischer Welt dann doch von so großem „Einfluß“ war? Er antwortete sich selbst: „Weil er in seiner jetzigen Welt *notwendig* war. Eigentlich verdient aber, was man Zufall bei ihm genannt hat, so wenig diesen Namen, als vielleicht irgendein Ereignis in der wirklichen Welt: denn sein Zufall ist immer Werk der Freiheit, nur plötzlich und unvermutet eintretend, aber *zu des Lebens Drang* durchaus gehörig [...] – nur aus diesem Gesichtspunkt erscheinen diese Kunstwerke als das was sie sind, – nicht eigentlich *ethische*, sondern *Schicksalstragödien.* Hätten auch nie Griechen existiert, Schiller, als *philosophischer* Dichter, würde doch keine andern als Schicksalstragödien gedichtet haben.“ Doch handle es sich nicht „um *das Schicksal der Alten* [...]. Schiller verstand im Grunde darunter bloß *die äußern Umstände, als bestimmende Bedingungen* [...]; dies ist ihm *des Lebens Drang. Bedingung*, nicht *Zwang*; der Charakter *kann* also immer noch Freiheit behaupten. Tut er

45 Hegel, Georg Wilhelm Friedrich: Werke, Bd. 1–20. Hg. v. Eva Moldenhauer und Karl Markus Michel. Frankfurt a. M. 1971–1986, hier Bd. 1 (Frühe Schriften, 1971), 618–620.

46 Oellers, Norbert (Hg.): Schiller – Zeitgenosse aller Epochen. Dokumente zur Wirkungsgeschichte Schillers in Deutschland, Teil 1–2. Frankfurt a. M. 1970, hier Teil 1: 1782–1859, 185 [Hervorhebung im Original].

es, so gibt es einen wirklichen Helden, für das Leben, wie für die Bühne: [...] tut er es nicht, dann freilich ist er dem Verhängnis verfallen, eine Beute des Schicksals [...]. Leider befinden sich die meisten der Sterblichen auf dieser Seite, ohne es zu wissen."[47]

Auch Schillers Wallenstein befindet sich auf dieser Seite, ohne es zu wissen. Seine persönliche Tragik besteht darin, sich für autonom zu halten, es aber nicht zu sein und die „feindliche Zusammenkunft der Dinge" („Wallensteins Tod" IV/8, V. 2875) nicht zu erkennen, dadurch aber kurzfristig eine „fantastische Zuversicht"[48] zu entwickeln. Trotzdem aber handelt Wallenstein nicht. Diese von vielen Kritikern beklagte Passivität, die ihn einerseits mit Johann Wolfgang Goethes „Egmont" (1788), andererseits mit Georg Büchners „Danton's Tod" (1835) verbindet,[49] macht ihn zu einem Charakter, wie er häufiger in der modernen Epik, das heißt im Roman begegnet.[50] Daß er damit eigentlich undramatisch ist, hatten viele Rezensenten beklagt. Nun gehört es aber zum Wesen der modernen, entgötterten Welt, daß Subjekt und Objekt im dazugehörigen, untragischen Drama zusammenfallen, wie Georg Lukács meinte,[51] beziehungsweise daß „das Ich mit dem Schicksal in Deckung" käme, wie es bei Ernst Bloch heißt.[52] Nichts anderes wollte Schillers Nachrufer ausdrücken, wenn er davon sprach, daß der Zufall als bestimmende Bedingung in der modernen Welt den Zwang oder die schicksalhafte Notwendigkeit nicht nur abgelöst, sondern nachgerade ersetzt habe, so daß man eigentlich gar nicht mehr von Zufall sprechen könne. In der modernen Tragödie sei der Zufall „nirgends oder überall", meinte Bloch in Anlehnung an Lukács und erklärte das Schicksal zur Begegnung mit sich selbst am Andern.[53]

47 Ebd., 195 [Hervorhebungen im Original].

48 Allgemeine Literatur-Zeitung, 30.–31. Januar 1801. Zit. nach Schiller: Werke und Briefe, Bd. 4, 932.

49 Vgl. Koenig, Otto: Dantons Tod (1921). In: Goltschnigg, Dietmar (Hg.): Georg Büchner und die Moderne, Bd. 1–3, Berlin 2001–2004, hier Bd. 1: 1875–1945, 386–389, hier 387. Koenig betont die „Passivität des Helden" bei Goethe und Büchner, die in Dantons Fall einhergeht mit einer leichtsinnigen Lebensmüdigkeit, die auch ein Rezensent an Schillers Wallenstein hervorhob: Wie den Helden „gegen den Schluß, da wo das Verderben schon unabwendbar den Unglücklichen umringt", der „Ueberdruß am Leben" heimsucht, sei „sehr schön", in: Allgemeine Literatur-Zeitung 1801. Zit. nach Schiller: Werke und Briefe, Bd. 4, 931.

50 Vgl. Lukács, Georg: Die Theorie des Romans. Ein geschichtsphilosophischer Versuch über die Formen der großen Epik (1914/16). Darmstadt/Neuwied 1971, 78.

51 Ebd., 40.

52 Bloch, Ernst: Gesamtausgabe, Bd. 1–16. Frankfurt a. M. 1959–1978, hier Bd. 3: Geist der Utopie. Bearbeitete Neuauflage der zweiten Fassung von 1923, 276.

53 Ebd., 275.

Dieses „Problematischwerden von Held und Schicksal"[54] zeichnet nun schon Schillers „Wallenstein" aus, und dies gehört zu dem Neuen, das die zeitgenössischen Rezensenten mehr umkreisten als benannten. Zu dieser Problematik gehört die, abermals mit Lukács gesprochen, „transzendentale Obdachlosigkeit" des Individuums und die damit korrelierende Kontingenz der Welt.[55] Daß Wallenstein „gottlos" ist, hatte im ersten Teil der Trilogie der Kapuziner bereits ganz richtig bemerkt („Wallensteins Lager" I/8, V. 604), und sein Beschwören der Sterne, sein Glauben an die Astrologie, ist eben nur ein – und wie das Stück zeigt – untauglicher Versuch, die Kontingenz zu bannen.

In dieser Hinsicht trifft sich Wallenstein mit einem anderen, eminent modernen Charaktertypus, dem Spieler; und zwar nicht dem ästhetischen Spieler in Schillers Verständnis, sondern dem Hasardeur oder Glücksspieler.[56] Dieser vertraut sein Schicksal der Karte oder dem Würfel, jedenfalls aber dem Zufall an. Und wie der Spieler glaubt auch Schillers Wallenstein, den Zufall beherrschen zu können, weil er sich nicht vorstellen kann, daß es keine höhere Macht gibt, „die mit dem Zufall vertraut oder vielmehr das selbst ist, was wir Zufall nennen", wie es in E. T. A. Hoffmanns bekannter Erzählung „Spielerglück" (1818) heißt.[57] Aber Wallensteins Sterne trügen,[58] so wie seine Selbstvergottung nichtig ist.[59]

Insofern steht Schillers Wallenstein nicht für den Zauderer, den Verräter, den deutschen Denker – sondern für den modernen Menschen überhaupt, transzendental unbehaust, dem Spiel des Zufalls preisgegeben, gleichwohl ver-

---

54 Lukács: Theorie des Romans, 31.

55 Ebd., 32 und 67.

56 Von Wallenstein wird gesagt („Wallensteins Tod" IV/8, V. 2853–2858): „Ein großer Rechenkünstler war der Fürst / Von jeher, alles wußt er zu berechnen, / Die Menschen wußt er, gleich des Brettspiels Steinen, / Nach seinem Zweck zu setzen und zu schieben, / Nicht Anstand nahm er, andrer Ehr und Würde / Und guten Ruf zu würfeln und zu spielen." Dies seien alles „Fehler" (V. 2863), wird ausdrücklich festgestellt; und am Ende wird sich Wallensteins „Kalkul" tatsächlich als „irrig" (V. 2860) herausstellen.

57 Hoffmann, E[rnst] T[heodor] A[madeus]: Die Serapions-Brüder. Nach dem Text der Erstausgabe unter Hinzuziehung der Ausgaben v. Carl Georg von Maasen und Georg Ellinger, mit einem Nachwort v. Walter Müller-Seidel und Anmerkungen v. Wulf Segebrecht. Darmstadt 1985, 720.

58 Vgl. Hettner: Schriften zur Literatur, 111: „Wallenstein geht zugrunde, weil alles wider und ohne Rücksicht auf Sternenlauf und Schicksal geschieht."

59 Wallenstein diene nicht dem christlichen Gnadengott, sondern allein dem Trieb seines eigenen Herzens, wirft ihm Max Piccolomini vor („Wallensteins Tod" III/18, V. 2090, 2093); seine Soldaten glauben, seine Göttin sei Bellona (vgl. „Wallensteins Lager" I/7, V. 452: „Kriegsgöttin") bzw. Fortuna" (ebd., V. 421 bzw. I/11, V. 715); er selbst behauptet, seine Göttin sei die „Hoffnung" („Wallensteins Tod" V/4, V. 3561).

suchend, ihn zu lenken. Er demonstriert die „Ohnmacht des Mächtigen".[60] Anders aber als seine Verwandten Egmont und Danton, die um ihre und aller Menschen Ohnmacht wissen,[61] hat Wallenstein kein Bewußtsein davon, daß es mit der Autonomie des Einzelnen, mit seinem „freyen Willen"[62], nicht weit her ist. Er hält sich mit seiner Schwägerin für einen „Riesengeist, der nur *sich* gehorcht" („Wallensteins Tod" I/7, V. 589, Hervorhebung im Original) und ist doch nur ein Spielball der „Umstände", wie es bei Ludwig Tieck heißt, der es noch 1823 für einen Fehler hielt, daß der Protagonist keine „Selbständigkeit" besitze und sich nicht aufbäume, während er „seinem Untergang entgegengetrieben" werde.[63]

Garlieb Merkel fand schon das Ende des historischen Wallenstein sehr undramatisch, weil es den von Tieck vermißten „Kampf" mit „Hindernissen" nicht gab. Wallenstein „ging ebenen Wegs zu seinem Ziele hin, und wenn er dieses nicht erreichte, so kam es nur daher, weil ein fremder Plan den seinigen durchschnitt und diesen in dem Augenblicke des Zusammentreffens vernichtete. Er wollte sich mit den Schweden vereinigen und marschierte ihnen ungehindert entgegen. Der Kaiserliche Hof fand für gut, ihn ermorden zu lassen,

60 So Wolfgang Schadewaldt in einem Kommentar zu Hansgünther Heymes Kölner „Wallenstein" (1969), einer Inszenierung, die ihn „zum ersten mal" von dem Stück „überzeugt" hätte. In: Schiller/Heyme: Wallenstein. Regiebuch der Kölner Inszenierung. Hg. v. Volker Canaris. Frankfurt a. M. 1970, 145.

61 „Egmont" II/2: „Wie von unsichtbaren Geistern gepeitscht, gehen die Sonnenpferde der Zeit mit unsers Schicksals leichtem Wagen durch; und uns bleibt nichts, als mutig gefaßt die Zügel festzuhalten, und bald rechts, bald links, vom Steine hier, vom Sturze da, die Räder wegzulenken. Wohin es geht, wer weiß es? Erinnert er sich doch kaum, woher er kam." Goethe, Johann Wolfgang: Werke. Hamburger Ausgabe, Bd. 1–14. Hg. v. Erich Trunz. Neubearbeitung. München 1981, hier Bd. 4, 400f. – „Dantons Tod" II/5: „ich träumte [...]: Unter mir keuchte die Erdkugel in ihrem Schwung, ich hatte sie wie ein wildes Roß gepackt, mit riesigen Gliedern wühlt' ich in ihrer Mähne und preßt' ich ihre Rippen, das Haupt abwärts gebückt, die Haare flatternd über dem Abgrund. So ward ich geschleift. [...] Puppen sind wir von unbekannten Gewalten am Draht gezogen; nichts, nichts wir selbst!" Büchner, Georg: Sämtliche Werke und Schriften. Historisch-kritische Ausgabe mit Quellendokumentation und Kommentar. Marburger Ausgabe, bisher Bd. 1–9. Hg. v. Burghard Dedner u. a. Darmstadt 2000ff., hier Bd. 3/2: Danton's Tod. Text, Editionsbericht, 41.

62 Leipziger Jahrbuch der neuesten Literatur, 26.–27. Januar 1801. Zit. nach Schiller: Werke und Briefe, Bd. 4, 913.

63 Tieck: Dramaturgische Blätter, Bd. 1,63; ders.: Kritische Schriften, Bd. 3, 47. Schillers Freund Körner allerdings „befriedigt[e]" der „Charakter des Wallenstein [...] vollkommen"; besonders „im Kampfe mit dem Schicksale erscheint er im glänzendsten Lichte. Unerschütterlicher Muth ist mit Weichheit gemischt" usw. Brief vom 9.–13. April 1799. Zit. nach Schiller: Werke und Briefe, Bd. 4, 714.

sandte den Befehl dazu, und es geschah ebenso ungehindert. Hier ist keine Ungewißheit, kein Kampf widerstrebender Kräfte."[64]

Schiller nun habe sich, so Ernst Brandes, „so viel, als möglich, an die Geschichte gehalten",[65] so daß das Drama um keinen Deut interessanter ausfiel. „Poetisch" befriedigend sei das nicht, merkte der Jenaer Anonymus 1801 an, und dem Protagonisten komme man auch „menschlich" nicht „näher", wie es der „Prolog" zur Trilogie verheiße.[66]

Statt dessen mutet das Stück einem die moderne Einsicht in die Sinnlosigkeit der Existenz zu. Das gefiel nur den wenigsten Zeitgenossen. Am Ende herrsche die Negativität, stellte Ludwig Tieck fest: „Verachtung" historischer „Herrlichkeit, Zweifel an aller Größe und Kraft des Charakters" seien die dominanten Gefühle.[67] Aus diesem Stück könne „man nicht mit erleichterter Brust springen", klagte Hegel.[68] Das ist wohl wahr. Und das war neu.

Ob Schiller selbst genau verstanden hat, was er da gemacht hatte, weiß ich nicht. Schließlich ist „bekannt, daß literarische Gestalten den Autoren zuweilen ins Selbständige zu entwachsen pflegen."[69] Man kann aber, jedenfalls wenn man nicht mit Schillers Freund Körner den „Dichter *selbst*" für „allemal die letzte Instanz" hält,[70] über die unmittelbaren Rezeptionszeugnisse – trotz der Richtungslosigkeit der literarischen Kritik außerhalb des romantischen Kreises, von der Norbert Oellers sprach[71] – dem Text näher kommen, als wenn man gängige produktionsästhetische Fragestellungen verfolgt[72] oder gar Dichterexegese betreibt.

64 Merkel: Freimütiges, 327.

65 Göttingische gelehrte Anzeigen, 11. August 1800. Zit. nach Schiller: Werke und Briefe, Bd. 4, 906.

66 Allgemeine Literatur-Zeitung, 30.–31. Januar 1801. Zit. nach Schiller: Werke und Briefe, Bd. 4, 927; vgl. „Prolog" zur Wallenstein-Trilogie, V. 105.

67 Tieck: Dramaturgische Blätter, Bd. 1, 66; ders.: Kritische Schriften, Bd. 3, 49.

68 Hegel: Werke, Bd. 1, 620.

69 Schulz: Schillers „Wallenstein" zwischen den Zeiten, 119.

70 Brief an Schiller, 16. Januar 1800. Zit. nach Schiller: Werke und Briefe, Bd. 4, 732 [Hervorhebung im Original].

71 Oellers, Norbert: Schiller. Geschichte seiner Wirkung bis zu Goethes Tod. 1805–1832. Bonn 1967, X, 174f.

72 Vgl. etwa Rainer Godel: Schillers „Wallenstein"-Trilogie. Eine produktionstheoretische Analyse. St. Ingbert 1999, 331–337, wo unmittelbare Rezeptionszeugnisse stets mit Schillers Reaktionen darauf abgeglichen werden.

Johannes Süßmann

Wallenstein in der deutschsprachigen Erzählliteratur des 19. und 20. Jahrhunderts

Unter den vielen Arten von Quellen, mit denen Historiker gewöhnlich arbeiten, kommen Romane und Erzählungen kaum vor. In den einschlägigen Quellenkunden gibt es keine Abschnitte über sie, in den Einführungen in das geschichtswissenschaftliche Arbeiten sucht man sie vergebens. Selbst Johann Gustav Droysen, der das geschichtliche Material doch im umfassendsten Sinne versteht und unter den Überresten auch die „Gedanken und ihre[n] sprachlichen und literarischen Ausdruc[k]" anführt, nennt zwar „die Literatur der Völker, ihre wissenschaftlichen Arbeiten, ihre Kunstgestaltungen, religiösen, philosophischen Gesamtanschauungen", spricht aber nur über Epik und Lyrik.[1] Erzählliteratur in Prosa wird nicht erwähnt.

1 Droysen, Johann Gustav: Historik. Historisch-kritische Ausgabe, Bd. 1. Hg. v. Peter Leyh, Stuttgart/Bad Cannstatt 1977, 76. Zu überlegen ist allerdings, ob man nicht Droysens Ausführungen zu den „subjektiven" Quellen auch auf die Erzählliteratur beziehen könnte. Droysen selbst nennt als Beispiel für solche Quellen, in denen die Auffassung wichtiger ist als der Sachverhalt, „historische Lieder, welche namentlich vor der Zeit des Buchdrucks recht eigentlich die öffentliche Meinung vertraten" (ebd., 91, Sperrung im Original). Charakteristisch für diese Art von Quellen sei die „Kontemplation, welche sich den Fragen ihrer Gegenwart zuwendet, um sie aus der historischen Gesamtauffassung zu erläutern, die hochpolitische Beurteilung von ethischen, patriotischen Gesichtspunkten aus" (ebd., 93). Wenn man die Erzählliteratur zu dieser Art von historischem Material rechnet, gilt für ihren Quellenwert, was Droysen in dem Abschnitt über ‚Das Diakritische Verfahren' zur richtigen Fragestellung im Hinblick auf Sagen und Mythen klarstellt: Nicht nach der historischen Richtigkeit der erzählten Sachverhalte dürfe man bei diesen Quellen fragen, sondern nach ihrer Wahrheit „in dem, was die Völker von ihrer Vorge[schich]te selbst geglaubt" hätten (ebd., 133). Vgl. Ernst Bernheim über den Quellenwert der Sage: „Ist so durch die kritische Erkenntnis des Charakters der Sage ein guter Teil früher gültigen Quellenmaterials hinfällig geworden, so hat man durch dieselbe Erkenntnis doch in anderer Weise in der Sage ein früher ungeahntes Quellenmaterial neu gewonnen, indem man gelernt hat, sie als Überrest des schaffenden Volksgeistes anzusehen und zu verwerten. Wenn man sie so betrachtet, gewinnt sie einen ganz anderen Charakter: unentstellt bezeugt sie uns, wie die Menschen einer bestimmten Zeit sich ihre Vergangenheit dachten, wie sie geschichtliche Ereignisse und Persönlichkeiten auffaßten und wiedergaben; wir sehen, welchen Eindruck das Geschehene im Bewußtsein der Völker hinterlassen hat, wir erfahren die Ansichten des Volkes oder einzelner Kreise über Vorgänge, Einrichtungen und Persön-

Woher diese Abstinenz rührt, wäre einen eigenen Beitrag wert. Darin hätte man sich mit der heute vermutlich rasch geäußerten Unterstellung auseinanderzusetzen, das Nicht-Verhältnis deute auf Verdrängung hin. Postmoderne Literaturtheoretiker wie Hayden White würden argumentieren, im Haus des Gehenkten rede man nicht vom Strick, soll heißen: Die Geschichtswissenschaft schlage deshalb einen so großen Bogen um den Roman, weil sie in ihm der verleugneten Wahrheit über sich selbst begegne, den Prinzipien der subjektiven literarischen Gestaltung und Fiktion.[2] Gerade wenn man das für eine unzulässige Verkürzung hält, hätte man das Schweigen anders zu erklären. Vielleicht hat die Geschichtswissenschaft sich bloß bis vor wenigen Jahren nicht für die Themen interessiert, über die aus der Erzählliteratur etwas zu erfahren ist?

Daß sich daran etwas ändert, zeigen Konzeption und Zuschnitt des vorliegenden Bandes. Hier werden neben der Geschichtsschreibung auch das Geschichtsdrama, die Erzählliteratur und die Geschichtspublizistik untersucht. Da dies noch keineswegs selbstverständlich ist, scheint es sinnvoll, eine Untersuchung über Wallenstein in der deutschsprachigen Erzählliteratur des 19. und 20. Jahrhunderts mit einer methodischen Vorüberlegung zu beginnen. Das heißt, im ersten Teil dieses Beitrags soll zunächst Heuristik betrieben und geklärt werden: Um welche Art von Auskunftsmittel handelt es sich bei Erzählliteratur eigentlich? Welche geschichtswissenschaftlichen Fragen lassen

lichkeiten und können daraus die politischen, religiösen, wissenschaftlichen Ansichten des Volkes oder der betreffenden Kreise selber erschließen, wir erkennen die merkwürdigen Wandlungen in den Anschauungen der Generationen und der Kulturen." Bernheim, Ernst: Lehrbuch der Historischen Methode und der Geschichtsphilosophie. Mit Nachweis der wichtigsten Quellen und Hilfsmittel zum Studium der Geschichte. Leipzig [6]1908 [[1]1889], 503f. (Sperrung im Original). Bernheim hat zuvor darauf hingewiesen, daß es bis in die jüngste Zeit eine Wechselwirkung von Sage und Dichtung gibt, „wie z. B. bei der Tellsage nach deren Dramatisierung durch Schiller" (ebd., 501). Aus Wolf, Gustav: Einführung in das Studium der neueren Geschichte. Berlin 1910, sind solche Überlegungen verschwunden. Weder die Erzählliteratur noch Sage oder Dichtung kommen in seiner monumentalen Quellenkunde vor. Denn für die neuere Geschichte, auf die Wolf sich, anders als Droysen und Bernheim, konzentriert, lägen ausreichend historiographische Traditionsquellen, vor allem aber Urkunden und Akten vor (ebd., 27). Rechnet man den Befund aus diesen drei Stichproben hoch, so läßt sich festhalten, daß die Erzählliteratur in den einschlägigen Einführungen und Quellenkunden zwar nirgendwo ausdrücklich erörtert wurde; daß es bei den Historikern des 19. Jahrhunderts aber aufgrund ihres weiten Horizonts Überlegungen zu Sage und Dichtung gab, die man auf die fiktionale Prosaerzählung übertragen könnte; daß dieses quellenkritische Bewußtsein im 20. Jahrhundert allerdings im Zuge der Herausbildung einer spezialisierten Neuzeit-Historie weithin verlorengegangen ist.

2 White, Hayden: Auch Klio dichtet oder Die Fiktion des Faktischen. Studien zur Tropologie des historischen Diskurses. Stuttgart 1986; ders.: Metahistory. Die historische Einbildungskraft im 19. Jahrhundert in Europa. Frankfurt a. M. 1991.

sich daran stellen, welche nicht? Und wie ist der Gegenstand beschaffen, zu dem Historiker aus ihnen Auskunft erhalten? Im zweiten Teil des Beitrags wird das Quellenkorpus vorgestellt und aus dem äußerlichen Befund eine erste These abgeleitet. Im dritten Teil sollen dann einige der Themen analysiert werden, die in der Erzählliteratur anhand von Wallenstein verhandelt werden.

I. Gegenstandsbestimmung und Erarbeitung der Fragestellung

Worüber erfahren wir etwas, wenn in einem Roman der Name Wallenstein fällt? Geäußert haben sich zu dieser Frage bislang vornehmlich Literaturwissenschaftler. Und deren Meinungen sind geteilt. Bei vielen stößt man auf die Vorstellung, die Geschichtsdichtung sei ein „realistisches" Genre, das sich, selbst wenn es mit Erfindungen arbeite, auf das historische Geschehen beziehe. So schreibt Elisabeth Frenzel in ihrem Handbuch „Stoffe der Weltliteratur" im Artikel ‚Wallenstein': „Für die Dichtung bildet die vom Historiker gelassene Lücke den Spielraum zu subjektiver Stoffentfaltung; auch für den dichterischen Bearbeiter liegt die Aufgabe weniger in der Verknüpfung von Ereignissen als in der Enträtselung des Charakters."[3]

Damit wird zweierlei vorausgesetzt: Der Dichter erfindet (er schreibt Fiktionen), aber in der Geschichtsdichtung ist das Erfinden auf doppelte Weise beschränkt. Erstens darf es nur die „vom Historiker gelassene Lücke" ausfüllen, soll heißen: Der Historiker gibt Auskunft über die Fakten, die Fakten stehen fest und sind vom Geschichtsdichter zu respektieren. Zweitens dient die dichterische Erfindung „der Enträtselung des Charakters". Offenbar steht also auch der Charakter Wallensteins fest, und dieser historische Gegenstand ist es, den die Geschichtsdichtung mit ihren Mitteln zu erschließen hat. Gemeint sind dabei wohl psychologische Einfühlung und Spekulation, derer die faktographischen Historiker sich zu enthalten haben.

Diese Annahmen sind folgenreich. Denn zum einen macht die doppelte Beschränkung aus den Geschichtsdichtern eine Art Hilfs- oder Pioniertruppe der Historiker. Die Dichter werden in die Abgründe geschichtlicher Charaktere oder den Treibsand irrationaler Einfühlung vorgeschickt,[4] auf ein Terrain

3 Frenzel, Elisabeth: Art. Wallenstein. In: dies.: Stoffe der Weltliteratur. Ein Lexikon dichtungsgeschichtlicher Längsschnitte. Stuttgart ³1970 [¹1962], 766–769, hier 767.

4 Sommer, Charlotte: Die dichterische Gestaltung des Wallenstein-Stoffes seit Schiller. Phil. Diss. Breslau 1923, 6: Schillers „intuitive Erfassung dieser Persönlichkeit wies wiederum der Geschichtsforschung neue Wege und wurde von ihren Ergebnissen bis zu einem gewissen Grade bestätigt".

also, das die Historiker meiden, obwohl sie es sind, die es abstecken. Unweigerlich läuft dieses Verständnis von Geschichtsdichtung auf Fremdbestimmung hinaus. Es macht die Geschichtsdichtung zu einem unselbständigen Genre. Kein Wunder, daß viele Historiker diese Vorstellung übernahmen und von ihr aus gerade im Hinblick auf Wallenstein das Geschichtsdrama Schillers in den höchsten Tönen lobten, so zum Beispiel Wilhelm Dilthey, der es „historischer als die Geschichte" nannte,[5] Josef Pekař, der es „wahrhaftiger und wirklichkeitsnäher" fand als die meisten wissenschaftlichen Darstellungen,[6] oder Heinrich von Srbik, der es als „große geschichtswissenschaftliche Tat" bezeichnete.[7] Stets galt solches Lob der Vollendung einer Aufgabe, die den Historikern die Definitionsgewalt vorbehielt.[8]

Zum andern beruht dieser Begriff von Geschichtsdichtung auf der Vorstellung, Geschichte sei etwas Gegebenes, Vorfindliches, Fertiges und eindeutig von den Erfindungen zu unterscheiden, die den Dichtern zugewiesen werden. Das heißt, der Ansatz setzt die Opposition von Fakten und Fiktionen voraus. Dies aber ist eine Gegenüberstellung, die für die Moderne nicht trägt. Seit der erkenntniskritischen Wende um 1800 beschränken schon in der Theorie weder die Historiker sich auf bloße Faktographie noch die Romanautoren auf das Phantasieren.[9] Vielmehr sind auch die Texte, die Historiker schreiben, durchzogen von Hypothesen, Idealtypen, Theorien, Mutmaßungen, Schlußfolgerungen; von selbstverfertigten ‚Gebilden' also; von ‚Gemachtem' und

5 Dilthey, Wilhelm: Schiller. In: ders.: ‚Dichter als Seher der Menschheit'. Die geplante Sammlung literarhistorischer Aufsätze von 1895. Hg. v. Gabriele Malsch. Göttingen 2006, 170–198, hier 198.

6 Pekař, Josef: Wallenstein 1630–1634. Tragödie einer Verschwörung, Bd. 1–2. Berlin 1937, hier Bd. 1, 25f.

7 Srbik, Heinrich von: Geist und Geschichte vom deutschen Humanismus bis zur Gegenwart, Bd. 1. München/Salzburg ^{3}1964 [^{1}1950], 156.

8 Anders Theodor Schieder, der „die Verwirrung der Begriffe und Maßstäbe" rügt und ausdrücklich auf der Differenz zwischen der „poetischen Wahrheit" des Dramas und der „historischen Wahrheit" der Geschichtswissenschaft beharrt. „Insofern sollte man das Wort von Schillers geschichtswissenschaftlicher Leistung in der Wallenstein-Trilogie nicht nachsprechen." Schieder, Theodor: Schiller als Historiker. In: Historische Zeitschrift 190 (1960) 31–54, hier 52f. Dieser Einspruch richtet sich, ohne es zu deutlich auszusprechen, gegen Golo Mann, der, wie Schieder eingangs erwähnt, Dilthey und Srbik noch „in den jüngsten Tagen" gefolgt sei (ebd., 34). Ein Nachweis fehlt. Gemeint sein kann aber nur Mann, Golo: Schiller als Geschichtsschreiber [1959]. In: ders.: Geschichte und Geschichten. Frankfurt a. M. 1961, 63–84, hier 82. Zu Golo Mann vgl. ferner den Beitrag von Hans-Christof Kraus in diesem Band.

9 Süßmann, Johannes: Geschichtsschreibung oder Roman? Zur Konstitutionslogik von Geschichtserzählungen zwischen Schiller und Ranke (1780–1824). Stuttgart 2000, 70–74, 77–84, 193–197, 199–215.

schöpferisch ‚Ausgedachtem' – eben dies bedeutet der Begriff „Fiktion" (von lateinisch fingere = formen, gestalten, auch entwerfen, sich vorstellen und schließlich ersinnen) in der Grundbedeutung. Sobald die Historie mehr sein will als bloße Beschreibung des Geschehenen, sobald sie Wissenschaft werden und Erkenntnisse generieren will, benötigt sie einen ganzen Apparat von solchen, nennen wir sie: heuristischen Fiktionen. Denn dann ist die Historie auf das Verfertigen von Vorstellungen, Begriffen und Theorien angewiesen. Um zu forschen, ist Schöpfertum konstitutiv.

Auf der anderen Seite lassen auch die Romanautoren sich nicht in das Gehege des Phantastischen sperren, auf das jener Literaturbegriff sie tendenziell beschränkt. Namen von realen Schauplätzen und Personen tauchen in Romanen auf, Beschreibungen, die Wiedererkennbarkeit und Überprüfbarkeit ermöglichen, Zitate aus anerkannten Darstellungen, dokumentarisches Material – Fakten, Auskunftsmittel und Quellen also. Und nicht nur solche intertextuellen Verweise werden in Romane eingebaut, sondern damit auch die Redeweisen über wirklich Geschehenes. Ein Extrem erreicht diese Tendenz beispielsweise in Walter Kempowskis „Echolot".[10] Der Text dieses Werks stammt allein aus vorgefundenen Briefen, Tagebüchern, Proklamationen, Rundfunkmeldungen und anderem Material, das vom Autor lediglich segmentiert und neu kombiniert wurde. Der Anteil der Erfindung ist also gleich Null. Trotzdem hat der Text Kunstcharakter, macht die Montage ihn zu einem autoreferentiellen, eigengesetzlichen Werk.

Diese Überlegungen zeigen: Spätestens seit 1800 taugt die Entgegenstellung von Fakten und Fiktionen nicht mehr, um einen brauchbaren Begriff der Geschichtsdichtung darauf zu gründen. Wer nach Alternativen fragt, stellt fest, es hat in der Literaturtheorie immer schon noch einen anderen Ansatz gegeben. Verfochten wird er etwa von Lessing, der in der „Hamburgischen Dramaturgie" schreibt: „der dramatische Dichter ist kein Geschichtsschreiber: er erzählt nicht, was man ehedem geglaubt, daß es geschehen, sondern läßt es vor unsern Augen nochmals geschehen; und läßt es nochmals geschehen, nicht bloß der historischen Wahrheit wegen, sondern in einer ganz andern und höhern Absicht; die historische Wahrheit ist nicht sein Zweck, sondern nur das Mittel zu seinem Zwecke; er will uns täuschen, und durch die Täuschung rühren."[11]

---

10 Kempowski, Walter: Das Echolot. Ein kollektives Tagebuch, Bd. 1–7. München 1993–2005.

11 Lessing, Gotthold Ephraim: Hamburgische Dramaturgie. In: ders.: Werke. Hg. v. Herbert G. Göpfert, Bd. 4: Dramaturgische Schriften. Bearb. v. Karl Eibl. München 1973, 229–720, hier 281f.; vgl. dazu ausführlich Süßmann: Geschichtsschreibung, 120–127.

Lessing argumentiert in der voraussetzungsreichen Sprache der traditionellen Poetik. Was „Rührung“ bedeutet, ist erläuterungsbedürftig und müßte heute selbst wieder übersetzt werden. Hier kommt es allein auf die Feststellung an: Die Dichtung hat Lessing zufolge einen eigenen Zweck, und für diese „ganz ander[e] und höher[e] Absicht“ instrumentalisiert sie den Geschichtsbezug. Sie benutzt ihn lediglich als Mittel, statt auf ihn zu zielen. Lessings Ansatz läuft auf eine Autonomieästhetik hinaus, denn er macht die Dichtung unabhängig von fremden Vorgaben wie der Verpflichtung auf die historische Wahrheit.[12] Vor allem aber bestimmt er das Verhältnis von Geschichte und Dichtung nicht vom Gegenstand her, sondern über den pragmatischen Zweck, der den Texten einbeschrieben ist. Dieser wird darin gesehen, daß die Dichtung ihre Rezipienten täuscht – aus welchem Grund auch immer. Im Fall der Geschichtsdichtung erfolgt die Täuschung mit Hilfe der Geschichte.

Das ist die Pointe, auf die dieser Ansatz hinausläuft: Der Geschichtsbezug der Dichtung (und damit auch der auf Geschichte bezogenen Erzählliteratur)[13]

---

12 Der Dramatiker, sagt Lessing, brauche sich um die historische Wahrheit nur insofern zu kümmern, „als sie einer wohleingerichteten Fabel ähnlich ist, mit der er seine Absichten verbinden kann“ (Lessing: Hamburgische Dramaturgie, 317). Wo sie das nicht ist, gehe die Eigengesetzlichkeit der Fabel vor, dürfe der Dichter „die Facta nach seinem Gutdünken verändern“ (ebd., 384). Ebenso brauchten ihn bei der Wahl von historischen Charakteren nur die bekannten Hauptzüge ihrer Persönlichkeit zu interessieren. Die genaue Ausgestaltung unterliege der Eigengesetzlichkeit des Psychologischen, für die der Dichter das tatsächlich Geschehene zugunsten des Erfundenen verlassen dürfe (ebd., 653). Mit einem Wort: Der Dichter ist „Herr über die Geschichte“. Ders.: Briefe die neueste Literatur betreffend 1759–1765. In: ders.: Werke. Hg. v. Herbert G. Göpfert, Bd. 5: Literaturkritik, Poetik und Philologie. Bearb. v. Jörg Schönert. München 1973, 30–329, hier 207.

13 Einige Literaturwissenschaftler sind der Meinung, dies treffe nur für einen Teil der Schönen Literatur zu – für denjenigen, der sich als große Dichtung von allen stofflichen Vorgaben emanzipiert, also auch gegenüber der Historie autonomisiert habe. Deshalb machen diese Literaturwissenschaftler einen qualitativen Unterschied entweder zwischen dem angeblich autonomen Geschichtsdrama und dem vermeintlich heteronomen Geschichtsroman. Oder sie verlegen den Unterschied in die Erzählliteratur und unterscheiden zwischen dem gewöhnlichen, angeblich heteronomen historischen Roman und dem „anderen“, soll heißen: autonomen historischen Roman. Vgl. Geppert, Hans Vilmar: Der ‚andere‘ historische Roman. Theorie und Strukturen einer diskontinuierlichen Gattung. Tübingen 1976. Diese Entgegenstellungen kranken freilich daran, daß sie die Bestimmung der Geschichtsdichtung als eines besonderen Genres vermischen mit normativen Ansprüchen an (autonome) Dichtung schlechthin. Immer gilt, was sie sagen, nur für einen Teil der Geschichtsdichtung, der zur „eigentlichen“ oder „wahren“ erklärt wird, während man die große Masse der Texte als unzureichend oder trivial aus der Betrachtung ausschließt (dazu ausführlich Süßmann: Geschichtsschreibung, 113–142). Als Literaturwissenschaftler mag man so mit seinen Quellen umgehen können, als Historiker darf man es nicht. Empirische Begriffsbildung hat sich an den Quellenbefunden zu orientie-

ist Trug. Er ist das Mittel zur Erzeugung eines literarischen Scheins, der eigenen Zwecken dient. Konkret: Wenn in einem Roman eine Figur auftaucht, die „Wallenstein“ genannt wird, ist dies nicht auf den historischen Wallenstein zu beziehen.[14]

Wir können diese Einsicht in der Sprache der modernen Literaturtheorie reformulieren. An die Stelle der Opposition von Fakten und Fiktionen tritt die Gegenüberstellung von Referentialität und Fiktionalität.[15] Referentialität meint, daß eine Äußerung durch sprachliche Zeichen wie zum Beispiel Eigennamen auf etwas außerhalb des Textes verweist. Für die Historie ist solche Referentialität verbindlich. Als empirische Wissenschaft beansprucht sie, wahre Aussagen über Sachverhalte außerhalb ihrer Texte zu machen, etwa über das geschichtliche Gewordensein der eigenen Gegenwart. Deshalb akzeptiert sie,

---

ren, nicht umgekehrt. Ausgehend von den literaturtheoretischen Diskussionen des späten 18. Jahrhunderts um den damals aufkommenden Begriff des „historischen Romans“ hat der Verfasser deshalb vorgeschlagen, die Begriffe der „Geschichtsdichtung“ bzw. spezieller des „Geschichtsromans“ nicht wertend zu gebrauchen, sondern als Sammelbezeichnungen für alle Texte, die das Spannungsverhältnis zwischen Geschichtsbezug und poetischer Autoreferenz gestalten, unabhängig davon, auf welche Weise und nach welcher Seite sie es auflösen (ebd., 136f.). Das heißt, der Begriff der Geschichtsdichtung bezeichnet in dieser Verwendung eine bestimmte literarische Problemstellung. Sie läßt zu jeder Zeit unterschiedliche und auch historisch höchst verschiedenartige Lösungen zu: dramatische wie narrative; künstlerische wie unterhaltende; realistische wie phantastische; solche der Aufklärung, des Historismus und der Moderne. Nur das gesamte Spektrum dieser Lösungen ergibt die Geschichte des Genres Geschichtsdichtung. In diesem Sinn wird hier auch der Begriff der Erzählliteratur gebraucht, um sowohl Geschichtsromane als auch Geschichtserzählungen von geringerem Umfang zu bezeichnen.

14 Dieser Ansicht war übrigens auch der erste Literaturtheoretiker überhaupt, Aristoteles – der große Vorläufer, auf den Lessing sich bezieht. Vgl. Aristoteles: Poetik. Hg. v. Arbogast Schmitt. Berlin 2008, 13f.: „Denn ein Historiker und ein Dichter unterscheiden sich nicht darin, dass sie mit oder ohne Versmaß schreiben [...], der Unterschied liegt vielmehr darin, dass der eine darstellt, was geschehen ist, der andere dagegen, was geschehen müsste. Deshalb ist die Dichtung auch philosophischer und bedeutender als die Geschichtsschreibung. Die Dichtung nämlich stellt eher etwas Allgemeines, die Geschichtsschreibung Einzelnes dar. ‚Etwas Allgemeines‘ aber meint, dass es einem bestimmten Charakter mit Wahrscheinlichkeit oder Notwendigkeit zukommt, Bestimmtes zu sagen oder zu tun. Dieses <Allgemeine eines Charakters> versucht die Dichtung darzustellen, die <einzelnen> Namen werden dazugesetzt; ‚Einzelnes‘ meint: das, was Alkibiades getan und was er erlitten hat. [...] Bei der Tragödie [...] hält man sich an die historischen Namen. Dies aber <nur> aus dem Grund, weil das Mögliche glaubwürdig ist, und wir bei dem, was nicht wirklich geschehen ist, noch nicht glauben, dass es möglich ist. Denn es wäre nicht geschehen, wenn es unmöglich wäre.“

15 Zu diesen Begriffen vgl. Genette, Gérard: Fiktion und Diktion. München 1992; Süßmann: Geschichtsschreibung, 122–126.

um die berühmte Formulierung von Reinhart Koselleck aufzugreifen, ein Vetorecht der Quellen.[16] Das heißt, sie setzt ihre Aussagen der Falsifizierbarkeit durch textexterne, referentielle Bezüge aus.

Die Geschichtsdichtung enthält ebenfalls referentielle Aussagen. Aber in ihr werden sie so überformt, daß die Referenz ihre Verbindlichkeit verliert. Das nennt man Fiktionalität. Die Literaturtheoretiker streiten darüber, wie Fiktionalität erzeugt und die Referenz als Schein kenntlich gemacht wird: ob durch sogenannte Fiktionalitätsindizes (wie den Untertitel „Roman"), die den Lesern signalisieren, daß es sich um einen fiktionalen Text handelt;[17] oder ob durch Autoreferenz: durch textinterne Querverweise der sprachlichen Zeichen, die den Lesern klarmachen, hier sind Sprache und Form wichtiger als die Referenz nach außen.[18] Der Streit kann den Experten überlassen bleiben. Festgehalten sei nur: Wir würden die Eigenlogik eines Geschichtsromans schon im Ansatz verfehlen, wenn wir ihn als Aussage über den historischen Wallenstein lesen und als Charakterstudie oder Verständlichmachung eines sonst irrational erscheinenden Handelns interpretieren.

Was statt dessen? Wozu können wir Geschichtsromane dennoch als Auskunftsmittel ansehen? Um es in Lessings Terminologie zu sagen: Wir erfahren, zu welcher Art von Rührung die Wallenstein-Figur eingesetzt worden ist. Allgemeiner formuliert: Wir erfahren etwas über den Gebrauch, den man von der Wallenstein-Geschichte gemacht hat. Dieser kann höchst unterschiedlich sein. Von Unterhaltung reicht das Spektrum über politische Vereinnahmung bis zur künstlerischen Gestaltung allgemein-menschlicher Fragen. Immer aber werden dabei zugleich Geschichtsvorstellungen erzeugt, erzählerisch-anschaulich, emotional, vorbegrifflich, außerwissenschaftlich, so verbreitet wie die Romane selbst. Das macht sie für Historiker interessant. Denn damit tragen sie zu etwas bei, das Guy Marchal „Gebrauchsgeschichte" genannt hat,[19] Herfried Münkler „politische Mythen",[20] Heinrich August Winkler „Geschichtspolitik",[21]

---

16 Koselleck, Reinhart: Standortbindung und Zeitlichkeit. Ein Beitrag zur historiographischen Erschließung der geschichtlichen Welt [1977]. In: ders.: Vergangene Zukunft. Zur Semantik geschichtlicher Zeiten. Frankfurt a. M. ^{3}1984, 176–207, hier 204f.

17 Hamburger, Käte: Die Logik der Dichtung. Stuttgart ^{3}1977 [^{1}1957, ND München 1987].

18 So zuerst Jakobson, Roman: Linguistik und Poetik. In: Blumensath, Heinz (Hg.): Strukturalismus in der Literaturwissenschaft. Köln 1972, 118–147, sowie im Anschluß an ihn die gesamte strukturalistische Literaturtheorie.

19 Marchal, Guy P.: Schweizer Gebrauchsgeschichte. Geschichtsbilder, Mythenbildung und nationale Identität. Basel 2006.

20 Münkler, Herfried: Die Deutschen und ihre Mythen. Berlin 2008.

21 Winkler, Heinrich August (Hg.): Griff nach der Deutungsmacht. Zur Geschichte der Geschichtspolitik in Deutschland. Göttingen 2004.

Etienne François und Hagen Schulze im Anschluß an Pierre Nora „Erinnerungsorte",[22] Jan und Aleida Assmann „Erinnerungskultur",[23] Alfred Heuß „Geschichte als Erinnerung",[24] Jörn Rüsen „Geschichtskultur",[25] Rolf Schörken „Geschichte in der Alltagswelt",[26] Barbara Korte und Sylvia Palatschek Geschichts-„Pop".[27] Diesem Gegenstandsbereich läßt der Geschichtsroman sich zurechnen als ein Medium, das Geschichtsvorstellungen erzeugt, neben anderen Medien wie der Geschichtspublizistik, politischen Reden, Gedenkfeiern, Geschichtsspektakeln, Denkmälern oder heute auch dem Geschichtsfernsehen und Computerspielen.

Entdeckt hat die Historie diesen Gegenstand mit ihrer kulturalistischen Wende in den achtziger Jahren des 20. Jahrhunderts. Das ist der eingangs angedeutete Grund, aus dem erst seit dieser Zeit der Geschichtsroman in ihr Gesichtsfeld rückt. Allerdings zeigt schon die Fülle der verschiedenen Bezeichnungen, wie unterschiedlich die Historiker die außerwissenschaftlichen Geschichtsvorstellungen konzeptualisieren. Von einer Verständigung über die Herangehensweise ist man mindestens so weit entfernt wie von einem belastbaren analytischen Begriff der Sache. Handelt es sich bei jenen Vorstellungen um Bestandteile eines – eventuell falschen – (Geschichts-)Bewußtseins, dem man ideologiekritisch begegnen kann, oder um unbewußt entstandene

---

22 François, Etienne/Schulze, Hagen (Hg.): Deutsche Erinnerungsorte, Bd. 1–3. München 2001.

23 Assmann, Aleida: Der lange Schatten der Vergangenheit. Erinnerungskultur und Geschichtspolitik. München 2006.

24 Heuß, Alfred: Verlust der Geschichte. Göttingen 1959.

25 Rüsen, Jörn: Geschichtskultur als Forschungsproblem. In: Fröhlich, Klaus/Grütter, Heinrich Theodor/Rüsen, Jörn (Hg.): Geschichtskultur. Pfaffenweiler 1992, 39–50; ders.: Was ist Geschichtskultur? Überlegungen zu einer neuen Art, über Geschichte nachzudenken. In: Füßmann, Klaus/Grütter, Heinrich Theodor/Rüsen, Jörn (Hg.): Historische Faszination. Geschichtskultur heute. Köln/Weimar/Wien 1994, 3–26.

26 Schörken, Rolf: Geschichte in der Alltagswelt. Wie uns Geschichte begegnet und was wir mit ihr machen. Stuttgart 1981; Neuauflage unter dem Titel: Begegnungen mit Geschichte. Vom außerwissenschaftlichen Umgang mit der Historie in Literatur und Medien. Stuttgart 1995. Dieses geschichtsdidaktische Werk war eine Pionierleistung. Es hat den später so vielbeackerten Gegenstandsbereich allererst abgesteckt und erschlossen.

27 Korte, Barbara/Paletschek, Sylvia (Hg.): History Goes Pop. Zur Repräsentation von Geschichte in populären Medien und Genres. Bielefeld 2009; dies. (Hg.): Geschichte im Krimi. Beiträge aus den Kulturwissenschaften. Köln 2009. Die beiden Sammelbände präsentieren Ergebnisse einer von der Deutschen Forschungsgemeinschaft geförderten Forschergruppe zum Thema „Historische Lebenswelten in populären Wissenskulturen der Gegenwart" an der Universität Freiburg im Breisgau. Dort werden nicht nur Fernsehsendungen, Nachstellungen von Schlachten und Computerspiele thematisiert, sondern auch Geschichtsromane.

Bilder, die man erinnerungs- oder gar sozialpsychologisch aufschlüsseln muß, weil sich darin ein vermeintlich kollektives Unbewußtes ausspricht? Gehen sie eher aus politischen (also strategischen) Kontroversen hervor, aus rituellem (zivil-)religiösen Gedenken oder aus medialer Selbstinszenierung? Und wofür sind sie eigentlich gut: zur popularisierenden Belehrung; zur Unterhaltung; zur Identitätsbildung; zur Vergemeinschaftung?

So reizvoll eine Erörterung dieser Fragen wäre, sie würde den Beitrag sprengen. Deshalb sei lediglich gesagt, wie die außerwissenschaftlichen Geschichtsvorstellungen hier verstanden werden: als Arbeit an Gemeinschaftsbildung.[28] Jede Art von Gemeinschaft benötigt ein Gedenken, um sich angesichts von wechselnden Herausforderungen der Gegenwart immer neu darüber klarzuwerden, wer zu ihr gehört und wer nicht; was sie ausmacht; wofür sie Opfer verlangt. Von diesem Verständnis der außerwissenschaftlichen Geschichtsvorstellungen als Gemeinschaftsgedenken leiten sich die Fragen ab, die im folgenden an die deutschsprachige Wallenstein-Erzählliteratur des 19. und 20. Jahrhunderts gerichtet werden sollen: 1. Welche Art von Gemeinschaft wird durch die Wallenstein-Figur in den einzelnen Geschichtserzählungen imaginiert? 2. Auf welche textexternen historischen Anstöße und Probleme antwortet die jeweilige Gemeinschaftsimagination? 3. Ergeben sich über die Einzeltexte hinaus wiederkehrende Motive oder gar ein Gesamtzusammenhang? Daß diese Fragen eines Historikers die Geschichtserzählungen lediglich anschneiden, sei eingeräumt. Ihre literarische Bedeutung auszuschöpfen, ist nicht Ziel des Beitrags. Lediglich im Hinblick auf die Pragmatik, die ihnen für Gemeinschaftsbildungsversuche eingeschrieben ist, kommen die Wallenstein-Erzählungen in den Blick.

II. Vorstellung des Quellenkorpus

Gesucht wurde nach selbständig publizierter, deutschsprachiger, fiktonaler Erzählliteratur des 19. und 20. Jahrhunderts, in der eine Wallenstein-Figur vorkommt. Das sind Kriterien, die der Erläuterung bedürfen. „Deutschsprachig" heißt, ursprünglich auf Deutsch verfaßt. Übersetzungen etwa von tsche-

28 Vorausgesetzt wird dabei die sozialwissenschaftliche Unterscheidung von Gesellschaft und Gemeinschaft. Vgl. Oevermann, Ulrich: Keynote address: The difference between community and society and its consequences. In: Ross, Alistair (Hg.): Developing Identities in Europe. Citizenship education and higher education. Proceedings of the second Conference of the Children's Identity and Citizenship in Europe Thematic Network. London 2000, 37–61.

chischen Wallenstein-Romanen blieben außer Betracht, auch weil dazu ein eigener Beitrag in diesem Band vorliegt. Was unter Fiktionalität verstanden wird, ist oben erläutert worden. Das Kriterium der „Erzählliteratur" grenzt die Wallenstein-Dramen aus. Berücksichtigt wurden nur Prosawerke. „Selbständig publizierte Erzählliteratur" heißt, es wurden Romane, aber auch kürzere Erzählformen aufgenommen, sofern sie in Buchform erschienen sind. Das scheint insofern vertretbar, als die Handbücher und Hilfsmittel lediglich quantitativ unterscheiden: Ab einem bestimmten Umfang gilt ihnen jede Narration als Roman,[29] alles darunter als Erzählung. Der Erkenntniswert solcher Trennungen bleibt offen. Wie willkürlich sie sind, zeigt das Werk „Unter der steinernen Brücke" von Leo Perutz.[30] Der Untertitel kennzeichnet es als „Roman". Dabei handelt es sich formal um einen Zyklus selbständiger Novellen, der erst dann als Roman kenntlich wird, wenn der Leser die Querbezüge zwischen den verschiedenen Novellen verbindet und zu einer nirgendwo explizierten Entwicklung zusammensetzt. Vor allem aber wurden bei der Zusammenstellung des Quellenkorpus auch deshalb kürzere Erzählungen einbezogen, weil unter ihnen zwei sich befinden, die Schullektüre geworden sind und damit nach Schillers Drama die erfolgreichsten und wirkmächtigsten Wallenstein-Fiktionen überhaupt darstellen dürften: Conrad Ferdinand Meyers Erzählung „Gustav Adolfs Page"[31] und die im Untertitel als „Novelle" bezeichnete „Wallensteins Antlitz"[32] von Walter Flex.

Nach diesen Kriterien ließen sich 44 Titel zusammentragen.[33] Allerdings ist der Wert der Sammlung in zweifacher Hinsicht zu relativieren. Einerseits dürfte es noch deutlich mehr Geschichtserzählungen geben, in denen eine Wallenstein-Figur auftritt. Nur sind sie, wenn der Name Wallenstein nicht im Titel auftaucht, bibliographisch schwer zu ermitteln. Denn dann stehen sie nicht in den einschlägigen Verzeichnissen und Vorarbeiten[34] – es sei denn, sie

---

29 Johann Holzner und Wolfgang Wiesmüller zum Beispiel betrachten als Romane nur „Texte mit mindestens 10 Bogen Länge (oder ca. 160 Seiten bei Oktavformat)". Dies.: Projekt Historischer Roman. Kurzbeschreibung (http://www.uibk.ac.at/germanistik/histrom/docs/about.htm, letzter Zugriff am 06.10.2009).

30 Bibliographie, Nr. 27.

31 Ebd., Nr. 36.

32 Ebd., Nr. 39.

33 Vgl. die Bibliographie im Anhang.

34 Zu nennen sind Frenzel: Art. Wallenstein; Sommer: Gestaltung; Krejčí, Jan: Wallenstein im deutschen Drama und Roman. Hg. v. Gottfried Lorenz. Glinde 1985 (das tschechische Original erschien 1899); Wallenstein, Paul Robert: Die dichterische Gestaltung der historischen Persönlichkeit, gezeigt an der Wallensteinfigur. Ein Versuch zur Beleuchtung der Problematik von Dichtung und Geschichte unter dem Gesichtspunkt der Wertbegeg-

sind so bekannt wie „Gustav Adolfs Page", oder man stößt durch Zufall auf sie. Insofern kann es sich nur um ein unabgeschlossenes, offenes Quellenkorpus handeln.

Andererseits geben viele Titel für die spezifische Frage nach der Gemeinschaftsbildung mit Hilfe der Wallenstein-Figur wenig her. Denn oft dient der Name nur als Blickfang, ohne daß die Wallenstein-Figur für die Erzählung konstitutiv würde. Das liegt an dem Prinzip des Zwei-Schichten-Romans, das durch den Erfolg Walter Scotts zum verbreiteten Bauplan für Geschichtserzählungen avancierte.[35] Es besteht darin, den Geschichtsbezug durch Figuren mit bekannten historischen Namen herzustellen, meist von Herrschern oder Generälen, diese Großen und ihre Taten aber nur den Hintergrund abgeben zu lassen für die eigentliche Romanhandlung, die von erfundenen „mittleren Helden" getragen wird. Diese sind den Lesern ähnlicher als die Großen, was zahlreiche Möglichkeiten eröffnet: von evasorischer Unterhaltung über das Verhandeln von Angelegenheiten dieser mittleren Helden (und damit der Leser) bis zur Verwendung als Pfadfinder in (für historisch ausgegebene) fremde Verhältnisse. Für die Geschichtsvorstellungen, die diese Texte erzeugen, ist die Wallenstein-Figur oft ohne spezifische Bedeutung; das reduziert die interessanten Texte im Korpus wieder gewaltig.

Gleichwohl können wir dem Korpus einen Befund entnehmen, zumindest – bei allen Vorbehalten – eine Tendenz. Sie wird sichtbar, wenn wir die Erscheinungsjahre der Wallenstein-Erzählliteratur betrachten, Romane und Erzählungen also zu einer chronologischen Übersicht zusammenziehen:

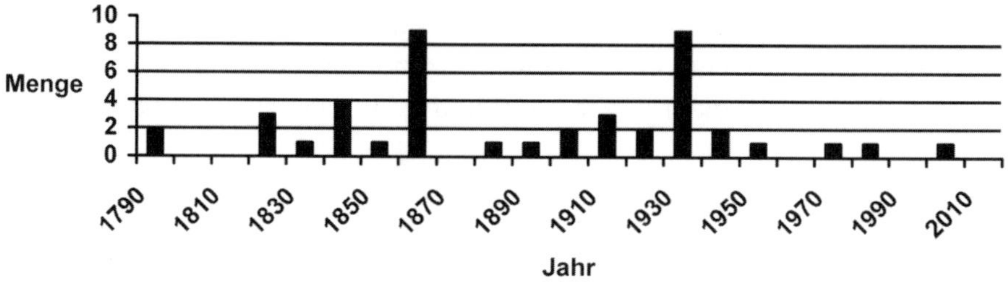

Abb. 1: Anzahl und zeitliche Verteilung der Quellen im Korpus

nung. Würzburg 1934; Fraser, Ralph Sidney: The Treatment of Wallenstein in German Literature of the 20th Century. Diss. Illinois/Urbana 1958; Schlacher, Karin: Die Gestaltung des Wallensteinstoffes im historischen Roman des 20. Jahrhunderts. Phil. Diss. Graz 1981; Davies, Steffan: The Wallenstein Figure in German Literature and Historiography, 1790–1920. Leeds 2010. Das zuletzt genannte Werk konnte nicht eingesehen werden.

35 Süßmann: Geschichtsschreibung, 132, 153f.

Die Titel sind ungleich über den Untersuchungszeitraum verteilt. Es gibt lange Zeiträume, für die überhaupt keine Neuerscheinungen von Wallenstein-Erzählliteratur belegt sind, so zwischen 1800 und 1821 oder zwischen 1953 und 1976. Die Veröffentlichung einzelner Texte spricht ebenfalls nicht für ein breiteres Interesse an der Figur und ist daher kaum signifikant. Auffällig verdichtet hat sich das Interesse nur in zwei Jahrzehnten: den sechziger Jahren des 19. und den dreißiger Jahren des 20. Jahrhunderts jeweils mit neun Neuerscheinungen. Halb so stark ist die Verwendung der Wallenstein-Figur in den 1840er Jahren mit vier Neuerscheinungen und in den 1820er Jahren mit drei. Wenn man dies als Entwicklung interpretiert (was angesichts der geringen Datenmenge fragwürdig ist), ergeben sich zwei Konjunkturen: eine erste, die in den 1820er Jahren einsetzt, in den vierziger Jahren einen Schub erhält und in den sechziger Jahren ihren Höhepunkt erreicht; eine zweite, die um 1900 zögerlich einsetzt, nach dem Ersten Weltkrieg Fahrt aufnimmt und in den 1930er Jahren ihre größte Dichte erreicht. Verbindungen zwischen beiden Konjunkturen gab es offenbar nicht: Kein einziger Text aus der ersten Verwendungsphase wurde in der zweiten wiederaufgelegt. Dem können wir entnehmen: Nur sporadisch hat man in der Erzählliteratur von der Wallenstein-Figur Gebrauch gemacht. Eine kontinuierliche Beschäftigung mit ihr gab es nicht. Seit 1945 ist ihre Verwendung nahezu erloschen. Neue Texte erscheinen kaum. Allerdings erlebten in den letzten Jahrzehnten zwei Romane aus dem Korpus eine nachträgliche Kanonisierung: „Unter der steinernen Brücke" von Leo Perutz, in dem Wallenstein die achte von fünfzehn Novellen gewidmet ist (sie trägt den Titel „Der Stern des Wallenstein") und Alfred Döblins Roman[36] von 1920. Beide waren bei ihrem Erscheinen keine Erfolge und haben erst seit den späten 1970er bzw. 1980er Jahren so viele Leser gefunden, daß man sie in Taschenbuchausgaben herausbrachte. Populär ist nur das Buch von Perutz geworden. Döblins Roman tut man kein Unrecht, wenn man ihn nach wie vor als Geheimtip kennzeichnet.[37]

Nimmt man die Erzählliteratur als Indikator, dann heißt das, Wallenstein ist kein deutscher Erinnerungsort mehr, ja, man mag zweifeln, ob er je einer war. Etienne François und Hagen Schulze haben ihm in ihrer Sammlung keinen eigenen Artikel eingeräumt, auch nicht die aktuellen Analysen der politischen Mythen in Deutschland und in Österreich. Offenbar wurde die

36 Bibliographie, Nr. 18.

37 Vor diesen beiden Titeln hat es nur ein weiterer aus der Liste in den Kanon geschafft, die bereits genannte Novelle von Conrad Ferdinand Meyer (Bibliographie, Nr. 36). Allerdings tritt die Wallenstein-Figur darin nur kurz auf und gewinnt für die Gesamtbedeutung keine prägende Funktion.

Figur nie für die Allgemeinheit relevant, blieb ihr Gebrauch immer auf partikulare Gemeinschaften und damit auf Einzelaspekte beschränkt.

Bei oberflächlichem Hinsehen scheinen die Konjunkturen der Wallenstein-Erzählliteratur schlicht der allgemeinen Entwicklung der Geschichtserzählung zu folgen: mit dem Aufstieg zur Breitenwirkung im Biedermeier, Höhepunkten um die Jahrhundertmitte, einem weiteren in den 1920er und 1930er Jahren. Kommt Wallenstein also nur deshalb in die Erzählliteratur, weil überhaupt viele Geschichtserzählungen geschrieben wurden und man bei der Darstellung des Dreißigjährigen Krieges an ihm nicht vorbeikam? Oder gibt es spezifische Interessen, die man mit Hilfe dieser Figur verhandelte? Diese Fragen sind nur durch Textanalysen zu klären.

III. Quellenanalyse

Betrachten wir zunächst die frühesten Texte des 19. Jahrhunderts, die durch ihre Titel ankündigen, Wallenstein in den Mittelpunkt zu stellen. Es sind dies Ernst Willkomms umfangreicher Roman von 1844[38] und Karl Herloßsohns Roman-Trilogie, die zwischen 1844 und 1847 erschien.[39] Beide Romanwerke erschließen Neuland, indem sie die Handlung vor 1618 beginnen lassen. Damit wird erstmals die Jugend der Wallenstein-Figur zum Thema. Sie bekommt eine Entwicklung zugeschrieben. Die Romane entwerfen ein Bild davon, was die Figur auf ihre Bahn gebracht hat. Natürlich ist es das Verhältnis zu Freunden und zu Frauen, das sie als Antwort präsentieren.

Entscheidend ist die Perspektive, aus der das Romangeschehen erzählt wird. In beiden Fällen ist es eine deutschböhmische.[40] Beide Werke lassen die Handlung in Prag beginnen; bezeugen genaue Kenntnis der dortigen Topographie; preisen die Schönheit der Stadt; präsentieren Figuren, die aus dem böhmischen Adel und der Prager Bürgerschaft kommen sollen. Bei Willkomm setzt die Handlung mit dem böhmischen Aufstand ein, der von der Erzählinstanz mit Sympathie erzählt wird. Allerdings erscheint der Adel selbstsüchtig

38 Bibliographie, Nr. 6.

39 Ebd., Nr. 7–9.

40 „Es ist also eine Arbeit böhmischen Ursprungs, die uns zuerst auf der Bühne den unschuldigen Wallenstein zeigt." So schreibt Jan Krejčí über ein Drama von Komárek und gibt damit einen wichtigen Hinweis darauf, wie stark die Landsmannschaft eines Autors die Perspektive auf die Figur bestimmt. Vgl. Krejčí: Wallenstein, 15.

und fanatisch, hetzt das gutmütige Volk auf und führt es in die Katastrophe.[41] Die Erzählperspektive ist popular,[42] antijesuitisch,[43] antiklerikal,[44] daher auch antiferdinandeisch,[45] allgemeiner gesprochen: antihabsburgisch. Der Schlüsselbegriff lautet: „Böhmens Freiheit".[46] Wallenstein wird als Gegenbild zu den aufständischen Hochadeligen eingeführt, als unwiderstehlicher Soldat,[47] der sich aus Abneigung gegen den Adel und aus Ehrgeiz auf die Seite Ferdinands schlägt. Obwohl Wallenstein den Habsburger mehrfach rettet,[48] erntet er dafür nur Verleumdung, Undank, schließlich die eigene Ermordung. In der Reflexion, die ihm zuletzt in den Mund gelegt wird, formuliert er das Vorhaben, sich mit den Protestanten zu verbünden: „Kommt, Freunde, reicht mir Eure Hände! Ein neuer Bund sei unter uns aufgerichtet! Nicht ruhe von heut an unser Schwert, bis wir Pfaffentrug, jesuitische Heuchelei und feigen Fürstenegoismus gebrochen haben. Das Licht der Vernunft sei die Fackel, die uns voranleuchte auf der Bahn zum ewigen Ruhme. Freiheit des Geistes wehe

---

41 Das wird durch die Eröffnungsszene klargemacht. Sie führt „in den späten Nachmittagstunden des 22. Mai 1618" in Prag in eine Versammlung böhmischer Hochadeliger, die gerade Ferdinands Anweisung erhalten haben, die evangelischen Kirchen in Braunau und Klostergrab zu schließen. Vgl. Willkomm, Ernst: Wallenstein. Historischer Roman, Bd. 1–4. Leipzig 1844, hier Bd. 1, 9. Breit inszeniert der Erzähler die Beratung bis zu dem Beschluß, die aufstandsbereite Volksstimmung durch agitatorische Reden anzuheizen. In den Folgeszenen ist dann von den „Aufreizungen" des Volkes die Rede (ebd., 34f.) bzw. von dem „aufgereizte[n] Volk" (ebd., 37), später von „dem Fanatismus und berechnender Eitelkeit der böhmischen Barone" (ebd., 163).

42 Ebd., 170, 173–179.

43 Zum Beispiel ebd., 70, 112f., 132f., 136f. und öfters.

44 Zum Beispiel ebd., 118f., 125.

45 Dem religiösen Fanatiker Ferdinand II. (z. B. ebd., 112f., 115–118, 125, 134, 136) wird der altersmilde, reumütig-schuldbewußte Matthias gegenübergestellt (ebd., 70f., 124).

46 Ebd., 37.

47 Zum Beispiel ebd., 155.

48 Gleich bei der ersten Begegnung rettet Wallenstein Ferdinand „aus den Händen der protestantischen Canaglia" (ebd., 181). „Ferdinand richtete sich empor. ‚Wer seid Ihr? Diese That wird' ich Euch nimmer vergessen, bei meinem königlichen Wort!' ‚Gönnen Sie mir einen Blick, Sire, und Sie werden Ihren treuen Obrist Albrecht von Wallenstein wieder erkennen.' ‚Wallenstein!' rief Ferdinand aus. ‚Friede und Segen und Heil Deinem Namen! Du warst von jeher ein Wall von Stein unserm Reich, unsern Rechten, sei und bleibe es uns bis in den Tod!' ‚Bis in den Tod!' wiederholte Wallenstein und beugte sein Knie vor dem Könige, das Schwert zu seinen Füßen niederlegend. Ferdinand aber nahm die schwere Kette von gediegenem Gold, die das goldne Vließ trug, von seinem Halse und legte sie dem knieenden Krieger um den stolzen Nacken. ‚So lange diese Kette auf Deiner Brust ruht, sei meiner Gnade gewiß!' So sprechend zog er den Obrist an sein Herz und umarmte ihn mit der Zärtlichkeit eines Bruders." (ebd., 181f.)

als Banner über unseren Heeren und Deutschlands Größe und Einheit sei der Hügel, der unsere gemeinsame Gruft bedecken möge!"[49]

Die Wallenstein-Figur ist also ein positiver Held und warum? Weil ihre späte Einsicht sie zum Jungdeutschen macht! Als Journalist und Publizist gehörte Willkomm zum Jungen Deutschland,[50] als Zittauer Pfarrerssohn war er in einem Milieu geprägt worden,[51] das sich als Zuflucht der nach 1620 vertriebenen böhmischen Protestanten verstand.[52] Wallenstein ist bei Willkomm Lutheraner, der vom Glauben seiner Mutter und seines Vaterlands Böhmen abgefallen ist, bis er dies vor seinem Tod als Schuld erkennt und seinen Untergang als gerechte Strafe akzeptiert.[53] Das heißt, die Figur steht für die Größe und mögliche Selbstbestimmung (Deutsch-)Böhmens,[54] die von den Habs-

49 Ebd., Bd. 4, 244f.

50 Killy, Walther: Art. Willkomm, Ernst (Adolf). In: Deutsche Biographische Enzyklopädie, Bd. 9. Darmstadt 1999, 512.

51 Mendheim, Max: Art. Willkomm, Ernst Adolf. In: Allgemeine deutsche Biographie, Bd. 43. Berlin 1898, 296–298.

52 Da die Oberlausitz als Pfand an das protestantische Sachsen abgetreten wurde, entging sie der Gegenreformation und nahm zahlreiche vertriebene böhmische Glaubensgenossen auf. Vgl. Bahlcke, Joachim (Hg.): Geschichte der Oberlausitz. Herrschaft, Gesellschaft und Kultur vom Mittelalter bis zum Ende des 20. Jahrhunderts. Leipzig ^{2}2004.

53 „Trüber Ernst kam über den Herzog. Er ließ die Hände seiner Freunde los und schlug seine Arme über die Brust. ‚Seltsames Schicksal', fuhr er nachdenkend, zu sich selbst sprechend, fort. ‚Wenn dennoch des Kaisers Acht eine gerechte Strafe wär' für frühere Vergehungen? Die Lehren Luthers küßte ich vom Munde meiner frommen Mutter. An ihrem Herzen lernt' ich beten: ‚Eine feste Burg ist unser Gott' und wo später die erschütternden Töne dieses Liedes um mich rauschten, da wandte mir das Glück den Rücken, da sagte sich der Himmel von mir los! – Ja, ich ward abtrünnig, es ist wahr, abtrünnig aus irdischen Beweggründen. Ehrgeiz und Herrschsucht, die unter Petri Schwerte mir lockend entgegenblickten, machten mich zum Apostat! – Und Böhmen, mein Vaterland? Betete es nicht auch wie meine Mutter? Ueberwachte es nicht den Schlummer meiner Kindheit und wob goldene Träume um meine Stirne unter dem Gesange protestantischer Lieder? – Und ich verließ es, verließ es treulos, wie meinen Glauben! Ich empörte mich für einen Fremden gegen mein Vaterland, trieb seine Söhne in die Verbannung! – Ich weiß, Millionen Flüche fielen herab auf mein Haupt und ich lachte ihrer! Hat sie der Weltgeist gehört und will er sie jetzt auf mich niederschleudern? – Es wär' ein grauenvolles Schicksal!" (Willkomm: Wallenstein, Bd. 4, 243f.) Die Passage zeigt außerdem, daß es sich um einen Schicksalsroman handelt. Fast alle Figuren sollen durch Ehrgeiz, Selbstsucht, Pflichtvergessenheit – analytischer gesprochen: durch Abkehr von der Tradition – Schuld auf sich geladen haben, die sich unweigerlich an ihnen rächt. Für die Wallenstein-Figur heißt das: Ihr historisches Ende wird von Willkomm als Strafe für den Verrat an der böhmischen Nationalreligion gedeutet.

54 Der Roman ist durchzogen von Gegenüberstellungen zwischen Deutschböhmen und Tschechen. Sogar eine Libussa-Figur taucht auf. Dabei werden die Tschechen durchgän-

burgern und der Gegenreformation verhindert wurde, was in Willkomms Gegenwart durch den Anschluß an einen deutschen Nationalstaat korrigiert werden soll.

Ebenfalls protestantisch, aber norddeutsch und daher anders wird die Wallenstein-Figur in den sechziger Jahren des 19. Jahrhunderts von Carl Schmeling,[55] Heinrich Laube[56] und Julius von Wickede[57] eingesetzt. Schmeling bezieht die Handlung seines Romans auf die Belagerung von Stralsund, und man kann jeder Seite entnehmen, wie gut er die Stadt kennt. Wickede ist gebürtiger Schleswiger und gibt seiner Erzählinstanz eine mecklenburgische Perspektive. Thema sind für alle drei Autoren Konflikte innerhalb des eigenen protestantisch-norddeutschen Lagers: zwischen Patriziern und Plebejern; ständischem und demokratischem Regiment; Eltern und Jugend; den Geschlechtern. Die Wallenstein-Figur gehört nicht zu dieser Welt. Sie fungiert als Bedrohung von außen, die zunächst die inneren Konflikte verschärft, dann ihre Lösung erzwingt, weil man nicht untergehen will. Bei Schmeling und Laube ist die Gegenwartsbedeutung dieser Konstruktion klar: Wallenstein steht für die Gefahr der Überwältigung durch eine großdeutsche Nationalstaatsgründung. In ihr hätte der Süden das Sagen, der katholische Klerus und der Adel – alle verhaßten Prinzipien, die von der Wallenstein-Figur objektiv gefördert werden, selbst wenn diese es subjektiv nicht will.

Verbindlich für all diese Texte ist ein Geschichtsverständnis, nach dem die große Einzelpersönlichkeit für eine allgemeine Geschichtstendenz steht. Immer ist der Wallenstein-Figur eine bestimmte politische Idee zurechenbar. Mit dieser Vorstellung brechen die Geschichtserzählungen nach dem Ersten Weltkrieg. Von Walter Flex, dessen Erzählsammlung „Wallensteins Antlitz“ zu den meistgelesenen Texten des Korpus gehört,[58] wird die Wallenstein-Figur der historischen Bedeutung entkleidet. Alles ist auf die psychologische Bindung zwischen Wallenstein als väterlichem Führer und einem jungen Fähnrich reduziert, der durch Aufnahme in die Wallensteinsche Gefolgschaft aus seinem vorherigen Leben erlöst wird und es daher bedenkenlos für den Kommandeur opfert. Wallenstein verkörpert das charismatische Führerprinzip und Angebot einer vermeintlich elitären männerbündischen Vergemeinschaftung, über das

gig als ein Naturvolk geschildert, gutartig zwar, aber so leidenschaftlich und unvernünftig, daß es der Leitung durch die Deutschböhmen bedarf. Vgl. exemplarisch ebd., Bd. 1, 73–77, 85f.

55 Bibliographie, Nr. 11.

56 Ebd., Nr. 12.

57 Ebd., Nr. 13.

58 Ebd., Nr. 39.

der Gymnasiallehrersohn Flex[59] die Kriegserfahrung des schnellen Sterbens als sinnvolles Opfer zu interpretieren suchte. Gemeinschaft ist auf Hingabe an den Männerbund zusammengeschnurrt. Sie hat keine Inhalte mehr, genügt sich selbst.

Ähnlich abstrakt, wenn auch unter anderen Vorzeichen erscheint die Wallenstein-Figur bei Alfred Döblin. Eingeführt wird sie im zweiten Buch des Romans. Nach drastischen Schilderungen, wie die böhmischen Protestanten zwangsbekehrt oder vertrieben werden, folgt die Überleitung: „In Böhmen hieß es Gelder beschaffen [...].“[60] Dies geschieht durch Münzverschlechterung, ausgeheckt durch ein Konsortium von Pächtern der königlichen Münze. Der skrupelloseste unter ihnen ist Wallenstein.[61] Das heißt, er wird zuerst als Unternehmer gezeigt, als „Spekulant“, als Kapitalist.[62] Seinem auf diese Weise

59 Petzsch, Christoph: Art. Flex, Walter. In: Neue deutsche Biographie, Bd. 5. Berlin 1961, 243f.

60 Döblin, Alfred: Wallenstein. Roman. Hg. v. Erwin Kobel. München 2003, 164. Die Überlieferung des Romans ist problematisch. Unter schwierigen Bedingungen teils während Döblins Einsatz als Militärarzt im Ersten Weltkrieg entstanden, teils nach der Rückkehr ins revolutionäre Berlin, gingen dem Erstdruck von 1920 offenbar wenige Textkontrollen und Korrekturen voraus. Das zeigen schon die offensichtlichen Druckfehler und vielen unverständlichen Sätze (vgl. Kobel, Erwin: Editorischer Bericht. Ebd., 749–769, hier 750, 767). Auch die zweite Edition, die 1965 von Walter Muschg herausgegeben wurde, brachte keine Besserung. Muschg hat an über 2.000 Stellen den Text des Erstdrucks verändert (ohne dies nachzuweisen), doch erfolgten diese Eingriffe ohne systematischen Rückgang auf die Manuskripte und haben mehr als fünf Dutzend neue, sinnstörende Fehler in den Text hineingebracht (ebd., 751; zu den von Muschg herausgegebenen Ausgaben grundsätzlich Prangel, Matthias: Alfred Döblin. Stuttgart ²1987, 1–4). Seit 2001 gibt es eine kritische Ausgabe, herausgegeben von Erwin Kobel, der den Text des Erstdrucks durch einen Vergleich mit den erhaltenen Handschriften, Materialien und Quellen zu emmendieren sucht. Hunderte nachgewiesener und noch viel mehr nicht-nachgewiesener Änderungen (Kobel: Bericht, 768) ergeben einen Text, der so nie zuvor existiert hat und in tausenden Einzelheiten Produkt von Herausgebereingriffen ist – so gut diese im einzelnen begründet sein mögen. Wahrscheinlich wäre es historisch am angemessensten, den Roman weiterhin nach dem von Döblin autorisierten Erstdruck zu zitieren und eventuelle Änderungen durch Kobel jeweils mitzuverzeichnen. Da die Erstausgabe selten ist, wirft dieses Vorgehen jedoch große praktische Schwierigkeiten auf. Deshalb wird der Roman im folgenden, trotz Bedenken, nach der kritischen Edition von Kobel zitiert und zwar in der Seitenzählung der derzeit allein erhältlichen Taschenbuchausgabe.

61 Döblin: Wallenstein, 166f.

62 „[...] der größte Spekulant des Landes, der tolle Vabanquespieler“ (ebd., 171). „Unfaßbar wie ein Aal war er geworden. Der Umfang seiner Geschäfte, an denen sich die halbe Prager Judenschaft, große auswärtige Bankhäuser beteiligten, übertraf alles Bekannte.“ (Ebd., 188). Zu Wallensteins Charakterisierung als Kapitalist gehört, daß er seinen Einstieg in das Geschäft einer Bürgschaft des Juden Bassewi verdankt (ebd., 167); daß er all

zusammengerafften ungeheuren Vermögen genügt dann die Wirtschaft nicht mehr – der Unternehmer muß Politiker werden, um noch viel mehr Rendite machen zu können. Das unternehmerische Interesse führt die Wallenstein-Figur zum Bündnis mit dem Kaiser, zur Rüstung, zum Krieg. Für den Kriegsfreiwilligen Döblin, der durch seine Erfahrungen zum Sozialisten geworden war und sich, während er an dem „Wallenstein"-Roman arbeitete, als politischer Publizist für die Linke zu betätigen begann,[63] hatte dies einen klaren Gegenwartsbezug: Nicht Nationen führen Kriege, wird an der Wallenstein-Figur gezeigt, nicht einmal Politiker, sondern Armeen, die von Rendite-Interessen hervorgebracht werden.[64]

Dialektisch ist, um es in der Sprache des historischen Materialisten zu sagen, daß Wallenstein dadurch zur progressiven Figur wird. Wie ein moderner Konzernchef bringt er den Fortschritt hervor. Die Rücksichtslosigkeit, mit der er sich gewaltsam, zerstörerisch, wirkungsvoll über alle Tradition hinwegsetzt, weist in die Zukunft.[65] Schon dies macht die Figur ambivalent.

Döblin steigert die Ambivalenz noch, indem er den Wallenstein des Romans mit einer Gegenfigur kontrastiert, nämlich mit „Ferdinand dem Anderen". Wenn sich in Wallenstein das aktive, zweckrationale, die Welt gewaltsam verändernde Handeln zeigt, verkörpert Ferdinand das passiv sich einordnende

seine weiteren Geldgeschäfte mit jüdischer Hilfe tätigt (ebd., 188); daß er stets von Juden umgeben ist und diese, ohne Rücksicht auf christliche Verbote, überallhin mitnimmt (ebd., 209–211). Auf diese Weise läßt der Roman mit dem Aufstieg Wallensteins zugleich die Juden aus dem Ghetto heraustreten, Freibriefe erwirken, ihre Geschäftsprinzipien ausbreiten (ebd., 178–180, 225–228, vor allem 227: „Der von Wallenstein, ihr Wallenstein, in den Kaiserhof eindringend, Heerführer des Kaisers. Schamloses Jubeljauchzen im Prager Ghetto.") Unauflöslich wird die Wallenstein-Figur von dem Juden Döblin mit dem Schicksal der Juden verknüpft und zugleich mit allen kapitalismuskritisch-judenfeindlichen Stereotypen.

63 Prangel: Döblin; W., R.: Art. Alfred Döblin. In: Internationales Biographisches Archiv 50 (2008) vom 9. Dezember 2008.

64 Kreutzer, Leo: Alfred Döblin. Sein Werk bis 1933. Stuttgart u. a. 1970, 55–57; zuvor Grass, Günter: Über meinen Lehrer Alfred Döblin. In: Akzente 14 (1967) 290–307.

65 „Und da sein [Wallensteins] ungeheures Vermögen, ‚der größte Reichtum Europas' [...], in diesem politischen Panorama ein auf ganz neue Weise ausschlaggebender Faktor werden kann, ist seine Entscheidung für das Kaisertum eine tödliche Gefahr für die herrschende Feudalordnung. Wallenstein wird objektiv revolutionär." (Kreutzer: Döblin, 57). „Döblins Wallenstein ist im Begriff, für Deutschland das zu leisten, was Richelieu für Frankreich tatsächlich geleistet hat, nämlich die Ablösung des Mittelalters, der Feudalität, das Bündnis zwischen Königtum und Bürgertum, – Absolutismus als notwendige Durchgangsstufe zur bürgerlichen Revolution." (Ebd., 58). „Eine ausgebliebene Revolution und die Folgen, – dies ist Döblins aktuelles politisches Interesse am Stoff seines zweiten großen Romans." (Ebd., 59)

Geschehen-Lassen und Erdulden.[66] Dieser Gegensatz wiederholt sich in ihrem Verhältnis zur inneren und äußeren Natur: Wallenstein benutzt, gestaltet und zerstört Natur (einschließlich seiner eigenen), Ferdinand gibt sich ihr hin bis zur Selbstauflösung.[67] Keine Seite kann für sich allein stehen. Ihr Bündnis scheint auf Ergänzung angelegt und führt doch zu gegenseitiger Vernichtung, weil keine Seite die andere erträgt. Die Polarität, heißt das, ist unauflöslich, aber dynamisch. Sie ist ein Grundprinzip, das Menschen antreibt und damit auch die im Roman gezeigte Geschichte. Dabei ist es von jeder konkreten historischen Situation ablösbar, von Döblins Gegenwart ebenso wie vom Dreißigjährigen Krieg; es soll der Geschichte voraus- oder zugrundeliegen.[68] Als Bestandteil einer vermeintlich naturgegebenen Polarität wird Döblins Wallenstein-Figur also gezeigt.[69]

Aus diesem Befund ergibt sich: Döblins Wallenstein dient keiner Gemeinschaftsbildung. Weder als Identifikationsangebot noch als Feindbild ist er gestaltet. Dies gilt für alle Figuren des Romans. Nicht eine davon ist so gezeichnet, daß man sich als Leser in sie einfühlen könnte. Jeder Ansatz dazu wird durch die Erzählinstanz des Romans durchkreuzt.[70] Zum einen geschieht das

66 So zuerst Wallenstein: Gestaltung, 72f. Vgl. ferner Prangel: Döblin, 37f.; Davies, Steffan: Writing History. Why ‚Ferdinand der Andere' is called ‚Wallenstein'. In: ders./Schonfield, Ernest (Hg.): Alfred Döblin: Paradigms of Modernism. Berlin/London 2009, 121–143, der die beiden Figuren als „complimentary characters" kennzeichnet (ebd., 123). In den Anmerkungen dieses Aufsatzes findet sich ein Großteil der weiteren Forschungsliteratur zu Döblins Roman verzeichnet.

67 Döblin läßt seine Ferdinand-Figur nach Wallensteins Absetzung vom Hof fliehen, unter die Landstreicher gehen, mit einer Bande im Wald hausen und dort von einem „Kobold", einem „verwahrloste[n] junge[n] Mann, stark am ganzen Körper behaart", einem „Waldmensch[en]", „Waldtier" lustvoll „von hinten" erdolchen (Döblin: Wallenstein, 729, 731f.). Die homoerotischen Implikationen sind deutlich. Sie weisen zurück auf „ein Traumgesicht", das Ferdinand bei der ersten Begegnung mit Wallenstein einfällt: Schon darin erleidet Ferdinand eine Penetration durch ein überwältigendes männliches „Unwese[n]" (ebd., 217–219). Von der Döblin-Forschung wurde diese sexuelle Dimension der Figuren-Konstellation bislang nicht thematisiert.

68 „Döblins Ferdinand ist nicht eine Gestalt der deutschen Geschichte, sondern der Entwurf einer Existenz außerhalb der Geschichte" (Kreutzer: Döblin, 64).

69 Als „Naturalismus" wird Döblins anti-idealistisches Geschichtsverständnis in der Forschung verhandelt. Kritisch dazu Hey'l, Bettina: Geschichtsdenken und literarische Moderne. Zum historischen Roman in der Zeit der Weimarer Republik. Tübingen 1994, 145–159.

70 Sie ist in der Döblin-Literatur bislang kaum ansatzweise erforscht, vielleicht weil sie höchst ungewöhnlich ist und einer eingehenden Analyse bedarf. Eine solche kann hier nicht gegeben werden. Die Aussagen bleiben auf erste Beobachtungen und den Gesamteindruck beschränkt.

dadurch, daß alle Figuren mit ebenso faszinierenden wie abstoßenden Zügen versehen und damit wie Wallenstein ambivalent werden. Zum andern geschieht es durch eine Erzählperspektive, die ihre Leser befremdet. Denn entweder bringt sie uns so dicht an die Figuren heran, daß wir mit grotesk wirkenden Details konfrontiert werden.[71] Oder sie sie führt uns die Figuren in einer gestisch-theatralen Sprache vor, die zwar Anschauungen erzeugt, aber verständlich erst wird, wenn wir diese Anschauungen selbst in Aussagen über die Figuren übersetzen.[72] Beides erzeugt Distanz. Daraus können wir ableiten, Döblin zielt nicht auf Leser, die eine Gemeinschaft bilden. Vielmehr zeichnet die Lesehaltung, die sein Erzählen erzeugt, sich durch distanzierte Beobachtung eines grotesken Welttheaters[73] und selbständiges Erschließen der darin angelegten Bedeutungen aus. Wie sein Geschichtsverständnis setzt seine Erzählweise auf desillusionierte Kontemplation. Maximale Erregung und extreme Wahrnehmungen werden zu Material ausgekühlt, das von der

---

71 Ein Beispiel aus der Eröffnungsszene des Romans: „Kaute, knabberte, biß, riß, mahlte, malmte. Der Oberküchenmeister bewegte sich an den gelbseidenen Tapeten entlang, beäugte freudig listig durch das seitliche Gestänge des Baldachins die muskulösen Lippen Ferdinands, die wie Piraten die anfahrenden Orlogs enterten, die Backentaschen, die sich rechts und links wulsteten, sich ihre Beute zuwarfen, sich schlauchartig entleerten, von der quetschenden Zunge sekundiert." (Döblin: Wallenstein, 9) So wird der banale Vorgang des Essens zum einen perspektiviert, indem die Passage ihn aus der Sicht eines erleichtert-zufriedenen Oberküchenmeisters schildert, aus einer engagierten Zuschauer-Perspektive also, zum andern sprachlich verfremdet, indem sie ihn erst lautmalerisch vorführt, dann in Einzelheiten zerlegt und teils in Medizinersprache darbietet („sich schlauchartig entleerten"), teils in metaphorischer Rede („wie Piraten die anfahrenden Orlogs [Kriegsschiffe] enterten"). Kombiniert wirkt dies künstlich, gesucht, durch das übernahe Herangehen beinahe ekelerregend, durch die Zuschauer-Perspektive aber auch distanziert und komisch (im Wortsinn).

72 Ein Beispiel bietet der Absatz, der unmittelbar auf das letzte Zitat folgt: „Weich rauschte die Harfe, die deutsche Querpfeife näselte. Sprung an, Sprung ab: es hieß hurtig sein, die Becher heranschleppen: wer ißt, liebt keine Pausen; was schluckt, muß spülen. Ferdinands Lippen wollten naß sein, sein Schlund naß, sie verdienten's reichlich, droschen ihr Korn." (Ebd., 9) Springen und „die Becher heranschleppen" muß die Dienerschaft – buchstäblich erlebte, körperlich gewordene Rede aus Sicht der Lakaien wird hier offenbar geboten oder immer noch aus Sicht des Oberküchenmeisters, der prüft, ob seine Untergebenen funktionieren. Gleichzeitig wird ein Eindruck von geordneter Bewegung, vielen Menschen, berauschendem Tempo erzeugt. Und nicht zuletzt charakterisiert der Absatz Ferdinand als anspruchsvoll-gierigen, selbst aber nur vegetativ tätigen Mittelpunkt der Szene – allerdings nur, wenn man den Text daraufhin analysiert.

73 Hey'l: Geschichtsdenken, 151–159, hat darauf hingewiesen, daß Döblins Erzählweise häufig Theatersituationen evoziert, ein Verfahren, das Hey'l sowohl mit dem Barockmotiv der Welt als Theater in Verbindung bringt (154) als auch mit Bert Brechts Prinzip des epischen Theaters (152), das den Zuschauer in eine distanziert urteilende Position versetzt.

Erzählinstanz zwar aufbereitet, aber nicht analysiert wird. Vielmehr wird die Analyse als Aufgabe an die Leser delegiert. Insofern wirkt Döblins Roman wie eine Materialsammlung,[74] die noch der Auslegung und Vollendung durch aktive Leser bedarf. Das aber heißt: Die Arbeit an der Wallenstein-Figur muß weitergehen, auch wenn derzeit keine Neudeutungen in der Erzählliteratur entstehen.

Anhang: Bibliographie der deutschsprachigen Wallenstein-Erzählliteratur des 19. und 20. Jahrhunderts (chronologisch)[75]

I. Romane

1. 1794. [Rebmann, Andreas Georg Friedrich]: Albrecht der Friedländer. Hochverräther durch Kabale. Halb Geschichte einer mißlungenen Revolution des siebzehnten Jahrhunderts, halb Roman, Gera: Heinsius [215 S.].
2. 1799. Woltmann, Karl Ludwig: Mathilde von Merveld, ein Roman, Bd. 1–2. Altenburg: Richter [294+296 S.]. Wieder Altenburg: Schnupphase 1799. ND Hohenzollern: Wallishauser 1800.
3. 1822. Velde, C[arl] F[ranz] van der: Die Lichtensteiner. Eine Erzählung aus den Zeiten des dreißigjährigen Krieges (Schriften von C. F. van der Velde. Zweite verbesserte Auflage. 9). Dresden: Arnold [192 S.]. Zuvor in

74 Sommer: Gestaltung, 42. Zu Döblins Quellen vgl. Kobel: Bericht, 754–756; Döblin: Wallenstein, 740–747. „Döblins Ästhetik gebietet nackte Wirklichkeit. Darum greift er zur Geschichte, die er oft wörtlich ohne Verarbeitung benutzt. Er sagt: ‚Es ist mir so gegangen, als ich dies oder jenes historische Buch schrieb, daß ich mich kaum enthalten konnte, ganze Aktenstücke glatt abzuschreiben, ja ich sank manchmal zwischen den Akten bewundernd zusammen und sagte mir: besser kann ich es ja doch nicht machen …‘ Dennoch verlieren im Kunstwerk alle Stoffe ihren faktischen Charakter. Sie verlieren auch, wenn sie im Kunstwerk erscheinen, vollkommen ihre Wirkung, die sie draußen haben, um welcher wahren Wirkung man gerade gefordert hat, sie sollen im Kunstwerk erscheinen. Da ist Wallenstein nicht mehr Wallenstein. Das Kunstwerk entwertet zwar den historischen Stoff, macht ihn aber – nach Döblin – nicht unhistorisch.“ Wallenstein: Gestaltung, 71.

75 Ausgehend von der Online-Datenbank „Der deutschsprachige Historische Roman. 1780 bis 1945 (und der DDR)“, erstellt im Rahmen des Projekts „Historischer Roman“ von Johann Holzner, Wolfgang Wiesmüller, Kurt Habitzel und Günter Mühlberger am Institut für Germanistik der Universität Innsbruck 1991–1997 (http://www.uibk.ac.at/germanistik/histrom/datenbank.html, letzter Zugriff am 24.09.2009), Schlagwort „Albrecht von Wallenstein“. Die übernommenen Daten wurden für diese Übersicht zum Teil korrigiert und anhand der in Anmerkung 34 genannten Vorarbeiten sowie weiterer Hilfsmittel ergänzt.

der „Abend-Zeitung", 1821, Nr. 17–39 abgedruckt. Wieder Dresden: Arnold, 1824–1827 (Schriften, 3. verbesserte Auflage). Wieder Stuttgart 1829 (Schriften). Wieder Dresden 1830–1832 (Sämmtliche Schriften. Rechtmäßige und wohlfeile Taschenausgabe). 4. Aufl., Leipzig: Arnold 1851. 5. Aufl., ebd. 1856. 6. Aufl., ebd. 1858. 7. Aufl., ebd. 1862. Wieder Reutlingen 1837 (Sämmtliche Schriften). Wieder Stuttgart: Henne 1838 (Sämmtliche Schriften). Wieder Leipzig: Reclam 1879 (Reclams Universalbibliothek 1115). Übersetzungen: 1 ins Englische (Tales from the German, Transl. by Nathaniel Green, 2. Boston 1837), 1 ins Französische (Romans historique [...], 8, 1826 und 1843 unter anderem Titel noch einmal aufgelegt).

4. 1829. Lorenz, Wilhelmine: Der Schloßberg bei Töplitz. Eine Geschichte des siebzehnten und neunzehnten Jahrhunderts, Bd. 1–2. Leipzig: Wienbrack [232+236 S.].
5. 1838. Calmar, Jansson: Der Vertraute Gustav Adolphs des Großen, während der Kriegsereignisse bei Nürnberg im dreißigjährigen Kriege. Eine kriegshistorisch-romantische Erzählung. Nürnberg/Fürth: Korn [432 S.].
6. 1844. Willkomm, Ernst: Wallenstein. Historischer Roman, Bd. 1–4. Leipzig: Kollmann [358+404+331+286 S.].
7. 1844. Herloßsohn, C[arl Borromäus Sebastian]: Wallensteins erste Liebe. Historisch-romantisches Gemälde, Bd. 1–3. Hannover: Kius [288+309+291 S.]. Wieder Tabor 1849 (Kobers Album, 4. Jg., 5–8). 3. Aufl. Prag: Kober 1864 (Herloßsohn's Historische Romane. 6). Wieder Wien 1893 (Collection Hartleben. 2. Jg., 9–11). Wieder Wien/Leipzig/Teschen: Prochaska 1895 (Die besten Romane der Weltliteratur, 5. Serie, 1–3). Wieder Teschen: Prochaska 1903 (Klassische Romane der Weltliteratur. 22–24). 3 Übersetzungen ins Tschechische (eine davon zweimal aufgelegt).
8. 1846. Herloßsohn, C[arl Borromäus Sebastian]: Die Tochter des Piccolomini. Historisch-romantisches Gemälde, Bd. 1–3. Altenburg: Pierer [310+261+286 S.]. 3. verb. Aufl. Prag: Kober 1865 (Herloßsohn's Historische Romane. 7). Wieder Wien/Leipzig/ Teschen: Prochaska 1903 (Klassische Romane der Weltliteratur. 24–26). 1 Übersetzung ins Tschechische.
9. 1847. Herloßsohn, C[arl Borromäus Sebastian]: Die Mörder Wallensteins. Historischer Roman, Bd. 1–3. Leipzig: Reichenbach [275+255+348 S.]. 2. Aufl. ebd. 1849. 3. Aufl. Prag: Kober 1865 (Herloßsohn's Historische Romane 8).
10. 1857. Burow, Julie: Johannes Kepler. Historische Erzählung. In zwei Abtheilungen (Album. Bibliothek deutscher Originalromane der beliebte-

sten Schriftsteller. XII, 20–22; 23–25). Leipzig: Kober, Prag/Wien: Kober & Markgraf [(216+254+408), 567 S.].

11. 1860. Schmeling, Carl: Wallenstein und der Spion oder: die Belagerung von Stralsund im Jahre 1826. Historischer Roman, Bd. 1–4. Berlin: Nicolai [893 S.].
12. 1863–1866. Laube, Heinrich: Der deutsche Krieg. Historischer Roman in drei Büchern. Buch 1: Junker Hans, Bd. 1–4; Buch 2: Waldstein, Bd. 1–3; Buch 3: Herzog Bernhard, Bd. 1–2. Leipzig: Haessel [(270+324+291+364 S.)+(295+282+392 S.)+(364+380 S.)]. Buch 1: 1. u. 2. Aufl., ebd. 1863. Buch 2: 2. Aufl., ebd. 1865. 2. Aufl. „Junker Hans" 1863 (ngv). 3. Aufl. à 31 Lieferungen, ebd. 1868 (Kolportage). Leipzig: Hesse & Becker 1908.
13. 1865. Wickede, Julius von: Herzog Wallenstein in Mecklenburg. Historischer Roman aus der Zeit des dreißigjährigen Krieges, Bd. 1–4. Jena/Leipzig: Costenoble [925 S.].
14. 1866. Groß-Hoffinger, [Anton Johann]: Mönch und Gräfin. Historischer Roman aus der Zeit Wallenstein's, Bd. 1–2. Berlin: Sacco Nachf. [190+164 S.].
15. 1899. Beyer, Karl: Die alte Herzogin. Roman aus der Zeit des 30jährigen Krieges. Schwerin: Bahn [402 S.]. 2. u. 3. Aufl. ebd. 1900. 4. Aufl. ebd. 1903. 7. u. 8. Aufl. ebd. 1920. 9.–11. Aufl. ebd. 1929.
16. 1909. Wille, Bruno: Die Abendburg. Chronika eines Goldsuchers in 12 Abenteuern. Jena: Diederichs [523 S.]. 9.–11. Tsd. ebd. 1910. 12.–14. Tsd. ebd. 1910. 15.–17. Tsd. ebd. 1912. 18.–20. Tsd. 1915. 21.–25. Tsd. ebd. 1919. 26.–33. Tsd. ebd. 1920. 34.–38. Tsd. ebd. 1923. Wieder Volksausgabe Jena 1941.
17. 1916. Borchart, Elsbeth: Des Weibes Waffen. Gräfin Wallenstein. Roman. Berlin: Deutsches Druck- und Verlagshaus [304 S.].
18. 1920. Döblin, Alfred: Wallenstein. Roman, Bd. 1–2. Berlin: S. Fischer [386+490 S.]. Wieder herausgegeben von Walter Muschg (Ausgewählte Werke in Einzelbänden). Freiburg i. Br., Olten: Walter 1965. 2. Aufl. Olten 1976. 3. Aufl. Olten: Walter 1980. 4. Aufl. Düsseldorf: Walter 2001. Wieder München: dtv 1983. Jubiläumssonderausg. zum 100. Geburtstag des Dichters. Olten: Walter 1977. Wieder Frankfurt a. M./Wien/Zürich: Büchergilde Gutenberg, 1978. Wieder (Werke. 2). Olten: Walter 1977. Wieder München: dtv 1989. Wieder Berlin: Rütten & Loening, 1970. Neuausgabe herausgegeben von Erwin Kobel (Kommentierte Gesamtausgabe). Ebd. 2001. Wieder München: dtv 2003. Ohne textkritischen Apparat wieder Frankfurt a. M.: S. Fischer 2008.

19. 1926. Welten, Heinz [Martin Philipsohn]: Wallenstein. Roman (Die Romane der Weltbühne. Deutsche Volksbücherei). Berlin-Schöneberg: Oestergaard [404 S.].
20. 1935. Lampel, Peter Martin: Jörg Christoph ein Fähnrich. Historischer Roman. Berlin: Herbert Fischer [313 S.].
21. 1937. Bohlmann, Gerhard: Wallenstein ringt um das Reich. Roman. Berlin: Neff [348 S.]. 21.–27. Tsd. ebd. 1943. Sonderausg. ebd. 1942. Wieder ebd. 1944. Wieder Berlin: Dt. Buchgemeinschaft 1940. Neuausg. u.d.T: Wallenstein. Berlin/Darmstadt: Dt. Buchgemeinschaft 1956. Wieder Wien/Berlin: Neff 1956. Auszug unter dem Titel: Die Entscheidung. Eine Wallenstein-Novelle (Feldpostausgabe. 2). Berlin: Neff 1943. [2. Aufl.] ebd. [1944].
22. 1937. Ellert, Gerhard [Gertrud Schmirger]: Wallenstein. Roman. Wien/Leipzig: Speidel [351 S.]. 13.–23. Aufl., ebd. 1941–1942. 30. Aufl., ebd. 1943. Neuaufl., ebd. 1952. Wieder Wien: Kremayr & Scheriau, 1968. Auszug: Wien: Gerstel 1938 (Männer machen Geschichte 6).
23. 1937. Gülcher, Edwin: Ritt durch das Schicksal. Roman. Hannover: Sponholz [251 S.]. Wieder Feldausg. Ebd. 1940.
24. 1938. Saile, Olaf: Kepler. Roman einer Zeitenwende. Stuttgart: Fleischhauer & Spohn [371 S.]. 1.–10. Tsd., ebd. 1938. 4. Aufl., ebd. 1941, 5. Aufl., 26.–37. Tsd., ebd. 1943. 8. Aufl., ebd. 1949. 54. Tsd., ebd. 1952. Wieder Wehrmachtsausg. 1944. Wieder Stuttgart: Stuttgarter Büchergilde 1946 (Jahresreihe für die Mitglieder). Neuaufl. Stuttgart: Behrendt 1946. Wieder Gütersloh: Bertelsmann-Lesering 1955.
25. 1939. Kohlhaas, Wilhelm: Mars und Skorpion. Roman. Stuttgart: Spemann [319 S.]. Wieder Berlin: Eher 1943 (Deutsche Kulturbuchreihe).
26. 1943. Schreyvogl, Friedrich: Der Friedländer. Roman um Wallenstein. Berlin: Zeitgeschichte Verlag [371+350 S.]. Wieder Wien: Andermann 1951. Wieder Wien: Dt. Buchgemeinschaft 1952. Wieder Salzburg/Stuttgart: Bergland-Buch 1959 (Österreich-Bibliothek).
27. 1953. Perutz, Leo: Nachts unter der steinernen Brücke. Ein Roman aus dem alten Prag. Frankfurt a. M.: Frankfurter Verlagsanstalt [237 S.]. Wieder 1957. Wieder (Die phantastischen Romane). Wien/Hamburg: Paul Zsolnay 1975. Als Lizenzausgabe Berlin/Darmstadt/Wien: Dt. Buch-Gemeinschaft, Gütersloh: Bertelsmann, Stuttgart: Europ. Bildungsgemeinschaft, Wien: Buchgemeinschaft Donauland 1979. Wieder München: dtv 1978. 2. Aufl. 2002. 3. Aufl. 2004. Wieder: Berlin/Weimar: Aufbau 1986. Neuausgabe herausgegeben und mit einem Nachwort von Hans-Harald Müller. Wien/Darmstadt: Paul Zsolnay 1988. 2. Aufl. 1994. 3. Aufl. 2000. Als Lizenzausgabe Berlin/Darmstadt/Wien: Dt. Buchge-

meinschaft, Gütersloh: Bertelsmann, Kornwestheim: EBG, Wien: Buchgemeinschaft Donauland, Zug/Schweiz: Buch- und Schallplattenfreunde 1989. Wieder Reinbek: Rowohlt 1990. 13.–16. Tsd. 1990. 17.–21. Tsd. 1991. 22.–26. Tsd. 1992. 27.–29. Tsd. 1993. Wieder München: Droemer Knaur 1994. 2. Aufl. 1995. Wieder herausgegeben und mit einem Nachwort versehen von Hans-Harald Müller. Illustriert vom Maler Karl Hruška (Bibliotheca Bohemica 58). Furth im Wald/Prag: Vitalis 2003. In 70 Sprachen übersetzt, darunter ins Französische (1987), Englische (1989), Tschechische (1990), Spanische (1991), Polnische (1992), Griechische (1995), Hebräische (1998) und Lettische (2003).

28. 1985. Strube, Helga/Strube, Wilhelm: Kepler und der General. Historischer Roman. Berlin: Neues Leben [274 S.]. 2. Aufl. ebd. 1987, 280 S. 3. Aufl. ebd. 1989.
29. 2005. Bekker, Alfred: Wallenstein. Roman. Nach einem Exposé v. Hajo F. Breuer (Der Mysterious. 5). Neuwied: HJB [93 S.].

II. Erzählungen

30. 1829. Tromlitz, A. von (Karl August Friedrich von Witzleben): Der Page des Herzogs von Friedland (Sämtliche Schriften 2). Dresden/Leipzig: Arnold [144 S.]. Neuausg. Dresden 1849. 6. Aufl. Leipzig 1872.
31. 1862. Lubojatzky, Franz: Wallensteins letzte Tage oder Die Mordnacht zu Eger. In: ders.: Deutsche Feierabende. Erzählungen, Bd. 5. Leipzig: C.L. Fritzsche, 1–122.
32. 1864. Schmidt, Ferdinand: Wallenstein. Geschichtliche Erzählung aus der Zeit des dreißigjährigen Krieges (Der Dreißigjährige Krieg in vier Erzählungen 2: Geschichtsbilder aus dem deutschen Vaterlande. Geschichtliche Erzählungen und Gemälde aus dem Culturleben unseres Volkes 6). Berlin: Boettcher [214 S.].
33. 1864. Schmidt, Ferdinand: Gustav Adolf. Geschichtliche Erzählung aus der Zeit des dreißigjährigen Krieges (Der Dreißigjährige Krieg in vier Erzählungen 3: Geschichtliche Erzählungen und Gemälde aus dem Culturleben unseres Volkes 7). Berlin: Boettcher [248 S.].
34. 1864. Schmidt, Ferdinand: Bis zum Westphälischen Frieden, oder: Die letzte Zeit des dreißigjährigen Krieges (Der Dreißigjährige Krieg in vier Erzählungen 4: Geschichtliche Erzählungen und Gemälde aus dem Culturleben unseres Volkes 8). Berlin: Boettcher [246 S.].
35. 1867. Pyl, Theodor: Die geheimnißvolle Begegnung. Eine Erzählung aus der Zeit von Wallensteins Belagerung von Stralsund. O. O.

36. 1882. Meyer, Conrad Ferdinand: Page Leubelfing. Novelle. In: Deutsche Rundschau 9/1, 1–29. Ab 1885 unter dem Titel: Gustav Adolfs Page. Zahlreiche Ausgaben.
37. 1908. Sommer, Fedor: Hans Ulrich. In: ders.: Hans Ulrich. Der Narr zum Briege. Zwei Novellen. Halle a.S.: Mühlmann [69 S.]. 2. Aufl. (Ausgewählte Werke 4). Kreuztal 1926. Wieder separat Halle 1917. ND Borken 1970.
38. 1917. Döblin, Alfred: Der Feldzeugmeister Cratz. In: Die Neue Rundschau 28 (1917). Wieder in: ders.: Der Feldzeugmeister Cratz. Der Kaplan. 2 Erzählungen (Weltgeist-Bücher 141). Berlin: Weltgeist-Bücher Verlags-Gesellschaft [51 S.]. Wieder in: Neue deutsche Erzähler, Bd. 1. Berlin: Paul Franke [1930]. Wieder in: ders.: Die Ermordung einer Butterblume. Sämtliche Erzählungen. Neuausgabe. Hg. v. Christina Althen (Ausgewählte Werke in Einzelbänden). Olten, Düsseldorf: Walter 2001. Wieder München: dtv 2004.
39. 1918. Flex, Walter: Wallensteins Antlitz. Gesichte und Geschichten vom Dreißigjährigen Krieg. Novelle. Hg. v. Walther Eggert-Windegg. München: Beck [122 S.]. 3. u. 4. Aufl., 6.–10. Tsd. ebd. 1918. 4. Aufl., 11.–13. Tsd. ebd. 1918. 6. Aufl., 17.–19. Tsd. ebd. 1918. 9. Aufl., 27.–30. Tsd. ebd. 1920. 10. u. 11. Aufl., 31.–36. Tsd. ebd. 1921. 50.–56. Tsd. ebd. [ca. 1927]. 57.–63. Tsd. ebd. [ca. 1927]. 68.–72. Tsd. ebd. [ca. 1930]. 73.–76 Tsd. ebd. [ca. 1939]. 77.–80. Tsd. ebd. 1940. 86.–92. Tsd. ebd. 1942. 93.–102. Tsd. Feldpostausg. ebd. 1942. 103.–111. Tsd. ebd. [ca. 1946]. 112.–121. Tsd. ebd. o. J. 122.–127. Tsd. ebd. 1960. Wieder in: Gesammelte Werke, Bd. 1. 1925. Wieder unter dem Titel: Novellen. Hamburg-Blankenese: Kröger 1949. Wieder Paderborn: Schöningh 1958 (Schöninghs moderne deutsche Textausgaben 178 [a]).
40. 1934. Zerzer, Julius: Das Bild des Geharnischten. Erzählung (Die kleine Bücherei 29). München: Langen Müller [58 S.]. 21.–25. Tsd. ebd. 1942. Feldpostausg., 26.–45. Tsd. ebd. 1942.
41. 1938. Görlitz, Walter: Hans Georg von Arnim. Historische Szene. Der Gegenspieler Wallensteins. Stuttgart: Strecker Schroeder [127 S.].
42. 1938. Kratzmann, Ernst: Kampf unter Sternen. Wien/Leipzig: Luser 1938 [124 S.]. 6.–10. Tsd. Wien: Wiener Verlag 1941. 3. Aufl. Wien ebd. 1943.
43. 1946. Zerzer, Julius: Die Himmelsrute. Erzählungen (Bellaria-Bücherei 7/8). Wien/ Zürich [197 S.].
44. 1977. Böhmer, Adolf: De grote un de lütte Wallenstein. Erzählung. Bremen: Giebel [112 S.].

Ludger Udolph

Wallenstein in der tschechischen Literatur (17.–20. Jahrhundert)

I.

Von keinem bedeutenden Mann ihres Landes wüßten die Tschechen so wenig wie von Wallenstein, schrieb Ferdinand Břetislav Mikovec 1851 im „Lumír"; es sei, als hätten die Tschechen sich damit für die Verachtung rächen wollen, die Wallenstein „‚den tölpischen böhmischen Janken'", wie er sie nannte, entgegengebracht hatte.[1] Tatsächlich setzt die Beschäftigung der Tschechen mit ihrem Landsmann in der Literatur in nennenswertem Umfang und Wert erst in der zweiten Hälfte des 19. Jahrhunderts ein. Im folgenden soll diese literarische Verarbeitung im Überblick vorgestellt werden.

Kurz nachdem Wallenstein – im tschechischen Kontext Albrecht von Waldstein – ermordet worden war, 1636, schrieb Václav František Kocmánek (1607–1679), ein Konvertit, der zu jenem Zeitpunkt bei den Jesuiten in Prag studierte, zwei Lieder auf dessen Tod. Im ersten Lied knüpft er an die allegorische Fabel im Buch Richter (9,7–15) des Alten Testaments an; die Zeder (der Kaiser) hat die Olive (Waldstein) mit hohen Ämtern betraut, die sie zunächst auch pflichtgemäß erfüllt. Die Olive bleibt der Zeder untertan, doch dann heißt es in Strophe 37, aus Stolz oder aus menschlicher Schwäche habe die Olive das Gleichgewicht zerstört. Sie habe Herr sein, den Vorrang der Zeder einnehmen wollen (Strophe 40). Die Folge ist die Zerstörung der Olive: „Abgehauen ist der Baum kläglich,/ schmerzhaft untergegangen mit der Wurzel/ mit anderen schönen und/ hellen Bäumen [...]". Der Autor ist nicht ohne Sympathie für Waldstein: „Ach, Olive, was hast du nur gedacht,/ daß du dich in einen Dornenstrauch verwandeltest!/ Ich wünsche dir diesen Fall nicht,/ ich sage die Wahrheit./ Ach, was hast du gedacht,/ daß du der

1 Mikovec, Ferdinand Břetislav: Stará píseň o smrti Waldšteinově. In: Lumír. Belletristický týdenník, Nr. 41 vom 13. November 1851, 974–978, hier 974; Hýsek, Miloslav: Bílá Hora a Valdštejn v české literatuře. In: Doba bělohorská a Albrecht z Valdštejna. Sborník osmi statí. Praha 1934, 193–206, hier 200; Rippl, Eugen: Wallenstein in der tschechischen Literatur. In: Germanoslavica 2 (1932/33) 521–544, hier 526; Wallensteins Wort von den „‚tölpische[n] böhmische[n] Janken'" zit. bei Boehn, Max von: Wallenstein. Wien/Leipzig 1926, 78.

Zeder falsch sein wolltest?"[2] Wenn der Gedanke von Waldsteins Schuld damit auch angesprochen wird, so hat Kocmánek letztlich doch keine Erklärung für den Fall seines Helden; einmal bemüht er den Topos von der unbeständigen Fortuna (Strophe 52), dann heißt es, nur Gott wisse, warum die Olive fiel (Strophe 60). Kocmáneks zweites Lied ist ein Rollengedicht, in dem der tote Waldstein seinen Fall als Exempel für die unbeständige Fortuna darstellt, bedauert, keine Gelegenheit gehabt zu haben, sich vor dem Kaiser zu erklären (Strophe 28), Gott um Gnade bittet und die Christen auffordert, für seine Seele zu beten.[3] In seinen Memoiren hat Kocmánek die Ermordung Wallensteins nicht gebilligt, denn er sei ohne Gerichtsverhandlung, also unschuldig, hingerichtet worden.[4]

Als Verehrer Wallensteins zeigte sich sein Patenkind, der Jesuit Bohuslav Balbín (1621–1688); in seiner Geschichte des von Wallenstein gegründeten Jesuitenkollegs von Jičin hat Balbin eine „Haus-Sage" tradiert, die er selber als Kind vielleicht einmal gehört und wohl nie bezweifelt hat: Jan Kavka z Říčan und Veit Pachta S.J. hätten den zarten Wallenstein den Böhmischen Brüdern entrissen und in die Obhut der Jesuiten in Olmütz gegeben, wo er dann den wahren Glauben angenommen habe. Das wäre dann 1597 gewesen, tatsächlich aber ist Wallenstein 1606 oder 1607 in aller Stille konvertiert.[5]
Für Jan Jeník z Bratřic (1756–1845) ist Wallenstein ein Verräter, aber nicht des Kaisers, sondern seines Vaterlandes und des tschechischen Volkes. Um die Tschechen unterdrücken zu können, so schreibt der ehemalige Jesuitenschüler, habe er sich mit den Jesuiten verbunden, mit denen zusammen er zu den größten Feinden des Volkes gehörte. Bei seinem Tod hätte jeder echte Tscheche sagen können: „‚Waldstein ist des Mitleids nicht würdig, denn er hat uns verraten und sich beeifert, uns, seinen Landsleuten [vlastenci], die schwersten Fesseln zu schmieden'."[6] In Jeníks Argumentation verbinden sich

2 Volf, Josef: Dvě písně o zavraždění Valdštýna. In: Časopis musea království českého 86 (1912) 158–168, hier 161.

3 Ebd., 163–168; Erstdruck des Liedes bei Mikovec: Píseň, 976–978; in seinem Kommentar zu diesem Lied sieht auch der Prämonstratenser Evermod Jiří Košetický (1639–1700) Fortuna als die Schuldige an (ebd., 975f.)

4 Tvrdík, Milan: „A zmaten přízní stranickou i nenávistí, kolisá jeho obraz v historii". Valdštejn v Schillerově dramatu a u českých historiků. In: Schiller, Friedrich: Valdštejnova smrt. Vydalo Divadlo na Vinohradech k premiéře hry Fr. Schillera Valdštejnova smrt, dne 12. listopadu 1999. Praha 1999, 211–221, hier 217; Tichá, Zdeňka: Václav František Kocmánek. In: Lexikon české literatury 2/2 (1993) 756–758.

5 Mann, Golo: Wallenstein. Frankfurt a. M. [3]1971, 19f.

6 Tvrdík: Valdštejn, 217; Otruba, Mojmír: Jan Jeník z Bratřic. In: Lexikon české literatury 2/1 (1993) 496–498; Rippl: Wallenstein 524f.

die antiklerikale josephinische Aufklärung, ein nationaler und ein sozialer Gedanke in der Kritik am ‚Volks'- oder auch ‚Klassenfeind'.

II.

Erste künstlerische Gestaltung hat Wallenstein in der tschechischen Lyrik erfahren, und zwar in Jan Kollárs panslavischer *Divina Commedia* „Slávy dcera", wo ihm Sonett Nr. 18 in Teil IV, „Lethe" (bei Kollár der slavische Himmel), zugedacht ist. Er ist von Dunkel und Nebel verdüstert, sein Blick ist in die Sterne gerichtet und scheint einen Plan zur Unterwerfung der ganzen Welt zu schmieden. Er ist ‚eingedeutscht', den Tschechen also entfremdet, er hat einen deutschen Namen, ist zwar ein großer Soldat, aber „ein kleiner Böhme" (malý Čech), der fremden Interessen dient (cizincuje).[7]

Ist es bei Kollár das reflexive Sonett, das die Gestalt Wallensteins erfaßt, so ist es bei den Dichtern der letzten Jahrzehnte des 19. Jahrhunderts die Ballade und das erzählende Gedicht. Nur als Randfigur erscheint Wallenstein in Karel Kučeras (1854–1915) zum Stoffkreis der Exulanten gehörenden erzählenden Gedicht „Kristina Poňatovská" (1883), wo die Titelheldin der Fürstin Waldstein den gewaltsamen Tod ihres Mannes voraussagt, da dieser den harten kaiserlichen Kurs der Verfolgung der Böhmischen Brüder mittragen will.[8] In Eliška Krásnohorskás (1847–1926) Dichtung „Keplerův hřích" (Keplers Sünde, 1889) verrät Kepler aus wirtschaftlicher Not, aus Angst vor Verfolgung und Folter seine Wissenschaft und unterwirft sich dem tyrannischen und abergläubischen Wallenstein: „Mit plötzlicher Überzeugung,/ als ob er gehetzt wäre vom Schwarm höllischer Fratzen,/ eilt er in die Nacht mit hastigem Schritt Waldstein nach,/ und als er ihn erreicht hat, sagt er erschöpft: ‚Herr, bleib stehn!/ Es gibt die Einflüsse der Dämonen, es gibt die Einflüsse der Sterne!/ Was zwischen Himmel und Erde ist,/ das beherrscht mit starkem Geheimnis, das dem Glauben unermeßlich/ und der Wissenschaft unerforschlich ist, die Welt;/ es ist etwas Blindes, Hartes, Stumpfes,

7 Kollár, Jan: Sláwy dcera. Báseň lyricko-epická w pěti zpěwích. S přidawkem básní drobnejších. Wydání obnowené a rozmnožené. Wien 1852, Nr. 408; Hýsek: Bílá hora, 200; Rippl: Wallenstein, 526; zur Slávy dcera vgl. Murko, Matthias: Deutsche Einflüsse auf die Anfänge der böhmischen Romantik. Mit einem Anhang: Kollár in Jena und beim Wartburgfest. Graz 1897, 207–238.

8 Kučera, Karel: Kristina Poňatovská. In: Básně (1883) 113–126, hier 120; Rippl: Wallenstein, 534f.

Verräterisches,/ was das Schicksal der Menschen, mein Schicksal, schmiedet!/ Komm, ich will dir aus den Sternen weissagen, ich bin bereit zur Arbeit!'/ Und Waldstein sieht, wie Kepler, nachdem er diese Kunde/ ausgesprochen hat, ihm düster zu Füßen fällt."[9]

Jaroslav Vrchlický (1853–1912) verbindet in seiner Ballade „Mandragora" den Wallenstein-Stoff mit Rudolf II. Im Lager vor Nürnberg (31. Januar 1632) bekommt Waldstein von einem Trödeljuden eine Mandragora.[10] Damit ist die Verbindung zur Dämonologie des ‚magischen Prag' hergestellt; auch der fremdartige Trödel des Juden evoziert noch die rudolfinischen Wunderkammern auf der Prager Burg. Der Jude erzählt die Geschichte der Mandragora: Nach Rudolfs Tod habe Thrudacias (deren männlicher Teil) seine Marion (den weiblichen Teil) getötet und sei dann selber gestorben. Waldstein birgt die Mandragora an seiner Brust. Die Erzählung hat in ihm die Sehnsucht nach Böhmen geweckt, wo er nun König werden will. Als er gedankenverloren seine Arme ausstreckt, blitzt es auf, und Waldstein fühlt eine Wunde an seiner Brust. Mantel und Leibrock sind von einem Dolch durchbohrt. Waldstein holt die Wurzel hervor: Thrudacias ist von Blut gerötet, auf der Mandragora zeigt sich der Abdruck eines Dolches – Thrudacias ist erst jetzt gestorben.[11] Sein Tod verweist auf das gewaltsame Ende Waldsteins selbst, das ihn wegen des Verrats ereilen wird.

Adolf Heyduk (1835–1923) hat Wallenstein mehrfach zum Gegenstand von Balladen gemacht. „O Valdštýnovi" (Von Waldstein, 1899) handelt nach der Schlacht bei Sablat am 10. Juni 1619, also vor Wallensteins Aufstieg. Zentrum der Ballade ist das dramatische Gespräch zwischen Waldstein und einer blinden Bäuerin, der hier der Part einer Prophetin und Stimme des tschechischen Volkes zugewiesen ist. Sie hat in der Schlacht ihren Sohn verloren. Sie ruft Waldstein auf, das Land nicht zu verwüsten, sondern mit Pflug und Spaten zu bearbeiten: „Hole Brot aus jener Erde, die du mit Krieg vernichten willst." Sie sagt ihm seinen Aufstieg und Fall durch Verrat seiner Vertrauten voraus, auch sein Haupt werde nicht zu Hause ruhen können.

9 Krásnohorská, Eliška: Keplerův hřích. In: Zvěsti a báje (1916) 66–74, hier 74; Hýsek: Bílá hora, 202.

10 *Mandragora officinarum*, Gemeine Alraune; giftige Heil- und Ritualpflanze (Zaubermittel); die oft gegabelten Pfahlwurzeln erinnern an menschliche Beine. Rudolf II. besaß eine umfangreiche Sammlung von Alraunen, die als männliche (Marien) und weibliche (Thrudacias) existierten. Vgl. Dostálek, Petr: Tajemná Mandragora. In: bio 3 (2009) 12f. – In Vrchlickýs Ballade sind die Namen der Geschlechter vertauscht.

11 Vrchlický, Jaroslav: Mandragora. In: Nové zlomky epopeje (1895) 213–217; zum ‚magischen Prag' vgl. Schmitz, Walter/Udolph, Ludger (Hg.): Tripolis Praga. Die Prager Moderne um 1900. Dresden 2001, 162–198.

Als Waldstein das Gespräch abbricht und der Frau ein Geldstück auf den Tisch legt, wirft sie es ihm nach und nennt ihn einen Räuber. Waldstein läßt die Hütte mit der Frau anzünden. Sein Schicksal vollzieht sich aber wie von der Bäuerin vorausgesagt, am Ende werden Kopf und ein Arm der Leiche Beute der Schweden.[12] Der wahre Glaube der Bäuerin steht hier gegen den falschen Sternenglauben Wallensteins. Seine Schuld ist sein Abfall von seinem eigenen, dem tschechischen Volk, seine Verbindung mit den Fremden und sein Soldatenleben. Die Balladen „Chebský kvas" (Das Gelage in Eger) und „Valdštýn" erzählen in dramatischer Weise die Ermordung von Trčka, Ilov und Vchynský sowie die von Waldstein selbst. Thematisiert werden hier Bereicherung und Verrat. In Strophe I von „Chebský kvas" sagt Gallas zu Gordon, Waldstein sei ein Verräter, in Strophe X rufen Trčka und Vchynský Waldstein zum König von Böhmen aus, was Butler mit „Ej, zmije" (Ei, die Schlangen) kommentiert. Am Ende nennt Butler die Mörder, die er anführt, selber „Verräter" (Strophe XVII). Waldstein jedoch wird als ahnungsloses Opfer eines Komplotts gezeigt, von Verrat am Kaiser kann bei ihm keine Rede sein: „‚Ei, Buttler als Verräter?' ‚Eher bist du es!' ‚Was willst du?' ‚Das Leben sollst du lassen!' ‚Und warum?' ‚Du willst in Böhmen König sein und hast mit den Schweden paktiert!' – ‚Ich?... Trčka, Kinský! – Wo ist mein Gefolge?' ‚Die habe ich schon vorher niedergestochen!' ‚Und wer hat dich geschickt?' ‚Der Kaiser!' ‚Du lügst!' ‚Wozu streiten!' ‚Sprich!' ‚Deveroux, vorwärts!' ‚Fort von mir!' ‚Stich, Deveroux!...' ‚Sobald du dich nur rührst!...' und Wallenstein hob seine Klinge."[13] Heyduks „Chebští vrahové" (Die Mörder von Eger) variieren das Thema von „Chebský kvas". Butler reitet gemeinsam mit den zwar ahnungslosen, aber von dunklen Vorahnungen erfüllten drei Getreuen Waldsteins, die ihn auch hier zum böhmischen König ausrufen (Strophen XXV, XXVI), damit also den Vorwurf des Verrats durchaus wahrscheinlich machen. Das Gedicht endet mit Butlers Toast auf Kaiser Ferdinand.[14]

Josef Svatopluk Machars (1864–1942) „Valdštýn" ist eine in Blankversen abgefaßte, fiktive Relation vom 30. März 1634 des Jaroslav z Martinic (1625–1638 böhmischer Oberstlandkämmerer) an Vilém Slavata (1628–1652 böhmischer Oberstkanzler) über das Verhör des (wohl fiktiven) italienischen Mathematikers Lambertini aus Wallensteins Gefolge. Sie zeigen sich als die treuen Freunde des Kaisers in Wien, die Waldstein als Verräter denunzieren,

12 Heyduk, Adolf: O Valdštýnovi. In: Zpěvy pošumavského dudáka 3 (1899) 38–47; Hýsek; Bílá hora, 203.

13 Heyduk, Adolf: Chebský kvas, Valdštýn. In: V zašeru minulosti (1900) 144–150, hier 149f.; deutsche Übersetzung bei Rippl: Wallenstein, 535; Hýsek: Bílá hora, 203.

14 Heyduk, Adolf: Chebští vrahové. In: Východ a Západ (1906) 87–93.

die tschechischen Kollaborateure, die ihren Nutzen aus seiner Katastrophe ziehen. Sicher nicht zu Unrecht hat Rippl hier einen Ausdruck von Machars antiösterreichischem Ressentiment gesehen.[15]

III.

Im letzten Viertel des 18. Jahrhunderts kam es in Prag zur allmählichen Herausbildung eines tschechischen Theaters; seit 1771 spielte man im Kotzentheater, seit 1785 dann in dem zwei Jahre zuvor errichteten „Königlichen altstädter Nationaltheater" am Gemüsemarkt auch tschechische Dramen, wozu ein eigenes Repertoire geschaffen werden mußte.[16] Bei der Einrichtung eines Theaters als nationaler Erziehungs- und Bildungsanstalt beriefen sich die Tschechen auch auf Schiller, dessen Schrift „Was kann eine gute stehende Schaubühne eigentlich wirken" von 1785 in der Übersetzung von Prokop Šedivý 1793 in Prag erschien – allerdings ohne die Nennung von Schiller.[17] Es war zunächst ein deutsches Wallenstein-Drama, das in Prag zur Aufführung kam. Karl Guolfinger Ritter von Steinsberg (um 1757–1806) führte am 1. Juni 1780 sein „ganz neues, vaterländisches, heroisches Trauerspiel in fünf Aufzügen: Denkmal der Tapferkeit und des Heldenmuths der Böhmen. Albrechten Herzogen von Friedland errichtet von einem edlen Patrioten" auf. Weckung des patriotischen Stolzes mithilfe der „Strahlen der Vernunft" scheint der Zweck dieses Trauerspiels gewesen zu sein. Guolfinger ist gewiß, „‚daß es eben so gut ein Denkmal ist, in das Herz meiner Landsleute einige Züge von seiner Grösse, als seinen grossen Namen in ein Stück kalten Marmors zu graben'". Und zum Schluß heißt es auf dem Theaterzettel: „Das Fest, welches wir morgen zur Ehre der böhmischen Nation begehen, soll herrlich[,]

15 Machar, Josef Svatopluk: Valdštýn. In: Apoštolové (1911) 208–219; Hýsek: Bílá hora, 203; Rippl: Wallenstein, 535.

16 Černý, František (Hg.): Divadlo v Kotcích 1739–1783. Nejstarší pražské divadlo. Praha 1992; Česká divadla. Encyklopedie divadelních souborů. Praha 2000, 147f. (s. v. Divadlo v Kotcích), 457–465 (s. v. Stavovské divadlo); Mašek, Petr/Hajšman, Vladimír: František Antonín Nostic-Rieneck. In: Jakubcová, Alena (Hg.): Starší divadlo v českých zemích do konce 18. století. Osobnosti a díla. Praha 2007, 432–435.

17 Schiller, Friedrich: Krátké pojednání o užitku, kterýž ustavičně stojící a dobře spořádané divadlo působiti může. Übersetzt v. Prokop Šedivý. Praha 1793. Zu Schiller als Vorlage vgl. Spina, Franz: Zu Prokop Šedivýs Büchlein über das Theater (1793). In: Archiv für slavische Philologie 29 (1907) 105–109; zu Šedivý vgl. Kusáková, Lenka: Prokop Šedivý. In: Lexikon české literatury 4/1 (2008) 576–578.

soll groß seyn, den[n] der Dichter hat mehr geleistet, als man nur immer erwarten konnte, in jeder Rede wird man den Meister finden, und überzeugt werden: daß Böhmen nicht allein die Mutter grosser Helden, sondern auch grosser Dichter ist."[18] Neun Jahre später, 1789, brachte der aus Prag gebürtige Johann Nepomuk Komareck (um 1760–1819), zu dieser Zeit noch Mitglied von Secondas Theatertruppe in Dresden, auf eigene Kosten im Selbstverlag sein Schauspiel „Albrecht von Waldstein" heraus (^{2}1793). Es ist dem Stadtrat von Eger gewidmet; es geht um Ehre, Treue und Patriotismus, der „relativ sympathisch" aufgefaßte Waldstein kämpft hier gegen Priestertrug und weibliche Intrigen.[19] Vielleicht ging das tschechische Drama „Albrecht Wácslaw z Waldšteina, wéwoda Frydlandský, wlastenská smutnoh[ra] w 4 jedn." von 1790 auf diese Vorlage zurück;[20] es stammt von Václav Thám (1765–1816), dem Begründer der neueren tschechischen Dramenliteratur, der damals als Schauspieler, Dramaturg und Regisseur an dem von ihm mitbegründeten „k. k. priv. vaterländischen Theater im Hybernergebäude" wirkte. Tháms Text ist allerdings nicht erhalten.[21]

Schillers Wallenstein war die österreichische Zensur nicht sonderlich wohlgesonnen; im Mai 1814 etwa wurde am Ständetheater die deutsche Aufführung von „Wallensteins Lager" und „Wallensteins Tod" verboten.[22] Im Vormärz besserte sich die Situation. Jedenfalls erschien 1825 im „Čechoslav" Simeon Karel Macháčeks (1799–1856) Übersetzung der Szene „Wallensteins Tod" II.2, in der Wallenstein Max Piccolomini seinen Plan eröffnet, mit dem kaiserlichen Heer gegen den Kaiser zu ziehen, wofür er von Max „Verräter" genannt wird.[23] Am 20. Dezember 1840 kam im Ständetheater dann erstmals „Valdštejnova smrt" in der Fassung des tschechisch-deutschen Schauspielers Josef Jiří Kolár (1812–1896) zur Aufführung; anders als die in derselben Saison aufgeführten tschechischen „Räuber" fiel der „Wallenstein" allerdings

18 Die Zitate nach dem Abdruck des Theaterzettels in Černý: Divadlo, XXXI (Nr. 56); zu Guolfinger vgl. Vávra, Jaroslav: K. Fr. Guolfinger rytíř Steinsberg. Ebd., 239–259, hier 243; Jakubcová: Starší divadlo, 212–215.

19 Jakubcová: Starší divadlo, 296–299, hier 297.

20 So verzeichnet in Jungmann, Josef: Historie literatury české aneb saustawný přehled spisu [sic] českých s krátkau historií národu, oswícení a jazyka. Praha ^{2}1849, 407.

21 Zu Thám vgl. Kusáková, Lenka: Václav Thám. In: Lexikon české literatury 4/1 (2008) 896–899.

22 Vondráček, Jan: Dějiny českého divadla. Doba obrozenská 1771–1824. Praha 1956, 368.

23 Drews, Peter: Tschechische Übersetzungen deutscher Belletristik 1771–1900. Dresden 2007, 249 (Nr. 1929); Holub, Dalibor: Simeon Karel Macháček. In: Lexikon české literatury 3/1 (2000) 43–45; der Čechoslav, eine „Volkszeitschrift für die Veredlung von Herz und Gedanke", war eine für die breite tschechische Leserschaft bestimmte Wochenschrift.

durch.[24] Kolár hat seine Übersetzung in der Folge überarbeitet, seine Wallensteintrilogie erschien 1866/67 als Band 2 und 3 in „Schillerová dramatická díla" (Schillers dramatische Werke) in Prag. Kolárs Übersetzung ist mehrfach gespielt worden, so „Valdštejnova smrt" schon 1866 in Pilsen.[25]

In der böhmischen Provinz spielte seit 1863 die Truppe von Josef Emil Kramuel, 1868 errichtete er in der Nähe des Ausflugslokals Kravín in den Königlichen Weinbergen ein hölzernes Theater für 800 bis 1.000 Zuschauer, die „Aréna v Kravíně" (Arena im Kravín) als Sommertheater; gespielt wurden „Valdštejnův tábor" und „Valdštejnova smrt". Als Kramuel die Aréna 1878 an den Theaterunternehmer Jan Pištěk verkaufte, der sie seit 1900 als ganzjähriges Theater führte, blieb „Valdštejnova smrt" im Programm. Die kurzlebige Theatertruppe von Bedřich Jeřábek (1909–1914) spielte in Mähren und Südböhmen, 1910 auch für die Tschechen in Wien. Zum Repertoire gehörte „Valdštejnova smrt". Im Nationaltheater gab Jaroslav Kvapil (1868–1950) den „Wallenstein" 1909 in einer von ihm besorgten Kürzung für einen Abend, 1913 studierte er die Trilogie im Pilsner Stadttheater ein. 1942 gab man in Brünn in den Kammerspielen „Radosti ze života" (Freude am Leben) den „Wallenstein" in einer Inszenierung von Rudolf Walter, Professor am Konservatorium, für eine Abendvorstellung.[26]

---

24 Vondráček, Jan: Dějiny českého divadla. Doba předbřeznová 1824–1846. Praha 1957, 282f.

25 Česká divadla 73; in Pilsen gab es seit der Saison 1865/66 ein ständiges tschechisches Theaterrepertoire, nach dem Nationaltheater (Národní divadlo) in Prag war damit das zweite ständige tschechische Theater entstanden. Sein Chef war Pavel Švanda ze Semčic st., der auch das Prager Nationaltheater leitete (ebd., 72). Erwähnt werden soll Friedrich Smetanas Interesse an der Figur des Wallenstein: 1859 veröffentlichte er als op. 14 die sinfonische Dichtung „Valdštejnův tábor". Nejedlý vermutet, daß er die erste Anregung dazu 1839 in Prag bekommen haben könnte, als die Unternehmerin Elisabeth Rösler dort eine Reihe von Panoramen ausstellte, historische Szenen, schöne Landschaften, Szenen aus Opern und Dramen, darunter eben auch das Leben der Soldaten in Wallensteins Lager. Vgl. Nejedlý, Zdeněk: Bedřich Smetana, Kniha pátá. Praha. Praha 1952, 135. Smetanas Wallenstein ist Teil einer Trilogie musikalischer Charakterstudien, wozu noch Richard III. (op. 11) und Hakon Jarl (op. 16) gehören. Hingewiesen sei ferner auf die große interpretatorische Studie „Goethes Egmont und Schillers Wallenstein. Eine Parallele der Dichter" (Stuttgart 1862) von Franz Thomas Bratranek. 1815 als Sohn eines tschechischen Vaters und einer deutschen Mutter geboren, wuchs er zunächst tschechisch auf; 1843 Eintritt in das Augustinerkloster in Altbrünn; 1839 Dr. phil. in Wien, 1841 bis 1843 Assistent an der Universität Lemberg, seit 1844/45 Lehrer in Brünn. 1851 außerordentlicher, 1853 ordentlicher Professor für Deutsch an der Universität Krakau, 1881 im Ruhestand, bis zu seinem Tod 1884 im Kloster in Altbrünn. Vgl. Seidler, Herbert: Österreichischer Vormärz und Goethezeit. Geschichte einer literarischen Auseinandersetzung. Wien 1982, 401–433.

26 Die Angaben nach Česká divadla, 218, 387f., 191f., 213, 321.

In dieser Zeit druckte auch der katholische Dichter Václav Renč (1911–1973), der damals zurückgezogen in Freistadl bei Zlin lebte, seine Bearbeitung der „Piccolomini“ und von „Wallensteins Tod“ bei Melantrich in Prag.[27] Anders als Kvapil 1909 hat Renč „Wallensteins Lager“ ganz gestrichen; aus „Piccolomini“ und „Wallensteins Tod“ hat er ein fünfaktiges Drama geschaffen, das, so Renč, den Charakter der Tragödie deutlich hervortreten lasse.[28] 1958 legte dann der Jurist Vladimír Šrámek (1893–1969), der sich als Übersetzer aus dem Griechischen, Lateinischen, Hebräischen und Deutschen einen Namen gemacht hatte, seine vollständige Übertragung der gesamten Trilogie vor.[29]

IV.

1864 hatte Jan Neruda gegen die Aufführung von „Valdštejnův tábor“ protestiert, scheine doch das Repertoir des tschechischen Theaters deutscher zu sein als das deutsche Theater. Auch Ladislav Stroupežnický war gegen die Aufführung von Schillers Drama, denn um den tschechischen Waldstein zu empfinden, müsse man eigene tschechische Dramen schreiben.[30] Dies hatte schon 1855 Václav Kliment Klicpera (1792–1859) mit seinem „Lazebník“ (Der Bader) versucht. Es handelt sich dabei um die Dramatisierung der Erzählung „Alles ist möglich“ des Dresdner Vielschreibers Karl Adolf von Wachsmann (1787–1862). Die Handlung spielt 1633 in Jičin, Friedland und Niederschlesien. Dargestellt ist einmal das Schicksal des Christoph von Roedern (Redern), dessen Besitz Friedland Waldstein an sich gebracht hat (bei Klicpera kommt Roedern zurück, um seinen vergrabenen Schatz zu heben), und die Liebesgeschichte des Baders Viktorin Bergmann und der Veronika. Viktorin hat von Waldstein den Auftrag bekommen, seinen ehemaligen Wohltäter Roedern festzunehmen, was der jedoch verweigert. Waldstein erkennt schließlich seinen Irrtum, verzeiht dem Bader seine Festigkeit und Treue und läßt ihn Medizin

27 Schiller, Friedrich: Valdštýn. Přeložil a pro jednovečerní upravil Václav Renč. Praha 1944 (209 S.); Med, Jaroslav: Václav Renč. In: Lexikon české literatury 3/2 (2000) 1232–1234; Schamschula, Walter: Geschichte der tschechischen Literatur, Bd. 3: Von der Gründung der Republik bis zur Gegenwart. Köln/Weimar/Wien 2004, 334–339.

28 Schiller: Valdštýn, 207; Renč verweist auf das Berliner Bühnenmanuskript des Wallenstein von 1799, in der das Drama einen ganz anderen Aufbau aufweist als in der gedruckten Fassung.

29 Schiller, Friedrich: Valdštejn. Marie Stuartovna. Panna Orleánská. Praha 1958, 15–347.

30 Hýsek: Bílá hora, 200f.

studieren.[31] Das war sicher nicht das Drama, das Neruda und Stroupežnický vorschwebte, und es sollte noch einige Zeit dauern, bis tschechische Autoren sich an dem Stoff mit tragischem Anspruch auf der Bühne versuchten.

Es waren, wie Hýsek vermutet, die historischen Arbeiten von Anton Gindely (1829–1892) zum Ständeaufstand, die seit den siebziger Jahren des 19. Jahrhunderts nun auch die Aufmerksamkeit mehrerer Schriftsteller auf diesen Stoff lenkten.[32] Von Ladislav Stroupežnický (1850–1892), damals Redakteur und kleiner Angestellter an einer Prager Versicherung, erschien 1877 das historische Schauspiel „Černé duši" (Schwarze Seelen), dessen Stoff der Untergang der Adelsfamilie Smiřický ist.[33] Stroupežnický zeigt uns den jungen Waldstein, der schon zur Zeit des „Winterkönigs" von dessen Vertreibung und von seiner eigenen Königswürde träumt. Nur zweimal tritt er im Drama auf; einmal in I 7, 8, wo er der geliebten Markéta Smiřická die böhmische Königskrone verspricht, wenn sie seinen Aufstieg zu finanzieren bereit ist, womit er den Anstoß zu den nun folgenden Verbrechen gibt, und in V 1–3, wo er sie, als alle ihre Intrigen und Pläne gescheitert sind, mit dem harten Wort: „Frau, du gehörst der Hölle!" verläßt.[34] Nach Rippl ist ihre „Hab- und Machtsucht" die Triebfeder des Dramas. „Diese außerhalb von Gut und Böse stehende, leidenschaftliche Frau strebt nach der Königskrone. Sie erwartet, daß ihr diese Krone Albrecht von Waldstein, den sie liebt, aufs Haupt drücken werde."[35] Offenbar ist sie als eine tschechische Lady Macbeth konzipiert. In Kolárs Drama „Smiřičtí" (Die Smiřickýs) 1881 will sich Waldstein Jičins bemächtigen und den Besitz der Familie erhalten; schließlich fallen die Güter ihm auch zu, und er kann seine Machtposition darauf begründen. Der machtbesessene und

31 Klicpera, Václav Kliment: Lazebník. Činohra v pateru dějství. 1855–1858. In: Soubor spisů, Díl II: Dramatické práce vážné. Praha 1907, 383–416; Justl, Vladimír: V. K. Klicpera. Praha 1960, 123f.; Hýsek: Bílá hora, 200; Rippl: Wallenstein, 528.

32 Hýsek: Bílá hora, 201; Gindely, Antonín: Dějiny českého povstání léta 1618, Bd. 1–2. Praha 1870–1880. Im Wettbewerb zur Eröffnung des Nationaltheaters sollen auch ein Libretto und ein Drama zum Wallenstein-Stoff eingereicht worden sein, aber weder Autoren noch Texte scheinen bekannt zu sein. Vgl. Hýsek: Bíla Hora, 201.

33 Den Stoff vom Untergang der Smiřický hatte schon Václav Alois Svoboda († 1849) in seinem Drama „Eližbeta, poslední z rodu Smiřických" behandelt; die Handschrift ist wohl verloren. Vgl. Rippl: Wallenstein, 529; Petrbok, Václav: Václav Alois Svoboda. In: Lexikon české literatury 4/1 (2008) 483–487; zu den historischen Ereignissen vgl. Mann: Wallenstein, 174–187.

34 Stroupežnický, Ladislav: Černé duše. Drama v pěti jednáních. Praha 1878 (Divadelní Biblioteka 156), 74.

35 Rippl: Wallenstein, 528f.; Kamper, Jaroslav: Ladislav Stroupežnický, jeho život a dílo. Dílo L. Stroupežnického. Práce doby přípravné. II. In: Časopis musea království českého 74 (1900) 435–447, hier 437–440.

habgierige Waldstein selber ist auch hier an der Handlung kaum beteiligt; wir sehen ihn nur einmal mit Kateřina, wo er erfolglos versucht, die Reichtümer und Immobilien der Smiřickýs an sich zu bringen (III 7), und dann im letzten Auftritt (V 10), wo ihm nach dem Selbstmord des letzten Smiřický das Erbe von allein zufällt. Er hat das letzte Wort: „Ich bin nun Herr/ aller Herrschaften der Smiřický, und in diesem Gelingen/ will die die Bahn betreten, die mit der Palme/ ruhmvoller Eroberungen geschmückt ist."[36]

Zu František Ducheks Drama „Blažej Grispek" (Blasius Grispek, 1880) schreibt Rippl: „Ducheks größtenteils im Schillerschen Stile gehaltenen Dramen wurden seinerzeit in der tschechischen Provinz mit Erfolg aufgeführt, darunter auch ein unveröffentlichtes Drama ‚Valdštýn'. In unserem Stück enthüllt Wallenstein, der zugleich mit Grispek nach der böhmischen Krone strebt, in listiger Weise die Pläne seines Gegners und bringt ihn zu Falle. Grispek wird das Opfer seines Verrates."[37] Josef Jiří Stankovský (1844–1879) schließlich hat den Wallenstein-Stoff zu einem kurzweiligen Einakter à la Scribe verarbeitet: „Malý král" (Ein kleiner König, 1881).[38] Ort ist Wallensteins Palais in Prag, die Zeit das Jahr 1631. Die Tochter des Grafen Matthias Thurn verschafft sich mit falscher Identität als Xenie Zugang zu Waldstein, um ihm als Patriotin und Protestantin, die an der Verelendung ihrer Heimat leidet, gegen den Kaiser auf die Seite der Exulanten zu ziehen (27). Xenie ist durch Liebe verbändelt mit Jiří z Terklasu, einem Exulanten in sächsischen Diensten, der dem sich als Graf Pavel z Lichtensteina ausgebenden Waldstein die Pläne des sächsichen Kurfürsten verrät, ihn für seine möglichen Dienste mit der böhmischen Krone zu belohnen. Waldstein ist vorsichtig; der Kurfürst biete ihm etwas an, was er bisher noch nicht habe und erst noch stehlen müsse: „Ich danke für so ein Geschenk, ich werde nichts überstürzen" (22). Eher sagt ihm Xenies Vorschlag zu. „Ich verbinde mich weder mit dem Kaiser noch mit dem Kurfürsten, umso weniger als ich von ihnen Kronen annehme. Nur das Volk,

---

36 Kolár, Josef Jiří: Smiřičtí. Historické drama o čtyřech jednáních. Praha 1887, 128; Hýsek: Bílá Hora, 201f.; zur Abhängigkeit Kolárs von Stroupežnický vgl. Kamper, Jaroslav: Josef Jiří Kolar [sic]. In: Obzor literární a umělecký 4 (1902) 191f., 292f.; beider Quelle ist Skála ze Zhoře, Pavel: Historie česká od r. 1602–1623. Hg. v. Karel Tieftrunk, Bd. 3. Praha 1867.

37 Rippl: Wallenstein, 538. Duchek wurde 1840 in Zákolany geboren, war Bahnbeamter und schrieb Dramen, Libretti und Musik zu Opern. „Blažej Grispek" existiert, da es als nationales Erbe geführt wird, nur als nicht ausleihbares Archivexemplar in der Prager Nationalbibliothek. Für die Mitteilung bin ich Frau Dr. Anne Hultsch zu Dank verpflichtet.

38 Stankovský, Josef Jiří: Divadelní hry, Sv. 1: Malý král. Historická veselohra v jednom jednání [...]. Praha 1881, 1–32; Hýsek: Bílá Hora, 202; Rippl: Wallenstein, 530; Lantová, Ludmila: Josef Jiří Stankovský. In: Lexikon české literatury 4/1 (2008) 334–337.

nur die tschechischen Exulanten können mir das kostbare Geschenk antragen, wenn sie es nicht erst noch erwerben müßten. [...] Aber ich werde die Gunst der Fürsten oder des Kaisers nicht erbetteln, doch mit Hilfe des Volkes werde ich mir die böhmische Krone selber aufs Haupt setzen" (31). Hier ist Wallenstein also ein Volkskönig; vorerst aber will er auf seinem Schloß in Jičin abwarten, schweigen, leben und leben lassen. „Ich bleibe wie bisher – ein kleiner König!" (32). Unter so vielen patriotischen Protestanten hat der kaisertreue Graf Julius Hardek, der Befehlshaber der Palastwache, keinen guten Stand; er wird am Ende zum Stallknecht in Friedland degradiert, seine Stelle bekommt Jiří. Die komische Figur des Dramas ist der französische Gockel Herr von Bassompierre, der natürlich nur auf amoureuse Abenteuer aus ist; ihn ernennt Waldstein wegen seines „grenzenlosen Scharfsinns" zum Oberaufseher der Küche und der Speisekammern in Friedland (30).

In Vrchlickýs im Jahr 1634 in Zittau und Pirna spielendem Drama „Exulanti" (Die Exulanten, [1]1886, [2]1901) wird Sezima Rašín von Berka z Dubé beschuldigt, Waldstein an den Pater Lamormaini verraten zu haben, wodurch der Hof in Wien Kenntnis von seinen schwedischen Verbindungen erhielt. Sezimas Verrat führte zu Waldsteins Fall. Er verteidigt sich mit dem Hinweis auf seine infame Behandlung durch Waldstein, für die er sich rächen wollte.[39] In Irma Geisslovás (1855–1914) Einakter „Valdštýn v Jičíně" (Waldstein in Jičin, 1889) hat Waldstein zunächst den Plan, in Jičin ein Zentrum religiöser Toleranz entstehen zu lassen; als er am Ende trotz aller Bitten den jungen Deserteuer Kazimíř Muška hinrichten läßt, wird ihm von dessen Braut Natalie „unter wahnsinnigem Lachen" sein gewaltsamer Tod prophezeit.[40]

Die Handlung von Viktor Dyks (1877–1931) Drama „Posel" (Der Bote, 1907)[41] spielt im November 1620 auf dem Landgut des Tomáš Roh, eines überaus gottesfürchtigen, frommen, strengen und sündenbewußten Mannes, der in Bälde die Geißel Gottes für den Hochmut der verdorbenen Menschen erwartet. Im Kern geht es um einen Generationskonflikt: Die Tochter des Hauses, Anna, will dem bigotten und bedrückenden Milieu entfliehen, wozu ihr der fremde – und auch ein bißchen rätselhafte – Bote schließlich auch

39 Vrchlický, Jaroslav: Exulanti. Drama o pěti jednáních. Třetí vydání. O. O. u. J., 203f., 214f.; Hýsek: Bílá hora, 201. Kritisch zu Vrchlickýs Drama Pisarevský, F. O.: J. Vrchlického „Exulanti". In: Čas 1 (1887) 17–20, 33–40, 55–59.

40 Geisslová, Irma: Valdštýn v Jičíně. In: Z Podkrkonoši (1889) 193–235; ihre dramatischen Versuche sind offenbar von Liebhabertheatern in Jičin aufgeführt worden. Vgl. Holub, Dalibor: Irma Geisslová. In: Lexikon české literatury 1 (1985) 792f.

41 Zit. nach Dyk, Viktor: Posel. Drama o třech dějstvích. Druhé opravnené [sic] vydání. Praha 1922.

verhilft. Am stürmischen Spätnachmittag taucht er unerwartet auf dem Gut auf, ein Dreißiger, bärtig, braungebrannt, stattlich, mit scharfem Blick. „Seine Bewegungen sind ungewollt gebieterisch und heftig. Seine Sprache hat einen leichten fremden Akzent" (28). Er ist gerade einem „galanten Abenteuer" entkommen, was der Hausherr aber gar nicht gern hört. Gegenüber der bedrückten, alles Gott anheimstellenden Passivität Rohs vertritt er nicht ohne einen gewissen Zynismus den Aktivismus, das Leben, das ihm als „das Ungewisse", „das Gewitter" erscheint, dem entgegenzutreten es „Kraft" und „Mut" brauche (77). Gott braucht er dazu nicht: „Mein Handwerk ist das Schwert, [...] Ich weiß nichts von Gott" (71). Dafür glaubt er an das Schicksal; sein Sinn steht nach Macht und Herrschaft: „Ich würde Welten beherrschen wollen, das ist mein schönster Traum; wenn es einen Himmel gäbe, würde ich auch den Himmel beherrschen wollen" (73). Anna spürt von Anfang an, daß sie diesen Boten liebt, und als sie am Ende von ihm vor die Wahl gestellt wird, mit ihm zu gehen oder bei ihren Eltern zu bleiben, wählt sie, obzwar unter großem inneren Ringen, natürlich ihn. Sehr melodramatisch wird es zum Schluß, wenn die Mutter alle Register zieht, um zu verhindern, daß die Tochter das Haus verläßt, während der düstere Vater sie, da es ja Gottes unerforschlicher Wille ist, ziehen lassen will. Die Kritik sah in der Figur des Boten offenbar schon bald Wallenstein; obwohl Dyk gegenüber Hýsek erklärte, an diesen bei der Konzeption nicht gedacht zu haben, hat er eine solche Deutung doch auch gelten lassen.[42]

Im Protektorat erschien ein Wallenstein-Drama von František Zavřel (1884–1947). Zavřel war ein Bewunderer Mussolinis, dessen Italien er gern besuchte. Er lehnte den Pazifismus ebenso ab wie Masaryks politischen Realismus und huldigte einem Kult der großen Persönlichkeit. Er war in der 1926 gegründeten „Národní obec fašistická – National Faschisten Gemeinde – Communità nazionale fascista" tätig, die sich am italienischen Faschismus orientierte.[43] Zwischen 1937 und 1941 schrieb er fünf Dramen, die er un-

42 Hýsek: Bílá hora, 203f.; Rippl: Wallenstein, 533–536.

43 Seit 1918 war Zavřel Beamter im Handelsministerium; 1931 wurde er nach einem Skandal wegen des gegen Edvard Beneš gerichteten Schlüsselromans „Fortinbras" vorzeitig pensioniert (der Roman wurde zunächst beschlagnahmt und dann auf Anordnung des Justizministeriums konfisziert). Im Protektorat wurde er 1941 ins Ministerium für Volksbildung berufen, im Mai 1945 verhaftet und unter dem – nicht bewiesenen – Vorwurf der Kollaboration in Untersuchungshaft genommen. Nach seiner Entlassung im September wurde ihm die Wohnung gekündigt. Im November 1947 fand man ihn in heruntergekommenem Zustand in den Letná-Gärten, wo er übernachtete. Er starb im Krankenhaus der Barmherzigen Brüder in Prag. Vgl. Vojtková, Milena: František Zavřel. In: Lexikon české literatury 4/2 (2008) 1699–1702.

ter dem Titel „Polobozi" (Halbgötter) zu einer Pentalogie zusammenfaßte: „Kristus", „Hus", „Valdštýn", „Napoleon" und „Caesar". Das dritte Drama, „Valdštýn", erschien 1940 in Prag.[44] Faschistisches Gedankengut und Führerkult wird man in dem recht banalen Stück vergebens suchen. Wie im Wallensteinstoff fast unvermeidlich, findet sich auch bei Zavřel das Schicksalsmotiv, hier verbunden mit der Figur des Astrologen, dem Waldstein aber keinen Glauben schenkt. Sein Leben ist vielmehr eine Art Todessehnsucht; die Freude am Leben hat er verloren, als sein Sohn Pepíček als Kind starb (15). Die Krone des Reiches wollte er nur für ihn an sich bringen. Nun wird er von seiner Frau, Isabella Fürstin Harrach, auch sie eine tschechische Lady Macbeth, dazu angestachelt, sich dennoch der Kaiserkrone zu bemächtigen: „Ein unermeßliches Reich von Meer zu Meer. Přemysl Otakar der zweite träumte von ihm. Habsburg hat es ihm gestohlen. Nimm es dir wieder! Einige Europa! Feg die herumziehenden Duodezfürsten hinweg! Zertrümmere die Grenzen! Ein großes Reich von Meer zu Meer, von dem Alpen bis zum Baltikum – das ist das Ziel, das du erreichen mußt" (15). In seinem Gespräch mit Piccolomini nennt Waldstein dieses Reich einmal – vielleicht mit aktuellem politischen Unterton – auch „Großdeutschland" (39). Er läßt sich von seiner geliebten Bella dazu überreden, die dann vor dem Kaiser die Schuld für seine Rebellion auf sich nimmt (56) und sich vergiftet (58). In der letzten Szene des Dramas hat Waldstein ein Gespräch mit seinem aus dem Dunkel auftauchenden toten Sohn, dem sich dann noch die tote Fürstin zugesellt. Beide küssen ihn, bevor sie verblassen; als die Soldaten kommen, um ihn zu ermorden, bedeckt er mit der Kinderkleidung seines Pepík das Gesicht. Der Kaiser ist auch nicht viel besser gestaltet; er ist ein von düsteren Gedanken verfolgter, schwacher, immer nach dem Beichtvater rufender bigotter Mann, der auch schon einmal auf dem Boden kriechen darf – vielleicht in Erinnerung an Schillers Charakteristik in der „Geschichte des Dreißigjährigen Krieges", wo er von Ferdinands „kriechende[r] Andächtelei" spricht, „die sich vor der Gottheit zum Wurm erniedrigt".[45]

---

44 Zavřel, František: Valdštýn. Drama o 5 dějstvích. Praha 1940 (69 S.).

45 Schillers Sämtliche Werke. Säkular-Ausgabe, Bd. 15. Stuttgart/Berlin 1905, 156. Einige Zeitgenossen waren von diesem Stück durchaus angetan; Jiří Karásek ze Lvovic schwärmte von Zavřel als einem echten Dramatiker; der Komponist Josef Bohuslav Foerster hielt das Drama für ein „starkes Werk", und der Lyriker František Kropáč meinte, das Drama befasse sich mit dem Tod und greife hinter seinen geheimnisvollen Schleier. Zavřel selber erklärte in einem kleinen Gedicht den „Valdštýn" für gelungen und druckte alle angeführten Äußerungen in seinem „Pomník Miladě a Heleně" (1940), 43, 69–73.

V.

Auch in die tschechische Erzählliteratur hat Wallenstein nur langsam Eingang gefunden. In Michal Silorad Patrčkas (1787–1838) Erzählung „Strašlivý trest" (Furchtbare Strafe), erschienen 1822 im „Čechoslav", wird Wallensteins Ermordung erwähnt.[46] Karel Hynek Mácha (1810–1836) plante eine historische Erzählung mit dem Titel „Valdice" (Walditz), zu der er offenbar durch den Besuch von Radim, in dessen Nähe sich Walditz mit dem ehemaligen Grab Wallensteins befindet,[47] sowie durch die Lektüre von Wallensteins Briefen inspiriert wurde. Das erhaltene Fragment ist aus dem Jahr 1836. Das zentrale Motiv ist das der Entfremdung von Vater und Sohn. Der Vater ist ein alter Totengräber in Walditz, der Sohn ein Mönch; beide, die sich nicht kennen, treffen in Walditz zusammen. Der Vater „verließ die Frau bei der Geburt des Sohnes und diente in der Truppe von Waldstein, den er über alles liebte, weil er auch dem Begräbnis nahe sein wollte, wurde er Totengräber und begann die Toten zu lieben."[48] Wallenstein, dessen Leiche auch beschrieben werden sollte, schien aber in dieser Erzählung keine zentrale Rolle spielen zu sollen. Eine anonyme Erzählung mit dem Titel „Panoš Valdštejnův" (Waldsteins Page) erschien 1855 in den „Pražské noviny", der Prager Zeitung. Der jähzornige und harte Waldstein will seinen Pagen Jiřík hinrichten lassen, ernennt ihn aber statt dessen am Ende zum Burgvogt von Meseritsch.[49] In den vierziger Jahren des 19. Jahrhunderts konnte ein tschechischer Leser, der deutsch verstand, sich durch die Romantrilogie des Prager Deutschen Karl Herloßsohn (Herloš, 1804–1849) mit Wallenstein bekannt machen: „Wallensteins erste Liebe" (Bd. 1–3, 1844); „Die Tochter des Piccolomini" (Bd. 1–3, 1846); „Die Mörder Wallensteins" (Bd. 1–3, 1847). Die Romane erschienen einige Jahre später auch tschechisch in der Übersetzung Josef Bojislav Pichls (1813–1888), eines Arztes, umtriebigen Journalisten und Organisators – „Valdštýnova první láska" (Bd. 1–3, 1859/60, ^{2}1893); „Dcera Piccolominiho" (Bd. 1–3, 1861, ^{2}1894/95); „Valdštýnovi vrazi" (Bd. 1–3, 1862, ^{2}1895/97) – und wurden viel gelesen.[50]

46 Hýsek: Bílá hora, 200; Kusáková, Lenka: Michal Silorad Patrčka. In: Lexikon české literatury 3/2 (2000) 820–822.

47 Wallensteins Sarg wurde 1785 in das Schloß von Münchengrätz überführt. Vgl. Mann: Wallenstein, 987.

48 Mácha, Karel Hynek: Prosa. Cikáni, Obrazy ze života mého, Zlomky. Praha 1940, 267; Štěpánek, Vladimír: K. H. Mácha. Praha 1984, 136–139.

49 Hýsek: Bílá hora, 200.

50 Drews: Übersetzungen, 161f. (Nr. 804, 812, 816, 819); Jakubec, Jan: Dějiny literatury české II. Od osvicenství po družinu Máje. Praha 1934, 746f., 756; Urválková, Zuzana:

1869 veröffentlichte der Journalist und Vielschreiber Josef Svátek (1835–1897), dessen Bücher noch bis in die erste Hälftes des 20. Jahrhunderts gelesen wurden, seinen historischen Roman „Bitva bělohorská“ (Die Schlacht am Weißen Berg) mit 1.349 Seiten. Wallenstein erscheint hier als tschechischer Patriot, der in den tapferen feindlichen Soldaten Helden sieht, worauf Bouquoy repliziert: „‚Man sieht daraus, daß Sie ein Tscheche sind, Herr Wallenstein,‘ bemerkte spöttisch der Graf Bouquoy, ‚denn Ihr nennet die Ketzer Helden, als ob irgendein Ketzer Anspruch hätte auf eine solche ehrenhafte Bezeichnung‘.“[51] 1873 folgte Sváteks Roman „Sasové v Praze“ (Die Sachsen in Prag) mit 619 Seiten; er behandelt die Ereignisse der Jahre 1631/32, als sächsische Truppen unter Hans Georg von Arnim (in deren Gefolge sich auch zahlreiche Exulanten befanden, die nun hofften, in die böhmische Hauptstadt zurückkehren und ihr Eigentum wieder in Besitz nehmen zu können) Prag besetzten, von Wallenstein aber wieder herausgedrängt wurden.[52] Die Emigranten hoffen auf Waldstein, der zwar selber auch König von Böhmen werden, den rechten Zeitpunkt dazu aber erst aus den Sternen ersehen will. Die Exulanten jedoch haben auf seine Hilfe gehofft; sein Hauptgegner im Roman ist Christoph von Roedern, dessen Herrschaften Friedland und Reichenberg 1621 an Wallenstein verpfändet wurden.[53] Roedern unterdrückt seinen Haß gegen ihn bis zu dem Augenblick, da er Wallensteins Verrat erkennt: In der Uniform eines Dragoners ist er es, der ihn in Eger ermordet.[54] Die Ereignisse von 1631 behandelt auch Ivan Klicpera (1845–1881) in seinem Roman „Čeští vyhnanci“ (Die böhmischen Exulanten) von 1878. Hier lehnt Waldstein das Ansinnen der Tschechen ab, König von Böhmen zu werden, weil er ihnen mißtraut. Zwar wolle er Ruhm und Macht, aber auf gefahrlose Weise. „‚Euer unglückliches Beginnen vor elf Jahren ist mir eine genügende Warnung. Ihr wißt, daß ich mein Schicksal in den Sternen lese. Vor einem böhmischen Albrecht von Waldstein habe ich dort niemals etwas gelesen. Ihr Törichten! Von Euch wird Albrecht von Waldstein niemals die böhmische Krone in Empfang nehmen! Ich selbst will sie mir mit eigener Hand erobern‘.“[55]

Dvojlomná zrcadlení. Dílo Karla Herloše-Herloßsohna v českém literarním kontextu. Praha 2009; Kusáková, Lenka: Josef Bojislav Pichl. In: Lexikon české literatury 3/2 (2000) 908–910.

51 Rippl: Wallenstein, 532.

52 Mann: Wallenstein, 646–748.

53 Ebd., 185.

54 Hýsek: Bílá hora, 202; Rippl: Wallenstein, 532. Zu Svátek vgl. Tureček, Dalibor: Josef Svátek. In: Lexikon české literatury 4/1 (2008) 432–434.

55 Rippl: Wallenstein, 531; zu Klicpera vgl. Řepková, Marie: Ivan Klicpera. In: Lexikon české literatury 2/2 (1993) 712f.

Im Mittelpunkt von Václav Beneš Třebízskýs 1881 erschienenem Roman „Trnová koruna“ (Die Dornenkrone) steht das Liebespaar Damian und seine Braut Andělka, „deren tragisches Schicksal der harte, unergründliche und der rätselhaften Rede seiner Sterne düster gehorchende Waldstein entscheidet, doch die ganze Atmosphäre des Romans ist erfüllt von der quälenden Unklarheit des Kampfes, dessen Fäden gerade er in der Hand hat.“[56] Wallenstein erscheint hier „als rauher Kriegsmann, dem Disziplin über alles geht, der an seine Sterne glaubt, Treue und Tapferkeit belohnt, Verrat und Feigheit hart bestraft, äußerlich einer Marmorstatue gleicht, ohne Herz, ohne Gefühl, einem Greise gleich, der niemals jung war.“[57] Volkes Weisheit wird dem alten Ritter von Buková in den Mund gelegt: Wie könne der wohl böhmischer König werden, der nur fremde Sprachen spreche und das Tschechische verachte? „‚Für Herrn Albrecht auf dem böhmischen Thron gebe ich keinen Schuß Pulver!‘“[58] In Beneš’ Erzählung „Pro bílou labuť švamberskou“ (Für den weißen Schwan von Schwanberg) sehen wir Waldstein als „ehrgeizigen und unersättlichen Eroberer“, der auch die Schwanbergschen Güter in seinen Besitz bringen will.[59]

Der Mährer Josef František Karas (1876–1931), Redakteur einer Provinzzeitschrift in Kremsier, legte 1923 seinen Roman „Valdštejnův tábor“ (Wallensteins Lager) vor,[60] ein Jahr später Josef František Čečetka (1871–1942), Lehrer an der Bürgerschule in Nimburg, seinen 490 Seiten umfassenden „Valdštejn“, in dem er den Helden – wie in Čečetkas historischen Romanen üblich – „allerlei Liebesepisoden bestehen“ läßt.[61] Emanuel Zítek (1856–1934), Advokat in Prag, veröffentlichte im Jubiläumsjahr 1934 den Roman „Albrecht Václav z Valdštejna, vévoda Frýdlantský“ (Albrecht Wenzel von Waldstein, Herzog von Friedland).[62]

56 Hýsek: Bílá hora, 203.

57 Rippl: Wallenstein, 530.

58 Ebd., 531.

59 Hýsek: Bílá hora, 202. Zu Beneš vgl. Pešat, Zdeněk: Václav Beneš Třebízský. In: Lexikon české literatury 1 (1985) 197–199.

60 Hýsek: Bílá hora, 203; Dokoupil, Blahoslav: Josef František Karas. In: Lexikon české literatury 2/2 (1993) 659–661.

61 Rippl: Wallenstein, 532; Blažíček, Přemysl: František Josef Čečetka. In: Lexikon české literatury 1 (1983) 402f.

62 Der Roman umfaßt die vier Teile „Vzestup“, „Vrchol“, „Obrat“ und „Pád“ mit insgesamt 1.241 Seiten. Vgl. Rippl: Wallenstein, 533; Dokoupil, Blahoslav: Emanuel Zítek. In: Lexikon české literatury 4/2 (2008) 1762f.

VI.

Weit überragt wird diese Literatur nur durch den bedeutendsten tschechischen Wallenstein-Roman „Bloudění" (Irrungen) von Jaroslav Durych (1886–1962) aus dem Jahr 1929.[63] Das Werk gehört zu den großen – nicht nur tschechischen – Romanen des 20. Jahrhunderts. Wenn er auch dem dreihundertjährigen Andenken an Wallenstein gewidmet ist und im Untertitel „Větší valdštejnská trilogie" (Große Waldstein-Trilogie) heißt, so ist er doch keineswegs nur ein Wallenstein-Roman. Die Irrungen, die der Titel meint, sind einmal die physischen Irrfahrten der Hauptpersonen – so Jiřís durch Deutschland und Holland, Kajetáns durch Mähren, Schlesien und Deutschland; Andělka kommt aus Spanien, wandert dorthin zurück zum Montserrat und kehrt zurück nach Böhmen, sie erzählt auch von ihrem Aufenthalt in Südamerika.[64] Aber die „bloudění" sind auch die geistigen Irrwege, die die Menschen dieser Epoche gehen. Der Roman – dessen erzählte Zeit von 1621 bis 1634, von der Hinrichtung der Aufständischen bis zum Tod Waldsteins, spielt – liest sich wie eine Variation der Apokalypse. Waldstein erscheint in ihm in mehreren Episoden, so in Schweidnitz im Gespräch mit Questenberg, in Brandeis mit dem Kaiser, in Jičin mit einem Jesuiten, in Göllersdorf mit Eggenberg, in Zirndorf mit dem Kurfürsten von Bayern, in der Schlacht bei Lützen, in Pilsen mit seinem Beichtvater, einem Kapuziner, bei der Abreise aus Pilsen und der Ankunft in Eger; am Ende steht seine Ermordung, berichtet aus der Perspektive des zu Tode verletzten Pagen Jiří. Waldstein ist eine düstere Figur, wie alle Oligarchen in diesem Roman besessen von Macht und Gewalt. Auf dem Galgenberg zu Lützen läßt ihn Durych inmitten der

---

63 Durych, Jaroslav: Bloudění. Větší valdštejnská trilogie I–III. Praha 1929 (im folgenden wird die 6. Auflage von 1934 zitiert); deutsche Übersetzung: Friedland. Ein Wallenstein-Roman. Einzig berechtigte Übertragung von Marius Hartmann-Wagner [d. i. Paul Eisner]. München 1933 (im folgenden wird die 2. Auflage Wien 1950 zitiert); englische Übersetzung: The Descent of the Idol. Translated from the Czech by Lynton A. Hudson. London 1936. Zu Durych vgl. Lantová, Ludmila: Jaroslav Durych. In: Lexikon české literatury 1 (1985) 622–625; Přibáň, Michal; Přibáňová, Alena: Jaroslav Durych. In: Slovník české literatury po roce 1945, Bd. 1–2. Praha 1995–1998; Dvořák Jan (Hg.): Bloudění časem a prostorem – Jaroslav Durych známý i neznámý. Praha 1997 (Sborník příspěvků z II. literární laboratoře, konané v Hradci Králové 25.–26. ledna 1996); Jaroslav Durych, Bloudění (Česká premiéra 26. a 27. března 1998 v Národním divadle). Připravil Josef Kovalčuk za spolupráce Marka Horoščaka. Praha 1998; Jaroslav Durych. Život, ohlasy, soupis díla a literatury o něm. Brno 2000 (mit ausführlicher Bibliographie); Hýsek: Bílá hora, 204; Rippl: Wallenstein, 535–543.

64 Šalda, František Xaver: In margine Durychova „Bloudění". In: ders.: Šaldův zápisník II. 1929–1930. Praha 1991, 176–185, hier 177.

dort hängenden und faulenden Leichen auftauchen: „Der blutrote Mantel des Herzogs dunkelte düster und leuchtete inmitten der wüsten Gräulichkeit von Herbst und Galgen. Von den Stellen seines Angesichts, wo die Augen waren, ging ein mächtiges Dunkel aus. Grauen entströmte der Gestalt des Generalissimus des Heiligen Reiches. Er wies auf die Leichen und Gerippe. Statt langer Reden."[65] An einer Stelle allerdings gewinnt er auch menschlichere Züge; von Eggenberg gedrängt, die Truppen des Kaisers als Generalissimus wieder zu führen, lehnt er ab: Er habe keinen Sohn, in den letzten Jahren sei er verfallen, warum soll er auf seine alten Tage jetzt den Jagdhund machen?[66]

Der Roman hat Anteil an der tschechischen Auseinandersetzung um das ‚wahre' Bild ihrer Geschichte; seit der Aufklärung und dem Wirken František Palackýs ist dieses Bild protestantisch und antihabsburgisch geprägt, Hus ist der Held dieser Geschichte, die Gegenreformation ihre Verneinung, ihr ‚Dunkel' („Temno", wie der Titel des populären Romans von Alois Jirásek lautet). Durych verweigert sich der gängigen positiven Darstellung des Protestantischen; auch König Gustav II. Adolf von Schweden ist hier machtbesessen, die Exulanten sind Opportunisten, Verblendete, Fanatiker und auch Mörder, wie der Attentäter, der bei Zirndorf gefaßt und gehenkt wird.[67]

Positive Gestalten hat der Roman nur wenige, verbunden sind sie mit dem Katholizismus. Das ist einmal der katalanische Priester und Einsiedler auf dem Montserrat, der die weltliche Ehre eines Hofpredigers abgelehnt hat, bei dem Andělka beichtet und an dessen Messe sie teilnimmt;[68] sodann jener Priester, von dem es bei Šalda heißt: „Der Priester ist bei Durych ein Gigant, gleichsam ein Atlas, der mit der ganzen Anspannung seines Seins die Last menschlicher Not und menschlicher Sünde zum Himmel stemmt."[69] Und schließlich der Priester, der am Ende des Buches den sterbenden Jiří mit Andělka traut, ihm die Sterbesakramente spendet und ihn so vor den „Krallen des Teufels" rettet.[70] Und natürlich die Spanierin Andělka, eine schon allegorische Figur der Rettung und Erlösung. Sie heiratet den Protestanten Jiří, der am Ende des Romans an seiner bei Waldsteins Ermordung empfangenen Wunde stirbt. Andělkas Bestimmung ist es dann, in das Innere des Landes Böhmen zu gehen, in die „nešťastná země" (das unglückliche Land), die „Cizí země" (das Fremdland), die als „požehnání země" (das gesegnete Land) vom Erzähler

65 Durych: Friedland, 413f.; ders.: Bloudění, Bd. 3, 95.
66 Ders.: Friedland, 375; ders.: Blouděni, Bd. 3, 31; Šalda: In margine, 180.
67 Durych: Friedland, 408–412; ders.: Bloudění, Bd. 3, 91–94.
68 Ders.: Friedland, 257–267; ders.: Bloudění, Bd. 2, 170–184.
69 Šalda: In margine, 182; Durych: Bloudění, Bd. 2, 96f.
70 Durych: Friedland, 596f.; ders.: Bloudění, Bd. 3, 296–298 (die „Krallen" 595 bzw. 295).

apostrophierte Heimat, deren größte Heimsuchung nun erst anfangen werde, „da es ein unseliges, verlassenes Land“ ist.[71] Es ist diese Andělka, die in einem Gespräch mit dem vagierenden Kajetán das Urteil über die Machtbesessenheit und die Politik der Protagonisten spricht: „Nein, man muß nicht Fürsten und Königen dienen“, sagt sie. „Es ist ein unsicherer Dienst. Sicher ist in diesen Tagen nur der Dienst für Gott. Der hat ständig volle Kassen und volle Speicher und zahlt ehrlich und verlangt nichts Ungerechtes.“[72] Und es ist Andělka, die den von Graf Kinský zurückgelassenen Roman des Comenius „Das Labyrinth der Welt“ an sich nimmt, in dem Jiří die Sätze liest, daß wenig oder nichts darauf ankomme, wer die Welt regiere, der erleuchtete Christ brauche sich um den Streit der Mächtigen nicht zu kümmern;[73] die Freiheit der Welt ist nur Sklaverei.[74]

Wallensteins Ende zeigt uns das Ende eines solchen der Welt und der Macht Verfallenen. In Durychs dualistischer Welt ist er dem Leiblichen zugeordnet; am Abend vor seiner Ermordung wird der kranke und lahme Waldstein gebadet: „Man rüstete das Bad. Mit dem Kleid zogen sie dem Herzog das aus, was Respekt weckte, und enthüllten das, was das Entsetzen des Grauens und verächtlichen Mitleids wachrief. Ein elender Leib erschien, der auf Bettlerstroh gehörte und nicht in ein Herzogslager; dieser Leib sehnte sich schon nach dem Grab. [...] Dieser Leib war fremd, unendlich fremd, lächerlich fremd. [...] Seine Hoheit war vielleicht irgendwo auf Reisen, mag sein, jenseits des Erzgebirges oder auf der Plassenburg oder noch weiter; konnte jetzt nicht zurückkommen und hatte hier nur ihren zerschlissenen Leib hinterlassen, der von ihr nichts mehr aussagen konnte. Das Haupt war weiß, die durchweichten Haare schlaff, die Gesichtsrunzeln voll Schweiß und der Nacken welk. Auf diesem Haupt sollte die Krone erstrahlen.“[75] Diesen Leib, als Signum der menschlich-irdischen Existenz, hatte Durych eine Seite zuvor durch das Bild des toten, zum Essen vorzubereitenden Kapauns vorweggenommen: „Der gebrühte Vogel war auf dem Tisch sehr häßlich, seine Beine waren lächerlich aufgereckt, die Finger des Kochs rieben aus der weißlichen Haut Federn und Kielwurzeln, die Wunde hinten am Kopf grinste von wertlosem Tierblut und das Auge war halb von einer Haut überzogen wie der Verstand eines Prahlhanses; dann gerieten die Finger in den aufgeschnittenen Bauch des gereinig-

71 Ders.: Friedland, 604; ders.: Bloudění, Bd. 3, 305.
72 Ders.: Friedland, 285.
73 Ebd., 537; ders.: Bloudění, Bd. 3, 232f.
74 Ders.: Friedland, 545; ders.: Bloudění, Bd. 3, 241; Komenský, Jan Amos: Labyrint světa a ráj srdce. In: ders.: Dílo, Bd. 3. Praha 1978, 267–397, hier 389.
75 Durych: Friedland, 585f.; ders.: Bloudění, Bd. 3, 285f.; Šalda: In margine, 179.

ten Vogels."[76] Nach dem Mord ist Waldsteins Körper nur noch eine schwere Last, die die Treppe hinuntergezogen wird, „es klapperte wie Knochen".[77] Er wandelt sich in einen schweren Sack wie aus einem roten Teppich, der auf eine Art Henkerskarren geworfen wird.[78] Aus dem roten Sack ragen – wie bei dem toten Kapaun – „bloße Beine gegen [den] Himmel".[79] Wir erfahren dann, daß die Leiber der Ermordeten erfroren, nackt und verstümmelt, zerhauen und zerstochen in der wüsten Burgkapelle liegen.[80] Und schließlich: Da der lange Körper Waldsteins nicht in den Sarg paßt, werden ihm die Beine noch mit einer Keule zerschlagen (so wie den Schächern am Kreuz die Gebeine zerschlagen wurden).[81] Seine Ermordung ist in einer solchen Welt dann auch nicht das Werk von Menschen, sondern das der Hölle selber.[82]

Greift man nach Durychs „Bloudění" zu Ota Filips „Wallenstein und Lukretia" von 1978, so kann man sich eines Eindrucks nicht erwehren, dem seinerzeit Šalda bildhaft Ausdruck verliehen hat: Es sei, als ob man statt nach Bronze und Erz in Lehm und Sägemehl greife.[83] Der Roman verbindet zwei Geschichten:[84]

(1) Der Ich-Erzähler Martin Orság (gleichaltrig mit Ota Filip, der 1930 in Schlesisch Ostrau geboren wurde), promovierter Historiker, ist verheiratet mit Alena Hámová, die ihn einmal mit Dr. Válek betrügt. Orság verläßt daraufhin die Universität Olmütz und wird wissenschaftlicher Angestellter im Stadtmuseum Wsetin, wo er an seiner Arbeit über Wallensteins Leben arbeitet. Seine Frau verunglückt tödlich. Orság hat nun ein Verhältnis mit der Genossin Machálková. Ort: Wsetin, Zeit: 1976. Orság erzählt auch die zweite Handlung:

(2) Albrecht von Wallenstein heiratet Lukretia; er verliebt sich aber in die Protestantin Dorota Kurtinová, genannt Ovčařová, deren Mann und Kind

76 Durych: Friedland, 584f.; ders.: Bloudění, Bd. 3, 284.
77 Ders.: Friedland, 591; ders.: Bloudění, Bd. 3, 291.
78 Ders.: Friedland, 592; ders.: Bloudění, Bd. 3, 292.
79 Ders.: Friedland, 595; ders.: Bloudění, Bd. 3, 295.
80 Ders.: Friedland, 602; ders.: Bloudění, Bd. 3, 302.
81 Ders.: Friedland, 603; ders.: Bloudění, Bd. 3, 304.
82 Ders.: Friedland, 589f.; ders.: Bloudění, Bd. 3, 289f.; Durych veröffentlichte 1930 noch die sogenannte Kleine Wallenstein-Trilogie, ein Triptychon mit den Erzählungen „Kurýr", „Budějovická louka" und „Valdice". Vgl. ders.: Rekviem. Menší valdštejnská trilogie. Praha 1930; deutsche Übersetzung von Paul Eisner: Die Kartause von Walditz. Mit Illustrationen von Alfred Kubin. München 1934; deutsche Übersetzung von Wolfgang Spitzbardt: Requiem. Kleine Wallensteintrilogie. Leipzig 1990.
83 Šalda: In margine, 185.
84 Filip, Ota: Wallenstein und Lukretia. Roman. Frankfurt a. M. 1978; tschechisch: Valdštýn a Lukrecie. Toronto 1979.

bei einem von Wallenstein auf Anordnung von Lukretia befohlenen Pogrom von dem ehemaligen Straßenräuber Martin Orság erschlagen werden. Dorota erwartet ein Kind von Wallenstein; Lukretia ist eifersüchtig und fordert von Wallenstein die Hinrichtung Dorotas. Wallenstein verheiratet Dorota – die von Pater Mužík SJ als „Braut des Teufels" denunziert wird – mit Martin Orság. Nachdem er erfahren hat, daß Dorota sich in dem gestohlenen Hochzeitskleid von Lukretia hat trauen lassen, verurteilt er beide zum Tod. Das Urteil wird nach dem Tode Lukretias vollstreckt. Ort: Wsetin, Zeit: 1609 bis 1614.

Eine wilde, eher journalistische Story mit aufrechten und fleißigen Protestanten, intriganten und verschlagenen Jesuiten, starken Frauen und weichen Männern. Der Roman thematisiert die Frage, wie Geschichte wahr erzählt werden könne. Filip exemplifiziert sie einmal an den in Wsetin befindlichen beiden Porträts der Lukretia, die beide nicht die echte Lukretia darstellen. Sodann wird die Erzählung des Historikers immer wieder von imaginierten Einwendungen Alena Hámovás, einmal auch durch die Genossin Michálková und gegen Ende durch die Ausführungen des Wsetiner Friseurs über Wallenstein kontrapunktiert. Für den lokalpatriotischen Friseur ist Wallenstein ‚einer von uns'; in Wsetin fand er die große Liebe seines Lebens, die schöne vornehme Lukretia, hier unterlag er im Kampf mit dem Schicksal. In Wsetin habe sich die lyrische Ouvertüre zu Wallensteins dramatischem Leben abgespielt (198–201). Für die Genossin Michálková ist Wallenstein ein Feudalherr und Ausbeuter, Banditen sind die Kämpfer für das Recht des ausgebeuteten Volkes, die Jesuiten sind Reaktionäre, und dem unbelehrbaren Orság macht sie klar, daß jede heutige Deutung der Geschichte ideologisch auf der Linie seien müsse (160–162).

Alena ist gleichsam die Stimme der Realistin gegenüber den idealen Annahmen des Erzählers, so wenn sie in Wallensteins Ehe ein abgekartetes Spiel der Jesuiten sieht, nicht aber eine Liebesangelegenheit (40), wenn sie seinen Vorfahren Martin Orság als doppelten Verräter enttarnen kann und Wallenstein als Betrüger (60); er hat Lukretia aus Berechnung geheiratet und muß nun, von ihr erpreßt, den folgsamen, frommen Ehemann spielen (90f.); wie alle Männer, die nicht mehr weiter wissen, läuft auch Wallenstein vor den Frauen davon (144); er wartet, sein eigenes Leben lebend, auf Lukretias Tod (185f.). Der Ich-Erzähler entwickelt dagegen seine Idee von der Schicksalhaftigkeit der Beziehung Wallensteins zu Lukretia. Kepler hatte in seinem Horoskop für Wallenstein diesem ja für das Jahr 1613 eine „stattliche Heirat" vorausgesagt: „eine Witwe mit Sohn, reich an Herrschaften, Gebäuden, Vieh und barem Geld".[85]

85 Rothmann, Kurt (Hg.): Erläuterungen und Dokumente. Friedrich Schiller: Wallenstein. Stuttgart 1977, 122; Mann: Wallenstein, 86–95.

Damit ist das Thema von Schicksal und Vorherbestimmung, altmodisch gesagt: Vorsehung, angeschlagen. Ist der Mensch der Herr seiner Taten oder ist er einem stärkeren ‚Willen' oder einem ‚willenlosen' Schicksal unterworfen? Wallenstein glaubt an ein solches Schicksal, gerade die vorausgesagte Ehe ist ihm der Beweis dafür (38, 77, 99, 154, 201). Lukretia dagegen will ihn überzeugen, daß die Sterne lügen; er, der Schwächling, solle sich dem Schicksal widersetzen. Wenn er dessen Macht breche, so überwinde er das Schicksal und lenke es vielmehr selbst. Das Mittel dazu sei seine Liebe zu ihr „gegen den Willen der Sterne" (51). Der Kampf gegen die Vorbestimmung wird Wallensteins Aufgabe, „Lukretia war seine große Chance" (93). Das Kampfmittel ist die Liebe: „Wenn Lukretia am Leben bleibt, wird es mir dann gelingen, dem Schicksal, wie es in den Sternen steht, zu entgehen oder wird sich Keplers Vorhersage erfüllen? Wallenstein brachte in das Spiel um sein Schicksal eine Komponente ein, mit der die Sterne nicht gerechnet haben: Die Liebe!" Worauf Alena ganz richtig erwidert: „Und sie ist dennoch gestorben!" (93). Die Nagelprobe ist der Tod Lukretias: Wenn sie am Leben bleibt, sei das der Beweis, daß die Sterne lügen. Mit der Liebe also gegen das Schicksal; was der Autor hier meint, ist nicht klar; der Tod der Gattin zu einem bestimmten Zeitpunkt war von Kepler keineswegs vorhergesagt worden. Die Ehe mit Lukretia erscheint hier also als Vorübung für den Feldherrn und Politiker Wallenstein, der auf dem Schlachtfeld dann Gott, die Sterne und das Schicksal zum Zweikampf herausgefordert habe – und, wie bekannt, unterlag (19). Der Roman ist beileibe kein *chef d'oeuvre*; am überzeugendsten noch sind die Partien, die von dem gescheiterten und an den ideologischen *mainstream* nicht angepaßten Historiker erzählen; mit der Schicksalsproblematik hat der Autor sich jedoch eher übernommen.[86]

VII.

Nachdem 1998 die Dramatisierung von Durychs „Bloudění" im Prager Nationaltheater über die Bühne gegangen war, spielte man ein Jahr später auf dem Theater in den Weinbergen die wohl bisher letzte tschechische „Wallenstein"-Bearbeitung. Sie stammt von dem damaligen Botschafter der Tschechischen

86 Karel Peckas Roman „Štěpení" (1974, ^{2}1993), in dem der Protagonist Mikuláš Sova an einer Erzählung über Waldstein arbeitet, ist mir erst nach Abschluß des Aufsatzes bekannt geworden. Vgl. zu dem Roman Fišer, Zbyněk. In: Slovník české prozy. Ostrava 1994, 292–294.

Republik in Österreich, Jiří Gruša (geboren 1938).[87] Bei seiner Bearbeitung des Wallenstein vergleicht Gruša sich mit einem Restaurator der Sixtinischen Kapelle, „der entfernt, was die Zeit gebracht hat und gleichzeitig die ganze Handschrift des Werkes bewahrt" (208). Ihm ging es um die innere, nicht die äußere Modernisierung des Werkes, wie man sie häufig in Deutschland finde, wo Schiller in modernen Kostümen oder mit einer Art Antirezitation gespielt wird, „die aber alles nur schlimmer macht". Von seinem ursprünglichen Plan einer Prosaübersetzung war er abgekommen, denn der Text „erzwingt die Rhythmisierung". Nun ist aber der trochäische Rhythmus des Tschechischen das Gegenteil vom Jambus, dessen Verwendung daher eine „gewisse Literarisierung" bedeutet hätte. Gruša entschied sich daher für einen freien Blankvers, den die Schauspieler dann auch tatsächlich sprechen und nicht rezitieren, also nicht deklamieren (207). So spricht den Hörer der Text nun auch tschechisch an (208). Die Wahl nur des dritten Teils der Trilogie begründet Gruša damit, daß in ihm allein alles über Wallenstein zu finden sei, „und zwar mit der gedrängten Dramatik, der Vielschichtigkeit der Personen und buchstäblich mit der modernen Dimension des Theaters". „Wallensteins Lager" scheide völlig aus, heute erscheine es nur noch als „museale Illustration", „schwer spielbar in einer Epoche, die zur ‚Illustration' Video und TV hat" (207).

Sehr deutlich formuliert Gruša das aktuelle Interesse, das der Wallenstein-Stoff für ihn hat. „Gleichzeitig zog mich als Historiker sowohl die Gestalt als auch die Zeit an, in der es den Tschechen wieder einmal gelang, den historischen Zug zu verpassen." (207) Schiller habe im Wallenstein den Dreißigjährigen Krieg in seinem Schrecken und in seinen „Akzenten" für die spätere Welt gesehen. Er habe die Dramatik der Entscheidung, „in der Perfidie und Glauben in der blutigsten Blüte blühten", zeigen wollen (208). Anstatt abzuwarten, bis das Podagra Wallenstein in Kürze erledigt hätte, schickte die „Wiener Kamarilla" ihm als angeblichem Verräter die Mörder auf den Hals – denn nur so hätte man sein Eigentum konfiszieren können. Es ging also um die Ausnutzung eines politischen Mordes, denn Wallenstein habe sich nicht verteidigen können. Wenn auch kein idealer Mensch, hatte er doch eine Tugend: Er sei kein Fanatiker gewesen. Er habe – hier berief sich Gruša auf Josef Pekař – weder eine nationale noch eine religiöse Begeisterung gekannt. Nichts aber sei schlimmer als „irgendein begeisterter Ferdinand". Der Mord an Wallenstein habe die schlimmste Phase des Krieges „mit ihrem wahrhaft genozidalen Um-

87 Schiller, Friedrich: Valdštejnova smrt. Vydalo Divadlo na Vinohradech k premiéře hry Fr. Schillera Valdštejnova smrt, dne 12. listopadu 1999 (darin das im folgenden paraphrasierte Interview von Kožíková, Alena: Krátký rozhovor s Jiřím Grušou před premiérou, 207–209).

fang“ eingeleitet (209). Der Dreißigjährige Krieg habe mit der „Diversifizierung der Wahrheit“ geendet: Diese hat mehrere Versionen, mindestens zwei wie man zum Beispiel die Bibel lesen kann. Die Tschechen, die diese Philosophie 1609 im Majestätsbrief vorweggenommen hätten, seien „durch das totalitäre Regime Ferdinands II.“ in einen Konflikt hineingezogen worden, der ihre provinzielle Perspektive allerdings überstiegen habe. Am Ende habe der Verlust der religiösen und staatlichen Autonomie und die Destruktion der tschechischen Gesellschaft gestanden. „Die allmähliche und nicht endgültige Erneuerung der Eliten belastet uns noch heute.“ (209) Der Westfälische Friede von 1648 bestätigte die Pauperisierung und den Provinzstatus Böhmens; er habe aber auch den ersten nichttotalitären Begriff der Religion und den Anfang des Weges zum internationalen Recht, zu den Menschenrechten gebracht. Wallenstein ist natürlich kein Vorläufer der Menschenrechte, „er war aber ein großer tschechischer Heerführer, Abenteurer und kluger Kopf inmitten von Betrunkenen. Er starb auf Weisung eines Nichtsnutzes und durch die Hand von Nichtsnutzen.“ (209) Die Zeit nach 1620 wird also auch bei Gruša als der Bruch in der tschechischen Geschichte verstanden, der die Gesellschaft bis heute noch präge; Wallenstein wird hier verstanden als die Figur, in der die Widersprüche jener Epoche, die aber noch bis heute nachwirken, faßbar geworden sind.

Thomas Brechenmacher

Wallenstein in der großdeutschen Geschichtsschreibung

Leopold von Ranke resümierte 1869 in seiner „Geschichte Wallensteins" zur Lage der Forschung über den kaiserlichen Generalissimus, man sei „in den letzten Jahrzehnten" historiographisch über „Anklage und Vertheidigung, wie sie im ersten Moment einander gegenübertraten, nicht hinausgekommen".[1] Dieses Urteil bezieht auch die zu Rankes Zeit vorliegenden Arbeiten großdeutscher Historiker über Wallenstein mit ein. In dieser Interpretationsrichtung deutscher Geschichte laufen unterschiedlich akzentuierte Deutungsmuster zur Gestalt Wallensteins ineinander, die abhängig sind von den spezifischen Vorstellungen der einzelnen Autoren über die Gestalt des Reichs und die Rolle der Konfessionen darin. Je mehr die Betonung auf dem katholisch-föderalistischen gegenüber einem reichisch-zentralistischen Element liegt, um so ausgeprägter scheint auch die Anklageposition Wallenstein gegenüber zu sein. Erst dort, wo katholisch-defensorische Haltungen in den Hintergrund treten und gleichzeitig die Neigung abnimmt, die reichspolitischen Fragen des 17. Jahrhunderts mit der nationalen Problematik des 19. Jahrhunderts zu identifizieren, bahnt sich eine historiographisch differenziertere Würdigung Wallensteins auch auf seiten der Großdeutschen an.

Eine begriffliche Erörterung des Terminus' ‚großdeutsch' kann an dieser Stelle unterbleiben; im Rahmen des allgemeinen fachlichen Vorverständnisses bezeichnet großdeutsch, ex negativo gesprochen, in der Regel jenen Blick von Historikern vorwiegend des 19. Jahrhunderts auf die deutsche Geschichte, der sich gegen die teleologische Reduktion der deutschen Geschichte auf die Vorgeschichte eines preußisch-protestantischen Nationalstaats unter Ausschluß Deutsch-Österreichs richtet.[2] Großdeutsche Geschichtsauffassung kann ebenso teleologisch sein wie kleindeutsche, allerdings umfaßt sie eine größere Bandbreite von Spektren; sie ist nicht zwangsläufig immer, wenngleich meistens katholisch bzw. katholischen Geschichtsbildern verpflichtet; sie ist oftmals universalistisch, indem sie die Reichstradition als das eigentlich Charakteristische und Angemessene der deutschen Geschichte einer engeren nationalstaatlichen Option vorzieht, und sie ist meist konservativ (mitunter

1 Ranke, Leopold von: Geschichte Wallensteins. Leipzig 1869, VI.

2 Vgl. die ausführlichen Erörterungen in Brechenmacher, Thomas: Großdeutsche Geschichtsschreibung im neunzehnten Jahrhundert. Die erste Generation (1830–48). Berlin 1996 (Berliner Historische Studien 22), 24–42.

gar legitimistisch), indem sie Reformation, Französische Revolution und Liberalismus als Ausdruck revolutionärer Prinzipien versteht, die eine organische, der göttlichen Schöpfungsordnung gemäße Entwicklung von Staat und Gesellschaft durch überhebliche Hybris des Menschen konterkarieren. Im engeren Sinn entsteht die großdeutsche Geschichtsschreibung nach dem gescheiterten Versuch der Nationalstaatsgründung von 1848/49, findet in der geschichtspolitischen Kleindeutsch-Großdeutsch-Debatte der fünfziger und sechziger Jahre des 19. Jahrhunderts ihren Höhepunkt, setzt sich in der Auseinandersetzung nun vor allem der Katholiken mit dem Bismarckschen Reich von 1871 fort und verwandelt sich schließlich durch unterschiedliche Rezeptionsweisen des neuen völkischen Paradigmas während der zwanziger Jahre des 20. Jahrhunderts in eine neuartige „gesamtdeutsche" Geschichtsauffassung. Das Konstrukt einer Drei-Generationen-Folge der großdeutschen Geschichtsschreibung (ohne die „gesamtdeutsche") stellt dieser Auffassung im engeren Sinne eine Formierungsphase während des ersten Drittels des 19. Jahrhunderts voran, in der sich die wesentlichen Inhalte und Deutungsmuster der großdeutschen Geschichtsschreibung ausprägen, bevor sie nach 1849/49 „Virulenz" gewinnen.[3]

Diesem Drei-Generationen-Modell folgend, lassen sich die zentralen Komponenten der Wallensteindeutung großdeutscher Historiographie herausarbeiten.[4] Dabei spannt sich der Bogen von der Zeit des Vormärz bis in die ersten Jahre des 20. Jahrhunderts, von August Friedrich Gfrörer, Friedrich Emanuel Hurter und Constantin Höfler (erste Generation), über Onno Klopp und Johannes Janssen mit einem Seitenblick auf Carl Adolf Cornelius (zweite Generation) bis hin zu dem 1923 gestorbenen Moriz Ritter (dritte Generation). Großösterreichische Traditionen bleiben dabei außer Betracht (Hurter als Reichshistoriograph bildet in mehrfacher Hinsicht einen Sonderfall), ebenso wie das „gesamtdeutsche Konzept" Heinrich Ritter von Srbiks, auf das hier abschließend nur ein kurzer Blick fallen kann.

3 Ebd., bes. 27–29.

4 Flankierend zu den hier unterbreiteten Überlegungen, die auf meine Beschäftigung mit der Geschichte der großdeutschen Historiographie zurückgehen, sei auf die sehr gründliche Studie von Holger Mannigel verwiesen, in deren Fokus die deutschsprachige Wallensteingeschichtsschreibung zwischen Schiller und Ranke steht: Mannigel, Holger: Wallenstein in Weimar, Wien und Berlin. Das Urteil über Albrecht von Wallenstein in der deutschen Historiographie von Friedrich von Schiller bis Leopold von Ranke. Husum 2003; zur großdeutschen Wallensteinhistoriographie ebd., 253–354. Zur Rezeption des Dreißigjährigen Kriegs in den nationalpolitischen Diskursen des 19. Jahrhunderts vgl. auch Sack, Hilmar: Der Krieg in den Köpfen. Die Erinnerung an den Dreißigjährigen Krieg in der deutschen Krisenerfahrung zwischen Julirevolution und deutschem Krieg. Berlin 2008.

I.

Die Tradition einer großdeutschen Wallensteinhistoriographie *avant la lettre* beginnt mit August Friedrich Gfrörers 1837 in erster Auflage erschienenem Werk „Gustav Adolph, König von Schweden, und seine Zeit".[5] Gfrörer, geboren 1803 in Calw, hatte am Tübinger Stift Theologie und Philosophie studiert, mit dem Ziel, lutherischer Pfarrer zu werden, war von dieser Laufbahn jedoch auf Bildungsreisen in die Schweiz und nach Italien abgekommen. Seit 1830 dritter Bibliothekar an der königlichen Bibliothek in Stuttgart, verfügte Gfrörer über einen Brotberuf, der ihm Raum ließ, sein schriftstellerisches Talent zu pflegen. Er arbeitete sowohl philologisch-frühhistoristisch, auf dem Feld der Frühgeschichte des Christentums,[6] als auch zeitgeschichtlich, indem er journalistisch-chronographisch und – um Auseinandersetzungen mit der Zensur zu entgehen – unter Pseudonym über die „Geschichte unserer Tage" berichtete.[7] 1846 wurde er auf einen Lehrstuhl für Geschichte an der Universität Freiburg berufen, der eigentlich mit einem katholischen Historiker hätte besetzt werden sollen. Da sich ein geeigneter Katholik jedoch nicht zeigte, bildete die Wahl des Protestanten Gfrörer die Kompromißlösung; Gfrörer, der zeitlebens nicht zum Katholizismus konvertierte (er starb allerdings bereits 1861), empfahl sich durch seine „katholisierende" Geschichtsschreibung.[8]

Gfrörers Geschichte Gustav Adolfs von Schweden bildet für die sich formierende großdeutsche Geschichtsschreibung in mehrfacher Hinsicht ein Schlüsselwerk. Das Buch hat eine komplizierte Entstehungsgeschichte: Im Laufe der Arbeit an der ersten Auflage von 1837 löste sich Gfrörer von dem klassischen protestantischen Gustav-Adolf-Narrativ des Schutzherrn der Reformation und Befreiers aus dem Norden und entwickelte ein neues, wie er es nannte, „ghibellinisches" Deutungsmuster. Erst in der zweiten, völlig veränderten Auflage von 1845 führte er dieses neue Narrativ jedoch konsequent durch. „Gustav stürzte sich [...] in den teutschen Krieg aus derselben Triebfeder, die 2000 Jahre früher den jugendlichen König von Macedonien, Alexander, zum Angriff auf Asien hinrieß [sic!]. – Drang nach kriegerischem Ruhme, ein

5 Gfrörer, August Friedrich: Gustav Adolph, König von Schweden, und seine Zeit. Stuttgart 1837.

6 Ders.: Kritische Geschichte des Urchristenthums, Bd. 1–3. Stuttgart 1831–1838.

7 Freymund, Ernst [August Friedrich Gfrörer]: Die Geschichte unserer Tage, Bd. 1–7. Stuttgart 1831–1832.

8 Biographische Skizze bei Brechenmacher: Großdeutsche Geschichtsschreibung, 100–119.

durch den Schimmer religiöser Ideen verhüllter Geist der Eroberung hat den Schweden über die Ostsee herübergeführt."[9]

Gfrörers Schlagwort von der „ghibellinischen" Geschichtsanschauung nimmt das spätere Epitheton „großdeutsch" vorweg. Sein „Gustav Adolph" bildet ein Panoptikum all jener Deutungsmuster zur nachreformatorischen Reichsgeschichte, aus denen sich die spätere großdeutsche Position in der Debatte der fünfziger Jahre speisen sollte. Während andere großdeutsche Historiker vor der Wende von 1848/49 hauptsächlich Themen des Mittelalters bearbeiteten und sich chronologisch lediglich bis ins Vorfeld der Reformation bewegten, steckte Gfrörers „Gustav Adolph" das Feld für eine großdeutsche Beurteilung der Reichsgeschichte nach Luther ab und bereitete Wege vor, auf denen nach ihm die großdeutschen Historiker der „zweiten Generation", wie Carl Adolf Cornelius und Onno Klopp, Johannes Janssen und Ludwig Pastor, weiterschritten.[10] Gfrörers „Gustav Adolph" war ein großer Bucherfolg; auf die zweite Auflage von 1845 folgte noch zu seinen Lebzeiten, 1852, eine dritte und schließlich – bezeichnenderweise herausgegeben von Onno Klopp – posthum, 1863, eine vierte Auflage.[11] Außerhalb des „Gustav Adolph" stellte Gfrörer seine „ghibellinische" Interpretation Wallensteins in seiner Freiburger Antrittsvorlesung vom Herbst 1846 vor. Hier setzte er sich vor allem mit der Frage nach „Wallensteins Schuld" auseinander. Durch den Abdruck der Vorlesung in den „Monatsblättern zur Ergänzung der Allgemeinen Zeitung" gelangten Gfrörers Positionen auch einem größeren Publikum zur Kenntnis.[12]

Gfrörer projizierte die nationalpolitischen Fragen seiner Gegenwart besonders ausgeprägt und ungeniert in die Vergangenheit zurück, in der Annahme, diese Fragen hätten auch Kaiser und Territorialfürsten des 17. Jahrhunderts in gleicher Intensität bewegt wie ihn selbst. Sein Nationsbegriff war der eines wiedererstarkten und einigen Reichs auf Grundlage des alten Kaisertums; er träumte von der Wiederherstellung des Alten Reichs, freilich mit einer der

9 Gfrörer, August Friedrich: Gustav Adolph, König von Schweden, und seine Zeit, 2., umgearb. Aufl. Stuttgart 1845, 684.

10 Detaillierte Analyse in Brechenmacher: Großdeutsche Geschichtsschreibung, 112–114, 219–227, 230–233.

11 Gfrörer: Gustav Adolph (2. Aufl.), 3., verb. Aufl., ebd. 1852; August Friedrich Gfrörer: Gustav Adolph, König von Schweden, und seine Zeit. Vierte Aufl., nach dem Tode des Verfassers durchgesehen und verbessert von Onno Klopp, Stuttgart 1863.

12 August Friedrich Gfrörer über Wallenstein. Öffentliche in der Aula zu Freiburg im Breisgau gehaltene Rede, mit welcher der neuernannte Professor der Geschichte August Friedrich Gfrörer Mitte November 1846 seine Vorlesungen eröffnete. In: Monatsblätter zur Ergänzung der Allgemeinen Zeitung, Januar 1847, 34–45 (im folgenden: Wallensteins Schuld).

historischen Realität nicht entsprechenden starken Betonung der kaiserlichen Macht und unter Nachordnung des konfessionellen Aspekts hinter den einheitspolitischen Gesichtspunkt. Diese geschichtsteleologischen Grundannahmen verband Gfrörer mit einer eigenwilligen Methode der „Historischen Mathematik". Wenn er dem Historiker die Aufgabe zuschreibt, die hinter den Ereignissen wirkenden Entwicklungstendenzen aufzeigen zu müssen, denkt er bereits „historistisch"; andererseits erweist er sich mit seinem „mathematischen", eher deduktiven, denn hermeneutischen Zugriff noch deutlich einer älteren mechanistischen, „aufklärerischen" Tradition verhaftet. Um zum Kern des Gewesenen vorzudringen, müsse der Historiker Geheimnisse lüften, die „geheimen Triebkräfte" hinter den Vorgängen freilegen. Durch eine kombinatorische Methode der Quelleninterpretation, die freilich nicht selten in abenteuerliche Spekulation entglitt und dazu tendierte, die historischen Kontexte zugunsten (nach ihrer „Enthüllung" durch Gfrörer) „sonnenklarer" Motive der jeweiligen Akteure einfach beiseite zu schieben, versuchte Gfrörer dieses Ziel zu erreichen.[13] Er arbeitete die drei zu seinen Lebzeiten publizierten Auflagen seines „Gustav Adolph" aus den zwischen 1835 und 1850 zur Verfügung stehenden und von ihm breit rezipierten gedruckten Quelleneditionen sowie der einschlägigen Sekundärliteratur. Auf eigene archivalische Forschung verzichtete er weitgehend; für die zweite Auflage unternahm er zwar einen Versuch in München; indes erschien ihm der dortige „Schatz von Urkunden [...] so ausgedehnt und groß, daß ich, zumal bei der kurzen Dauer meines Aufenthalts, bald den Muth verlor, mich auf diesem Meer alter Denkmale zu orientiren".[14]

Seinen methodischen Vorannahmen entsprechend, begab sich Gfrörer auf die Suche nach den „geheimen Triebfedern" des Dreißigjährigen Kriegs.[15] Als strategisch operierenden *Think tank* der katholischen Seite vermeinte er dabei den Jesuitenorden entdecken zu können. Dieser habe, im Interesse des Papstes, ein Kunststück vollbringen müssen: Der Protestantismus im Reich sollte bekämpft werden, ohne dabei allerdings die kaiserliche Macht zu groß werden zu lassen. Der Lösungsansatz habe darin bestanden, eine katholische Territorialgewalt, Bayern, für den Kampf gegen den Protestantismus zu stärken und gleichzeitig als Korrektiv der kaiserlichen Macht gegenüber aufzubauen. In diesem Licht erscheint die katholische Liga als ein Werk des Jesuitenordens.

13 Ausführlich zur „Historischen Mathematik" Brechenmacher: Großdeutsche Geschichtsschreibung, 264–272.

14 Gfrörer: Gustav Adolph (2. Aufl.), VI.

15 Vgl. zum Nachfolgenden ausführlicher auch Brechenmacher: Großdeutsche Geschichtsschreibung, 231–236.

Demgegenüber kommt Wallenstein als Retter des Ghibellinismus ins Spiel. Wallenstein, so Gfrörer, drohte das jesuitische Spiel zu durchkreuzen und wollte „dem 30jährigen Kriege einen rein kaiserlichen Charakter aufdrükken". Darin sei schließlich auch der tiefere Grund seines Sturzes zu suchen. „Wir haben hier, resümiert Gfrörer, „den leitenden Faden dargelegt, der das Labyrinth des Dreißigjährigen Kriegs entwirrt".[16]

Zwei Ansätze laufen in Gfrörers Darstellung trotz ihres „mathematischen" Scharfsinns gegeneinander: In seiner unverhohlenen Bewunderung des Jesuitenordens deuten sich seine katholisierenden Neigungen an; freilich dominierte für ihn stets der kaiserliche, „ghibellinische" Standpunkt. Wallenstein rückte ins Zentrum der Gfrörerschen Darstellung des Dreißigjährigen Kriegs. In der Gestalt des kaiserlichen Feldhauptmanns personifiziert sich Gfrörers Glaube, das Reich hätte nach dem Augsburger Religionsfrieden noch die Option besessen, dem endgültigen Untergang zu entkommen. Ja, auf das Scheitern eines vermeintlichen „Einheitsplans" Wallensteins spielt Gfrörer an, wenn er Johann Friedrich Böhmer gegenüber „die ganze furchtbare Tragödie der Geschichte unseres Vaterlands [...] in den Zeitraum der Jahre 1618–1632 zusammengedrängt" sieht.[17]

Wallenstein habe – im Interesse des Kaisers – eine Art Militärputsch vorbereitet, mit dem Ziel, eine längst überfällige Verfassungsreform des Reichs durchzuführen: Teilentmachtung der großen Reichsfürsten und Umlenkung beziehungsweise Konzentration ihrer Kräfte auf das Reichsganze durch Erteilung ständischer Mitbestimmungsrechte, Etablierung einer starken kaiserlichen Zentralmacht, gestützt vor allem auf die kleineren Reichsstände, niederen Adel, Ritterschaft, Städte und Bauern.[18] Der Erwerb des Herzogtums Mecklenburg habe dem Friedländer dazu gedient, die notwendige territoriale Basis zu gewinnen, um seinen Einheitsplan umzusetzen.[19] Wäre diese Reform erst einmal oktroyiert gewesen, hätte sich die religiöse Einheit im Gefolge dieser derart erreichten nationalen Einheit ganz von selbst eingestellt. Allerdings habe der Militärputsch Wallensteins nicht stattfinden können, nachdem Ferdinand den General nach dem Sieg über die Dänen auf das Drängen der papistisch-jesuitischen Ligisten hin entlassen habe.

An dieser Stelle setzen Gfrörers Überlegungen zu „Wallensteins Schuld" ein. Habe der Feldherr, vom Kaiser angesichts der schwedischen Bedrohung

16 Gfrörer: Gustav Adolph (2. Aufl.), 263.

17 Gfrörer an Johann Friedrich Böhmer, 5. Juli 1845 (Universitätsbibliothek Frankfurt a. M., Ms. Ff. Böhmer 1 K 5 G, 57).

18 Gfrörer: Wallensteins Schuld, 37; vgl. auch ders., Gustav Adolph (2. Aufl.), 623f., 794f.

19 Ders.: Gustav Adolph (2. Aufl.), 623.

wieder ins Amt zurückberufen, nun den Bogen überspannt und zuviel gefordert? Zwar habe Wallenstein mit den in Znaim formulierten Bedingungen für die neue Übernahme des Oberbefehls den Bogen fast überspannt, allerdings, so Gfrörer, in der „Absicht [...], seine alten Plane der Einheit des Reichs und der Wiederherstellung des Kaiserthums bei nächster Gelegenheit wieder aufzunehmen". Wallenstein habe unbeirrbar an seinem „Einheitsplan" festgehalten, habe nur zum Schein mit Franzosen und Schweden verhandelt, um diese hinzuhalten. Januar 1634 abermals entlassen und nun völlig in die Defensive gedrängt, sei Wallenstein nichts anderes übrig geblieben, als zu versuchen, durch Annäherung an die Protestanten sein Leben zu retten. Erst hier sei Wallenstein schuldig geworden, allerdings ohne eine Handlungsalternative zu haben. Gfrörers Resümee über Wallenstein lautet in seiner Freiburger Antrittsvorlesung: Ungeachtet einzelner Verfehlungen und Überspanntheiten in seinen Forderungen, ungeachtet auch tragischer Fehltritte seines letzten Lebensmonats, „die Schmach eines schändlichen, am Kaiser, unserm Nationaloberhaupt, verübten Verraths trifft den großen Ghibellinen nicht, der für des Kaisers Macht und Deutschlands Einheit seine Seele einsetzte".[20]

Mit seiner Bewunderung Wallensteins nimmt Gfrörer unter den Großdeutschen zweifellos eine Sonderstellung ein, die in der Überzeugung gründet, in Deutschland sei mit der Ermordung des Friedländers die letzte Chance auf ein Wiedererstarken verlorener Reichsherrlichkeit vergeben worden. Am Ende des „Gustav Adolph" verbleibt Gfrörer in einer resignierten Stimmung. Der Dreißigjährige Krieg habe nicht nur das deutsche Einheitsband zerrissen, sondern auch den Charakter des deutschen Volks zerstört und ein „Volk von Bedienten" hinterlassen.[21]

Erst in der Märzrevolution von 1848 sah Gfrörer jenen neuen „nationalen Aufschwung" – den er für die Zeit Wallensteins so schmerzlich vermißt hatte. Er selbst wurde für den württembergischen Wahlkreis Ehingen in die Paulskirche gewählt[22] und glaubte unbeirrt daran, daß einer richtig durchgeführten großdeutschen Reichseinigung die konfessionelle Einigung in Form eines nationalen Katholizismus logisch folgen müsse: „Einen nationalen politischen Aufschwung vorausgesetzt, muß sich die Überzeugung, die bei ruhiger Überlegung und ohne den Nebel künstlich anerzogener Vorurtheile jedem Menschen von fünf gesunden Sinnen sich aufdrängt, allgemeine Bahn brechen, daß ein Volk mit zwei feindseligen Kirchen nicht bestehen kann, weil

20 Ders.: Wallensteins Schuld, 44.
21 Ders.: Gustav Adolph (2. Aufl.), 1020.
22 Vgl. Brechenmacher: Großdeutsche Geschichtsschreibung, 119, 443.

eine solche Trennung nothwendig innerer Zwietracht gefährliche Vorwände verleiht und den Ränken des Auslandes Thür und Angel öffnet."[23]

Doch nicht einmal der Wiener Reichshistoriograph Friedrich Emanuel Hurter konnte sich den Spekulationen Gfrörers anschließen. Hurter kam in seinen Wallenstein-Studien der fünfziger Jahre sogar zu ganz entgegengesetzten Auffassungen über den Generalissimus. „Nachdem ich eine Masse von Actenstücken über Wallenstein durchlesen," berichtete er im Dezember 1859 darüber an den ostfriesischen Historiker Onno Klopp, „ist es rein unmöglich, sein Verschulden auch nur [...] leise anzuzweifeln. Ohne sein Organisationstalent und seine Thätigkeit bei diesem zu mißkennen, läßt sich nicht in Abrede stellen, daß er ein kalter, herzloser, hochmüthiger Egoist gewesen seye, der die Umstände und die Menschen bloß seinen Zwecken dienstbar machen wollte, und den Kaiser zu bethören wußte, daß er ihm eine Macht einräumte und nur allzulange überließ, die am Ende ihm selbst gefährlich werden mußte und es wirklich geworden ist."[24]

Friedrich Emanuel Hurter aus Schaffhausen (1787–1865) hatte eine exponierte Karriere in der reformierten Landeskirche seines Heimatkantons durchlaufen, war jedoch 1841 vom Amt des Vorstehers („Antistes") unter großem Aufsehen zurückgetreten und konvertierte 1844 zum Katholizismus. Ein Jahr später wurde er, durch persönliche Vermittlung Metternichs, zum „Historiographen des österreichischen Kaiserreiches" in Wien ernannt.[25] Als Qualifikationsschrift galt seine zwischen 1834 und 1842 erschienene vierbändige Geschichte Papst Innocenz' III. „und seiner Zeitgenossen".[26] In seiner neuen Eigenschaft erhielt Hurter die Aufgabe, die Geschichte Kaiser Ferdinands II. zu schreiben, ein schließlich elf Bände umfassendes Monumentalwerk, das zwischen 1850 und 1864 erschien.[27] Als Nebenprodukt zu seinem großen Ferdinand-Werk veröffentlichte Hurter 1855 und 1862 zwei umfangreichere Studien über Wallenstein, „Zur Geschichte Wallensteins" und „Wallenstein's vier letzte Lebensjahre".[28] Nicht anders als für das Ferdinand-Werk

23 Gfrörer: Wallensteins Schuld, 37f.

24 Hurter an Klopp, 13. Dezember 1859 (Haus-, Hof- und Staatsarchiv Wien, NL Klopp, Karton 8).

25 Vgl. Brechenmacher: Großdeutsche Geschichtsschreibung, 87–100.

26 Hurter, Friedrich: Geschichte Papst Innocenz III. und seiner Zeitgenossen, Bd. 1–4. Hamburg 1834–1842.

27 Hurter, Friedrich von: Geschichte Kaiser Ferdinands II. und seiner Eltern bis zu dessen Krönung in Frankfurt. Personen, Haus- und Landesgeschichte, Bd. 1–11 (ab Bd. 8: Geschichte Kaiser Ferdinands II.). Schaffhausen 1850–1864.

28 Ders.: Zur Geschichte Wallensteins. Schaffhausen 1855; ders.: Wallenstein's vier letzte Lebensjahre. Wien 1862.

standen Hurter auch für seine Wallenstein-Arbeiten die Archive des Hauses Habsburg offen, insbesondere die Bestände des k.k. Staatsarchivs – des heutigen Haus-, Hof- und Staatsarchivs –, die er nach eigener Aussage „Blatt für Blatt" durchgegangen sei. Im zweiten Werk, „Wallenstein's vier letzte Lebensjahre", dehnte Hurter die Archivstudien sogar noch aus, so daß beide Bücher hinsichtlich ihrer umfassenden Quellengrundlage zweifellos Neuland betraten.

Sicher, Hurter war qua Amt zu historischer Hofberichterstattung verpflichtet; der Hintergrund seiner Biographie, der Weg vom reformierten Antistes zum Konvertiten in kaiserlichen Diensten, leistete ein übriges zu einer nicht unerheblichen reichisch-katholischen Apologetik; freilich sollte sein historiographisches Spätwerk deshalb nicht ausschließlich unter dem Aspekt wissenschaftlich wertloser Habsburg-Panegyrik betrachtet werden. In seinen beiden Wallenstein-Büchern, deren zusammengenommen mehr als 900 Seiten sich zur maßgeblichen Wallenstein-Biographie aus großdeutscher Feder formen, bahnte Hurter ungeachtet seiner konfessionellen und politischen Prädisposition den Weg zu einer deutlich realistischeren und fundierter quellengestützten Wallensteinhistoriographie, als sie bisher, eingebettet in Gfrörers Gustav-Adolph-Buch aus dieser Richtung vorlag. Hurters Beteuerung, er habe seine „Arbeit begonnen ohne vorangehende Annahme einer Schuld Wallenstein's, ohne entschiedene Ablehnung einer solchen", sollte nicht lediglich als inhaltslose Rhetorik begriffen werden. „Er [Hurter] hat bloß sehen, erforschen, prüfen wollen, wie die Acten, sei es freisprechend, sei es anklagend, entscheiden werden."[29] Ohne dessen Namen zu nennen, antwortet er auf Gfrörer: „Einige haben es Wallenstein zum Verdienst anrechnen wollen, daß er sich mit dem Gedanken getragen, die Reichsverfassung umzustürzen [...], den Kaiser zum unbeschränkten und erblichen Herrn Deutschlands zu machen. Dürfen die Anschauungen der Gegenwart so unbedingt in die Vergangenheit zurückversetzt werden? [...] Wir müssen dieses bezweifeln."[30]

Bereits mit dieser Bemerkung stellte sich Hurter auf ein anderes, höheres Reflexionsniveau als Gfrörer. Zweitens drängte sich ihm eine Frage auf, die Gfrörer in seinem naiven Ghibellinismus einfach beiseite geschoben hatte: „ob nicht Wallenstein dem Kaiser mehr dürfte geschadet als genützt haben?" Diese Frage zu bejahen, so Hurter, hieße, „mit der gesammten bisherigen geschichtlichen Tradition in Widerspruch [zu] treten".[31] Mit einem derart vollmundig formulierten Anspruch griff Hurter etwas hoch, denn wenige Jahre zuvor hatte

29 Ders.: Wallenstein's vier letzte Lebensjahre, IVf.

30 Ders.: Zur Geschichte Wallensteins, XI.

31 Ebd., VIf.

ein anderer Großdeutscher, der bayerische Historiker Constantin Höfler[32] – wie zu vermuten steht, an ältere katholische Deutungstraditionen anknüpfend – genau diese Frage bereits gestellt und sehr präzise und begrifflich kreativ im Sinne Hurters beantwortet, als er Wallenstein den „bösen Genius Teutschlands und des Kaisers" genannt hatte.[33] In „Wetzer und Weltes Kirchen-Lexikon", einem weitverbreiteten Kompendium katholischen Wissens, war Höfler 1850 in einem Artikel über Kaiser Ferdinand II. zu dieser Auffassung über Wallenstein gelangt. Der „ehrgeizige" Wallenstein habe durch seinen „Übermuth", „durch Brandschatzung und Einquartierung" Freunde und Feinde des Kaisers „fast zur Verzweiflung" gebracht. Am Ende sei sein „Verrath" offenkundig geworden, so daß der „Mächtige, dem Alles erlaubt gewesen, der den Kaiser tyrannisirt, die Entthronung der Fürsten, die Vernichtung der teutschen Staaten sich zum Ziele gesetzt hatte [...] durch die dem Kaiser getreuen Officiere" fiel. „Jetzt erst wandte sich das Glück wieder dem Kaiser zu."[34]

Wallenstein, der Verräter an der kaiserlichen und katholischen Sache aus Ehrgeiz: Für Hurter festigte sich diese Überzeugung, je mehr er die Akten der katholischen Liga studierte, und hier inbesondere den Briefwechsel zwischen Kurfürst Maximilian von Bayern und Kurfürst Georg Friedrich von Mainz. Zunächst für die Zeit bis 1630 zog er als Fazit, „daß der Entschluß, Wallenstein nicht allein die Bildung eines Heeres zu übertragen, sondern auch dessen Erhaltung ihm zu überlassen, für den Kaiser das bitterste Mißgeschick zur Folge gehabt habe".[35] Denn der jüngere Feldherr Wallenstein habe sich nicht nur geweigert, sich dem „ergrauten und sieggekrönten" Feldherrn der Liga, Tilly, unterzuordnen, sondern er habe überhaupt ein „wohlverstandenes Zusammenwirken" mit diesem abgelehnt und statt dessen eigensinnig und militärisch ineffizient operiert. Auf diese Weise habe Wallenstein, um eigener Vorteile willen, den Krieg unnötig in die Länge gezogen, statt mit Tilly zusammen schlagkräftig vorzugehen.[36] In der Korrespondenz mit Onno Klopp – der zur gleichen Zeit (und von Hurter dazu ermuntert) an einer großen Arbeit über Tilly saß – sprach Hurter sogar davon, „daß die Bosheit des Ersteren [Wallensteins] so weit gieng, um diesem [Tilly] alle Waffenerfolge unmöglich

32 Zu Höfler vgl. Brechenmacher: Großdeutsche Geschichtsschreibung, 132–145.

33 Höfler, Constantin: Art. Ferdinand II. In: Wetzer, Heinrich Joseph/Welte, Benedikt (Hg.): Kirchen-Lexikon oder Encyklopädie der katholischen Theologie und ihrer Hilfswissenschaften, Bd. 4. Freiburg i. Br. 1850, 15–21, hier 18.

34 Ebd., 19f.

35 Hurter: Zur Geschichte Wallensteins, VII.

36 Ebd., IXf.

zu machen".[37] „Mein Urteil über Wallenstein [...] bleibt dasselbe, aber auf gleiche Stufe mit Mansfeld möchte ich ihn nicht stellen", ergänzte er im Oktober 1860. „Dieser ist ein Garibaldi jener Zeit, indeß Wallenstein in allen Beziehungen als ein großer Herr voll der großartigsten Entwürfe [...] sich darstellt. Bloß in der Gewißenlosigkeit dürften beide sich gleichkommen [...]. Hätte sein Feldherrentalent mit seinem organisatorischen gleichen Schritt gehalten, wäre er daneben ein dankbarer und treuer Diener seines Herren gewesen, so dürfte er unbedenklich den hervorragendsten Männern aller Zeiten beigezählt werden. Die Notizen über denselben, namentlich über seinen Verrath, habe ich in einer [...] Überfülle zusammengebracht."[38]

Diese „Überfülle" von „Notizen" verarbeitete Hurter in seiner zweiten Wallenstein-Studie, die nun die letzten Jahre Wallensteins und hier speziell die Frage nach der Schuldhaftigkeit seines Handelns in jenen Jahren untersuchte. Seinen früheren Standpunkt modifizierte er jetzt; hatte er gegenüber Klopp 1860 noch von „Verrat" gesprochen, erschien seine Auffassung zwei Jahre später demgegenüber präzisiert: „Verrath findet nur da statt, wo Jemand seine Verpflichtungen, seie es zu Gunsten, seie es zum Nachtheil eines Dritten bei Seite setzt. [...] Dergleichen hat Wallenstein sich nicht beigehen lassen. Er hat niemals einen Dritten, er hat bei allem, was er gegen seinen Oberherrn angezettelt, sich selbst im Auge gehabt. Nicht eines Andern Vortheil, die eigene Erhebung bezweckte er. Deshalb kann er nicht ein Verräther, er muß ein Empörer, ein Rebell genannt werden."[39] Daß Wallenstein während der Zeit seines zweiten Oberbefehls *auch* im Sinne des Kaisers gearbeitet habe, könne nur mit „entschiedener Ungerechtigkeit" geleugnet werden; so habe er 1632 zweifellos versucht, „den Kurfürsten von Sachsen wieder für den Kaiser zu gewinnen"; desgleichen habe er „im folgenden Jahr die Verbindung der sächsischen und der brandenburgischen Streitmacht mit der seinigen" beabsichtigt, um „die Schweden von Deutschland wegzutreiben".[40] Daneben, so Hurter jedoch, „sollte man so Vielem, was zur Erreichung der eigenen Zwecke nebenbei läuft, die Augen nicht verschließen, noch weniger, daß am Ende der Herzog diesem das Übergewicht einräumte, jenes diesem zur Einhüllung dienen mußte".[41]

Hurter gewichtete im Licht der zahlreichen von ihm ein erstes Mal benutzten Archivquellen völlig anders als Gfrörer. Wandte Wallenstein in Gfrörers

37 Hurter an Klopp, 18. Juni 1860 (HHStA Wien, NL Klopp, Karton 8).

38 Hurter an Klopp, 15. Oktober 1860, ebd.

39 Hurter: Wallenstein's vier letzte Lebensjahre, 336.

40 Ebd.

41 Ebd., 337.

Darstellung nur scheinbar verräterische Mittel an, um „in Wirklichkeit" an der Neuerweckung des Kaisertums zu arbeiten, kaschierte er, Hurter zufolge, mit seinen pro-kaiserlichen Aktivitäten lediglich die eigenen Ambitionen, die ihm über alles gingen. Tiefster Antrieb all seines Strebens, ob mit oder gegen den Kaiser, sei die Sucht nach unsterblichem königlichem Ruhm gewesen. „Der Griff nach der böhmischen Krone beschäftigte ihn mehr und mehr."[42]

Wallenstein als der Typus des egomanen Machiavellisten, der – bei großer Begabung – niemandem wirklich diente, außer sich selbst: Bei Constantin Höfler klang dieses Urteil bereits an, durch Friedrich Emanuel Hurter wurde es zum Axiom der großdeutschen Historiographie über Wallenstein ausgebaut, ungeachtet der späteren feineren Austarierungen, die zumal Moriz Ritter daran noch vornehmen sollte.

II.

War Wallenstein erst derart definiert, mußte sich das Interesse der Großdeutschen fast logisch auf den Feldherrn der katholischen Liga, Tilly, richten. Dessen Ehrenrettung gegenüber den seit Schiller populären protestantischen Geschichtsbildern versuchte Onno Klopp mit seiner großen zweibändigen Darstellung von 1861, „Tilly im Dreißigjährigen Kriege"[43], die flankiert wurde durch diverse Einzelstudien, vorwiegend publiziert in der Zeitschrift des Münchner Görres-Kreises, „Historisch-politische Blätter für das katholische Deutschland".[44]

Der Austausch mit dem Reichshistoriographen, von dem sich Klopp – seit er Ende der fünfziger Jahre des 19. Jahrhunderts seine Gymnasiallehrerstelle aufgegeben hatte – als freischaffender Historiker Stellenvermittlung in Österreich erhoffte,[45] gab Klopp wichtige Anregungen. Hurter bestätigte Klopps Absichten, Tilly zu rehabilitieren. „Meines Bedünkens wäre eine ausführliche Biographie des edlen Feldherrn, eine Schuld, welche die deutsche Geschicht-

42 Ebd., 345; vgl. ebd. 240, 338. Vgl. auch ders.: Geschichte Kaiser Ferdinands II., Bd. 11, 118.

43 Klopp, Onno: Tilly im Dreißigjährigen Kriege, Bd. 1–2. Stuttgart 1861.

44 Hier vor allem Klopp, Onno: Magdeburg, Tilly und Gustav Adolf. In: Historisch-politische Blätter für das katholische Deutschland 46/47 (1860) 845–877, 913–934, 72–118, 193–212, 245–269; zu weiteren einschlägigen Studien Klopps vgl. die Bibliographie bei Matzinger, Lorenz: Onno Klopp (1822–1903). Leben und Werk. Aurich 1993.

45 Zu Klopps Lebensweg vgl. Matzinger: Klopp.

schreibung längst hätte abtragen sollen, und eine Pflicht den Lästerungen gegenüber, welche immer noch als unantastbare Dogmen aufgestellt und wiederholt und beharrlich festgehalten werden."[46] Mit „Lästerungen" spielte Hurter vor allem auf den Kern des antikatholischen Tilly-Narrativs an, nämlich den Vorwurf, Tilly habe 1631 aus reinem Religionshaß Magdeburg belagert, erobert und geplündert. Klopps Darstellung versuchte hingegen zu zeigen, daß Tilly vor Magdeburg einer planmäßig umgesetzten Hinhalte- und Ablenkungstaktik Gustav Adolfs aufgesessen sei.[47] Anders als Wallenstein erschien Tilly als der redlich und „sauber" Kriegführende, der keineswegs als Fanatiker der katholischen Sache, sondern, im Gegenteil, als Sachwalter des *cuius regio eius religio* des Augsburger Religionsfriedens, als Friedensstifter im Sinne des Verfassungsrechts von 1555 habe wirken wollen.[48]

In seiner Wallenstein-Deutung, die sich, „stets für die schärfste Interpretation zuungunsten des Friedländers" entschied,[49] knüpfte Klopp an die Hurtersche Linie an: Wallenstein erscheint als Verräter am Kaiser, am Kurfürsten Maximilian, an Tilly. Deren Vertrauen habe er wissentlich getäuscht, aus eigennützigem Kalkül, mit dem Ziel, sich zuletzt die böhmische Krone zu erwerben.[50] Doch Klopp, zeitlebens ein treuer Diener des von Preußen 1866 ins österreichische Exil getriebenen hannoveranischen Königs Georg V., urteilte noch sehr viel stärker nationalpolitisch als der aus der Schweiz stammende Reichshistoriograph, dessen „Hauptkampflinie" stets die konfessionelle Frage

46 Hurter an Klopp, 30. Oktober 1858, (HHStA Wien, NL Klopp, Karton 8).

47 Klopp: Tilly im Dreißigjährigen Kriege, Bd. 2, 181–292.

48 Vgl. z.B. ebd., 290. Oder: „Tilly erwarb sich in den von ihm besetzten Gegenden bald die Achtung, ja die Zuneigung der Bewohner, indem er strenge Mannszucht hielt, und die Protestanten in ihrer Religionsausübung ungestört ließ [...]; er wollte dem Geschrei über einen Religionskrieg ein Ende machen. Übrigens hatte er selbst Protestanten in seinem Heere, für die er Feldprediger hielt; es lag in seinem Wesen, den religiösen Geist sowohl zu schonen wie zu fördern. Hatte man anfangs sein Heer als die ‚Päpstlichen' gefürchtet, so pries man ihn jetzt als den Befreier von den Dänen [...]. Seine Truppen waren regelmäßig bezahlt, und die, allerdings unvermeidlichen, drückenden Kriegskontributionen waren bei Tillys Heer wenigstens geregelt und gingen durch Vermittlung der Behörden. Tilly selbst nahm nie Geschenke [...] – Ganz anders bei Wallenstein." Klopp, Onno: Politische Geschichte Europas seit der Völkerwanderung. Vorträge, Bd. 1–2. Mainz 1912, hier Bd. 1, 249.

49 Mannigel: Wallenstein, 345.

50 Die wesentlichen Punkte bei Klopp: Tilly im Dreißigjährigen Kriege, Bd. 2, 428–431. Kurz zusammengefaßt finden sich die Positionen auch in den von Klopps Sohn Wiard posthum zusammengestellten Vorträgen Onno Klopps: Politische Geschichte Europas, Bd. 1, hier 258–261 (Tilly und Magdeburg) und 265–268 (Wallensteins Verrat und Ermordung).

war. Mehr noch als Hurter strich Klopp deshalb an Wallensteins schuldhaftem Handeln einen Zug heraus, der sich nicht allein gegen den habsburgischen Kaiser und die katholische Sache, sondern gegen eines der Urprinzipien deutscher staatlicher Ordnung schlechthin gerichtet habe, gegen die reichsfürstliche, „föderale" Verfassung. Wallenstein, ein Condottiere wie Mansfeld oder Christian von Braunschweig, habe wie diese danach getrachtet, „das bestehende Reichsfürstentum zu verdrängen und ein militärisches Reichsfürstentum zu schaffen".[51] Die nachgerade revolutionäre Entmachtung der mecklenburgischen Herzöge sei dazu lediglich der erste Schritt gewesen. Zwar war Wallenstein für Klopp lediglich ein „vergrößerter Mansfeld" – im Unterschied zu Hurter, der dem Friedländer wenigstens noch eine eigenständige Grundgröße zubilligte –, deswegen jedoch nicht minder gefährlich, eben durch seine revolutionären Absichten, in denen er selbst davor nicht zurückschreckte, „mit auswärtigen Mächten zu verhandeln".[52] Auch dies – fremde Mächte ins Land zu holen – mußte einem großdeutschen Patrioten wie Klopp als geradezu hochverräterisch erscheinen, als „eigennützig, unpatriotisch, undeutsch".[53] Empörer und Rebell hier, Revolutionär dort: Am Ende kommen die Auffassungen Hurters und Klopps fast wieder miteinander zur Deckung, wenngleich im Detail doch auch unterschiedliche Facetten in die jeweilige Urteilsbildung mit einfließen.

Wallenstein, so Klopp, habe durch sein Verhalten „die Herzen der Deutschen" dem Kaiser „entfremdet".[54] Entsprechend griff er in der vierten, von ihm herausgegebenen Auflage des Gfrörerschen „Gustav Adolph" in den Text ein, denn natürlich ließ sich der von Gfrörer vermeintlich entdeckte Wallensteinsche Einheitsplan, der ja ebenfalls auf eine revolutionäre Veränderung der Reichsverfassung mit zentralistischem Impetus hätte abzielen sollen, mit Klopps Vorstellungen von der legitimen Verfassungsordnung des Reichs als Vorbild für die föderale Ordnung eines großdeutschen Nationalstaats in keiner Weise zur Deckung bringen. Gfrörer, so Klopp lakonisch, habe Wallenstein „in jeder Beziehung zu hoch" gestellt.[55] Zwar konnte Klopp den Charakter des Werks Gfrörers nicht völlig entstellen, allerdings nahm er ihm, was die Beurteilung Wallensteins betraf, die eigenwillige Note und verschleierte jene

51 Ders.: Politische Geschichte Europas, Bd. 1, 250.

52 Ebd.

53 Ders.: Tilly im Dreißigjährigen Kriege, 428.

54 Ders.: Politische Geschichte Europas, Bd. 1, 252.

55 Gfrörer, August Friedrich: Gustav Adolph, König von Schweden und seine Zeit, vierte Auflage, nach dem Tode des Verfassers durchgesehen und verbessert von Dr. Onno Klopp. Stuttgart 1863, hier das Vorwort von Onno Klopp, III.

Stellen, in denen Gfrörer seine Ansicht zum Ausdruck gebracht hatte, Wallenstein habe keinen Verrat begangen und habe bis zuletzt an seinem „Einheitsplan" festgehalten.[56] Das abschließende Kapitel, in dem Gfrörer unter anderem die Ermordung Wallensteins behandelte, strich Klopp ganz.

Klopp blieb bis zum Ende seines Lebens – seit dem Beginn seiner Arbeiten zum Dreißigjährigen Krieg noch mehr als ein halbes Jahrhundert lang – seinen Auffassungen über Tilly und Wallenstein treu. Noch 1892, 23 Jahre nach dem Erscheinen von Rankes „Wallenstein", veröffentlichte er in den „Historisch-politischen Blättern" eine längere Auseinandersetzung mit diesem Werk.[57] Klopp arbeitete sich an Ranke ab, aber er verstand ihn nicht, fand keinen Zugang zu dessen subtilem Nachdenken über eine „Biographie, die zugleich Geschichte" ist: „Die Begebenheiten entwickeln sich in dem Zusammentreffen der individuellen Kraft mit dem objectiven Weltverhältniß; die Erfolge sind das Maß ihrer Macht."[58] Klopp trat Ranke noch 1892 mit den geschichtspolitischen Kategorien aus der Zeit der Debatten um die Reichseinigung entgegen, warf ihm eine irrige Auffassung über den Dreißigjährigen Krieg als Religionskrieg vor und hielt ihm die Worte des Großen Kurfürsten entgegen: „Gedenke, daß Du ein Deutscher bist." Ranke, so Klopp, hätte sich dessen eingedenk „mit dem Lobe für den fremden Eroberer [Gustav Adolf], in dessen Namen sich, unter dem Vorwande des Religionskrieges, alles das unsagbare Weh unserer Vorfahren concentrirt, etwas weniger freigebig" zeigen sollen.[59] Wallenstein galt ihm unverändert als der Habgierige, Herrschsüchtige, Hochmütige. Er sei es gewesen, der „Keile der Trennung in das Gefüge des Reiches" getrieben habe, „in Folge dessen es sich nachher dreifach theilte, und dann ein Theil nicht mehr dem Schweden das Ohr verschloß, ein anderer

---

56 Vgl. z. B. Gfrörer: Gustav Adolph (2. Aufl.), 969: „Ausgestattet mit den Rechten, welche ihm der Vertrag in die Hände gab, konnte Wallenstein den Kaiser verrathen, die Gewalt besaß er dazu. *Daß er es nicht that, hat ihn nicht gerettet.* Im Übrigen erhellt aus dem 7. und 8. Artikel, daß Friedland die Absicht hatte, seine alten Plane *der Einheit des Reichs und der Wiederherstellung des Kaiserthums* bei nächster Gelegenheit wieder aufzunehmen [Hervorhebungen ThB]; identischer Text in der 3. Aufl. (1852), 844; dagegen Gfrörer: Gustav Adolph, 4. Aufl. (1863), 754 (mit den Änderungen Klopps): „Ausgestattet mit den Rechten, welche ihm der Vertrag in die Hände gab, konnte Wallenstein den Kaiser verrathen, die Gewalt besaß er dazu. Im Übrigen erhellt aus dem 7. und 8. Artikel, daß Friedland die Absicht hatte, seine alten Plane bei nächster Gelegenheit wieder aufzunehmen."

57 Klopp, Onno: Geschichte Wallensteins, nach Leopold von Ranke. In: Historisch-politische Blätter für das katholische Deutschland 109 (1892) 233–245, 332–347, 389–416.

58 Ranke: Geschichte Wallensteins, IX.

59 Klopp: Geschichte Wallensteins, 416.

nicht mehr dem Cardinal Richelieu".[60] Das Erbe Wallensteins und Gustav Adolfs an Deutschland sei „unsäglicher Kriegsjammer" gewesen.[61]

Die großdeutschen Historiker verteidigten die kaiserliche Seite gegen den Vorwurf, Träger eines restitutiv-aggressiven Religionskriegs gewesen zu sein. Sie traten gegen das konkurrierende Narrativ von der Rettung der protestantischen Sache durch vermeintliche Glaubenshelden wie Gustav Adolf an,[62] in der Regel – bei Gfrörer wohl noch am wenigsten – mit einem ausgeprägt antiprotestantischen Affekt.[63] Dabei entwickelten sie durchaus einen Blick für die Problematik eines Machtvakuums in Mitteleuropa, das expansive Mächte wie Dänemark, Schweden, Frankreich ganz zwangsläufig auf den Plan rufen mußte. In dieser Einschätzung war beispielsweise Klopp von Ranke so weit nicht entfernt, doch fehlte ihm die nötige Distanz zu den nationalen und konfessionspolitischen Kämpfen der eigenen Zeit, das *sine ira et studio*, um sich Rankes objektivierendem, abstrahierendem Zugriff öffnen zu können. Die exponierten Vertreter der ersten (Gfrörer, Hurter) und teils noch der zweiten Generation großdeutscher Geschichtsschreibung (Klopp) glaubten an die Möglichkeit, daß ein wiedererstarktes, in seiner föderalen Verfassung bewahrtes (Klopp, Hurter) oder in zentralistischem Sinne reformiertes Reich (Gfrörer) mit einem unangefochtenen Kaiser an der Spitze der ständischen Ordnung in der Lage hätte sein können, das Machtvakuum zu füllen. In Tilly, von Hurter und Klopp als militärische Gegenfigur zu Wallenstein aufgebaut, personifizierten sich solche Wunschbilder von einer Restitution des Reichs, bei Hurter mit habsburgisch-katholischem, bei Klopp mit reichsfürstlich-föderalistischem Akzent. Dabei übersahen sie wohl, daß „eine neue Stufe der Weltentwickelung" bereits betreten war, auf der ein Charakter wie Wallenstein die Möglichkeiten ergriff, welche ihm die „allgemeinen Zustände" darboten;[64] ja mehr noch, nicht allein Wallenstein entwickelte vor dem Hintergrund dieser veränderten allgemeinen Zustände „revolutionäres" Potential; auch bei anderen Protagonisten der katholischen Seite, Kurfürst Maximilian zumal, formierten sich ähnliche Kräfte. Das interpretative Problem bestand

60 Ebd., 343.

61 Ebd., 411.

62 Vgl. z. B. Klopps Ausführungen über Gustav Adolfs Doppelspiel mit dem „nebelhaft zauberischen Wort des Religionskrieges." Ders.: Tilly im Dreißigjährigen Kriege, 381.

63 Vgl. z. B. Hurter an Klopp, Wien, 21. Mai 1858: „Wie die deutsche Geschichte durch den Protestantismus, nachdem er erst das Reich um den Rest seiner Einheit und seiner Würde und seiner Macht gebracht, verdreht [...], in ein Arsenal der Niederträchtigkeiten, Schmähungen, Lügen verwandelt worden seye, kann wohl kaum Jemand heller einleuchten als dem Geschichtschreiber Ferdinands des Zweiten." HHStA Wien, NL Klopp, Karton 8.

64 Ranke: Geschichte Wallensteins, IX.

für die Großdeutschen darin, diese neuen Konstellationen und Charaktere in ein in sich konsistentes Narrativ zu packen. Gfrörer gelang dies nur, indem er geheime Machenschaften am Werk sah und den für den Kaiser streitenden, wohlwollenden Wallenstein zuletzt in einer Lage der Verzweiflung scheitern wähnte, nachdem er von allen Freunden verlassen worden war. Hurter verabschiedete diese Geschichtsspekulation, indem er Wallensteins eigenes Spiel herauspräparierte, und Klopp neigte dazu, die revolutionären Absichten den Condottieri zu unterstellen, zu deren Kreis er Wallenstein zählte. Beide nahmen schließlich die Ligisten unter der Führung Maximilians von Bayern wohl zu optimistisch als Parteigänger des katholischen Kaisertums in den Blick.

III.

Eine avanciertere Position erreichten demgegenüber Carl Adolf Cornelius und Johannes Janssen. Damit trennten sich die Wege innerhalb der zweiten Generation großdeutscher Historiker. Janssen faßte 1863, kurz nach dem Erscheinen des Klopp-Werks über Tilly, die ganze Problematik in einem knappen aber treffenden Passus zusammen – in einer kleinen Studie über „Schiller als Historiker". Die „Rivalität der katholischen Mächte" habe den Erfolg der kaiserlichen Sache konterkariert. „Max von Bayern, obgleich im Bunde mit dem Kaiser, hat eben so gut gegen ihn gewirkt, wie der protestantische Reichstheil, und wie gern wir auch die glänzenden Eigenschaften seines Geistes [...] anerkennen, so werden wir ihm doch, wenn wir nicht von liguistischem, sondern von deutsch-nationalem Standpunkt die Geschichte beurtheilen, keineswegs die bewundernde Anerkennung zollen können, die er bei katholischen Historikern wie Hurter gefunden [...]. Sein Gegner Wallenstein hat allerdings, nach Ausweis aller gründlichen Forschungen, nur egoistische Zwecke verfolgt und als Söldnerfürst grausam gehaust; er hat in seinem Kampf gegen Max und die ganze Fürstenaristokratie weniger für die Rechte des Kaisers als für seine eigenen gestritten, aber wir dürfen uns doch in der Beurtheilung dieses Kampfes nicht auf seiten des Fürstenthums stellen, welches sich zum Verderben des Reiches ungesetzlich vergrößerte, und nicht bloß den Friedländer, sondern vorzüglich das von ihm vertretene kaiserliche Prinzip unterdrücken wollte."[65]

Auch Carl Adolf Cornelius erkannte die Gespaltenheit des katholischen Lagers, sah darin aber gleichzeitig eine Chance für eine Neugestaltung Deutsch-

65 Janssen, Johannes: Schiller als Historiker. Freiburg i. Br. 1863, 114.

lands, jedoch ohne die Erneuerung des katholischen Kaiserreichs. Cornelius repräsentiert den Standpunkt eines nicht primär ultramontan-katholischen, nicht „ghibellinischen" Großdeutschen. In einer Akademie-Abhandlung „Zur Geschichte der Gründung der deutschen Liga" von 1865 verstand er die Liga von 1609 als einen Weg zu einer Art „Drittem Deutschland" – worin sich unverkennbar die Trias-Idee König Maximilians II. von Bayern spiegelte.[66] Dessen Vorgänger, Herzog Maximilian, so Cornelius, habe 1609 „beharrlich" danach gestrebt, „die Liga ohne Zuthun des Hauses Oestreich und ohne dessen Theilnahme zu gründen".[67] Denn, „die einzige Abwehr" – glaubte Cornelius aus einer italienischen Denkschrift für Herzog Maximilian entnehmen zu können – „gegen den vollständigen Sieg der protestantischen Stände im Reich liegt in der engen Verbindung der katholischen zu gegenseitigem Schutz." Diese Vereinigung werde aber „am besten in der Art stattfinden, dass die katholischen Reichsstände [...] unter Baierns Leitung zusammentreten und eine Union unter einander bilden", sowie dann „ihre Gesammtheit wieder einen Bund mit dem Hause Österreich".[68] Dieses dritte, vielleicht „nationalkatholisch" zu nennende Deutschland sei, so Cornelius, „ein Gedanke, ähnlich dem vielbesprochenen unserer Zeit von den zweierlei deutschen Bünden, das katholische Kleindeutschland unter bairischer Hegemonie der engere Bund, im weiteren Bunde mit Oestreich".[69]

Cornelius war ein Feind Bismarcks und nach 1871 ein resignierter Großdeutscher, der gleichzeitig seinen Strauß mit dem Ultramontanismus ausfocht und schließlich zum Altkatholizismus übertrat.[70] In München entwickelte sich der glänzende historiographische Stilist[71] Cornelius zum hervorragenden Editor frühneuzeitlicher Quellen, ja zum Haupt einer editorischen Schule. Als Mitglied und später Sekretär der Historischen Kommission bei der Bayerischen Akademie der Wissenschaften zeichnete Cornelius für die Editionsreihe der Wittelsbacher Korrespondenzen verantwortlich. Je mehr *post factum* die Hitze

66 Cornelius, Carl Adolf: Zur Geschichte der Gründung der deutschen Liga. In: Münchner Historisches Jahrbuch 1 (1865) 133–185.

67 Ebd., 182.

68 Ebd., 183f.

69 Ebd., 185.

70 Zu Cornelius vgl. Goetz, Walter: Carl Adolf Cornelius. In: ders.: Historiker in meiner Zeit. Köln/Graz 1957, 187–197; Brechenmacher, Thomas: „Die einzig wirkliche und vollständige Revolution auf deutschem Boden." Carl Adolf Cornelius' „Geschichte des Münsterischen Aufruhrs" als Strukturanalyse der Revolution. In: Historisches Jahrbuch 123 (2003) 267–295.

71 Vgl. z. B. Cornelius, Carl Adolf: Historische Arbeiten vornehmlich zur Reformationszeit. Leipzig 1899.

der Gefechte um die Lösung des nationalpolitischen Problems Deutschlands verblaßte, entwickelte sich ein Zweig der ehemals Großdeutschen in Richtung einer historistisch-positivistischen, streng objektivistischen und penibel quellengestützten modernen Historiographie zum Zeitalter der Reformation und des Dreißigjährigen Kriegs. Nicht umsonst war Cornelius 1839 Mitglied des Seminars Rankes in Berlin gewesen.[72]

Aus Cornelius' Schule ging wiederum jener Historiker hervor, der die Geschichtsschreibung zum Dreißigjährigen Krieg für lange Zeit auf ein neues Fundament stellte: Der 1840 in Bonn geborene Moriz Ritter war seit 1862 Mitarbeiter an den von Cornelius herausgegebenen „Wittelsbacher Korrespondenzen“, wurde 1867 ebenfalls unter der Ägide Cornelius' in München habilitiert und 1873 als Ordinarius an die Universität seiner Heimatstadt Bonn berufen.[73] Ritter setzte völlig neue Maßstäbe in der Edition frühneuzeitlicher Quellen, vor allem mit den drei zwischen 1870 und 1877 erschienenen Bänden „Briefe und Akten zur Geschichte des Dreißigjährigen Krieges“. Auf dieser Arbeit konnte wiederum sein historiographisches Hauptwerk aufbauen, ebenfalls in drei Bänden zwischen 1889 und 1908 publiziert: „Deutsche Geschichte im Zeitalter der Gegenreformation und des Dreißigjährigen Krieges“.[74]

Was Ranke für sich beanspruchte, „aus dem Kreise der Anklage und Vertheidigung herauszutreten und eine historische Anschauung zu begründen“,[75] gelang Moriz Ritter – von der großdeutschen Seite herkommend, aber gleichzeitig die alten konfessionellen Gräben ebenso wie die „ghibellinisch-guelfischen“ Rückprojektionen überwindend – zweifellos. Über verschiedene Einzeluntersuchungen, etwa über Wallensteins Kontributionssystem,[76] fand er zu einem Wallensteinbild, das den Feldhauptmann als einen im Grunde seines Wesens illoyalen, aller höheren Ideale ledigen, bindungslosen und bindungsunfähigen egomanischen Aufsteiger zeichnete: „Was in Wallensteins Auftreten die Menschen teils erschreckte, teils unterwarf, war sein maßloses Selbstvertrauen, sein hochfahrender Eigenwille, sein rasch auflodernder, oft bis an die Grenzen des Wahnwitzes gesteigerter Zorn. [...] Und sein Verhältnis

72 Vgl. Brechenmacher: „Die einzig wirkliche und vollständige Revolution auf deutschem Boden“, 270.

73 Vgl. ders.: Art. Moriz Ritter. In: Neue deutsche Biographie 21 (2003) 668.

74 Ritter, Moriz: Deutsche Geschichte im Zeitalter der Gegenreformation und des Dreißigjährigen Krieges (1555–1548), Bd. 1–3. Stuttgart 1889–1908 [ND 1962].

75 Vgl. Anm. 1.

76 Ritter, Moriz : Untersuchungen zur Geschichte Wallensteins. In: Deutsche Zeitschrift für Geschichtswissenschaft, 4 (1890) 14–53; ders.: Das Kontributionssystem Wallensteins. In: Historische Zeitschrift 90 (1903) 193–249; ders.: Der Untergang Wallensteins. In: Historische Zeitschrift 97 (1906) 237–303.

zum Herrscherhaus? Schwerlich brachte er demselben viel wärmere Gefühle entgegen, als die Führer der böhmischen Stände, aus deren Mitte er hervorgegangen war."[77] Sein Verhältnis zum Kaiser, so Ritter, betrachtete Wallenstein „von dem Gesichtspunkt einer Rechnung über Leistung und Gegenleistung. [...] Also weder kirchliche noch dynastische Antriebe waren für Wallensteins Pläne maßgebend. Sein Sinn war, in dem Ringen der großen und kleinen Mächte und den ungeheuren Umwälzungen, die daraus hervorgingen, seine gewaltigen Kräfte zu erproben und [...] vor allem auch selber zu wachsen, weit hinaus über die Höhe von Reichtümern und Macht, zu der er sich bereits erhoben hatte. – Mitten in diesem rastlosen Kämpfen und Ringen blieben ihm, wie der Schwung idealer Bestrebungen, so auch die edleren Gemütsbedürfnisse echter Freundschaft und inniger Familienbeziehungen fremd."[78]

Zwischen euphorischer Hyperaktivität einerseits und lähmend-ängstlichem Zaudern andererseits, so Ritter, sei Wallenstein stets hin- und hergerissen gewesen. Aus diesem charakterlichen Zwiespalt, diesem „doppelgestalteten Wesen",[79] erklärte er, mit Überblick und Differenzierungsvermögen, Wallensteins Untergang. „Wallenstein hatte den Kaiser über seine Unterhandlungen mit den Feinden durch die Vorspiegelung zu beruhigen gesucht, daß er [...] nicht über die bisher vom Kaiser in Aussicht gestellten Zugeständnisse hinausgegangen sei; aber nun waren [...] am bairischen und am kaiserlichen Hof Berichte eingekommen, in denen der verräterische Inhalt dieser Verhandlungen nicht nur offen gelegt, sondern auch übertrieben war. Da sie Glauben fanden, so gesellte sich am kaiserlichen Hof zu der Verurteilung von Wallensteins Kriegführung die Furcht vor seinem Verrat. Wie aber sollte man da zu einem anderen Schluß kommen, als daß ihm der Oberbefehl entzogen werden müsse? [...] Für Wallenstein war die Ungnade, in die er gefallen war, kein Geheimnis. Er sah sich dadurch vor die Wahl gestellt, ob er sich einer gewiß nicht ehrenvollen Absetzung [...] unterwerfen, oder unter den in seinen Unterhandlungen mit den Feinden eröffneten Wegen den zweiten, der auf einen Pakt mit allen Feinden des Kaisers und auf die Zertrümmerung der österreichischen Macht hinauslief, einschlagen sollte. Und da war es nun sein durch dreijährige perfide Umtriebe vorbereitetes Verhängnis, daß seine Wahl auf diesen zweiten Weg fiel. [...] Aber indem er sich [...] ans Werk machte,

77 Ders.: Deutsche Geschichte, 305.

78 Ebd., 305f.

79 Mit diesem Begriff arbeitete dann, u. a. anknüpfend an Moriz Ritter, Heinrich Ritter von Srbik in seiner Studie: Wallensteins Ende. Ursachen, Verlauf und Folgen der Katastrophe. Wien 1920, z. B. 5.

war es wieder ein anderes Verhängnis, das ihn verfolgte: die Zweideutigkeit, die er nicht abzulegen, das Zaudern, das er nicht zu überwinden vermochte."[80]

Ritter argumentierte nicht mehr im Rahmen der nationalpolitischen und konfessionellen Polemiken, sondern, wie Alfred Dove hervorhob, in „strengster Keinseitigkeit".[81] Allerdings bedeutete dies nicht, daß er sich eines moralischen Urteils über Wallenstein gänzlich enthielt. Wallensteins Schuld, sein Verrat, ergab sich für Ritter aus einer Verkettung von Umständen; die eigentliche Ursache von Schuld und Verrat, das diskutierte auch Ritter nicht weg, lag freilich in der zutiefst problematischen Persönlichkeit des Feldherrn. Ritter klagte nicht an, sondern erklärte aus umfassender Quellenkenntnis und als abwägender historischer Erzähler, ohne Schwarz-Weiß-Schemata von Gut und Böse. Das war so überzeugend, daß Heinrich Ritter von Srbik 1920 urteilen konnte, in der für die Wallenstein-Beurteilung schlicht zentralen „Schuldfrage" sei keine grundsätzlich andere Beantwortung möglich, als sie „zuletzt von Moritz [sic!] Ritter mit Scharfsinn und Sorgfalt" geformt wurde.[82]

Nur als Marginalie kann an dieser Stelle erwähnt werden, daß Srbik anregte, neu zu erwägen, inwieweit Wallenstein „neben und über eigennützigen Motiven" doch auch von „großen, dem Gemeinwohl dienenden Ideen" geleitet gewesen sei. „In dieser Hinsicht scheint mir eine noch schärfere Betonung des nationalpolitischen Realismus des Friedländers und eine stärkere Charakteristik der tiefen Berechtigung seiner reichspolitischen Bestrebungen am Platze zu sein."[83] Also doch ein „Einheitsplan Wallensteins", wie Gfrörer achtzig Jahre zuvor gemutmaßt hatte? Sollte diese Anmerkung Srbiks bereits einer wiederum veränderten Wallenstein-Auffassung unter den Vorzeichen einer erneuerten deutschen „Reichsgeschichte" – diesmal in Gestalt einer „gesamtdeutschen Geschichtsauffassung" – Bahn brechen?[84]

Die großen Themenkomplexe blieben über fast ein Jahrhundert großdeutscher Wallensteinhistoriographie hinweg die Themen aller Wallensteingeschichtsschreibung: treuer Diener des Kaisers oder Verräter? Selbst Verratener oder Schuldiger? Brennpunkt der Abgründe seiner Zeit oder Machtmensch mit hamletesker Note? Sogar Gfrörers Gedanke vom „Einheitsplan" kehrt in modifizierter Weise bei Heinrich Ritter von Srbik wieder!

80 Ebd., 571f.

81 Dove, Alfred: Moriz Ritter zum 70. Geburtstag. In: ders.: Ausgewählte Aufsätze und Briefe, Bd. 1. München 1925, 307–310, hier 308.

82 Srbik: Wallensteins Ende, 3.

83 Ebd., 4.

84 Über die Vorstufen der späteren „gesamtdeutschen Geschichtsauffassung" Srbiks vgl. den Beitrag von Winfried Schulze im vorliegenden Band.

Freilich entwickelten sich die Instrumente, diese Themen historiographisch zu behandeln, verfeinerten sich die Methoden und schliffen sich die national- wie konfessionspolitischen Konfrontationslagen ab, so daß zuletzt durchaus valide Urteile entstanden. Die Wallenstein-Tour-d'horizon von Gfrörer über Höfler, Hurter und Klopp zu Ritter spiegelt eine Entwicklung, die von der großdeutschen Historiographie generell durchlaufen wird. Über die großen, schon vor der 1848er-Revolution beginnenden geschichtspolitischen Debatten hinweg professionalisiert sich die großdeutsche Geschichtsschreibung auf teils phänomenale Weise und entwickelt sowohl im Bereich der Mittelalter-Forschung, als auch auf den heute als „Frühe Neuzeit" und „Neuere Geschichte" bezeichneten Gebieten gegen Ende des 19. Jahrhunderts ein methodisches und interpretatives Niveau, das Maßstäbe für lange Zeit setzte und schließlich hinter einer Droysen-, Ranke-, Sybel- und Waitz-Schule keineswegs mehr zurückstand. In der Mediävistik steht beispielhaft dafür der Name Julius Ficker, in der Neueren Geschichte der Bonner Hermann Hüffer mit seinen Forschungen zu den Revolutionskriegen[85] – und in der Frühneuzeitforschung die Cornelius-Schule mit Moriz Ritter und Felix Stieve. Überhaupt hat die gemeinsame und keineswegs spannungsarme Arbeit von Kleindeutschen und Großdeutschen im Rahmen der Historischen Kommission bei der Bayerischen Akademie der Wissenschaften wie ein Katalysator der Verwissenschaftlichung für beide Seiten gewirkt.

Auch wenn der Dreißigjährige Krieg in den großen geschichtspolitischen Schlachten zwischen Groß- und Kleindeutschen während der späten fünfziger und der sechziger Jahre des 19. Jahrhunderts eine weniger hervorgehobene Rolle spielte als etwa die Kaiserpolitik des Mittelalters oder die Gestalt des Preußenkönigs Friedrich II.,[86] gilt gleichwohl auch für ihn und das Beispiel

85 Hüffer, Hermann: Östreich und Preußen gegenüber der französischen Revolution bis zum Abschluß des Friedens von Campo Formio. Bonn 1868; ders.: Die Politik der deutschen Mächte im Revolutionskriege bis zum Abschluß des Friedens von Campo Formio. Münster 1869.

86 Julius Ficker, Johannes Janssen und Onno Klopp planten zu Beginn der 1860er Jahre eine „konzertierte Aktion" der Großdeutschen gegen den Rundumschlag Heinrich von Sybels: Ficker konzentrierte sich auf die Zeit des Hochmittelalters, Janssen sollte eine Abhandlung zur Bedeutung des Hauses Habsburg unter Maximilian I. und Karl V. vorlegen und Klopp schließlich die „österreichisch-preußische Partie" seit dem 17. Jahrhundert behandeln; vgl. Brechenmacher, Thomas: Wieviel Gegenwart verträgt historisches Urteilen? Die Kontroverse zwischen Heinrich von Sybel und Julius Ficker über die Bewertung der Kaiserpolitik des Mittelalters (1859–1862). In: Elvert, Jürgen/Krauß, Susanne (Hg.): Historische Debatten und Kontroversen im 19. und 20. Jahrhundert. Stuttgart 2003 (Historische Mitteilungen 46), 34–54, hier 45f.

Wallenstein: Die polemischen Debatten über Protestantismus und Katholizismus, über Ghibellinismus und Guelfentum, über den großdeutschen oder kleindeutschen Weg der Geschichte des Reichs, dienten am Ende der Wissenschaft. So paradox dies erscheinen mag: Daß diese Debatten die politische Lösung der „deutschen Frage" auf wesentliche Weise beeinflußten, läßt sich wohl mit Recht bezweifeln, daß sie maßgeblich zur Entwicklung der Wissenschaft „Geschichte" beitrugen, hingegen kaum.[87]

87 Vgl. dazu den Abschnitt „Politisierung der Geschichte – Verwissenschaftlichung der Historie". In: Brechenmacher: Wieviel Gegenwart verträgt historisches Urteilen?, 47–53.

Hilmar Sack

Heimatloser Glücksritter?

Das Wallensteinbild in kleindeutscher Historiographie und Geschichtspolitik

I. Einführung

War Wallenstein *der* Kristallisationspunkt der deutschsprachigen Geschichtsschreibung zum Dreißigjährigen Krieg? Kulminierten in der Frage um die Schuld am Tod des Generalissimus wirklich alle historiographischen Kontroversen? Gegenüber dieser von Christoph Kampmann energisch vertretenen These[1] neigt sich aus der Perspektive der kleindeutschen Geschichtsschreibung die Waagschale eher zur relativierenden Einschätzung, die Holger Mannigel in seiner viel beachteten Studie über die Wallenstein-Rezeption in Deutschland getroffen hat.[2] Ihm zufolge hat die protestantische – und damit meint Mannigel zugleich die borussisch-kleindeutsche – Historiographie nur wenig Notiz vom Friedländer genommen. Ihre Protagonisten hätten vielmehr mit dem Schwedenkönig Gustav II. Adolf einen anderen Heroen des Krieges ins Zentrum ihres Forschungsinteresses gestellt. Erst mit der Rezeption des Wallenstein-Buches Leopold von Rankes hätten demnach kleindeutsche Historiker in die bisherige Domäne der katholisch-konservativen Historiker eingegriffen, namentlich Karl Wittich, Arnold Gaedeke und Georg Irmer. Sie taten dies, so lautet die stimmige Analyse Mannigels, um allen Versuchen entgegenzutreten, in Wallenstein einen verhinderten Reichseiniger zu erkennen. Denn dies wäre dem gewünschten Geschichtsverständnis im kleindeutschen Kaiserreich zuwider gelaufen, wonach, um Jacob Burckhardts ironischen Kommentar zu bemühen, „die ganze Weltgeschichte von Adam an siegesdeutsch angestrichen und auf 1870/71 orientirt" werden sollte.[3]

1 Kampmann, Christoph: Europa und das Reich im Dreißigjährigen Krieg. Geschichte eines europäischen Konflikts. Stuttgart 2008, 3.

2 Mannigel, Holger: Wallenstein in Weimar, Wien und Berlin. Das Urteil über Albrecht von Wallenstein in der deutschen Historiographie von Friedrich Schiller bis Leopold von Ranke. Husum 2003 (Historische Studien 474), 436f.

3 Burckhardt, Jacob: Briefe. Vollständige und kritische Ausgabe. Bearb. v. Max Burckhardt, Bd. 5. Basel 1963, 184.

So betrachtet stellt die Aufgabe, ein eigenständiges kleindeutsches Wallensteinbild zu skizzieren, vor ein Problem, zumal die von Mannigel genannten Historiker – Wittich, Gaedeke, Irmer – zwar im Zusammenhang mit dem Dreißigjährigen Krieg durchaus namhafte Vertreter ihres Fachs sind, sicher aber nicht zur ersten Reihe der borussischen Geschichtsschreibung zählen. Eine reizvolle Aufgabe ist es indes, über die Suche nach den Gründen für das – zugespitzt formuliert – Desinteresse auf kleindeutscher Seite wenn auch kein in sich geschlossenes Bild Wallensteins zu zeichnen, so doch zumindest weitere Facetten dazu beizutragen. Die folgenden Ausführungen konzentrieren sich wesentlich auf ein Dreigestirn der borussischen Geschichtsschreibung: Ludwig Häusser, Johann Gustav Droysen und den Häusser-Schüler Heinrich von Treitschke. Deren Wallensteinporträts werden in einem größeren, über den engen Kreis der Geschichtswissenschaft hinausgehenden geschichtspolitischen Kontext analysiert. Denn im 19. Jahrhundert stand die politisch motivierte und von der historischen Forschung gestützte Erinnerung an den Dreißigjährigen Krieg als historisches Grunderlebnis und deutsches „Urtrauma" in ihrem Zenit. In den Augen der Zeitgenossen reichte die Epoche der Glaubenskämpfe in die Gegenwart hinein. Die territoriale Zersplitterung Deutschlands und die konfessionelle Segmentierung galten als deren verfassungsrechtliches und gesellschaftspolitisches Erbe – eine schwere Bürde deutscher Nationalstaatsfindung. Der Dreißigjährige Krieg rückte damit ins Zentrum geschichtspolitischer Deutungs- und Argumentationsmuster gebildeter Meinungseliten, um konkurrierende nationalpolitische Zukunftsentwürfe zu begründen.[4]

Historikern, die nicht selten aktiv in die Politik eingriffen, kam dabei eine zentrale Rolle zu. Bernhard Erdmannsdörffer konstatierte 1865: „Wir sind den Tagen Ferdinands II. und Gustav Adolphs wieder um etliche Menschenalter ferner gerückt [...], aber die größere Entfernung hat hier nicht ihre gewöhnliche mildernde und versöhnende Wirkung geübt. [...] So nahe erscheint es uns, daß wir meinen, die Gesichter der Streitenden zu erkennen, in ihre Seelen zu lesen, ihren Schlachtruf zu hören, und fortgerissen von der Gewaltigkeit des Eindrucks rufen wir ihnen den Schlachtruf nach und stürmen gegen einander selber an, als sollte der alte ein Jahrhundert lang vergessene Kampf noch einmal durchgekämpft werden."[5] Kaum eine Zeile könne noch

4 Sack, Hilmar: Der Krieg in den Köpfen. Die Erinnerung an den Dreißigjährigen Krieg in der deutschen Krisenerfahrung zwischen Julirevolution und deutschem Krieg. Berlin 2008 (Historische Forschungen 87).

5 Erdmannsdörffer, Bernhard: Zur Geschichte und Geschichtsschreibung des dreißigjährigen Krieges. In: Historische Zeitschrift 14 (1865) 1–44, hier 1–5.

über den Dreißigjährigen Krieg geschrieben werden ohne den offenen oder verhüllten Zweck des Angriffs oder der Abwehr – die ganze Literatur sei polemisch geworden, als ob die Entscheidung über Recht oder Unrecht der damaligen Parteien ein Urteil über eigene Schuld oder Verdienste in sich schlösse.

II. Deutscher „Tragikstolz“

Zur Zwiesprache mit der Geschichte des Dreißigjährigen Kriegs gehörte im 19. Jahrhundert vor allem das Erinnern an die entfesselte Gewalt, die mit dem Glaubenskampf in alle Bereiche der Gesellschaft eingebrochen war. Darin spiegelt sich die zeitgenössische Wahrnehmung vom Wendepunkt des Zeitalters der Kabinettskriege mit ihren begrenzten Kriegsschauplätzen zu dem des gesellschaftlich enthegten Kriegs der Moderne. Im Bild des Dreißigjährigen Kriegs verdichteten sich die Vorstellungen von einem existentiellen Krieg als historische Erfahrung. Schillers Darstellung der „barbarischen Wildheit“ in seiner „Geschichte des Dreißigjährigen Krieges“ ist typisch für das allgemein gezeichnete Bild von der moralischen Verrohung in der Kultur, der Entsittlichung durch den Krieg, das sich bis in das 19. Jahrhundert hinein auch in Liedern, Sagen und Gedichten tradiert hatte.[6] Die romantische Literatur begann damit, Parallelen zwischen diesem Zeitalter der Glaubenskriege und der Gegenwart zu ziehen. Im Angesicht der Napoleonischen Kriege erkannte 1809 der Autor einer Neubearbeitung von „Der Abentheuerliche Simplicissmus Teutsch“ darin „ein nach dem Leben gezeichnetes Bild von den Greueln, dem Elend und den Drangsalen einer Zeitperiode“, die der gegenwärtigen wunderbar ähneln würde.[7] Im 19. Jahrhundert fand die Erzählung Grimmelshausens eine große Leserschaft und wurde mehrfach aufgelegt.

Die populäre, zur kleindeutschen Anschauung neigende Geschichtsschreibung, aus der in der zweiten Hälfte des 19. Jahrhunderts Gustav Freytags „Bilder aus der deutschen Vergangenheit“ herausragen, vermittelten dem Lesepublikum ein düsteres Bild des Krieges in einer kraftvollen, bildhaften Sprache und von plastischer Anschaulichkeit: „Das Volk erreichte die letzte Tiefe des Unglücks, ein dumpfes apathisches Brüten wurde allgemein. Von den Landleuten ist aus dieser letzten Zeit wenig zu berichten. Sie vegitiren verwildert und hoffnungslos. [...] Wo ein Heer verwüstet hatte und der Hun-

6 Weller, Emil: Die Lieder des Dreißigjährigen Krieges nach den Originalen abgedruckt. Basel 1855; Opel, Julius Otto/Cohn, Ludwig Adolf (Hg.): Der Dreißigjährige Krieg. Eine Sammlung von historischen Gedichten und Prosadarstellungen. Halle 1862.

7 Zit. nach Meid, Volker: Grimmelshausen. Epoche, Werk, Wirkung. München 1984, 213f.

ger wütete, fraßen Menschen und Hunde von demselben Leichnam, Kinder wurden aufgefangen und geschlachtet."[8] Nach Ansicht Freytags machte dies eine spezifische Darstellung notwendig: „Bei solchem Kampfe ist hier nicht die Aufgabe, die Feldherren und ihre Schlachten zu schildern, wohl aber von den Zuständen des deutschen Volkes zu sprechen, von dem zerstörenden und leidenden Teile der Bevölkerung, dem Heere wie dem Bürger und Bauern."[9] Dem „ruchlosen" Wallenstein kam daher auch keine besondere Rolle in diesem Generationen prägenden Werk zu. Die Disziplin von Wallensteins Heer, so eines der wenigen nennenswerten Urteile Freytags über den Friedländer, sei zwar in rein militärischen Angelegenheiten vortrefflich gewesen, „dafür war greulich, was der Befehlshaber gegen Bürger und Bauer erlaubte".[10]

Neben lokal und regional gebundenen Erzählungen über die Verheerungen des Kriegs, die sich seit dem 17. Jahrhundert auch über zahlreiche lokale Feste tradierten,[11] wurde im 19. Jahrhundert der Dreißigjährige Krieg im Kollektivsingular zu einem traumatischen Erlebnis der Nation verdichtet. Im kulturellen Gedächtnis konturierte es als „Mythos des großen Brennens und Mordens" einen gemeinsamen Erfahrungsraum und begründete damit die deutsche Gefühls- als Leidensgemeinschaft.[12] „Wer vermag zu sagen, wie oft die pathetische Schilderung des Elends das Elend selbst noch übertroffen hat", kritisierte 1892 Bernhard Erdmannsdörffer in einer Rückschau den „Superlativ des Entsetzens" in den Erzählungen über den Dreißigjährigen Krieg.[13] Für die Konstruktion nationaler Identität in Deutschland war die Darstellung des Volkes in einer historischen Opferrolle jedenfalls von zentraler Bedeutung.[14]

Die Erinnerung an den Dreißigjährigen Krieg, die mit Einkreisungsängsten durch ein feindliches Ausland einherging, transportierte dabei eine paradoxe Mischung. Denn einem Minderwertigkeitskomplex aus nationalen Demütigungserfahrungen stand zumindest auf Seiten protestantischer Deutungseliten

8 Freytag, Gustav: Bilder aus der deutschen Vergangenheit, Bd. 2. Leipzig [3]1861 [[1]1859], 109.

9 Ebd., 25.

10 Ebd., 22, 47.

11 Gantet, Claire: Friedensfeste aus Anlaß des Westfälischen Friedens in den süddeutschen Städten und die Erinnerung an den Dreißigjährigen Krieg (1648–1871). In: Bußmann, Klaus/Schilling, Heinz (Hg.): 1648. Krieg und Frieden, Bd. 2. München 1998, 649–656.

12 Wehler, Hans-Ulrich: Deutsche Gesellschaftsgeschichte, Bd. 1. München [2]1989 [[1]1987], 53f.

13 Erdmannsdörffer, Bernhard: Deutsche Geschichte vom Westfälischen Frieden bis zum Regierungsantritt Friedrichs des Großen 1648–1740, Bd. 1. Berlin 1892 (Allgemeine Geschichte in Einzeldarstellungen), 102.

14 Cramer, Kevin A.: The Lamentations of Germany. The Historiography of the Thirty Years War 1790–1890. Cambridge 1998, 159.

zugleich die deutsche Hybris gegenüber. Im Revolutionsjahr 1848 verglich das linksliberale Paulskirchenmitglied Jacob Venedey die französische Revolutions- und die deutsche Reformationserfahrung. Venedey wußte dem „Riesentagewerk des dreißigjährigen Krieges" gerade als Bürgerkrieg eine entschieden positive Seite abzugewinnen. Denn: „Nur Deutschland selbst litt durch ihn, litt in ihm das Martyrthum für die waltende Idee der neuen Zeit, für die Reformation, für die Freiheit des Gedankens. Und Gott wollte nicht, daß dieses Martyrthum ohne Krone und ohne Palme bleiben sollte."[15] Das deutsche Auserwähltheitsbewußtsein schöpfte seine Motive wesentlich aus der Reformationserfahrung und fand in der Deutung des Dreißigjährigen Krieges als gottgewolltes Martyrium der Nation zusätzliche Verstärkung. Davon ließ sich eine gemeinsame Mission, der „deutsche Beruf", ableiten. Das aus diesem Geschichtsverständnis bezogene Selbstwertgefühl kam mithin einem „Tragikstolz" gleich, in dem ähnliche Erfahrungen anderer Nationen ausgeblendet wurden.

Der Dreißigjährige Krieg wurde jedoch nicht allein als deutsches Unglück verstanden, sondern immer auch als selbst verschuldet. Im Dualismus zwischen Preußen und Österreich, der mit historischen Schuldfragen durchsetzt war, unterlief diese Erinnerung an den Glaubenskampf nationalreligiöse Integrationsversuche und zog konfessionelle Frontlinien. Die historiographische Herausforderung in der Auseinandersetzung zwischen großdeutscher und kleindeutscher Geschichtsschreibung, die mit ihren Deutschlandbildern die jeweiligen Führungsansprüche der konkurrierenden Großmächte zu legitimieren suchten, bestand im Nachweis darüber, wessen Kriegspolitik sich national als erfolgreich oder aber als fatal erwiesen hatte. Als Historikerstreit des 19. Jahrhunderts kreiste die Auseinandersetzung daher im Wesentlichen um die Kriegsschuldfrage und die historische Opfer- und Täterrolle in diesem als singulär begriffenen Kriegsereignis sowie um das Jahr 1648 als eine ‚Stunde Null' der deutschen Geschichte.

III. Das kleindeutsche Interesse am Dreißigjährigen Krieg

Die kleindeutschen Historiker bildeten – nicht anders als die heterogene Gruppe der großdeutschen Geschichtsschreiber[16] – keinen monolithischen Block. Sie einte in der Lesart des Dreißigjährigen Krieges überwiegend eine

15 Venedey, Jacob: Vorwärts und Rückwärts in Preußen. Leipzig 1848, 5–10.

16 Brechenmacher, Thomas: Großdeutsche Geschichtsschreibung im neunzehnten Jahrhundert. Die erste Generation (1830–48). Berlin 1996 (Berliner Historische Studien 22). Vgl. auch den Beitrag des Verfassers in diesem Sammelband.

antihabsburgische und antikatholische Stoßrichtung. Außerdem war den meisten von ihnen ein Verständnis des Dreißigjährigen Krieges zu eigen, das diese Auseinandersetzung nicht als Rebellion, sondern – anknüpfend an die Reformation – als Teil einer Revolution deutete.

Eine wesentliche Scheidelinie zu den großdeutschen Historikern stellte die Haltung zum Reich dar. Daran knüpfte sich im 19. Jahrhundert als deutsches Sehnsuchtsmotiv, und damit von der historischen Wirklichkeit weit entfernt, ein romantisch aufgeladenes Geschichtsgefühl, in dem das national begriffene Kaisertum als Phase deutscher Einheit und Größe verklärt wurde.[17] Auf diesen maßgeblich an Kategorien der Macht orientierten Reichsmythos beriefen sich die Deutungseliten aller gesellschaftlichen Lager. Zugleich barg die Erinnerung an das Reich jedoch beträchtliches Konfliktpotential. Denn die Beschwörung einer früheren „Reichherrlichkeit" mußte zugleich die historiographische Kontroverse über die Gründe für ihr Verblassen – das hieß vor allem über Reformation, Dreißigjährigen Krieg und den Partikularismus – in die politische Debatte hineinziehen.

Großdeutsch gesinnten Historikern wie August Friedrich Gfrörer und Friedrich von Hurter erschien der Dreißigjährige Krieg mit dem Scheitern des sogenannten Wallensteinplanes, in dem sie das Versprechen auf ein Reich als europäischen Machtstaat erkannten, als ein Krieg der ungenutzten Möglichkeiten. Die verpaßte Chance verortete die kleindeutsche Geschichtsschreibung hingegen in einer zeitlich weiter gefaßten Perspektive. Dies macht der in Heidelberg lehrende Ludwig Häusser, Mitherausgeber der „Deutschen Zeitung", deutlich: „Aber richtig ist, die Reformation konnte ein mächtiges Moment der nationalen Einigung werden. Hatten [sic!] wir 1521 einen Monarchen, der mit Rom Abrechnung hielte, hier alte Sünden tilgte, und zugleich sich bewaffnete mit der größten Ideenbewegung, die je unser Volk ergriffen hatte, dann konnte die Einheit sicherer begründet, größer angelegt werden, als sie es seit Jahrhunderten gewesen war."[18] Johann Gustav Droysen unterstützte diese

17 Gräf, Holger Thomas: Reich, Nation und Kirche in der groß- und kleindeutschen Historiographie. In: Historisches Jahrbuch 116 (1996) 367–394; Fehrenbach, Elisabeth: Wandlungen des deutschen Kaisergedankens 1871–1918. München/Wien 1969 (Studien zur Geschichte des 19. Jahrhunderts 1); dies.: Art. Reich. In: Brunner, Otto/Conze, Werner/Koselleck, Reinhart (Hg.): Geschichtliche Grundbegriffe. Historisches Lexikon zur politisch-sozialen Sprache in Deutschland, Bd. 5. Stuttgart 1994, 423–508; Klug, Martin: Rückwendung zum Mittelalter? Geschichtsbilder und historische Argumentation im politischen Katholizismus des Vormärz. Paderborn 1995 (Veröffentlichungen der Kommission für Zeitgeschichte B 69).

18 Häusser, Ludwig: Geschichte des Zeitalters der Reformation 1517–1648. Hg. v. Wilhelm Oncken. Berlin 1868, 121.

Auffassung in seiner „Geschichte der preußischen Politik". Nach der „nationalen That" der Reformation, heißt es dort, hätte eine „nationale Monarchie" den deutschen Staat schaffen und die Einheit der Nation retten können.[19]

Die katholische Gegenreformation mit ihrem Höhepunkt im Dreißigjährigen Krieg hatte in dieser Lesart jedoch nicht nur auf die Zerstörung der Glaubensfreiheit gezielt, sondern auch die nationalstaatliche Entwicklung Deutschlands entschieden gehemmt. Gegenüber einer primär machtpolitischen Auseinandersetzung in einem konstitutionellen Konflikt akzentuierten Häussers von Wilhelm Oncken postum veröffentlichte „Vorlesungen über die Geschichte des Zeitalters der Reformation" (1859/60) die religiöse und konfessionelle Motivation für den Krieg. Im Kontext eines Protestantismusverständnisses als fortschrittlicher Kraft mit dem Ziel, über die Geistesfreiheit auch die politische und nationale Selbstbestimmung zu erringen, wurde der Dreißigjährige Krieg zum religiös-nationalen Verteidigungs- und Befreiungskrieg stilisiert. Unter anderem aus dieser religiös-konfessionellen Perspektive heraus läßt sich, wie noch genauer zu zeigen sein wird, das mangelnde Interesse an Albrecht von Wallenstein erklären.

Droysen sorgte in seinen Werken hingegen für einen markanten Blickwechsel auf die Rolle Brandenburg-Preußens und den Großen Kurfürsten. Ein Brief Friedrich Daniel Bassermanns an Droysen, ein Jahr nach dem Scheitern der Revolution von 1848/49 verfaßt, offenbart das Motiv von dessen kleindeutsch-preußischer Geschichtserzählung. Bassermann, Verleger der „Deutschen Zeitung" und ehedem Paulskirchenabgeordneter, konstatierte darin einen Drang nach geschichtlichem Wissen wie nie zuvor, um die „Rätsel" der Gegenwart aus der Logik der Vergangenheit zu lösen. Mit klaren Worten brachte Bassermann zum Ausdruck, welche historische Klärung der deutschen Frage er sich wünschte: „Wir brauchen alle den Nachweis, daß während Österreichs Bestreben seit Jahrhunderten dahin ging, sich aus dem Reich zurückzuziehen, die ebenso naturgemäße Bestimmung Preußens dahin geht, über das Reich sich auszudehnen, zum Reich selbst zu werden."[20] In seinem mehrbändigen Werk zur „Geschichte der preußischen Politik", in der dem Dreißigjährigen Krieg eine prominente Rolle zufiel, erfüllte Droysen Bassermanns Wunsch. Denn er begriff den Dreißigjährigen Krieg gerade als einen machtpolitischen Konflikt, der um die „deutsche Frage" kreiste – und

19 Droysen, Johann Gustav: Geschichte der preußischen Politik, Bd. 1–5. Berlin/Leipzig 1855–1886, hier Bd. 3/1, 4.

20 Droysen, Johann Gustav: Briefwechsel. Hg. v. Rudolf Hübner, Bd. 1. Berlin/Leipzig 1929 [ND Osnabrück 1967] (Deutsche Geschichtsquellen des neunzehnten Jahrhunderts 26), 642f.

stand damit sogar der großdeutschen Lesart näher. Droysen entwarf jedoch ein Geschichtspanorama, das vom Hochmittelalter als nationaler Höhepunkt über eine Verfallsgeschichte unter den Habsburgern bis hin zur Wiedergeburt des nationalen Gedankens in den Befreiungskriegen reichte, die ein neues Deutsches Reich unter preußischer Führung antizipierten. Dreh- und Angelpunkt war dabei der Dreißigjährige Krieg. Er hatte zur „Ohnmacht Deutschlands" geführt, dauerhaft gemacht durch den Westfälischen Frieden „im Interesse fremder Mächte [...], von denen die eine – nicht oft genug und nicht hart genug kann es gesagt werden – den kaiserlichen Namen trug".[21] Im Dreißigjährigen Krieg als – so wörtlich – „der großen deutschen Revolution" sei das „alte Deutschland" für immer zu Grunde gegangen. Hier habe zugleich die territoriale Geschichte des Hauses Brandenburg geendet – und die Geschichte des preußischen Staates begonnen.[22]

Bernd Schönemann hat diese Argumentationslinie, in der die nationale Identifikation vom Reich auf Preußen übertragen wird, pointiert als „translatio nationis" bezeichnet.[23] Mit Blick auf das Wallensteinbild scheinen aus dieser Perspektive zur protestantischen Rezeption im 18. Jahrhundert alle Brücken abgerissen. Denn während sich damals die Protestanten dem Reich und dem Kaiser noch loyal verpflichtet gefühlt hatten, waren diese von kleindeutschen Historikern längst in die „Rumpelkammer der Geschichte" verbannt. Gegenüber dem großdeutschen „Reichswahn" erklärte Ludwig Karl Aegidi 1866 kurz und knapp den „Tod" des alten Reiches zur „Lebensbedingung" für das neue Deutschland, das mit dem Großen Kurfürsten und seinem preußischen Staat begonnen habe.[24] Beides, ein an der Machtentfaltung des Protestantismus und an Preußens vermeintlich „deutschem Beruf" orientiertes Interesse in der kleindeutschen Geschichtsschreibung zum Dreißigjährigen Krieg, weist zu den Gründen für die vergleichbar geringe Bedeutung, die Wallenstein darin zufiel.

---

21 Ders.: Geschichte der preußischen Politik, Bd. 3/2, 7.

22 Ebd., 3.

23 Schönemann, Bernd: Die Rezeption des Westfälischen Friedens durch die deutsche Geschichtswissenschaft. In: Duchhardt, Heinz (Hg.): Der Westfälische Friede. Diplomatie – politische Zäsur – kulturelles Umfeld – Rezeptionsgeschichte. München 1998 (Historische Zeitschrift. Beihefte 26), 805–825, hier 815f.

24 Aegidi, Ludwig Karl: Woher und Wohin? Ein Versuch, die Geschichte Deutschlands zu verstehen. Hamburg 1866, 12.

IV. Heimatloser Ehrgeizling

Die historischen Argumentationen im kleindeutsch-großdeutschen Konflikt waren von moralischen Charakterstudien der Kriegsparteien gekennzeichnet, für die sich mit Blick auf die kleindeutsche Seite und in Anlehnung an eine bekannte rhetorische Formel postulieren läßt: Am Anfang war Schiller.[25] „Wer die ausführliche Geschichte des höchst interessanten dreißigjährigen Krieges lesen will, mag Schillers vortreffliches Werk [...] zur Hand nehmen", lautete der Rat eines verbreiteten Schullehrbuchs im 19. Jahrhundert.[26] Eine größere Rolle für die breite Rezeption zentraler Protagonisten des Kriegs spielte noch die Wallenstein-Trilogie des Dichters, die sich bei den Studenten im ersten Drittel des 19. Jahrhunderts besonderer Beliebtheit erfreute.[27] Für Katholiken gaben Schillers Werke Anlaß zu nachhaltig geführten Attacken gegen den Säulenheiligen der deutschen Nationalbewegung. Schiller traf der Vorwurf, als „Geschichtszubereiter" mit vom „Katholikenhaß" gezeichnetem, parteiischem Urteil „Sünden" an der Nation begangen zu haben.[28]

Und die kleindeutschen Historiker? Auch wenn in ihren Geschichtserzählungen Wallensteins Wirken insgesamt eher episodenhaft blieb, war er in der kleindeutschen Historiographie gleichwohl keine Leerstelle. Wallenstein erfüllte vielmehr als Antipode zu Gustav Adolf wichtige Funktionen. Im protestantischen Deutschland war seit den dreißiger Jahren des 19. Jahrhunderts das bis dahin dominierende Gedenken an den Westfälischen Frieden, mit dem die Bestätigung protestantischer Besitzstände und Rechte verbunden wurde, hinter die Erinnerung an Gustav II. Adolf als lutherischem Kriegshelden zurückgetreten. Das Verständnis des Feldherrn als „Retter der Glaubensfreiheit" ermöglichte es, ihn vom Feindbild Schweden abzukoppeln und in Ermangelung einer populären deutschen Persönlichkeit zum Ersatzheld und zur Identifikationsfigur deutscher Protestanten werden. Denkmäler würdigten ihn ebenso wie die Historienmalerei, die erstaunlich viele Motive aus dem Drei-

25 Wald, Martin C.: Die Gesichter der Streitenden. Erzählung, Drama und Diskurs des Dreißigjährigen Krieges. 1830 bis 1933. Göttingen 2008 (Formen der Erinnerung 34).

26 Gailer, Jacob E.: Schilderung der denkwürdigsten Personen aller Zeiten. Als Vorübung zum Studium der allgemeinen Weltgeschichte. Reutlingen 1839, 725. Zit. nach Gantet: Friedensfeste, 654.

27 Ludwig, Albert: Schiller und die deutsche Nachwelt. Berlin 1909, 117; Hartmann, Horst: Wallenstein. Geschichte und Dichtung. Berlin [3]1983 [[1]1969]; Heuer, Fritz/Keller, Werner (Hg.): Schillers Wallenstein. Darmstadt 1977 (Wege der Forschung 420).

28 Schillers Sünden an der Geschichte. In: Rheinisches Kirchenblatt. Eine katholische Zeitschrift zur Belehrung und Erbauung, 4. und 11. Februar 1849.

ßigjährigen Krieg aufweist.[29] Die Verehrung des Schwedenkönigs fand ihren stärksten Ausdruck im 1832 gegründeten Gustav-Adolf-Verein zur Unterstützung protestantischer Gläubiger in der Diaspora, zweihundert Jahre nach der Schlacht von Lützen, in der Gustav II. Adolf gefallen war.

Der Friedländer diente der kleindeutschen Historiographie als charakterlicher Gegenentwurf zum glaubensfesten Helden, und das gerade weil er dessen „ebenbürtige[r] Feind" war, wie Heinrich von Treitschke anerkennend feststellte. Wallenstein war – in Treitschkes Diktion – der „weltliche Held", der „alle Teufel den Pfaffen ins Gedärm wünschte".[30] Den charakterlichen Gegensatz, den borussische Historiker zum vermeintlich strahlend reinen Gustav II. Adolf konstruierten, veranschaulichen wenige einschlägige Beispiele: Für Häusser war Wallenstein „ein Mann, der Hazard spielte, gern Alles auf eine Karte setzte und mit einem gewissen abergläubischen Behagen dunkle Wege ging". In Häussers Verdikt heißt es weiter: „Er liebte hinterhältige Doppelzüngigkeit und nannte das hohe Weisheit; und was Andere nur Arglist nannten, schien ihm seine diplomatische Kunst. Rücksichten religiöser, nationaler oder gar persönlicher Pietät banden ihn nicht auf dem Wege seines Ehrgeizes."[31] Für Treitschke war Wallenstein von den „drei Gewaltige[n], welche damals die Welt mit dem Schrecken ihres Namens erfüllten" – dazu zählen auch Gustav II. Adolf und Kardinal Richelieu – schlicht die „unheimlichste Gestalt". Was dem Friedländer, als Konvertit an sich schon ein unsicherer Kantonist, zum borussischen Helden fehlte, wird im Vergleich mit der erstaunlichen Würdigung deutlich, die Richelieu bei Treitschke erfuhr. Dieser war für ihn niemand weniger als der „Bismarck Frankreichs", weil er auf dem festen nationalen Boden gestanden habe, worin „alle staatsmännische Größe wurzelt".[32] Wallenstein aber war Treitschke doch nur „ein Heimathloser, der sein Volksthum und seinen Glauben gleichgiltig der Ehrsucht opfert; ein genialer Abenteurer, der bald einen italienischen, bald einen deutschen Fürstenhut erhofft, bald von der habsburgischen Weltmonarchie träumt, bald von der heiligen Impresa gegen Konstantinopel oder auch von einer neuen Plünderung Roms, und bei all diesen gigantischen Entwürfen [doch] immer nur an sein eigenes großes Ich denkt."[33]

29 Müller, Siegfried: Der Dreißigjährige Krieg in der deutschen Historien- und Genremalerei des 19. Jahrhunderts – eine Bestandsaufnahme. In: Bußmann/Schilling (Hg.): 1648, Bd. 2, 657–664. Zur Gustav-Adolf-Rezeption vgl. Oredsson, Sverker: Geschichtsschreibung und Kult. Gustav Adolf, Schweden und der Dreißigjährige Krieg. Berlin 1994.

30 Treitschke, Heinrich von: Gustav Adolf und Deutschlands Freiheit. Vortrag gehalten am 9. December 1894 in der Sing-Akademie zu Berlin. Leipzig 1895, 18, 23.

31 Häusser: Geschichte des Zeitalters der Reformation, 514.

32 Treitschke: Gustav Adolf, 26f.

33 Ebd., 27.

Die gloriosen Defizite Wallensteins lassen sich kontrastierend an zwei markanten Zitaten über den Schwedenkönig veranschaulichen: „Er gehörte nicht einem Volke allein; er gehört der gesammten evangelischen Christenheit", postulierte Heinrich von Treitschke in seinem Gustav-Adolf-Vortrag, den er 1894 in der Berliner Singakademie hielt.[34] Gustav II. Adolf war der Bannerträger einer grenzüberschreitenden Idee. So konnte Treitschke den Zuhörern trotzig zurufen, man wolle sich die Freude an dem Schwedenkönig auch nicht darum stören lassen, weil er „ein Fremder" gewesen sei, um wenig später – und mit derselben Selbstverständlichkeit – Wallenstein kurzerhand als „Czechen" einzuführen.[35] Durchaus bemerkenswert ist, blickt man auf Wallensteins konfessionelles Manko, wie Mannigel es treffend bezeichnet hat, daß es den kleindeutschen Geschichtsstrategen offenbar einfacher fiel, den Schweden Gustav II. Adolf über seine Konfession als einen Glaubenshelden einzudeutschen als den Konvertiten Wallenstein trotz seiner am Ende mit dem Leben bezahlten Gegnerschaft zum habsburgischen Herrscherhaus als einen der ihren zu vereinnahmen. Dies ist nicht zuletzt ein interessanter Hinweis auf die enorme Bedeutung konfessioneller Bindungen, die im kleindeutsch-großdeutschen Konflikt allerdings längst politisch-ideologisch aufgeladen waren.

Der zweite aufschlußreiche Textbeleg, der die Zurückhaltung kleindeutscher Historiker zu erklären vermag, stammt aus Droysens 1869 publizierter Gustav-Adolf-Biographie.[36] Das zweibändige Werk rüttelte am Denkmal des Heroen des Protestantismus, es kratzte am Bild des frommen Helden und machte für den Kriegseintritt Schwedens vor allem praktisch-politische, nämlich Machtinteressen verantwortlich. Droysen negierte darin jedoch nicht, daß im Ergebnis Gustav II. Adolfs Eingreifen in die deutschen Angelegenheiten für den Protestantismus sehr bedeutsam gewesen sei. Daß diese Wirkung ihn als „Retter der Glaubensfreiheit" erscheinen ließ, wunderte den Doyen der borussischen Geschichtsschreibung auch nicht weiter, denn: „Der Erfolg überdauert

34 Ebd., 29.

35 Ebd., 3, 13. Die „Allgemeine Deutsche Biographie" weist in ihrem Eintrag zu Heinrich von Treitschke auf die in diesem Zusammenhang interessante Abstammung seines Namens von „Treschky" hin, „eines Stammes mit dem aus Schiller's ‚Wallenstein' bekannten Familiennamen Terzky. In den beiden bis zur Geburt Treitschke's verflossenen Jahrhunderten war das Geschlecht längst gut deutsch und insbesondere gut sächsisch geworden, was nicht ausschließt, daß sich in seinem größten Sohne hin und wieder tschechische Züge zeigen. Treitschke selbst nennt die Tschechen des öfteren den genialsten der slawischen Stämme, und man wird kaum fehl gehen, wenn man in dieser wohlwollenden Wendung die Stimme des Bluts erkennt." Petersdorff, Herman von: Art. Treitschke. In: Allgemeine Deutsche Biographie, Bd. 55. Leipzig 1910, 263–326, hier 263f.

36 Droysen, Johann Gustav: Gustav Adolf, Bd. 1–2. Leipzig 1869–1870.

in der Geschichte, nicht die Absicht. Was erreicht ist, bleibt dasselbe, wie immer es erreicht wurde."[37] Auch hierin liegt interessantes Erklärungspotential für die zögerliche Annäherung an Wallenstein: Denn von dessen Taten überdauerte nichts – vor allem Droysen notierte dieses „Scheitern von jedem seiner Pläne, allen Mitteln zum Trotz"; nicht einmal seine Absichten liegen klar vor Augen, sie bleiben stets nebulös – und der Weg dorthin, List, Tücke, Verrat, erwiesen sich letztlich als wenig erinnerungswürdig. „Er gehörte nicht einem Volke allein; er gehört der gesammten evangelischen Christenheit" – dagegen läßt sich aus Sicht der Kleindeutschen über Wallenstein formulieren: Er, „der Heimatlose", gehörte nur sich selbst. Er folgte keinem Ideal, ihn trieb nur der blanke Ehrgeiz an, und später noch weit niedere Instinkte. Ludwig Häusser schrieb: „Sein ganzes Leben war in Krieg und Heerführung, seine ganze Natur in leidenschaftlichem, maßlosem Ehrgeiz aufgegangen."[38] Bei seiner Wiederberufung sei es ihm daher auch nur um eins gegangen: Rache; Rache an der Liga, Rache vor allem am bayerischen Kurfürsten Max.[39] Das Rachemotiv findet sich auch bei Droysen. Hier ist es aber abweichend der Rachewunsch am undankbaren Kaiser, der ihn mit der Entlassung gedemütigt habe, und den er bis „nach Welschland verfolgen wolle".[40]

V. Ein Kind seiner Zeit: Glücksritter der Revolution von dämonischer Größe

Wallenstein war aus Sicht kleindeutscher Historiker ein Kind seiner Zeit. Der eingangs erwähnte Karl Wittich erklärte in seinem Porträt des Generalissimus für die „Allgemeine deutsche Biographie" Wallensteins Charakterdefizite als Ausfluß der „Verwilderung seines Zeitalters": Von „macchiavellistischer Denkart" erfüllt, sei es das „raffinierte Zeitalter" Richelieus gewesen, mit dem Wallenstein im übrigen die Kunst der diplomatischen Intrige geteilt habe.[41] Wallenstein war in der Charakterisierung Ludwig Häussers die Personifizierung revolutionärer Umbrüche. Solche Leute, lautet Häussers gleichsam küchenpsychologische Analyse, pflegten die revolutionären Züge des Zeitalters anzuneh-

37 Ebd., Bd. 1, VIII.

38 Häusser: Geschichte des Zeitalters der Reformation, 566f.

39 Ebd., 567, 605.

40 Droysen: Gustav Adolf, Bd. 1, 422.

41 Wittich, Karl: Art. Wallenstein, Albrecht Graf von. In: Allgemeine Deutsche Biographie, Bd. 45. Leipzig 1900, 582–641, hier 637.

men. Wallenstein habe deshalb für überliefertes Herkommen und das geschichtliche Recht keine Achtung mehr gehabt, alles habe sich nur stets um sein eigenes, großes Ich gedreht: „Er war“, so Häusser weiter, „wie ein bevorzugter Glücksritter aus der Revolution hervorgegangen.“[42] Droysens Urteil griff Wittichs These voraus, wies dabei Wallenstein aber einen aktiveren Part zu. Denn dieser habe es verstanden, die „allgemeinen Bewegungen“ der Zeit an die Interessen seiner Person zu ketten, sein Schicksal mit dem Geschick Europas zu verbinden. So kam der Historiker mit Blick auf Wallenstein zu dem bemerkenswerten Schluß: „Auch das macht ihn Napoleon ähnlich.“[43]

Gegenüber dem verklärten schwedischen König trug Wallenstein letztlich Züge eines dem Legitimitätsprinzip entrückten Emporkömmlings. Wallenstein taugte als Parvenü am Ende nur zum „tragischen Held des dreißigjährigen Krieges“, als den ihn Karl Wittich in der „Allgemeinen deutschen Biographie“ porträtierte; er war ein „Opfer seiner eigenen Schuld“, hatte bereits zu einem früheren Zeitpunkt Friedrich Christoph Förster geschrieben. Dieser Berliner Publizist, der in Gegnerschaft zu den Habsburgern und von strikt protestantischer Warte seit Ende der zwanziger Jahre des 19. Jahrhunderts eigentlich eine Revision des traditionell negativen Wallensteinbildes angestrebt hatte, griff am Ende wegen Wallensteins Konversion und Abfall vom Kaiser selbst zum eindrücklichen Bild vom „verratenen Verräter“.[44]

Die – in den Worten Droysens – „dämonische Größe dieses umschleierten Gestirnes mit seinem düsteren und versengenden Lichte“ machte Wallenstein der kleindeutsch-preußischen Geschichtsschreibung, salopp formuliert, eher zum Fall für den Psychologen denn zum Gegenstand historischer Analyse. Den Nebel über seinen Absichten wollte jedenfalls ernsthaft keiner lüften. Wenige Sentenzen aus Droysens Wallensteinporträt sind dafür typisch. Lapidar hieß es darin: „Wie weit ihn persönliche Triebfedern, wie weit allgemeine Beweggründe leiteten, wer wagt darüber zu entscheiden“; an anderer Stelle führte Droysen ebenfalls ausweichend aus: „Niemand der zu sagen vermöchte, wo Eigennutz ihn zum Handeln trieb, wo Hingabe an eine große Sache.“ Und schließlich: „Die Unfassbarkeit seiner Pläne, zu tief verborgen angelegt, als daß sie jemals ganz wären ergründet worden.“ Persönliche Interessen und „allgemeinste Ziele“ lagen eben „in wunderbarer Weise in den Tiefen seiner Seele verbunden da“.[45]

---

42 Häusser: Geschichte des Zeitalters der Reformation, 567.

43 Droysen: Gustav Adolf, Bd. 1, 288.

44 Zu Friedrich Christoph Förster vgl. Mannigel: Wallenstein in Weimar, Wien und Berlin, 153–177.

45 Droysen: Gustav Adolf, Bd. 1, 287f., 308.

Wallensteins Pläne sind in Droysens Urteil „die ausschweifendsten Ideen“ und auch für Ludwig Häusser gehen sie, wenn er von Seeherrschaft und ozeanischer Fürstenherrlichkeit träumte, ins „Phantastisch-Riesenhaft[e]“.[46] Während der Biograph Karl Wittich in den späteren Friedensbemühungen Wallensteins immerhin Pläne eines „Realpolitikers“ erkannte, die eines großen Staatsmanns würdig gewesen seien, und deren Scheitern er allein Kaiser Ferdinands II. religiöser Verblendung anlastete, waren aus Sicht Häussers Wallenstein, diesem „Freund verschlungenen, räthselhaften Ränkespiels“, von „unergründliche[r] Arglist“, schlicht keine echten Friedensabsichten abzunehmen.[47] Beim Ostseeprojekt ließ Droysen Wallenstein wenigstens als Träger einer Idee erscheinen. Das – so wörtlich und an Friedrich II. von Preußen angelehnte – „stolze Vorrecht der Initiative“ sei hier auf Seiten Österreichs gewesen und Wallenstein der Mann, der die Idee mit „genialer Einsicht“ hätte verwirklichen können. Aber indem das Projekt eines *Dominium maris Baltici*, für Droysen „die wichtigste Frage der damaligen Politik“, zugleich mit dem persönlichen Machtinteresse Wallensteins in Mecklenburg verbunden war, rückte auch Droysen Wallenstein erneut in die dunkle Ecke des Egoisten: Österreich sollte die Ostseeherrschaft haben, aber er, Wallenstein, wollte General auf der Ostsee sein.[48]

VI. Wallenstein als Konterpart der Liga

Hier zeigt sich eine weitere Spielart der Funktionalisierung Wallensteins, mit der dieser für kleindeutsche Historiker überhaupt nur anschlußfähig wurde. Denn der Friedländer bot ihnen nicht allein das charakterliche Gegenbild zu Gustav II. Adolf; der Generalissimus, selbst im gegnerischen Lager stehend, füllte auch die Rolle als politischer Konterpart der Liga aus. Er diente als willkommener Protagonist, um das Bild Ferdinands II., des habsburgischen Hofes und Herzog Max von Bayerns noch negativer zeichnen zu können. Der Kaiser war für Häusser nur der „rücksichtslose Fanatiker der extremen Restauration“, dessen „furchtbare[r] religiöse[r] Terrorismus, [...] Jahre lang das unglückliche Volk bis auf das Blut gepeinigt, viele Tausende in's Ausland getrieben und dennoch den Protestantismus nicht vollständig ausgerottet hat“.[49] Wallenstein

46 Häusser: Geschichte des Zeitalters der Reformation, 517.

47 Wittich: Wallenstein, 638f.; Häusser: Geschichte des Zeitalters der Reformation, 604.

48 Droysen: Gustav Adolf, Bd. 1, 287f.

49 Häusser: Geschichte des Zeitalters der Reformation, 496, 503.

wiederum ist das Werkzeug, das Ferdinand nicht zu nutzen verstanden habe. Wallenstein habe dem Kaiser die Option gegeben, sich zu emanzipieren, „sich loszumachen von der Vormundschaft der Liga".[50] Doch Ferdinand, so die kleindeutschen Historiker übereinstimmend und mit Sinn für bildhafte Zuspitzung, habe in seiner Entscheidung zwischen seinem General und seinem Beichtvater gestanden. Der Kaiser ließ Wallenstein fallen und stieg mit dessen Entlassung für Droysen „von der Höhe, auf der er sich befand, herab und stand nun auf dem Niveau der ständischen Bestrebungen".[51] Wittich meinte im übrigen auch bei Wallenstein mit Erwerb der eigenen Reichsfürstenwürde einen Sinneswandel feststellen zu können: Wallensteins auf das Kaisertum gerichtete monarchische Tendenzen hätten sich bereits seit 1628 mit seinen landesfürstlichen Interessen zu kreuzen begonnen.[52]

Für Heinrich von Treitschke war Deutschland niemals wieder dem Einheitsstaat so nahe gewesen wie unter Wallensteins erstem Generalat: Aber die Einheit, „geschaffen durch die spanischen Priester der Gesellschaft Jesu, durch vaterlandslose Condottieri und Söldnerschaaren", so lautete die unmißverständliche Botschaft, hätte alle Geistesfreiheit und damit, „unser deutsches Ich vernichtet".[53] Unter den Fahnen des Kaisers sah auch Droysen nur „die radicalen Elemente der zerrütteten Gesellschaft", den „organisierten Pöbel aller Stände" versammelt.[54] Selbst die wohlwollendste Interpretation von Wallenstein als Träger einer Reichsidee gegen den Partikularismus deutscher Fürsten, gegen die bloßen Hausmachtinteressen Habsburgs, lief letztlich ins Leere. Sie fand ihre Brechung in den egoistischen Zielen Wallensteins. Denn nicht nur aus Sicht Häussers sei am Ende lediglich „eine Aristokratie von glücklichen Soldaten" und eine „kaiserliche Militärdictatur" unter Wallenstein geschaffen worden. Wallenstein als „Dictator von Deutschland", wie Ludwig Häusser aus den zeitgenössischen Quellen Maximilian von Bayern zitierte, implizierte das Bild Oliver Cromwells. Eine echte nationalpolitische Alternative bot diese Deutung den kleindeutschen Historikern nicht.

50 Ebd., 485.
51 Droysen: Gustav Adolf, Bd. 2, 235.
52 Wittich: Wallenstein, 602.
53 Treitschke: Gustav Adolf, 14f.
54 Droysen: Geschichte der preußischen Politik, Bd. 3/2, 17f.

VII. Dreißigjähriger Krieg und Wallenstein im „Federkrieg" des kleindeutsch-großdeutschen Konflikts

Der Streit um den historischen Ort des Dreißigjährigen Krieges ist, wie einleitend erläutert, nicht nur von geschichtswissenschaftlichem Interesse. Wallenstein, der Militär-Diktator: Das ist ein Bild, um abschließend vom Höhenkamm der Historiographie in die Niederungen des vorwissenschaftlichen Raumes zu wechseln, das auch in der Tagespolitik Breitenwirkung entfaltete. In den Revolutionsjahren porträtierte „Der Freie Wiener", eine radikal-demokratische Wochenschrift, Fürst Alfred I. zu Windisch-Graetz als „Bomben-Fürst" mit „Alba-Natur", für dessen „militärischen Terrorismus" es dem Blatt zufolge in der Geschichte bisher nur ein Vorbild gegeben habe: Wallenstein.[55] In der Paulskirche griff der Liberale Karl Theodor Welcker, seines Zeichens Reichskommissar für Österreich während der Belagerung und Beschießung Wiens durch die kaiserliche Artillerie unter Windisch-Graetz, diesen Vergleich auf.[56] Die Botschaft war eindeutig: Das Heer sollte als Instrument des übersteigerten Ehrgeizes des Fürsten entlarvt und die Gefahr einer Militärdiktatur beschworen werden. Schillers Gedanke der rächenden Nemesis in Wallensteins Tod bot zudem einen idealen Überbau, um das Scheitern dieser Gewaltpolitik zu prophezeien.

Das Bild Wallensteins als Inkarnation des mit militärischen Mitteln durchgesetzten Führungsanspruchs Österreichs findet sich in zahlreichen Flugschriften und Zeitungsartikeln in den Jahren zwischen der deutschen Revolution und dem deutsch-deutschen Krieg von 1866. Der in Berlin erscheinenden „Spenerschen Zeitung" war 1848 die Emanzipation Preußens und mit ihr die des protestantischen und fortschrittlichen Prinzips der „welthistorische Faden mitten durch das Satyrtanze der launenhaftesten Kabinettspolitik": „Beschuldigt man den Protestantismus, daß er im westphälischen Frieden die Einheit Deutschlands zerriß, so ist dies ganz richtig, allein eine Einheit im Sinne Ferdinand II. hätte Deutschland jene Ruhe gewährt, von welcher Posa dem König Philipp gegenüber spricht!" Nur ein Tor könne daran glauben, den Weltgeist in Fesseln zu legen, urteilte das Blatt und kam in anhaltend historischer Perspektive zum Schluß: „Was Ferdinand II. durch seine Tillys

55 Biographien der berüchtigsten Aristokraten Wiens, Tl. II. In: Der freie Wiener, Nr. 26, 26. Juni 1848; Windischgrätz und die Prager Ereignisse. In: Die entschiedene Linke. Beilage zu Der freie Wiener. Politisches Sonntagsblatt für Jedermann, Nr. 1, o. O.

56 Wigard, Franz (Hg.): Reden für die deutsche Nation 1848/49. Stenographischer Bericht über die Verhandlungen der deutschen constituirenden Versammlung zu Frankfurt am Main, Bd. 5. Frankfurt 1848, 3695.

und Wallensteins nicht gelang, wird auch heut zu Tage nicht gelingen."[57] Als während der Novemberkrise 1850, in der Preußen und Österreich denkbar knapp eine militärische Auseinandersetzung noch abwenden konnten, an der preußischen Ostgrenze der Aufmarsch russischer Truppen drohte, sah die „Kölnische Zeitung" „die Anhänger und Untergebenen Rußlands, die Oesterreicher und Baiern [...] in hellen Haufen, wie zu Tilly's und Wallenstein's Zeiten, nach dem nördlichen Deutschland [ziehen], um es zu Knechten zu machen und aufzusaugen".[58] Noch ein Jahrzehnt später, nach der Zuspitzung des preußisch-österreichischen Dualismus im Italienischen Krieg von 1859, erinnerte eine in Berlin publizierte Flugschrift ihre Leser daran, daß 1850 die „Fluthen politischer Unterdrückung" wie zuletzt im Dreißigjährigen Krieg bis an die Ufer der Nordsee geschlagen hätten, daß „dieselben kaiserlichen Kriegsvölker, dieselben Schaaren des südöstlichen Europa's, welche seit den Tagen Tilly's und Wallenstein's den unteren Lauf der Elbe nicht gesehen hatten, wieder zu ihm herabgestiegen sind, um wie in jenen Tagen das Gesetz ihres Herrschers bis an die Eider zu tragen".[59] Der Aufruf zu Einheit und Eintracht in Deutschland, zu dem sich vor diesem Hintergrund der Großherzoglich hessische Hofgerichtsrat Friedrich Noellner herausgefordert sah, endete – offenbar beeinflußt von den nationalen Festen zum Schillerjahr – zeittypisch mit einem Zitat aus Wallensteins Tod: „Mir ist's allein ums Ganze. Seht! Ich hab'/ Ein Herz, der Jammer dieses deutschen Volks erbarmt mich./ [...] Keiner will/ dem Andern weichen! Jede Hand ist wider/ die andre! Alles ist Partei und nirgends/ Kein Richter! Sagt, wo soll das enden? Wer/ den Knäul entwirren, der, sich endlos selbst/ vermehrend, wächst – Er muß zerhauen werden."[60] In dem preußischen Ministerpräsidenten Otto von Bismarck fand sich im Jahr 1866 ein politischer Akteur in verantwortlicher Position, der bereit war, diesen Hieb zu wagen.

Im deutsch-deutschen Krieg von 1866 tauchte das aus der Revolution bereits bekannte Wallenstein-Motiv erneut auf, hier nun auf den österreichischen General Ludwig August Ritter von Benedek gemünzt. Im Federkrieg, der dem Waffengang vorausging und ihn begeleitete, wurden die Bilder erneut aus der Asservatenkammer des Dreißigjährigen Krieges geholt – auch noch nach der Entscheidung von Königgrätz. Die Schilderung einer „Wanderung über die

57 Deutschland und Preußen. In: Spenersche Zeitung, 28. März 1848.

58 Kölnische Zeitung, 14. November 1850.

59 Thielau, Friedrich von: Die deutsche Frage. Berlin 1860, 66.

60 Noellner, Friedrich: Preußen als Großmacht und im deutschen Bunde gegenüber Oesterreich. Zur Erkenntniß des deutschen Zwiespalts älterer und neuerer Zeit. Darmstadt 1859, 167.

böhmischen Schlachtfelder", die Ende August in der „Augsburger Allgemeinen Zeitung" erschien, legte für die Liberalen im großdeutschen Lager den Finger in die Wunde ihrer enttäuschten Erwartungen – und zeigte einen ebenso interessanten wie bezeichnenden Zugriff auf den Friedländer. Österreich hatte es demnach an den nötigen Idealen, der Sicherung „deutscher Freiheit", gefehlt. Bei Jičin überkam den Autor die Erinnerung an Wallenstein. Ob sich der Friedländer angesichts der kriegerischen Ereignisse eher in seinem Grab herumdrehte oder Schadenfreude empfände, wußte der Autor zwar nicht zu beantworten. Außer Frage stand für ihn aber: „Stände heute ein Wallenstein auf, da es um Oesterreich so schlimm steht, wie nach den ersten Siegen Gustav Adolfs, er fände der Kräfte genug um den nordischen Feind zu schlagen; freilich müßte er in etwas veredelter Gestalt erscheinen, und anstatt ‚Beute' müßte er ‚Freiheit' auf seine Fahnen schreiben, so eine Art Garibaldi."[61]

Wie das nur mehr sarkastische Echo auf die Beschwörung des Dreißigjährigen Krieges vor Königgrätz klangen dagegen nach der Entscheidungsschlacht Gedichtzeilen, die in einem Erinnerungsblatt für die preußische Armee erschienen. Darin hieß es triumphierend: „Zu Gitschin die Karthause umlodert Flammenschein, in Eisen liegt begraben dort Herzog Wallenstein. [...] Nah roll'n die Preußendonner den Blitzen fahlen Scheins, und Oesterreich ist geschlagen am Grabe Wallensteins. Umsonst klopft an die Pforte der Grufte Oesterreichs Noth, – begraben was begraben, der Wallenstein ist todt!"[62] Dieses Bild korrespondiert mit einer bemerkenswerten Lesart des zeitgenössisch auch als „dreißigtägiger Krieg" firmierenden Waffengangs auf der preußisch-protestantischen Siegerseite. Die „Protestantische Kirchenzeitung für das evangelische Deutschland" faßte es in diese Worte: „In der Schlacht bei Königgrätz hat endlich der dreißigjährige Krieg seinen Abschluß gefunden: der nationale Gedanke und der Protestantismus haben gesiegt."[63]

Hier täuschten sich die protestantisch-preußischen Kommentatoren in ihrem euphorischen Siegestaumel allerdings. Denn daß in der Geschichtsschreibung die Auseinandersetzungen um den Dreißigjährigen Krieg noch lange nicht beendet waren, zeigte sich 1868, als sich mit Leopold von Ranke

61 Wanderung über die böhmischen Schlachtfelder. In: Augsburger Allgemeine Zeitung, 25. August 1866.

62 Fürste, Ernst (Hg.): Der Preußen Krieg und Sieg im Jahre 1866. Ein Erinnerungsblatt für die Preußische Armee. Zum Besten der Kronprinz-Stiftung. Magdeburg [10]1867 [[1]1866], 11.

63 Diese Wertung stammt von Hermann Krause, Mitherausgeber der „Protestantischen Kirchenzeitung für das evangelische Deutschland". Zit. nach Süddeutsches evangelisch-protestantisches Wochenblatt, 20. August 1866.

der Altmeister persönlich jener Ereignisse annahm. Rankes Werk ist nach dem Ausgang des kleindeutsch-großdeutschen Konflikts auch Ausdruck eines Historisierungsschubes und der Versuch, über die geschichtspolitischen Gräben hinweg zu einem strikt an den historischen Quellen orientierten Wallensteinbild zu kommen. Die zeitgenössische Rezeption seines Werkes zeigt indes, daß zumindest in der Fachwissenschaft der Streit um den kaiserlichen Generalissimus auch weiterhin höchst lebendig blieb.

Gerrit Walther

Biographie als Experiment

Leopold von Rankes „Geschichte Wallensteins“: Aufbau und Absicht

1. Exzentrische Mitte

Leopold von Ranke ist der bedeutendste deutsche Historiker, der den großen Stoff je bearbeitet hat. Als seine „Geschichte Wallensteins“ 1869 erschien,[1] war er bereits international berühmt. Längst kannte man ihn als Begründer moderner Quellenkritik, also der Kunst, systematisch den je spezifischen, ‚individuellen‘ Wahrnehmungshorizont eines historischen Dokuments zu ermitteln und dieses in Relation zu anderen Zeugnissen zu setzen, um so begründbare Befunde über je konkrete historische Fragen zu erhalten. Man kannte ihn zweitens als Historiker des modernen europäischen Staatensystems. Seit 1824 hatte er dessen Entstehung und Entwicklung in einer staunenswerten Reihe großer, vielbändiger Geschichtswerke dargestellt – gestützt auf von ihm selbst erschlossene archivalische Quellen, geschrieben in einem souveränen Stil, der Forschung und Darstellung systematisch verknüpfte, um den Leser durch eine möglichst „lebendige Vergegenwärtigung“ der je entscheidenden „Tendenzen“ der historischen Vorgänge zum mitdenkenden Beobachter des geschilderten Geschehens zu machen.[2]

1 Ranke, Leopold von: Geschichte Wallensteins. Leipzig 1869 [ND Leipzig o. J.].

2 Die Verfasser der neuesten biographischen Skizzen sind zugleich die besten deutschsprachigen Ranke-Kenner. Vgl. Muhlack, Ulrich: Leopold von Ranke (1795–1886). In: Raphael, Lutz (Hg.): Von Edward Gibbon bis Marc Bloch. München 2006 (Klassiker der Geschichtswissenschaft 1), 38–63, und Schulin, Ernst: Leopold von Ranke (1795–1886). In: Duchhardt, Heinz u. a. (Hg.): Europa-Historiker, Bd. 1. Göttingen 2006, 129–151. Vgl. zu Rankes Methode ferner Muhlack, Ulrich: Leopold von Ranke und die Begründung der quellenkritischen Geschichtsforschung. In: Elvert, Jürgen/Krauß, Susanne (Hg.): Historische Debatten und Kontroversen im 19. und 20. Jahrhundert. Jubiläumstagung der Ranke-Gesellschaft in Essen, 2001. Stuttgart 2003 (Historische Mitteilungen der Ranke-Gesellschaft. Beiheft 46), 23–33; ders.: Leopold von Ranke. In: Hammerstein, Notker (Hg.): Deutsche Geschichtswissenschaft um 1900. Stuttgart 1988, 11–36; sowie allgemein Walther, Gerrit: „Vergegenwärtigung“. Forschung und Darstellung in der deutschen Historiographie des 19. Jahrhunderts. In: Freitag, Werner (Hg.): Halle und die deutsche Geschichtswissenschaft um 1900. Beiträge des Kolloquiums „125 Jahre Historisches Seminar

Hoch waren die Erwartungen des Publikums[3] wohl aber auch deshalb, weil Rankes neues, 532 Seiten starkes Werk diesmal keine Nation ins Zentrum der Betrachtung stellte, sondern eine einzelne Persönlichkeit. Solche biographischen Versuche hatte Ranke zuletzt in den 1830er Jahren publiziert, aber nur in Form von Essays über Savonarola, Cosimo de Medici und Don Carlos.[4] Aus dem Rückblick erscheint die Themenwahl sogar noch bedeutsamer. Denn 1869 hatte er seine großen Nationalgeschichten abgeschlossen:[5] den ersten (und einzigen) Band der „Geschichten der romanischen und germanischen Völker von 1494 bis 1535" (1824), seine Arbeiten zu Venedig und Florenz, zu Spanien und den Osmanen (ab 1831), „Die römischen Päpste" (1834–1836), die „Deutsche Geschichte im Zeitalter der Reformation" (1839–1847), die „Neun Bücher preußischer Geschichte" (1847–1848), die „Französische Geschichte" (1852–1861) sowie die „Englische Geschichte" (1859–1868). Zuletzt, 1868, hatte er, offenbar unter dem Eindruck von 1866, eine Sammlung von Studien „Zur Deutschen Geschichte. Vom Religionsfrieden bis zum dreißigjährigen Krieg" veröffentlicht, die mit der Kaiserwahl 1619 endeten. Nun also kam „Wallenstein". Gleich danach, am Vorabend des deutsch-französischen Kriegs, sollte Ranke sich der Zeitgeschichte zuwenden: dem „Ursprung des siebenjährigen Krieges" (1871), dem „Ursprung und Beginn der Revolutionskriege 1791 und 1792" (1875), Quelleneditionen zu Friedrich Wilhelm IV. und Hardenberg (1873–77), zuletzt dann der „Weltgeschichte" (1881–1885), die ihn bis zu seinem Tod beschäftigen sollte.

Somit ist die „Geschichte Wallensteins" Rankes letztes Werk zur Frühen Neuzeit. In der Sachlogik von Rankes Œuvre steht sie genau dort, wo eigentlich eine Geschichte des Dreißigjährigen Kriegs stehen müßte. Man könnte daher behaupten: das Wallensteinbuch *sei* Rankes Geschichte des Dreißigjährigen Kriegs. Ausgerechnet den ersten europäischen Weltkrieg schildert er in Form einer Biographie. Diese exzentrische Mittelstellung der „Geschichte Wallensteins" in Rankes Gesamtwerk provoziert die Frage nach den Motiven

an der Universität Halle" am 4./5. November 2000. Halle (Saale) ²2004 (Studien zur Landesgeschichte 5), 78–92.

3 Noch im Erscheinungsjahr rechnete der Verlag mit einer zweiten Auflage. Vgl. Rankes Brief an Carl Geibel vom 2. Juli 1869. In: Ranke, Leopold von: Zur eigenen Lebensgeschichte. Hg. v. Alfred Dove. Leipzig 1890, Nr. 251, 485f., hier 496.

4 Ranke, Leopold von: Savonarola und die florentinische Republik gegen Ende des fünfzehnten Jahrhunderts. In: ders.: Historisch-biographische Studien. Leipzig 1877 (Sämmtliche Werke 40/41), 183–357; ders.: Filippo Strozzi und Cosimo Medici, der erste Großherzog von Toscana. Ebd., 359–445; ders.: Don Carlos, Prinz von Asturien, Sohn Philipps II. von Spanien. Ebd., 447–544.

5 Nachweise zu den folgenden Titeln in der in Anm. 2 aufgeführten Literatur.

für die Wahl dieses merkwürdigen Genres. Die folgende Studie sucht sie durch eine Analyse von Aufbau, Thesen und Argumentationsstil des Werks zu beantworten. Ob Rankes Wallensteinbild hingegen nach heutigem Kenntnisstand ‚richtig' oder ‚falsch' ist, liegt außerhalb ihres Interesses.

2. Eine „große Figur" und ihr „Trieb"

Gleich in der Vorrede bringt Ranke das methodisch-konzeptuelle Hauptproblem seines Vorhabens zur Sprache: das Verhältnis zwischen „lebendige[r] Persönlichkeit" und dem „großen Gang der welthistorischen Begebenheiten" (V).[6] Eigentlich, so erklärt er, sehe es so aus, als sei die einzelne Persönlichkeit nichts gegen „das allgemeine Leben, das die Jahrhunderte in ununterbrochener Strömung erfüllt": „ein Jeder erscheint beinahe nur als eine Geburt seiner Zeit, als der Ausdruck einer auch außer ihm vorhandenen allgemeinen Tendenz" (Vf.). Als moralische Wesen aber hätten „die Persönlichkeiten" gleichwohl „ein selbständiges Leben von originaler Kraft. Indem sie, wie man zu sagen liebt, ihre Zeit repräsentiren, greifen sie doch wieder durch eingeborenen inneren Antrieb bestimmend in dieselbe ein" (VI). Das gelte gerade für „Zeiten gewaltsamer Erschütterung", da in solchen „die Persönlichkeit am meisten ihr eingeborenes Wesen entwickeln und die Thatkraft sich ihre Zwecke setzen" könne (VIII). Im Zeitalter des Dreißigjährigen Kriegs sei Wallenstein „wohl die außerordentlichste Gestalt, die in der weitausgreifenden Bewegung der Epoche auftritt. Er erscheint als eine ihrer eigenthümlichsten Hervorbringungen" (VI). So solle sein Wirken als ein Beispiel dafür untersucht werden, wie sich die „Begebenheiten [...] in dem Zusammentreffen der individuellen Kraft mit dem objectiven Weltverhältniß" entwickeln (IX).

Kein theoretisches Interesse allerdings macht Ranke für die Wahl gerade dieses Helden geltend, sondern neue Quellenfunde. Bislang habe man nur die Wiener Archive konsultiert, und deshalb seien all die vielen „fleißigen Forschungen" über Wallenstein „über Anklage und Vertheidigung, wie sie im ersten Moment einander gegenübertraten, nicht hinausgekommen" (VI). Er jedoch habe Dokumente aus Venedig, Rom, Frankreich und München beigezogen, vor allem aber die sächsischen Akten in Dresden und die spanischen in Brüssel. Deshalb könne er den Versuch einer Biographie wagen, „die zugleich Geschichte ist" (VIII).

6 Um die Zahl der Anmerkungen nicht unnötig zu vermehren, gebe ich Seitennachweise aus der „Geschichte Wallensteins" in Klammern im laufenden Text.

Diese Absicht spiegelt schon der Aufbau der „Geschichte Wallensteins". Von Anfang an wird das Leben des Helden unterlegt, begleitet und immer wieder unterbrochen von einer großen Erzählung der allgemeinen europäischen Politik im Zeichen des habsburgisch-französischen Gegensatzes. Über viele Seiten hinweg werden Ereignisse geschildert, an denen Wallenstein gar nicht beteiligt ist, die aber den großen Rahmen seines Handelns bilden (zum Beispiel sächsisch-schwedische Verhandlungen, Entwicklungen in Richelieus Frankreich und Olivares' Spanien, sogar osmanisch-persische Konflikte). Eingewebt sind kulturhistorische Exkurse über den Alltag, das Heerwesen, über einzelne Heerführer, über politische Ordnungsvorstellungen der Zeit. Durchwegs wird Wallensteins Vita zum Anlaß einer Darstellung der allgemeinen Geschichte, nicht diese zu deren Illustration. Mit Wendungen wie „An diese Combination nun schloß Wallenstein sich an" (14) oder „Welch ein Ereigniß war nun die Schlacht von Breitenfeld auch für Wallenstein" (223) stiftet der Erzähler die Rückbindung zwischen Epochendarstellung und Lebensbeschreibung.

Überhaupt erscheint Rankes Wallenstein vor allem insofern als Repräsentant seiner Zeit als er auf deren „Tendenzen" *reagiert*. Von Anfang an wird er als jemand beschrieben, der Konjunkturen erkennt, ihnen folgt, sie aktiv verficht, der aber nichts Neues schafft, sondern nur eingreift – „maßgeblich" allerdings (43) –, wo schon eine „Krisis" (35) entstanden ist. Kein dämonisches Genie zeichnet Wallenstein aus, sondern sein Sinn für den „günstigsten Moment" (138), sein „strategischer Tact" (47). „Spielt" er auch immer wieder „eine große Figur" (11), so ist doch das einzig „Originale" an ihm seine Heeresorganisation und -unterhaltung (43).

Ranke vermeidet es, seinem Helden allzu persönliche Züge zu verleihen. Im Gegenteil betont er immer wieder, daß es nirgends um Persönliches gehe, um persönliche Konflikte, „persönliche Einwirkungen" (77), sondern ausschließlich um politische Interessenlagen.[7] Dies ist ein durchgängiges Motiv: Wallensteins Entlassung erfolgt nicht aus Ungnade (198), seine Rückberufung nicht aus Gnade (225), sondern beide Ereignisse geschehen aus rein politischen Motiven. Nicht aus persönlicher Aversion bekämpfen ihn Maximilian von Bayern (149) oder die Spanier, sondern weil beide seine Autonomie als eine „große politische Gefahr" (409) fürchten. Bis zuletzt hätte er sich mit

7 „Man meint, Wallenstein habe durch Bestechungen oder Familienverbindungen oder auch geistlichen Einfluß bei Kaiser Ferdinand seine Absichten durchgeführt. [...] Doch hing die Entscheidung von diesen persönlichen Einwirkungen nicht mehr ab. [...] in dem Hauptziel der Politik waren die kaiserliche Regierung und der General einverstanden" (77).

ihnen arrangieren können.[8] Geradezu systematisch hält Ranke an bestimmten Knotenpunkten der Erzählung inne, um Anekdoten, die Wallenstein persönliche Intrigen unterstellen, zu widerlegen.[9]

Literarisch schafft Ranke diese Distanz, indem er seinen Helden kaum in eigenen Worten charakterisiert, sondern meist durch Zusammenschnitte der über ihn kursierenden zeitgenössischen Meinungen und Gerüchte. Gleich eingangs zitiert er Keplers Horoskop. Es habe Wallenstein „ein Dürsten nach Ehre und Macht" zugeschrieben, „eigensinnigen Trotz und verwegenen Muth, so daß er sich einmal zu einem Haupt von Mißvergnügten aufwerfen könne" (3). Behauptet Ranke auch, dies nur aus kulturhistorischem Interesse zu erwähnen, „weil die Menschen der Epoche, und zwar selbst die Thatkräftigsten und die Gelehrtesten, nun einmal in diesem [astrologischen, G. W.] Glauben befangen waren" (3) – als Mentalitätsstudie also –, so schildert doch auch er Wallenstein vor allem als einen von Machtgier Getriebenen (9). „In ihm lebte ein feuriger Impuls zu unaufhörlicher Bewegung, Unternehmung, Erwerbung, [...] der ehrgeizige Trieb, sich nach allen Seiten geltend zu machen, seine Macht und die Bedeutung seines Hauses zu gründen, und die alten Feinde zu seinen Füßen zu sehen" (348). Auch dort, wo er „das öffentliche Interesse" verficht, verfolgt dieser „große Emporkömmling" (143) immer zugleich „Privatabsichten".[10] Deshalb mag Ranke ihm letztlich kein positives politisches Konzept zubilligen. Vielmehr sieht er ihn als einen Egomanen, der auf ein in letzter Konsequenz leeres, rein formales Ziel hinarbeitet habe: „Bei ihm beherrschte die Idee der militärischen Autorität alles Andere" (145).

All seine Energie und „rücksichtslose Entschiedenheit" stellt Wallenstein in den Dienst *einer* großen politischen Tendenz: „der Verbindung des erstarkenden deutschen Kaiserthums mit den traditionellen Tendenzen der spanischen Monarchie" (32). Als „der vornehmste Repräsentant und Vorfechter des

---

8 „Aus den Briefen Oñates ergiebt sich, daß Wallenstein seinen Frieden mit den Spaniern hätte machen können, wenn er sich ihrer Politik angeschlossen hätte: sie würden dann seine Größe genehmigt und selbst gefördert haben" (423).

9 Vgl. etwa zur Anekdote vom Treuegelöbnis, das Wallenstein seinen Offizieren zunächst mit einer Klausel zugunsten des Kaisers vorgelesen, zur Unterschrift aber erst nach einem Trinkgelage – und dann ohne Klausel – vorgelegt habe, 379.

10 „Er lebte immer nur in seinen großen Entwürfen, in denen sich allerdings das öffentliche Interesse mit Privatabsichten mischte [...]. Man muß nur beklagen, daß die Absichten, die er gefaßt hatte, nicht von allen falschen Zuthaten rein gehalten [...] wurden" (428). „Wenn jemals ein Anderer, so lebte Wallenstein fortwährend in der Anschauung und dem Mitgefühl der großen politischen Gegensätze und ihres Kampfes. Sein Sinn ging von Natur dahin, in ihrer Mitte sein eigenes Interesse und seine eigenen Gedanken geltend zu machen" (225).

kaiserlichen Ansehns“ (182) strebt er danach, dem Kaiser absolute Autorität zu verschaffen – gegenüber Reichsfürsten beider Konfessionen wie gegenüber fremden Nationen. Er tut dies, weil nur ein starker, souveräner Kaiser ihn selbst stark und souverän machen kann.[11]

3. Die Logik von Aufstieg und Fall

Daraus konstruiert Ranke eine Dialektik von hegelscher Stringenz. Er verfolgt, wie Wallenstein so gut wie alles gelingt und er unaufhaltsam aufsteigt, solange er „die Sache des Hauses Österreich in Deutschland zu führen“ (35) bereit ist – was in der Eroberung Norddeutschlands für den Kaiser und der Verleihung der Mecklenburger Herzogswürde für ihn selbst gipfelt (168). Er zeigt dann, wie Wallensteins „Katastrophe“ um so sicherer eintritt, je mehr er vom Kaiserhaus abrückt und ihm schließlich sogar entgegenarbeitet.

Durch seine Armee verschafft Wallenstein sich eine „grandiose Stellung“ (325). Mit ihr bringt er das Kaisertum an seine äußersten Möglichkeiten. Eben damit aber verletzt er zugleich genau die Tradition, aus der es sich legitimiert: „Wallenstein wollte dem Kaiser eine Gewalt verschaffen, die im Reiche nicht Herkommens war“ (78). „Man hörte ihn sagen: es bedürfe ihrer [der Kurfürsten, G. W.] nicht mehr; der Kaiser müsse Herr in Deutschland werden, so gut wie die Könige von Frankreich und Spanien in ihren Gebieten das seien. Man sprach damals von einer bevorstehenden Kaiserwahl. [...] Er ließ verlauten: es bedürfe keiner Wahl: dem Sohne des Kaisers stehe das Recht der Succession auch ohne Wahl zu“ (149f.).

Deshalb ruft Wallensteins Wirken alle Gegnerschaften hervor, die ein starkes Kaisertum seit jeher provozierte. Vor allem die katholischen Fürsten sehen ihre Stellung bedroht. Um sie zu verteidigen, trotzen sie Ferdinand das Restitutionsedikt ab. Äußerlich erscheint dieses als Vollendung kaiserlicher Souveränität, als „der letzte Schritt in der Abweichung von der Politik, die bei dem Religionsfrieden und seit demselben eingehalten worden war“ (155). Zugleich aber wird durch das Edikt „die Axt an die Wurzeln der Reforma-

11 „Wallenstein setzte sich zum Ziel, vor allem die Macht des Kaiserthums herzustellen, auf die er seine eigene Thätigkeit basierte. Denn nur auf eine oberste Autorität gestützt, konnte er sein Heer aufbringen, im Reiche erhalten, über die weitesten Gebiete ausdehnen, zugleich die Gegner als Rebellen behandeln, und die große Waffe des Kaiserthums anwenden, das Recht der Confiscation; die Aussicht, an diesem ungeheuren Erwerb Antheil zu nehmen, hielt sein Heer zusammen“ (144).

tion gelegt. Es war die ganze Form des norddeutschen Glaubens, Denkens und Lebens, der man den Krieg ankündigte“ (162). Wallenstein gehört zu den wenigen, die erkennen, daß diese Provokation der Protestanten nur den katholischen Gegnern des Kaisers nutzen kann (163): daß sie das Volk hingegen zum Aufstand treiben, die protestantischen deutschen Fürsten an Schweden und Frankreich annähern und so die Macht des Kaisers (und damit seine eigene) mindern werde. Daher bekämpft er das Edikt. Sein eigenes Ziel ist es, alle Reichsstände unter dem Kaisertum zu vereinigen und gemeinsam mit ihnen gegen Frankreich oder gar das Osmanische Reich vorzugehen (182). „Darin lag das welthistorische Moment, daß, indem ein umfassender Plan gemacht wurde, [...] das Reich von Grund aus zu katholisiren, der General, der das Schwert in den Händen hatte, des Landes und des Volkes nicht mehr Meister war und selbst von diesen Versuchen nichts hören wollte“ (166). In seiner hitzigen, offenen Art polemisiert er, konfessionellem Eifer abgeneigt,[12] gegen „Klericale“ und Jesuiten. Faktisch also beansprucht er für sich selbst die Autonomie, die er für den Kaiser erkämpft hat: er will selbst die politischen Entscheidungen treffen, die durch die von ihm erkämpften Vorteile möglich werden. Dieses Sichtbarwerden seiner Souveränität wird zum Skandalon, zum Anlaß seiner Entlassung (198).

Wallensteins Rückberufung erfolgt auf Drängen Spaniens, das schon zuvor „sehr mit ihm einverstanden“ (183) gewesen ist und verhindern will, daß das kaiserliche Heer in dem der Liga aufgeht (226–228). Anders als bislang aber handelt Wallenstein, durch seinen Sturz gekränkt, nun nicht mehr aus „dynastische[r] noch religiöse[r] Sympathie für das Haus Österreich“ (230),[13] sondern als Diener des „allgemeinen Wesens“ (246) in der „bewußten Absicht, die Entscheidung der großen Angelegenheiten in seinem Sinne herbeizuführen“ (230). Nach wie vor arbeitet er darauf hin, „die Protestanten in Norddeutschland von der Verbindung mit den Schweden loszureißen, und zwar durch Widerrufung des Restitutionsedicts, welches die Verbindung mit denselben veranlaßt hatte“ (383). Überhaupt will er „seinen Kaiser auf die frühere Politik zurückführen, den Religionsfrieden wieder herstellen und die Fremden, auch die Spanier selbst, von dem Reich ausschließen“ (367).[14] Er verteidigt die Interessen des Reichs gegen den Kaiser selbst.

12 Mehrfach variiert Ranke die Bemerkung, daß „der Gedanke der Religion“ bei Wallenstein hinter andere Interessen „weit zurück“ getreten sei (145).

13 In Eger habe er gar erklärt, „daß es Kaiser noch aus einem andern Hause geben könne als dem österreichischem“ (433).

14 „Wenn man die Intentionen eines bedeutenden Mannes, die nicht aufgeschrieben worden, und wenn sie es würden, vielleicht auch dann nicht unbedingt angenommen werden

Damit aber gerät er in einen radikalen Gegensatz zu Spanien, das um diese Zeit seinen Einfluß auf den Kaiser zu stärken sucht, um ihn für einen Krieg gegen Frankreich zu gewinnen – für einen Krieg, den Wallenstein unbedingt vermeiden will, weil er durch ihn eine Aufwertung der Liga befürchtet: „Er setzte sich den Absichten der Spanier überall entgegen, und drückte einen tiefen Haß gegen sie aus“ (410).

Angreifbar wird er, als er dem unter spanischem Einfluß stehenden Kaisersohn das Oberkommando über die Armee verweigert (370f.) – so wie er es zuvor Spanien selbst verweigert hat (294–297). Seither betreiben die Spanier entschieden seine Absetzung. Sie, „denen er jetzt als der Gegner ihrer Weltmacht erschien, hatten geradezu sein Verderben im Auge; in seinem Widerstreben gegen die kaiserliche Autorität sahen sie eine todeswürdige Schuld“ (450f.). Sie sammeln Beweise gegen ihn (409). Sie sind die ersten, die für seine Ermordung plädieren (417, 451). Trotzdem erfolgt diese nicht in ihrem Auftrag, und schon gar nicht in dem des Kaisers (442). Sie ist vielmehr ein „eigenes freiwilliges Werk“ (447) der drei Offiziere, die sich durch seine Absage an den Kaiser bedroht fühlen. In der Tatsache, daß bei dem Mord Mitglieder mehrerer miteinander verfeindeter Nationen beziehungsweise Konfessionen einträchtig zusammenwirken, sieht Ranke ein Symbol für Wallensteins vollkommene Isolation,[15] zugleich aber auch für seine repräsentative Bedeutung für die Epoche: „Das war nun aber einmal die Stellung Wallensteins geworden, daß die großen Interessen der Religion und Politik um ihn her einander entgegentraten“ (450).

dürften, aus seinen Aeußerungen, seinen Präcedenzen und seiner Lage abnehmen darf – denn etwas Hypothetisches bleibt in dem Dunkel menschlicher Antriebe und Ziele immer übrig – so wage ich dies als die vornehmste Absicht Wallensteins zu bezeichnen. Er dachte noch mit Hülfe der beiden norddeutschen Churfürsten die Angelegenheiten des Reiches auf der Grundlage des Religionsfriedens zu ordnen: was denn nicht geschehen könnte, ohne auch in Böhmen den Emigranten und den österreichischen Erblanden überhaupt durch Erneuerung der ständischen Verfassung in weitester Ausdehnung gerecht zu werden. Zugleich wollte er die Armee in ihren Ansprüchen befriedigen, und zugleich den Umfang seiner eigenen Gebiete und die Zukunft seines Hauses festsetzen“ (421).

15 Die Verschwörer „waren die sonst immer Entzweiten, Schotten und Irländer, Protestanten und Katholiken“ (451).

4. Hochmut und „Privatabsichten“

Warum scheitert Wallenstein? – Wiederum führt Ranke zur Erklärung zunächst zeitgenössische Urteile an: „Wallenstein hatte, wie Oxenstierna von ihm sagt, mehr unternommen, als er ausführen konnte. Der Idee der kaiserlichen Gewalt und der Macht des Hauses Österreich mußte er erliegen, so wie sie sich gegen ihn kehrten“ (451). Schon zuvor hat er seinen Helden wiederholt als einen Menschen charakterisiert, der dazu neigt, seine Macht zu überschätzen: „Der Muth stand ihm hoch genug, um die Gründung einer selbständigen Macht ins Auge zu fassen, welche die Gegner des Hauses Österreich um ihn her vereinigen sollte, um es in Deutschland und in Italien zu stürzen. Unleugbar geriet er dadurch mit seiner eigenen Vergangenheit in Widerspruch. Denn eben durch das dynastische Interesse, die Verbindung beider Häuser seit dem friaulischen Kriege, war er hauptsächlich gefördert worden. [...] Auf der Autorität des Kaisers beruhte alles, was er jemals gethan und ausgerichtet hatte“ (435).

Der Emporkömmling Wallenstein verkennt, daß seine Macht nur eine abgeleitete ist (423). Weil sie das ist, kann er, wie Ranke zeigt, nur gegen solche Gegner siegen, deren Macht ebenfalls eine bloß abgeleitete ist, wie zum Beispiel gegen den nur durch Allianzen starken Dänenkönig Christian IV. (94). Anders als Moritz von Sachsen, mit dem Ranke ihn wiederholt vergleicht (366, 423), ist er kein Kurfürst, hat er keine Verbündeten unter den Katholiken (370f.), will er, was Moritz im Einvernehmen mit Österreich gegen Spanien unternahm, *gegen* Österreich erreichen (396). Anders als Richelieu agiert er gegen seinen Fürsten (401). Anders als Cromwell oder Napoleon hat er keine Nation hinter sich (455). Anders als diese beiden hat er nicht „mit republikanischen Gewalten zu kämpfen, welche noch keine Wurzeln geschlagen hatten“ (455f.), sondern mit fest etablierten Dynastien.

Für den Idealisten Ranke spielt aber auch mit, daß Wallensteins politisches Handeln von „Privatabsichten“ und egoistischer Selbstbezogenheit getrübt wird. Das unterscheidet ihn etwa von Richelieu (125, 175) oder von Gustav Adolf (268). Deshalb bleibt er im Vergleich mit ihnen eine Figur zweiten Rangs. Gleich schon im ersten Kapitel hat Ranke dies angedeutet: „Bei welthistorischen Ereignissen treten Persönlichkeiten, die nicht gerade zur Führung berufen sind, nothwendig zurück. Wallenstein war nicht in der Schlacht am Weißen Berg“ (22). Weil Wallenstein nicht in einer politischen Idee aufgeht, sondern sie immer zugleich als Mittel zu nutzen sucht, Vorteile für sich selbst zu erringen, bleibt sein Handeln halbherzig und letztlich unproduktiv: „Wallenstein wollte die Formen des Reiches erhalten, mit möglichster Schonung des Protestantismus; Gustav Adolf sie durchbrechen: mit voller Feststellung des Bekenntnisses“ (268). Noch in seiner persönlichen Erscheinung zeigt sich diese Gebrochenheit: „Wallenstein war ein podagrischer Strateg; der König ein General von rüstiger Beweglichkeit [...]. Niemand verließ sich auf Wallenstein: zu Gustav Adolf hatte Jedermann Vertrauen“ (268).

Gleichwohl scheitert mit Wallenstein die große nationale Chance, „den Frieden im Reiche auf die Bedingung der Gleichberechtigung der beiden Bekenntnisse noch im Einverständniß mit dem Kaiser zu begründen. Und nichts wäre für die Zukunft der deutschen Nation wichtiger gewesen, als eine Ausführung dieses Planes, unter Wahrung der kaiserlichen Hoheit und der Reichsordnung im Allgemeinen“ (434). Statt dessen bewirkt sein Untergang, „daß die Entscheidung in allen europäischen Angelegenheiten an Frankreich gelangte. In Deutschland traten nun erst die Kriegsjahre ein, welche eine allgemeine Verwüstung herbeigeführt haben; zuletzt hat dann die Uebermacht der Fremden und in Bezug auf die Verfassung des Reiches [...] der Gedanke Gustav Adolfs den Platz behalten; die Auflösung des Reiches bahnte sich an.“ (454f.).

So scheint Rankes letzter Beitrag zur Frühneuzeit mit der Absage an das Kaisertum zu enden. Kurz nach 1866 zeigt er das Scheitern eines Politikers, der nach den Begriffen von Rankes eigener Zeit als ‚liberal‘ beziehungsweise ‚großdeutsch‘ zu bezeichnen wäre. Kurz vor 1871 schildert er das Konzept ‚nationales Kaisertum‘ als eine verführerische Illusion. Solches aber sagt er nirgends ausdrücklich. Andeutungen nur legen es nahe. „Die Begebenheiten“, hat er in der Vorrede erklärt, „entwickeln sich in dem Zusammentreffen der individuellen Kraft mit dem objectiven Weltverhältniß“, und hinzugefügt: „die Erfolge sind das Maß ihrer Macht“ (IX). War Wallensteins „individuelle Kraft“ also nur zu schwach, das Ideal kaiserlicher Souveränität durchzusetzen? Hätte ein kaiserlicher Richelieu es erreichen können? Oder ist es gerade symptomatisch für das damalige „Weltverhältniß“, daß das Kaisertum um 1630 nur noch Kräfte zweiten Rangs aufzubieten hatte?

5. Historisierung der Quellen

Mit solchen Fragen findet sich der Leser aus Rankes Erzählung entlassen, die zu Beginn des letzten Drittels in der Art einer Stretta energischer im Duktus, dichter in den Fakten, konzentrierter in den Argumenten geworden zu sein scheint.[16] Nun folgt ein siebzig Seiten starker Anhang, in dem Ranke

16 Etwa mit dem Dreizehnten Capitel („Absicht einer autonomen Erhebung“), 373–401.

auf jeweils wenigen Seiten wichtige Dokumente präsentiert und diskutiert. Ähnliches hat er in bisher jedem seiner großen Geschichtswerke getan, zuerst in der „Kritik neuerer Geschichtschreiber", die er seinem Erstling von 1824 beigegeben hatte,[17] zuletzt in der „Englischen Geschichte" und den Studien „Zur Deutschen Geschichte".[18] Hat er bislang aber stets Quellen zu allen Teilen der Darstellung aufgeführt, so umkreisen die „Analekten zur Geschichte der Katastrophe Wallensteins" (457–532) einen einzigen Aspekt: Es geht um die Frage nach dem angeblichen Verrat des Generalissimus.

Die Urteile darüber, so erklärt Ranke, seine Bemerkung aus der Vorrede wiederholend, gingen diametral auseinander – von den Augenzeugen, deren Parteilichkeit sich aus ihrer Situation ergebe, bis zu den gelehrten Untersuchungen moderner Historiker: „Wenn man Förster und Hurter liest, so sieht man wohl, daß man, wiewohl besser unterrichtet, heute noch ebenso steht, wie im Anfang. Was der eine behauptet, läugnet der Andere" (463).[19] Diese Sachlage ermöglicht es Ranke, den „Analekten" – wie seiner ganzen „Geschichte Wallensteins" – eine über das Thema hinausweisende Bedeutung zu geben: sie nämlich zu einem Beispiel für ein wissenschaftliches Verfahren zu

---

17 Ranke, Leopold von: Zur Kritik neuerer Geschichtschreiber. Leipzig ^{2}1874 (Sämmtliche Werke 34).

18 Die „Analekten der englischen Geschichte" umfassen etwa ein Fünftel des Textes der „Englischen Geschichte", nämlich etwa 600 von insgesamt etwa 3.000 Seiten der modernen Ausgabe (vgl. ders.: Englische Geschichte vornehmlich im XVII. Jahrhundert. Vollständige Ausgabe in zwei Bänden mit einer Einleitung von Michael Freund, Bd. 1–2. Stuttgart 1955, hier Bd. 2, Anhang, 1–598). Die „Auswahl erläuternder Actenstücke" zu den Studien Zur Deutschen Geschichte. Vom Religionsfrieden bis zum dreißigjährigen Krieg (hier zit.: Sämmtliche Werke, Dritte Gesammtausgabe, Bd. 7. Leipzig ^{2}1874, 266–303) nimmt immerhin ein Zehntel des Bandes ein. – Auch die in Anm. 4 genannten biographischen Essays werden entweder durch Quellenerörterungen abgeschlossen oder gehen von ihnen aus (Don Carlos).

19 Ranke bezieht sich auf die kommentierte Quellenedition von Förster, Friedrich: Albrechts von Wallenstein, des Herzogs von Friedland und Mecklenburg, ungedruckte, eigenhändige, vertrauliche Briefe und amtliche Schreiben aus den Jahren 1627 bis 1634, Bd. 1–3. Berlin 1828–1829. Von Friedrich von Hurter kommen mehrere Werke in Frage, hier wohl vor allem: Wallensteins vier letzte Lebensjahre. Wien 1862, sowie ders.: Zur Geschichte Wallensteins. Schaffhausen 1855. – Mit einer Kritik an Förster, der „vom Wesentlichen [...] wenig Kunde gehabt habe", begleitet Ranke am 4. März 1831 seine Meldung an Friedrich Perthes, daß er bei Forschungen in der Münchener Hofbibliothek „die Wallensteinsche Geschichte ins Auge gefaßt habe". Ranke, Leopold von: Neue Briefe. Gesammelt und bearbeitet von Bernhard Hoeft. Nach seinem Tod hg. v. Hans Herzfeld. Hamburg 1949, 142f., hier 143. Es ist der erste greifbare Hinweis auf Rankes Idee einer Wallensteinstudie. – Vgl. zu den genannten Historikern die Beiträge von Norbert Kersken, Thomas Brechenmacher und Hilmar Sack in diesem Band.

machen, das es erlaubt, „aus dem Kreise der Anklage und Vertheidigung herauszutreten und eine historische Anschauung zu begründen" (463).

Insgesamt sind die „Analekten" eine Reihe scharfsinniger Versuche, die frühesten Quellenstimmen für Wallensteins angeblichen Verrat zu identifizieren, um aus der politischen Stellung von deren Verfassern Kriterien für ein Urteil über ihre je spezifische Wahrheit zu gewinnen. Als den kanonischen Text, auf den alle einschlägigen Anklagen zurückgehen, identifiziert Ranke dabei die „Annales Ferdinandei" des Franz Christoph Khevenhiller.[20] In einer biographischen Skizze auf der Basis archivalischer Quellen stellt er zunächst klar, daß es sich bei dem Autor um einen dem Haus Habsburg treu ergebenen Konvertiten handele, bei seinem Werk um eine Kompilation unterschiedlichster fremder Autoritäten,[21] die teilweise erst aus dem Nachlaß des Verfassers ediert worden sei (468). Aufgabe also müsse es sein, „die einzelnen Theile auseinander [zu] nehmen und die Glaubwürdigkeit [zu] prüfen" (469). Eben dies führt Ranke im Folgenden vor: Er identifiziert die Quellen der ihn interessierenden Ereignisse, stellt deren Wortlaut den entsprechenden Formulierungen Khevenhillers gegenüber und vergleicht Art und Tendenz der Abweichungen.

Dabei beginnt er mit einem Dokument, „welches noch vor der Katastrophe liegt, aber sie begründet", nämlich der „Angebliche[n] Capitulation bei Wallensteins Wiedereintritt im Jahre 1632" (469–475). Punkt für Punkt vergleicht er Khevenhillers Version des Vertrags mit den Berichten anderer Gewährsleute, zum Beispiel des spanischen Botschafters Oñate. Dabei relativiert er zunächst den Rechtscharakter des Textes,[22] um schließlich festzustellen, daß gerade diejenigen Artikel, die Wallenstein nahezu absolute Kompetenzen eingeräumt haben sollen, niemals offiziell in Kraft getreten seien (473): „Genug, des Hauses Oesterreich und der Krone Spanien Generalissimus *in absolutissima forma* ist Wallenstein nie gewesen" (474).

Als „ohne Zweifel vollkommen erdichtet" (480) entlarvt er dann die Vorschläge für einen allgemeinen Frieden, die Wallenstein Anfang Juni 1633 sächsisch-brandenburgischen beziehungsweise schwedischen Verhandlungspartnern gemacht haben solle und die im Angebot eines ewigen Anschlus-

---

20 Bd. 1–9, Regensburg, ab Bd. 5 Wien 1640–1646; 12 Bde., Leipzig 1726. – Vgl. zur Werkgeschichte Benz, Stefan: Zwischen Tradition und Kritik. Katholische Geschichtsschreibung im barocken Heiligen Römischen Reich. Husum 2003 (Historische Studien 473), 338f.

21 „Er reiht nur Materialien aneinander, die er aus den bekanntesten und geläufigsten Autoren herübernimmt, aber mit Actenstücken und Relationen vermehrt, die ihm selbst in seiner amtlichen Stellung zu Handen kamen" (468).

22 „Die Artikel haben überhaupt mehre die Form von Vorschlägen, als von Festsetzungen" (472).

ses an Schweden gegipfelt hätten (475–480). Als Indizien gelten ihm innere Ungereimtheiten, Unglaubwürdigkeiten und die Tatsache, daß andernorts als zentrale Punkte verhandelte Tatsachen im Text gar nicht angesprochen würden.

In einem dritten Durchgang prüft Ranke den Bericht des Sesyma Raschin, (480–485). Wieder geben ihm die politische Situation und die soziale Position des Gewährsmanns Anhaltspunkte für die Einschätzung seiner Äußerungen: Raschin sei ein böhmischer Exulant gewesen, der sich nach Wallensteins Tod durch „Mittheilung alles dessen, was er im Dienste Terzkas und Wallensteins über ihre Verhältnisse mit den Feinden erfahren hatte", seine Begnadigung erkaufen mußte (481). Gleichwohl möchte Ranke dem Bericht – im Widerspruch gegen die bisherigen Verteidiger Wallensteins – durchaus „Wahrhaftigkeit" (482) zugestehen, zumindest in den Teilen, in denen der Zeuge Selbsterlebtes berichte (483). Ungereimtheiten wertet er dabei nicht geradezu als Irrtum. Er wendet sie vielmehr ins Mentalitätsgeschichtliche, wenn er sie als Äußerungen eines Wunschdenkens interpretiert, wie es in jenen Emigrantenkreisen, denen Raschin angehörte, geherrscht habe (483f.). „Nach dem allem bildet der Aufsatz einen authentischen und werthvollen Beitrag zu der Geschichte Wallensteins und der damaligen Zeit, wiewohl er unter Einwirkungen entstanden ist, durch die er verdächtig werde könnte" (484). Khevenhiller allerdings, so zeigt Ranke, habe Raschins Bericht durch Auslassungen – und zwar gerade solcher Stellen, „welche zur Auffassung der Verhältnisse wesentlich beitragen" (485) – manipulativ verändert und so den Eindruck des Verrats Wallensteins am Kaiser größer und eindeutiger gemacht (485).

6. Die Macht der Methode

Gleiches gilt für die offizielle Rechtfertigungsschrift für Wallensteins Exekution. Auch den „Außführliche[n] und gründliche[n] Bericht" von 1635 (485–497), so zeigt Ranke in minutiösen Textvergleichen, hat der Verfasser der „Annalen" durch Auslassungen oft bis zur Unverständlichkeit entstellt. Zwar habe er die in der Vorlage geschilderten Äußerungen und Handlungen Wallensteins übernommen, die dafür angeführten Motivationen und Differenzierungen aber gestrichen. „Die Absicht", folgert Ranke, „liegt hier, wie bei den Auszügen aus Sesyma, am Tage: Wallenstein schuldiger erscheinen zu lassen, als diese Nachrichten ausweisen" (488f.). Zu diesem Zweck habe der Verfasser sogar Einschübe in den Originaltext vorgenommen und dessen Sinn dabei teilweise in sein Gegenteil verkehrt. Dazu gehöre nicht zuletzt die kaiserliche Weisung zur Ermordung des Generals, denn „sie konnte nicht entbehrt werden" (489f.).

Als Vorlagen für den „Gründliche[n] Bericht" sichtet Ranke schließlich einen bayerischen „Discours uber den Friedlands Actiones und ubergebne ungleiche ordonanzen, A. 1632 et 33" und das im Frühjahr 1634 erschienene „Alberti Fridlandi perduellionis chaos ingrati animi abyssus". Er bemerkt, daß der Verfasser des „Berichts" ihnen „von vornherein wechselweise" folge (491). In gewissen Partien habe er „allenthalben" das „Chaos" übernommen, in anderen ebenso vollkommen den „Discours" (491f.). Kurz: „Von umfassender eigener Information ist hier überall nicht die Rede" (492). Deshalb sei es besonders problematisch, daß der „Gründliche Bericht" „für gewisse Ereignisse in dieser Geschichte, die seit [der] Reproduction derselben durch Khevenhiller allgemein angenommen sind, die vornehmste Quelle ausmacht" (ebd.). Das gilt nach Ranke besonders für die berühmte Episode, nach der Wallenstein seinen in Pilsen versammelten Offizieren nacheinander zwei verschiedene Versionen einer Treueerklärung ihm gegenüber vorgelegt habe: zuerst eine, die nur solange gelten sollte, als er in kaiserlichen Diensten stehe, zur Unterschrift aber, nach einem Gelage, eine Ausfertigung ohne diese Klausel. Dagegen stellt Ranke die Nachricht des spanischen Botschafters, daß schon weit früher beide Versionen der Eidesformel offen zur Debatte gestanden hätten. Von einem Betrugsversuch also, so folgert er, könne nicht die Rede sein (492–494). Aufgebracht habe diese Episode ohnehin erst das „Perduellionis Chaos", in ihm aber sei von einem Bankett noch nicht die Rede. Ein solches sei erst nachträglich „durch populäre Phantasie gebildet worden" (495).

Damit ist Khevenhillers Darstellung entscheidend relativiert: Ihre willkürlich kompilierten Informationen stammen aus zweiter Hand. Ihre ideologische Absicht ist evident. Elegant rettet Ranke am Ende die Ehre des vornehmen Annalisten: „Wie aber? einer der höchsten kaiserlichen Staatsbeamten der mit dem spanischen Botschafter auf das genaueste bekannt war, soll alle diese Falschheiten geglaubt und erzählt haben? Man verzeihe mir, daß ich daran zweifele. Ich meine, daß diese Excerpte mit ihren Weglassungen und Zuthaten von den Unterarbeitern herrühren, welche den annalistischen Stoff sammelten und ihn zugleich in einem der kaiserlichen Politik angemessenen Sinne bearbeiteten. Khevenhiller, der Staatsmann, hat daran schwerlich persönlichen Antheil genommen" (497).

Den eigentlichen Urheber der Verschwörungsanklage gegen Wallenstein hingegen meint Ranke im unbekannten Verfasser des „Perduellionis Chaos" ausmachen zu können. In diesem nämlich werde „die Meinung, daß Wallenstein in den letzten Jahren auf nichts als Verrath gesonnen, umständlich ausgeführt. [...] Die Kriegshandlungen erscheinen nur als Spiegelfechterei befreundeter Feinde: nicht allein das Zusammentreffen bei Nürnberg, sondern auch die Schlacht bei Lützen. [...] Ihm ist Wallenstein maximus generis humani impostor" (501). Der Verfasser sei mithin der Kronzeuge „für die verrätherischen Umtriebe Friedlands [...]; er hat die spätere Auffassung in ihren Grundzügen beherrscht" (505). Zwar kann Ranke tendenziöse Übertreibungen und Verzerrungen aufzeigen. Ebenso wenig wie den Raschinbericht aber möchte er die Darstellung ganz verwerfen, „denn etwas Aechtes liegt dabei doch zu Grunde, wenn es auch ursprünglich eine andere Gestalt gehabt haben mag" (498). Zweifellos habe der Verfasser Augenzeugen von Wallensteins Ende, etwa den Obersten Johan Beck, selbst gekannt, und diese seien „in ihrer Sache die besten Zeugen" (504). „Wir beschäftigen uns hier mit untergeordneten Hervorbringungen, die kaum noch zur Literatur gehören; aber auch aus denen läßt sich zuweilen noch etwas lernen" (502). Keine Quelle ist ganz zu verachten – sofern der Forscher die richtige Frage an sie richtet.

Hier nun zielt sie eben auf den Autor des „Chaos". Auf dessen Namen indes, betont Ranke, „kommt so viel nicht an: schon genug, wenn wir ungefähr seine Stellung kennen" (505). Aus den Informationen und dem literarischen Stil der Quelle schließt er, daß der Gesuchte beste Beziehungen nach Madrid gehabt, während der Ereignisse in Prag residiert und Tacitus geschätzt habe. „Das Vorkommen seiner Briefe in den Papieren Slawatas beweist, daß er mit diesem in naher Verbindung stand. Ich denke, der intellectuelle Urheber des großen Verschwörungs-Chaos zur Erwerbung der böhmischen Krone ist Slawata gewesen, der nächste Verwandte und bitterste Feind Wallensteins. Feindschaft wird durch den Tod nicht aufgehoben" (505).

Mit diesem taciteischen Bonmot brechen die „Analekten" unvermittelt ab. Auf den verbleibenden 26 Seiten der „Geschichte Wallensteins" finden sich, ohne weiteren Kommentar, Abdrucke sächsischer und spanischer Originalquellen.

7. Resümee: Biographie als Symbol

Bei überfliegender Betrachtung könnte es so aussehen, als zerfalle die „Geschichte Wallensteins" in zwei einzelne, nach Inhalt, Absicht und Adressaten klar getrennte Teile: in eine durchlaufende Erzählung für das lesende Publikum und in einen Anhang, der Spezialisten die Diskussion der Quellen nachliefert. Dieser Eindruck aber trügt. Systematisch rekurriert vielmehr schon die Erzählung selbst auf Quellenfragen. Immer wieder nennt und erörtert der Autor sowohl in Fußnoten als auch im laufenden Text die historischen Dokumente, auf die er sich beruft, wie die Forschungsliteratur, die er konsultiert hat.[23] Nirgends entläßt er den der Leser aus der Pflicht zum quellenkritischen Mitdenken. Gerade deshalb wird diesem die Argumentation der „Geschichte" plausibel erscheinen, weil deren innere Beglaubigung durch die stringente Durchführung der leitenden These – Wallenstein sei als Diener Habsburgs aufgestiegen, als dessen Gegner gestürzt – mit ihrer äußeren Beglaubigung durch virtuose Quellenkritik korrespondiert. So wie die Erzählung in ihrem Duktus auf die kritischen Erörterungen im Anhang einstimmt, so vertiefen und bestätigen die „Analekten" in Form und Inhalt, was der Leser der „Geschichte" aus dieser erfahren hat. Beide Teile des Buches gehören somit untrennbar zusammen.

Diese virtuos geführte Doppelhistorisierung ist ein wichtiger Befund, wenn wir auf die eingangs gestellte Frage nach den Motiven zurückkommen, die Ranke veranlaßt haben mögen, die Geschichte des Dreißigjährigen Krieges in Form einer Biographie zu erzählen. Denn die systematische, nirgends aussetzende historische Kritik begründet überhaupt erst seinen Anspruch, „aus dem Kreise der Anklage und Vertheidigung herauszutreten und eine historische Anschauung zu begründen" (463). Auch eine so rätselhafte, kontroverse, Mit- und Nachwelt in ihren Bann zwingende Figur wie Wallenstein, so zeigt er, kann objektivierbar, vielleicht sogar verstehbar werden, wenn man die Quellen, die über sie Auskunft geben, ebenso konsequent als Produkte je konkreter Taten und Interessen betrachtet wie die Handlungen und Absichten des Helden und seiner Mitakteure selbst. Nicht mehr als ein abgründiger, einsamer Übermensch erscheint der Generalissimus bei diesem Verfahren, sondern, im Gegenteil, als ein charakteristischer Repräsentant – und zugleich als eine Projektionsfläche – der Ideen, Wünsche und Möglichkeiten seiner Zeit. So kann Ranke an seinem Beispiel demonstrieren, daß Männer weder autonom Geschichte machen noch schicksalhaft von ihr bestimmt werden. Im Geist Wilhelm von Humboldts zeigt er vielmehr, wie gerade in der Auseinandersetzung der Individuen mit und in ihrer realen Welt Geschichte entsteht, erkannt und beschrieben werden kann.[24]

23 Vgl. beispielsweise zur Bedeutung der (S. 524–532 abgedruckten) Oñate-Papiere 415, 423, 428, 441.

24 Humboldt, Wilhelm von: Ueber die Aufgabe des Geschichtschreibers (vorgetragen in der Akademie am 12.4.1821). In: ders.: Werke in fünf Bänden. Hg. v. Andreas Flitner und Klaus Giel, Bd. 1. Stuttgart 1960, 585–606. Humboldt sieht den wichtigsten Antrieb geschichtlicher Prozesse in dem „unaufhörlich thätige[n] Bestreben" eines jeden Individuums, „seiner inneren, eigenthümlichen Natur äusseres Daseyn zu verschaffen" (603).

Acht Jahre nach Erscheinen der „Geschichte Wallensteins", in der Vorrede seiner „Historisch-biographische[n] Studien", hat Ranke diese Absicht noch einmal klarzustellen versucht: „Jede großartige Thätigkeit erwächst aus dem Mitgefühl mit den allgemeinen Gegensätzen, welche die Welt immer entzweien; sie entfaltet sich inmitten des Kampfes der vorherrschenden Gewalten. Der Antheil, den ein bedeutender Mann an demselben nimmt, beruht allerdings auf seinen innersten Impulsen, aber zugleich auch auf den Umständen, unter denen er in die Handlung eintritt. Der Widerstand, den er findet, entspringt aus den bestehenden Verhältnissen, der Macht der Bildungen, welche im Laufe der Zeit unter analogen Wirkungen und Gegenwirkungen zu Stande gekommen sind und das gemeinschaftliche Leben der Zeitgenossen und des Gemeinwesens hervorbringen. Der Kampf kann nie vermieden werden; er ist eine Nothwendigkeit. Dämonisch aber möchte ich diese nicht nennen; denn der Dämon liegt, wie Goethe einmal sagt, nicht außerhalb des Menschen, sondern in ihm. Der Ausgang hängt vor Allem von den Kräften ab, die auf beiden Seiten eingesetzt werden, nicht allein von den materiellen, versteht sich, sondern auch den moralischen. In diesem Sinne habe ich schon die Geschichte Wallensteins geschrieben."[25]

Wallenstein ist, Ranke betont es in der Vorrede, die Gestalt, an die jeder denkt, sobald vom Dreißigjährigen Krieg die Rede ist (VI), die Personifikation jenes Ereignisses, das zur traumatischen Chiffre für politisches Chaos, mörderische Polarisierung, schicksalhafte Zerrüttung geworden ist. Wenn Ranke also zeigen kann, wie die Person und „Geschichte Wallensteins" kraft einer perfekten Methode analytisch bewältigt, lebendig „vergegenwärtigt" werden kann, gibt er ein eindrucksvolles Beispiel für den Anspruch und die Macht des modernen Historikers, auch komplexeste Konstellationen in konkrete, reale Anschauung zu überführen. Indem er Wallensteins Tragödie kühl zu einem Quellenproblem erklärt, demonstriert er paradigmatisch, wie der methodische Forscher weltanschauliche Konflikte symbolisch entschärft, vielleicht sogar löst, indem er sie zu Verfahrensfragen umdefiniert: wie er sie der radikalen Einseitigkeit ideologischen Dafürhaltens entzieht und auf die Ebene logisch-empirischer Beweisbarkeit überführt. Daß es so prinzipiell möglich werde, das Chaos der Wirklichkeit hinlänglich zu klären, zu ordnen, zu bändigen, davon ist Ranke, der Pionier moderner Geschichtswissenschaft, fest überzeugt – „ob es mir nun gelungen ist, [...] mögen Andere beurtheilen" (463).

25 Ranke: Studien, Vf. Goethes Bemerkung über das Dämonische im 20. Buch von Johann Wolfgang Goethe: „Dichtung und Wahrheit" Sämtliche Werke in 18 Bänden, Bd. 10. Zürich/München 1977, 839–842.

Norbert Kersken

Die Wallensteineditionen des 19. und frühen 20. Jahrhunderts

Auswahlprinzipien und Geschichtsbild

„[...] ein vollständiges, sämmtliche noch vorhandenen ‚Wallensteiniana' umfassendes Urkundenbuch [...], ein im höchsten Grade wünschenswerthes Werk, das allein die volle Würdigung des Mannes ermöglichte, von dem ich spreche", forderte 1877 Hermann Hallwich,[1] der selbst in jahrzehntelanger Arbeit „dreiundzwanzigtausend bisher ungedruckter Briefe und Akten"[2] erfaßt hatte, von denen er mehr als 4200 Stücke publizierte.[3] Ein solches Vorhaben, die Edition aller Urkunden mit Anspruch auf Vollständigkeit, von dem – angesichts der Fülle der Überlieferung – selbst die deutsche Mediävistik für eine nicht minder bedeutende Gestalt wie Karl IV. abgegangen ist, hat dennoch auch die Frühneuzeitforschung nicht umgesetzt.

Wallensteineditionen des 19. und frühen 20. Jahrhunderts – der Titel klingt nach Resümierung und Bewertung akademischer Grundlagenforschung, der Editionstätigkeit historischer Quellen, die die Basis aller historiographischen Darstellungen bilden. Doch Quelleneditionen zum Leben Albrecht von Wallensteins sind wie die publizistischen und geschichtswissenschaftlichen Veröffentlichungen zu Wallenstein überhaupt, beginnend mit Franz Christoph von Khevenhüller[4] auf der einen und Bogislav Philipp Chemnitz[5] und Samuel von Pufendorf[6] auf der anderen Seite, im historisch-politischen Streit um die Per-

1 Hallwich, Hermann: Zur Geschichte Wallensteins im Jahre 1633. In: Archiv für sächsische Geschichte N.F. 3 (1877) 289–368, hier 293.

2 Ders.: Fünf Bücher Geschichte Wallensteins, Bd. 1–3. Leipzig 1910, hier Bd. 3, XXV.

3 Pekař, Josef: Wallenstein 1630–1634. Tragödie einer Verschwörung, Bd. 1–2. Berlin 1937, hier Bd. 1, 43f.

4 Khevenhüller, Franz Christoph von: Ferdinandei Oder Wahrhaffte Beschreibung Kaysers Ferdinandi Des Andern [...] Thaten, Bd. 1–14/2. Leipzig 1721–1726; Dokumente zur Zeit Wallensteins finden sich in den Bänden 10 bis 12.

5 Chemnitz, Bogislaus Philipp von: Bellum Sueco-germanicum, Bd. 1. Stettin 1648, Bd. 2. Stockholm 1653; vgl. Jaumann, Herbert: Handbuch Gelehrtenkultur der frühen Neuzeit, Bd. 1: Bio-bibliographisches Repertorium. Berlin u. a. 2004, 178f.

6 Pufendorf, Samuel: Commentariorum de rebus Suecicis libri XXVI. Utrecht 1686; deutsche Fassung: 26 Bücher der schwedisch- und deutschen Kriegsgeschichte. Von König

son Albrecht von Wallensteins entstanden.[7] Ihre Herausgeber griffen zu ihren Bibliotheks- und Archivfunden gewissermaßen als historischen Beweisen und Belegen. Die Bedeutung dieses Vorgehens mit Blick auf die Wallensteinforschung wie auf die Entwicklung der historischen Methode soll im folgenden bedacht werden. Es seien deshalb hier die Editionen und ihre Editoren vorgestellt und, darauf aufbauend, resümierende Beobachtungen vorgetragen.

I.

Unter formalen Gesichtspunkten kann man die Editionen, die Wallenstein betreffen, in drei Gruppen teilen: es sind zunächst eigenständige Editionen und große Darstellungen mit einem größeren Quellenanhang, dann zweitens Veröffentlichungen einzelner Quellenstücke, eigenständig oder als Darstellungsanhang und drittens die Wallensteinianaedition in anderen Zusammenhängen.

Der Beginn einer systematischen Editionstätigkeit im Streit um die Bewertung Wallensteins liegt in den Jahren um 1800, als Christoph Gottlieb von Murr auf Wallenstein Bezug nehmende zeitgenössische Dokumente zum Druck brachte.[8]

Eine historiographische Wende und der Beginn der eigentlichen Wallensteinphilologie datiert auf die Jahre um 1830 und wird durch das Werk von Friedrich Christoph Förster markiert. Förster war durch seine Beteiligung an den Befreiungskriegen geprägt und entfaltete danach in Berlin als Kustos der königlichen Kunstkammer eine reiche publizistische Tätigkeit.[9] Eine Einladung von Graf Adolf Heinrich von Arnim, das Familienarchiv auf Schloß Boitzenburg in der Uckermark für seine historischen Interessen auszuwerten,

Gustav Adolfs Feldzuge in Deutschland an bis zur Abdanckung der Königin Christina. Frankfurt a. M. 1688.

7 Vgl. Pekař: Wallenstein, Bd. 1, 22–25; Mannigel, Holger: Wallenstein in Weimar, Wien und Berlin. Das Urteil über Albrecht von Wallenstein in der deutschen Historiographie von Friedrich Schiller bis Leopold von Ranke. Husum 2003 (Historische Studien 474), 17f.

8 Vgl. hierzu unten Anm. 47.

9 Zu ihm vgl. Förster, Ernst: Förster, Friedrich Christoph. In: Allgemeine Deutsche Biographie 7 (1878) 185–189 sowie Feger, Robert: Förster, Friedrich Christoph. In: Deutsches Literatur-Lexikon. Biographisch-bibliographisches Handbuch, 3. völlig neu bearb. Aufl., Bd. 5. Bern/München 1978, 268–270; hier bes. Pekař: Wallenstein, Bd. 1, 26–28; Mannigel: Wallenstein, 153–177; Davies, Steffan: The Wallenstein figure in German literature and historiography 1790–1920. Leeds 2010 (Texts and dissertations 76; Bithell series of dissertations 36), 121–125.

stieß seine langandauernde Beschäftigung mit Wallenstein an. Hieraus erwuchs 1828/29 eine dreibändige Edition von Briefen Wallensteins. Im Vorwort zum ersten Band ergreift Förster die Gelegenheit, die Bedeutung seiner Archivstudien im Zusammenhang des internationalen Niveaus der deutschen Geschichtsschreibung zu bewerten, die er gegenüber der englischen und französischen aufgrund des restriktiven Zugangs zu den Archiven benachteiligt sieht.[10] Diesen erschwerten Zugang zur archivalischen Überlieferung hält er zugleich als ursächlich für die seiner Meinung nach bisher verfälschte Geschichte Wallensteins.[11] Für den zweiten und dritten Band seiner Briefedition hatte Förster 1828 erstmals Zugang zum Wiener Hofkriegsratsarchiv erhalten; für diese „Liberalität" lobte er im Vorwort ausdrücklich Kaiser Franz II.[12] Seine Edition konnte er durch Benutzung weiterer Adelsarchive in Böhmen ergänzen. Methodisch wichtig ist Försters Arbeit dadurch, daß er nicht einzelne Quellenstücke zum Beleg einer bestimmten Aussage heranzog, sondern systematisch eine große Zahl von Briefen publizierte, ohne freilich die Haltung des neutralen Herausgebers einzunehmen; das Quellenmateri-

---

10 „Neben den Englischen und Französischen Geschichtsschreibern nehmen die Deutschen immer nur einen untergeordneten Rang ein. Der Grund hiervon liegt weder darin, daß das politische Leben unserer Nation nicht etwa mit gleichem Rechte in der Weltgeschichte stehe wie das der genannten Nationen, auch nicht darin, daß die Gabe der Darstellung der practische und philosophische Blick unsern Geschichtsforschern abgehe, sondern, wie es scheint, vielmehr darin, daß viele wichtige Zeugnisse und Urkunden unserer Geschichte tief in dem Staube der Archive vermodern, ohne daß dem Geschichtsforscher, selbst wenn er sich auf Zeiten und Männer beschränken will, welche längst der Geschichte angehören, der Zutritt dazu gestattet wird, während in England und Frankreich alles, was das politische Leben der Nation betraf, auf irgend einem Wege Gemeingut des öffentlichen Lebens wurde." Förster, Friedrich Christoph (Hg.): Albrechts von Wallenstein, des Herzogs von Friedland und Mecklenburg, ungedruckte, eigenhändige vertrauliche Briefe und amtliche Schreiben aus den Jahren 1627 bis 1634 an Arnim (v. Arnimb), Aldringer, Gallas, Piccolomini und andere Fürsten und Feldherrn seiner Zeit. Mit einer Charakteristik des Lebens und der Feldzüge Wallenstein's, Bd. 1–3. Berlin 1828–1829, hier Bd. 1, Xf.

11 „Nur in Deutschland war es möglich, die Geschichte eines großen Mannes aus seiner Zeit, wo man nicht nur geschrieben, sondern auch gedruckt hat, so zu verfälschen, wie es mit der von Wallenstein geschehen ist." Ebd., XI.

12 „Der gegenwärtig regierende Kaiser Franz II., beseelt von einem hohen Gefühle für Recht und Wahrheit, und überzeugt, daß diejenige Gerechtigkeit, welche ein Fürst zu üben berufen ist, sich nicht blos auf die Gegenwart, sondern oft auf sehr fern zurückliegende Zeiten erstrecken darf, hat dies insonderheit dadurch bewiesen, daß er die Bekanntmachung mehrerer, in den Wiener Archiven vorhandenen, Actenstücken gestattete, durch welche zuerst Zweifel an der Lauterkeit der früher als officiell verbreiteten Geschichte Wallensteins erregt wurden." Ebd., Bd. 2. Berlin 1829, XIII.

al brachte er ausdrücklich zur Entlastung Wallensteins vom Verratsvorwurf vor. Programmatisch sind die Widmungen der drei Briefbände. Den ersten Band widmete Förster 1828 der Stadt Stralsund „zur Feier des zweihundertjährigen Jubelfestes heldenmüthiger Vertheidigung gegen kaiserliche Gewalt und papistischen Zwang". Den zweiten Band schrieb er den Herzögen von Mecklenburg zu, in Erinnerung an ihre Vorfahren, die „für die freie Lehre des Evangeliums und für die eigne Selbständigkeit gegen die Anmaßung des spanisch-östreichischen Hofes gefochten hatten" und durch den „Gewaltstreich Kaiser Ferdinands II." vertrieben worden seien. Den dritten Band trug er schließlich „den erlauchten Herren Ständen des Königreichs Böhmen" zum Dank für die Unterstützung seiner Archivrecherchen an. Die Zuschreibungen verbindet weniger der Bezug zur Geschichte Wallensteins als die Ansprache von Gegnern und Opfern der kaiserlichen Politik des 17. Jahrhunderts. Im Anschluß an diese Edition verfaßte Förster eine Biographie Wallensteins, die sich auf diese Quellen stützte und der er weitere neue Archivfunde anfügte.[13] Den Erfolg seiner Arbeit wertete er selbst so, daß er ein endgültiges, geschlossenes und von Entstellungen bereinigtes Bild Wallensteins geliefert habe.[14] Eine dritte Wallensteinveröffentlichung Försters reagierte unmittelbar auf Äußerungen Johann Mailáths, der ähnlich wie Förster Zugang zum Wiener Archiv gehabt hatte, über Wallenstein.[15] Zu diesem Zweck publizierte Förster für den noch einmal aufgenommenen „Prozeß Wallensteins vor den Schranken des Weltgerichts"[16] weitere Briefe, vor allem diejenigen Ferdinands II., in

13 Förster, Friedrich: Wallenstein, Herzog zu Mecklenburg, Friedland und Sagan, als Feldherr und Landesfürst in seinem öffentlichen und Privat-Leben. Eine Biographie. Nach des Herzogs eigenhändigen Briefen und aus den Acten und Urkunden der Geheimen Staats-Archive zu Wien, Berlin, München, und der vornehmsten Landes-Archive des Königreichs Böhmen. Potsdam 1834.

14 „[...] die Grundlosigkeit der Beschuldigung des Hochverraths [wurde] außer Zweifel gestellt [...]. [...] so daß ich die Versicherung geben kann, nichts versäumt zu haben, um das Bild des gefürchteten Friedländers [...] als ein, nach allen Seiten hin abgeschlossenes den Freunden der Geschichte übergeben zu können. Die Blutflecken an der Wand des Mordzimmers zu Eger mag man von Zeit zu Zeit wieder auffrischen, um die Nachfrage neugieriger Kurgäste zu befriedigen; die Flecken, womit die Geschichte den Namen ‚Wallenstein' seit zweihundert Jahren entehrte, sind für immer getilgt." Ebd., VIIf.

15 Mailáth, Johann: Geschichte des östreichischen Kaiserstaates, Bd. 1–5. Hamburg 1834–1850, hier Bd. 3, 387; zu Mailáth vgl. Csáky, Moritz: Mailáth von Székely, Johann. In: Neue Deutsche Biographie 15 (1987) 706f.; Davies: Wallenstein figure, 125f.

16 Förster, Friedrich Christoph: Wallenstein's Prozeß vor den Schranken des Weltgerichts und des K. K. Fiscus zu Prag. Mit einem Urkundenbuche bisher noch ungedruckter Urkunden. Mit dem in Stahl gestochenen Bildnisse und der genau facsimilierten Unterschrift Wallenstein's. Leipzig 1844, IV.

einem als Dokumentenanhang beigefügten „Urkundenbuch".[17] Ausdrücklich an Försters Edition anknüpfend, und zwar thematisch wie im Druckformat, veröffentlichte der Stralsunder Gymnasiallehrer und Stadtbibliothekar Ernst Heinrich Zober,[18] der zuvor schon über die wallensteinsche Belagerung Stralsunds gearbeitet hatte,[19] weitere Briefe Wallensteins aus dem Arnimschen Archiv in Boitzenburg in der Uckermark.[20]

Ein Aufgreifen dieser Arbeitsrichtung und die Setzung neuer editorischer Akzente erfolgten zwei Jahrzehnte später in der Mitte des 19. Jahrhunderts. Sie kamen aus unterschiedlichen wissenschaftlichen Milieus, die jedoch nichts mehr mit dem kämpferischen Ethos Försters zu tun hatten. Konzeptionell mag am bemerkenswertesten das Erkenntnisinteresse des bayerischen Diplomaten und Münchener Archivars Karl Maria von Aretin[21] sein, der im Vorwort seines „Wallenstein" von 1846, der zur Hälfte aus dem Abdruck neuer Quellenstücke für die Jahre 1626 bis 1632 aus dem Staatsarchiv München besteht, betonte: „Was ich Neues beigebracht, scheint mir besonders in psychologischer Beziehung von entscheidender Bedeutung zu seyn." Er leitete einen neuen Interpretationsansatz für das Quellenmaterial ein, indem er die rechtliche Relevanz der Fragestellung zugunsten einer historischen relativierte; dies veranlaßte ihn, nicht auf rechtliche Erörterung der Verratsfrage einzugehen.[22] Der Brünner Landesarchivar Peter von Chlumecký veranstaltete 1856

17 Ebd. mit getrennter Paginierung, 1–122, 18 Briefe Ferdinands II. und Wallensteins aus den Jahren 1622 bis 1632 sowie die postume Verzeichnung des „Vermögensstands des Albrecht Wenzel Eusebius Herzogs von Friedland, Sagan und Meklenburg".

18 Zu ihm vgl. Grewolls, Grete: Wer war wer in Mecklenburg-Vorpommern. Ein Personenlexikon. Bremen 1995, 484.

19 Zober, Ernst Heinrich: Geschichte der Belagerung Stralsund's durch Wallenstein im Jahre 1628. Stralsund 1828.

20 Ders. (Hg.): Ungedruckte Briefe Albrechts von Wallenstein und Gustav Adolfs des Großen. Nebst einem Anhange enthaltend Beiträge zur Geschichte des dreißigjährigen Krieges. Stralsund 1830; zur editorischen Verortung seiner Sammlung schrieb Zober im Vorwort: „Daß No. 1 bis 11 ein passender Anhang zu der Försterschen Sammlung ist, brauche ich nicht erst zu berühren; es ist daher von der Verlagsbuchhandlung auch dasselbe Format und dieselbe Einrichtung des Drucks gewählt worden, damit sich diese Bogen dem dritten Bande jener Sammlung bequem anschließen."

21 Zu ihm vgl. Aretin, Karl Otmar von: Aretin, Karl Maria Freiherr von. In: Neue Deutsche Biographie 1 (1953) 349; Pekař: Wallenstein, Bd. 1, 29; Leesch, Wolfgang: Die deutschen Archivare 1500–1945, Bd. 2: Biographisches Lexikon. München 1992, 34f.; Davies: Wallenstein figure, 126.

22 „Auch wird für die Geschichte die moralische Frage zuletzt immer größeren Werth haben, als die rein juridische. Auf eine ausführliche Erörterung des vielbesprochenen Streites über die Schuld oder Nichtschuld Wallensteins vom rechtlichen Standpuncte aus habe ich mich daher nicht eingelassen." Aretin, Karl Maria von: Wallenstein. Beiträge zur nä-

ein Regestenwerk für mehr als 300 Briefe Wallensteins aus den Jahren 1624 bis 1630, die er in verschiedenen, vor allem böhmischen Adelsarchiven ermittelt hatte, verband die Edition aber nicht mit weiterreichenden Interpretationen.[23] Wichtiger ist gewiß das editorische Werk des Benediktiners und mährischen Landeshistoriographen Beda (Franz) Dudík,[24] der 250 unbekannte Briefe und Aktenstücke Wallensteins aus den Jahren 1630 bis 1632 aus dem Wiener Kriegsarchiv zum Druck brachte[25] und ferner aus dem von ihm aufgebauten Wiener Deutsch-Ordensarchiv eine Wallenstein betreffende Briefsammlung edierte.[26] Schließlich verzeichnete er in Regestenform Wallensteins Korrespondenz der Jahre 1630 bis 1632 nach den Wiener Archivbeständen.[27]

Eine dritte Phase der Wallensteineditorik setzt um 1875 ein und zieht sich bis in das erste Jahrzehnt des 20. Jahrhunderts. Im Zentrum dieser Arbeiten steht das monumentale Werk des deutschböhmischen Historikers und Politikers Hermann Hallwich.[28] Mit seinem Namen sind vor allem drei große Editionen verbunden, die bis heute für die Beschäftigung mit Wallenstein unentbehrlich sind.[29] Es sind zunächst zwei Bände mit 1350 ungedruckten Briefen und Aktenstücken aus Wallensteins letzten Lebensjahren 1633/34,[30] wozu ihn die von ihm beobachtete mangelnde Kenntnis über Wallensteins äußere

---

heren Kenntniß seines Charakters, seiner Pläne, seines Verhältnisses zu Bayern. Aus urkundlichen Quellen. München 1845; Regensburg 1846, IV; im zweiten Teil des Werks sind fünfzig neue Quellenstücke ediert.

23 Chlumecký, Peter Ritter von: Die Regesten oder die chronologischen Verzeichnisse der Urkunden in den Archiven zu Iglau, Trebitsch, Triesch, Groß-Bitesch, Groß-Meseritsch und Pirnitz, Abt. I, Bd. 1. Brünn 1856; im Anhang: Briefe Albrecht von Waldsteins, Herzogs von Friedland (1–244), 329 Nrr.

24 Zu ihm vgl. Pekař: Wallenstein, Bd. 1, 31; Österreichisches Biographisches Lexikon 1815–1950, Bd. 1–[12]. Wien 1957–[2005], hier Bd. 1, 201f.

25 Dudík, Beda: Waldstein von seiner Enthebung bis zur abermaligen Übernahme des Armee-Ober-Commando, vom 13. August 1630 bis 13. April 1632. Wien 1858.

26 Ders.: Des kaiserlichen Obristen Mohr von Waldt Hochverraths-Prozeß. Ein Beitrag zur Waldstein's-Katastrophe. In: Archiv für Kunde österreichischer Geschichts-Quellen 25 (1860) 313–406; der Beitrag verzeichnet 58 Briefe.

27 Ders.: Waldsteins Correspondenz. Eine Nachlese aus dem k.k. Kriegsarchive in Wien. In: Archiv für Kunde österreichischer Geschichts-Quellen 32 (1865) 337–416, 36 (1866) 185–237.

28 Zu ihm vgl. Pekař: Wallenstein, Bd. 1, 34f., 43–45; Zatschek, Heinz: Hallwich, Hermann. In: Neue Deutsche Biographie 7 (1966), 566f.; Mannigel: Wallenstein, 402 mit Anm. 224; Davies: Wallenstein figure, 156–159.

29 Zur Bewertung seines Rangs als Editor vgl. Pekař: Wallenstein, Bd. 1, 35f.

30 Hallwich, Hermann: Wallenstein's Ende. Ungedruckte Briefe und Acten, Bd. 1–2. Leipzig 1879.

Geschichte bewegte.[31] Bei der Erläuterung seiner Beweggründe zu der Edition greift er auf das von Förster eingeführte Bild vom „mehr als dritthalbhundertjährigen ‚Prozesse Wallenstein's vor den Schranken des Weltgerichtes'" auf und bemängelt, daß Wallenstein selbst bisher nicht zu Wort gekommen sei, wozu er einen Beitrag leisten wolle;[32] gleichwohl lehnt er es ab, bei der Beurteilung seines Protagonisten parteilich zu sein, sondern versteht sich in seiner Editionstätigkeit „nichts weiter als ein Sammler von Tatsachen".[33] Hallwich beließ es nicht bei dieser Edition: Dreißig Jahre später, 1910, ergänzte er seine Wallensteinbiographie „Fünf Bücher Geschichte Wallensteins" um einen Beilagenband, der 475 Urkundenstücke für die Jahre 1625 bis 1630 enthielt,[34] es folgte schließlich 1912 noch eine vierbändige Sammlung von Briefen und Aktenstücken aus den Jahren 1630 bis 1634.[35]

Seit den siebziger Jahren des 19. Jahrhunderts bildete sich in der Wallensteinforschung nach den großen Editionsvorhaben von Förster und Hallwich eine neue Editionsstrategie heraus, der schon die Publikationen von Beda Dudík zuzurechnen sind. Es sind nicht mehr thematisch oder zeitlich ausgerichtete, sondern fondsbezogene Editionen, die bestimmte Archivbestände zum Druck bringen. So veröffentlichte der Wiener Mediävist Ottokar Lorenz[36] einen Bestand von fünfzig Wallensteinbriefen an dessen Obersten San Julian in Mecklenburg, die im niederösterreichischen Wallsee aufgefunden worden waren.[37] Aus dem Wiener Archiv der Grafen Harrach publizierte der Prager Bibliothekar Ferdinand Tadra[38] mehr als 200 Briefe aus den Jahren 1623

31 „Noch immer ist, trotz aller seitherigen Forschung, in der Lebensgeschichte Wallenstein's nicht einmal das Gerippe rein-äußerlicher Thatsachen festgestellt." Ebd., Bd. 1, XI.

32 „[...] so daß wol behauptet werden darf: in Sachen Wallenstein's habe Wallenstein selbst noch nicht gesprochen. [...] Nachdem alle seine Widersacher gesprochen, hat er [Wallenstein] ein Recht gehört zu werden." Ebd., Bd. 1, Xf.

33 Ebd., Bd. 1, Xf.; vgl. ebd., Bd. 1, XI: „Es widerstrebt mir, in gewissem Sinne unter die ‚Retter' irgend eines Sterblichen zu gehen; ich mag auch Keines ‚Richter' seyn."

34 Ders.: Fünf Bücher Geschichte Wallensteins, Bd. 1–3. Leipzig 1910, Bd. 3: Beilagen.

35 Ders.: Briefe und Akten zur Geschichte Wallensteins (1630–1634), Bd. 1–4. Wien 1912 (Fontes rerum Austriacarum. 2. Abt.: Diplomataria et acta, 63–66).

36 Zu ihm vgl. Weber, Wolfgang: Biographisches Lexikon zur Geschichtswissenschaft in Deutschland, Österreich und der Schweiz. Die Lehrstuhlinhaber für Geschichte von den Anfängen des Faches bis 1970. Frankfurt a. M. 1984, 356.

37 Lorenz, Ottokar: Wallensteins, meistentheils über Meklenburg, 1627–1630. In: Jahrbücher des Vereins für Mecklenburgische Geschichte 41 (1875) 89–130.

38 Zu ihm vgl. Š., J.: Kustos Ferdinand Tadra. In: Zeitschrift des Österreichischen Vereines für Bibliothekswesen 14 (1910) 196–199.

bis 1627.[39] In den achtziger Jahren kamen drei wichtige Quelleneditionen hinzu, die sich auf die auswärtigen Beziehungen Wallensteins in den Jahren 1631 bis 1634 bezogen. Arnold Gaedeke, Professor für Geschichte an der Technischen Hochschule Dresden,[40] publizierte 165 Briefe aus dem Dresdener Staatsarchiv,[41] und der schwedische Archivar Emil Hildebrand wie auch der Hannoveraner Staatsarchivar Georg Irmer[42] gaben aus dem Stockholmer Reichsarchiv[43] beziehungsweise aus verschiedenen deutschen Archiven[44] Aktenstücke heraus, die die schwedischen Verhandlungen mit Wallenstein und dem Kaiser betrafen. Schließlich ist noch die Korrespondenz des Strahover Abts Kaspar von Questenberg zu erwähnen, die 1911 der Bibliothekar des Klosters, Cyrill Antonín Straka, herausgab.[45]

Neben diesen monographischen Editionen sind im Verlauf des 19. Jahrhunderts, schwerpunktmäßig in den Jahrzehnten von 1830 bis 1880, immer wieder archivalische Einzelfunde publiziert worden, als Mitteilungen in wissenschaftlichen Zeitschriften oder als Quellenanhang zu einschlägigen Monographien. Am Beginn dieser Veröffentlichung von einzelnen Quellenstücken zur Geschichte Wallensteins steht freilich in den Jahren um die Jahrhundertwende Christoph Gottlieb von Murr; er stand nach Studien in Altdorf als Amtmann im Dienst der Stadt Nürnberg und entwickelte auf historischem und kunsthistorischem Gebiet eine äußerst fruchtbare Publikationstätig-

39 Tadra, Ferdinand: Beiträge zur Geschichte des Feldzuges Bethlen Gabors gegen Kaiser Ferdinand II. im Jahre 1623. Nebst Originalbriefen Albrechts von Waldstein. In: Archiv für österreichische Geschichte 55 (1877) 401–464; ders. (Hg.): Briefe Albrechts von Waldstein an Karl von Harrach (1625–1627). Nach den eigenhändigen Originalen des Gräflich Harrach'schen Archivs in Wien. Wien 1879 (Fontes rerum Austriacarum. 2. Abt.: Diplomataria et acta 41, 2), 242–492.

40 Pekař: Wallenstein, Bd. 1, 38; Weber: Biographisches Lexikon, 164; Petschel, Dorit (Bearb.): Die Professoren der TU Dresden. Köln u.a. 2003, 250f.; Davies: Wallenstein figure, 159f.

41 Gaedeke, Arnold: Wallensteins Verhandlungen mit den Schweden und Sachsen 1631–1634. Mit Akten und Urkunden aus dem kgl. sächsischen Hauptstaatsarchiv zu Dresden. Frankfurt a. M. 1885.

42 Leesch: Archivare, 280f.

43 Hildebrand, Emil: Wallenstein und seine Verbindungen mit den Schweden. Aktenstücke aus dem Schwedischen Reichsarchiv zu Stockholm. Frankfurt a. M. 1885, publiziert 66 Stücke aus den Jahren 1631 bis 1637.

44 Irmer, Georg: Die Verhandlungen Schwedens und seiner Verbündeten mit Wallenstein und dem Kaiser von 1631 bis 1634, Bd. 1–2. Leipzig 1888–1889 (Publicationen aus den K. Preußischen Staatsarchiven 35, 39), verzeichnet 288 Aktenstücke.

45 Straka, Cyrill Antonín: Albrecht z Valdštejna a jeho doba. Na základě korrespondence opata Strahovského. Praha 1911 (Rozpravy České akademie Císaře Františka Josefa pro vědy, slovesnost a umění I, 44), druckt 49 Briefe aus den Jahren 1632 bis 1634.

keit.[46] Für unsere Frage verdienen seine „Beyträge zur Geschichte des dreyssigjährigen Krieges“ von 1790[47] und seine kleine Schrift „Die Ermordung Albrechts, Herzogs von Friedland“[48] Beachtung. Er brachte hier nicht archivalische Funde, sondern die wichtigsten zeitgenössischen Flugschriften, das anonyme „Alberti Fridlandi Perduellonis chaos“ vom März 1634[49] und die sogenannte Staatsschrift vom Oktober 1634[50] sowie die lateinische Fassung der Relation von Sezyma Rašín[51] und eine Flugschrift von 1634 über die Egerer Vorgänge[52], zum Abdruck. Die eigentliche Publikationstätigkeit auch die der einschlägigen Einzelfunde setzt jedoch in den Jahren um 1830 ein. Zu nennen ist hier zuerst diejenige des Münchener Archivars Maximilian von Freyberg-Eisenberg,[53] der 1832 Berichte des bayerischen Gesandten in Wien, Bernhard Richel, aus den ersten Monaten des Jahres 1634 veröffentlichte.[54] Der Volkskundler und historische Schriftsteller Julius Max Schottky[55] unternahm in böhmischen und bayerischen Archiven Studien für seine Vorlesungen „Über Wallensteins Privatleben“, die er durchgängig mit der Wiedergabe von einschlägigen Briefen gestaltete, ohne freilich die Herkunft der Einzelstücke nachzuweisen.[56] Wichtige Einzelstücke aus den Jahren 1632 bis 1634 hat dann in den fünfziger Jahren des 19. Jahrhunderts der Dresdener Gymnasiallehrer Carl Gustav Helbig[57] der Forschung zugänglich gemacht, zuerst in

46 Zu ihm vgl. Pekař: Wallenstein, Bd. 1, 26; Imhoff, Christoph von (Hg.): Berühmte Nürnberger aus neun Jahrhunderten. Nürnberg [2]1989, 225–227; Bach-Damaskinos, Ruth: Murr, Christoph Gottlieb. In: Diefenbacher, Michael/Endres, Rudolf (Hg.): Stadtlexikon Nürnberg. 2., verb. Aufl., Nürnberg 2000, 711.

47 Murr, Gottlieb: Beyträge zur Geschichte des dreyssigjährigen Krieges. Nürnberg 1790.

48 Ders.: Die Ermordung Albrechts, Herzogs von Friedland. Halle 1806.

49 Ders.: Beyträge, 131–202.

50 Ausführlicher und gründlicher Bericht des vorgewesenen friedländischen und seiner adhaerenten abschwenglichen Prodition, ebd., 203–296.

51 Vera narratio Jaroslai Secinnae Raschin, […]. In: Ders.: Ermordung, 61–86.

52 Eygentliche Abildung und Beschreibung des Egerischen Panckets, ebd., 87–96.

53 Zu ihm vgl. Pekař: Wallenstein, Bd. 1, 29; Leesch: Archivare, 166.

54 Freyberg-Eisenberg, Maximilian von: Über Wallensteins Catastrophe. In: Neue Beiträge zur vaterländischen Geschichte. München 1832, 129–142; vgl. Mannigel: Wallenstein, 204f.

55 Lebensaft, Elisabeth/Martischnig, Michael: Schottky, Julius Max(imilian). In: Österreichisches Biographisches Lexikon 1815–1950, Bd. 11. Wien 1999, 53f.

56 Schottky, Julius Max: Über Wallensteins Privatleben. Vorlesungen gehalten in dem Museum zu München. München 1832.

57 Zu diesem Pekař: Wallenstein, Bd. 1, 29f.; Mannigel: Wallenstein, 355–380; Davies: Wallenstein figure, 132.

einer Dresdener Schulprogrammschrift,[58] dann in einer kleinen Monographie über die Ereignisse des Winters 1633/34, in der er einen den Verratsvorwurf belegenden Brief des Adam Erdmann Trčka von Leipa an seinen Schwager Wilhelm Kinsky und Keplers Horoskop veröffentlichte.[59] Mehrere Archivfunde aus Bamberg, Prag und Friedland publizierte der Bamberger Archivar und spätere Prager Professor Constantin Höfler,[60] von denen vor allem der anonyme, wohl Octavio Piccolomini zuzuschreibende Bericht über die Ereignisse des Jahres 1633 Beachtung verdient.[61] Wissenschaftliches Aufsehen erregte der Fund eines undatierten, wohl aus dem Oktober 1631 stammenden, Schreibens des Heinrich Matthias von Thurn an König Gustav Adolf von Schweden, das der Wiener Archivar Joseph Fiedler[62] 1861 publizierte, das den schon vor dem zweiten Generalat geplanten Verrat nahelegte.[63] Weitere Quellenpublikationen von Simeone Gliubich bzw. des Jenenser Historikers Karl Wittich, der eine Reihe von Veröffentlichungen über die Zeit des Dreißigjährigen Kriegs vorgelegt hatte,[64] betrafen die Depeschen der venezianischen[65] und der spanischen[66] Gesandtschaft in Wien. Der mährische Heimatforscher

58 Helbig, Carl Gustav: Wallenstein und Arnim 1632–1634. Ein Beitrag zur Geschichte des dreißigjährigen Kriegs nach handschriftlichen Quellen des Königlich Sächsischen Haupt-Staats-Archivs. In: Programm des Gymnasiums zu Dresden. Dresden 1850, 1–37, druckt im Laufe der Darstellung mehrere Briefe ab.

59 Ders.: Der Kaiser Ferdinand und der Herzog von Friedland während des Winters 1633–1634. Nach handschriftl. Quellen des Königlich Sächsischen Haupt-Staats-Archivs und mit kritischer Berücksichtigung der gedruckten Berichte dargestellt. Mit Wallensteins Horoscope von Keppler. Dresden 1852.

60 Zu ihm vgl. Weber: Biographisches Lexikon, 247f.; Leesch: Archivare, 259; Mannigel: Wallenstein, 318–323.

61 Höfler, Constantin: Fränkische Studien. In: Archiv für Kunde Österreichischer Geschichts-Quellen 11 (1853) 1–56, hier 24–40, der Bericht 28–40; ders.: Beiträge zur Katastrophe des Herzogs von Friedland. Aus den Correspondenzen des Grafen Matthias Gallas. In: Österreichische Revue 5 (1867) 77–100 zitiert aus dem Briefkonvolut, ediert es aber nicht; ferner ders.: Bericht des Directors der Kriegskanzlei Albrechts von Waldstein, Herzogs von Meklenburg, über dasjenige, was ihm von den Plänen desselben bekannt worden sei. Aus dem Friedländer Archiv. In: Mittheilungen des Vereines für Geschichte der Deutschen in Böhmen 6/7 (1868) 222–228.

62 Zu diesem Leesch: Archivare, 153.

63 Fiedler, Joseph: Zur Geschichte Wallensteins. In: Jahrbuch für vaterländische Geschichte, Bd. 1. Wien 1861, 189–205; vgl. Mannigel: Wallenstein, 324–328.

64 Zu diesem Pekař: Wallenstein, Bd. 1, 40f.; Davies: Wallenstein figure, 159.

65 Gliubich, Simeone: Gli ultimi successi di Alberto di Waldstein narrati dagli ambasciatori veneti. In: Archiv für Österreichische Geschichte 28 (1863) 351–473.

66 Wittich, Karl: Wallenstein und die Spanier. In: Preußische Jahrbücher 22 (1868) 329–344, 415–431, 23 (1869) 19–62.

František Dvorský[67] veröffentlichte das Original des Berichts von Sezyma Rašín und Briefe des böhmischen Oberstkanzlers Wilhelm Slavata.[68] Erwähnt sei auch die Herausgabe von 32 Wallensteiniana aus eigener Sammeltätigkeit[69] des Prager Juristen und Historiker Edmund Schebek,[70] der später noch weitere Quellenfunde als Beilagen zu seinem Wallensteinbuch publizierte.[71] Hermann Hallwich veröffentlichte neben seinen großen Editionen verschiedene einzelne Aktenstücke[72] und der Prager Historiker Anton Gindely[73] ergänzte seine Darstellung neben ausführlichen Quellenzitaten um einen Aktenanhang.[74] An dieser Stelle ist auch auf Leopold von Rankes Wallensteinbuch[75] und seinen Beitrag zur Wallensteineditorik einzugehen. Ranke fügte seiner Biographie, allerdings erst in der zweiten Auflage von 1870, einen Anhang „Analekten zur Geschichte der Katastrophe Wallensteins" an. Hierbei setzte er sich zuerst mit der Darstellung Khevenhüllers und Rašíns Bericht auseinander und veröffentlichte im weiteren Funde von Briefen und Aktenstücken aus den Archiven in Dresden und Brüssel.[76]

67 Zu diesem Kutnar, František/Marek, Jaroslav: Přehledné dějiny českého a slovenského dějepisectví. Praha 1997, 313–315.

68 Dvorský, František: Historické doklady k zámĕrům Albrechta z Valdštýna a jeho spojenců. Praha 1867.

69 Schebek, Edmund: Wallensteiniana in Memoiren, Briefen und Urkunden. In: Mittheilungen des Vereines für Geschichte der Deutschen in Böhmen 13 (1875) 250–285, 14 (1876) 9–35; die Herkunft der Stücke ist nicht immer klar: für die Stücke Nr. 1–8 wird angegeben: „Aus der eigenen Sammlung." (258), für die Stücke Nr. 9–18: „Aus dem Besize des Herrn Anton Richter in Königsaal." (265), für die Stücke Nr. 19–31: „Aus dem fürstlich Lockowitz'schen Archive in Raudnitz." (272).

70 Pekař: Wallenstein, Bd. 1, 36f.; Kořalka, Jiří: Schebek (Schöbeck) Edmund. In: Österreichisches Biographisches Lexikon 1815–1950, Bd. 10, Wien 1994, 54f.

71 Schebek, Edmund: Die Lösung der Wallensteinfrage. Berlin 1881, 532–612: 14 Quellenstücke.

72 Hallwich, Hermann: Hans Georg von Arnim in den Jahren 1627–29. In: Archiv für die Sächsische Geschichte 8 (1870) 380–412; ders.: Zur Geschichte Wallensteins im Jahre 1633. In: Archiv für sächsische Geschichte N.F. 3 (1877) 289–368.

73 Zu diesem Österreichisches Biographisches Lexikon 1815–1950, Bd. 1. Wien 1957, 441f.; Weber: Biographisches Lexikon, 175; Kutnar/Marek: Přehledné dějiny, 294–298; Davies: Wallenstein figure, 157f.

74 Gindely, Anton: Waldstein während seines ersten Generalats im Lichte der gleichzeitigen Quellen 1625–1630, Bd. 1–2. Prag 1886.

75 Ranke, Leopold von: Geschichte Wallensteins. Leipzig ^{2}1870 [^{1}1869]; Neuausgabe: ders.: Geschichte Wallensteins. Hg. v. Hellmut Diwald. Düsseldorf 1967 [ND: Kronberg/Taunus 1978] ohne den „Analektenanhang"; hierzu Pekař: Wallenstein, Bd. 1, 33f.; Mannigel: Wallenstein, 449–541; Davies: Wallenstein figure, 145–151. Vgl. zu Rankes Geschichte Wallensteins den Beitrag von Gerrit Walther in diesem Band.

76 Ranke: Geschichte Wallensteins, 464–532.

Schließlich finden sich Editionen von Wallensteiniana in manchen verwandten Zusammenhängen, etwa in Karl Maria von Aretins Darstellung der bayerischen Außenbeziehungen[77], in Mailáths „Geschichte des östreichischen Kaiserstaates“[78] oder in Kirchners Geschichte der Familie von Arnim aus dem Archiv in Boitzenburg[79].

II.

Der Überblick über die Editionsgeschichte kann hier abgeschlossen und zu einer Würdigung übergegangen werden.

Die Editoren waren nur in wenigen Fällen professionelle Universitätshistoriker. Hierzu gehören Beda Dudík und Ottokar Lorenz in Wien, Karl Wittich in Jena, Leopold von Ranke in Berlin, Arnold Gaedeke in Dresden und Anton Gindely in Prag. Von diesen sind nur Beda Dudík und Arnold Gaedeke mit großen monographischen Editionen hervorgetreten und nur bei Karl Wittich ist das wissenschaftliche Interesse auf den Themenkreis Wallenstein und den Dreißigjährigen Krieg beschränkt. Mehrere Herausgeber waren Archivare, so Karl Maria von Aretin in Wien, Constantin Höfler in Bamberg, Peter von Chlumecký in Brünn, Joseph Fiedler in Wien, Emil Hildebrand in Stockholm und Georg Irmer in Hannover. Als Bibliothekare betätigten sich Ernst Heinrich Zober in Stralsund, Maximilian von Freyberg-Eisenberg in München sowie Ferdinand Tadra und Cyrill Straka in Prag editorisch. Einen bedeutenden Anteil an editorischen Initiativen hatten historische Schriftsteller, Lehrer und nichtprofessionelle Historiker, so Christoph Gottlieb von Murr in Nürnberg, Friedrich Förster in Berlin, Julius Max Schottky in München, Carl Gustav Helbig in Dresden, Hermann Hallwich in Reichenberg, Edmund Schebek in Prag oder František Dvorský in Brünn. Die wichtigen monographischen Editionen wurden vor allem von Archivaren und Bibliothekaren erbracht; hier sind Karl Maria von Aretin, Peter von Chlumecký, Ferdinand Tadra, Emil Hildebrand und Georg Irmer zu nennen. Die einzige größere Edition eines Universitätshistorikers ist die Aktenpublikation aus dem sächsischen Haupt-

---

77 Aretin, Karl Maria von: Bayerns auswärtige Verhältnisse seit dem Anfang des sechzehnten Jahrhunderts, Bd. 1. Passau 1839, Nr. 37f., 43–55, 59–88.

78 Mailáth: Geschichte; vgl. Mannigel: Wallenstein, 178f.

79 Kirchner, Ernst Daniel Martin: Das Schloß Boytzenburg und seine Besitzer. Berlin 1860, hier 230–278: Briefe des Herzogs. Franz Albrechts von Januar 1634; Briefe zu Unterhandlungen von 1633; 22. August 1633: 410: Nr. 5.

staatsarchiv des Dresdener Historikers Arnold Gaedeke. Hervorzuheben ist jedoch, daß die großen, fondsungebundenen Editionen von historischen Schriftstellern oder „Geschichtsdilettanten" stammen, von denen Friedrich Christoph Förster und Hermann Hallwich die prominentesten sind.

Bei den für die Editionen ausgewerteten Archiven stehen die Archive in Wien, Prag, München, Dresden, Stockholm, Brüssel und Hannover im Vordergrund, aber auch viele Funde aus Adelsarchiven konnten eingebracht werden.

Bei der Auswahl der publizierten Briefe und Aktenstücke fällt auf, daß fast alle Editionen die Zeit von 1630 bis 1634, der Zeit von seiner ersten Absetzung bis zur Ermordung betreffen. Nur wenige Editoren, wie Förster, Zober, von Aretin, Chlumecký oder Gindely greifen auch in die Zeit des ersten Generalats zurück. Die Ursache hierfür ist in den Antriebskräften und Interessenlagen, die hinter der Publikation der Wallenstein betreffenden Archivfunde standen, zu sehen. Es ist das Anliegen, den nicht geführten juristischen Prozeß um den Hochverrat mit Mitteln der Geschichtswissenschaft nachzuholen, so wie es Friedrich Christoph Förster im Titel seines zweiten Buchs ausdrückte: „Wallenstein's Prozeß vor den Schranken des Weltgerichts". Die Editoren des 19. Jahrhunderts bewegte durchweg der Versuch, Nachweise für Schuld oder Nichtschuld Wallensteins zu liefern. Dies war das deutliche und ausgesprochene Anliegen der frühen Editoren und ist vor allem bei den ausgesprochenen „Verteidigern" Wallensteins – Friedrich Christoph Förster, Carl Gustav Helbig oder Edmund Schebek –faßbar,[80] blieb aber für die Editionstätigkeit durchweg bestimmend. So erläutert Förster den Zweck seiner Publikation: „zum ersten Mal soll die Gerechtigkeit an ihm [Wallenstein] geübt werden, daß wir den Angeklagten selbst vor den Schranken erscheinen und seine Sache führen lassen, damit er die harten Beschuldigungen, [...,] von sich weise."[81] Förster blieb auch in seinem zweiten Buch in dieser Bildsprache und verkündete: „der Prozeß Wallensteins vor den Schranken des Weltgerichts mußte noch einmal aufgenommen werden."[82] Die Vorstellung, mit Mitteln der Quellenedition einen Prozeß um die historische Wahrheit zu führen, prägt auch Helbig in den fünfziger Jahren des 19. Jahrhunderts, der sein Ziel so umriß: „Meine Aufgabe ist hier nur, für die [...] Beschuldigungen gegen Wallenstein [...] als Entlastungszeuge aufzutreten. Das Material dazu liefern die bis jetzt noch nicht bekannt gewordenen handschriftlichen Quellen im hiesigen Haupt-Staats-

80 Auf die methodische Problematik eines quellenmäßigen Unschuldsbeweises weist gerade ein „Verteidiger" Wallensteins, Edmund Schebek hin: „Denn was für ein Document sollte es sein, das den Beweis für die Nichtschuld enthielte?" Schebek: Lösung, 14.

81 Förster: Briefe und amtliche Schreiben, XV.

82 Förster: Wallenstein's Prozeß, IV.

Archiv […].“[83] Dreißig Jahre später sah Edmund Schebek, der die Meinung vertrat, „die Geschichte Wallensteins [müsse] von Grund aus neu geschrieben werden“, da die „ihm zugeschriebene Verrätherei [keinesfalls] auf Wahrheit“ beruhe, weiterhin den wissenschaftlichen Streit zwischen „Anklägern“ und „Verteidigern“ Wallensteins noch nicht an ein Ende gekommen sei. Den Grund hierfür sah er zum einen in der Mangelhaftigkeit oder Unvollständigkeit der Quellenpublikation.[84] Zum andern verwies er auf ein grundsätzliches Problem der intensiven Editionstätigkeit von Wallensteiniana aus den verschiedenen Archiven, auf das zehn Jahre zuvor schon Ranke aufmerksam gemacht hatte, als dieser die einschlägige Editionstätigkeit der vergangenen Jahrzehnte despektierlich als „fleißige Forschungen“ ansprach, durch die man „über Anklage und Verteidigung, wie sie im ersten Moment einander gegenübertraten nicht hinausgekommen“[85] sei. Gegenüber dem möglichen Erkenntnisgewinn durch eine Intensivierung und Vervollständigung der Brief- und Akteneditionen war er skeptisch, wenn die Entstehungs- und Überlieferungskontexte der Quellen ausgeblendet blieben.[86] Auf diesen Mangel an Quellenkritik in den vorliegenden Wallensteineditionen wies Schebek nachdrücklich hin. Er mahnte an, „die reichen Quellenaufschlüsse in letzter Zeit“ hinsichtlich ihrer „Haltbarkeit zu prüfen“,[87] beklagte, daß „die reine Quellenpublication […] in Bezug auf Kritik […] viel zu wünschen übrig ließ“.[88]

Doch inmitten dieses Bemühens, die Wallensteinfrage einerseits mit der Bereitstellung einer möglichst umfassenden Quellenbasis, andererseits mit der Entwicklung eines analytischen quellenkritischen Instrumentariums[89] zu lösen, sind auch Überlegungen formuliert worden, die straf- oder staatsrechtliche Behandlung des Problems auszusetzen. So plädierte schon 1846 Karl Maria von Aretin für die Betonung der historischen Dimension des Problems: „Auch wird für die Geschichte die moralische Frage zuletzt immer größeren Werth haben, als die rein juridische. Auf eine ausführliche Erörterung des vielbesprochenen Streites über die Schuld oder Nichtschuld Wallensteins vom rechtlichen Standpuncte aus habe ich mich daher nicht eingelassen.“[90]

83 Helbig: Wallenstein und Arnim, VIf.

84 Schebek: Lösung, 1, 522.

85 Ranke: Geschichte, 2; vgl. auch Mannigel: Wallenstein, 463, 472f.

86 „Und wenn man in den anderen Archiven weiter nachforscht, so erhält man nur einseitige Aussagen, dem Verhältnis gemäß, in welchem die Staaten, denen sie angehörten, zu den Begebenheiten standen.“ Ranke, Geschichte, 2.

87 Schebek: Lösung, V.

88 Ebd., 522.

89 So etwa ebd., 522–527.

90 Aretin: Wallenstein, IV.

Dieser Ansatz fand jedoch bei der weiteren Wallensteineditorik keine Berücksichtigung. Prägend und stimulierend blieb für diese Editionstätigkeit vom frühen 19. bis zum frühen 20. Jahrhundert zweierlei: einerseits die Zielgerichtetheit des wissenschaftlichen Interesses, das Bemühen, durch möglichst umfassende Publikation aller einschlägigen Quellen – entweder in einer Gesamtedition, wie sie etwa Förster oder Hallwich vorschwebte, oder in fondsbezogenen Editionen, die seit der Mitte des 19. Jahrhunderts vermehrt realisiert wurden; andererseits die mangelnde Quellenkritik der aus verschiedenen Archiven und Überlieferungszusammenhängen gehobenen Briefe und Aktenstücke.

Dabei sind die Bemühungen um die Edition der Wallensteinüberlieferung vor dem Hintergrund der zeitgenössischen geschichtswissenschaftlichen Editionsvorhaben zu sehen. Die systematische Erschließung der älteren archivalischen Überlieferung und ihre Edition nach bestimmten quellenkritischen Prinzipien ist in der Geschichtswissenschaft methodisch grundgelegt worden in den Jahren, als die Suche nach Wallensteinquellen einsetzte. Wegweisend waren hierbei die Veröffentlichungen der 1819 gegründeten „Gesellschaft für ältere deutsche Geschichtskunde", die 1826 den ersten Quellenband der Monumenta Germaniae Historica herausbrachte.[91] Während aber in der Mediävistik ein auf Vollständigkeit zielendes akademisches Sammel- und Editionsinteresse ausgebildet wurde, war die auf Wallenstein zielende Editionstätigkeit nicht primär durch das Interesse veranlaßt, die gesamte Überlieferung zu präsentieren; vielmehr sollte die möglichst umfassende Dokumentation zu dem Zweck erfolgen, Argumente in der historisch-politischen Argumentation für die Bewertung der historischen Gestalt Wallenstein zu gewinnen. Der Vollständigkeitsanspruch in der Quellenedition klingt zwar als Postulat gerade bei den „Verteidigern" Wallensteins an,[92] doch wird nicht reflektiert, daß bei einer trümmerhaften Überlieferung wie der mittelalterlicher Texte die Editionspraxis andere methodische Probleme zu bearbeiten hat als im Fall der massenhaften Brief- und Aktenüberlieferung der frühen Neuzeit.

Noch wichtiger scheint jedoch zu sein, daß auch die Möglichkeit, die gesamte Überlieferung zu einem gegebenen Zeitraum, einem Thema oder einer historischen Gestalt editorisch zu bewältigen, den edierenden Historiker nö-

91 Bresslau, Harry: Geschichte der Monumenta Germaniae Historica. Hannover 1921 [ND Hannover 1976], 151–156; Fuhrmann, Horst: „Sind eben alles Menschen gewesen". Gelehrtenleben im 19. und 20. Jahrhundert. Dargestellt am Beispiel der Monumenta Germaniae Historica und ihrer Mitarbeiter. München 1996, 29–33.

92 „ein vollständiges, sämmtliche noch vorhandenen ‚Wallensteiniana' umfassendes Urkundenbuch". Hallwich: Geschichte Wallensteins, 293.

tigt, das Problem der möglichen oder sicher anzunehmenden Überlieferungsverluste zu reflektieren.[93] Diese Einsicht stellt den Historiker vor eine zentrale Frage der Gewichtung und Interpretation der Quellenbefunde.

Die Vorstellung, daß die Quellen für sich sprächen und als unbezweifelbare Tatsachen nur möglichst vollständig präsentiert werden müßten, durchzieht die Bemühungen der Wallensteineditoren des 19. Jahrhunderts. Diese Vorstellung hat zu beeindruckenden editorischen Leistungen für einen kurzen Abschnitt der frühneuzeitlichen Geschichte geführt, doch ist auch zu bedenken, daß die Wallensteinforschung – wie das schon 1869 Ranke als Zwischenbilanz resümierte – danach wieder vor den ursprünglichen Aporien der Interpretation und Bewertung stand. Die Hoffnung der Editoren, die Historiker von den Mühen strittiger und deutender Geschichtsschreibung zu befreien, hatte sich nicht erfüllt.

93 Hierzu grundlegend Esch, Arnold: Überlieferungs-Chance und Überlieferungs-Zufall als methodisches Problem des Historikers. In: Historische Zeitschrift 240 (1985) 529–570 [ND in: ders.: Zeitalter und Menschenalter. Der Historiker und die Erfahrung vergangener Zeiten. München 1994, 39–69].

Joachim Bahlcke

Geschichtsdeutungen in nationaler Konkurrenz

Das Wallensteinbild von Josef Pekař (1870–1937) und seine Rezeption in Böhmen und der Tschechoslowakei

I. Einleitung

Josef Pekař war ohne Zweifel einer der profiliertesten Intellektuellen, den die tschechische Geschichtswissenschaft im Jahrhundert zwischen 1850 und 1950 hervorgebracht hat.[1] Das Themenspektrum, das er als Historiker und Geschichtstheoretiker, aber auch als politischer Publizist in der Österreichischen Monarchie und seit 1918 in der Tschechoslowakischen Republik aufgriff, war denkbar breit. Ein einziges Thema beschäftigte Pekař allerdings von seinen akademischen Anfängen bis zu seinem Lebensende: die Persönlichkeit Albrecht von Wallensteins, deren historische Bedeutung er seinen Landsleuten erstaunlicherweise als erster näherzubringen verstand.[2] Trotz seiner böh-

1 Zur Bedeutung Pekařs in der tschechischen Geschichtsschreibung des 19. und 20. Jahrhunderts vgl. Kutnár, František/Marek, Jaroslav: Přehledné dějiny českého a slovenského dějepisectví. Od počátků národní kultury až do sklonku třícátých let 20. století. Praha 1997, 489–512. Zu Leben und Werk informiert umfassend Hanzal, Josef: Josef Pekař. Život a dílo. Praha 2002; Kučera, Martin: Rakouský občan Josef Pekař (Kapitola z kulturně politických dějin). Praha 2005; Kalista, Zdeněk: Josef Pekař. Praha [2]1994 (mit der ursprünglichen Fassung der 1940 weitgehend abgeschlossenen, aber nur teilweise erschienenen Biographie). Zum aktuellen Forschungsstand vgl. ferner Kantůrková, Eva (Hg.): Pekařovské studie. Praha 1995; Navrátil, Ivo (Hg.): Josef Pekař a české dějiny 15.–18. století. Bystrá nad Jizerou 1994 (Z Českého ráje a podkrkonoší. Suppl. 1); Čechura, Jaroslav/Novozámská, Martina: Josef Pekař: známý – neznámý (K 60. výročí úmrtí). In: Časopis Národního Muzea. Řada Historická 166 (1997) 20–29. Unverändert materialreich die 1937 herausgegebene Festschrift von Holinka, Rudolf (Hg.): O Josefu Pekařovi. Příspěvky k životopisu a dílu. Praha 1937. Von österreichischer bzw. deutscher Seite vgl. vor allem Plaschka, Richard Georg: Von Palacký bis Pekař. Geschichtswissenschaft und Nationalbewußtsein bei den Tschechen. Graz/Köln 1955 (Wiener Archiv für Geschichte des Slawentums und Osteuropas 1); Pustejovsky, Otfrid: Josef Pekař (1870–1937). Persönlichkeit und wissenschaftliches Werk. In: Jahrbücher für Geschichte Osteuropas N.F. 9 (1961) 367–398.

2 In der zweiten Hälfte des 19. Jahrhunderts wurde Wallenstein – der, so Ferdinand Břetislav Mikovec noch 1851, seinen tschechischen Landsleuten so unbekannt sei wie keine andere

mischen Herkunft war der 1634 in Eger ermordete Feldherr im tschechischen Geschichtsbild des 19. Jahrhunderts, in dem die als nationale Katastrophe gedeutete, zum Mythos verdichtete Schlacht am Weißen Berg bei Prag 1620 gleichsam das Ende der eigenen Geschichte bildete,[3] kaum präsent.[4] Als sachlich-nüchterne Abhandlung hat das 1895 erschienene, in überarbeiteter Fassung 1933/34 erneut aufgelegte und kurz darauf auch ins Deutsche übersetzte Werk Pekařs über Wallenstein, das sich ganz auf die „Verschwörung" und damit auf die letzten fünf Lebensjahre des Generalissimus konzentrierte, bis heute seinen Platz in der internationalen Wallensteinforschung bewahrt.[5]

Die besondere Karriere des Werks, das bei Lichte besehen erst vier Jahrzehnte nach seiner Erstpublikation Aufsehen erregte, ist freilich nicht allein durch dessen Solidität und Gedankenreichtum zu erklären, sondern verdankt sich auch und vor allem der geradezu begeisterten Aufnahme außerhalb der engeren Fachkreise. Schon dieses Echo auf ein gelehrtes, allein von Anlage, Quellenapparat und Umfang her deutlich für Spezialisten verfaßtes Buch läßt vermuten, daß es in besonderer Weise zeitgenössische Erwartungen und

Figur der vaterländischen Geschichte (ders.: Stará píseň s smrti Waldšteinově. In: Lumír. Belletristický týdenník, Nr. 41 vom 13. November 1851, 974–978) – auch von der tschechischen Literatur immer häufiger aufgegriffen. Vgl. Hýsek, Miloslav: Bílá hora a Valdštejn v české literatuře. In: Prokeš, Jaroslav (Hg.): Doba bělohorská a Albrecht z Valdštejna. Sborník osmi statí. Praha 1934, 193–206; Rippl, Eugen: Wallenstein in der tschechischen Literatur. In: Germanoslavica 2 (1932/33) 521–544, sowie den Beitrag von Ludger Udolph in diesem Sammelband.

3 Petráň, Josef: Na téma mýtu Bílé hory. In: Hledíková, Zdeňka (Hg.): Traditio et cultus. Miscellanea historica bohemica Miloslao Vlk archiepiscopo Pragensi ab eius collegis amicisque ad annum sexagesimum dedicata. Praha 1993, 141–162; Hojda, Zdeněk: Náboženská perzekuce po Bílé hoře jako součást českého mýtu. Příspěvek k poznání výtvarných a literárních zdrojů historického vědomí v 19. století. In: Hlaváček, Ivan/Hrdina, Jan (Hg.): Facta probant homines. Sborník příspěvků k životním jubileu Zdeňky Hledíkové. Praha 1998, 181–203.

4 Von den Autoren, die sich vor Pekař mit einzelnen Aspekten von Wallensteins politischem und militärischem Wirken auseinandersetzten, sind vor allem Antonín Gindely, František Dvorský, Beda Dudík und August Sedláček zu nennen (vgl. jeweils die Angaben bei Kutnár/Marek: Přehledné dějiny českého a slovenského dějepisectví); eine Sonderrolle nahmen die deutschböhmischen Historiker ein, auf die noch näher einzugehen sein wird.

5 Pekař, Josef: Dějiny valdštejnského spiknutí (1630–1634). Kritický pokus. Praha 1895 (Rozpravy České akademie Císaře Františka Josefa pro vědy, slovesnost a umění v Praze 4/I/3). Die zweite Auflage erschien unter dem Titel: Valdštejn 1630–1634 (Dějiny Valdštejnského spiknutí), Bd. 1–2. Praha ^{2}1933–1934. Als „vom Autor überwachte Übersetzung nach der tschechischen Original-Ausgabe" erschien diese zweibändige Ausgabe in deutscher Sprache unter dem Titel: Wallenstein 1630–1634. Tragödie einer Verschwörung, Bd. 1–2. Berlin 1937.

Bedürfnisse zu erfüllen vermochte. Hinzu kam der gewissermaßen doppelte Erfolg des Buches, das innerhalb der Tschechoslowakei von Tschechen und Deutschen und dann auch von Reichsdeutschen völlig unterschiedlich gelesen, bewertet und als Argument in der politischen Sphäre benutzt wurde. Die am Ende schon groteske Vereinnahmung von nationalsozialistischer Seite war schließlich einer der Gründe, weswegen Pekař, der 1937 auf dem Höhepunkt seines Ansehens starb, nach 1945 von der marxistisch-leninistischen Geschichtsschreibung als Reaktionär und Verfälscher der revolutionären Wesenszüge der tschechischen Geschichte jahrzehntelang der *damnatio memoriae* verfiel.[6]

Die folgenden Ausführungen streben keine eigentliche Analyse von Pekařs quellennaher Abhandlung an und verstehen sich insofern auch nicht als eine Auseinandersetzung mit konkreten Interpretationsansätzen zum historischen Wallenstein. Im Mittelpunkt sollen vielmehr der erinnerte Wallenstein und die Frage stehen, welche Motive einen hochbegabten tschechischen Historiker dazu führten, sich Ende des 19. Jahrhunderts gerade dieses Themas anzunehmen. Des weiteren wird nach der zeitgenössischen Rezeption des Werkes und dessen unterschiedlichen Lesarten in verschiedenen politischen Systemen zu fragen sein, die mitunter einen allgemeineren Rückgriff auf die Genese von Geschichtsschreibung und Geschichtsbewußtsein in Böhmen in der Zeit der nationalen Wiedergeburt notwendig machen.

6 Pekařs Wallensteinforschungen sind in der bisherigen Forschung bestenfalls gestreift worden. Ohne Wert ist die Studie von Pfefferkorn, Rudolf: Wallenstein und die Reichsidee. Eine historiographische Studie von Schiller bis Pekař. Hermannsburg 1998, die auf eine in Berlin begonnene und 1945 in Prag abgeschlossene Dissertation des 1995 verstorbenen Autors zurückgeht. Einschlägig, im Ergebnis aber wenig ergiebig sind die Analysen von Skutil, Jan: Schillerův Wallenstein a Pekařův Valdštejn. In: Navrátil (Hg.): Josef Pekař a české dějiny, 89–98; Hanzal, Josef: Josef Pekař a německá historiografie. In: Prečan, Vilém (Hg.): Překračování hranic aneb zprostředkovatel Bedřich Loewenstein. Jubilejní spis k 70. narozeninám evropského historika. Praha/Brno 1999, 78–86, und Tvrdík, Milan: „Von der Parteien Gunst und Haß verwirrt schwankt sein Charakterbild in der Geschichte". Die Gestalt Wallensteins bei Schiller und bei den tschechischen Historikern. In: Acta Universitatis Carolinae Philologica 2, Germanistica Pragensia 14 (1997) 67–79. Grundlegend dagegen jetzt das Vorwort von Antonín Kostlán in der 2008 erschienenen dritten tschechischen Ausgabe von Pekařs „Wallenstein", die den Titel der zweiten Auflage aus den Jahren 1933/34 übernahm. Pekař, Josef: Valdštejn 1630–1634 (Dějiny valdštejnského spiknutí). Praha 2008, XV–XL.

II. Genese, Konzeption und Rezeption von Pekařs Habilitationsschrift

Es war die hier im Mittelpunkt stehende, 1895 in den Veröffentlichungen der noch jungen Tschechischen Akademie der Wissenschaften und der Künste erschienene Studie über die Wallensteinverschwörung, mit der Josef Pekař ein Jahr später im Alter von 26 Jahren an der Tschechischen Karlsuniversität in Prag habilitierte (Abb. 1). Den unmittelbaren Anstoß dazu hatte er in einem Seminar bei Antonín Rezek erhalten, der ihn an das Thema „Die Böhmische Frage im Dreißigjährigen Krieg" herangeführt hatte.[7] Noch stärker als von Rezek war Pekař während seines 1888 aufgenommenen, fünf Jahre später mit dem Doktorat abgeschlossenen Studiums der Geschichte von Jaroslav Goll geprägt worden, dessen positivistische Quellenkritik die noch immer mächtige romantisch-idealisierte Geschichtskonstruktion František Palackýs, die in der Zeit des Erwachens eines modernen tschechischen Nationalbewußtseins in der ersten Hälfte des 19. Jahrhunderts entstanden war, in ihren Grundfesten in Frage stellen mußte. Goll habe das historische Böhmen ins alte Europa zurückgeführt, so Pekař 1926 in der Festrede zum 80. Geburtstag seines akademischen Lehrers, denn er habe die Verbindungen gekappt, die das Land im Bild früherer Generationen zur Gänze an die slawische Welt gekettet hatten.[8] Das brachte Goll – und ähnlich erging es im Grunde auch Pekař, der diese Konzeption im Laufe der Jahre methodisch wie inhaltlich weiter vertiefte – unter den Tschechen Verehrung und Verachtung zugleich ein. Golls historischem Blick nach Westen entsprach die aktuelle Orientie-

7 Pekař, J[osef]: Antonín Rezek. In: Český časopis historický 15 (1909) 145–152, hier 151. Zum Briefwechsel zwischen Pekař und Rezek vgl. Čechura, Jaroslav/Čechurová, Jana (Hg.): Vzájemná korespondence Josefa Pekaře a Antonína Rezka. In: Časopis Národního muzea v Praze A 167/3–4 (1998) 37–68; Hobzek, Josef (Hg.): Valdštejnská studia mladého Josefa Pekaře. Z dopisů pekařových Rezkovi. In: Řád. Revue pro kulturu a život 6/3 (1940) 132–144. Zur Situation am Historischen Seminar der Tschechischen Karlsuniversität Prag unter Rezek und Goll vgl. Petráň, Josef: Česká filozofická fakulta 1882–1918. In: Havránek, Jan (Hg.): Dějiny Univerzity Karlovy, Bd. 3: 1802–1918. Praha 1997, 257–303, hier 266–269.

8 Pekař, Josef: K osmdesátinám Jaroslava Golla. In: Český časopis historický 32 (1926) 243–248, hier 245. Zu Goll vgl. Marek, Jaroslav: Jaroslav Goll. Praha 1991 (Odkazy osobností naší minulosti 94); Machilek, Franz: Jaroslav Goll. In: Bosl, Karl (Hg.): Lebensbilder zur Geschichte der böhmischen Länder, Bd. 1. München/Wien 1974, 163–196. Zur Goll-Schule vgl. Suk, Jiří: Studie o pačátcích Gollovy školy. In: Acta Universitatis Carolinae – Philosophica et Historica 3. Studia Historica 39 (1993) 147–169; Hanzal, Josef: Palacký v pojetí Gollovy školy. In: Šmahel, František/Doležalová, Eva (Hg.): František Palacký 1798/1998. Dějiny a dnešek. Praha 1999, 211–218.

Abb. 1: Porträt des jungen Josef Pekař, der 1896 im Alter von 26 Jahren an der Tschechischen Karlsuniversität in Prag habilitiert wurde

rung an der deutschen und österreichischen Geschichtswissenschaft. Diesen Perspektivenwechsel gab er auch an seine Schüler weiter.[9] Sein Schüler Pekař entschied sich, der Empfehlung Golls folgend und ausgestattet mit einem von ihm vermittelten Stipendium des Prager Kultus- und Erziehungsministeriums, nach dem Doktorat für einen Studienaufenthalt an den Universitäten Erlangen und Berlin.[10]

Sein Werk über Wallenstein konnte Pekař 1894 während zweier Semester in Deutschland abschließen, wo er fehlende Forschungsliteratur vorfand und

9 Jiroušek, Bohumil/Blüml, Josef/Blümlová, Dagmar (Hg.): Jaroslav Goll a jeho žáci. České Budějovice 2005 (Historia culturae 6; Studia 5).

10 Einzelheiten bei Hobzek, Josef: Příspěvky a materiály k životopisu Josefa Pekaře. In: Holinka (Hg.): O Josefu Pekařovi, 279–363.

sich mit einer Reihe sachkundiger Gesprächspartner austauschte. Über diese Debatten und allgemein über den Fortgang der Arbeit sind wir dank des regen, teilweise wöchentlichen Briefwechsels zwischen Pekař und Goll recht gut unterrichtet. „Ich liege den ganzen Tag im friedländischen Hauptquartier in Pilsen, ich durchforste und durchquere die neu belebte vergangene Gegenwart, ich lebe, bange, verhandle sozusagen mit den Teilnehmern des blutigen Dramas“, heißt es bereits am 19. Januar, knapp zwei Wochen nach seiner Ankunft in Erlangen, in einem Brief an Goll, der nicht nur vom Arbeitseifer und Ehrgeiz, sondern auch vom Ernst zeugt, mit dem sich Pekař in seine Arbeit vergrub.[11] Mochte er sich selbst gelegentlich auch als „Anfänger“ bezeichnen, so läßt sein Briefwechsel doch durchgängig das Selbstvertrauen in das eigene Können und das Selbstbewußtsein eines jungen tschechischen Intellektuellen erkennen, der vor einem Vergleich seiner eigenen Arbeitshypothesen mit den Ergebnissen eines Leopold von Ranke oder Max Lenz nicht zurückschreckte.[12] Es gehe ihm wie allen Historikern darum, schrieb er nur fünf Tage nach dem

11 „To jest ovšem jen nepatrná část mých zdejších starostí – mimo čas věnovaný novinám v čítárně, mnichovským ‚Neueste Nachrichten‘ u oběda a místním plátkům u večeře ležím celý den v fridlandském hauptkvartýru v Plzni, probírám se a procházím oživlou minulou přítomností, žiju, doufám, takřka jednám s účastníky krvavého dramatu. Zájem o věc, který přirozeně následkem jednostranného, nepřetržitého napjetí mysli klesal, nalezl novou živnou stravu. Jest to vzrušující viděti řadu cest a možností, jež vedly k záchraně, a pošetilost a zaslepenost nevidoucích; vzrušující sledovati kurýry a tajné posly na dalekých cestách o pomoc a počítati, že musí přijíti pozdě, vzrušující pozorovati poslední křečovité námahy té společnosti, jež jednala a žila v tradicích Jiřího Popela z Lobkovic a Václava Kinského a věděti při všem tom, že šlo nyní ještě o víc, než r. 1610 až 1620. Dvorský napsal v úvodu k poslední své knize, že smrt Vald[štejn]a byla národní katastrofou – nevím, byl-li si vědom toho do té míry, jak to pověděl – ale byla-li by restituce poměrů z r. 1620 národa záchranou, pak jsou slova ta pravdivá cele. A k tomu přistupuje světodějný význam, možného zdaru velké konspirace (jejíž původ i cíle možno dokázati ze snah jisté části tehdejší *české* společnosti).“ Klik, Josef (Hg.): Listy úcty a přátelství. Vzájemná korespondence Jaroslava Golla a Josefa Pekaře. Praha 1941 (České letopisy. Knižnice paměti, kronik a korespondencí 1), 22f. (J. Pekař an J. Goll, 19. Januar 1894).

12 „O *kritické* probrání otázky v celém rozsahu nepokusil se dosud nikdo (počítaje ovšem od doby, kdy dostatečný listinný materiál byl uveřejněn; v době dřívější jest Rankova práce výjimkou), takže i začátečník bude oprávněn hledati rozřešení. Jediný Lenz v Hist[orische] Zeit[schrift] podal práci, jež jest vzorem historické kritiky, ale probírá otázku jen z jedné stránky a nadto – příčinou jest zejm. neznalost češtiny a českých poměrů – dochází k nesprávným resultátům.“ Ebd., 26 (J. Pekař an J. Goll, 24. Januar 1894). Obwohl Pekař die Wallensteinforschungen von Lenz – vor allem Lenz, Max: Zur Kritik Sezyma Rašins. In: Historische Zeitschrift 59 (1888) 1–80, 385–480 – heftig kritisierte, bewahrte er dem Berliner Historiker zeitlebens ein dankbares Andenken. Vgl. Pekař, Josef: Max Lenz. In: Český časopis historický 38 (1932) 467.

eben zitierten Brief an Goll, die „Superiorität“ des eigenen Ansatzes zu beweisen.[13] Allein die Hinwendung zu einer historischen Persönlichkeit, die bisher ausschließlich im reichsgeschichtlichen Kontext, und dies exklusiv von deutschen Wissenschaftlern, beurteilt wurde, versprach die angestrebte Anerkennung der eigenen Leistung durch die deutsche Historikerzunft – und diese, nicht die heimische, stand bei seinem Buchprojekt im Vordergrund. „Als einziger Nichtdeutscher“, formulierte es Emil Schieche 1938 in einem Beitrag über Pekař und die Wallensteinforschung nicht ohne Anerkennung, habe dieser mit seinem Werk in eine Auseinandersetzung mit den „bedeutendsten Gestalten der deutschen Geschichtswissenschaft eingegriffen“.[14]

Das Wallensteinthema hatte für Pekař von Beginn an zwei Seiten: Einerseits ging es ihm in seinem Erstling um den Nachweis, daß die heranwachsende Historikergeneration, die von dem Professionalisierungs- und Institutionalisierungsschub der tschechischen Geschichtswissenschaft in den vergangenen zwei, drei Jahrzehnten enorm profitiert hatte, den Wettbewerb mit den deutschen Fachkollegen – in Deutschland, aber auch an der Deutschen Universität in Prag – nicht länger zu scheuen brauche;[15] andererseits ist sein Bemühen offensichtlich, einen Teil der nationalen Vergangenheit der Tschechen der Deutungshoheit gerade der deutschen Geschichtswissenschaft zu entziehen. In diesem Punkt zeigt sich ein nicht unwichtiger Gegensatz zu seinem ansonsten so bewunderten Lehrer in Prag: Goll, bereits seit 1870 einer der wichtigsten Repräsentanten des literarischen Lumír-Kreises, vertrat die These einer west- und mitteleuropäischen Kultureinheit, in der Böhmen keine eigenständige,

13 „‚Wallenstein‘ mne zase svedl k zbytečnému výkladu – spolupůsobila ovšem i snaha ukázati svou – jsem v rozpacích o slovo – superioritu, když tak najednou se celá literatura popravuje.“ Klik (Hg.): Listy úcty a přátelství, 26 (J. Pekař an J. Goll, 24. Januar 1894).

14 Schieche, Emil: Josef Pekař und die Wallensteinforschung. In: Zeitschrift des Vereins für Geschichte Schlesiens 72 (1938) 380–392, hier 384f.

15 Vgl. bereits Goll, Jaroslav: Rozdělení pražské university Karlo-Ferdinandovy roku 1882 a počátek samostatné university české. Praha 1908. Zur Situation der Historiker an der Deutschen und an der Tschechischen Universität in Prag seit 1882 vgl. Schmidt-Hartmann, Eva: Die Philosophische Fakultät der Tschechischen Universität um 1882. Kontinuität und Wandel. In: Seibt, Ferdinand (Hg.): Die Teilung der Prager Universität 1882 und die intellektuelle Desintegration in den böhmischen Ländern. München 1984 (Bad Wiesseer Tagungen des Collegium Carolinum), 95–110; Neumüller, Michael: Die deutsche philosophische Fakultät in Prag um 1882 und die Geschichtswissenschaft. Ebd., 111–126; Kolář, Pavel: Die Geschichtswissenschaft an der Deutschen Universität Prag 1882–1938: Entwicklung der Lehrkanzeln und Institutionalisierung unter zwei Regimen. In: Lemberg, Hans (Hg.): Universitäten in nationaler Konkurrenz. Zur Geschichte der Prager Universitäten im 19. und 20. Jahrhundert. München 2003 (Veröffentlichungen des Collegium Carolinum 86), 85–114.

abgrenzbare Rolle einnehme. Der junge Pekař betonte demgegenüber stärker das Nebeneinander autarker Kulturkreise und wertete damit das tschechisch-slawische Element deutlich auf.[16] Funktional war die Einheitsthese ein gängiges Abwehrargument gegen die traditionelle Dominanz der deutschen Kultur im Land, und so verstand sie auch Pekař: In seinem Werk wurde aus dem deutschen Wallenstein ein tschechischer Waldstein, aus dem Reichszusammenhang ein solcher der genuin böhmischen Staatlichkeit und Politik.

In dem Drama um Wallenstein habe er, schrieb Pekař im Vorwort des 1895 gedruckten Werkes, „von Anfang an ein Stück tschechischer Geschichte" gesehen.[17] Und zu Beginn der Einleitung heißt es gleich nochmals in aller Deutlichkeit: „Die Wallensteinsche Verschwörung gebührt nicht der deutschen, sondern in ihrem Wesen der engeren tschechischen Geschichte. Das ist ungefähr auch [...] das Ergebnis der vorliegenden Arbeit."[18] Die Ausgangsthese war im Grunde ebenso einfach wie naheliegend: Um Wallensteins Denken und Handeln zu verstehen, so Pekař, müsse man in erster Linie seine Verwurzelung im tschechischen Adelsmilieu berücksichtigen, die Verbindungen zu seinen Standesgenossen und hier insbesondere zu den Kreisen der Emigration, die nach 1620 eine Reihe politisch-diplomatischer Projekte verfolgten, die auf den Sturz der Habsburger, einen abermaligen Systemwechsel und die Wiederherstellung von ständischer Libertät und Autorität in Böhmen abzielten. Pekař bestritt nicht, daß Wallenstein durchaus eine Befriedung des Reiches angestrebt habe; die heroisch-idealisierende Überhöhung dieser Friedensidee, die er den von ihm als „Wallenstein-Apologeten" bezeichneten deutschen Forschern attestierte, hielt er jedoch für ein ähnliches Konstrukt wie Wallensteins vermeintlich national motivierten Kampf gegen Fremdherrschaft und die ro-

16 Weiser, Thomas: Josef Pekařs Rezeption Lamprechts Geschichtslehre. Ein Beitrag zur Modernisierung der tschechischen Geschichtswissenschaft. In: Storia della Storiografia 23 (1993) 47–73, hier 50–57.

17 „Zvláštní kouzlo záhady a snaha podati o velikolepé historii, v níž jsem viděl od počátku kus českých dějin, českou práci, vedly k sepsání této knihy." Pekař: Dějiny Valdštejnského spiknutí [1895], Vorwort (unpag.). Der Begriff „český" kann sowohl mit „tschechisch" als auch mit „böhmisch" übersetzt werden; die Entscheidung für die eine oder andere Übersetzungsvariante fiel mit Blick auf den jeweiligen Kontext und die Intention der Aussage. Vgl. exemplarisch die Kontroverse zwischen Friedrich Förster – er hatte 1834 eine 460 Seiten starke Wallensteinbiographie vorgelegt und darin behauptet, daß der Friedländer „durch und durch ein Deutscher" gewesen sei – und František Palacký, der ihm hierin vehement widersprach und Argumente für dessen „czechische Herkunft" vorlegte. Vgl. Palacky, [Franz]: War Wallenstein ein Deutscher, oder ein Böhme? In: Blätter für literarische Unterhaltung, Nr. 160 vom 9. Juni 1834, 660.

18 „Valdštejnská konspirace neláleží německým, ale v podstatě užším českým dějinám. To je asi také [...] resultátem přítomné práce." Pekař: Dějiny Valdštejnského spiknutí [1895], 2.

manische Verderbtheit des Wiener Kaiserhofs. Pekařs eigene Charakterisierung des Feldherrn war vielmehr von Beginn an düster, und sie blieb es bis zu dessen Ende: Er sah im kaiserlichen General und Herzog von Friedland einen degenerierten, nicht untypischen Vertreter jener böhmischen Hochadelskreise, die um 1600 ihre sozialen und Gruppeninteressen schon seit längerem den Bedürfnissen der Nation übergeordnet hätten.[19] Vom Pathos des genialen Militärs und Heeresorganisators, der uneigennützige, höhere Ziele verfolgt und für ein geeintes Deutschland gekämpft habe, blieb am Ende nur die Pathologie eines ausschließlich von Machtstreben und Rachebedürfnis Getriebenen, über dessen Verrat am Kaiser keinerlei Zweifel bestehen könne.

In diesem Punkt stimmt Pekařs Befund mit den entsprechenden Deutungsmustern der österreichischen und der katholisch-konservativen Historiographie überein.[20] Wesentlich differenzierter wird sein Wallensteinbild dort, wo er eine inhaltliche Übereinstimmung mit den Zielen der Emigration aus den Quellen erarbeitet und ältere Widerstandstraditionen in Böhmen in Erinnerung ruft. Hier, in der Zerschlagung aller Hoffnungen der von patriotisch-revolutionärem Geist erfüllten, für Glauben und Vaterland kämpfenden Emigrantenkreise liege denn auch die ursprüngliche und eigentliche Bedeutung der Wallensteintragödie, die dadurch endgültig zu einem Teil der tschechischen Nationalgeschichte geworden sei: „Hinter dem persönlichen Drama des Herzogs von Friedland erhebt sich, in die Weite wachsend, ein weitaus machtvolleres Drama, die Tragödie des ganzen Volkes“.[21]

Vor allem die fehlende Kenntnis der tschechischen Sprache und der tschechischen Verhältnisse, die Pekař schon vor der Publikation seiner Habilitationsschrift beklagt hatte,[22] habe bisher einer „Lösung der Wallensteinfrage“

19 „Valdštejn jest synem té části tehdejší české společnosti, jež byla v těle národa symptomem úpadku a nákazy. [...] Chorobná snaha po moci, zbohatnutí a vyniknutí, jež karakterisuje valnou část tehdejších stavů českých, vydala v něm svůj květ nejznamenitější. Demoralisující vliv stálých služeb žoldnéřských a vlastní, velikých věcí chtivá, fantastická a nezřízená mysl dokonaly ostatní. Dvůr Rudolfa II. a sňatky se španělskými šlechtičnami vychovávaly v Čechách takovéto povahy, namnoze s přídavkem kastilského fanatismu, a v nich mohl Valdštejn nalézti vzory a předchůdce. Vznik a vysvětlení jeho plánů netřeba nikterak hledati jinde, ony vznikají z českého prostředí; valdštejnská konspirace je konspirace česká.“ Ebd., 486.

20 Vgl. hierzu detailliert Mannigel, Holger: Wallenstein in Weimar, Wien und Berlin. Das Urteil über Albrecht von Wallenstein in der deutschen Historiographie von Friedrich Schiller bis Leopold von Ranke. Husum 2003 (Historische Studien 474).

21 „Za osobním dramatem Fridlandského vévody zdvihá se a roste do daleka drama úchvatnější, tragédie celého národa, tragédie, jejíž poslední výkřik ozývá se také na Chebském hradě, v zoufalém pláčí paní Kinské.“ Pekař: Dějiny Valdštejnského spiknutí [1895], 489.

22 Klik (Hg.): Listy úcty a přátelství, 24–26 (J. Pekař an J. Goll, 24. Januar 1894).

im Wege gestanden – womit er auf ein 1881 erschienenes, von ihm als dilettantisch beurteiltes Werk des Deutschböhmen Edmund Schebek hinwies,[23] auf den später noch zurückzukommen sein wird. In der erweiterten Quellenbasis liegt denn auch die bis heute anerkannte Leistung von Pekař, der ein der damaligen Wallensteinforschung aus sprachlichen Gründen nicht zugängliches Material akribisch zusammengetragen und ausgewertet hat. Man hätte das Werk von 1895 gänzlich falsch verortet, würde man die hier aus Einleitung und Nachwort zitierten Stellen, die auf eine weltanschaulich-politisch motivierte Zeichnung des Wallensteinbildes hinzudeuten scheinen, überbewerten.[24] Nirgendwo stellte Pekař einen direkten Zusammenhang zu den politischen Kämpfen seiner Gegenwart, zu den Anliegen der tschechischen Nationalbewegung und allgemein zur künftigen Rolle der Tschechen in der Österreichischen Monarchie her,[25] als er die Bedingungen der Möglichkeit eines nationalen Königtums unter Wallenstein erörterte. Daß Pekař bereits in jungen Jahren ein politisch denkender Mensch war, ist ebenso unstrittig wie sein tiefes nationales Empfinden, das sich in seinem gesamten Werk widerspiegelt. Und was die gelegentliche Schärfe des Urteils betrifft, so ist sie wohl nicht nur auf die als notwendig empfundene nationale Abgrenzung gegenüber der deutschen Geschichtswissenschaft, sondern auch auf eine gewisse Selbstüberschätzung des gerade einmal Fünfundzwanzigjährigen zurückzuführen. Sein „Jugendwerk",[26] wie Pekař vier Jahrzehnte später den „Wallenstein" nannte, atmete auf jeder Seite die analytische Geschichtsbetrachtung, den nüchternen Realismus und die positivistische, allen nationalpädagogischen Bestrebungen mit größtem Mißtrauen begegnende Quellenkritik der Goll-Schule. Pekař und seinen „Wallenstein" einzig vor dem gesellschaftspolitischen Hintergrund der dreißiger Jahre des 20. Jahrhunderts zu sehen, als das Buch in überarbeiteter Fassung neu aufgelegt und zugleich ins Deutsche übersetzt wurde, ist insofern nicht nur problematisch, sondern nachgerade unmöglich.

23 Schebek, Edmund: Die Lösung der Wallensteinfrage. Berlin 1881.

24 Einem solchen (zeittypischen) Mißverständnis sitzt Pfefferkorn auf: „Man wird sicher nicht fehlgehen, wenn man annimmt, daß die spezifisch tschechische Wallensteinauffassung Pekařs in Deutschland kaum Schule machen wird. Es ist einem Deutschen nicht möglich, den großen Feldherrn des Dreißigjährigen Krieges aus der tschechischen Perspektive zu sehen, um so mehr, als Pekař seiner ganzen Einstellung nach sich vollkommen im Banne der habsburgisch-katholischen Bewegung befindet, die man in unserem Zeitalter bereits als tot bezeichnen darf." Pfefferkorn: Wallenstein und die Reichsidee, 229. Zu Pfefferkorns Interpretation von Pekařs „Wallenstein" vgl. ebd., 218–229, 252f.

25 Vgl. zusammenfassend Kořalka, Jiří/Crampton, R[ichard] J.: Die Tschechen. In: Wandruszka, Adam/Urbanitsch, Peter (Hg.): Die Habsburgermonarchie, Bd. 3/1. Wien 1980, 489–521.

26 Pekař: Wallenstein [1937], Bd. 1, VI.

Die unmittelbare Rezeption des „Wallenstein" von 1895 war spärlich, um nicht zu sagen: Das Buch blieb *de facto* unbeachtet. Es spricht für sich, daß die beiden Kurzanzeigen im Prager „Český časopis historický" und in der Pariser „Revue historique" von Pekařs eigenen Lehrern Rezek und Goll verfaßt wurden.[27] In Deutschland wurde lediglich in der „Novitätenschau" des „Historischen Jahrbuchs" neben einer knappen Inhaltsangabe vermerkt, daß der Autor „alle bisherige Literatur kritisch und sehr oft polemisch" behandelt habe.[28] Daß tschechischsprachige Arbeiten allgemein nur wenig rezipiert wurden, mochte Pekař als Grund für die Nichtbeachtung seiner Forschungsergebnisse nicht gelten lassen. So beklagte er sich noch Jahrzehnte später, daß selbst ein Historiker wie der aus Nordböhmen gebürtige und des Tschechischen mächtige Hermann Hallwich bis zu dessen Tod 1913 keine Notiz von seinem Buch genommen habe.[29] Daß er in der Heimat keine größere Aufmerksamkeit fand, schien Pekař fast von untergeordneter Bedeutung; als er 1902 an einer größeren Studie über den umstrittenen Verfasser der Wenzels- und Ludmila-Legenden arbeitete, schrieb er in einem Brief an Goll einmal beiläufig, er habe seine Erfahrungen mit dem Wallenstein-Werk gemacht und gebe sich keiner Illusion mehr hin, daß ein neues Buch Wellen schlagen oder auch nur eine Polemik hervorrufen werde.[30] Daß dagegen von der hochgeachteten deutschen Geschichtswissenschaft auf das ihr eng vertraute Thema keinerlei Reaktion erfolgte, verletzte ihn tief, und zwar nicht nur beruflich als Historiker, sondern auch in einem tieferen Verständnis als Tschechen und Slawen. Man denkt unwillkürlich an eine Reaktion František Palackýs, der sich 1872

27 Goll, Jaroslav: Bohême (1895–1898). In: Revue historique 71 (1899) 342–362, hier 355–357. Der Literaturbericht erschien auf Tschechisch in Šusta, Josef (Hg.): Posledních padesát let české práce dějepisné. Soubor zpráv Jaroslava Golla o české literatuře, vydaných v „Revue historique" v letech 1878–1906, a souhrnná zpráva Josefa Šusty za léta 1905–1924. Praha 1926, 79–94; R[ezek], A[ntonín]: Rez. zu Pekař: Dějiny Valdštejnského spiknutí [1895]. In: Český časopis historický 2 (1896) 197.

28 P., K.: Pekař: Dějiny Valdštejnského spiknutí [1895]. In: Historisches Jahrbuch 18 (1997) 206. Goll hatte seinen Schüler schon während dessen Studienaufenthalt in Deutschland aufgefordert, in deutscher Sprache zu publizieren; ein deutscher Aufsatz werde ihm auch in Prag mehr helfen als ein ganzes tschechisches Buch: „A proto pište německy. To Vám [...] u nás vice prospěje a kdyby to byl článek, než celá česká kniha." Klik (Hg.): Listy úcty a přátelství, 47 (J. Goll an J. Pekař, 19. Juni 1894).

29 Pekař: Wallenstein [1937], Bd. 1, 44. Diese Bemerkung Pekařs ist in der tschechischen Vorlage – vgl. ders.: Valdštejn [1933], Bd. 1, 41 – nicht zu finden.

30 „Konečně nedělám si illusí, že věc vzbudí hluk nebo polemiku. Ani pes po tom nezaštěkne. Mám své zkušenosti z Valdštejna." Klik (Hg.): Listy úcty a přátelství, 352 (J. Pekař an J. Goll, 29. September 1902). In diesem Fall sollte sich Pekař allerdings, wie noch zu zeigen sein wird, grundlegend irren.

an den preußischen Historiker Colmar Grünhagen gewandt und ihm seine Lektüreeindrücke von dessen Werken über die hussitische Revolution[31] mitgeteilt hatte. Palacký zeigte sich zutiefst ernüchtert, daß es selbst einem „so human und rechtlich denkenden Deutschen" wie Grünhagen scheinbar unmöglich sei, „die Genesis und das Streben des Hussitismus objectiv aufzufassen und zu würdigen". Die Kritik Palackýs gipfelte schließlich in der Frage: „Die wirkliche Gerechtigkeit – zumal den Slawen gegenüber – wann wird sie in der deutschen Geschichtschreibung die Oberhand gewinnen?"[32]

Ganz ähnliche Worte – „kennt heute [...] das vereinigte, glückliche, grosse Deutschland, kennt das Volk Goethes und Schillers noch den Begriff der Gerechtigkeit?"[33] – gebrauchte Pekař 1897 in einem Konflikt, der einer Konfrontation der gesamten tschechischen Historikerschaft mit der deutschen Gelehrtenwelt gleichkam. Die Heftigkeit, mit der gerade er in diesem Streit Position bezog, erklärt sich zum Teil aus der persönlichen Verletzung, trotz seines Buches zu einer in Deutschland so vieldiskutierten Persönlichkeit wie Wallenstein von den dortigen Fachkreisen vollständig ignoriert worden zu sein. Den Auslöser des Konflikts hatte ein Leserbrief Theodor Mommsens im führenden Organ des österreichischen Liberalismus, der Wiener „Neuen Freien Presse", vom 31. Oktober 1897 gebildet, der zu den zähen parlamentarischen und zunehmend gewaltsamen, auf der Straße ausgetragenen Auseinandersetzungen um die Sprachengesetzgebung in Böhmen Stellung bezog. Der kurz vor der Vollendung seines 80. Lebensjahres stehende preußische Althistoriker hatte dort das Unwort von den Tschechen als „Apostel[n] der Barbarisierung" geprägt, die im Begriff seien, die „deutsche Arbeit eines halben Jahrtausends in dem Abgrunde ihrer Unkultur zu begraben".[34] Mommsens

31 Grünhagen, Colmar: Die Hussitenkämpfe der Schlesier 1420–1435. Breslau 1872; ders. (Hg.): Geschichtsquellen der Hussitenkriege. Breslau 1871 (Scriptores rerum Silesiacarum 6).

32 Zit. nach Meinardus, [Otto]: Zu Colmar Grünhagens Gedächtnis. In: Zeitschrift des Vereins für Geschichte Schlesiens 46 (1912) 1–65, hier 49–51 (F. Palacký an C. Grünhagen, 18. Juni 1872).

33 Pekař, Josef: Čechové jako apoštolé barbarství. Věnováno Theodoru Mommsenovi. Praha [1897]. Im folgenden zit. nach der deutschen Ausgabe: Die Böhmen als Apostel der Barbarisierung. Theodor Mommsen gewidmet. Prag 1897, 20.

34 Neue Freie Presse, Wien, vom 31. Oktober 1897. Zit. nach Sutter, Berthold: Theodor Mommsens Brief „An die Deutschen in Österreich" (1897). In: Ostdeutsche Wissenschaft. Jahrbuch des Ostdeutschen Kulturrates 10 (1963) 152–225, hier 159f. Die Redaktion hatte die schärfsten Formulierungen in Mommsens Brief sogar noch herausgenommen und durch Punkte ersetzt, um einer Beschlagnahme der Zeitung durch die Staatsanwaltschaft zu entgehen. Gleichzeitig hatte sie jedoch dafür gesorgt, daß der vollständige Text in anderen deutschen, in Österreich vielgelesenen Zeitungen bekannt wurde. So erschien

radikale politische Empfehlungen an die Adresse der Deutschösterreicher, vor allem aber seine überheblichen Äußerungen über die vermeintliche kulturelle Inferiorität der Slawen mußten gerade auf Anhänger der Goll-Schule, die in der tschechischen Gesellschaft für ein neues Bild des deutschen Nachbarn warben, schockierend wirken. In Absprache mit Goll[35] verfaßte Pekař, der seit Anfang des Jahres eine Dozentenstelle an der Tschechischen Universität in Prag innehatte, eine offizielle Antwort auf das „furchtbare Schreiben Mommsen's",[36] die im Dezember 1897 im Feuilleton der „Politik" sowie gleichzeitig als eigenständige Publikation erschien. Polemisch zwar in der Form, in der Sache jedoch ausgesprochen souverän, beließ er es nicht bei dem Hinweis, daß Mommsen wenig mit der Geschichte des tschechischen Volkes vertraut sei und die „Solidarität der beiden Nationen" in den vergangenen Jahrhunderten offenbar völlig aus den Augen verloren habe. Pekař erteilte Mommsen überdies eine Lektion in dessen eigener Disziplin, indem er, der junge Universitätsdozent, dem „Historiker von Weltruf", einem „der grössten der Gegenwart", Unkenntnis der eigenen, deutschen Geschichte nachwies und so demonstrativ das Selbstbewußtsein einer jungen Generation tschechischer Intellektueller unterstrich.[37]

Die Erfahrungen, die Pekař mit der Aufnahme seines „Wallenstein" und der Haltung deutscher Akademiker gemacht hatte, bestärkten ihn auch in theoretischer und thematischer Hinsicht zu einer Umorientierung. Sie läßt sich vereinfacht als Abkehr von einer dem Historismus eigenen politisch-etatistischen Geschichtsbetrachtung beschreiben, mit der sich eine an der Wende vom 19. zum 20. Jahrhundert staatenlose Nation wie die Tschechen ohnehin nicht identifizieren konnte.[38] Deutlich auf Distanz zu seinem bisherigen Ansatz und zum früheren Bekenntnis der Geschichtsmächtigkeit großer Charaktere ging er bereits 1897 in einem kurzen, aber einflußreichen und in seinem Duktus geradezu programmatischen Beitrag „Der Streit über Individualismus und Kollektivismus in der Geschichtsschreibung", der zu-

---

Mommsens Zuschrift wenige Tage später auch in der Münchner „Allgemeinen Zeitung", im „Berliner Localanzeiger", in der Berliner „National-Zeitung" und in der „Frankfurter Zeitung" (ebd., 158).

35 Klik (Hg.): Listy úcty a přátelství, 24–26 (J. Goll an J. Pekař, 12. Dezember 1897).

36 Pekař: Die Böhmen als Apostel der Barbarisierung, 3.

37 Ebd., 3, 16.

38 Zum geistesgeschichtlichen Hintergrund vgl. Schorn-Schütte, Luise: Karl Lamprecht und die Internationale Geschichtswissenschaft an der Jahrhundertwende. In: Archiv für Kulturgeschichte 67 (1985) 417–464; Metz, Karl H.: „Der Methodenstreit in der deutschen Geschichtswissenschaft (1891–99)": Bemerkungen zum sozialen Kontext wissenschaftlicher Auseinandersetzungen. In: Storia della storiografia 6 (1984) 3–20.

gleich eine vorsichtige Annäherung an Positionen von Karl Lamprecht erkennen läßt.[39]

Wie rasch sich Pekař in dieser Phase von der Konzeption seines „Wallenstein“ entfernte, zeigt eine kleine, die jüngsten geschichtstheoretischen Reflexionen erprobende Studie über die „Memoiren des Bauers Josef Dlask“, die 1898 wohl nicht zufällig in der Weihnachts-Beilage der Prager „Politik“ zuerst in deutscher Sprache erschien: Eine neue, die soziale Bewegung der Gegenwart reflektierende Richtung der Geschichtsschreibung, heißt es dort, wende sich „mit Verachtung von der älteren, individualistischen Geschichtsschreibung“ ab, die „ihre Aufmerksamkeit nur hervorragenden Individuen, großen Staatsaktionen, Kriegen und Umstürzen zugewandt und vollkommen oder doch nahezu vollkommen andere nicht minder wichtige Faktoren vernachlässigt habe, wie die Volksmassen, die Gesellschaft, ihre Einflüsse, Kräfte und psychische Vorgänge“. Die geschichtliche Entwicklung sei jedoch, fuhr Pekař fort, „nur das Resultat der Entwickelung und Tendenzen der großen Massen, Schichten und Gruppen; hervorragenden Persönlichkeiten kommt im Verhältniß zu diesen mächtigen, geheimnisvollen kollektivistischen Kräften nur ein sehr begrenzter Einfluß zu, sie selbst sind ja ihre Produkte, die Frucht und der Ausdruck ihrer Zeit, ihrer Schichte und Race und ihres Volkes, die Freiheit ihres Handelns ist geradeso beschränkt, wie jeder Zug ihres Charakters, ihrer Bildung, ihrer Bestrebungen in tausendfacher Weise bedingt ist. Kurz, die Individuen können die Entwickelung der Geschichte in den ihnen gezogenen Grenzen nur unwesentlich reguliren und eben deswegen soll der Historiker in bedeutend höherem Maße seine Aufmerksamkeit den Massen zuwenden und die geheimnisvollen Gesetze ihrer Entwicklung und ihrer Einflüsse studiren.“[40] Pekařs wohl nicht ohne die Erfahrungen um seine Habilitationsschrift zu erklärende Hinwendung zur älteren Sozialgeschichte Böhmens war eine Entscheidung, die sich der fachwissenschaftlichen wie der politisch-gesellschaftlichen Gesamtentwicklung um 1900 verdankte; sie war zugleich eine Entscheidung, die ihn dem Puls der Zeit näherbrachte und „zum Typus des nationalbewußten Historikers“[41] avancieren ließ.

---

39 Pekař, Josef: Spor o individualismus a kolektivismus v dějepisectví. In: Český časopis historický 3 (1897) 146–160. Zum Hintergrund ausführlich Čechura, Jaroslav: Josef Pekař a Karel Lamprecht. In: Slezák, Lubomír/Vlček, Radomír (Hg.): K poctě Jaroslava Marka. Sborník prací k 70. narozeninám prof. dr. Jaroslava Marka. Praha 1996, 73–85; Weiser: Pekařs Rezeption Lamprechts Geschichtslehre, 47–73.

40 Pekař, Josef: Memoiren des Bauers Josef Dlask. In: Politik, 37. Jg., Nr. 355 vom 25. Dezember 1898 (Weihnachts-Beilage). Die tschechische Übersetzung, die 1941 als Vorwort der von František Kutnar besorgten Edition „Paměti sedláka Josefa Dlaska“ erschien, zuletzt in Pekař, Josef: Postavy a problémy českých dějin. Praha 1990, 308–316.

41 Plaschka: Von Palacký bis Pekař, 83.

III. Das Interesse an Wallenstein in der tschechischen Gesellschaft während der Zwischenkriegszeit

Als Nachfolger Antonín Gindelys auf dem Lehrstuhl für österreichische Geschichte an der Prager Tschechischen Universität, später ebenda als erster Professor für tschechoslowakische Geschichte stand Pekař vor wie nach 1918 an der Spitze der tschechischen Geschichtswissenschaft. Auf eine Nachzeichnung seiner akademischen Karriere muß an dieser Stelle ebenso verzichtet werden wie auf eine nähere Betrachtung seines weiteren historischen Werkes, der scharfen Kontroversen mit Tomáš G. Masaryk oder Bertold Bretholz und seiner politischen Stellungnahmen in Monarchie und Republik. Bei einer Gesamtwürdigung wird man sich dem Urteil Milan Hauners über den ausgesprochen ambivalenten Charakter des damals schon international anerkannten tschechischen Historikers anschließen können. Tatsächlich konnte Pekař auf der einen Seite als katholischer Traditionalist und vehementer Verteidiger überkommener Besitzstände auftreten, auf der anderen Seite aber nicht weniger heftig als systematischer Provokateur und Zerstörer nationaler Mythen und Legenden agieren.[42] Zu einer klassisch politisch-individualisierenden Geschichtsschreibung wie im „Wallenstein" kehrte Pekař nie wieder zurück, auch nicht in seinem monumentalen, 1927 bis 1933 in vier Bänden erschienenen biographischen Werk über den Hussitenführer und „Streiter Gottes" Jan Žižka.[43] Seine weiteren Arbeiten blieben gleichwohl „durchzogen von einer ständigen Reflexion auch über die deutsche Geschichte",[44] eine Beobachtung, die für das Interesse der Deutschen in der Tschechoslowakei an seinem Wallensteinbuch in den Dreißiger Jahren von großer Bedeutung ist.

Ein markanter Wandel von Pekařs Wallensteinbild, das ähnlich wie andere historische Ereignisse oder Persönlichkeiten durch die Ereignisse von 1914 bis

42 Hauner, Milan: Josef Pekař: Interpreter of Czech History. In: Czechoslovak and Central European Journal 10/1 (1991) 13–35; ders.: The Meaning of Czech History: Masaryk versus Pekař. In: Hanak, Harry (Hg.): T. G. Masaryk (1850–1937), Bd. 3: Statesman and Cultural Force. Basingstoke 1990, 24–42. Aufschlußreich in diesem Zusammenhang auch die Ausführungen von Lemberg, Hans: Ein Geschichtsbuch unter drei Staatensystemen: Josef Pekařs Oberklassenlehrbuch von 1914–1945. In: ders./Seibt, Ferdinand (Hg.): Deutsch-tschechische Beziehungen in der Schulliteratur und im populären Geschichtsbild. Braunschweig 1980 (Studien zur Internationalen Schulbuchforschung 28), 78–88; ders.: Pekařs Geschichtslehrbuch und seine Umarbeitung in der Protektoratszeit durch Josef Klik. In: Bohemia 30 (1989) 396–398; Arens, Franz: Ein tschechisches Geschichtslehrbuch. In: Archiv für Politik und Geschichte 10/1 (1928) 519–528.

43 Pekař, Josef: Žižka a jeho doba, Bd. 1–4. Praha 1927–1933.

44 Pustejovsky: Josef Pekař, 368.

1918 eine völlig neue Akzentuierung gewonnen hätte, läßt sich zumindest an den schriftlichen Zeugnissen nicht festmachen. Gelegentliche Quellenfunde in tschechischen Archiven bewertete Pekař als eine Bestätigung seiner älteren Auffassung,[45] die er nur zu wenigen Anlässen – bei öffentlichen Vorträgen wie 1899 im Bürgerlichen Vereinshaus (*Měšťanská beseda*) von Pilsen[46] oder in seinem Wallensteinbiogramm im renommierten „Ottův slovník naučný"[47] – neuerlich vortrug. Nachdem Pekař den 1906 in der „Historischen Zeitschrift" publizierten Aufsatz von Moriz Ritter über die letzten Lebensjahre Wallensteins gelesen hatte, schrieb er fast euphorisch von einer Archivreise im südböhmischen Neuhaus an Goll, daß es ihn erneut zu reizen beginne, über den kaiserlichen Generalissimus zu forschen; sein eigenes Buch, dessen Wert für die Wallensteinforschung ihm nach der Lektüre der jüngst erschienenen deutschen Fachliteratur neu bewußt geworden sei, könne er schließlich nicht einfach der Vergessenheit anheimfallen lassen.[48] Doch schon in der für die tschechischen Historiker verfaßten Kurzanzeige der Studie Ritters brach sofort wieder die alte Verbitterung hervor, daß seine eigene Monographie keinerlei Nutzen gehabt hätte, da sie der wissenschaftlichen Welt in Deutschland vollständig unbekannt geblieben sei.[49]

45 „Našel' jsem dosti důležitých věci, dosud nevydaných – v tom i některá zajímavá Wallensteiniana." Klik (Hg.): Listy úcty a přátelství, 248 (J. Pekař an J. Goll, 5. September 1900).

46 Zu Pekařs Vortrag „O Albrechtu Valdštejnovi v Plzni před katastrofou v Chebu" vgl. Plzeňské listy, Nr. 50–54 (vom 2., 3., 4., 5. und 7. März 1899).

47 [Pekař, Josef]: z V[aldšteina], Albrecht Václav Eusebius. In: Ottův slovník naučný, Bd. 26. Praha 1907, 343–350. Zu seiner eigenen Monographie von 1895 vermerkte er: „Podrobná data o hlavní literatuře otázky srv. v práci Pekařově, Dějiny valdštejnského spiknutí [...], jež je (budiž mi to dovoleno říci) posud jedinou, která užila a kriticky zpracovala všechen materiál pro dějiny V-novy politiky v l. 1630–34" (ebd., 350).

48 „Neboť Valdštejn mne zas začína lákati (způsobil to článek Rittrův v posl. čísle Hist. Zeit.) a neni vyloučeno, že naň ½ mé dovolené padne. Pomýšlím na to prohlédnouti v říjnu trčkovské věci, v listopadu pobýti ve Vídni v revisi Hallwichova užití akt státn. archivu a teprv pak jeti do Paříže, kde vím také o důležité sbírce, dosud neužité, k dějinám tajných traktátů o Valdšt. Nemohu přece knihu, o níž se právě z pozdějších prací přesvědčuji, co pro pokrok studií valdštejnských znamená, tak ohne Klang und Sang nechati zapadnouti." Klik (Hg.): Listy úcty a přátelství, 463f. (J. Pekař an J. Goll, 7. September 1906).

49 „[...] nikoliv proto, že by vědecký málo znamenala, ale proto, že zůstala zcela neznámá německému vědeckému světu". Pekař, Josef: Rezension von Ritter, Moriz: Der Untergang Wallensteins. In: Historische Zeitschrift 97 (1906) 237–303. In: Český časopis historický 13 (1907) 119f., hier 119. Ganz ähnlich formulierte Pekař es nochmals 1933 im ersten Band der Neuauflage seines Wallenstein-Werkes: „Kterak všechna ta veliká práce byla vykonána takřka nadarmo, bez prospěchu pro vědecké studium otázky, ovládané německými badateli, pověděl jsem v předmluvě." Ders.: Valdštejn [1933], Bd. 1, 39.

In der Zeit des Weltkriegs und in verschiedenen populären Geschichtsdarstellungen gewann der Herzog von Friedland bei Pekař dann zwar mitunter stark heroisch-patriotische Züge: als eines zwar rücksichtslosen Karrieremachers, der weder religiöse noch nationale Begeisterung gekannt habe, der nach der Schmach von 1620 aber zu seinem natürlichen Tschechentum zurückgefunden und Rache an den Siegern vom Weißen Berg geschworen habe;[50] Pekařs Rezensionen der neueren Wallensteinforschung im führenden tschechischen Fachorgan „Český časopis historický", an dessen Aufschwung er als Mitarbeiter wie als Herausgeber in besonderer Weise beteiligt war, zeigen gleichwohl sein Bemühen um ein differenziertes Bild des Feldherrn.[51]

Dies gilt auch für seine 1921 in Prag veröffentlichte längere Besprechung des Buches „Wallensteins Ende. Ursachen, Verlauf und Folgen der Katastrophe", das im Vorjahr der in Graz lehrende Historiker Heinrich von Srbik publiziert hatte.[52] Die weitgehend deskriptive, in respektvollem Ton verfaßte Rezension war typisch für Pekařs Stil: Über Seiten hinweg ging es ausschließlich um Urkunden, Briefe, Gutachten, Relationen und Feinheiten historischer Quellenkritik. Konzeptionelle und methodische Abweichungen zu seiner eigenen Geschichtsbetrachtung beschränkten sich auf wenige Anmerkungen im Schlußabsatz: Im Kern warf Pekař dem acht Jahre jüngeren Österreicher neben handwerklichen Fehlern vor allem die Reichsperspektive vor, in der

50 „Bezohledný kariérista, nepoznal zanícení ani náboženského ani národnostního, ale v jádře byl Čech, český pán, připoutaný mnohonásobnými svazky k českému prostředí, jež ovšem byl hotov pro svůj prospěch osobní kdykoliv zraditi. Ale nyní jej jeho žádost pomsty nad císařem a Bavorem, nad vítězi bělohorskými, táhla zpět k přirozenému češství jeho." Pekař, Josef: Bílá Hora. Její příčiny i následky. Praha 1921, 122. Die einzelnen Beiträge waren im Mai und Juni 1918, also noch während des Krieges, im Feuilleton der Prager konservativen Tageszeitung „Národní Politika" erschienen.

51 Vgl. exemplarisch Pekař, Jos[ef]: Rezension von Schweizer, Paul: Die Wallensteinfrage in der Geschichte und im Drama. Zürich 1899. In: Český časopis historický 5 (1899) 262–265; ders.: Rezension von Hallwich, Hermann: Fünf Bücher Geschichte Wallensteins, Bd. 1–3. Leipzig 1910. In: Český časopis historický 17 (1911) 130f.; ders.: Rezension von Straka, Cyrill Ant[onín]: Albrecht z Valdštejna a jeho doba. Na základě korrespondence opata strahovského Kašpara z Questenberka. Praha 1911 (Rozpravy Česká Akademie Císaře Františka Josefa pro vědy, slovesnost a umění I/44). In: Český časopis historický 19 (1913) 113–117. Zum Hintergrund vgl. Pánek, Jaroslav: Výzkum raného novověku ve stínu zakladatelů Českého časopisu historického. In: Slezák/Vlček (Hg.): K poctě Jaroslava Marka, 87–96; Hanzal, Josef: Pekařovy recenze. In: Český časopis historický 94 (1996) 354–358.

52 Pekař, J[osef]: Rezension von Srbik, Heinrich Ritter von: Wallensteins Ende. Ursachen, Verlauf und Folgen der Katastrophe. Wien 1920. In: Český časopis historický 27 (1921) 224–229.

Srbik das Handeln Wallensteins als eines von deutschem Nationalbewußtsein erfüllten Reichsfürsten interpretierte, sowie das völlige Übergehen von dessen tschechischen Wurzeln und nationalpolitischen Plänen in der Heimat. Die Kritik war ebensowenig originell wie der Hinweis, daß auch Srbik „natürlich" Pekařs Buch nicht kenne, von dem er sich nur einige Seiten der Einleitung ins Deutsche habe übersetzen lassen.

Zu einer weiteren Diskussion um diese Fachfragen oder gar zu einer Kontroverse, wie sie Pekař vor dem Krieg über mehrere Jahre mit Bertold Bretholz geführt hatte, kam es nicht – zu einer vergleichbaren Herausforderung, wie sie die Thesen des Deutschmährers Bretholz zur älteren böhmischen Geschichte für den tschechischen Historiker dargestellt hatten, konnte die nach Gründung eines unabhängigen tschechoslowakischen Staates entworfene Konzeption Srbiks auch schlicht nicht werden. Überdies war Pekař, der in der Auflösung des Habsburgerreiches 1918 einen tiefen Bruch in der böhmischen Geschichte ausmachte und die Gefahr nationaler Hybris heraufziehen sah, kaum zu einer solchen, wohl unvermeidlich in politisches Fahrwasser geratenden Konfrontation bereit. Dennoch dürfte er sich einmal mehr daran erinnert haben, warum er 1906 eine umfangreiche Dokumentation seines Disputs mit Bretholz in deutscher Sprache veröffentlicht hatte. „Mein Buch über diese und die damit zusammenhängenden Fragen rief eine reiche polemische Literatur hervor; zu meinen Hauptopponenten wurde schliesslich ein deutsch schreibender Forscher, der bekannte Brünner Historiker, B[ertold] Bretholz", hieß es im Vorwort seiner Studie über die Wenzels- und Ludmila-Legenden. „Mein böhmisch geschriebenes Buch und die ihm folgenden Auseinandersetzungen mit den Einwänden der Gegner blieben leider den ausserböhmischen Fachgenossen unbekannt, und ich sah mich bald der Gefahr ausgesetzt, dass auf dem Forum, auf welchem das in wissenschaftlichen Fragen zuerst massgebende Urteil gebildet wird, meine Arbeit bloss auf Grund der von ihr durch H. Bretholz gelieferten Daten beurteilt werde."[53]

Die Neuausgabe von Pekařs „Wallenstein" und deren Übertragung ins Deutsche, die wiederholt in Zusammenhang mit einer vermeintlichen Srbik-

53 Ders.: Die Wenzels- und Ludmila-Legenden und die Echtheit Christians. Prag 1906, Vorwort (nicht pag.). Zu Bretholz und zur zeitgenössischen Debatte um seine Geschichtsauffassung vgl. Leśniewska, Dorota: Kolonizacja niemiecka i na prawie niemieckim w średniowiecznych Czechach i na Morawach w świetle historiografii. Poznań/Marburg 2004 (Prace Komisji Historycznej 61); Stoklásková, Zdeňka: „Stets ein guter und zuverlässiger Deutschmährer". Zur Laufbahn von Bertold Bretholz (1862–1936). In: Albrecht, Stefan/Malíř, Jiří/Melville, Ralph (Hg.): Die „sudetendeutsche" Geschichtsschreibung 1918–1960. Zur Vorgeschichte und Gründung der Historischen Kommission der Sudetenländer. München 2008 (Veröffentlichungen des Collegium Carolinum 114), 25–41.

Pekař-Kontroverse gebracht wurden,[54] hatte mit dem österreichischen Historiker oder dessen Auffassung freilich nichts zu tun, sondern verdankte sich der wachsenden Beachtung des Friedländers unter den Tschechen. In der innen- wie außenpolitisch gefestigten Demokratie war der historische Wallenstein nicht mehr wie vor 1918 untrennbar mit der Zäsur von 1620 oder der stets umstrittenen Stellung Böhmens im und zum Reich verbunden – er war nun endgültig Teil der eigenen Vergangenheit, der man sich wesentlich unverkrampfter und selbstbewußter zuwenden konnte als in den Zeiten vor der Gründung eines eigenen Staates.

Deutlich wird das neue Interesse der Tschechen an Wallenstein besonders im Gedenkjahr 1934, das mit Ausstellungen in Prag und anderen Orten[55] große Aufmerksamkeit in der tschechischen Öffentlichkeit fand und zahlreiche populäre und wissenschaftliche Publikationen hervorbrachte.[56] Die Festrede, die Josef Pekař am 23. Februar 1934 im Großen Saal des Prager Waldstein-Palais hielt, demonstrierte anschaulich die neue Souveränität im Umgang mit einem schwierigen Erbe.[57] Wenn man sich heute, so Pekař un-

54 Lorenz, Willy: Postumes Duell über Wallenstein. Srbik contra Pekař. In: ders.: Monolog über Böhmen. Wien/München 1964, 42–48. Einen „Streit zwischen Josef Pekař und Heinrich von Srbik", wie ihn selbst Josef Polišenský ausmachen wollte – ders.: Der Krieg und die Gesellschaft in Europa 1618–1648. Praha 1971 (Documenta Bohemica Bellum Tricennale illustrantia 1), 116 –, hat es weder in den zwanziger noch in den dreißiger Jahren gegeben; ebenso falsch ist Polišenskýs Aussage, Srbik habe sein Buch über Wallenstein „hauptsächlich, um Pekařs Ansichten zu widerlegen", geschrieben (ebd., 153). Auch in Pekařs Tagebüchern, in denen ansonsten eine Vielzahl von Historikern und einzelnen Werken Erwähnung finden, gibt es keine Hinweise auf eine solche Auseinandersetzung. Vgl. Hanzal, Josef (Hg.): Deníky Josefa Pekaře 1916–1933. Praha 2000.

55 Wirth, Zdeněk (Hg.): K zahájení výstavy Albrecht z Valdštejna a doba bělohorská. 17. května 1934 v Valdštejnském paláci v Praze. Praha 1934; Mann, F. (Hg.): Jičín, město Valdštejnovo. Pod protektorátem městské rady a výboru valdštejnské výstavy v Jičině. Praha 1934 (Knihovna národohospodářských informací 11); Merhout, Cyril: Městiště valdštejnského paláce před jeho výstavbou. In: Časopis Společnosti přátel starožitností československých v Praze 42 (1934) 6–21, 55–67, 132–138, 168–184. Vgl. zusammenfassend Rákosník, Jakub: Valdštejnské oslavy roku 1934. In: Marginalia historica 5 (2002) 201–241.

56 Prokeš, Jaroslav (Hg.): Doba bělohorská a Albrecht z Valdštejna. Sborník osm statí. Praha 1934. Der Sammelband ging aus einem Vorlesungszyklus im März und April 1934 in Prag hervor; der Vortrag von Pekař („Valdštejn a česká otázka") wurde separat veröffentlicht. Vgl. zusammenfassend die Miszellen über literarische Neuerscheinungen von Pekař, Josef: Přehled literatury k jubileu valdštejnskému. In: Český časopis historický 40 (1934) 212f., 440f., 640f., 41 (1935) 426f., sowie die Literaturübersicht von Lugs, Jaroslav: Bibliografie literatury Valdštýnské, vydané r. 1634. Praha 1935.

57 Pekař, Josef: Valdštejn a česká otázka. In: Český časopis historický 40 (1934) 1–11.

mittelbar zu Beginn seines Vortrags, der „großen historischen Rolle“ Wallensteins zuwende, so müsse man sich zunächst vergegenwärtigen, wie sehr sich die Welt in den vergangenen drei Jahrhunderten gewandelt habe: Das Haus Österreich bestehe nicht mehr, und ebensowenig gebe es heute noch einen Kurfürsten von Bayern oder eine tschechische Emigration, die wie in Zeiten des Dreißigjährigen Krieges auf eine Befreiung der Heimat hoffe. Inhaltlich schlug Pekař einen weiten Bogen, bei dem er die „neue Reihe tschechischer Rebellen“ von 1634 in eine zweihundertjährige revolutionäre Tradition vom Anfang des 15. bis zur Mitte des 17. Jahrhunderts stellte. Die deutschen Historiker, die das Bild des Friedländers aus seiner Sicht in ihrer Mehrheit verzerrt darstellten, erwähnte er lediglich pauschal in einem einzigen Satz[58] – auch dies ohne Frage ein Zeichen des gewandelten Selbstbewußtseins eines unterdessen im siebten Lebensjahrzehnt stehenden Historikers, der noch zwei Jahre zuvor der Tschechischen Universität in Prag als Rektor vorgestanden hatte und selbstverständlich keinerlei Profilierung mehr bedurfte. Man spürt in der Festrede bei jedem Gedanken, was auch für die überarbeitete, 1933/34 in zwei Bänden unter neuem Titel publizierte Neuauflage seiner „Geschichte der Wallensteinverschwörung“ von 1895 gilt:[59] Pekař wandte sich nicht länger an die deutsche und österreichische Historikerzunft, er sprach nunmehr ausschließlich eine tschechische Leserschaft an.[60]

58 „Poznamenávám mimochodem, že němečtí historikové, kteří obírali se úmysly Valdštejnovými, upadají při své neznalosti významu a rozsahu národně českých souvislostí plánů Valdštejnových většinou v tu patrnou chybu, že představují si Valdštejna jen jako německého knížete, toužícího v ideální snaze vrátiti válkou rozvrácené Evropě konečný mír a zabezpečiti německou svobodu.“ Ebd., 8.

59 Über die offiziellen Feierlichkeiten und die erneute Publikation seiner Habilitationsschrift hinaus äußerte sich Pekař im Umfeld des Gedenkjahrs auch andernorts zu Wallenstein. Vgl. Odhalení o Valdštejnově zradě a smrti. České znění relací Jaroslava Rašína a Octavia Piccolominiho. Praha 1934 (zu der vom „Historischen Klub“ in Prag angeregten Edition, deren Quellentexte Zdeněk Kristen ins Tschechische übertragen hatte, verfaßte Pekař ein Vorwort und arbeitete die Anmerkungen aus); Pekař, Joseph: Wallenstein et la Bohême. In: L'Europe Centrale. Revue de documentation politique, économique, littéraire et artistique 9/1 (1934) 145–146, 160–162; ders.: Rezension von Bergl, Josef: Wer war der Verfasser des Chaos perduellionis? In: Mitteilungen des Vereins für Geschichte der Deutschen in Böhmen 72 (1934) 84–102. In: Český časopis historický 41 (1935) 206.

60 Das schloß allerdings nicht aus, daß Pekař schon 1934 mit einer gewissen Befriedigung feststellte, daß die deutsche und österreichische Historiographie zum Wallensteingedenkjahr keine einzige Forschungsarbeit herausgebracht habe, die einer Erwähnung wert wäre: „Německá a rakouská historiografie nepřispěla k významnému jubileu, jak lze snad dnes již poznati, žádnou prací, jež by zmínky zasluhovala.“ P[ekař], J[osef]: Zprávy. In: Český časopis historický 40 (1934) 440f., hier 440.

IV. Die Aufnahme von Pekařs Werk bei den Deutschen der Tschechoslowakei

Mochte das in zwei Bänden 1933/34 neu aufgelegte Werk Pekařs auch „in den Grundzügen, in der Gesamtauffassung und im Endergebnis", wie schon Wilhelm Wostry 1939 zu Recht betonte, im Vergleich zur Erstausgabe „keine wesentlichen Änderungen" aufweisen,[61] so kam ihm unter den gewandelten politischen und gesellschaftlichen Rahmenbedingungen doch eine völlig andere Bedeutung als im ausgehenden 19. Jahrhundert zu. Dies gilt auch mit Blick auf die deutschen Geistes- und Kulturwissenschaftler innerhalb der Tschechoslowakei, die in den dreißiger Jahren an der Konstruktion einer neuen kollektiven Identität arbeiteten und das Konzept einer „sudetendeutschen Geschichte" entwarfen.[62]

61 Wostry, Wilhelm: Josef Pekařs Wallenstein. In: Zeitschrift für sudetendeutsche Geschichte 3 (1939) 129–149, hier 130f.

62 Aus der umfangreichen Forschung vgl. besonders Albrecht/Malíř/Melville (Hg.): Die „sudetendeutsche Geschichtsschreibung"; Brenner, Christiane u.a. (Hg.): Geschichtsschreibung zu den böhmischen Ländern im 20. Jahrhundert. Wissenschaftstraditionen – Institutionen – Diskurse. München 2006 (Bad Wiesseer Tagungen des Collegium Carolinum 28); Hadler, Frank: Volksgeschichte für die „Deutschen im Sudetenland". Zur Konzeption der sudetendeutschen Spielart eines Paradigmas deutscher Historiographie in den 1930er Jahren. In: Middell, Matthias/Sommer, Ulrike (Hg.): Historische West- und Ostforschung in Zentraleuropa zwischen dem Ersten und dem Zweiten Weltkrieg – Verflechtung und Vergleich. Leipzig 2004 (Geschichtswissenschaft und Geschichtskultur im 20. Jahrhundert 5), 133–149; Glettler, Monika/Míšková, Alena (Hg.): Prager Professoren 1938–1945. Zwischen Wissenschaft und Politik. Essen 2001 (Veröffentlichungen zur Kultur und Geschichte im östlichen Europa 17); Pešek, Jiří u.a.: Německá univerzita v Praze v letech 1918–1939. In: Havránek, Jan/Pousta, Zdeněk (Hg.): Dějiny Univerzity Karlovy, Bd. 4: 1918–1990. Praha 1998, 181–212; Bahlcke, Joachim: „Mit den Waffen der Wissenschaft". Der sudetendeutsche Jurist und Rechtshistoriker Wilhelm Weizsäcker (1886–1961). Biographisch-bibliographische Anmerkungen. In: Berichte und Forschungen. Jahrbuch des Bundesinstituts für ostdeutsche Kultur und Geschichte 6 (1998) 181–210; Hackmann, Jörg: Volks- und Kulturbodenkonzeptionen in der deutschen Ostforschung und ihre Wirkungen auf die sudetendeutsche Landeshistorie. In: Die böhmischen Länder in der deutschen Geschichtsschreibung seit dem Jahre 1848, Tl. 1. Ústí nad Labem 1996, 49–71; Jaworski, Rudolf: Historische Argumente im sudetendeutschen Volkstumskampf 1918–1938. In: Bohemia 28 (1987) 331–343. Aus zeitgenössischer Perspektive vgl. Oberdorffer, Kurt/Schier, Bruno/Wostry, Wilhelm (Hg.): Wissenschaft im Volkstumskampf. Festschrift Erich Gierach zu seinem 60. Geburtstage. Reichenberg 1941; Wostry, Wilhelm: Sudetendeutsche Geschichte 1918–1938. Forschung und Darstellung. In: Aubin, Hermann u.a. (Hg.): Deutsche Ostforschung. Ergebnisse und Aufgaben seit dem ersten Weltkrieg, Bd. 2. Leipzig 1943 (Deutschland und der Osten. Quellen und Forschungen zur Geschichte ihrer Beziehungen 21), 488–530.

Im historischen Bewußtsein vor allem der Deutschböhmen nahm Wallenstein, wie eine Durchsicht der einschlägigen Fachblätter und Vereinszeitschriften belegt, bereits im 19. Jahrhundert einen festen Platz ein. Die wenige Jahre vor dem Ersten Weltkrieg im westböhmischen Eger erstmals aufgeführten Wallensteinfestspiele, die der „alten Reichsstadt" zusätzlich den Beinamen „Wallensteinstadt" sicherten,[63] hatten das Ihre zur Popularisierung, aber auch Politisierung des großen Feldherrn beigetragen (Abb. 2). „Ein wachsendes Interesse für die Vergangenheit ihres Volkes scheint die Deutschen zu erfüllen", heißt es einleitend in dem Bericht eines Professors am k. k. Staatsgymnasium in Eger über die 1908 erstmals aufgeführten Festspiele. „Denn das Fest, das Erinnerungen an eine ruhmreiche und bewegte Vergangenheit wachrief, das getragen wurde von dem Bewußtsein echten, bodenständigen Volkstums, war mehr als ein bloßer Fastnachtsscherz, durch den die Stadt ihre materiellen Einnahmsquellen erhöhen wollte, es war eine große kulturelle Tat, wurzelnd in alter Egerländer Sitte und Tradition, es war vor allem auch eine echt patriotische und nationale Tat." Ähnlich wie der Autor, der die Aufführung reich, nach seinem Empfunden allerdings „fast zu reich [...] an politischen Anspielungen" fand und in der Schlußszene „im kleinen de[n] Kampf zwischen den beiden in Böhmen ansässigen Volksstämmen" erblickte, werden die Darbietungen wohl auch andere Zeitgenossen aufgenommen haben.[64]

Die Egerer Wallensteinfestspiele, die nach 1918 im neuen tschechoslowakischen Staat zunächst keine Wiederaufnahme gefunden hatten, erlebten im Zuge des Gedenkjahres von 1934 eine Renaissance in großem Stil.[65] Die ganz auf die Vergangenheit konzentrierte „Denkschrift", die der Egerer Archivdirektor Karl Siegl, seit Jahrzehnten einer der seriösesten und zugleich produktivsten deutschböhmischen Forscher zur Lebensgeschichte des Friedländers, aus Anlaß der Wiederkehr des dreihundertsten Todestages Wallensteins publizierte, läßt keinen deutlichen Gegenwartsbezug erkennen.[66] Andernorts dagegen war die Instrumentalisierung Wallensteins, seine Vereinnahmung für die Konstruktion einer völkischen sudetendeutschen Geschichtskonzeption, bereits unübersehbar. In Brüx etwa wurde 1934 nicht der Schillersche Wal-

63 Sturm, Heribert: Eger. Geschichte einer Reichsstadt. Geislingen-Steige [2]1960 [[1]1951], 377.

64 Pohl, Josef: Die Wallenstein-Festspiele in Eger im Jahre 1908. In: Jahresbericht über das k. k. Staatsgymnasium in Eger (Böhmen) für das Schuljahr 1908–1909. Eger 1909, 3–12, hier 3, 11f.

65 Ergert, Rudolf (Hg.): Wallensteinfestspiele 1934 in Eger. Eger 1934.

66 Siegl, Karl: Wallenstein. Denkschrift aus Anlaß der Wiederkehr des dreihundertsten Todestages Wallensteins. Eger 1934.

Abb. 2: Plakat zu den Wallensteinfestspielen
im westböhmischen Eger im Jahr 1911

lenstein aufgeführt, sondern das gleichnamige Festspiel des örtlichen Heimatdichters Hans Wenzel Baudis, der, wie es im offiziellen, vom Festausschuß herausgegebenen „Festführer" hieß, „als Sudetendeutscher dem Sudetendeutschen Wallenstein bluts- und erdnahe" stand.[67]

Am Beispiel der Wallensteinfestspiele ist die politische Radikalisierung und Ideologisierung, die das gesellschaftliche Leben der Deutschen in der Tschechoslowakei in den kommenden Jahren immer stärker prägte, exemplarisch zu studieren. Das Bühnenspiel als „Repräsentant eines ehrlichen sudetendeutschen Kulturwillens", als „leuchtende Bekundung des kulturellen Lebenswillens des deutschen Egerlandes und des Sudetendeutschtums überhaupt"[68] – dafür bürgte namentlich der aus Brünn stammende Festspielleiter und Intendant der Festspiele von 1934, 1938 und 1939, Theodor Anton Modes, der im Rückblick noch zwei Jahrzehnte nach Kriegsausbruch im „Stifter-Jahrbuch" von dem „tief ergreifenden, unvergeßlichen Bekenntnis zu deutscher Freiheit, Einheit und Gemeinschaftskultur" in jenen Jahren schwärmte und den „treuen Kämpfern für eine gute deutsche Sache" ein letztes Mal die Treue erwies.[69]

Die Worte Konrad Henleins, die dem Festspielführer der in „Sudetendeutsche Schiller-Festspiele" umbenannten, „unter dem Ehrenschutz" des Vorsitzenden der Sudetendeutschen Partei stehenden Wallensteinaufführungen in Eger 1938 vorangestellt waren, lassen sich in abgewandelter Form in zahlreichen Broschüren, Druckschriften und Zeitungsberichten jener Jahre finden: „Ich sehe in den Egerer Schillerfestspielen eine jener wahrhaften Kraftquellen, die wir heute für unsere innere Gemeinschaft dringend brauchen. Denn für uns ist das deutsche Theater wieder zum Gemeinschaftserlebnis und dadurch zur Gemeinschaftserziehung geworden. Die Egerer Schillerfestspiele sollen aber auch ein Bekenntnis zur weltanschaulichen Einheit unseres Volkes sein. Unser Bekenntnis zur männlichen Kunst Friedrich Schillers ist daher ein Bekenntnis zur ewigen und unzerstörbaren Einheit deutscher Art und deutscher Kultur."[70] Diese Worte sind mitnichten nur als übliches Grußwort zu deuten,

67 Dietzenschmidt [= Anton Franz Schmidt]: Wallensteinspiel von H. W. Baudis. In: Wallenstein-Festspiele Brüx August–September 1934. Festführer. Brüx 1934, 7–10, hier 8. Zu Baudis vgl. Knobloch, Erhard J. (Bearb.): Kleines Handlexikon Deutsche Literatur in Böhmen, Mähren, Schlesien. Von den Anfängen bis heute. München 1968, 9.

68 Ergert, Rudolf: Die Egerer Wallensteinfestspiele 1934. Rückblick auf ein stolzes Ereignis Egerer Geschichte. In: ders. (Hg.): Sudetendeutsche Schiller-Festspiele 1938, 57–61, hier 57, 59.

69 Modes, Th[eodor]: Von Wallenstein-Festspielen zum Schiller-Bayreuth. In: Stifter-Jahrbuch 6 (1959) 191–199, hier 198f.

70 Ergert, Rud[olf] (Hg.): Sudetendeutsche Schiller-Festspiele 1938 Eger. Eger 1938. Eine

sie entsprangen vielmehr der tiefen Überzeugung, mit Hilfe des historischen Wallenstein die Massen ansprechen und so Politik gestalten zu können. Im Kriegsjahr 1941 forderte Henlein, der bereits in der Vergangenheit mehrfach auf das Forschungsprogramm der „Sudetendeutschen Anstalt für Landes- und Volksforschung" in Reichenberg Einfluß genommen hatte, auf einer Sitzung ihres Forschungsrates die historische Forschung dazu auf, die Rolle Wallensteins neu zu deuten. Das Bild des Feldherrn gelte es gegenüber den bisherigen Darstellungen neu zu fassen: „Wallenstein als eine der größten Gestalten unserer Heimat, als hervorragender Organisator der Wirtschaft, als Vorkämpfer für eine neue deutsche Ordnung. [...] [Er müsse] zu einem Begriff werden, wie es in neuer Zeit Prinz Eugen geworden sei."[71]

Vergegenwärtigt man sich diese Entwicklung des Wallensteinbildes bei den Deutschen in der Ersten Tschechoslowakischen Republik, so muß es mehr als überraschen, daß der tschechische Historiker Josef Pekař mit seinem Werk über den vermeintlich „sudetendeutschen Wallenstein" überhaupt

---

weitere semantische Steigerung waren die „Befreiungs-Schillerfestspiele" des Jahres 1939, die nunmehr – und damit sind die politischen Veränderungen überdeutlich – „unter dem Ehrenschutze des Reichsstatthalters und Gauleiters Konrad Henlein" und „im Zeichen der glücklichen Befreiung und Heimkehr des Sudetenlandes" standen. „Wann wird der Retter kommen diesem Lande? Tief in die Seele drang dieser markerschütternde Verzweiflungsschrei eines gepeinigten Volkes. [...] Denn es sollte dem internationalen Auslande gezeigt werden, daß der Kulturwille der Sudetendeutschen trotz zwanzigjähriger tschechischer Unterdrückung keineswegs gebrochen und erloschen ist, sondern daß die durch die Sudetendeutsche Partei geschaffene Volksgemeinschaft zu höchsten Kulturtaten bereit ist. [...] Wenn nun heuer im ersten Jahre nach der Heimkehr des Sudetenlandes die Schillerfestspiele als Sudetendeutsche Befreiungsspiele ihre Krönung finden sollen, so wird diesmal die Stimme des größten deutschen Volksdichters wie ein Dankgebet aus dem Herzen der Sudetendeutschen erklingen: ‚Frei ist das Land!'" Michl, Otfried: Befreiungs-Festspiele in Eger. In: Ergert, Rudolf (Hg.): Befreiungs-Schillerfestspiele Eger 1939. Eger 1939, 30–32, hier 30, 32.

71 Zit. nach Konrád, Ota: Die Sudetendeutsche Anstalt für Landes- und Volksforschung 1940–1945. „Wissenschaftliche Gründlichkeit und völkische Verpflichtung". In: Albrecht/Malíř/Melville (Hg.): Die „sudetendeutsche Geschichtsschreibung", 71–95, hier 82. Zum Hintergrund vgl. Weger, Tobias: Sudetendeutsche Anstalt für Landes- und Volksforschung Reichenberg. In: Haar, Ingo/Fahlbusch, Michael (Hg.): Handbuch der völkischen Wissenschaften. Personen – Institutionen – Forschungsprogramme – Stiftungen. München 2008, 683–688; Míšková, Alena: Vývoj německých libereckých vědeckých a vlastivědných institucí a jejich archivních fondů (1925–1945). In: Sborník Severočeského muzea. Historia 11 (1993) 33–46; dies.: Osudy archivních fondů významných německých vědeckých institucí na českém území (Sudetoněmecký vlastivědný ústav v Liberci – Sudetendeutsche Anstalt für Volks- und Landesforschung). In: Kaiserová, Kristina (Hg.): Čechy a Sasko v proměnách dějin. Ústí nad Labem 1993 (Acta Universitatis Purkynianae. Phil. et Hist. 1, Slavogermanica 2), 150–160.

wahrgenommen und gewürdigt wurde. Denn Pekař hatte Wallenstein nicht nur von Beginn an als genuin tschechischen Nationalhelden gedeutet, er hatte auch schon Ende des 19. Jahrhunderts die einschlägigen deutschböhmischen Forschungsansätze in geradezu polemischem Ton abqualifiziert. Diese Kritik hatte er sogar bei der Neuausgabe von 1933/34 nochmals verschärft: Vor allem Edmund Schebek und Hermann Hallwich schrieb er eine „unverhehlt hervortretende nationale und politische Tendenz" zu, die ihren Arbeiten „in ganz besonderem Maße eine unerfreulich parteiische Färbung" verliehen hätte.[72] Das Wallensteinbild des tschechischen Historikers allein war sicherlich kaum geeignet, Sympathien beim deutschen Bevölkerungsteil zu erlangen.

Und doch wurde bereits die tschechische Neuausgabe von Pekařs „Wallenstein" von den deutschen Historikern der Republik rezipiert – und fand ein ausnahmslos positives Echo: Der Archivar Josef Bergl, der selbst zu Wallenstein publiziert hatte, sah in Pekař den „bedeutendste[n] tschechische[n] Historiker der Gegenwart" und beurteilte dessen abermals herausgegebenes Werk als einen „überaus wichtige[n] und keineswegs zu umgehende[n] Markstein in der Wallensteinforschung"; es sei zu bedauern, daß das Buch „nicht auch in deutscher Sprache erschienen ist. [...] Denn das Problem, das P[ekař] in meisterhafter Art behandelt, geht weit über den Bereich der böhmischen Geschichte hinaus und bietet eine Fülle von Anregungen, die deutsche Forscher veranlassen könnten, dem ganzen Fragenkomplex um Wallenstein erneute Aufmerksamkeit zu widmen."[73] Und kaum weniger anerkennend äußerte sich der Doyen der sudetendeutschen Geschichtsschreibung, Wilhelm Wostry: Es sei „das große Verdienst von Pekařs, des tschechischen Historikers, Wallensteinbuch, daß er die vielfach übersehene große Bedeutung, welche der böhmischen Krone in allen diesen Fragen zukommt, in deutliches Licht rückt".[74] Wie erklären sich diese Stellungnahmen von deutscher Seite zu einem tschechischen Buch, das dem Leser einen ganz anderen Wallenstein präsentierte?

---

72 „Třeba tu vůbec ukázati k nepokrytě vystupující národní a politické tendenci, jež pracím Schebkovým a Hallwichovým zejména dodáva nechutného stranického zbarvení." Pekař: Valdštejn [1933], Bd. 1, 34.

73 Bergl, Josef: Rezension von Pekař, Josef: Valdštejn 1630–1634 (Dějiny Valdštejnského spiknutí), Bd. 1–2. Praha ²1933–1934. In: Zeitschrift des Vereins für Geschichte Schlesiens 69 (1935) 372–374. Zu Bergl (Bergel) vgl. Sturm, Heribert (Hg.): Biographisches Lexikon zur Geschichte der böhmischen Länder, Bd. 1. München/ Wien 1979, 77.

74 Wostry, Wilhelm: Wallenstein und seine Zeit. In: Ergert (Hg.): Wallensteinfestspiele 1934, 11–17, hier 17. Zu Wostry vgl. Lohmann, Nina: „Heimat und Volk". Der Historiker Wilhelm Wostry zwischen deutschböhmischer und sudetendeutscher Geschichtsschreibung. In: Albrecht/Malíř/Melville (Hg.): Die „sudetendeutsche" Geschichtsschreibung, 127–149.

Diese Frage ist allein mit Blick auf das Wallensteinbild Pekařs nicht zu beantworten. Sie macht es vielmehr notwendig, andere Darstellungen des Prager Historikers heranzuziehen. Schon seit der Gründung der Ersten Tschechoslowakischen Republik nahmen die Deutschen Pekař vorrangig als Kritiker der neuen Nationalitätenpolitik und eines einseitigen nationaltschechischen Geschichtsbildes wahr. Sowohl die anläßlich aktueller Streitfragen verfaßten Veröffentlichungen wie „Irrtümer und Gefahren der Bodenreform“[75] als auch Studien zur historischen Entwicklung des 17. Jahrhunderts, in denen er eine „deutsche“ Unterdrückung „tschechischer“ Geistesfreiheit zurückwies,[76] fanden auf deutscher Seite wohlwollende Aufnahme. Dankbar nahm man zur Kenntnis, daß ein tschechischer Historiker den Kulturleistungen der Deutschen größere Achtung entgegenbrachte, als man es aus den Meistererzählungen des 19. Jahrhunderts gewohnt war.[77] Gewürdigt wurde allerdings nicht mehr wie in altösterreichischer Zeit die bloße Zurückweisung der nationalromantischen Deutungsmuster František Palackýs, im Gegenteil: Der Nestor der tschechischen Geschichtsschreibung selbst erfuhr eine radikale Neubewertung. Denn Palacký habe, so Josef Pfitzner, der sich in der Zwischenkriegszeit am intensivsten mit der tschechischen Historiographie beschäftigte und aus diesen Reflexionen die Grundlagen seiner eigenen sudetendeutschen Geschichtsbetrachtung entwickelte, „zum erstenmal bewußt Volks-, nicht Landesgeschichte“ betrieben und „damit den Deutsche wie Tschechen in den Sudetenländern bedeckenden dichten Schleier des böhmischen Landes-, aber auch österreichischen Reichspatriotismus“ zerrissen.[78] Pfitzner lag mitnichten

75 Pekař, Josef: Omyly a nebezpečí pozemkové reformy. Praha 1923 (deutsch unter dem Titel: Irrtümer und Gefahren der Bodenreform. Prag 1923).

76 Ders.: Bílá Hora. Její příčiny i následky. Praha 1921. Weitere in diesem Zusammenhang zu nennende Titel finden sich in der Bibliographie, die in der Festschrift zu Pekařs 60. Geburtstag 1930 abgedruckt wurde. Vgl. Klik, J[osef]: Bibliografie prací J. Pekaře. In: Od pravěku k dnešku. Sborník prací z dějin československých. K šedesátým narozeninám Josefa Pekaře, Bd. 1–2. Praha 1930, hier Bd. 2, 580–608. Eine erweiterte Übersicht liefert Urbanová, Jiřína: Bibliografie prací Josefa Pekaře. In: Problémy dějin historiografie 7 (1999) 65–130.

77 „Uns Sudetendeutschen wird P[ekař]'s Lebenswerk, mögen wir auch da oder dort kritische Vorbehalte haben, besonders teuer bleiben, da in ihm sichtlich das Streben obwaltet, der Stellung und Leistung der Deutschen im allgemeinen und der Sudetendeutschen insonderheit gerecht zu werden.“ Pfitzner, Josef: Josef Pekař und die Deutschen. In: Auslandsdeutsche Volksforschung 1 (1937) 113–131, hier 131.

78 Ders.: Neue Wege der tschechischen Geschichtswissenschaft. In: Historische Zeitschrift 153 (1936) 514–537, hier 515. Zu Pfitzner und dessen Werk vgl. Hadler, Frank/Šustek, Vojtěch: Josef Pfitzner (1901–1945) Historiker, Geschichtsprofessor und Geschichtspolitiker. In: Glettler/Míšková (Hg.): Prager Professoren, 105–135.

daran, den „Leistungsanteil der Tschechen“ in der Vergangenheit und ihre „eigennationale Tat“ ein weiteres Mal zu marginalisieren, sondern umgekehrt „das berechtigte Streben eines Volkes nach Freiheit und Vervollkommnung“ zu unterstreichen. Die vordringliche Aufgabe der Gegenwart nun sei es, „neben die Geschichte der Tschechen in den Sudetenländern die sudetendeutsche Geschichte im gleichen Raume zu stellen“. Und genau für diese Aufgabe sah Pfitzner im Werk von Pekař das zentrale Vorbild: „Es will uns bestimmt scheinen, daß die Pekařsche Auffassung der tschechischen Geschichte sich am ehesten mit der hier lediglich angedeuteten sudetendeutschen Geschichtsauffassung verträgt.“[79]

Pekařs Weltanschauung und Geschichtsauffassung – und in diesem Zusammenhang auch seine nationale Interpretation des Wallenstein – waren kein Hinderungsgrund, sondern im Gegenteil Voraussetzung einer Wertschätzung, die ihren Höhepunkt in den Dreißiger Jahren erlangte, also just zu jenem Zeitpunkt, als sein Wallensteinbuch ein weiteres Mal aufgelegt und 1937 auch ins Deutsche übersetzt wurde. Da Pekař am 23. Januar 1937 in Prag verstarb, erschienen Rezensionen der in Berlin verlegten Übersetzung nahezu zeitgleich mit Nachrufen und Würdigungen des Lebenswerkes in deutschsprachigen Zeitungen und Fachorganen[80] – in einem Umfang, wie bei keinem anderen tschechischen Historiker der Zwischenkriegszeit. Pekařs Buch über Wallenstein habe dem begabten Nachwuchshistoriker zum ersten

---

79 Pfitzner, Josef: Die Geschichtsbetrachtung der Tschechen und Deutschen in den Sudetenländern. In: Historische Zeitschrift 146 (1932) 71–85, hier 83, 85. Eine ähnliche, an Pfitzners Arbeiten anknüpfende und sich ebenfalls auf Pekař stützende Argumentation, daß nämlich der „Neuerweckung zunächst des *tschechischen* Nationalbewußtseins“ die „Ausbildung eines *sudetendeutschen* Volksbewußtseins“ folge, findet sich bei Arens, Franz: Tschechische Volks- und böhmische Staatsgeschicke in übervölkischen Zusammenhängen. In: Zeitschrift für Politik 23 (1934) 177–188, hier 187 (Hervorhebung im Original).

80 Vgl. neben den bereits genannten Stellungnahmen die Rezensionen in: Jahrbücher für Geschichte Osteuropas 2 (1937) 337f. von Bertold Spuler, Zeitschrift des Vereins für Geschichte Schlesiens 71 (1937) 531 von Emil Schieche, Forschungen zur Brandenburgischen und Preußischen Geschichte 49 (1937) 405–408 von Helmut Schwarz, Mitteilungen des Österreichischen Instituts für Geschichtsforschung 51 (1937) 497–503 (Heinrich R. v. Srbik), ferner die auf die Neuerscheinung bzw. deren Kontext eingehenden Studien von Wostry, Wilhelm: Josef Pekař und sein Lebenswerk. In: Slavische Rundschau. Berichtende und kritische Zeitschrift für das geistige Leben der slavischen Völker 9 (1937) 81–89; Raupach, Hans: Böhmen und das Reich. In: Europäische Revue 13/1 (1937) 330–332; Lemberg, E[ugen]: Josef Pekař und das tschechische Geschichtsbewußtsein. In: Zeitschrift für den Tschechischunterricht 1/1 (1937) 24–26; Schieche: Josef Pekař und die Wallensteinforschung, 380–392; Stefan, Hans: Josef Pekař und das Hussitentum. In: Volk und Reich. Politische Monatshefte 14/1 (1938) 707–710; Wostry: Josef Pekařs Wallenstein, 129–149.

Mal Gelegenheit gegeben, „über Bewußtseinsformen wie böhmischer Patriotismus, tschechisches Nationalgefühl, deutscher Reichspatriotismus nachzudenken“,[81] die „Erneuerung seines Wallensteinwerkes“ zeige ihn nun noch deutlicher als „wahrhaft unbefangen ‚realistische[n]‘ Erforscher sudetenländischer Vergangenheit“.[82]

Wie ein Fremdkörper wirkt in diesem Zusammenhang die Besprechung Heinrich von Srbiks, der die vor mehr als vier Jahrzehnten erschienene tschechische Fassung von Pekařs „Wallenstein“ nie ernsthaft rezipiert hatte und dem auch andere einschlägige Publikationen des Verfassers offenbar unbekannt waren. Vor allem aber waren ihm die Hintergründe der spezifischen Hochschätzung Pekařs in der Tschechoslowakei nicht geläufig. Seine Kritik von der „Akzentverlagerung vom Reichsfriedensgedanken auf den nationaltschechischen Staatsgedanken“, sein Beharren, daß der böhmische Adelige Wallenstein „ebenso gut auch der tragischen Geschichte des deutschen Volks und Reichs“ angehöre,[83] berührte Aspekte, die in dieser Form von den

81 Pfitzner: Josef Pekař und die Deutschen, 116f. Ebenfalls im Jahr 1937 gab Pfitzner die kleine, aber wichtige Abhandlung Pekařs „Smysl českých dějin. O nový názor na české dějiny“ (Praha 1929) in deutscher Übersetzung unter dem Titel: Der Sinn der tschechischen Geschichte. Brünn/Leipzig/Wien 1937, heraus; auch hier trug er erneut seine Interpretation von Pekařs Wallensteinbild vor: „Schon der erste große Gegenstand, der Pekař als Forscher anzog, die *Wallensteinfrage*, führte ihn mitten in Fragenkreise, die an wesentliche Seiten der tschechischen Volksentwicklung rühren. Kam es ihm doch in den neunziger Jahren des vergangenen Jahrhunderts darauf an zu zeigen, wie während des Dreißigjährigen Krieges deutsches und tschechisches Volksschicksal einander durchkreuzten und doch wieder aufeinander angewiesen waren. In der Gestalt Wallensteins ließen sich die in den Sudetenländern vielfach verworrenen Fragen nach der nationalen Zugehörigkeit und Einstellung der Landesbewohner überprüfen. Damit wurde das Nachbarschaftsverhältnis zwischen Deutschen und Tschechen erstmals ganze nahe in den Gesichtskreis Pekařs gerückt. Er erblickte in Wallenstein keinen nationaldeutschen Heros, sondern einen in den Landespatriotismus stark eingesponnenen, ehrgeizigen böhmischen Adeligen, dessen oberstes Ziel die Erringung der böhmischen Königskrone gewesen sei. An dieser Grundauffassung hielt er auch 1934 fest, als er seinen ‚Wallenstein‘ einer gründlichen Neubearbeitung unterzog. Zugleich wurde er durch die Schicksale Wallensteins stärkstens in die gesamtdeutsche, ja europäische Geschichte gelenkt, für die er, wie jetzt die deutsche Übersetzung auch den allgemeinen Historiker zu belehren vermag, wesentliche Erkenntnisse beigesteuert hat.“ Pfitzner, Josef: Josef Pekařs Lebenswerk. Ebd., 9–25, hier 16 (Hervorhebung im Original).

82 Arens, Franz: Zur Sozialgeschichte der böhmischen Länder, vornehmlich im Zeitalter der Hussitenkämpfe. Zu neueren Arbeiten von Josef Pekař. In: Vierteljahrschrift für Sozial- und Wirtschaftsgeschichte 28 (1935) 348–362, hier 362.

83 Srbik: Rezension von Pekař, 498, 503. Eine längere, im Inhaltsverzeichnis mit „Pekař’ Wallensteinwerk und die Geisteshaltung meines Buches“ überschriebene Auseinandersetzung mit dem Werk des tschechischen Fachkollegen enthält die im Herbst 1947 abge-

Deutschen in der Tschechoslowakei längst nicht mehr debattiert wurden. Die Empfindungen der sudetendeutschen Historiker in ihrer Gesamtheit brachte der aus Prag gebürtige Osteuropaforscher Hans Raupach, der kurz vor dem Abschluß seiner Habilitation über den tschechischen Frühnationalismus stand, im Schlußsatz seines Nachrufs auf Pekař wohl treffend auf den Punkt: Der Tod des tschechischen Historikers habe „eine Lücke gerissen, die auch die deutsche Forschung schmerzlich empfindet".[84]

V. Zwischen Diffamierung und Rehabilitierung: Pekař und sein Wallensteinbuch nach dem Zweiten Weltkrieg

Mit dem Tod von Pekař 1937 nahm seine Vereinnahmung auch für politisch-ideologische Zwecke immer absurdere Formen an. Als Pfitzner zwei an ihn gerichtete Briefe Pekařs vom 10. März bzw. vom 30. April 1936, in denen der tschechische Historiker die Haltung Prags gegenüber den Deutschen kritisiert hatte, fünf Tage nach dessen Tod in Henleins Organ „Die Zeit. Sudetendeutsches Tagblatt" abdrucken ließ,[85] kam es zu einem offenen Bruch der tschechi-

schlossene, aber erst fünf Jahre später im Druck erschienene Neubearbeitung von Srbiks Wallensteinwerk. Ders.: Wallensteins Ende. Ursachen, Verlauf und Folgen der Katastrophe. Salzburg ^{2}1952, 30–37. Zu Srbik vgl. Fellner, Fritz: Heinrich von Srbik – „Urenkelschüler Rankes". In: ders.: Geschichtsschreibung und nationale Identität. Probleme und Leistungen der österreichischen Geschichtswissenschaft. Wien/Köln/ Weimar 2002, 330–345; Derndarsky, Michael: Zwischen „Idee" und „Wirklichkeit". Das Alte Reich in der Sicht Heinrich von Srbiks. In: Schnettger, Matthias (Hg.): Imperium Romanum – irregulare corpus – Teutscher Reichs-Staat. Das Alte Reich im Verständnis der Zeitgenossen und der Historiographie. Mainz 2002 (Veröffentlichungen des Instituts für Europäische Geschichte Mainz. Abteilung für Universalgeschichte. Beiheft 57), 189–205; ders.: Der Fall der gesamtdeutschen Historie. Heinrich von Srbik im Spannungsfeld von Wissenschaft und Politik. In: Hanák, Péter u.a. (Hg.): Kultur und Politik in Österreich und Ungarn. Wien/Köln/Weimar 1994, 149–172; Sweet, Paul R.: The Historical Writing of Heinrich von Srbik. In: History and Theory 9 (1970) 37–58, sowie den Beitrag von Winfried Schulze in diesem Sammelband.

84 Raupach, Hans: Josef Pekař † 23.1.1937. In: Osteuropa. Zeitschrift für die gesamten Fragen des europäischen Ostens 12 (1937) 423–425, hier 425; mit vergleichbarem Gesamturteil Wostry, W[ilhelm]: Josef Pekař †. In: Zeitschrift für sudetendeutsche Geschichte 1/1 (1937) 59f.

85 „Wir hegen dabei den stillen Wunsch, daß Pekařs Gedanken, wie sie in den nachfolgenden Briefen zum Ausdruck kommen, die Verantwortlichen des Staates zur Ueberprüfung mancher eigenen Anschauungen anregen mögen und sind überzeugt, daß sie auch in

schen Zunft mit dem deutschen Kollegen. Je nachdrücklicher sudetendeutsche Historiker Pekař gleichsam als Kronzeugen für die Berechtigung eigener historischer Ansichten und politischer Überzeugungen benannten, desto schärfer wurden die Reaktionen auf tschechischer Seite. Als einer der Hauptkritiker Pfitzners meldete sich Jaroslav Werstadt zu Wort, der zunächst nur die aus seiner Sicht inhaltliche Verzerrung von Pekařs Ansichten beanstandete,[86] dann aber zunehmend dessen politische Instrumentalisierung durch den jungen deutschen Professor an der Prager Deutschen Universität anprangerte, „der in der letzten Zeit allzu deutlich unter der würdigen und unschuldigen Maske des Gelehrten eine politische Agitation betreibt, die mit einer sachlichen und objektiven wissenschaftlichen Erkenntnis immer mehr im Widerspruch steht"; die Lektüre von Pfitzners Schriften zeige, daß er aus Pekař überall „einen Protektor und Verbündeten jener politischen Ziele und Ansichten des Sudetendeutschtums" mache, wie sie Henlein repräsentiere, ihn „sozusagen geistig für die politische Kampftruppe assentiert, zu der er sich selbst bekennt".[87]

Diese Kontroverse könnte ebenso wie die Tatsache, daß Pekařs Schriften auch in der Zeit des Protektorats von deutscher Seite große Hochschätzung erfuhren, übergangen werden, hätten nicht diese Zusammenhänge nach Ende des Zweiten Weltkriegs erhebliches Gewicht gewonnen. Mit der kommunistischen Machtübernahme in der Tschechoslowakei, die sich in ihren Anfängen schon kurz nach Kriegsende abzeichnete, wurde Josef Pekař schlagartig zur *persona non grata* – ihm, dem man „Defaitismus", „nationalen Verrat" und „überlebte reaktionäre Vorstellungen" vorwurf, aber auch seiner Schule und der gesamten „bourgeoisen Geschichtswissenschaft" wurde gleichsam der

der übrigen Welt, nicht zuletzt in der deutschen, jene Beachtung finden werden, die sie besonders in der gegenwärtigen gespannten Lage der weltanschaulichen Auseinandersetzungen verdienen." Pfitzner, Josef: Josef Pekař, der große Historiker, über das deutsch-tschechische Verhältnis. In: Die Zeit. Sudetendeutsches Tagblatt, Jg. 3 vom 28. Januar 1937, 2. Zum Hintergrund vgl. Hadler/Šustek: Pfitzner, 115–119.

86 Werstadt, Jaroslav: Ein sudetendeutscher Bewunderer Pekařs [I–III]. In: Prager Presse, 17. Jg, Nr. 45 vom 14. Februar 1937, 3; ebd., 17. Jg., Nr. 48 vom 17. Februar 1937, 2; ebd., 17. Jg., Nr. 52 vom 21. Februar 1937, 2.

87 Ders.: Ein großer tschechischer Historiker in alldeutschen Diensten? [I–II]. In: Prager Presse, 17. Jg., Nr. 250 vom 12. September 1937, 4–5 (Zitat 4); ebd., 17. Jg., Nr. 252 vom 14. September 1937, 4–5. Diese und weitere Artikel und Polemiken publizierte Werstadt 1948, als er im Zuge des Kampfes gegen „Pekař und den Pekařismus in der tschechischen Geschichtsschreibung" auf große Aufmerksamkeit hoffen durfte, erneut unter dem Titel: Pře se „sudetoněmeckým" historikem o české myšlení historické a politické a o jeho představitele. In: ders.: Odkazy dějin a dějepisců. Praha 1948, 187–213.

Prozeß gemacht.[88] Innerhalb kürzester Zeit verschwanden seine Werke aus allen öffentlichen und wissenschaftlichen Bibliotheken.

Aufschlußreich für die Fragestellung dieses Beitrags sind die beiden umfangreichen Studien, die Jan Pachta, der zu jener Zeit als Leiter der politischen Abteilung der Kanzlei des tschechoslowakischen Staatspräsidenten die Redaktion der Schriften Klement Gottwalds koordinierte, 1948 und 1950 veröffentlichte.[89] Pachta ging in seinen Anklageschriften gegen Pekař auch auf das Wallensteinbuch ein, in dem dessen konterrevolutionäre Auffassung der tschechischen Geschichte erstmals sichtbar geworden sei: Pekař habe in seinem Werk von 1895 einen „feudalen Emporkömmling" zum „Nationalhelden" verfälscht und versucht, ihn dem tschechischen Volk, dem Palacký den Weg zu hussitischer Kompromißlosigkeit und Wahrhaftigkeit gewiesen hatte, nachgerade als Vorbild zu präsentieren.[90] Anstatt diesen den Interessen seines Volkes untreu gewordenen Verräter und Renegaten allen Generationen als Warnung hinzustellen, habe er sich vielmehr bemüht, bei Wallenstein um jeden Preis lichte Seiten und sogar ein nationales Bewußtsein zu entdecken.[91] „Unsere bürgerliche Geschichtsschreibung vor dem letzten Krieg war derart von Pekař abhängig", so das Fazit von Pachta, „daß sie 1934 den dreihundertsten Todestag der Ermordung Albrecht von Wallensteins als passende Gelegenheit begrüßt habe, dem Volk durch eine gesteigerte wissenschaftliche

88 Hanzal, Josef: Cesty české historiografie 1945–1989. Praha 1999, 20–76; Kostlán, Antonín (Hg.): Druhý sjezd československých historiků (5.–11. října 1947) a jeho místo ve vývoji českého dějepisectví v letech 1935–1948. Praha 1993.

89 Pachta, Jan: Josef Pekař – ideolog kontrarevoluce. Praha 1948 (Časové studie Nové mysli 1); ders.: Pekař a pekařovština v českém dějepisectví. Brno 1950 (Za svobodu lidu 2).

90 „S kontrarevolučním pojetím našich dějin se shledáváme již v prvním velkém díle Pekařově ‚Dějiny valdštejnského spiknutí', které vyšlo r. 1895. Za ‚objev' Valdštejna vděčil Pekař chvalořečníku Habsburků Ant. Rezkovi, který ho pro toto thema nadchl ve svém universitním semináři. Pekař po celá desítiletí těžce nesl, že jeho habilitační práce o Valdštejnovi z r. 1895 vzbudila nepatrný ohlas v tehdejší české veřejnosti. Vysvětlení lze hledat v tom, že Valdštejn, tento bezcharakterní feudální povýšenec, chorobně ctižádostivý a neštítící se žádných prostředků k dosažení svých cílů, nemohl být v letech rakouského panství vzorem pro český národ, jemuž Palacký svými Dějinami ukázal cestu k husitské nesmlouvavosti a opravdovosti. Ačkoliv Pekař věděl, že Valdštejnovy zrady prýštily z osobní ctižádosti a pomstychtivosti, přece se snažil povýšit tohoto šlechtického odrodilce a prospěcháře na národního hrdinu, o němž napsal, že ‚za osobním dramatem Fridlandského vévody zdvihá se a roste do daleka drama úchvatnější, tragedie celého národa [...].'" Pachta: Pekař a pekařovština, 27.

91 „Místo aby zosobnil v tomto zrádci a odrodilci, zpronevěřivším se zájmům národa, výstrahu pro všechny generace, snažil se Pekař stůj co stůj objevit u Valdštejna světlé stránky, a dokonce i národní vědomí." Ebd., 83.

Produktion die dekadenten Vorbilder unserer Vergangenheit in Erinnerung zu bringen".[92] Wie nicht anders zu erwarten, ging Pachta überdies ausführlich auf die „Beliebtheit Pekařs bei den Deutschen" und dessen Rezeption durch die sudetendeutschen Historiker ein, denen er eine zentrale Rolle für die allmähliche Verbindung von Pekařs Anschauungen mit der „nazistischen Ideologie" zusprach.[93]

Die doppelte Vereinnahmung Pekařs zu politischen Zwecken sollte in den kommenden Jahrzehnten alle Werke tschechischer Historiker zu Wallenstein prägen.[94] Als Beispiel seien hier nur einige Urteile Josef Polišenskýs genannt. In dem Wallensteinbuch von Pekař, den Polišenský 1958 ganz in marxistischer Terminologie in die Gruppe der „anachronistischen Verteidiger des Legitimismus bzw. der bürgerlich-nationalistischen Verehrer des Alten" einordnete, seien „anachronistische Aktualisierung und ungesunde Psychologisierung bis zur Absurdität" geführt worden.[95] Auch 1971 wirken die älteren ideologischen Vorwürfe gegen Pekař noch nach, doch wird dessen Wallensteinbuch von Polišenský im Pilotband zur großen Quellenedition der „Documenta Bohemica Bellum Tricennale illustrantia" immerhin schon als „solide Studie über die letzten Lebensjahre des Generals" gewürdigt.[96] Das große Werk Josef Janáčeks von 1978 über Wallenstein enthielt zwar eine wohlwollende Würdigung und Weiterentwicklung von Pekařs Ansätzen;[97] doch noch 1987, als der fünfzigste Todestag von Pekař den äußeren Anlaß für eine Auseinandersetzung

92 „Naše buržoasní historiografie před poslední válkou byla tak závislá na Pekařovi, že uvítala r. 1934 třísté výročí zavraždění Albrechta z Valdštejna jako vhodnou příležitost, aby připomněla národu svou početnější vědeckou produkcí úpadkové vzory z naší minulosti." Ebd., 27f.

93 Ebd., 54–67.

94 Pánek, Jaroslav: Proměny obrazu Albrechta z Valdštejna (Evropské téma v české perspektivě sedmi desetiletí: 1934–2007). In: Fučíková, Eliška/Čepička, Ladislav (Hg.): Valdštejn. Albrecht z Valdštejna. Inter arma silent musae? Praha 2007, 23–37. Daß Pekař auf deutscher Seite, insbesondere in der an die älteren sudetendeutschen Traditionen anknüpfenden Geschichtsschreibung nach dem Zweiten Weltkrieg keine Kritik erfuhr, sei hier nur angemerkt. Es wäre einen eigenen Beitrag wert, diese Fortschreibung der auf Pfitzner, Wostry und andere zurückgehenden Ansichten näher zu untersuchen.

95 Polišenský, Josef: Zur Problematik des Dreißigjährigen Krieges und der Wallensteinfrage. In: Obermann, Karl/Polišenský, Josef: Aus 500 Jahren deutsch-tschechoslowakischer Geschichte. Berlin 1958 (Schriftenreihe der Kommission der Historiker der DDR und der ČSR 1), 99–135, hier 130.

96 Ders.: Der Krieg und die Gesellschaft, 153; vgl. ebd., 45f., 53, 97f., 116, 155f., 162. Polišenský publizierte in jener Zeit mehrfach zu Wallenstein. Vgl. vor allem ders.: Wallenstein. In: I Protagonisti della Storia Universale, Bd. 6. Milano 1969, 197–224.

97 Janáček, Josef: Valdštejn a jeho doba. Praha 1978.

Abb. 3: Titelblatt von Pekařs Wallensteinmonographie, die 2008 in Prag zum dritten Mal nach 1895 und 1933/34 in tschechischer Sprache im Druck erschien

mit dessen Persönlichkeit und Werk geboten hätte, sucht man in der offiziellen Geschichtsschreibung vergeblich nach solchen Ansätzen.[98] Erst nach der politischen Wende von 1989/90 setzte in der tschechischen Historiographie eine umfassende Rehabilitierung von Pekař ein,[99] bei der auch sein Erstling über den großen Feldherrn des Dreißigjährigen Krieges neue Aufmerksamkeit erfuhr. 2008 erschien Pekařs „Wallenstein" nun zum dritten Mal nach 1895 und 1933/34 in tschechischer Sprache, als Nachdruck der überarbeiteten zweiten Auflage (Abb. 3).

98 Otáhal, Milan: Prager Historiker zum 50. Todestag von Josef Pekař. In: Bohemia 29 (1988) 148–152.

99 Vgl. stellvertretend neben den bereits genannten Arbeiten Pekař, Josef: Postavy a problémy českých dějin. Výbor z díla. Hg. v. František Kutnar. Praha 1990.

Winfried Schulze

Heinrich von Srbik und sein Wallensteinbild

I.

Die Geschichte unseres Fachs zu kennen, gehört nach meiner Auffassung zu den unverzichtbaren Voraussetzungen für eine erfolgreiche Arbeit in der Geschichtswissenschaft. Neben vielen anderen Funktionen erlaubt uns dieser Zugriff die notwendige Relativierung unseres eigenen Standpunkts und mag uns so vor einer Verabsolutierung unserer heutigen Forschungsperspektiven bewahren. Zudem kann sie uns zeigen, mit welchen spezifischen ideologischen Vorbelastungen bestimmte Historiker ihre Werke geschrieben haben. Diese spezielle Aufgabe wird auch im Mittelpunkt dieses Beitrags zu unserer Tagung stehen. Er zielt darauf ab, das spezifische Bild Wallensteins zu ermitteln, daß am Beginn der zwanziger Jahre des 20. Jahrhunderts von dem österreichischen Historiker Heinrich von Srbik gezeichnet worden ist. Damit ordnet sich das Thema in eine Vielzahl von historiographischen Perspektiven ein, die auf dieser Tagung vorgetragen wurden. Dahinter steckt natürlich die interessante Frage, welche spezifische Rolle dieses Bild Wallensteins im Rahmen der weiteren Forschung gespielt hat und welche Wirkungen für die weitere Geschichtsschreibung von diesem Bild ausgegangen sind. Wir nutzen mit dieser Fragestellung eine der Varianten von Historiographiegeschichte, die zum einen von einem bestimmten Historiker ausgeht, zum anderen aber ein spezifisches Thema seines Schaffens in den Mittelpunkt stellt und zugleich in den größeren Zusammenhang einordnet, der durch die Beschäftigung der Geschichtsschreibung mit der Figur Wallensteins vorgegeben ist.

Um dieser Aufgabe gerecht zu werden, will ich im wesentlichen in zwei Schritten vorgehen: Zunächst soll die Person des Historikers Heinrich von Srbik vorgestellt werden, der sicherlich zu den herausragenden Figuren der österreichischen Geschichtsschreibung der ersten Hälfte des 20. Jahrhunderts gehört und der durch seine prominente Rolle im und seine Annäherung an den Nationalsozialismus auch in den weiteren Rahmen der allgemeinen Beschäftigung mit der Historiographiegeschichte des Nationalsozialismus gehört. In einem zweiten Schritt will ich mich dann näher mit den spezifischen Auseinandersetzungen Srbiks mit der Figur Wallensteins beschäftigen, wobei natürlich – der Thematik seines Buchs entsprechend – das Ende Wallensteins im Vordergrund stehen muß. Diese Verbindung von biographischem und analysierendem Zugriff erscheint deshalb sinnvoll, weil insbesondere gefragt werden soll, welche Stellung das Wallensteinbuch im Werk Srbiks einnimmt, das in der Wahrnehmung der Forschung vor allem durch seine Beiträge zur „gesamtdeutschen Geschichtsauffassung" bestimmt wird. Ist die Beschäftigung mit Wallenstein nur eine eher zufällige Beschäftigung mit dem berühmten Feldherrn, oder hat sie eine bestimmte Funktion in der Entwicklung seiner Geschichtsschreibung?

Vorab will ich noch einige kurze Bemerkungen zum Stand der Forschung über Heinrich von Srbik machen. Angesichts der Tatsache, daß wir inzwischen über eine bemerkenswerte Reihe von Monographien über jene Historiker verfügen, die vor und während des Nationalsozialismus, zum Teil auch noch später, eine führende Rolle gespielt haben, muß es natürlich auffallen, daß eine allein und gründlich seiner Person gewidmete Darstellung, die den Anforderungen der modernen Forschung entsprechen würde, bislang nicht vorliegt. Zwar wurde 1989 von dem österreichischen Historiker Michael Derndarsky in Klagenfurt eine Habilitationsschrift zu Srbik vorgelegt,[1] aber diese Arbeit wurde leider nicht als Buch publiziert, und sie wird wohl auch nicht mehr veröffentlicht werden. Das gleiche Schicksal widerfuhr auch der Habilitationsschrift Jürgen Kämmerers über Srbik, die in Karlsruhe unter der Betreuung von Walter Bußmann vorgelegt, aber gleichfalls nicht publiziert wurde. Immerhin sind ihre Ergebnisse teilweise in die Briefedition eingeflossen, die die Grundlage des Habilitationsprojekts bildete.[2] Die Arbeit Derndarskys ist in ihren Ergebnissen nur teilweise durch einige kürzere Beiträge in Sammelbänden in die einschlägige Forschung eingegangen. Daneben liegen kürzere interpretierende und biographische Arbeiten, zumeist mit dem Schwerpunkt auf dem Historiker der dreißiger und vierziger Jahre vor.[3] Bedauerlicherweise fehlt auch ein gründlicher Beitrag über Srbik in einer der neueren Publikationen über österreichische Historiker im Nationalsozialismus.[4] Der Nachlaß des Hi-

1 Derndarsky, Michael: Österreich und die „Deutsche Einheit". Studien zu Heinrich von Srbik und seiner gesamtdeutschen Geschichtsauffassung. Habilitationsschrift Klagenfurt 1989. Eine ausführliche Rezension findet sich in *historicum* Winter 1992/93: http://www.wsg-hist.uni-linz.ac.at/Historicum/HABIL/Derndarsky.htm (letzter Zugriff am 21.6.2010).

2 Kämmerer, Jürgen (Hg.): Heinrich Ritter von Srbik. Die wissenschaftliche Korrespondenz des Historikers 1912–1945. Boppard am Rhein 1988 (Deutsche Geschichtsquellen des neunzehnten und zwanzigsten Jahrhunderts 55).

3 Fellner, Fritz: Heinrich Ritter von Srbik (1878–1951). In: Lehmann, Hartmut/Sheehan, James (Hg.): Paths of Continuity. Central European Historiography from the 1930s to the 1950s. Washington D.C. 1994, 171–186.

4 Hruza, Karel (Hg.): Österreichische Historiker 1900–1945. Lebensläufe und Karrieren in Österreich, Deutschland und der Tschechoslowakei in wissenschaftlichen Porträts. Wien/

storikers wurde nur partiell durch die erwähnte selektive Edition seiner Briefe erschlossen, ein relativ umfangreiches autobiographisches Manuskript Srbiks, das der Münchner Historischen Kommission bei der Bayerischen Akademie der Wissenschaften vorlag, kam nach kommissionsinternem Dissens nicht zur Veröffentlichung.[5] Immerhin lassen sich durch die veröffentlichten Briefe auch einige Einblicke in jene frühe Phase der Geschichtsschreibung Srbiks gewinnen, die in unserem Zusammenhang interessiert, üblicherweise aber nicht im Mittelpunkt des Interesses an seiner Person steht.

Der Name Srbiks taucht natürlich auch auf in den Editionen der Briefe anderer Historiker, so etwa der Briefe Friedrich Meineckes oder Gerhard Ritters, aber auch hierbei ist immer zu bedenken, daß die abgedruckten Briefe nicht jener Periode entstammen, die uns hier vorrangig interessiert, sondern vor allen Dingen jener Arbeitsphase, in der er sich mit den Problemen der gesamtdeutschen Geschichtsauffassung auseinandergesetzt und damit eine führende Rolle im österreichisch-deutschen Wissenschaftssystem gespielt hat. Dies gilt auch für die in den letzten Jahren gewachsene Zahl gründlicher Untersuchungen der deutschen Geschichtsschreibung im Nationalsozialismus, in denen der Name Srbiks fast immer erwähnt werden muß. Man wird ohnehin leicht feststellen können, daß in der Wahrnehmung Srbiks als Historiker stets seine Arbeiten zur österreichischen und deutschen Geschichte des 19. und 20. Jahrhunderts im Vordergrund stehen, während die Wallensteinstudie wie auch die anderen Arbeiten zur frühneuzeitlichen Wirtschaftsgeschichte kein besonderes Interesse zu finden scheinen.

II.

Ganz eindeutig läßt sich die soziale Herkunft Srbiks bestimmen. 1878 in Wien geboren, stammt er aus einer neuadeligen österreichischen Beamten- und Gelehrtenfamilie, die böhmische und reichsdeutsche Wurzeln verband.

Köln/Weimar 2008 (mit einem ausführlichen Forschungsbericht zu den österreichischen Historikern der ersten Hälfte des 20. Jahrhunderts). Gefüllt wird diese Lücke demnächst durch den umfangreichen Beitrag von Pesditschek, Martina: Heinrich (Ritter von) Srbik (1878–1951). „Meine Liebe gehört bis zu meinem Tod meiner Familie, dem deutschen Volk, meiner österreichischen Heimat und meinen Schülern". In: Hruza, Karel (Hg.) Österreichische Historiker 1900–1945 II. Lebensläufe und Karrieren in Österreich, Deutschland und der Tschechoslowakei in wissenschaftsgeschichtlichen Porträts (erscheint Wien 2012).

5 Durch Kollegen, die das Manuskript vor über dreißig Jahren einsehen konnten, habe ich dankenswerter Weise indirekt Informationen über diesen autobiographischen Versuch erhalten.

Die familiäre Prägung sollte eine starke Wirkung für seine Weltanschauung und seine spätere Geschichtsauffassung haben. Am Wiener Gymnasium Theresianum wurde er schon früh von dem Historiker Eugen Guglia an die Geschichtswissenschaft herangeführt,[6] und es lag in der Konsequenz dieses früh geweckten Interesses, daß er 1897 sein Studium der Geschichtswissenschaft an der Universität Wien aufnahm. Schon vier Jahre später schloß er es mit einer von Oswald Redlich betreuten mittelalterlichen Dissertation über Burggraf Friedrich III. von Nürnberg ab. In der Folgezeit wurde er Mitglied des 23. Kurses des Instituts für Österreichische Geschichtsforschung, und er war dies gleichzeitig mit den Historikern Wilhelm Bauer und Hans Hirsch, die ihm zu lebenslangen Freunden wurden und später auch seine Kollegen an der Universität Wien werden sollten. Ein nicht unwesentlicher Teil des Briefwechsels ist der gemeinsamen Sorge der jungen Historiker um ihre Berufungswünsche und -chancen gewidmet.

Den natürlichen Mittelpunkt der Arbeiten im Institut bildeten mittelalterliche Editionsarbeiten. Nach dem frühen Tod Engelbert Mühlbachers (1903) geriet Srbik jedoch in den Umkreis von Alfons Dopsch, der seit 1898 als Professor in Wien lehrte, und entwickelte unter seinem Einfluß ein spezifisches Interesse für wirtschaftsgeschichtliche Fragen. Die 1903 gegründete Historische Kommission für die Neuere Geschichte Österreichs sollte weiterhin seinen Lebensweg bestimmen: Zunächst übernahm er als ihr Mitarbeiter die Edition der österreichisch-niederländischen Staatsverträge, ein Unternehmen, das stark von dem deutschnational geprägten Archivdirektor Ludwig Bittner dominiert wurde. Ab 1904 bekleidete er die Funktion eines Bibliothekars am Institut für Österreichische Geschichtsforschung, 1907 schließlich konnte er sich mit einer wirtschaftsgeschichtlichen Studie habilitieren, die sich mit dem staatlichen Exporthandel Österreichs von Leopold I. bis Maria Theresia beschäftigte.[7] War diese Habilitation noch mit einer relativ engen *venia legendi* für das Fach Österreichische Geschichte verbunden, so erweiterte Srbik drei Jahre später seine Lehrberechtigung auf die Allgemeine Geschichte, nachdem er eine weitere Abhandlung über den Kameralisten Wilhelm von Schröder vorgelegt hatte.[8] 1912 wurde Srbik nach zwei

6 Eugen Guglia schrieb auch eine Geschichte dieser Bildungsanstalt. Vgl. ders.: Das Theresianum in Wien. Vergangenheit und Gegenwart. Wien 1996.

7 Srbik, Heinrich von: Der staatliche Exporthandel Österreichs von Leopold I. bis Maria Theresia. Wien 1907 [ND Frankfurt a. M. 1969].

8 Ders.: Wilhelm von Schröder. Ein Beitrag zur Geschichte der Staatswissenschaften. Wien 1910 (Sitzungsberichte der Kaiserlichen Akademie der Wissenschaften in Wien, Philosophisch-historische Klasse 164).

ihn enttäuschenden Nichtberufungen zunächst außerordentlicher Professor für Neuere Geschichte und Wirtschaftsgeschichte an der Universität Graz. 1917 wurde die Professur nach einer *primo-loco*-Plazierung Srbiks für eine Professur in Czernowitz zu einer ordentlichen Professur aufgewertet.[9] In Graz fühlte sich Srbik sehr bald heimisch, seine Lehrveranstaltungen fanden Zulauf, zumal er die gesamte Neuere Geschichte seit dem Humanismus las und auch eine historiographische Vorlesung über das 19. Jahrhundert erarbeitete.

Es entsprach dem familiären Selbstverständnis und einer von ihm selbst gesehenen „psychische[n] Notwendigkeit", daß er während des Ersten Weltkriegs seit 1915 unbedingt als Reserveoffizier in den Semesterferien Dienst an der italienischen Front tun wollte.[10] Um so mehr ist man erstaunt, daß er trotz der Belastungen der Kriegszeit – insgesamt leistete er 16 Monate Kriegsdienst vor allem als Heeresartillerist im Ortler-Gebiet – die Zeit finden konnte, um weiter wissenschaftlich zu arbeiten. 1917 erschienen seine „Studien zur Geschichte des österreichischen Salzwesens", die aber zugleich auch den Abschluß seiner wirtschaftshistorischen Studien bildeten. Jetzt drängten sich neue Themen und Fragestellungen auf. An die Figur Wallensteins hatte ihn ein eher beiläufiger Fund im Rahmen seiner Arbeit an den Staatsverträgen herangeführt, das tiefere Problem der großen Persönlichkeit verdankte sich wohl eher seiner Selbsteinschätzung als „ehrfurchtsvoller Ranke-Epigone". Ricarda Huchs Werke über Wallenstein hatten sein Interesse sicher noch gefördert.[11]

Schon 1920 konnte er sein zu erheblichen Teilen aus den Quellenbeständen vieler Archive und Bibliotheken heraus gearbeitetes Wallensteinbuch vorlegen.[12] Dabei war es durchaus schwierig gewesen, für dieses Buchprojekt einen Verlag zu finden. Nachdem mehrere renommierte Verlage (Oldenbourg, Deutsche Verlags-Anstalt, Quelle und Meyer) abgelehnt hatten, übernahm schließlich der relativ kleine Wiener Seidel Verlag die Publikation.[13] Eine deutlich überarbeitete zweite Auflage, die schon 1947 fertiggestellt war, legte er am Ende seines Lebens vor, sie erschien aber erst nach seinem Tod mit einem Vorwort von Taras von Borodajkewycz, einem ehemaligen Assistenten

9 Vgl. das ebenfalls 1917 erschienene Werk von dems.: Studien zur Geschichte des österreichischen Salzwesens. Innsbruck 1917 (Forschungen zur inneren Geschichte Österreichs 12).

10 Kämmerer (Hg.): Heinrich Ritter von Srbik, 54 (14. Juni 1915).

11 Huch, Ricarda: Der Große Krieg in Deutschland, Bd. 1–3. Leipzig 1912–1916; dies.: Wallenstein. Eine Charakterstudie. Leipzig 1915.

12 Srbik, Heinrich von: Wallensteins Ende. Ursachen, Verlauf und Folgen der Katastrophe. Wien 1920.

13 Kämmerer (Hg.): Heinrich Ritter von Srbik, 157.

Srbiks, 1952 im Salzburger Otto Müller-Verlag.[14] Es scheint nicht unwichtig zu erwähnen, daß diese zweite Auflage von einem Mann zur Publikation gebracht wurde, der sich auch in den sechziger Jahren des 20. Jahrhunderts noch zu seiner frühen Mitgliedschaft in der NSDAP bekannte und durch seine wiederholten pronazistischen und antisemitischen Äußerungen als Professor an der Wirtschaftshochschule Wien einen stark beachteten politischen Skandal auslöste, der schließlich zu seiner Zwangspensionierung führte.[15]

Im Nachhinein läßt sich ohne jeden Zweifel feststellen, daß dieses Buch über Wallenstein – trotz der von Srbik am Ende seines Lebens deutlich gesehenen Schwächen – für seine weitere Karriere eine enorm wichtige Funktion hatte. Ohne dieses Werk wäre sein weiterer Lebensweg vermutlich anders verlaufen. Adam Wandruszka kommentierte die Bedeutung des Wallensteinbuchs für seinen Verfasser und für die Entwicklung der österreichischen Geschichtsforschung folgendermaßen: „Wie oft problematische und nicht völlig geglückte Werke einen tieferen Einblick in Arbeitsmethode und Geisteswelt eines Autors gestatten als solche, die der kritischen Untersuchung die nahtlose Glätte der Vollkommenheit entgegensetzen, so zeigt das Wallensteinbuch, dessen scharfsinnige Deduktionen teilweise durch spätere Forschungen überholt wurden, besonders klar, worin Srbiks Bedeutung in der Entwicklung der österreichischen Geschichtswissenschaft bestand: in der Übertragung der am Institut für Geschichtsforschung am mittelalterlichen Material ausgebildeten kritischen Methode auf die Probleme der politischen und der Ideengeschichte der Neuzeit."[16]

Es war sicher auch der durchaus unerwartete Erfolg des Wallensteinbuchs, der die Grundlage für Srbiks Berufung auf eine Professur für die Geschichte der Neuzeit an der Universität Wien im Jahr 1922 bildete. Nachdem er mit der Figur Wallensteins das Feld der politischen und Ideengeschichte betreten und sich methodisch immer mehr Ranke angenähert hatte, verstärkte sich dieses Interesse jetzt noch mit einem Essay über Metternich, den er 1922 für das Sammelwerk „Meister der Politik" schrieb.[17] Damit wurde auch seine neue Orientierung deutlich; er verließ sein österreichisches Umfeld und trat jetzt in

14 Srbik, Heinrich von: Wallensteins Ende. Ursachen, Verlauf und Folgen der Katastrophe. Salzburg ^{2}1952 (im folgenden wird nach dieser Ausgabe zitiert).

15 Vgl. den Bericht auf der Homepage des österreichischen Bundespräsidenten Heinz Fischer http://www.hofburg.at/show_content2.php?s2id=97 (letzter Zugriff am 21.6.2010).

16 Kämmerer (Hg.): Heinrich Ritter von Srbik, XV (Vorwort von Adam Wandruszka).

17 Srbik, Heinrich von: Metternich. In: Marcks, Erich/Müller, Karl Alexander von (Hg.): Meister der Politik. Eine weltgeschichtliche Reihe von Bildnissen, Bd. 1–3. Stuttgart u. a. 1922–1923, hier Bd. 2, 355–400.

intensiveren Kontakt zu reichsdeutschen Historikern, deren wissenschaftliche Präferenzen er mehr und mehr teilte. Man ist geneigt zu konstatieren, daß Srbik jetzt seine Bestimmung als Historiker gefunden hatte. Dieser erste Essay war zugleich der Ansatzpunkt für die schon 1925 folgende zweibändige Biographie über Metternich,[18] und man wird sagen können, daß es vor allem diese Metternich-Biographie war, die ihm große Anerkennung auch über den österreichischen Bereich hinaus verschuf und ihn wiederum in noch engere Beziehungen zu einigen reichsdeutschen Historikern brachte, denen er bislang keine feste Größe gewesen war. Hier ist vor allen Dingen Friedrich Meinecke zu nennen, dessen geistesgeschichtlichen Perspektiven sich Srbik stark verbunden fühlte.[19]

Das neu gewonnene Renommee als Historiker der deutschen Geschichte brachte ihm Rufe nach Köln, Bonn, München und Berlin ein, die Srbik jedoch sämtlich ablehnte, wohl wissend, daß seine altösterreichische Haltung im Reich nur schwer vermittelbar gewesen wäre. Es unterstreicht seine öffentliche Reputation, wenn er 1929/30 einen Ausflug in die nationale Politik machen konnte: Als Unterrichtsminister war er Mitglied der Regierung des Bundeskanzlers Schober, spätere Versuchungen in diese Richtung lehnte er allerdings ab. Besondere Verdienste erwarb er sich während seiner Amtszeit als Minister um die Wiederherstellung der Historischen Kommission, deren Arbeiten nach dem Zusammenbruch der Monarchie praktisch zum Erliegen gekommen waren.[20] Ansonsten waren die dreißiger Jahre erfüllt von der Vorbereitung einer Quellenedition zur deutschen Politik Österreichs 1859 bis 1866, die zwischen 1934 und 1938 erschien.[21] Daneben wurde er ein tatkräftiger Organisator der österreichischen Geschichtswissenschaft und bildete mit Oswald Redlich und Ludwig Bittner ein mächtiges Dreigestirn.

18 Ders.: Metternich. Der Staatsmann und der Mensch, Bd. 1–2. München 1925.

19 Vgl. die Korrespondenz zwischen Meinecke und Srbik in Meinecke, Friedrich: Ausgewählter Briefwechsel. Hg. v. Ludwig Dehio und Peter Classen. Stuttgart 1962.

20 Zur Geschichte der Kommission vgl. Fellner, Fritz: „… ein wahrhaft patriotisches Werk“: die Kommission für Neuere Geschichte Österreichs 1897–2000. Wien/Köln/Weimar 2001 (Veröffentlichungen der Kommission für Neuere Geschichte Österreichs 91). Zu den hier benannten Vertretern der österreichischen Geschichtswissenschaft ist heranzuziehen ders./Corradini, Doris A. (Hg.): Österreichische Geschichtswissenschaft im 20. Jahrhundert. Ein biographisch-bibliographisches Lexikon. Wien/Köln/Weimar 2006 (Veröffentlichungen der Kommission für Neuere Geschichte Österreichs 99).

21 Srbik, Heinrich von (Hg.): Quellen zur deutschen Politik Österreichs 1859–1866, Bd. 1–5/2. Berlin u. a. 1934–1938 (Deutsche Geschichtsquellen des 19. Jahrhunderts 29–33).

1929 hatte Srbik in Salzburg zum ersten Mal in einem Vortrag seine Vorstellungen einer gesamtdeutschen Geschichtsauffassung formuliert,[22] die dann durch die genannte Quellenedition und sein weiteres Hauptwerk „Deutsche Einheit. Idee und Wirklichkeit vom Heiligen Reich bis Königgrätz" untermauert wurde.[23] In Abgrenzung zu allen borussischen Interpretationen der deutschen Geschichte stellte Srbik den Anteil Österreichs an der deutschen Geschichte heraus, das er als unverzichtbaren Teil einer gesamtdeutschen Geschichte bezeichnete. Zunächst wollte er damit vor allen Dingen den tiefen Riß zwischen dem kleindeutschen und dem großdeutschen Geschichtsbild überwinden, der bislang die deutsche Geschichtswissenschaft bestimmt und in den Augen Srbiks auch belastet hatte.

Mit dieser gesamtdeutschen Geschichtsauffassung gehörte Srbik zu den Historikern, die – um ein Wort Karl Alexander von Müllers zu gebrauchen – nicht mit „leeren Händen" zum Nationalsozialismus kamen.[24] Er war überzeugt davon, daß das in den Friedensverträgen von 1919 festgelegte Verbot des Anschlusses Österreichs an das Deutsche Reich Österreich letztlich die Existenz erschwert habe. Deshalb war für ihn der von den Nationalsozialisten durchgesetzte Anschluß Österreichs an das Deutsche Reich 1938 eine historisch notwendige Korrektur. Sein enormes Renommee als Wissenschaftler ließ ihn zur *persona gratissima* innerhalb des nationalsozialistischen Systems werden, ohne daß Srbik jedoch irgendwelche politischen Funktionen ausübte, wenn man einmal von seiner Tätigkeit als Mitglied des – politisch tatsächlich unbedeutenden – Reichstags seit 1938 absieht, wozu er ernannt worden war. Gegenüber kritischen deutschen Kollegen wie Gerhard Ritter begründete er in einem bemerkenswert offenen Brief sein bewußtes Mitmachen mit der Notwendigkeit, Schlimmeres verhindern zu wollen, betonte aber zugleich seine Mißbilligung bestimmter Maßnahmen des Regimes. Dabei distanzierte er sich zwar von den rüden Methoden eines Walter Frank, der Ritters Lehrer Hermann Oncken attackiert hatte, betonte aber in einem Brief an Ritter vom 18. März 1936 dessen „echte wissenschaftliche Qualitäten".[25]

22 Ders.: Gesamtdeutsche Geschichtsauffassung. Leipzig 1932 (Teubners Quellensammlung für den Geschichtsunterricht 24).

23 Ders.: Deutsche Einheit. Idee und Wirklichkeit vom Heiligen Reich bis Königgrätz, Bd. 1–4. München 1935–1942.

24 Schulze, Winfried: Karl Alexander von Müller (1882–1964). Historiker, Syndikus und Akademiepräsident im „Dritten Reich". In: Willoweit, Dietmar (Hg.): Denker, Forscher und Entdecker. Eine Geschichte der Bayerischen Akademie der Wissenschaften in historischen Portraits. München 2009, 281–306.

25 Kämmerer (Hg.): Heinrich Ritter von Srbik, 440–442.

Auf dem Felde der Wissenschaft freilich konnte er sich diese Zurückhaltung nicht leisten: 1938 wurde er Nachfolger seines Doktorvaters Redlich als Präsident der Wiener Akademie der Wissenschaften und Vorsitzender der Kommission für Neuere Geschichte Österreichs,[26] 1942 übernahm er das Amt des Präsidenten der Historischen Kommission bei der Bayerischen Akademie der Wissenschaften in München, ohne hier freilich noch besondere Wirksamkeit entfalten zu können. Später legte er großen Wert darauf, von seinen Kollegen in das Amt des Präsidenten gewählt worden zu sein.

So sicher es ist, daß Srbik aufgrund seiner konservativen und gesamtdeutschen Grundauffassungen eine starke Affinität zum Nationalsozialismus entwickelte und auch den Anschluß Österreichs an das Deutsche Reich begrüßt hatte, so sehr steht auch fest, daß Srbik nicht als Nationalsozialist im engeren Parteisinn bezeichnet werden kann. Trotz seiner großen Reputation, die er in Österreich und im Reich genoß, nutzte er seine auch durch die Parteimitgliedschaft seit 1938 abgesicherte Position keineswegs exzessiv für politische Einflußnahmen aus, sicher auch deshalb, weil die Parteiinstanzen klar erkannten, daß der katholische Srbik keineswegs vorbehaltlos zum Nationalsozialismus stand. Er war zudem bemüht, die spezifisch österreichische Qualität der von ihm gelenkten Institutionen zu erhalten. So wehrte er sich etwa gegen die Streichung des Adjektivs „österreichisch" und die damit verbundene Eindeutschung in den Einrichtungen, in denen er Verantwortung trug.

Trotzdem darf nicht übersehen werden, daß Srbik, wie Karen Schönwälder herausgearbeitet hat, sich an verschiedenen Stellen eindeutig zum Propagandisten von nationalsozialistischen Auffassungen gemacht hat.[27] In Reden und Zeitschriftenbeiträgen bekannte er sich vor allem zu dem dem Nationalsozialismus sehr willkommenen Begriff des „Volkstums", der in seiner Konzeption von gesamtdeutscher Geschichte eine wichtige Rolle spielte und die trennenden Kategorien von kleindeutsch und großdeutsch überwölbte. Diese methodische Option machte ihn zugleich zu einem der als innovativ geltenden Historiker des Dritten Reichs, denn „Volksgeschichte" galt als die Zukunft der Geschichtswissenschaft – wer modern sein wollte, hatte sich an ihr zu

26 Srbik, Heinrich von: Die deutsche Wissenschaft und die Wiener Akademie im Großdeutschen Reich. Wien 1939.

27 Ders.: Der Westfälische Frieden und die deutsche Volkseinheit. München 1940 (Kriegsschriften der Reichsstudentenführung 4). Der Vortrag erschien im Parteiverlag der NSDAP. Vgl. Schönwälder, Karen: Heinrich von Srbik. „Gesamtdeutscher" Historiker und „Vertrauensmann" des nationalsozialistischen Deutschland. In: Kaufmann, Doris (Hg.): Kaiser-Wilhelm-Gesellschaft im Nationalsozialismus. Bestandsaufnahme und Perspektiven der Forschung. Göttingen 2000, 528–544.

orientieren. Auf der anderen Seite muß betont werden, daß Srbik in den verschiedenen Positionen, die ihm vom System angetragen worden waren, sehr zurückhaltend agierte beziehungsweise völlig auf seine Teilnahme verzichtete. So wurde er zwar zum Senator der Kaiser-Wilhelm-Gesellschaft gewählt, doch an keiner der sieben Sitzungen des Senats der Gesellschaft nahm er aktiv teil, allein einen Vortrag im Berliner Harnack-Haus kann man hier feststellen. So wird man im Endeffekt einen konservativen, damit dem nationalsozialistischen Denken aufgeschlossenen Historiker konstatieren können, dessen stark entwickelte Neigung zur Kategorie des Volks die Basis seiner Popularität war, ohne daß dies freilich kritische Bemerkungen und Beurteilungen des Systems verhindert hätte.

Insofern konnte es nicht erstaunen, daß Srbik nach dem Zweiten Weltkrieg als belastet galt und für sein Engagement im Nationalsozialismus mit dem Verlust aller wissenschaftlichen und akademischen Funktionen büßen mußte. Seit Februar 1945 lebte er „seelisch recht gebrochen“ – so das Urteil Friedrich Meineckes, der ihn als „innerlich [...] nie n.s. gesinnt“ betrachtete[28] – in Ehrwald in Tirol, wo er nach seiner Einstufung als Minderbelasteter und dann auch als pensionierter Professor lebte. Dieses Urteil scheint aber nicht zu der enormen Arbeitsbelastung zu passen, der sich Srbik in dieser schwierigen Lebensphase unterwarf, denn neben einer gründlichen Überarbeitung seines Wallensteinbuchs (1947) schloß er sein Lebenswerk mit einer großen Darstellung der neueren Historiographiegeschichte unter dem Titel „Geist und Geschichte vom deutschen Humanismus bis zur Gegenwart“ ab.[29] Kurz nach der Vollendung dieses Werks starb er 1951 in Ehrwald.

Mit diesem kurzen Überblick über die wissenschaftliche Karriere von Heinrich von Srbik sollte deutlich geworden sein, daß das, was uns auf dieser Tagung im engeren Sinn interessiert, eigentlich gar nicht von dem öffentlichen Bild erfaßt wird, das in der Geschichtswissenschaft von dem österreichischen Historiker besteht, sofern er überhaupt noch bekannt ist. Das vorrangige Interesse an seiner Person galt und gilt nicht dem Autor von Studien zur frühneuzeitlichen Wirtschaftsgeschichte oder zu Wallenstein, sondern dem Erfinder und Propagator einer spezifischen „gesamtdeutschen Geschichtsauffassung“. Damit aber ist vor allen Dingen sein Werk der dreißiger und vierziger Jahre angesprochen, nicht seine frühe Arbeit über Wallensteins Ende. Der Gesamtblick über die Themen, die er während seines Lebens bearbeitet hat,

28 Meinecke, Friedrich: Ausgewählter Briefwechsel. Hg. v. Ludwig Dehio und Peter Classen. Stuttgart 1962, 272: Brief an Aage Fries vom 6. März 1947).

29 Srbik, Heinrich von: Geist und Geschichte vom deutschen Humanismus bis zur Gegenwart, Bd. 1–2. München 1950–1951.

zeigt zugleich, daß er nach seiner mediävistischen Qualifikationsarbeit sehr bald den Weg in die Neuere Geschichte fand und dort von der Wirtschaftsgeschichte der Frühen Neuzeit zu Wallenstein, sich dann aber stärker der deutsch-österreichischen Geschichte im 19. Jahrhundert zuwandte. Dies ist ohne Zweifel ein bemerkenswerter und im Vergleich mit anderen Biographien ungewöhnlicher Weg, der ihn immer wieder mit neuen Themenstellungen konfrontiert hat. Trotzdem fehlt eine reflektierte Erklärung für diese ungewöhnliche Entwicklung der thematischen Schwerpunkte. Aus den verfügbaren Materialien läßt sich, wie auch Fritz Fellner festgestellt hat,[30] kein schlüssiges Ergebnis ermitteln. Man ist freilich geneigt anzunehmen, daß er die mittelalterliche Geschichte als zu wenig an den politischen Fragen seiner Zeit, die ihn wirklich bewegten, interessiert sah. Erst der Weg zur deutschen Reichsgeschichte konnte ihm die Wirksamkeit eröffnen, die er sich erhoffte. Insofern stellt das Wallensteinbuch eine wichtige Wendemarke dar, es dokumentiert in gewisser Weise seine Flucht aus der mittelalterlichen Geschichte in eine politisch relevante Geschichtsschreibung. Mit ihm erschloß er sich zum ersten Mal die deutsche Reichsgeschichte, die sein Leib- und Magenthema werden sollte.

Für uns aber steht fest, daß Srbik sich nach dem erwähnten Abschluß seiner Studien über das frühneuzeitliche Salzwesen in der Endphase des Ersten Weltkriegs der Person Wallensteins zuwandte und sich damit eine bedeutsame Schwerpunktverschiebung in seinem gesamten Werk ergab, die ihn erst zu dem bekannten Historiker machte, der er dann tatsächlich wurde. Auf den ersten Blick könnte man vermuten, daß mit dem Ende der Habsburgermonarchie auch ein Wechsel der Thematik angesagt gewesen wäre. Srbik selber hat jedoch darauf hingewiesen, daß sein Wallensteinbuch schon früher erschienen wäre, wenn ihn die Belastungen des Kriegsdienstes nicht daran gehindert hätten.

Was aber hat ihn an dieser Person gereizt, was waren die Gründe dafür, daß er sich von den ihm vertrauten mediävistischen und wirtschaftsgeschichtlichen Fragestellungen einer herausragenden Persönlichkeit der frühneuzeitlichen Geschichte und damit einem dezidiert anderen Gebiet zuwandte? Und schließlich wäre zu fragen, ob mit der Hinwendung zur biographischen Forschung über Wallenstein auch schon eine Hinwendung zum neuen großen Thema der gesamtdeutschen Geschichtsauffassung verbunden war. Diesen Fragen will ich im folgenden nachgehen.

30 Fellner: Heinrich Ritter von Srbik, 171–186.

III.

Versucht man einen ersten Einblick in das Buch zu gewinnen, so kann man sich zunächst den Ausführungen des Jenenser Historikers Otto Mentz anvertrauen, der das Buch für die „Historische Zeitschrift" in Augenschein nahm. Die Rezension beginnt folgendermaßen: „Wie schon der Titel des Werkes andeutet, behandelt Srbik in drei Büchern die Vorgeschichte der Katastrophe, Wallensteins Ende und das Nachspiel. Er vermag dabei besonders in zwei Beziehungen die Forschung zu fördern. Erstens ist es ihm geglückt, wichtige, bisher nicht oder nur mangelhaft benutzte Quellen aufzufinden und mit ihrer Hilfe uns sowohl über die Vorgeschichte der Katastrophe wie über diese selbst weit genauer als bisher zu unterrichten. Zweitens hat er in die vor und nach dem Tode Wallensteins erschienene Flugschriftenliteratur Ordnung gebracht und vermag auf dieser Grundlage zu zeigen, wie stark die Wallenstein feindliche Partei am Wiener Hofe gegen ihn gewühlt hat und wie sie den Kampf gegen ihn auch nach seinem Tode zur Beeinflussung der öffentlichen Meinung fortgesetzt hat."[31]

Damit ist deutlich gesagt, wo der Schwerpunkt des Werkes liegt: Es ist zum einen die minutiöse, zum Teil durch neu aufgefundene Dokumente weiter geklärte Analyse der Vorgänge im letzten Lebensjahr des Feldherrn bis zu dem berühmten 25. Februar, und es ist zum anderen die weitgehend neu erarbeitete Geschichte des publizistischen Nachlebens Wallensteins, die das besondere Interesse Srbiks auf sich zog, nicht zuletzt deshalb, weil hier auch der größte Fortschritt in der Detailkenntnis erbracht werden konnte.

In der Sache bedeutsam ist nach Mentz der Nachweis, daß Ferdinand II. selbst den Befehl zur Tötung Wallensteins gegeben habe, wobei eine Denkschrift Gundaker von Liechtensteins wichtige Argumente lieferte.[32] Srbik interpretiere dieses Vorgehen als die Vollziehung eines vom Herrscher gegen einen abtrünnigen Untertanen gefällten Urteils. Er belege auch, daß bei der Entstehung des Urteils Verleumdungen, an denen Piccolomini stark beteiligt war, eine große Rolle gespielt hätten, und daß der bayerische Anteil an der Herbeiführung der kaiserlichen Entschließung nicht so groß gewesen sei, wie

31 Mentz, Otto: Rez. zu Srbik, Heinrich von: Wallensteins Ende. Ursachen, Verlauf und Folgen der Katastrophe. Wien 1920. In: Historische Zeitschrift 126 (1922) 486–488, hier 486.

32 Winkelbauer, Thomas: Fürst und Fürstendiener. Gundaker von Liechtenstein, ein österreichischer Aristokrat des konfessionellen Zeitalters. Wien/München 1999 (Mitteilungen des Instituts für Österreichische Geschichtsforschung. Ergänzungsbd. 34), 223–226 (mit der Tendenz zur Relativierung der Bedeutung der Denkschrift).

man früher angenommen hatte. Größer sah Srbik den spanischen Einfluß an, besonders aber unterstrich er die tiefe Feindschaft des kaiserlichen Hofpredigers Johannes Weingartner gegenüber Wallenstein. Dieser Hofprediger wird von ihm auch als der Verfasser der nach dem Tod erschienenen Flugschrift „Perduellonis chaos" ermittelt, eine Flugschrift, die für die historische Urteilsbildung über Wallenstein sehr wichtig wurde.

Wenn man so die von der Kritik herausgestellten Ergebnisse kurz anspricht, so muß aus heutiger Sicht darauf hingewiesen werden, daß es angesichts der Vielfalt der Detailergebnisse Srbiks gar nicht verwundern kann, wenn daran manches zu korrigieren war. Bei der Gelegenheit will ich auch darauf hinweisen, daß eine wichtige Aussage Srbiks zum rechtlichen Vorgehen gegen Wallenstein von Christoph Kampmann in seiner Arbeit über „Reichsrebellion und kaiserliche Acht" korrigiert worden ist.[33] Während für Srbik das kaiserliche Vorgehen gegen den Feldherrn einen eindeutigen Rechtsverstoß bedeutete, konnte Kampmann nachweisen, daß das kaiserliche Vorgehen durchaus den Usancen entsprach, die beim Verbrechen der „notorischen Reichsrebellion" angezeigt waren. Da diese Frage aber nicht im Mittelpunkt der mir gestellten Frage steht, will ich darauf nicht näher eingehen.

Bei dieser Gelegenheit ist es sicher angebracht, einige Bemerkungen zur methodischen Anlage des Wallensteinbuchs zu machen. Man erwartet zunächst einen spannenden Bericht über das letzte Jahr vor Wallensteins Tod, der den Leser durch die innere Dynamik des Geschehens in seinen Bann zieht. Diesem Verfahren, das später Golo Mann vor allen Dingen nutzen sollte, entzog sich Srbik zwar nicht völlig, aber doch so weit, daß man den Text als eine interessante Mischung von Textsorten bezeichnen kann. Es gibt durchaus die dynamische, Autor und Leser mitreißende Abfolge des Geschehens, aber Srbik unterbricht diese erzählerische Linie immer wieder durch quellenkritische Einschübe, in denen er sich mit älteren Forschungsmeinungen auseinandersetzt oder die Qualität und Stimmigkeit bestimmter Quellen erörtert. Man hat oft den Eindruck, als ob der Erzähler Srbik mit dem methodisch geschulten Srbik kämpfe, der aus dem Institut für Österreichische Geschichtsforschung kommt und zeigen will, was kritische Geschichtswissenschaft zu leisten vermag. Schon die Einleitung des Buchs bietet auf immerhin zwanzig Seiten eine relativ umfassende Einführung in die Literatur zur Wallensteinfrage, so daß an der Forschungsorientierung des Buchs von Anfang an kein

33 Kampmann, Christoph: Reichsrebellion und kaiserliche Acht. Politische Strafjustiz im Dreißigjährigen Krieg und das Verfahren gegen Wallenstein 1634. Münster 1992 (Schriftenreihe der Vereinigung zur Erforschung der Neueren Geschichte 21), 101–105.

Zweifel aufkommen kann. Damit wird ein inhaltliches Gegengewicht gegen „das rätselhafte Wesen des Friedländers, sein großes Planen und widerspruchsvolles Wirken, sein tragisches Sterben“ gebildet. All dies soll dazu beitragen, das Problem Wallenstein dem „leidenschaftslosen Erkenntnistriebe“ zu unterwerfen, den der Verfasser mit Ranke – seinem Idol – in Verbindung zu bringen sucht, der es erst geschafft habe, „die heiße Parteinahme für und wider“ durch intensive Quellenforschung zu neutralisieren.[34]

Srbik sah die neue Forschung über Wallenstein zu sehr in der Richterrolle und noch nicht bei einem umfassenden Verständnis angekommen. Folglich ließ er keinen Zweifel an bestimmten Grundtatsachen: „Es bleibt auch heute unbezweifelbar, daß Wallenstein schon gleich nach seiner 1630 zu Regensburg erfolgten Enthebung vom Kommando vom Wege der Treue abstürzte, von gekränktem Selbstgefühle, Herrschaftstrieb und Geringschätzung gegen Hof und Regierung geleitet; und daß er dann während des Zweiten Generalats schwankend, unschlüssig, immer die letzte Entscheidung hinausschiebend, sich tiefer und tiefer in unzweifelhaftem Verrat am Kaiser verstrickte, ohne doch den Rückweg zu Ferdinand sich abschneiden zu wollen; bis ihn endlich die Erkenntnis, daß seine Gegner das Netz zusammenziehen, ganz in die Arme der Feinde Habsburgs – und des Todes getrieben hat. Zwiespalt kann zwischen jenen, die den Friedländer objektiv des Verrates am Kaiser schuldig halten, nur in der Frage bestehen, wie weit er von großen, dem Gemeinwohl dienenden Ideen neben und über eigennützigen Motiven geleitet war. In dieser Hinsicht scheinen mir eine noch schärfere Betonung des nationalpolitischen Realismus des Friedländers und eine stärkere Charakteristik der tiefen Berechtigung seiner reichspolitischen Bestrebungen am Platze zu sein, als sie doch auch bei einem so herben Kritiker Wallensteins wie Ritter zu Tage treten.“[35]

Hier scheint der Punkt erreicht, an dem Srbik über die bisherige Forschung hinausgehen und seine neue Perspektive, die die bloße Faktenverifizierung oder -korrektur überschreitet, einbringen wollte. Es ging ihm um national- und reichspolitische Fragen, in denen er den Plänen Wallensteins eine positive Bedeutung zumaß, also im wesentlichen seinem Wunsch nach einer politischen Befriedung des Reichs und damit dessen Stärkung im europäischen Mächtekonzert. In der „Beendigung des sinnlos gewordenen Sichzerfleischens in Europa, der Idee eines Friedens auf der Grundlage religiöser Gleichberechtigung im Reich und im Willen des Zwangs gegenüber den kriegsverlängernden, Volk und Reich gefährdenden Kräften“ erkannte Srbik „große und

34 Srbik: Wallensteins Ende, 19.
35 Ebd., 20f.

sittlich tief berechtigte Bestrebungen".[36] Aber diese Bestrebungen standen im Gegensatz zu den politischen Überzeugungen, die der gesamtdeutsch fühlende Historiker für wünschenswert hielt. Er bekannte: „Wer, wie ich seit langem, die Schaffung und den Bestand eines österreichischen Großstaates in Ostmitteleuropa als einen an sich hohen positiven Wert ansieht, der wird auch die Kräfte des Widerstandes gegen Wallensteins Programm der Rückbildung dieses Staatswerdens auf den Stand von 1618 in ihrer Teilberechtigung verstehen. Wer ferner, wie ich Österreich als materielle Grundlage der deutschen Kaisermacht für notwendig und, im ganzen, für segensreich vom Blickpunkt deutscher Reichseinheit betrachtet, der wird aus nationalgeschichtlichen Erwägungen auch die hohe Bedeutung der Kaisergedanken des ersten Friedländischen Generalates würdigen, er wird aber auch die Kaiserfeindschaft des Zweiten Generalates und das Ringen um deutsche reichsfürstliche Libertät für einen Irrweg ansehen und wird Arnims konservativer Kompromiß, dem die schöpferische Ader fehlte, nicht mißachten."[37]

Hier erkannte er zumindest eine Teilberechtigung der Kräfte des Widerstands gegen Wallensteins Programm der Rückbildung dieses habsburgischen Staatswesens auf den Stand von 1618. Auf der anderen Seite erkannte er in Wallensteins eben genannten Friedensideen positive Überlegungen. Hier, in diesem zentralen Gegensatz, scheint der Schlüssel zu Srbiks neuem Bild des Friedländers zu liegen, dessen Doppelgesichtigkeit er zu zeigen versuchte: Srbik entwickelte in immer wieder neuen Anläufen das Bild einer ambivalenten, geradezu in sich gespaltenen Persönlichkeit, die nicht einfach als „schuldig" oder „unschuldig" abzuurteilen sei. Zuweilen ist das auch eine chronologische Differenz, wenn er den Wallenstein, der 1630 in Regensburg – zu Unrecht – das erste Generalat verlor, dem Wallenstein des zweiten Generalats entgegenstellte. Daher erklärt sich auch seine Bewunderung für das Wallensteinbild Ricarda Huchs, die ein ähnlich gebrochenes Bild des Generals gezeichnet hatte, freilich mit literarischen Mitteln, wie Srbik natürlich sah. Aber das psychologische Grundmuster von Huchs Deutung wollte er jetzt, gestützt auf das reiche und zuweilen kontroverse Quellenmaterial, für seine Deutung nutzen, die Deutung eines Historikers. Angesichts der Bedeutung, die Huchs Wallensteininterpretation von 1915 für Srbik offensichtlich besaß, liegt die Vermutung nahe, daß es neben glücklichen Quellenfunden vor allem das Erscheinen ihrer Wallensteinstudie war, die Srbik an diese Figur heranführte. Im übrigen muß auffallen, daß sowohl Ricarda Huch als auch Alfred Döblin, der als Militärarzt den Krieg erlebte, und dann auch der Of-

36 Ebd., 34f.
37 Ebd., 34.

fizier Heinrich von Srbik sich unter dem Eindruck des Ersten Weltkriegs der Figur Wallensteins näherten.[38]

An dieser Stelle schwor Srbik in einer das Wesen der historischen Arbeit geradezu verleugnenden Formulierung den direkten Aussagen der historischen Quellen ab, wobei er sich auf ein Wort Johannes Hallers stützte, der geschrieben hatte: „Akten haben es mit dem zu tun, was geschieht, nicht mit Gedanken, Plänen, Möglichkeiten der Zukunft. Darum kann eine Darstellung, die sich nur an die Akten hält, nicht befriedigen. Sie wird niemals die ganze Geschichte enthalten und immer Gefahr laufen, zeitweilige Absichten mit dem Ziel zu verwechseln, das unausgesprochen, nur dem Auge des Handelnden sichtbar, hinter und über den Möglichkeiten des Tages steht."[39]

Nimmt man schließlich den Aufbau seiner Einleitung der Neuauflage als Beleg für sein Verständnis von Wallenstein, dann fällt auf, daß er zuletzt vier Urteile über die Persönlichkeit des Feldherrn heranzog, die zu außerordentlich positiven Urteilen gekommen sind. Zum einen wird der französische Richelieuforscher Jean Canu zitiert, der in Wallenstein einen „der ersten Heroen der Vereinheitlichung Mitteleuropas" sah und der ohne Rücksicht auf Nationalitäten, Religionen, Klassen und soziale Unterschiede ein Reich schaffen wollte, um Mitteleuropa zu einer Nation umzubilden.[40] Auch der revisionistische Autor Philipp Hiltebrandt, der 1941 ein Buch über die Entstehung der Kaiseridee publiziert hatte, wird zustimmend zitiert, der davon sprach, daß Wallenstein zu einer „revolutionären Umgestaltung des Reiches" tendierte, das damit den Vorsprung der anderen Staaten in der Ausbildung staatlicher Macht einholen sollte.[41] Eine neue Reichsidee sah er in einem Kaiserstaat, der den Partikularismus und die konfessionellen Einflüsse beseitigen sollte. Srbik zitierte dann weiter Karl Brandi, der geschrieben hatte, „daß Wallenstein im letzten Jahr gesunde und fruchtbare Gedanken gehabt hat über eine große Pazifikation und die Befreiung der deutschen Lande".[42] Freilich habe er die rechten Wege zu diesem Ziel nicht eingeschlagen. Und schließlich zitierte er den sudetendeutschen Historiker Wilhelm Wostry, der die Meinung vertreten hatte, daß Wallenstein „gewiß nicht in reiner Selbstlosigkeit, den Frieden des Reichs auf der Grundlage des Gleichgewichtes gleichberechtigter christlicher Bekenntnisse" erstrebte.[43]

38 Döblin, Alfred: Wallenstein. Berlin 1920.
39 Zit. nach Srbik: Wallensteins Ende, 36f.
40 Canu, Jean: Louis XIII et Richelieu. Paris 1944. Hier zit. nach ebd., 37.
41 Hiltebrandt, Philipp: Die Kaiser-Idee. Leipzig 1941, 114.
42 Srbik: Wallensteins Ende, 37.
43 Zit. nach ebd., 38. Zu Wostry vgl. Lohmann, Nina: „Heimat und Volk". Der Histori-

Damit wird deutlich, daß Srbik an einem Bild Wallensteins interessiert war, daß er bei aller Anerkennung seiner Schuld in der letzten Phase des zweiten Generalats doch daran festhalten wollte, daß ihn keineswegs nur verräterische Gedanken getrieben haben. In Srbik selber kämpfte die Anerkennung von Wallensteins Friedens- und Reichsideen mit dem für das Reich in der damaligen Situation und im Hinblick auf die spätere Ausbildung der Habsburgermonarchie unverzichtbaren Kaiser, dem letztlich die höhere Qualität der Macht zukam, was Wallenstein tragischerweise nicht anerkennen wollte. Diese Ambivalenz spricht auch aus seinem abschließenden Urteil: „Als Verräter des Kaisers ist Wallenstein gefallen, aber das Ziel, das er mit seiner Untreue verfolgte, war, neben und über dem persönlichen Vorteile, der Friede des deutschen Volkes auf der festen Grundlage religiöser Duldung."[44] Und im Schlußteil des Buchs ist noch einmal von dem Verrat Wallensteins die Rede, der „durch ein wertvolles Endziel veredelt worden" sei; als Instanz für ein solches Urteil rief Srbik das deutsche Volk an, das fühlte, daß ein „Träger großer Gedanken ein Opfer feindlicher Mächte" geworden war.[45]

So zeigt sich, daß schon das Wallensteinbild Srbiks – und das war für mich selbst die eigentliche Überraschung dieser Untersuchung – eine Voranweisung auf seine spätere politisch-historische Haltung als gesamtdeutscher Historiker erkennen läßt, ein erneuter Hinweis darauf, daß die genaue Analyse eines einzelnen Buchs hilfreich für eine große historische Frage sein kann. Es scheint festzustehen, daß von Srbik auf dem Umweg über Wallenstein zu seinen geschichtspolitisch bedeutsamen Positionen über die gesamtdeutsche Geschichtsauffassung gekommen ist, insofern scheint ein Gesamturteil über seine historisch-politische Position ohne diesen Teil seines Werks kaum möglich zu sein.

---

ker Wilhelm Wostry zwischen deutschböhmischer und sudentendeutscher Geschichtsschreibung. In: Albrecht, Stefan/Malíř, Jiří/Melville, Ralph (Hg.): Die „sudetendeutsche" Geschichtsschreibung 1918–1960. Zur Vorgeschichte und Gründung der Historischen Kommission der Sudetenländer. München 2008 (Veröffentlichungen des Collegium Carolinum 114), 127–149. Ich danke Joachim Bahlcke für den Hinweis auf diese Studie.

44 Srbik: Wallensteins Ende, 194.

45 Ebd., 281.

Roland Gehrke

Nationalkonservative Historiographie im geteilten Deutschland

Das Wallensteinbild bei Hellmut Diwald

Im Gegensatz zu anderen Aufsätzen in diesem Band nimmt der Titel des folgenden Beitrags nicht nur persönlich Bezug auf einen bestimmten Autor – konkret auf den 1993 gestorbenen Erlanger Historiker Hellmut Diwald –, er nimmt auch eine politisch-ideologische Einordnung vor und verweist damit bereits auf den Kern des Problems: Es geht im folgenden um einen Wissenschaftler, den die Nachwelt nicht allein mit seinem Werk, sondern wohl mehr noch mit seiner exponierten politischen Position in Verbindung bringt. Mit anderen Worten: Es geht um eine der umstrittensten Figuren der westdeutschen Nachkriegsgeschichtsschreibung. Zunächst wird also zu klären sein, welche Rolle Diwald in der Wissenschaftslandschaft der alten Bundesrepublik spielte und was in seinem Fall unter dem Begriff „nationalkonservativ" konkret zu verstehen ist. Der zweite Teil dieses Beitrags wird dann um die Frage kreisen, welche historisch-politischen Motive sich in Diwalds bekannter Wallensteinbiographie von 1969 wiederfinden und wie weit sich diese in ein Geschichtsbild einfügen, das das Rubrum „nationalkonservativ" überhaupt verdient.

I.

Geboren 1924 im mährischen Schattau, besuchte der junge Hellmut Diwald zunächst in Prag die Schule, bevor die Familie 1938 nach Nürnberg übersiedelte.[1] Die explizite Selbstverortung als „Sudetendeutscher" mag seinen späteren politischen Weg ebenso vorgeprägt haben wie seine Herkunft das besondere Interesse an jenem großen Feldherrn des Dreißigjährigen Krieges

1 Angaben zu seiner Vita finden sich nebst Werkverzeichnis, einzelnen Textauszügen sowie weiteren Informationen auf der Internetseite http://www.hellmutdiwald.de (letzter Zugriff am 15. März 2010), die seit 2006 von Hellmut Diwalds Sohn Hans Diwald betrieben und gepflegt wird. Eine kritische Auseinandersetzung mit den politischen Positionen Diwalds ist darin nicht enthalten.

mit erklären kann, dessen Aufstieg und Fall eng mit dem politischen Schicksal Böhmens und Mährens verbunden blieb. Nach Kriegsdienst und Notabitur im besetzten Frankreich beendete Diwald zunächst ein Maschinenbaustudium in Nürnberg, bevor er sich 1947 in Erlangen für Philosophie sowie für Mittlere und Neuere Geschichte einschrieb. Seine von Hans-Joachim Schoeps betreute Dissertation hatte 1952 den „Geschichtsrealismus im 19. Jahrhundert" zum Thema;[2] die Habilitation folgte sechs Jahre später mit einer Arbeit über „Leben und Geschichte bei Wilhelm Dilthey".[3] Die folgerichtig zunächst für Geistesgeschichte erworbene *venia legendi* ließ Diwald 1966 in eine solche für Mittlere und Neuere Geschichte ändern; eine entsprechende Widmung trug dann auch seine zwischen 1965 und 1989 an der Friedrich-Alexander-Universität Erlangen ausgeübte Professur.

Obschon Diwald bereits in der Frühphase seiner Lehrtätigkeit in der westdeutschen Historikerzunft eher die Rolle eines Außenseiters einnahm, schloß sich an die Habilitation ein durchaus produktives Forscherleben an: Diwalds 1970 abgeschlossene Edition des Nachlasses von Ernst-Ludwig von Gerlach[4] trug ihm ebenso hohe wissenschaftliche Reputation ein wie der 1975 publizierte Eröffnungsband der „Propyläen-Geschichte Europas", „Anspruch auf Mündigkeit".[5] Die Person Albrecht von Wallensteins bildete ein weiteres Dauerthema: Der großen Biographie von 1969[6] vorausgegangen war bereits eine von Diwald eingeleitete Neuausgabe der „Geschichte Wallensteins" Leopold von Rankes;[7] eine Edition von Friedrich Schillers berühmtem Drama, für die er auch eine längere historische Einführung verfaßte,[8] folgte 1972. Lange vor

2 Veröffentlicht drei Jahre später unter dem Titel: Das historische Erkennen. Untersuchungen zum Geschichtsrealismus im 19. Jahrhundert. Leiden 1955 (Zeitschrift für Religions- und Geistesgeschichte. Beihefte 2).

3 Veröffentlicht fünf Jahre später dem Titel: Wilhelm Dilthey. Erkenntnistheorie und Philosophie der Geschichte. Göttingen 1963 (Veröffentlichungen der Gesellschaft für Geistesgeschichte 2).

4 Diwald, Hellmut (Hg.): Von der Revolution zum Norddeutschen Bund. Politik und Ideengut der preußischen Hochkonservativen 1848–1866. Aus dem Nachlaß von Ernst Ludwig von Gerlach, Bd. 1–2. Göttingen 1970 (Deutsche Geschichtsquellen des 19. und 20. Jahrhunderts 46).

5 Ders.: Anspruch auf Mündigkeit. Um 1400–1555. Frankfurt a. M./Berlin/Wien 1975 (Propyläen-Geschichte Europas 1).

6 Ders.: Wallenstein. Biographie. Esslingen [3]1984 [München [1]1969].

7 Ranke, Leopold von: Geschichte Wallensteins. Hg. v. Hellmut Diwald. Kronberg/Ts. 1967 [ND Düsseldorf 1978].

8 Diwald, Hellmut: Wallenstein – Geschichte und Legende. In: ders. (Hg.): Friedrich Schiller. Wallenstein. Text von „Wallensteins Tod". Dokumentation. Frankfurt a. M./Berlin/Wien 1972, 5–98.

den *Histotainment*-Serien eines Guido Knopp wurde Diwald überdies einem breiteren TV-Publikum bekannt: In der von Wolfgang Venohr für das ZDF produzierten und zwischen September 1977 und Mai 1979 ausgestrahlten Serie „Dokumente Deutschen Daseins" trug er mit dem Publizisten Sebastian Haffner einen Disput zu ausgewählten Themen der deutschen Geschichte aus. Die insgesamt zehn Folgen handelten das halbe Jahrtausend zwischen 1445 und 1945 ab;[9] mit bis zu 18 Prozent Einschaltquote wurde die Serie ein unerwarteter Erfolg.[10]

Seine markante politische Position hatte Diwald bereits 1970 unmißverständlich deutlich gemacht, als er in seinem Essayband „Die Anerkennung"[11] in scharfer Form gegen die Entspannungs- und vermeintliche Verzichtspolitik der Regierung Brandt polemisierte, der er eine „Taktik der Heuchelei und Feigheit"[12] vorhielt. Eine wirkliche Zäsur in seiner wissenschaftlichen Laufbahn bedeutete freilich erst seine 1978 veröffentlichte „Geschichte der Deutschen".[13] Der gewählte Ansatz war außergewöhnlich: Erstmals erzählte Diwald die Geschichte gegenchronologisch, begann also mit der Gegenwart und schritt von da bis ins 10. Jahrhundert zurück. Einen handfesten Skandal verursachte das Buch allerdings durch Passagen, die die jüngste deutsche Vergangenheit betrafen. Zwar hat Diwald in seiner Darstellung des Dritten Reiches den Holocaust als historisches Faktum nicht angezweifelt oder gar geleugnet, doch interessierte ihn offenkundig weniger die Ungeheuerlichkeit des Geschehenen an sich als vielmehr dessen vermeintliche Instrumentalisierung durch Siegermächte und willfährige Medien. Die Chiffre „Auschwitz" erfülle heute „eine Hauptfunktion bei der völligen moralischen Herabwürdigung der Deutschen", man habe, so Diwald, „eines der grauenhaftesten Geschehnisse der Moderne durch bewußte Irreführungen, Täuschungen, Übertreibungen für den Zweck der totalen Disqualifikation eines Volkes" ausgebeutet.[14]

Anders als der große Historikerstreit wenige Jahre später lösten diese Äußerungen keine Kontroverse im eigentlichen Sinn aus. Während in der

9 Vollständig dokumentiert von Venohr, Wolfgang (Hg.): Dokumente Deutschen Daseins. 500 Jahre deutsche Nationalgeschichte 1445–1945. Die erfolgreiche Fernsehserie mit kompletten Streitgesprächen zwischen Sebastian Haffner und Prof. Hellmut Diwald. Königstein/Ts. 1980. Das Gliederungsschema der einzelnen Folgen war stets das gleiche: Auf eine historische Nacherzählung mit Kommentar und die Wiedergabe ausgewählter zeitgenössischer Lieder und Gedichte folgte die Disputation zwischen Diwald und Haffner.

10 Ebd. (Vorbemerkung von Wolfgang Venohr), 3.

11 Diwald, Hellmut: Die Anerkennung. Bericht zur Klage der Nation. München 1970.

12 Ebd., 108f.

13 Ders.: Geschichte der Deutschen. Frankfurt a. M. u. a. 1978.

14 Ebd., 164.

Literatur zum Thema Rechtsradikalismus dem Buch Diwalds immerhin die Funktion einer Initialzündung für eine „Re-Nationalisierung" neurechter Geschichtsschreibung zugebilligt wurde, die von da an „lawinenartig" angewachsen sei,[15] fiel die Verurteilung sowohl in der Fachwelt als auch in der Presse nahezu einhellig aus. Von einem „als Geschichtsdarstellung verkleidete[n] politische[n] Pamphlet zur Propagierung jenes ebenso antiliberalen wie antidemokratischen Nationalismus"[16] war die Rede, und Golo Mann, von dem in diesem Beitrag noch die Rede sein wird, brandmarkte in einem Brief das „abscheuliche Buch" und „Schandwerk" Diwalds.[17] Dieser hatte seinen persönlichen Rubikon damit endgültig überschritten. Aus der wissenschaftlichen Kommunikationsgemeinschaft fortan ausgeschlossen, blieben ihm nur noch wenige, gleichfalls am rechten Rand angesiedelte Bundesgenossen wie etwa Alfred Schickel und Alfred Seidl, mit denen er 1981 die „Zeitgeschichtliche Forschungsstelle Ingolstadt" aus der Taufe hob. Auch gehörte er 1983 gemeinsam mit Armin Mohler, Bernhard Willms, Robert Hepp und Wolfgang Seiffert in Bad Homburg zu den Mitbegründern des „Deutschlandrats", der sich selbst als „konservative Sammlungsbewegung" verstand, allerdings keine größere Wirkung entfalten konnte.[18] Diwald, der nun „immer ungeschützter seinen unleugbaren schriftstellerischen Talenten"[19] vertraute, publizierte in den achtziger und frühen neunziger Jahren noch einige historisch-politische Essaybände und eine Vielzahl von Bekenntnisaufsätzen,[20] seine wissenschaftli-

15 Assheuer, Thomas/Sarkowicz, Hans: Rechtsradikale in Deutschland. Die alte und die neue Rechte. München [2]1992 [[1]1990], 175.

16 Graml, Hermann: Alte und neue Apologeten Hitlers. In: Benz, Wolfgang (Hg.): Rechtsextremismus in Deutschland. Voraussetzungen, Zusammenhänge, Wirkungen. Frankfurt a. M. [4]1994 [[1]1980], 30–66, hier 58.

17 Golo Mann an Armin Mohler, Icking/Isartal, 12. Juli 1980. Abgedruckt bei Mann, Golo: Briefe 1932–1992. Hg. v. Tilmann Lahme und Kathrin Lüssi. Göttingen 2006 (Veröffentlichungen der Deutschen Akademie für Sprache und Dichtung Darmstadt 87), 267–269, hier 267.

18 Leggewie, Claus: Die Republikaner. Phantombild der Neuen Rechten. Mit Reportagen aus Bayern, Berlin und Köln von Ulrich Chaussy, Volker Hartel und Volker A. Zahn. Berlin [3]1989 [[1]1989], 62.

19 So die postume Einschätzung von Seibt, Gustav: Heilsverlangen. Zum Tode des Historikers Hellmut Diwald. In: Frankfurter Allgemeine Zeitung Nr. 125 vom 2. Juni 1993, 35.

20 In Auswahl: Diwald, Hellmut: Deutschland – was ist es? Thesen zur nationalen Identität. In: Venohr, Wolfgang (Hg.): Die deutsche Einheit kommt bestimmt. Bergisch Gladbach 1982, 16–35; ders.: Wir sind auch heute noch ein Volk. In: Knopp, Guido/Quandt, Siegfried/Scheffler, Herbert (Hg.): Nation Deutschland? I. Hambacher Disput. Paderborn u. a. 1984 (Geschichte, Politik und Massenmedien 3), 11–13; ders.: Geschichte macht Mut. Erlangen/Bonn/Wien 1989 (Neuauflage u. d. T.: Ein Querkopf braucht kein Alibi.

che Produktivität ging indes merklich zurück: Seiner 1982 herausgebrachten Biographie Martin Luthers war ein vordergründiges nationalpolitisches Motiv deutlich anzumerken;[21] zudem unterstreicht es den starken Zug ins Populärwissenschaftliche, daß Diwald hier nicht nur auf einen wissenschaftlichen Apparat, sondern auch auf ein Quellen- und Literaturverzeichnis von vornherein verzichtete. Mit seinem letzten größeren Werk, einer Biographie des ersten Sachsenkönigs Heinrich I.,[22] überschritt Diwald nicht nur fachliche Grenzen, sondern verstieß auch gegen elementare wissenschaftliche Grundsätze, indem er in das Werk unvermittelt Elemente der Fiktion mit einfließen ließ.

Wie wenig Rücksichten der späte Diwald noch nahm, wird an seinen Ausflügen in die Niederungen der Parteipolitik deutlich. Den von dem Journalisten und ehemaligen Mitglied der Waffen-SS Franz Schönhuber geführten „Republikanern", die als Rechtsaußenformation bei Regional- und Europawahlen seit 1986 einige Erfolge verbuchen konnten,[23] trat er zwar nicht bei, stellte sich jedoch in den Dienst der von Schönhuber angemahnten „Intellektualisierung" der Partei. Für das Parteiorgan „Der Republikaner" schrieb er seit dem Frühjahr 1986 wiederholt Artikel, ließ sich in das Kuratorium der parteinahen „Carl-Schurz-Stiftung" berufen und verfaßte Ende 1989 für ein neues Programm der „Republikaner" die Präambel.[24] Einen letzten Skandal

---

Szenen der Geschichte. Frankfurt a. M./Berlin 1991); ders.: Deutschland einig Vaterland. Geschichte unserer Gegenwart. Frankfurt a. M./Berlin 1990; ders. (Hg.): Handbuch zur Deutschen Nation, Bd. 4: Deutschlands Einigung und Europas Zukunft. Tübingen/Zürich/Paris 1992 (Veröffentlichung der Stiftung Kulturkreis 2000 7).

21 Ders.: Luther. Eine Biographie. Bergisch Gladbach 1982, 9: „Luther ist nicht für die erste Zerteilung Deutschlands verantwortlich, wie so oft behauptet worden ist. Luther ist vielmehr derjenige, der das politische Bewußtsein der Deutschen und ihren Willen zur Freiheit, und damit ihr Zusammengehörigkeitsgefühl, wachgerüttelt hat." Vgl. Brinks, Jan Herman: Einige Überlegungen zur politischen Instrumentalisierung Martin Luthers durch die deutsche Historiographie im neunzehnten und zwanzigsten Jahrhundert. In: Zeitgeschichte 22 (1995) 233–248, hier 243.

22 Diwald, Hellmut: Heinrich der Erste. Die Gründung des Deutschen Reiches. Bergisch Gladbach 1987.

23 Die 1984 als CSU-Abspaltung entstandenen „Republikaner" hatten bei den bayerischen Landtagswahlen vom 12. Oktober 1986 mit 3,0 Prozent der Stimmen einen ersten Achtungserfolg erzielt. Den Durchbruch schaffte die Partei bei der West-Berliner Abgeordnetenhauswahl vom 29. Januar 1989 mit 7,5 Prozent. Bei der Europawahl am 18. Juni des gleichen Jahres erreichte sie 7,1 Prozent und konnte damit unter anderem ihren Vorsitzenden Schönhuber ins Europäische Parlament entsenden. Vgl. Jaschke, Hans-Gerd: Die „Republikaner". Profile einer Rechtsaußen-Partei. Bonn ²1993 [¹1993], 75–82.

24 Ebd., 118f.; ders.: Politischer Konservatismus im vereinten Deutschland. In: Butterwegge, Christoph/Isola, Horst (Hg.): Rechtsextremismus im vereinten Deutschland. Randerscheinung oder Gefahr für die Demokratie? Berlin ³1991 [¹1990], 143–149, hier 146f.;

löste ein von Rolf-Josef Eibicht herausgegebener Gedenkband aus, der 1994, ein Jahr nach Diwalds Tod, im einschlägigen Tübinger Hohenrain-Verlag erschien und gut drei Dutzend Beiträge von Weggefährten und Sympathisanten versammelte.[25] Eine Textpassage des Osnabrücker Soziologen Robert Hepp, die als angedeutete Holocaustleugnung interpretiert werden konnte, führte 1998 per Gerichtsbeschluß zum Einzug der gesamten Restauflage.[26]

II.

Diwalds politischen Standpunkt als „nationalkonservativ" zu kennzeichnen ist insofern stimmig, als die Nation, die er als eine objektiv gegebene, dem individuellen Streben entzogene Kultur- und Schicksalsgemeinschaft begriff,[27] den Dreh- und Angelpunkt seines Denkens bildete. In einigen zeitgeschichtlichen Studien ist es unternommen worden, im Geistesleben der alten Bundesrepublik ein „liberalkonservatives" und ein „nationalkonservatives" Lager voneinander abzugrenzen, unterscheidbar durch eine flexible Handhabung des Nationsbegriffs hier bzw. dessen ethnische Absolutsetzung dort.[28] Auf der Ebene der Geschichtsschreibung wurden als Exponenten des „liberalkonservativen" Lagers jene Forscher genannt, die wie Michael Stürmer oder Thomas Nipperdey die Westbindung der Bundesrepublik als rationale Antwort auf

---

vgl. ferner Durch den Rost. Mit Blick auf eine Zusammenarbeit mit der Union verordnet Republikanerchef Schönhuber seiner Partei ein gemäßigtes Image. In: Der Spiegel Nr. 44 vom 30. Oktober 1989, 31f.

25 Eibicht, Rolf-Josef (Hg.): Hellmut Diwald. Sein Vermächtnis für Deutschland. Sein Mut zur Geschichte. Tübingen 1994.

26 Angemerkt sei, daß der Band in der Württembergischen Landesbibliothek Stuttgart dem normalen Ausleihverkehr aus politischen Gründen entzogen ist und vom Verfasser daher nur auf besonderen dienstlichen Antrag hin eingesehen werden konnte.

27 Diwald, Hellmut: Perspektiven nationaler und europäischer Kultur. Krise oder Umschichtung eines Grundmusters? In: ders. (Hg.): Handbuch, Bd. 4, 567–584, hier 580: „Ebensowenig läßt sich bestreiten, daß zwar das kulturelle Werk ein Ergebnis des Schöpfertums eines einzelnen Menschen ist, daß aber dieses Individuum niemals zu abstrahieren ist von seinem Volk und dessen Daseins- und Gesellschaftsordnungen [...]. Kein einzelner Mensch kann ohne den Kulturraum, in dem er aufgewachsen ist und in dem er lebt [...], seinen Bedürfnissen und Befähigungen den angemessenen Ausdruck verleihen."

28 Czitrich, Holger: Konservatismus und nationale Identität in der Bundesrepublik Deutschland. Der Konservatismus, seine Theorie und Entwicklung im Spiegel der Diskussion über das Selbstverständnis der Bundesrepublik Deutschland seit Mitte der siebziger Jahre. Frankfurt a. M. u. a. 1989 (Europäische Hochschulschriften III/393), 82–90.

eine verunglückte Nationalstaatsbildung akzeptiert hatten, während Diwald in diesem Schema als der Leithistoriker der „Nationalkonservativen“ galt.[29] Natürlich können solche Zuschreibungen nur unvollkommene Hilfskonstruktionen sein, doch trifft der Terminus des „Nationalkonservatismus“ den Sachverhalt immerhin besser als der seit den frühen achtziger Jahren in der Diskussion gebrauchte, höchst amorphe Begriff der „Neuen Rechten“, der je nach Standpunkt sehr unterschiedliche politische Strömungen bezeichnet.

In der Tat begriff Diwald nicht nur die deutsche Niederlage von 1945 als historische Katastrophe, sondern auch die gesamte Nachkriegsentwicklung. Der Widerwille gegen eine vermeintliche „Fremdbestimmung“ der Deutschen zieht sich wie ein roter Faden durch seine politische Publizistik.[30] Die Gründung zweier lediglich scheinsouveräner deutscher Satellitenstaaten mit gegensätzlicher ideologischer Orientierung trieb die Deutschen in seinen Augen in einen permanenten „geistigen Bürgerkrieg“ hinein – „nicht weil wir es wollten, sondern als Nebeneffekt der Nachkriegspolitik der Alliierten“.[31] Die Wiederherstellung der staatlichen Einheit war für ihn nicht allein eine deutsche, sondern auch und vor allem eine europäische Existenzfrage: Ein wiedervereinigtes Deutschland sei die unbedingte Voraussetzung einer von den beiden Supermächten abgekoppelten europäischen Souveränität.[32] Diese Vision kontrastierte bei Diwald allerdings immer wieder mit zutiefst pessimistischen Stellungnahmen, die die deutsche Geschichte gleichsam an ihr Ende gekommen sahen. In Reaktion auf die Deutschlandpolitik der Regierung Brandt schrieb er schon 1970 voller Bitterkeit: „Es gibt heute keinen Einheitsstaat Deutschland. Es gibt bei uns weder *eine* Nation noch gibt es eine *deutsche* Nation. Es wird nie wieder eine geben.“[33]

Dieser Pessimismus fand seine Grundlage in der Vorstellung einer von außen erfolgreich durchgesetzten Stigmatisierung der eigenen Geschichte, die in Di-

29 Ebd., 91–94.

30 Vgl. exemplarisch Diwald: Deutschland – was ist es?, 33f.

31 Ders.: Die Deutschen – ein Verbrechervolk? Plädoyer für den aufrechten Gang. In: Der Republikaner 4/5 (1987) 1f., hier 2.

32 Ders.: Deutschland als atomares Schlachtfeld. Die Wiedervereinigung ist eine nationale Existenzfrage. Ebd., 4/2 (1987) 4f., hier 5: „Die Zertrümmerung und Aufspaltung Deutschlands ist zugleich eine Zertrümmerung und Aufspaltung Europas. Von der deutschen Einheit hängt die Souveränität Europas ab! Selbst wenn die Deutschen kein Interesse an der Veränderung ihrer Lage hätten: Die europäischen Staaten müßten um der Unabhängigkeit Europas willen die Restitution Deutschlands verlangen.“ Vgl. ferner Hellfeld, Matthias von: Modell Vergangenheit. Rechtsextreme und neokonservative Ideologien in der Bundesrepublik. Köln 1987, 204–206.

33 Diwald: Die Anerkennung, 114.

walds Publizistik einen beinahe obsessiven Charakter annimmt: „Deutschland läßt sich nicht besser vernichten als durch die Zerstörung der Selbstachtung, die Ausschwemmung seiner Normen, die Entwertung unserer Geschichte. Ein Volk, das mit sich selbst zerfallen ist, das seine Spiegel verhängt, gibt seine Zukunft auf. Die einzige Chance für die Heilung der Deutschen sahen die Sieger in der Ausmerzung aller Ideen und Überzeugungen, die uns so lange verseucht hatten, verseucht haben sollten. Nur durch eine innere Umpolung werde es möglich sein, den Deutschen ihre historische Rolle als ständigen Unruhestifter der Welt auszutreiben. So kam es nach 1945 zu dem jahrzehntelangen Bemühen, tief in die Bewußtseinsstruktur des Besiegten einzugreifen – ein absolut neuartiges Phänomen in der Weltgeschichte".[34] Dieses zentrale Motiv drängte ihn zunehmend in eine politisch-ideologische Wagenburgmentalität hinein, in die sich die vorstehend zitierten Auslassungen zur vermeintlichen Instrumentalisierung des Holocaust bestens einfügten. Dem Gros seiner westdeutschen Historikerkollegen machte Diwald in diesem Zusammenhang den Vorwurf, sie würden sich weigern, „das Joch der offiziösen transatlantisch imprägnierten Deutung unserer Geschichte" abzuschütteln, und sich statt dessen in den „Dienst volkspädagogisch opportuner Erwartungen" stellen.[35]

Es liegt eine gewisse Ironie darin, daß Diwald die tatsächliche Wiedervereinigung Deutschlands noch selbst erlebt hat – nur kam sie eben ohne eine Infragestellung der Westbindung zustande und somit unter gänzlich anderen politischen Bedingungen, als er selbst sie immer ersehnt hatte. Über den Fall der Berliner Mauer äußerte er sich einerseits triumphierend, betonte andererseits aber voller Skepsis, die geistigen Mauern, die „unsere neurotische Verfassung über die Generationen hinweg aufrechterhalten sollen", seien längst noch nicht eingerissen.[36] Das Grundproblem blieb für Diwald auch nach 1990 unverändert bestehen: Aus seiner Perspektive blieben die Deutschen „in jeder Beziehung festgeschmiedet an die Verbrechen des Dritten Reiches [...]. Die Stichworte des dazugehörigen Komplexes heißen ‚Kollektivschuld' und ‚Auschwitz'."[37]

---

34 Ders.: Das Recht auf nationale Identität. Deutschland braucht eine wahrheitsorientierte Geschichtsschreibung. In: Der Republikaner 3/12 (1986) 5.

35 Ders.: Die Deutschen – ein Verbrechervolk?, 2; ders.: Deutschland – was ist es?, 28f. (Unterabschnitt „Historiker als Schöffenrichter").

36 Zit. nach Eibicht, Rolf-Josef: Hellmut Diwald – Geschichtserwecker und Vorkämpfer gegen eine kriminalisierte und gestohlene Geschichte. In: ders. (Hg.): Hellmut Diwald, 14–37, hier 36.

37 Diwald, Hellmut: Die frisierte Geschichte. In: ders.: Deutschland einig Vaterland, 61–87, hier 65.

III.

Das Bild einer inneren Zerrissenheit und zugleich Fremdbestimmung Deutschlands, wie Diwald es für das 20. Jahrhundert in grellen Farben ausmalte, läßt in der Tat denkbare Parallelen zur Zeit des Dreißigjährigen Krieges erkennen. So erscheint es lohnend, seinen „Wallenstein" auf entsprechende Motive hin zu untersuchen. Zunächst springt die bemerkenswerte zeitliche Koinzidenz der beiden großen deutschen Wallensteinbiographien der Nachkriegszeit ins Auge. Seinem Kollegen Golo Mann war Diwald am Ende um zwei Jahre zuvorgekommen – was dieser prompt übelnahm: „Über Wallenstein kommt demnächst ein Buch heraus, das nicht schlecht sein soll", schrieb Mann im Juni 1969 in einem Brief, äußerte zugleich aber den Verdacht, „der Bursche" habe wohl „von meinen Vorabdrucken tüchtig abgeschrieben".[38] Im Wissen um den späteren politischen Wirbel um Diwald fiel das Urteil in der Rückschau ungleich schärfer aus. Daß der Gießener Ordinarius Volker Press seine eigene Wallensteinbiographie und diejenige Diwalds 1976 in der „Historischen Zeitschrift" gemeinsam besprach,[39] empfand Mann als persönliche Beleidigung – in einem Schreiben an Johannes Kunisch klagte er noch 1983: „Beide Werke über einen Kamm geschoren, als ob da, so rein im Niveau, gar kein Unterschied wäre".[40]

Gegliedert ist Diwalds über 500 Seiten starke Biographie in 21 chronologisch aufeinander folgende Kapitel, auf einen elaborierten wissenschaftlichen Apparat verzichtete er dabei allerdings. Die nachgeordnete, elf eng bedruckte Seiten umfassende Bibliographie[41] verrät zwar die Verarbeitung der überaus reichen Wallensteinliteratur einschließlich der tschechischen Forschung; eine konkrete Überprüfung der mitunter sehr pointiert vorgetragenen Thesen war auf diese Weise freilich nicht möglich. Von größeren Archivrecherchen, die in diesem Fall wohl Jahre beansprucht hätten, hatte Diwald im Vorfeld von vornherein abgesehen. In der Fachwelt fand das Werk eine insgesamt freundliche Aufnahme. In seiner bereits zitierten Rezension in der „Historischen Zeitschrift" adelte Press beide Biographien als „gewichtige und mit Recht erfolgreiche Beiträge zur Geschichte Wallensteins und des Dreißigjährigen Krieges", die freilich beide eher auf ein interessiertes Publikum als auf

38 Golo Mann an Jens-Peter Otto, 17. Juni 1969. Abgedruckt bei Mann: Briefe, 191.

39 Press, Volker: Böhmischer Aristokrat und kaiserlicher General. Zwei Biographien Albrecht von Wallensteins. In: Historische Zeitschrift 222 (1976) 626–638.

40 Golo Mann an Johannes Kunisch, Kilchberg am Zürichsee, 15. Juli 1983. Abgedruckt bei Mann: Briefe, 289.

41 Diwald: Wallenstein, 555–565.

die Bedürfnisse des Historikers zugeschnitten seien.[42] Die Sprache Diwalds charakterisierte Press als präzise, direkt und zupackend, rügte indes manch überzeichnete Formulierung und manch unangemessenes, gar abgeschmackt und peinlich wirkendes Bild.[43]

Auf der inhaltlichen Ebene strich Press heraus, Diwald sei es offenkundig stärker als Mann darum gegangen, Wallensteins Leben zu harmonisieren und aufscheinende Widersprüche nach Möglichkeit zu glätten – im Ergebnis wirke das Buch über weite Strecken wie eine „Apologie“.[44] In der Tat nutzte Diwald die dezidiert positive Darstellung des Fürsten und Generals vor allem dazu, einen scharfen Gegensatz zwischen Wallensteins politischen Zielen und der nach seiner Ermordung eingetretenen Realität zu konstruieren. Diwald dachte seinen Wallenstein stets vom Jahr 1648 her, das für ihn eine ähnlich fatale Zäsur der deutschen Geschichte darstellte wie das Jahr 1945: „Dieses ganze 1648, der Westfälische Friede, es ist und bleibt eine deutsche Tragödie, eine deutsche Katastrophe!“,[45] klagte er gegenüber Haffner in dem erwähnten TV-Disput. Den vermeintlichen Wallensteinschen Gegenentwurf zu dieser Katastrophe skizzierte er an gleicher Stelle wie folgt: „Er [Wallenstein] war über den Anfang des Krieges, über die Religionsfragen schon weit hinaus. Er hat gewußt, daß die Frage, ob protestantisch oder katholisch, keine Frage des Schwertes war, sondern eine Frage des Gewissens. Nicht anders als später in Preußen: ‚Jeder soll nach seiner Façon selig werden.‘ Aber er hat auch genau gewußt, mit welchem Vergnügen Frankreich die deutsche Selbstzerfleischung ansieht! Und deshalb war er dafür, so schnell wie möglich diesen Krieg zu beenden, die kaiserliche Macht in Deutschland durchzusetzen, dem Kaiser zu sagen: ‚Stell’ dich auf deine zwei Beine und brich endlich die Selbstherrlichkeit der Territorialfürsten! Mach’ aus Deutschland den modernen Staat mit einer Zentralgewalt, wie er in England, Frankreich, Spanien längst besteht‘.“[46] In süffisanter, fernsehgerechter Formulierung hatte Diwald damit ein Wallensteinbild auf den Punkt gebracht, wie er es in seiner Biographie zuvor schon detailliert ausgebreitet hatte und wie es im folgenden näher beleuchtet werden soll.

42 Press: Aristokrat, 637.
43 Ebd., 630f.
44 Ebd.
45 Venohr (Hg.): Dokumente, 64.
46 Ebd., 57.

IV.

Von ihrer Grundaussage her war die zitierte Stellungnahme Diwalds weder neu noch übermäßig originell. So ist beiden Biographien, seiner eigenen ebenso wie der von Golo Mann, von der Fachwelt bescheinigt worden, sie hätten jenen Strang der jahrhundertealten Wallensteindebatte herauspräpariert, der in der Politik des Friedländers die letzte Hoffnung auf einen Friedensschluß sah, bevor der Dreißigjährige Krieg dann seine verheerendsten Formen annahm.[47] Einleitend skizzierte Diwald seinen Wallenstein als eine seit Jahrhunderten von einem „Feuerwerk von Legenden und Mythen, Haß und Lügen, Flüchen und Verklärung" umlichterte Figur, einen Menschen, der – ohne Anklage und Prozeß ums Leben gebracht – niemals die Gelegenheit erhalten habe, das eigene Handeln zu rechtfertigen.[48] Daß auch seine eigene Bewertung des Generals letztlich spekulativ bleiben mußte, kündigte Diwald in seiner Einleitung bereits vorsorglich an: „Mit rein wissenschaftlichen Mitteln" seien „keine sinnvollen Antworten auf die Hauptfragen" zu finden. „Der Zauberstab moderner Historiographie, die quellenkritische Methode, versagte nirgends so jämmerlich wie beim Wallensteinproblem."[49]

Die apologetischen Züge seines Wallensteinbildes fallen ins Auge, wenn Diwald das Agieren des Feldherrn auch dort generell rechtfertigt, wo berechnende Eigensucht und Rechtsbruch offenkundig zu sein schienen. Immer wieder in seiner Laufbahn habe der General vor einer Alternative gestanden, die letztlich nur „unrechtes Handeln" zugelassen habe.[50] Eine solche Konstellation erkannte Diwald bereits beim Abzug des noch weitgehend unbekannten kaiserlichen Obristen Wallenstein aus Olmütz im Frühjahr 1619, bei dem dieser kurzerhand die mährische Landschaftskasse mitgehen ließ. Die Entscheidung, entweder der Krone oder den Ständen gegenüber die Treuepflicht zu verletzen, sei für Wallenstein keine Wahl zwischen gleichrangigen Optionen gewesen und habe somit letztlich zugunsten des bedrängten Habsburgers Ferdinand II. fallen müssen.[51] Die kompromißlose Härte und Brutalität, die Wallenstein als militärischer Anführer an den Tag legte, wiederum sei im Kern nichts anderes gewesen als eine „unbedingte, emotionsfern praktizierte Gerechtigkeit".[52] Die kontrovers diskutierte Frage, auf welche Weise Wallenstein in den zwanziger

47 Press: Aristokrat, 633.
48 Diwald: Wallenstein, 8 (Zitat), 10.
49 Ebd., 10f.
50 Ebd., 124.
51 Ebd., 124f.
52 Ebd., 320 (Zitat umgeformt).

Jahren des 17. Jahrhunderts sein ungeheures Vermögen zusammengebracht hatte, konnte Diwald ebenfalls nicht abschließend beantworten, hielt dies letztlich aber auch für unerheblich: „Wallenstein gehört nicht zur Sorte der kleinen Betrüger, die schäbig genug sind, ihre Rechnungsbücher verstecken zu müssen. Sein kaufmännisches Genie bewegt sich außerhalb der Proportionen von Pfennigfuchserei und Sparschwein. Er beutet nüchtern und kaltblütig alles an Chancen und Gelegenheiten aus, was in einer Situation wie derjenigen des Jahres 1622 steckt."[53]

Als erster, so Diwald an anderer Stelle, habe Wallenstein „in verblüffender Schärfe das gelenkgleiche Zusammenspiel von Wirtschaft, Handel, Finanzen, Politik und Krieg" wirklich begriffen und auf dieser Grundlage sein Herzogtum Friedland zum „Musterstaat Europas" ausgebaut.[54] Auch im militärischen Bereich, dem Diwald im Gegensatz zu Mann große Beachtung schenkte,[55] beschrieb er den Generalissimus als tatkräftigen, seiner Epoche weit vorauseilenden Modernisierer. So habe, lange vor den entsprechenden Reformen in Brandenburg-Preußen, bereits Wallenstein die Idee des Stehenden Heeres aus der Taufe gehoben und könne damit als der eigentliche Begründer der österreichischen Armee gelten.[56] Das von Wallenstein eingeführte System, die zur Ausstattung seines Heeres benötigten Kontributionen nicht länger als Strafbeitrag innerhalb des jeweils besetzten Gebietes, sondern flächendeckend als reguläre Kriegssteuer zu erheben, interpretierte Diwald als wichtigen Schritt hin zu einer die Zivilbevölkerung schonenden Verrechtlichung der Kriegsfinanzierung – doch sei gerade über dieses System in der zeitgenössischen Propaganda wie auch in späteren Darstellungen „derart viel Falsches und Gehässiges geschrieben worden, daß man darüber nur ununterbrochen den Kopf schütteln kann".[57]

Wichtiger noch als die Rolle Wallensteins als militärischer und politischer Modernisierer erschien Diwald freilich die Einigungs- und Friedensperspektive, die der Feldherr dem konfessionell zerrissenen und von ausländischem, primär französischem Machtstreben bedrohten Reich eröffnet habe. Als praktisches Resultat der politischen Weitsicht des Friedländers galt ihm insbeson-

53 Ebd., 196.

54 Ders.: Wallenstein – Geschichte und Legende, 22f.; vgl. ders.: Wallenstein, 226–238.

55 Schmidt, Hans: Wallensteins Feldherrentum. In: Eibicht (Hg.): Hellmut Diwald, 202–219, hier 203, der dem verstorbenen Erlanger Historiker bescheinigt, in militärhistorischer Hinsicht von allen Wallensteinbiographen der „bei weitem kundigste und präziseste" gewesen zu sein.

56 Diwald: Wallenstein, 289.

57 Ebd., 286f. (Zitat 286).

dere der Lübecker Friede vom Mai 1629, mit dem das Königreich Dänemark aus dem Dreißigjährigen Krieg ausschied und ebenso wie das Reich als Vertragspartner auf sämtliche gegenseitigen Schadensersatzansprüche verzichtete. Im Ergebnis sei dies „vollständig und allein Wallensteins Friede" gewesen, „der maßvollste Vertrag des Dreißigjährigen Krieges, [...] die einzige staatsmännische Leistung, zu der es die Epoche bringt".[58]

Der Friedensschluß erscheint somit als Chiffre der Möglichkeiten, die in Wallensteins umsichtiger Diplomatie angelegt gewesen seien und die dann verhängnisvollerweise ungenutzt blieben. In grellem Kontrast zum Lübecker Frieden zeichnete Diwald das bereits elf Wochen zuvor erlassene „Restitutionsedikt", in dem Kaiser Ferdinand II. angeordnet hatte, daß alle säkularisierten und an protestantische Reichsfürsten gefallenen Territorien des Reiches an die geistlichen katholischen Fürsten zurückzugeben seien. Für Wallenstein, der das „Nebeneinander beider Religionen im Reich" zu diesem Zeitpunkt längst als eine durch Gewaltmaßnahmen nicht mehr zu beseitigende Tatsache akzeptiert habe,[59] sei dieses Edikt eine „politische und persönliche Niederlage" gewesen: Der Friedländer habe in diesem Moment erkennen müssen, daß der Konflikt entgegen seiner Intention nun doch zu einem umfassenden Religionskrieg eskaliert sei und daß seine militärischen Siege einer Politik der militanten Rekatholisierung unfreiwillig den Weg geebnet hätten.[60]

Das Bild Ferdinands II. konnte somit nur negativ ausfallen: Im Kaiser sah Diwald – hier mit Haffner in der TV-Debatte übrigens einig – den „Reichsverderber", dem er ebendort ein „kleinkariertes Format" attestierte.[61] Dieser in einer religiösen Wahnwelt gefangene und von zwielichtigen Beratern abhängige Herrscher[62] habe, so das auch in der Biographie gefällte Urteil, die Machtchance, die sein großer General ihm gleichsam auf dem Silbertablett darbot, bis zum Schluß nicht ergreifen können und wollen; statt dessen habe er den Gegnern einer starken habsburgischen Zentralmacht im Reich immer wieder in die Hände gespielt. Das Restitutionsedikt skizzierte Diwald als das treffendste Beispiel einer gegen die ureigenen Interessen gerichteten kaiserlichen Politik.[63] In der Schilderung des überforderten Habsburgers klingt bei

58 Ebd., 421.

59 Ebd., 429.

60 Ebd., 427.

61 Venohr (Hg.): Dokumente, 49, 59.

62 Ein entsprechendes Charakterbild Ferdinands II. bei Diwald: Wallenstein, 298–308, dem der Autor die schillernden Wesenszüge des Friedländers an gleicher Stelle gegenüberstellt (ebd., 308–317).

63 Ebd., 427: „Das Dekret vom 6. März 1629 war ein Geniestreich der Feinde Ferdinands; es war deshalb so genial, weil ihn der Kaiser selbst zustande gebracht hatte und Richelieus

aller Verachtung immerhin noch fast so etwas wie Mitleid an, während als der eigentliche Schurke im Spiel der Bayernherzog Maximilian erscheint: Ihn ließ Diwald in seiner Darstellung fast durchweg als sinistren Ränkeschmied agieren.[64] Als eigenständiger Charakter tritt Maximilian dabei gleichwohl nur schemenhaft hervor, vielmehr erscheint der Bayer als die Verkörperung eines destruktiven Interessenpartikularismus schlechthin, der von Diwald den deutschen Kurfürsten ganz allgemein angekreidet wurde. Besonders deutlich tritt dieses Motiv in der Beschreibung des Regensburger Kurfürstentags vom Sommer 1630 zutage, auf dem die versammelten Würdenträger dem Kaiser zwar die (erste) Entlassung Wallensteins abtrotzten, ihn mit seinem gleichzeitig verfolgten Ziel, schon zu diesem Zeitpunkt die Nachfolge seines Sohnes – des späteren Kaisers Ferdinand III. – als römisch-deutscher König durchzusetzen, aber dennoch ungerührt scheitern ließen.[65]

Das schwierige Verhältnis des Kaisers beziehungsweise seines Beraterumfelds zu Wallenstein, das Diwald als von fortgesetzten Mißverständnissen geprägt charakterisierte,[66] leitet über zum eigentlichen Kern der jahrhundertealten Wallensteindiskussion, dem Vorwurf des Hochverrats. Die dezidiert positive Schilderung des Friedländers könnte auf eine apodiktische Zurückweisung der Verratsthese schließen lassen, doch so einfach argumentierte Diwald nicht: Immerhin sei spätestens mit dem Restitutionsedikt unverkennbar geworden, daß Wallensteins politische Zielvorstellungen mit denen Ferdinands nicht mehr vereinbar waren und sich somit eine Konstellation ergab, die während des zweiten Generalats fast zwangsläufig zum Konflikt führen mußte. Die Zweideutigkeit der von Wallenstein 1633 geführten geheimen Verhandlungen sei zwar zunächst ganz automatisch „ein Merkmal seiner Doppelfunktion als kaiserlicher Armeeführer und freier Reichsfürst“[67] gewesen. Doch habe der Friedländer es im Lauf dieses Jahres aufgrund seiner diktatorischen Machtfülle erstens nicht mehr für nötig befunden, seine Kriegführung dem Kaiser gegenüber zu erläutern; zweitens habe er tatsächlich immer stärker ins Kalkül gezogen, seine Friedenspläne notfalls auch gegen den erklärten Willen Ferdinands durchsetzen zu müssen.[68] So erklärte Diwald das Ende Wallen-

Hand durchaus nicht bei dem Entwurf beteiligt war, wie schon damals viele vermutet haben; das Restitutionsedikt löste deshalb hellen Jubel bei allen aus, die in Habsburg und dem Reich ihre Todfeinde sahen.“

64 Ein entsprechendes Motiv wird exemplarisch deutlich ebd., 371f., 525f.

65 Ebd., 436–439.

66 Ebd., 303.

67 Ebd., 518.

68 Ebd., 509. Vgl. die im Zuge der erwähnten TV-Debatte 1977 von Sebastian Haffner an Diwald gerichtete Replik: „Sie – und nach Ihnen Golo Mann – haben Wallenstein vertei-

steins als Rebell letztlich zum Mißverständnis, da man seine Weitsicht am Wiener Hof für Eigensinn und seinen Eigensinn schließlich für Hochverrat gehalten habe.[69] In der Einleitung zu seiner Ranke-Edition schrieb Diwald in ähnlicher Weise, das, was Wallenstein während seines zweiten Generalats getrieben habe, sei eigentlich „noch kein Hochverrat“ gewesen, „sondern ein imaginatives Spiel damit“.[70] Wenige Zeilen später gestand er aber doch zu: „Es handelte sich zwar nach den herrschenden Normen um Hochverrat, wenn er versuchte, dem Kaiser durch Abfall, Koalition mit seinen Gegnern und militärischer Gewalt seine Konzeption aufzuzwingen, aber es war ein Hochverrat im Dienst einer Art höheren Rechts.“[71] Daß Wallenstein ernsthaft beabsichtigt haben könnte, in offener Auflehnung gegen Ferdinand nach der Wenzelskrone zu greifen, verneinte Diwald explizit, wich einer definitiven Beantwortung der Hochverratsfrage in seiner Biographie letzten Endes aber aus: „Hier ist es also, das, was sich für immer mit dem Namen Wallenstein verbinden wird: Abfall, Hochverrat, Meuterei, Rebellion. Es wird immer ein Geheimnis bleiben.“[72]

Die Verworfenheit der Mörder Wallensteins, die mit ihrer Tat alle Friedenshoffnungen begruben, demonstrierte Diwald mit einem besonderen dramaturgischen Kunstgriff, indem er sie als Leichenfledderer brandmarkte. Das Schlußkapitel seiner Biographie eröffnet er mit einer mehrseitigen detailversessenen Schilderung, wer von den Tätern sich anschließend welchen Teil des Wallensteinschen Geld- und Immobilienvermögens unter den Nagel riß.[73] Die Größe der verpaßten Chance, die Tragweite des Mordes für die gesamte weitere deutsche Geschichte, sie zeichnen sich über den Abgründen menschlicher Niedertracht um so plastischer ab, wenn Diwald abschließend wie folgt bilanziert: „Wenn Wallenstein sich durchgesetzt hätte, dann wäre zweifellos der Grundzug seiner großen Idee realisiert worden, daß die Einheit des Reiches über den Einzelfürsten zu stehen hatte, daß ohne innere

---

digt. Er sei kein Hochverräter gewesen. Vielleicht war er keiner, wollte er keiner sein. Es ist nie ganz klar geworden. Aber: Wenn Wallenstein das hätte machen wollen, was Sie von ihm sozusagen verlangen und was Sie ihm zuschreiben, dann hätte er ein Hochverräter werden müssen!“ Venohr (Hg.): Dokumente, 58.

69 Diwald: Wallenstein – Geschichte und Legende, 26.

70 Ders.: Einleitung. In: Ranke: Geschichte Wallensteins, 7–30, hier 12f.

71 Ebd., 14.

72 Ders.: Wallenstein, 515. An gleicher Stelle betonte Diwald, die Vorstellung, daß Wallenstein die böhmische Krone als eine Kompensation für sein Herzogtum Mecklenburg ansehen könnte, sei letztlich nichts als eine Illusion des schwedischen Kanzlers Axel Oxenstierna gewesen.

73 Ebd., 542–545.

Konsolidierung keine äußere Stabilität zu erreichen war. [...] Wallenstein war der einzige, er war der erste und der letzte, der die kaiserliche Macht über die Reichsfürsten erhob, der einzige, mit dem der Kaiser fähig gewesen wäre, diesen Kampf endgültig zu seinen Gunsten zu entscheiden und eine intakte, kräftige Staatlichkeit des Reiches zu verwirklichen. [...] An diesem Reich – von Fürstenindividualität und -eigennutz nicht paralysiert – wäre Richelieus Politik steckengeblieben, Frankreichs Vormachtstellung in Europa hätte nicht begründet werden können. Mit einem Wort: In Wallensteins politischem Konzept wäre dem Deutschen Reich sein langsamer Selbstmord bis 1806 erspart geblieben, und damit alle Nebenfolgen, die dem unglückseligen Gegeneinander Preußen-Deutschlands und Habsburgs entsprangen."[74]

V.

So bleibt abschließend die Frage zu klären, ob und inwieweit Diwalds Wallensteindeutung die Kennzeichnung als „nationalkonservativ" eigentlich verdient. Die Antwort kann nur differenziert ausfallen. Immerhin ist festzuhalten, daß die Charakterisierung des Friedländers als verhinderter Friedensstifter von den etwa zeitgleich formulierten Grundthesen Golo Manns so weit nicht entfernt war. Gleichwohl lassen sich einige Motive herausfiltern, die auf das spezifische Weltbild des Autors verweisen. Die vorstehend zitierte Vorstellung einer „Art höheren Rechts", aus dem heraus Wallenstein am Ende seines Lebens gehandelt habe, läßt sich im Kontext des von Diwald gezeichneten Gesamtbildes nicht anders als deutschnational deuten, unterschiebt dem Friedländer also Motive, wie sie eher für die nationalen Einigungsprozesse des 19. Jahrhunderts als für das 17. Jahrhundert charakteristisch sind. Auch spricht aus manchen Passagen ein tiefes Unbehagen nicht nur gegenüber den Partikularismen im Reich, sondern vor allem gegenüber einem durch Kardinal Richelieu personifizierten Frankreich, das in den Augen Diwalds der unverdiente Nutznießer des Scheiterns Wallensteins war und sich in der Folge eine für die weitere Entwicklung Deutschlands fatale Vormachtstellung sichern konnte. Das Spiel mit alternativen Geschichtsverläufen, also dem vorgestellten Fall, daß der „Reichseiniger" Wallenstein sich durchgesetzt hätte, läßt generell ein pessimistisches Geschichtsbild Diwalds erkennen, das die deutsche Vergangenheit als ein Kontinuum der verpaßten nationalen Gelegenheiten und

74 Ebd., 552.

Chancen begriff, gleichsam als ein Kontinuum deutschen Verhängnisses. Was nach 1634 fahrlässig verspielt wurde, so könnte man die vermeintliche Ereigniskette in Worte fassen, wurde nach langem Abweg erst 1871 wieder erreicht, wenn auch in „kleindeutscher“ Variante, also als Resultat des beklagten preußisch-habsburgischen Zwistes. 1945 dann erneut verspielt, wich die staatliche Einheit ein weiteres Mal einem Zustand innerer Zerrissenheit und äußerer Fremdbestimmung, wie Diwald ihn bereits im Westfälischen Frieden angelegt sah. Wenn der Erlanger Historiker immer wieder auf die vorbildhafte nationalstaatliche Entwicklung Frankreichs und Englands verwies, an die das Reich infolge verfehlter habsburgischer Politik 1648 den Anschluß verloren habe, so ist er freilich der naheliegenden Frage ausgewichen, wie weit dieses Reich in seiner hochkomplexen, modernen staatsrechtlichen Kategorien unzugänglichen Verfassungsstruktur und nicht zuletzt in seiner Multiethnizität denn überhaupt als Ausgangspunkt einer deutschen Nationalstaatsbildung getaugt hätte. Der böhmische Adelige Albrecht von Wallenstein, geboren als Vojtěch z Valdštejna, der noch als Jugendlicher die deutsche Sprache nur unzureichend beherrscht hat, ist hierfür selbst das beste Beispiel – ein Problem, das Diwald in seiner Biographie bezeichnenderweise vollständig ausblendete.[75]

Es bleibt festzuhalten, daß sich einige zentrale Aussagen Diwalds zur Wallensteinproblematik im Kontext seines nationalkonservativen Weltbildes zwar durchaus auf die politische Situation Nachkriegsdeutschlands beziehen lassen, daß sie vor dem Hintergrund der von ihm rezipierten Walleinsteinforschung aber auch nicht als völlig abwegig erscheinen oder gar zum Skandal taugen. Daß eine politische Interpretation gerade seines Werks stets naheliegt, ist seinen späteren Eskapaden geschuldet, also vor allem jenem Eklat, den er 1978 mit seiner „Geschichte der Deutschen“ mit voller Absicht auslöste. Selbstverständlich erscheint seine Biographie des Friedländers auch jenseits ihres nationalpolitischen Subtextes mittlerweile überholt. Nicht umsonst hielt schon Press in seiner Besprechung sowohl Diwald als auch Mann vor, in ihren Darstellungen dem soziokulturellen Kontext, in dem der Barockfürst Wallenstein sich bewegte, zu wenig Beachtung geschenkt zu haben.[76] Manche von Diwalds zugespitzten und einseitigen, zum Teil auch hochspekulativen Aussagen wurden in der Forschung mittlerweile überdies korrigiert, etwa die irrige, auf Ranke zurückgehende These, wonach die Initiative zu Wallensteins

75 In seinem ersten Kapitel („Der junge Kavalier und Keplers Horoskop“. Ebd., 18–56) ging Diwald auf die Herkunft und den späteren Gebrauch des Familiennamens Valdštejn/Wallenstein zwar kurz ein, ließ die Sprachenfrage aber gänzlich unerwähnt.

76 Press: Aristokrat, 637.

Ermordung maßgeblich von spanischer Seite ausgegangen sei.[77] Ein durchaus lesenswertes, wenngleich zeitgebundenes Stück populärer Geschichtsschreibung bleibt seine Wallensteinbiographie dennoch. Dies gilt ungeachtet des politischen Irrwegs, auf den ihr Autor mehr und mehr geriet und der ihn am Ende nicht weniger gekostet hat als seine akademische Reputation.

77 Diwald: Wallenstein, 524, 531f.

Hans-Christof Kraus

Golo Manns „Wallenstein“ im Kontext seines Lebenswerkes und seiner Zeit

Als im Jahr 1971 die seit Jahren angekündigte und vom deutschen Lesepublikum mit Spannung erwartete große Wallensteinbiographie Golo Manns[1] erschien, ein erratischer Block von nicht weniger als 1.368 Seiten, da fand dieses Werk tatsächlich eine im Ganzen eher zwiespältige Aufnahme.[2] Wäre es zehn oder vielleicht nur fünf Jahre früher erschienen, dann wären die allgemeine Bewunderung und Zustimmung wohl fast einhellig gewesen – jetzt jedoch nicht mehr. Der zumeist mit der Chiffre des Jahres ‚1968‘ bezeichnete Wandel, der nicht nur in Deutschland zugleich in Politik und Mentalität stattfand, ließ die Rezeption dieses Werks und die Beurteilung seines Autors mit einem Mal überraschend uneindeutig, ja unerwartet gespalten ausfallen. Im Rückblick zeigen sich also zwei Seiten der Medaille. Auf der einen der enorme Bucherfolg: Bereits ein Jahr nach Erscheinen hatte die Auflage die Marke von 100.000 Stück überschritten, der gebundenen Erstausgabe folgten bald Taschenbuch- und Sonderausgaben – die Gesamtauflage beträgt bis heute nicht weniger als 280.000 Stück.[3] Der Autor avancierte, wenn er es nicht bereits vorher gewesen war, nun endgültig zur nationalen Berühmtheit, das Buch wurde kurze Zeit später sogar für das Fernsehen in aufwendiger Weise verfilmt. Nicht wenige positive, ja durchaus bewundernde Kritiken rühmten das Werk als neuen Klassiker der historischen Biographie.

Doch es gab eben auch die andere Seite: Gerade die Fachwelt im engeren Sinn nahm das Werk seinerzeit recht uneindeutig und nicht selten durchaus distanziert auf; Bewunderung und Ablehnung hielten sich die Waage. Einige Autoren der jüngeren Generation übten scharfe Kritik, und von manchen führenden Vertretern der sich damals im Aufstieg befindenden modernen Sozial-

1 Zu Person und Werk Golo Manns siehe neuerdings vor allem die vorzügliche und glänzend geschriebene Biographie von Lahme, Tilmann: Golo Mann – Biographie. Frankfurt a. M. 2009. Als inhaltlich und analytisch unzureichend sind dagegen zwei ältere Versuche anzusehen: Koch, Jeroen: Golo Mann und die deutsche Geschichte. Eine intellektuelle Biographie. Paderborn u. a. 1998, und besonders Bitterli, Urs: Golo Mann – Instanz und Außenseiter. Zürich 2004.

2 Mann, Golo: Wallenstein – Sein Leben erzählt von Golo Mann. Frankfurt a. M. 1971.

3 Vgl. die Angaben bei Lahme: Golo Mann, 351.

geschichte wurde das Werk bereits wegen seiner scheinbar konventionellen Form als politische Biographie[4] und auch wegen des entschiedenen Plädoyers seines Autors für die Kunst der historischen Erzählung mit literarischem Anspruch sowie wegen seines ausdrücklichen Verzichts auf explizite theoretisch-sozialwissenschaftliche Fundierung scharf attackiert. Obwohl er sich zu verteidigen wußte, fühlte sich der empfindliche (und wie man heute weiß, auch psychisch überaus labile) Autor schwer getroffen; trotz des berechtigten Stolzes auf die eigene Leistung wurde er seines Werks bis zum Lebensende nicht mehr so recht froh. Heute indessen gilt Golo Manns Wallensteinbiographie weitgehend unangefochten als eine der herausragenden Leistungen deutscher Geschichtsschreibung in der zweiten Hälfte des 20. Jahrhunderts.

Im folgenden soll das Thema in vier Schritten erörtert werden: Nach einigen Bemerkungen über die biographischen Voraussetzungen und über die langwierige, sich im Grunde über mehr als drei Jahrzehnte hin erstreckende Entstehung des Buches wird sich der zweite Abschnitt mit Form, Inhalt und Eigenart dieser Lebensdarstellung befassen, bevor drittens die Rezeption und Wirkung und endlich viertens die historiographische Bedeutung der Biographie in den Blick genommen werden.

I. Biographische Voraussetzungen und Entstehung

Golo Manns Wallensteinbiographie stellt gewissermaßen im wörtlichsten Sinne dieses Begriffs ein „Lebenswerk" dar, denn die Faszination für Persönlichkeit und historische Epoche gehen bereits auf die Kindheit des Autors zurück. In seinen 1986 erschienenen Jugenderinnerungen hat Mann anschaulich beschrieben, welchen tiefen, unvergeßlichen und lebenslang prägenden Eindruck bereits auf den Zehnjährigen die Lektüre von Schillers „Geschichte des Dreißigjährigen Krieges" machte;[5] dieses Werk (dessen historiographische

4 Zum Streit um die Biographie als legitime (oder methodisch überholte) Form der Geschichtsschreibung um und nach 1970 vgl. Kraus, Hans-Christof: Geschichte als Lebensgeschichte. Gegenwart und Zukunft der politischen Biographie. In: ders./Nicklas, Thomas (Hg.): Geschichte der Politik – Alte und neue Wege. München 2007 (Historische Zeitschrift, Beiheft 44), 311–332.

5 Vgl. Mann, Golo: Erinnerungen und Gedanken. Eine Jugend in Deutschland. Frankfurt a. M. 1986, 74f.: „Fast alle Romane, die ich damals las, waren historische oder doch mit historischem Hintergrund; sie waren es, die im Ursprung mir das liebende Interesse für jede Vergangenheit, für ‚Geschichte' einbrachten, die ich dann nie wieder los wurde. Und da sie alle, teils großartig, teils wenigstens geschickt geschrieben waren, so fand ich nichts

Mängel er später allerdings ebenfalls recht offen benennen sollte[6]) bewunderte er zeitlebens ebenso wie – fast noch mehr – das große „Wallenstein“-Drama des Dichters, das für Mann „die vertrauteste, liebste“ aller deutschen Dichtungen, zugleich ein „Wunderwerk“ und „Gesamtkunstwerk“ darstellte.[7] Bleibenden Eindruck machten zudem Ricarda Huchs literarisch-historische Darstellung „Der große Krieg in Deutschland“, erschienen dreibändig in den Jahren 1912 bis 1916, sowie die 1915 publizierte schmale „Charakterstudie“[8] dieser auch persönlich von Golo Mann sehr geschätzten, ja verehrten Autorin[9] über Wallenstein.

In einem 1961 an Erich von Kahler geschriebenen Brief hat Golo Mann einmal bekannt, er träume seit vierzig Jahren von einem „Wallenstein-Buch“,[10] und rechnet man zurück, dann war er damals, 1921, gerade einmal zwölf Jahre alt. Tatsächlich hat er an seinem Ziel, bedenkt man die Wechselfälle seiner eigenen Lebensschicksale, die ihn nach 1933 zuerst in die schweizerische, dann französische, später amerikanische Emigration führten, mit einer Zähigkeit und Unbeirrbarkeit festgehalten, die man bewundern muß. Seit seinem Studienbeginn 1927 in Berlin plante Golo Mann nach eigener Aus-

---

natürlicher, als daß Historie so lesbar sein könne und müsse wie ein Roman. Zum Beispiel – zum edelsten Beispiel – Schillers *Geschichte des dreißigjährigen Krieges* [Hervorhebung im Original; H.-C. K.]. Auch die las ich mit zehn Jahren. Ich weiß es sicher […].“

6 Vgl. ders.: Schiller als Geschichtsschreiber [1959]. In: ders.: Geschichte und Geschichten. Frankfurt a. M. 1961, 63–84, hier bes. 68–82.

7 Ders.: Erinnerungen und Gedanken, 202; es heißt dort ebenfalls: „Schillers *Wallenstein* […] bietet alles, was ein *Dramatisches Gedicht* [Hervorhebung im Original; H.-C. K.] nur bieten kann: von der Idee, der eigentlichen Philosophie, über philosophische Psychologie, über das Hochpolitische, das Militärische bis hin zum Allerrealsten: den kraftvoll, saftig gezeichneten, gewöhnlichen Charakteren, Isolani, Illo oder, ganz unten, den beiden Mördern; darüber den vornehm-selbstsüchtigen Vertretern der legitimen Macht, Octavio Questenburg; bis hin zu profunden administrativen und finanziellen Kenntnissen; das Ganze erhöht von einem trauernden Idealismus […].“

8 Huch, Ricarda: Der große Krieg in Deutschland, Bd. 1–3. Leipzig 1912–1916; dies.: Wallenstein. Eine Charakterstudie. Leipzig 1915; dazu auch Hieber, Jochen: Generalissimus Tod. Über Ricarda Huchs Roman „Der Dreißigjährige Krieg“. In: ders.: Wörterhelden, Landvermesser. Aufsätze und Kritiken. Frankfurt a. M. 1994, 93–99.

9 Vgl. dazu neben Manns kleiner Würdigung von 1938: Mann, Golo: Ricarda Huch. In: ders.: Geschichte und Geschichten. Frankfurt a. M. 1961, 47–49, besonders auch die von größter menschlicher Sympathie getragenen Passagen über die Schriftstellerin in seinen Jugenderinnerungen: ders.: Erinnerungen und Gedanken, 246–255.

10 Ders.: Briefe 1932–1992. Hg. v. Tilman Lahme und Kathrin Lüssi. Göttingen 2006 (Veröffentlichungen der Deutschen Akademie für Sprache und Dichtung Darmstadt 87), 152 (G. Mann an E. von Kahler, 8. April 1961).

sage ernsthaft eine Wallensteinbiographie.[11] Im Januar 1930 hielt er während seiner Heidelberger Studienzeit im Seminar von Willy Andreas ein Wallensteinreferat,[12] und erste Vorarbeiten lieferte er in seiner gegen Ende 1932/Anfang 1933 entstandenen und in Hamburg bei Justus Hashagen eingereichten Staatsexamensarbeit zur Geschichte der Wallensteinforschung, einer immerhin 265 Seiten umfassenden Studie, die durch einen Zufall die Emigrationsjahre überdauert hat.[13] Nach Auskunft des jüngsten Golo Mann-Biographen Tilmann Lahme hob der angehende Historiker damals „Schiller, Ranke und Ricarda Huch" als diejenigen hervor, „die dem Genius Wallensteins gerecht geworden seien, andere, vor allem die ‚bayerische Geschichtsschreibung', kritisierte er scharf. Mann würdigte Wallenstein als ‚Kämpfer des Einheitsreiches' samt leiser Andeutungen der aktuellen Entwicklung in Deutschland: schon mancher Wirtschaftsmann oder Militär habe später versucht, die Macht an sich zu reißen".[14] Insgesamt – jedenfalls nach dem Urteil des Biographen – „ein literarischer, ein leidenschaftlicher Text, gelungener als die philosophische Doktorarbeit".[15] Golo Mann deutete darin den Feldherrn, wohl auf den Spuren der Interpretation Rankes,[16] mit kaum verhüllter politischer Sympathie noch als Anwalt eines einigen Reichs, der indessen im 17. Jahrhundert mit seinem „revolutionär[en]" Versuch, „in Deutschland eine Dynastie zu begründen, zu spät" gekommen sei.[17] Es ist in der Tat sehr zu bedauern, daß Golo Mann der Anregung Hashagens, diesen Text sofort drucken zu lassen, damals nicht gefolgt ist.[18]

Das erzwungene Exil machte weitere Forschungsbemühungen vorerst unmöglich, doch das Thema ließ Mann nicht los. Bereits 1934 publizierte er in der von seinem Bruder Klaus herausgegebenen Emigrantenzeitschrift „Die Sammlung" eine Studie über „Wallenstein und die deutsche Politik".[19] Der schon in stilistischer Hinsicht bemerkenswert gediegene frühe Aufsatz, Manns erste Publikation über Wallenstein, bewegte sich inhaltlich und auch

11 Vgl. ders.: Erinnerungen und Gedanken, 235.

12 Vgl. Lahme: Golo Mann, 343; vgl. auch Manns Erinnerungen an Andreas: Mann: Erinnerungen und Gedanken, 287f.

13 Der genaue Titel lautete: „Wallenstein in der neueren deutschen Forschung"; vgl. Lahme: Golo Mann, 91f., 454 Anm. 414; vgl. auch Mann: Erinnerungen und Gedanken, 69f.

14 Lahme: Golo Mann, 91.

15 Ebd., 92.

16 Siehe unten, Anm. 89.

17 Die Zitate aus Golo Manns Staatsexamensarbeit „Wallenstein in der neueren deutschen Forschung". Hier zit. nach Lahme: Golo Mann, 91.

18 Vgl. Mann: Erinnerungen und Gedanken, 469.

19 Ders.: Wallenstein und die deutsche Politik. In: Die Sammlung 1 (1934) 509–517.

hinsichtlich der Deutung dieser Persönlichkeit noch auf der Linie seiner kurz zuvor entstandenen Staatsexamensarbeit. Die historische Analogie, den Vergleich mit der ebenfalls verworrenen Gegenwart, hält der junge Historiker – trotz mancher Bedenken im Detail – dennoch für erkenntnisfördernd, und er scheut sich denn auch nicht, die von ihm anschließend näher betrachtete Katastrophenepoche der deutschen Geschichte in eindringlicher Weise vergleichend in den Blick zu nehmen.[20]

Golo Manns frühe Deutung Wallensteins ist inhaltlich immer noch stark von den Interpretationen Schillers, Rankes und nicht zuletzt Ricarda Huchs geprägt, in gewisser Weise sogar direkt von ihnen abhängig.[21] Für ihn ist der Feldherr nicht lediglich die „Inkarnation"[22] jener nur scheinbar fernen historischen Epoche, sondern er erweist sich zuerst und vor allem als genuiner Reichspolitiker: Denn Wallenstein habe, so Mann, dem „ideenlos konservativen, provokatorischen und grausamen Krieg der Habsburger gegen Böhmen und Norddeutschland [...] einen grossen, der österreichischen Politik fremden Sinn" gegeben: „Indem er die kaiserlichen Waffen von Ungarn bis Jütland

20 Vgl. ebd., 510f.: „Die Geschichte Wallensteins und des dreissigjährigen Krieges ist von doppeltem Reiz: welchen der furchtbare Roman einer politischen, der unseren verwandten Zeit und welchen die Reflexion bietet, dass sie der unseren vorausging und Gegensätze begründete oder auf den Höhepunkt ihrer Macht führte, die ungelöst blieben. Der Weltmoment als ein dem unsern ähnlicher – das ungeheure, rationell – gar ökonomisch! – nimmermehr begreifliche Ereignis des dreissigjährigen Krieges und dreissigjährigen Verhandelns, diese vor allem psychische Katastrophe wie jede Krise und jeder Krieg; ein ununterbrochenes, vom blinden Tagesvorteil bedingtes Handeln aller gegen alle, bedeckt mit klugem Gewäsche von allgemeinem Ganzen, drohendem, auch wohl schon mit Händen zu greifendem Ruin und wiederherzustellender Reichesherrlichkeit, indes das Reich in Blut und Feuer erstickte; Fanatismus ohne Substanz; überkommene Confessions- und Kampffronten, einander ihre Länder verwüstend, aber ohne konkreten Inhalt, ständig in einander überzugehen bereit, auch sich hinterrücks gegen einen dritten, einen Glaubensfreund verbindend und so die Religion als Gerede, als Scheinobjekt entlarvend; das cuius regio, eius religio als der Eckstein der Staatsweisheit, Moral und Praxis; ein kompliziertes System von Bündnissen und Gegenbündnissen, Freundschaften, Feindschaften und Doppelfreundschaften, nämlich einer Macht, welche zwei sich aufs Messer bekämpfende gleichmässig protegiert; überlistete Bauernschläue, pseudolateinisches Diplomatengefasel und Gelehrtenprahlerei; aus der Brandstätte steigend, das Feuer schürend und verklärend ein bombastischer Humor, nächtliche Abenteuer und Aberglaube und Schwermut, welche nach geschehener Plünderung über den Dörfern, den von rasenden Führerindividuen befahrenen borstigen Steppen und Gebirgen lagert. Die Gegenstände, um welche damals gerungen wurde, und – scheinbar – heute noch gerungen wird: die Befestigung der Grossmächte zum Beispiel und der Aufbau Deutschlands und Österreichs."

21 Er erwähnt alle drei ebd., 514.

22 Ebd., 511.

trug und die Aussengegner zu glimpflichen, dauerhaften Frieden nötigte, war sein Gedanke, Deutschland durch eine grosse, im Reich verbreitete Armee zu pazifizieren, Religionsfreiheit zu proklamieren und jeden Schein von spirituellem Krieg zu meiden, die Selbständigkeit der Fürsten bis zur Möglichkeit einer einheitlichen Aussenpolitik zu schmälern, durch Schaffung österreichisch-katholischer Generalsfürstentümer in Norddeutschland zur Vereinheitlichung des Reiches beizutragen, sich mit Frankreich über Norditalien zu verständigen und die vereinigte Christenheit gegen die Türken zu führen."[23]

Dieses große und in jedem Fall gerechtfertigte Ziel, „das Deutsche Reich zu regenerieren und zusammenzufassen, damals als Frankreich, als Spanien, England, Holland, Schweden sich zu Einheitsstaaten zusammenzogen",[24] habe Wallenstein tragischerweise nicht erreichen können, denn „der Wiener Hof [...] gab ihn den Kurfürsten preis und zwar besonders denen der eigenen Partei, den katholischen, hinter denen das expansive Frankreich stand". Und nach seiner Reaktivierung kurz darauf – zu einer Zeit, in der sich „das Reich in buchstäblicher Auflösung" befunden habe – sei nunmehr „Friede, nichts als Friede das Ziel seiner Politik" gewesen. Zum Opfer gefallen sei er endlich „einer Offiziersmeuterei [...], welche von dem Wiener Hof geschürt wurde: weil man seiner Machtstellung überdrüssig war; weil er eine konzessionsbereite Friedenspolitik trieb, [...] weil man, anstatt ihm seine Abfindung bezahlen, lieber sein Land und Geld wegnehmen wollte". Trotz „herzlichster Bemühung der bayerisch-österreichischen Geschichtsschreibung" seien bis heute „Beweise für eine eigentlich illoyale Handlungsweise oder Intention Wallensteins nicht geliefert" worden.[25] Wallenstein wird hier also gedeutet als eine tragische Figur, eine historische Persönlichkeit, die zur richtigen Zeit das Richtige anstrebte, jedoch an der Ungunst der Umstände und der Macht ihrer Gegner und Feinde, aber auch – hier nur eher vorsichtig angedeutet – an gewissen Untiefen des eigenen Charakters scheitern mußte. Eine banal-oberflächliche Aktualisierung, etwa im Sinn eines Vergleichs Wallenstein-Bismarck oder gar Wallenstein-Hitler, lehnt Mann freilich entschieden ab; trotz mancher Ähnlichkeiten der vergangenen mit der gegenwärtigen Zeit, mit der „deutschen Politik von heute, [...] spüren wir das Unwahre dieses Vergleichs eines Echten mit einer späten Karikatur".[26]

Während der langen Jahre der Emigration hat Golo Mann das Thema niemals aus den Augen verloren. Die neu erscheinende Literatur zu Wallenstein

23 Ebd., 512.
24 Ebd., 516.
25 Alle Zitate ebd., 513.
26 Die Zitate ebd., 517.

und zum Dreißigjährigen Krieg wurde von ihm stets sorgfältig gesammelt und rezipiert, darunter vor allem die Wallensteinforschungen von Josef Pekař.[27] Doch es sollte genau dreißig Jahre dauern, bevor Manns nächster größerer Beitrag hierzu erschien: 1964 veröffentlichte er im siebenten Band der von ihm mit herausgegebenen „Propyläen Weltgeschichte"[28] eine umfangreichere Überblicksdarstellung zum Zeitalter des Dreißigjährigen Kriegs,[29] die ein zwar nicht völlig anderes, dennoch ein deutlich gewandeltes und wesentlich differenzierteres Bild des tragischen Feldherrn enthielt als jene frühe Skizze aus dem Jahr 1934.[30] Mann betont nun vor allem Wallensteins Krankheit, die damit zusammenhängenden, vielleicht aus ihr resultierenden und nur allzu bekannten ‚finsteren' Charakterzüge dieses Mannes, „eisigen Hochmut" und „rasenden Jähzorn", Lärmempfindlichkeit, Menschenscheu, nicht zuletzt ausgeprägtes Mißtrauen. Diese „morbiden Züge seines Wesens erreichten jetzt ein zerstörendes Maß. Sie allein erklären seinen Ausgang"[31] – und damit nicht mehr (wenigstens nicht in erster Linie) die Intrigen des Wiener Hofs.

Auch die früher vertretene These vom Reichspolitiker Wallenstein, der „in Gesamt-Deutschlands Interessen"[32] gedacht habe, wird von Golo Mann dreißig Jahre später erheblich relativiert, wenn auch noch nicht vollständig aufgegeben: Der Ausgang des Feldzugs von 1632 habe Wallenstein gezeigt, daß eine allgemeine deutsche Gegenreformation im österreichisch-spanischen Sinn nicht zu erreichen sein würde: „Eine französische Intervention hintanzuhalten, die Schweden auf gute, notfalls ungute Weise loszuwerden und ebenso die Spanier, die drei kriegstreibenden Parteien also, die protestantischen Kurfürsten zu neutralisieren, die Dinge im Reich, vielleicht auch in Böhmen, auf den Stand zurückzuführen, auf dem sie vor 1618 gewesen, dies war das

27 Vor allem Pekař, Josef: Wallenstein 1630–1634. Tragödie einer Verschwörung, Bd. 1–2. Berlin 1937. Das besondere Anliegen des Prager Historikers bestand darin, in deutlichem Gegensatz zur damaligen deutschen Wallensteinforschung vor allem die „böhmischen Zusammenhänge" und „böhmischen Voraussetzungen" (ebd., Bd. 1, IX) der Politik Wallensteins herauszuarbeiten. – Zu Pekař vgl. auch den Beitrag von Joachim Bahlcke im vorliegenden Band.

28 Zu diesem Projekt, seiner Entstehung und Entwicklung vgl. vor allem die Darstellung bei Lahme: Golo Mann, 244–248, 271f. u. a.

29 Mann, Golo: Das Zeitalter des Dreißigjährigen Krieges. In: ders./Nitschke, August (Hg.): Propyläen Weltgeschichte – Eine Universalgeschichte, Bd. 7: Von der Reformation zur Revolution. Berlin/Frankfurt a. M./Wien 1964, 133–230.

30 Vgl. besonders ebd., 175–183, 201–211.

31 Die Zitate ebd., 203.

32 Ders.: Wallenstein und die deutsche Politik, 514.

ungefähre Ziel, um das seine Gedanken kreisten."[33] In jedem Fall aber habe Wallenstein *eines* gewollt: die möglichst rasche und vollständige Wiederherstellung des Friedens mit – fast – allen Mitteln;[34] hierin liege, so Manns Schlußthese, seine eigentliche historische Bedeutung und nicht zuletzt sein Ruhm: „Daß er den Reichsfrieden wollte an Stelle des Krieges, der dann noch vierzehn Jahre immer toller und zerstörender wütete, ist seine Ehre."[35]

Hierzu kam es nicht, weil sein letztlich schwer zu durchschauendes, im Resultat unkluges und immer wieder neues Mißtrauen hervorrufendes Taktieren das eigentliche Ziel verfehlte: „Er beherrschte den unsagbaren Wirrwarr der europäischen Politik nicht, er verwirrte ihn noch mehr durch sein Aufgreifen, unüberlegtes Aussprechen und Wieder-Fallenlassen sich durchkreuzender Projekte. Er schloß Waffenstillstände, [...] kündigte sie auf, schlug zu und begann aufs neue zu verhandeln. Immer, hatte er ehedem gesagt, müßte er sich eine Zwickmühle offenhalten. Schließlich hatte er so viele Zwickmühlen, daß er sie nicht mehr übersah, und keine von ihnen taugte."[36] Das ist im Kern letztlich ein neues Wallensteinbild: nicht mehr der an habsburgisch-wittelsbach-spanischen Intrigen scheiternde tragische Held und potentielle Einiger Deutschlands, sondern der letztlich ungeschickt taktierende, zwar immer noch das Richtige – in diesem Fall den Frieden – wollende, dennoch lediglich Widerwillen, Argwohn und Neid hervorrufende, endlich in den Augen des Wiener Hofs und dessen Trabanten zum Verräter mutierende Generalissimus, der am Ende – krank, erschöpft und fast von allen verlassen, sich „unentschieden und passiv"[37] verhaltend – nur noch auf den Tod wartet: „Aber schließlich war der Friede, nach dem er sich sehnte, vor allem sein eigener, die Ruhe, das Nichts, und der schnelle Tod kam ihm als Erlösung."[38]

Auch diese knappe, abrißartige, inhaltlich aber streng komponierte und gehaltvolle Handbuchdarstellung bot letztlich doch nur eine Vorstudie zu Manns großer, umfassender Biographie des Feldherrn, die er dann seit Mitte der 1960er Jahre kontinuierlich erarbeitet hat. Eine im Frühjahr 1966 nach

33 Ders.: Das Zeitalter des Dreißigjährigen Krieges, 204; er fügt freilich gleich noch an: „[...] ein Ziel, muß man hinzufügen, dessen Gewinnung den Deutschen den nachfolgenden furchtbaren Zusammenbruch ihrer Zivilisation erspart haben würde."

34 Vgl. ebd., 205: „[...] es scheint, daß er gehofft hat, ein Kurfürst des Reiches mit einem Territorium im Südwesten zu werden. Der Kern der Sache ist das nicht. Er fühlte sich dem Ende nahe und hatte keinen Sohn. Der Ruhm, den er mit ins Grab nehmen wollte, der einzige, den er noch nicht ausgekostet hatte, war der des Friedensstifters."

35 Ebd., 211.

36 Ebd., 206.

37 Ebd., 209.

38 Ebd., 211.

Böhmen, in die damalige Tschechoslowakische Sozialistische Republik unternommene Reise, über die er kurz danach einen glänzend geschriebenen, aufschlußreichen Essay publizierte,[39] brachte das Unternehmen wesentlich voran und hat in der späteren Darstellung deutliche Spuren hinterlassen. Sie ermöglichte es dem Biographen, die Schauplätze des historischen Geschehens selbst in Augenschein zu nehmen – darunter neben Prag und Pilsen auch Münchengrätz, Hermanitz, das Gebiet des früheren Herzogtums Friedland, sodann Nachod und schließlich Eger –, und aus der Distanz von mehr als drei Jahrhunderten einen neuen, nicht zuletzt optisch-sinnlichen Zugang zu einer längst im tiefen Dunkel der Vergangenheit entschwundenen Persönlichkeit und ihrer Epoche zu gewinnen. Merkwürdig mutete es den Historiker und Schriftsteller an, daß „die Nachkommen der kaiserlichen Offiziere, die Wallensteins Verschwörung (insofern es eine gab) gebrochen hatten und direkt oder indirekt für die Egerer ‚Exekution‘ verantwortlich waren, zumeist bis 1945 oder 1948 im Besitz des aus der Konfiskationsmasse entnommenen Mord-Lohnes“ geblieben waren: „die Aldringen in Teplitz, die Hatzfeld in Trachenberg, die Gallas in Friedland, die Colloredo in Opočno; in Nachod die Piccolomini, bis sie, spät im 18. Jahrhundert, ausstarben“;[40] fast scheint an dieser Stelle eine gewisse Befriedigung durch über die späte Vertreibung jener Familien, die sich zum Werkzeug der Habsburger gegen den Feldherrn hatten machen lassen und, wenn auch erst spät, ihren „Mord-Lohn“ wieder verloren.[41]

Nicht zuletzt erleichterte Golo Manns Reise nach Böhmen ebenfalls die seinerzeit noch schwierige Kontaktaufnahme zu tschechischen Kollegen und Wallensteinforschern, die ihm wiederum ungedrucktes Material zugänglich machen konnten;[42] die reichen, von der Forschung erst zum geringen Teil ausgewerteten Bestände des Waldsteinarchivs in Münchengrätz boten wertvolle Ergänzungen seiner eigenen bisherigen Forschungsanstrengungen, darunter die, wie Mann berichtet, damals erst kurze Zeit vorher aufgefundenen Originale sämtlicher kaiserlicher Privilegien und Ernennungen, die Wallenstein einst zuteil geworden waren, und ebenfalls „eine spezielle Sammlung von

39 Ders.: Auf Wallensteins Spuren. In: Neue Rundschau 77 (1966) 349–368.

40 Ebd., 359.

41 Bemerkenswert andererseits auch eine Passage (ebd.) über den Verlust des Iser- und des Riesengebirges für Deutschland: „Schmerz und Bitterkeit jener, deren Heimat hier einmal war, kann man erst ganz verstehen, wenn man mit Augen gesehen hat, was sie verloren; ob Wallensteins blühende Lande, ob Eichendorffs ‚Thäler weit und Höhen‘ jenseits der Grenze.“

42 Vgl. Manns aufschlußreiche Danksagung an die tschechischen Kollegen in: ders.: Wallenstein, 1317.

fünfundneunzig Briefen Wallensteins" – eben diese habe „noch kein Forscher gelesen, ja, bis vorgestern noch keiner von ihr gewußt".[43]

Weitere Archivstudien unternahm Golo Mann allerdings nicht, dagegen nutzte er extensiv die überaus umfangreiche Wallensteinforschung wenigstens zweier Jahrhunderte und auch die vielen, seinerzeit schon vorliegenden, in der Regel sehr ausführlichen Quellenpublikationen und Dokumentationen zur Geschichte des böhmischen Feldherrn und seiner Zeit; der umfangreiche Forschungs- und Anmerkungsteil der Ende 1970 vollendeten Biographie, der immerhin 130 Druckseiten umfaßt, legt hiervon Zeugnis ab.[44]

II. Inhalt und Eigenart

Golo Manns Wallensteinbiographie ist – trotz ihrer ‚poetischen' Einsprengsel, von denen noch zu sprechen sein wird – ein Werk, das strengsten wissenschaftlichen Ansprüchen zu genügen vermag, erarbeitet in vieljähriger fleißiger Forschungstätigkeit. Und es handelt sich auch keineswegs ausschließlich um eine bloße Lebensdarstellung traditionellen Zuschnitts, obwohl Wallenstein als historische Persönlichkeit natürlich im Zentrum steht. Breite Passagen widmen sich eingehend der Militärgeschichte jener Epoche, andere wiederum enthalten ausführliche sozial- und wirtschaftshistorische Exkurse, die etwa die Umwelt des jungen Wallenstein, die Lebenswelt des böhmischen Adels zu Beginn des 17. Jahrhunderts, eindringlich schildern. Weitere anschauliche, ökonomie- und sozialgeschichtlich fundierte Einzelkapitel gelten der Aufbau- und Verwaltungstätigkeit in den Wallensteinschen Herzogtümern Friedland, Sagan und Mecklenburg. Freilich beruhen diese Abschnitte nicht immer auf eigenen originären Quellenforschungen des Autors, sondern ebenfalls auf der Auswertung neuerer und älterer grundlegender Spezialstudien, etwa derjenigen Anton Ernstbergers,[45] dennoch erweitert Mann gerade mit diesen Passagen sein Werk von der bloßen Lebensbeschreibung zur – wenigstens partiell breit ausgreifenden – Epochendarstellung.

Das zeigt sich bereits in den weit ausholenden sozialhistorischen Passagen, die sich in den ersten Kapiteln des Buchs finden und in denen neben anderem

43 Die Zitate bei ders.: Auf Wallensteins Spuren, 354.
44 Vgl. ders.: Wallenstein, 1185–1315.
45 Ernstberger, Anton: Wallenstein als Volkswirt im Herzogtum Friedland. Reichenberg 1929; vgl. dazu auch die aufschlußreichen Bemerkungen bei Mann: Erinnerungen und Gedanken, 470.

auch die Lage der unteren und untersten, das heißt damals: der bäuerlichen Bevölkerungsschichten, ausführlich beschrieben und reflektiert wird.[46] Anschaulich und gelungen werden vom Autor auch die Inflation in Böhmen nach den politisch-sozialen Umbrüchen der Jahre nach 1619/20[47] sowie der üble Güterschacher, oder anders gesagt: die Bereicherung des katholisch-habsburgischen Adels nach 1623, dargestellt.[48] Wallensteins Ökonomie im Herzogtum Friedland – „eine Monarchie, die aufstieg aus dem Nichts“[49] – rekonstruiert Mann ebenso kenntnisreich wie mit Liebe zum Detail: Wallenstein „ist der große Wirtschaftler seiner Zeit – il grande economo, wie einer seiner frühen Biographen ihn nennt. Seinem drängenden Willen entgeht weder das Größte noch das Kleinste; nicht der Glanz der Städte, die er baut; nicht, was Kühe jährlich hergeben müssen.“[50]

Auch die ebenfalls glänzend gelungenen militärhistorischen Abschnitte zeigen das Anliegen des Verfassers, die Lebensgeschichte immer wieder zur Epochendarstellung zu erweitern: Hier genügt es, etwa auf die Passagen über die kriegerischen Ereignisse des Frühjahrs 1620,[51] auf die ausführlichen und detaillierten Kapitel über den Feldzug von 1627[52] sowie nicht zuletzt über den Krieg in Sachsen im Jahr 1632 – mit dem Höhepunkt der Schlacht bei Lützen und dem Kriegertod Gustav Adolfs[53] – zu verweisen. Selbstverständlich beschränkt sich Mann dabei keineswegs auf die Rekonstruktion militärisch-operativer Vorgänge, sondern nimmt den Krieg stets vor dem Hintergrund seiner sozialen Dimension in den Blick. Der Abschnitt „Das leidende Volk“ im Kapitel über das erste Generalat thematisiert die ungeheure Brutalität des militärischen Geschehens jener Zeit, das mit den Kabinettskriegen des folgenden Jahrhunderts noch nichts zu tun hatte,[54] und der Autor erörtert ebenfalls die Veränderungen in der Kriegführung selbst, also die, wie er es nennt, „Ent-

46 Vgl. Mann: Wallenstein, 76–79, bes. 77: „[...] überwiegend kam das Geld, das die Fürsten ausgaben für nützliche oder unnütze Zwecke, von den Bauern. Sie trugen die Last, und zwar ohne daß man sie fragte, wieviel sie zu tragen fähig und willens wären; sie stimmten nicht mit, sie waren kein Stand, in Böhmen keiner und, außer in Schweden, nirgendwo. Sie waren dem Grundherrn untertan und an die Scholle gebunden, durften nicht fortziehen, ihren Hof nicht verkaufen ohne des Herrn Erlaubnis.“

47 Vgl. ebd., 237–245.

48 Vgl. ebd., 245–254.

49 Ebd., 307.

50 Ebd., 315; vgl. insgesamt die Darstellung ebd., 307–322.

51 Vgl. ebd., 199–204.

52 Vgl. ebd., 471–482, 490–495.

53 Vgl. ebd., 860–893.

54 Ebd., 415–432.

artung des Krieges“,[55] die im Laufe der Jahre immer verheerendere Formen annahm. Bis ins letzte Detail wird das damals bestehende Kontributionssystem beschrieben,[56] das gemäß der „Theorie [...], daß die Länder die Armee zu ernähren hätten“,[57] funktionierte und sich vor allem langfristig ebenfalls äußerst verhängnisvoll auswirkte.

Die Quellenkritik – wenngleich zumeist verschoben in den angehängten umfangreichen Anmerkungsteil[58] – fehlt in Manns „Wallenstein“ ebensowenig; sie zeigt, wie genau der Autor sich seine in der Regel sehr prägnanten Urteile als Ergebnis einer überaus intensiven, tiefdringenden und präzisen Auseinandersetzung mit den Originalquellen und der gesamten ihm zugänglichen Forschung mühsam erarbeitet hat. Zuweilen findet sich, dies aber nur als Ausnahmefall, eine quellenkritische Erörterung auch im Haupttext. So kann Golo Mann im Rahmen aufwendiger Detailanalyse und in kritischer Auseinandersetzung mit älteren Forschungsmeinungen etwa nachweisen, daß der Verfasser jener unseligen, im Ergebnis so verhängnisvollen Geheimberichte über Wallenstein an Maximilian von Bayern aus dem Jahr 1629, der „Kapuziner-Relationen“, niemand anderes als der zu jener Zeit sich in Wien aufhaltende Graf Valeriano Magni gewesen ist[59] – geradezu ein Kabinettsstück scharfsinniger und zugleich verständlich und überzeugend-durchsichtig vorgetragener Quellenkritik, das der Autor seinen Lesern denn auch mit sichtbarem Vergnügen präsentiert.

Mit der älteren und neueren Forschung und allen wichtigen Wallensteindeutungen ist Mann nicht nur genauestens, bis in die letzten Details vertraut, sondern er setzt sich mit ihnen immer wieder sachkundig und kritisch auseinander, angefangen mit den tschechischen oder deutschen, in jedem Fall nationalistisch grundierten Deutungen eines František Palacký und eines Hermann Hallwich im 19. Jahrhundert[60] über Felix Stieve[61] und Leopold Ranke[62] bis hin zu prominenten Wallensteinforschern in der ersten Hälfte des 20. Jahrhunderts, darunter Pekař[63] und Srbik. Und Mann versäumt auch nicht, die durch Überlieferungsmängel bedingten Grenzen und Lücken des Wissens der Gegenwart über Wallenstein und seine Zeit immer wieder aufzuzeigen. Gleich

55 Ebd., 419.
56 Vgl. ebd., 421–432.
57 Ebd., 425.
58 Ebd., 1205–1315.
59 Vgl. ebd., 530–536.
60 Vgl. ebd., 34.
61 Vgl. ebd., 111f., 1194.
62 Vgl. ebd., 1089 u. a. (Rankes Name wird von Mann nicht immer ausdrücklich erwähnt).
63 Vgl. ebd., 1089f. (wiederum ohne Nennung des Namens im Haupttext), 1297.

zu Anfang des Buchs muß Mann, angesichts allzu dürftiger Informationen über die Bildungsreise des jungen Wallenstein, in einer für ihn typischen Formulierung zugeben: „Wir lassen diese Fragen offen. Es kann so sein, wie die Historiker sagen, oder auch nicht, und kommt für unsere Zwecke nicht viel darauf an.“[64] Die trotz intensiver Detailforschung bleibenden Kenntnislücken hat der Autor auch in späteren Abschnitten seines Werks offen zugegeben.[65]

Politikgeschichtliche Analysen im engeren Sinn stehen zwar nicht eigentlich im Mittelpunkt des Buchs, doch sie finden sich an entscheidender Stelle: So sei etwa hingewiesen auf die eindringliche Schilderung von Bedeutung und mächtepolitischer Stellung des Hauses Habsburg um und nach 1600,[66] auf die Herausarbeitung der destruktiven Wirkungen diverser „Willenszentren“ im Alten Reich zu Beginn des 17. Jahrhunderts,[67] auf die Darlegung der damaligen Funktion des Ständewesens in Böhmen und Mähren[68] oder auch auf die Reflexionen über die Folgen der Zerstörung des konfessionell-politischen Gleichgewichts im Reich in den frühen zwanziger Jahren des 17. Jahrhunderts,[69] in dessen Folge sich der bis dahin noch einigermaßen lokalisierte Konflikt zum europäischen Krieg ausweitete. Im Zusammenhang der Darstellung eigentlich noch bedeutender als eben jene Passagen erscheinen die zahlreichen Charakteristiken historischer Persönlichkeiten; ja, man kann vielleicht die These wagen, daß es einer der Kunstgriffe dieses Autors ist, historische Zusammenhänge im darstellerischen Medium individueller Personencharakterisierung zu verdeutlichen.

In besonderem Maß trifft dies auf Manns meisterliche, auch stilistisch pointierte Fürstenschilderungen zu, zuerst auf die Darstellung der drei deutschen Kaiser, die er vornehmlich behandelt: So der rätselhafte, tragisch an sich selbst scheiternde Rudolf II., der „hohe Intelligenz“ besaß, „wenn der Drang des Augenblicks sie nicht trübte, Sinn, nur allzu ausgeprägten, für seinen er-

---

64 Ebd., 10.

65 Vgl. etwa ebd., 22 (mangelnde Zuverlässigkeit Khevenhüllers), 81, 99–101 (Motive für Wallensteins Konversion), 125 (Positionierung Wallensteins im habsburgischen Bruderzwist), 389 (genauer Verlauf der Schlacht bei Dessau, April 1626) u. v. a.

66 Vgl. ebd., 39–44.

67 Vgl. ebd., 56: „Denn es waren nicht zwei Parteien, die das Land teilten, so daß eine der anderen hätte obsiegen oder beide zu einem neuen tragfähigen Kompromiß hätten gelangen können. Es war ein Chaos sich bekämpfender, durchkreuzender, aneinander vorbeizielender Willenszentren, wenn der Wille überhaupt ein Zentrum hatte und wußte, was ihm noch zu wollen übrigblieb.“

68 Vgl. u. a. ebd., 62f.

69 Vgl. besonders ebd., 345–353 u. a.

habenen Auftrag, Zähigkeit; subtilsten Kunstverstand nebenbei",[70] so der als „tückisch und träge" charakterisierte Matthias, der mit seinem Tod im März 1619 „endlich in das Nichts zurücksank, dem auch dieser glücklose Potentat besser nie entschlüpft wäre",[71] so endlich Ferdinand II., der als – wenn auch subjektiv ehrlicher – militanter Fanatiker sowie als kaltblütiger Intrigant und mißtrauisch-raffinierter Machtmensch beschrieben wird.[72] Dagegen der „auf Erhaltung der guten alten Reichsordnung" bedachte Herzog Johann Georg von Sachsen, „ein Konservativer aus dem Grunde; darin, ob vom Bier betäubt oder vergleichsweise klaren Kopfes, änderte er seine Gesinnung keinen Augenblick. Bieder, roh und simpel; ein deutscher Patriot auf seine Art [...]";[73] das positiv gezeichnete Gegenbild des Markgrafen Georg Friedrich von Baden-Durlach – ein „gelehrter, frommer alter Mann; Luthers Bibel hatte er achtundfünfzig Mal durchstudiert [...]. Er schämte sich seiner Standesgenossen von der Union, die nach dem Weißen Berg sich unauffällig vom Schauplatz entfernten, und trat, ein Vereinzelter, für sie in die Bresche. Ein Selbstloser in Zeiten wilder Selbstsucht; als Idealist zum Elend bestimmt [...]";[74] und nicht zuletzt Herzog Christian von Braunschweig: „Ein Ritter und Räuberhauptmann; ein Fürst, der die galantesten französischen Briefe schrieb und auch, wenn der Wein sein blasses Gesicht rötete, sich an den brutalsten Reden ergötzte, vermutlich, um seine Männlichkeit zu akzentuieren."[75] Daß Politik zuerst und vor allem von *Menschen*, und zwar von Menschen verschiedenster Wesensart und unterschiedlichsten Charakters, gemacht wird – auf diese vergleichsweise simple Wahrheit hat Golo Mann in einer Zeit strukturgeschicht-

70 Ebd., 57; vgl. auch 56, 92f. u. a.

71 Die Zitate ebd., 58, 167.

72 Vgl. vor allem ebd., 149–151, 335, 1007, 1061f., besonders etwa 1062: „Ferdinand [...] war zäh, dank seines Glaubens an Gott und an sein Gott so innig verbündetes Erzhaus. Oft hatte er den Mut des Frommen, Phantasiearmen gezeigt, in den peinlichsten Situationen den Kopf nicht verloren. Auch perfide zu sein hatte er gelernt, die Kunst feiner, böser Komödie, wenn ein guter Zweck sie forderte. Wie hatten er und der alte Erzherzog Maximilian den Kardinal Khlesl tückisch auf den Leim geführt im Jahre 18, ihn besucht und umschmeichelt und zu einem Gegenbesuch provoziert, bei dem er dann verhaftet und [...] verschleppt wurde; nicht zwar, weil er Unrecht getan, sondern weil seine Friedenspolitik den beiden Agnaten nicht paßte. Das war lange her. Warum sollte ein so geistloser, simpler und selbstsicherer Mensch wie Ferdinand sich gewandelt haben?"

73 Ebd., 179f.

74 Die Zitate ebd., 270.

75 Ebd., 271; der Autor fügt an, daß „trotz solcher Räuber-Reden [...] wenigstens drei Poetinnen oder Geschichts-Schreiberinnen sich noch nach Jahrhunderten in den hochaufgeschossenen, wildhaarigen Jüngling verliebt" (ebd.) hätten: Annette von Droste-Hülshoff, Ricarda Huch und Veronica Wedgwood.

licher Dominanz gerade auf dem Weg der prägnanten Personencharakteristik besonders eindringlich hingewiesen.[76]

Seine Epochendeutungen sind – ohne daß er die Eigenständigkeit und Einmaligkeit der Zeit um und nach 1600 verkannt oder aus dem Blick verloren hätte – doch nicht allzu selten von den Eindrücken der selbst erlebten Katastrophenepoche 1914 bis 1945 zumindest mitbestimmt; das umfangreiche Buch ist geradezu durchzogen von allerdings sehr vorsichtigen, zumeist versteckten, aber für den informierten Leser fast immer erkennbaren Analogien zwischen der ersten Hälfte des 17. und der ersten Hälfte des 20. Jahrhunderts. Wenn Mann beispielsweise, die Jahre unmittelbar vor 1618 in den Blick nehmend, bemerkt: „Es bröckelte überall im mittleren Europa, und das, was abbröckelte, suchte Verbindung mit anderem Abbröckelnden anderswo. Niemand traute, daß die Ordnung, welche war, Bestand haben würde; jeder hoffte, daß, wenn sie nicht Bestand hätte, die Veränderung ihm Gewinn bringen sollte“[77] – wer dächte bei diesen Worten nicht sofort an die Vorkriegszeit 1900 bis 1914? Wer dächte nicht sogleich an das anschließend folgende Zeitalter der totalitären Ideologiestaaten, wenn der Autor, eine ganz andere Epoche im Blick, einmal bemerkt: „Der Begriff, wonach man einer weiten, vielfältigen, immer gefährdeten Umwelt das eigene Bild aufzuprägen nicht beanspruchen darf und leben lassen muß, um selber zu leben, war im frühen 17. Jahrhundert kein geläufiger“?[78] Ganz zu schweigen von weiteren Feststellungen, etwa über den „dummstolzen Fanatismus der ‚Extremisten‘“, über die „Emigration“, also jenes Ding, „wovon die Zukunft noch manche Spielarten sehen sollte“,[79] oder auch über das Phänomen der Inflation, das von Mann ebenfalls in einem über die näheren Verhältnisse des 17. Jahrhunderts deutlich hinausgehenden Sinn gedeutet wird.[80]

Abgesehen von wenigstens andeutungshaft aktualisierenden Bemerkungen jener Art finden sich aber auch andere Interpretationen Golo Manns, streng auf Gegenstand und Zeit bezogen und zumeist eindeutig akzentuiert. Die von

76 Auf weitere, nicht weniger prägnante Charakteristiken kann an dieser Stelle nur verwiesen werden, so etwa ebd., 134, 137 (Khlesl), 149, 933, 952, 968 (von Thurn), 164 (von Mansfeld), 195 (Tilly), 263 (Gustav Adolf), 343 (Comenius), 908 (Oxenstierna) u. v. a.

77 Ebd., 71.

78 Ebd., 76.

79 Die Zitate ebd., 98, 158.

80 Vgl. ebd., 237: „Eine Inflation, gelenkt […] durch den Staat, mit dem Zweck, Schulden loszuwerden. Bei einer Inflation, wissen wir, gibt es Gewinner und Verlierer. Die Gewinner sind jene, die an den Hebeln der politischen und wirtschaftlichen Macht sitzen, die Tatkräftigen, Schlauen und Frechen: die Raubvögel. Pechvögel aber sind die Durchschnittsuntertanen.“

der älteren Forschung, auch von Schiller, vielleicht überbetonte, von Teilen der späteren Forschung aber nicht selten wiederum etwas heruntergespielte religiös-konfessionelle Motivation der kriegerischen Auseinandersetzungen des frühen 17. Jahrhunderts wird von Mann wieder klar betont;[81] die von ihm für sich selbst als unparteiischer Geschichtsschreiber in Anspruch genommene Neutralität[82] gelingt ihm oft, freilich nicht immer; die Abneigung gegen den ‚Wiener Hof' und die ‚spanische Partei' im Reich kann er nicht vollständig verbergen. Aufschlußreich mag ebenfalls die Beobachtung sein, daß er sich hier und da sogar die (also keineswegs in jedem Fall überholten) Deutungen Schillers zu eigen macht, so etwa bei der Behandlung von Gustav Adolfs Tod in der Lützener Schlacht: „Auch starb er im guten Moment. So blieb sein Name im Licht. Hätte er gelebt, wäre es immer dunkler und schmutziger um ihn geworden und hätte der deutsche Kreuzzug ihm wachsenden Ekel bereitet."[83]

Eine explizite, alle Facetten des Phänomens mit einbeziehende Lösung des seit mehreren Forschergenerationen intensiv diskutierten „Wallensteinproblems", also der Entdeckung der innersten Handlungsmotive dieser verschlossenen und in vieler Hinsicht rätselhaften Herrscher- und Feldherrnpersönlichkeit vermag auch Golo Mann *nicht* zu bieten – fast ist man versucht zu sagen: natürlich nicht. Aber ihm gelingt ein im ganzen unbedingt faszinierendes, mit außerordentlicher Quellendichte erarbeitetes Charakterporträt des Fürsten und Heerführers, das zwar nicht als geschlossene Deutung aufzutreten vermag, aber doch viele, nur scheinbar verstreute Einzelaspekte in einen größeren Zusammenhang bringt, auch und gerade dann, wenn die wirklichen (oder eben auch nur vermeintlichen) eklatanten Widersprüche von Wallensteins Charakter aufgezeigt werden.

Diese Widersprüche erkennt Golo Mann zum einen in den ohne jeden Zweifel enormen politischen und ökonomischen Fähigkeiten seines Protagonisten, die sich zuerst in der von ihm veranlaßten Aufbauarbeit in Friedland,

---

81 Vgl. etwa ebd., 382f.

82 Vgl. ebd., 401.

83 Ebd., 895; vgl. hiermit die entsprechende Passage aus Schillers „Geschichte des Dreißigjährigen Krieges": Schiller, Friedrich: Sämtliche Werke. Hg. v. Gerhard Fricke und Herbert G. Göpfert, Bd. 4: Historische Schriften. München 1980, 637: „Gar schwer entwöhnte sich die protestantische Welt von den Hoffnungen, die sie auf diesen unüberwindlichen Anführer setzte, und *mit* ihm fürchtete sie ihr ganzes voriges Glück zu begraben. Aber es war nicht mehr der Wohltäter Deutschlands, der bei Lützen sank. Die wohltätige Hälfte seiner Laufbahn hatte Gustav Adolf geendigt, und der größte Dienst, den er der Freiheit des Deutschen Reichs noch erzeigen kann, ist – zu sterben." [Hervorhebung im Original; H.-C. K.].

Sagan und (wenngleich nur kurzzeitig) in Mecklenburg zeigen,[84] sodann in seiner wohl von ehrlicher Überzeugung getragenen Sorge für die eigenen Untertanen[85] und ebenfalls in seinem taktisch außerordentlich, ja konkurrenzlos geschickten politischen Agieren, das ihn schon während seines ersten Generalats in eine für einen politischen Aufsteiger bis dahin nicht gekannte, fast aus dem Nichts geschaffene Machtstellung bringt; *in summa* also, mit den Worten Golo Manns: „Ein schlauer Mann, verschlagen bis zum Unglaublichen."[86] Doch zum anderen – und an dieser Stelle wird eine zweite, nicht unbedingt gegensätzliche, eher verwandte Facette seines Wesens sichtbar – zeigen sich hiermit zugleich die Schattenseiten seiner Persönlichkeit und seines Charakters, die sich in Egoismus, Gewissenlosigkeit, ja zuweilen in Brutalität äußern, von denen Wallensteins persönliches Handeln immer wieder gekennzeichnet ist. Golo Mann verharmlost also keineswegs den Charakter seines ‚Helden', wie mancher spätere Kritiker meinte, sondern er zeichnet ebenso präzise wie schonungslos die politischen Praktiken eines skrupellosen Machtmenschen jener Epoche nach, der eben alle Möglichkeiten konsequent nutzte, die ihm das allgemeine Chaos im Deutschland der ersten Hälfte des Großen Krieges bot oder doch wenigstens zu bieten schien.

Auch die – bei näherem Hinsehen rasch zutage tretenden – politischen Fehler, die Wallenstein beging, mit denen er unbeabsichtigt das in Wien, München und anderswo gegen ihn von Anfang an gehegte Mißtrauen immer wieder auch seinerseits schürte, statt wenigstens den Versuch zu unternehmen, es zu zerstreuen, werden vom Biographen genau benannt. Dazu gehört vor allem das zuweilen sehr undiplomatisch-taktlose, immer wieder von geradezu brutaler Direktheit und Offenheit gekennzeichnete Auftreten des kaiserlichen Generalissimus,[87] seine schnörkellos-direkten Formulierungen in sehr vielen seiner, auch an höchste Stellen gerichteten Briefe, die allen Gepflogenheiten und Konventionen der politisch-diplomatischen Korrespondenz jener Zeit Hohn sprach und deshalb unmittelbar anstößig wirken *mußte*, – eben weil er sich so offenkundig weigerte, wie Golo Mann sagt, den Anforderungen des diplomatischen „Theaters" jener Zeit zu entsprechen.[88] Das war politisch mehr

84 Vgl. Mann: Wallenstein, 287–344, 573–600.

85 Vgl. ebd., 341f., besonders 342, wo Wallenstein von Mann sogar „etwas Gutmütiges" zugeschrieben wird, „welches zu dem, daß er doch eigentlich kein Menschenfreund, noch anderer Menschen Freund war, nicht recht passen will. Solches mag trotzdem sein: Wohltätigkeit ohne Kontakt zu den Beschenkten; Mitleid des Einsamen, Güte ohne Wärme."

86 Ebd., 524.

87 Vgl. ebd., 526, 543.

88 Ebd., 543; vgl. auch die Bemerkung ebd., 599: „Wallenstein war ein Meister in der Kunst, durch zornig unbedachte Reden seinen Feinden Propagandamaterial zu liefern."

als unklug: Es verschlechterte und gefährdete lange vor dem Regensburger Kurfürstentag von 1630 kontinuierlich Ruf und Stellung des Feldherrn; langfristig war es eine der Ursachen für Wallensteins tragisches Ende.

Mit seiner zentralen Deutung des späten Wallenstein der Jahre ab 1632 steht Golo Mann wohl irgendwo zwischen Ranke und Srbik einerseits[89] sowie Pekař und den wiederum ihm folgenden Historikern der böhmischen Schule andererseits;[90] darüber hinaus trennt ihn ebenfalls nicht Weniges von den westdeutschen Reichshistorikern der Nachkriegszeit. Mann sieht den Feldherrn in dessen letzter Lebenszeit vor allem als einen – nicht zuletzt durch eigene schwere Erkrankung besonders motivierten – Friedenspolitiker, für den im Grunde „nur eines feststand: daß er, und im Kern er allein, der Schiedsrichter und Friedensbringer sein wollte",[91] auch wenn er trotz aller Bemühungen letztlich keinen gangbaren Weg mehr zu erkennen vermochte, der ihn zu diesem Ziel führen konnte. Der von Wallenstein diktierte und unterzeichnete Vertragsentwurf vom Herbst 1633 belegt nach Mann, daß Wallenstein von Anfang an „die Vereinigung mit den deutschen Protestanten, die Wendung gegen alle fremden Völker, die nach Beraubung und Zerstörung des Reiches gierten, die Schweden zuerst, dann die Franzosen, vielleicht zuallerletzt auch die Spanier"[92] angestrebt habe. Die in mancher Hinsicht durchaus antikai-

89 Ranke, Leopold: Geschichte Wallensteins. In: ders.: Sämmtliche Werke, Bd. 23. Leipzig 1872; Srbik, Heinrich Ritter von: Wallensteins Ende. Wien ^{2}1952 [^{1}1920]; vgl. zu Ranke und Srbik auch die entsprechenden Beiträge von Gerrit Walther und Winfried Schulze im vorliegenden Band.

90 Zu nennen wären etwa Wagner, Georg: Wallenstein – Der böhmische Condottiere. Ein Lebensbild mit zeitgenössischen Dokumenten. Wien 1958, und verschiedene Arbeiten von Josef Polišenský.

91 Mann: Wallenstein, 928, vgl. auch 901. – Übrigens habe Wallenstein, so Mann in einem früheren Kapitel seines Buches, schon in den Jahren um 1628/29 auf den Frieden hingearbeitet, wenngleich seinerzeit noch aus etwas anderen Motiven; vgl. ebd., 602f.: „Wallenstein will jetzt einen auf Toleranz gegründeten Frieden. So ehrlich ist er, offen zuzugeben, daß er ihn auch aus persönlichen Gründen will: er hat genug, die Kriege haben ihm gebracht, was sie ihm bringen konnten, gern würde er in den Jahren, die ihm noch bleiben mögen, das Erworbene genießen."

92 Ebd., 981; vgl. auch ebd., 1049f.: In Wallensteins „letzten Träumen" erkennt Mann einen „Kern guter Intuition. Verträgliches Nebeneinander der Konfessionen; Toleranz. Verzicht des Hauses Habsburg auf das, was den Frieden unmöglich machte und was es durch Krieg nicht mehr gewinnen konnte. Wiedergutmachung, in Grenzen; Rückführung der katholischen, geistlichen Fürsten, die von den Schweden verjagt worden waren; Versöhnung irgendwie, sehr ungenau, Böhmens und der böhmischen Emigranten. Abfindung der Schweden irgendwie, im Norden. Abfindung der Franzosen irgendwie, nämlich in den an Frankreich grenzenden Regionen der Niederlande ‚Artois und Hennegau', auf Kosten der Spanier, damit beide, Franzosen und Spanier, Deutschland in Ruhe ließen."

serliche – vielleicht eher als habsburg- und wittelsbachkritisch zu bezeichnende – Grundtendenz dieser Deutung verleugnet der Autor dabei nicht.[93]

Die Gründe für Wallensteins katastrophales Scheitern sind nicht allein – auch das macht Golo Mann überzeugend deutlich – im Friedenswillen des Feldherrn zu suchen, mit dem er den Bestrebungen der habsburgisch-wittelsbachischen Partei in die Quere kam, sondern auch in seinen wirtschaftlichen Erfolgen, mit denen er nicht nur dem König von Böhmen höchst unerwünschte Konkurrenz machen konnte, endlich wohl auch in einem Mangel an Eifer, mit dem er die Gegenreformation in den eigenen Landen vorantrieb, – und vor allem natürlich in seiner Akkumulation von Macht und Besitz, die einerseits Ängste schürte, andererseits Begehrlichkeiten weckte. Was der Emporkömmling in wenigen Jahren zusammengerafft hatte, das konnte ihm ebenso rasch wieder genommen werden. Jedenfalls macht Golo Mann überzeugend deutlich, daß es nicht zuletzt die Gier nach Wallensteins Besitz war, welche die Verschwörung gegen ihn nachhaltig beflügelte.[94] Letztlich, so Mann, paßte Wallenstein „nicht in die Dinge des Reiches“; es mangelte ihm an „Sinn für die Macht der Tradition“ und an „Instinkt für dies seltsame, zählebige Gemeinwesen“[95] – auch hieraus resultierten nicht wenige der politischen Fehler, die er im Lauf seiner Karriere begangen hat und die schließlich zu seinem Untergang beitrugen. Daß er am Ende, „verwirrt und verraten“,[96] zwischen allen Stühlen saß, hängt auch mit eben jenem Defizit zusammen.

Die Wandlungen von Golo Manns Wallensteindeutung seit seinen wissenschaftlichen Anfängen zu Beginn der dreißiger Jahre des 20. Jahrhunderts werden jetzt deutlich erkennbar: Am Anfang steht, noch im Schatten der glänzenden, jahrzehntelang einflußreichen Deutung Rankes, der vermeintliche Reichspolitiker Wallenstein, der eine Einigung Deutschlands, die – parallel zu vergleichbaren Entwicklungen in den Nachbarländern – eigentlich an der Zeit war, durchzuführen beabsichtigte, an dieser Aufgabe aber infolge mannigfacher Ungunst der Umstände tragisch gescheitert war. Diese Deu-

93 Die von Mann gegebene Darstellung von Wallensteins Rückzug aus Bayern gegen Ende 1632 (ebd., 994–998) ist hierfür aufschlußreich: Die Aktion wird zwar als politischer Fehler, dennoch als aus taktisch-militärischen Erwägungen zumindest nachvollziehbare Entscheidung Wallensteins interpretiert; Mann bezeichnet es als eine „unsinnige, aus falschem Schein geborene Legende, dass er [Wallenstein; H.-C. K.] die Eroberung Bayerns wünschte und mit List ermöglichte“; nur Kurfürst Maximilians Agenten hätten jene Legende mit solchem Erfolg allgemein verbreitet und propagiert, „daß die Erklärung gut drei Jahrhunderte lang geglaubt wurde“ (beide Zitate: ebd., 996).

94 Vgl. ebd., 1074, 1091.

95 Die Zitate ebd., 506.

96 Ebd., 1087.

tung, im Aufsatz von 1934 zusammenfassend formuliert, widerruft Mann im 1964 publizierten Handbuchbeitrag, in dem er dem Feldherrn allenfalls noch das Ziel zugesteht, die seit dem Jahr 1618 eingetretenen Veränderungen in Deutschland entschieden revidieren zu wollen. Sieben Jahre später, in der 1971 veröffentlichten Wallensteinbiographie, geht er auch so weit nicht mehr; Wallensteins zentrales Anliegen seit Ende der zwanziger Jahre des 17. Jahrhunderts, die Quellen gäben letztlich nichts anderes her, sei nur noch die Wiederherstellung des Friedens – um fast jeden Preis – gewesen.

Zum Stil des Buchs wäre im Detail eine Menge zu sagen (eigentlich wäre das Thema eine eigene Studie wert) – an dieser Stelle hierzu nur einige wenige Anmerkungen. Der literarische Ehrgeiz des Autors ist überaus hoch; er selbst spricht mehrfach von seinem „Roman", und das ist nur zur Hälfte ironisch gemeint;[97] sehr treffend hat man in diesem Zusammenhang einmal vom „erzählerischen Grundgestus seines Denk- und Sprachstils"[98] gesprochen. Stets dominiert der auktoriale Erzähler, der sich mal im Plural („Wir"),[99] mal im Singular („Ich")[100] äußert, der Vor- und Rückblicke einstreut[101] und manchmal sogar als direkt erzählender Autor auftritt – etwa wenn Golo Mann seinen Lesern eine Geschichte zur Kenntnis bringt, „die mir in Gitschin eine alte Frau erzählte".[102] Wie er selbst einmal später gesagt hat, bestand der Ehrgeiz seines Buchs darin, „den Leser in die Atmosphäre, den Geist einer versunkenen Zeit eintauchen zu lassen",[103] und gerade dieses Bestreben hat die formale Gestaltung des Werks in mehr als nur einer Hinsicht stark geprägt. Ob ihm dabei freilich alle einzelnen Formulierungen gelungen sind, gerade die als bewußte Provokationen eines bestimmten Zeitgeistes gemeinten – wie etwa das Lob des „schönen" Landes Böhmen,[104] des

97 Vgl. etwa ebd., 212, und 269 ist die Rede von „dem wahren, blutigen Roman, der hier erzählt wird".

98 Kohlhase, Norbert: Golo Mann als Historiker und Erzähler: Geschichten und Geschichten. In: ders.: Einheit in der Vielfalt – Essays zur Europäischen Geschichte, Kultur und Gesellschaft. Baden-Baden 1988, 108.

99 Mann: Wallenstein, 96, 154, 196, 250.

100 Vgl. ebd., 25, 326, 337,339, 363 („Ich denke [...]").

101 Vgl. etwa die Vorausdeutung bei Erwähnung Karls I. von Großbritannien, ebd., 351, dem einst im Vergleich zu den meisten seiner Standesgenossen „eine andere Art von Bestattungsfest beschieden sein" wird.

102 Ebd., 326, vgl. auch 337.

103 Golo Mann in einem 1985 verfaßten, bislang unveröffentlichten Privatbrief. Hier zit. nach Lahme: Golo Mann, 357.

104 Vgl. dazu die Bemerkung Golo Manns in einem Brief an Hans-Martin Gauger vom 23. April 1979. In: Mann: Briefe 1932–1992, 257f.: „Das ‚Im schönen Lande Böhmen' im ersten Satz schrieb ich gerade zum Trotz, weil ein Kritiker, der mich mit seinem Hass

„goldenen" Prag, des „lieblichen Mährerlandes"[105] und so weiter –, darüber wird man sicher streiten können.

Und das gleiche mag auch gelten für die ausgesprochene Neigung des Autors zur Formulierung von Sinnsprüchen, in denen sich teils aus dem Dargestellten gewonnene Erkenntnisse verdichten sollen, andererseits aber auch vermeintlich überzeitliche Wahrheiten ausgedrückt finden.[106] Hier hat wohl nur der persönliche Geschmack des Lesers zu entscheiden, der auch Golo Manns ausgeprägte Lust an Übertreibungen und drastischen Formulierungen entweder teilen – oder eben als Manierismen, teils affektive, teils gekünstelte Wortdrechseleien abtun wird. So etwa, wenn eine Kutsche „holterdipolter [...] ins ferne Tirol" fährt,[107] wenn Kardinal von Dietrichstein sich als „Springhase von Fluchtort zu Fluchtort"[108] begeben muß, wenn es, bezogen auf die Katastrophe Magdeburgs (Mai 1631), heißt: „‚Magdeburgisieren' wird ein Verbum; wir sind ein wenig verroht in diesen zwölf Jahren",[109] oder aber, wenn Kaiser Ferdinand in späterer Zeit das Märchen, der ermordete Wallenstein habe nach der Kaiserkrone greifen wollen, tatsächlich glaubte, „nachdem man seines Geistes spärlichen Garten sorgsam in diesem Sinn zerwühlt, bepflanzt und gewässert hatte".[110] Stilistische Feinschmecker mögen hier auf ihre Kosten kommen – oder doch eher abgestoßen werden. Darüber wird es auch künftig unterschiedliche Meinungen geben.

Unbestritten dagegen ist wohl Manns Fähigkeit zur glänzend gelungenen Formulierung. Das trifft etwa auf seine – den Tatbestand *in nuce* prägnant erfassende und schlagartig erhellende – Charakterisierung des habsburgischen Bruderzwistes zu,[111] ebenfalls auf eine besonders durchschlagende Kenn-

---

verfolgt, sich kurz bevor ich zu schreiben begann, über meinen häufigen Gebrauch des Wortes ‚schön' lustig gemacht hatte. Ich dachte mir: Du wärst gerade der Rechte, mir zu verbieten, welche Worte ich gebrauchen soll [...]."

105 Die Zitate nach Mann: Wallenstein, 7, 33, 128.

106 Beispiele: ebd., 45: „Zum Krieg kann überhaupt alles führen. Zum Krieg muß überhaupt nichts führen", 69: „Die Zeit war leichtgläubig wie alle Zeiten; wir Späteren wissen es besser", 165: „Nur leider, jene, die sehen, können meistens nicht handeln, und jene, die handeln, können meistens nicht sehen", 279: „Der traut dem Glück nicht, über den es so schnell so übermäßig gekommen ist", 302: „Herzog war mehr als Fürst, denn jeder Herzog Fürst, nicht jeder Fürst Herzog", 675: „Wer das Glück nur suchen will, der findet es nirgends, und immer Ursachen dafür, daß er's nicht finden kann."

107 Ebd., 160.

108 Ebd., 206.

109 Ebd., 748.

110 Ebd., 542.

111 Vgl. ebd., 125f.: „Die Wirren des habsburgischen Bruderzwistes, welche, durch den Zufall der Erbfolge gefaßt in den wechselseitigen Haß zweier unfähiger alter Männer,

zeichnung der Politik Maximilians von Bayern[112] oder auch auf viele seiner Vergleiche: Wer dürfte – und könnte – schon auf die Idee kommen, die rhetorischen Fähigkeiten der Böhmischen Brüder mit denen englischer Parlamentarier gleichzusetzen,[113] oder über die kritische Lage Brandenburgs im Kriegsjahr 1627 zu bemerken, das zu jener Zeit in der Tat wenig zu beneidende Kurfürstentum habe sich „wie ein durchschnittener Wurm" verhalten, „dessen beide Teile kümmerlich nach entgegengesetzten Richtungen krochen"?[114] So etwas konnte eben nur Golo Mann.

Die spekulativen, in gewissen Grenzen sogar poetischen Elemente, die in dem Buch zu finden sind, überschreiten an einigen Stellen durchaus dasjenige, was einem wissenschaftlichen Historiker eigentlich gestattet ist. Das betrifft nicht nur einige knappe phantasievolle Ausschmückungen, die – strenggenommen – Dinge berichten, die ein gelehrter Autor, der sich strikt an die ihm bekannten, weil quellenmäßig zu belegenden Fakten hält, letztlich nicht wissen kann.[115] Sondern das gilt auch, und zwar in noch stärkerem Maß, für einen in die Darstellung eingestreuten knappen fiktiven Dialog[116] und vor allem für die beiden vom Autor so bezeichneten „Nachtphantasien": nächtliche Wachträume des Feldherrn im Januar 1630 und Dezember 1633, vorgetragen in der Form des aus der modernen Literatur wohlbekannten „inneren Monologs",[117] Texte, die – den Wortgebrauch des 17. Jahrhunderts kunstvoll imitierend[118] – inhaltlich gesehen wohl kaum etwas quellenmäßig nicht

nichts waren als eine Kette ständischer und nationaler Machtkämpfe, welche ihrerseits nichts waren als ein Nebenschauplatz des schleichenden großeuropäischen Konflikts, so daß spanische, französische, deutsche Tentakel stets lüstern in sie hineintasteten – sie waren noch lange nicht zu Ende."

112 Vgl. ebd., 359f.: „Nichts wäre dem Kurfürsten Maximilian lieber gewesen, als die Vermittlung eines Gesamtfriedens, unter der einen Bedingung, daß er seine Gewinnste behalten durfte. Da er sein Staatswesen vergrößert hatte auf eine Weise, von der nur sein Wille ihm einreden konnte, daß sie rechtlich, sein Verstand ihm aber sagen mußte, daß sie gefährlich war, so trieb er aus Not ein mehr europäisches als deutsches Machtspiel fort."

113 Ebd., 68.

114 Ebd., 474.

115 Vgl. ebd., 163: „Die Zukunft, das *fühlte* er [Wallenstein; H.-C. K.], lag anderswo" [Hervorhebung im Original; H.-C. K.], 277: Kurfürst Maximilians „böses Gewissen", 310: „Die Leute spüren, was Friedland für Wallenstein ist", 1040: „Wie fing sein [Wallensteins; H.-C. K.] Gesicht zu zucken an, sein Blick sich zu verirren" usw.

116 Vgl. ebd., 659–662.

117 Ebd., 665–669, 1052–1055.

118 Kohlhase: Golo Mann als Historiker und Erzähler, 109, merkt an, Golo Mann habe – vergleichbar dem Vorgehen Thomas Manns in „Joseph und seine Brüder" – „ein selbst erfundenes, archaisierendes Idiom gewählt, das sich, teils annähernd, teils ironisch

Belegtes oder Belegbares enthalten dürften, die der Form nach aber eindeutig die Grenze zum Fiktional-Poetischen überschreiten.

Eindrucksvoll und für den Autor ebenfalls charakteristisch bleiben zudem die kaum zu zählenden (und vielleicht niemals vollständig zu entdeckenden) häufigen indirekten literarischen Anspielungen, aber auch direkten Bezüge. Diese umfassen nicht nur ein knappes Dutzend wörtlicher Zitate aus dem Schillerschen „Wallenstein“-Drama[119] (von den vermutlich noch zahlreicheren andeutungsweisen Bezugnahmen auf die „Geschichte des Dreißigjährigen Krieges“ zu schweigen), sondern enthalten auch mehr oder weniger versteckte Allusionen auf Goethe,[120] Grillparzer,[121] Manzoni,[122] Barockdichter wie Hallmann und Opitz[123] und natürlich Ricarda Huch, jene „Poetin-Geschichtsschreiberin, die am liebevollsten, grausamsten in seine [Wallensteins; H.-C. K.] wunderliche Seele blickte“.[124] Verdeckt anwesend – gewissermaßen ständig hinter einem imaginären Vorhang verborgen, aber stets präsent – ist schließlich, wenig verwunderlich, Thomas Mann, dessen Werk mit der unvermittelten Erwähnung des „Pharao“ gleich zu Beginn des zweiten Kapitels[125] beschworen wird und der indirekt auch in Golo Manns Anverwandlung des inneren Monologs in den „Nachtphantasien“ vorhanden ist – in mehr als einer Hinsicht Gegenstücke zum ‚Morgenmonolog‘ Goethes im berühmten „siebenten Kapitel“ von „Lotte in Weimar“. Noch mancher andere wäre vermutlich zu nennen. Nur ein einziges Mal hat Golo Mann, in einem Brief von 1979 an den Romanisten Hans-Martin Gauger,[126] sich zu diesem Verfahren des, wie er es nennt, „Einschmuggelns“ von Klassikerzitaten, auch in den „Wallenstein“, direkt geäußert.[127]

---

verfremdend an der Rede- und Schreibweise orientiert, der sich Wallenstein selbst bediente, nachdem er sich der deutschen Sprache bemächtigt hatte“.

119 Vgl. Mann: Wallenstein, 113, 118, 292, 371, 517, 719, 784, 940f., 978 u. a.

120 Sieh etwa das „Pudel“-Zitat aus „Faust I“, ebd., 34, oder das direkte (wenn auch etwas ungenaue) Zitat aus Goethes letztem Brief an Wilhelm von Humboldt vom 15. März 1832, ebd., 689.

121 Die Abschnitte über den habsburgischen Bruderzwist im frühen 17. Jahrhundert (vgl. ebd., 56–139 u. a.) sind durchzogen von indirekten Anspielungen auf Grillparzers Drama.

122 Vgl. ebd., 651f., das Zitat aus den „Promessi sposi“ Manzonis.

123 Vgl. ebd., 729f.

124 Ebd., 974, vgl. auch 733, 1051.

125 Ebd., 39.

126 Gauger hatte kurz zuvor einen Essay über Manns Stil publiziert: Gauger, Hans-Martin: Zum Stil Golo Manns. In: Hentig, Hartmut von/Nitschke, August (Hg.): Was die Wirklichkeit lehrt. Golo Mann zum 70. Geburtstag. Frankfurt a. M. 1979, 315–349.

127 Mann: Briefe 1932–1992, 258 (G. Mann an H.-M. Gauger, 23. April 1979): „Eine Kleinigkeit ist Ihnen entgangen. Öfters schmuggle ich Formulierungen, ja ganze Zei-

III. Wirkung und Rezeption

Die Rezeption und die Wirkung von Golo Manns Wallensteinbiographie ist, wie schon angedeutet, sehr verschlungene Wege gegangen.[128] Einige überaus lobende Kritiken konnten den in dieser Hinsicht ausgesprochen empfindlichen Historiker nicht darüber hinwegtäuschen, daß gerade Angehörige der damals jüngeren, also der „Achtundsechziger"-Generation in zwei aufsehenerregenden Rezensionen in Tageszeitungen das Buch seinerzeit deutlich, zum Teil äußerst scharf kritisiert haben und daß auch die Kritik der Fachwissenschaft, von wenigen Ausnahmen abgesehen, sich im besten Fall eher zurückhaltend äußerte. Von vornherein aber hatte man, auch angesichts der intensiven Vorabwerbung des bekannten Hausverlags der Familie Mann, bei dem das Buch herauskam, damit rechnen können, daß die monumentale Biographie auf ein besonders intensives Interesse der literarisch und historisch gebildeten deutschen Öffentlichkeit stoßen würde.

Rudolf Augstein las am schnellsten: seine sehr ausführliche und stark ins Detail gehende Kritik erschien als eine der ersten am 11. Oktober 1971 in dem von ihm herausgegebenen „Spiegel".[129] Das Buch, von ihm als „der fetteste Brocken zur Frankfurter Buchmesse" bezeichnet, nötigte ihm Respekt ab, und zwar nicht nur wegen des Umfangs. Vor allem „Sprache und Denken der Wallenstein-Zeit" würden, so Augstein, „bei dem Sprachkünstler Golo Mann plastisch", und im übrigen dürfe man „einen heutigen Historiker mit dem Erzähler-Atem Golo Manns [...] vergebens suchen". Darüber hinaus sei der Autor der neuen Wallensteinbiographie auch der Gefahr „bequem" entgangen, „seinen Mann zu idealisieren".[130] So wenig der historisch gebildete Publizist „den Rang dieses großartigen, auch pompösen Buches" leugnen konnte und wollte, so kritisch nahm er doch bestimmte Stileigenheiten des Autors in den Blick, etwa die Gefahr des „Floskelhaften"; er rügte „Halb- und Viertelweisheiten", die „Feuilletonismen" des Buchs, auch manche gestelzte

len aus Gedichten der Klassiker oder Halbklassiker in meine Prosa ein. Ich halte das für legitim: solche dichterischen Prägungen gehören zur Allmende, auf der jeder sein Vieh mag weiden lassen. Beispiel, Wallensteins letzter Einzug in Eger, Seite 1115: ‚Die Bürger sahen weg, als ob's nichts wäre, hantierten mit ihren Geräten, den polternden Hämmern, den kreischenden Feilen'. Die letzten fünf Worte sind aus C. F. Meyers ‚Die Rose von Newport'. Als ich das in Meyers Kilchberg vorlas, hat es niemand gemerkt. Und so öfters."

128 Einen knappen Überblick liefert Lahme: Golo Mann, 348–357.

129 Augstein, Rudolf: Warten auf Arnim. In: Der Spiegel Nr. 42 vom 11. Oktober 1971, 185–196.

130 Die Zitate ebd., 185f.

Phrase.[131] Und Manns zentraler Deutung vom im Kern friedenswilligen, daher letztlich zu Unrecht ermordeten Feldherrn konnte sich Augstein – bei aller Sympathie für den Autor und dessen Buch, für „Schwäche und Stärke dieser sich objektiv gebenden, höchst subjektiven Darstellungskunst“ – am Ende doch nicht anschließen: Wallenstein habe, so das Fazit des Kritikers, „gesetzt und verloren. So krank, das Zweischneidige seines Tuns zu verkennen, war er nicht. Ehre seinem Andenken.“[132]

Es folgte schon vier Tage später das andere der beiden Hamburger Wochenblätter: Karl-Heinz Janßen, Redakteur der „Zeit“ und selbst ausgewiesener Historiker, besprach Golo Manns Darstellung des „Fürsten aus Niemandsland“ am 15. Oktober 1971 freundlich und mit Wohlwollen; immerhin konzedierte er, daß „Autor und Held dieser 1200-Seiten-Erzählung gleichermaßen die Aufmerksamkeit auf sich ziehen, ob sie wollen oder nicht“.[133] Im Gegensatz zu Augstein, der die strenge Historisierung Wallensteins bei Mann zu Recht betont hatte, tappte Janßen freilich sofort in die Falle einer vorschnellen Aktualisierung, der Mann gerade so geschickt ausgewichen war.[134] Golo Manns Deutung von Wallensteins Untergang findet Janßen im ganzen „recht überzeugend“, bemängelt aber, daß „der Biograph [...] seinen Helden lieben“ möchte und vor allem aus diesem Grund der Versuchung letzten Endes nicht entgangen sei, „den Dämon zu entzaubern“. Ein „Stich ins Banale“ fehle zwar ebensowenig wie andererseits überaus glänzende Passagen – als „hätte er seinem Lehrmeister Schiller zuviel abgeguckt“ –, doch insgesamt habe Mann, so das zusammenfassende Urteil, es „in der Schilderung des Atmosphärischen“ zu einer „Meisterschaft gebracht“, die in der Gegenwart ihresgleichen suche.[135]

Hatten sich bei den beiden Hamburger Publizisten Bewunderung und zurückhaltende Kritik miteinander vermischt, so fiel das Urteil von Eberhard Schulz, der den „Wallenstein“ Ende November 1971 in der „Frankfurter Allgemeinen Zeitung“ besprach, deutlich kritischer aus.[136] Gleich zu Anfang konstatierte der Rezensent Golo Manns „Sinn für Kleinteiligkeit [...], eine übermäßige Neigung zum Einzelnen und Nebeneinander, die auffällig wirkt,

131 Ebd., 186–188.

132 Die Zitate ebd., 196.

133 Janßen, Karl-Heinz: Der Fürst aus Niemandsland. In: Die Zeit vom 15. Oktober 1971.

134 Vgl. ebd.: „Dieser Wallenstein stellt sich uns dar als ein moderner Mensch: nervös, betriebsam, ratlos, ohne feste Bindung. Nur hätte er heute seinen Sekretär mit Telephon und Fernschreiber vertauschen müssen. Sogar sein Hang zur Astrologie wäre nicht unzeitgemäß, denn auch heute, so hört man, befragen große Unternehmer das Orakel“ usw.

135 Alle Zitate ebd.

136 Schulz, Eberhard: Wallenstein – das unerlöste Monument. In: Frankfurter Allgemeine Zeitung vom 30. November 1971.

wo der Gegenstand doch von großer Statur ist". Mann habe eine „Exhumierung des historischen Romans [...] aus dem neunzehnten Jahrhundert" vorgenommen – und ans Licht gekommen sei „eine Mammutleiche aus einem Riesengrab, gehüllt in so viel Papier. Es sind fast zwölfhundert Seiten".[137] Merkwürdigerweise meint Schulz sowohl eine „Zärtlichkeit für Wallenstein bei Golo Mann" feststellen zu können wie andererseits – übrigens als einziger Rezensent! – „eine kaum merkliche Achse zugunsten der kaiserlichen Katholizität, zum Legitimismus", was er mit Manns angeblich mangelnder Kritik am konfessionellen Fanatismus Ferdinands II. begründet.[138]

Auch die Sprache dieser „Biographie in Moll", die sich bei genauem Hinsehen als „eine durch Forschung gezähmte Poesie" entpuppe,[139] hält der strenge Kritiker für verfehlt: Manns „Versuch, in den Gebildetenjargon des 17. Jahrhunderts, dieses latein-deutsche Rotwelsch, einzutauchen, um damit mehr Gegenwart in die Erzählung zu bringen, mißglückt. Diese Tonart entfernt mehr, als sie Historie heranbringt." Letzten Endes löse sich in dem Buch „alles in historische Capriccios auf [...]. Aber einmal will man doch Geschichte lesen, die Farbtafel von Ideen, Personen und Ereignissen, man will Urteil und Verwerfung, aber nicht diesen Pointillismus, der sich beim Zusehen in den Schatten der Dinge oder des Betrachters auflöst. Ein Sprachtanz, der seinem eigenen Geflüster nicht entgeht – Golo Mann ist nicht der einzige Anhänger dieser literarischen Manier, in der ein falsch verstandener Begriff von Epik wirkt. Das Rezitativ ist Mode, aber es ruft Geduld herbei in unsäglichem Maß."[140] Ein Monument also, das angesichts seines Umfangs als enorme Arbeitsleistung unzweifelhaft Respekt abnötige, aber letztendlich doch als Anachronismus erscheine.

Fast gleichzeitig meldeten sich auch zwei Angehörige der jüngsten, ganz offenkundig von den Veränderungen des Jahres 1968 geprägten Generation zu Wort, um das Werk des 1909 geborenen prominenten Autors ausgesprochen kritisch zu sichten und zu bewerten: Franklin Kopitzsch machte in der „Frankfurter Rundschau" den Anfang.[141] Einzelne Verdienste bestreitet der Kritiker nicht: So habe Mann in seiner Darstellung des *frühen* Wallenstein der

137 Die Zitate: ebd.

138 Immerhin räumt er etwas später ausdrücklich ein, daß „Mann [...] nicht zu den Vertretern der Verratsthese" gehöre (ebd.).

139 Ebd., vgl. auch die Feststellung: „Was die Lektüre des Buches schwierig macht, ist das Übermaß an Poesie bei einem Übermaß an Forschungstreue."

140 Die Zitate: ebd.

141 Kopitzsch, Franklin: Wallenstein – Opfer einer Verschwörung. In: Frankfurter Rundschau vom 20. November 1971.

Zeit vor 1625 „die verschiedensten Klischees und Legenden“ zerstört. Allerdings bemängelt er neben den ausgeprägten Stileigenheiten des Biographen – für Kopitzsch Ausdruck einer „eher konservativen Geschichtsauffassung“ – vor allem die „zu knappe Darlegung der politischen Konstellationen und der Strukturen des Zeitalters“. Sein zentrales Urteil lautet dementsprechend: „Golo Manns Biographie erscheint so als Abgesang einer Gattung historischer Literatur, die – im Persönlichen ihres Helden zentrierend – dem Verständnis einer rationalen, kritischen Sozialwissenschaft nicht entspricht.“[142] Den Wissenschaftsjargon der Zeit perfekt beherrschend, tut der junge Kritiker das Werk des Älteren als zwar einigermaßen respektable, in Anlage und Form jedoch wissenschaftlich überholte Leistung ab.

Auf der gleichen Linie, aber in der Formulierung noch bedeutend schärfer, argumentierte der damalige Freiburger Assistent Rüdiger Landfester in der „Badischen Zeitung“:[143] Manns Wallensteinbiographie, „wissenschaftlich und literarisch gleichermaßen ambitioniert“, gebe sich, so Landfesters Unterstellung, „als ein demonstrativ unzeitgemäßes Dokument stilbewußter Geschichtsschreibung“ und sei dabei in dieser Form ganz offensichtlich vom Autor „äußerst absichtsvoll inszeniert“ worden.[144] Die zwischen Klischees und Manierismen sich bewegende „sprachkünstlerische Attitüde“ der Darstellung könne die Dürftigkeit der „psychologischen Leitvorstellungen“ und die „Anspruchslosigkeit der theoretischen Erkenntnismittel“ kaum überdecken; in den meisten Fällen bleibe dem Biographen nur „der Rückzug in die abstrakt-distanzierte Höhenlage des Moralisten, dem sich die Wirklichkeit nur noch im Grau in Grau der menschlichen Dummheit und Niedertracht darbietet“. Es lasse sich zwar, so das Schlußurteil des Kritikers, über „den literarischen Wert dieser Biographie [...] gewiß streiten“, doch es könne „nicht hingenommen werden“, eben dieses Buch „als ein Paradigma heute möglicher und wünschbarer historischer Forschung und Darstellung auszugeben“ – als ob Golo Mann dies jemals beansprucht hätte! Landfester fuhr fort – mit dem ausgeprägten Selbstbewußtsein dessen, der den Zeitgeist am besten zu kennen meint: „Was hier in Wirklichkeit entgegentritt, ist nicht die Lösung eines historischen Erkenntnisproblems nach dem gegenwärtigen Stand und mit den derzeit verfügbaren Mitteln der geschichtswissenschaftlichen Reflexion, sondern seine Verdrängung durch agnostische Zerstörung des Erkenntnisinteresses, Irrationalisierung des geschichtlichen Gegenstandes und Flucht in die Literatur.“[145]

---

142 Alle Zitate ebd.

143 Landfester, Rüdiger: Wohlkomponierte Flucht in die Literatur. In: Badische Zeitung vom 27. November 1971.

144 Alle Zitate ebd.

145 Alle Zitate ebd.

Die Art, in der das Werk Golo Manns hier von Kopitzsch und Landfester auf immerhin anspruchsvoll-kritischem Niveau diskutiert wurde, fand sein banales, ja bösartiges Äquivalent in der Rezension eines nicht weiter bemerkenswerten Hamburger Germanistikdozenten namens Wolfgang Beutin – „ein Kritiker", so Golo Mann einmal, „der mich mit seinem Hass verfolgt"[146] –, erschienen im neomarxistischen Theorieorgan „Das Argument".[147] Das äußerste Gegenstück hierzu wiederum verfaßte, in diesem Fall für die „Süddeutsche Zeitung", niemand anderes als Cicely Veronica Wedgwood, die von Golo Mann in seinem Buch respektvoll zitierte britische Historikerin, die seit ihrem frühen Standardwerk über den Dreißigjährigen Krieg[148] als die beste Kennerin dieser Epoche der deutschen Geschichte im angelsächsischen Raum galt.[149] Manns Biographie vereine, so Wedgwood, „die größte wissenschaftliche Genauigkeit mit psychologischem Tiefblick" und übertreffe „sogar die höchsten Erwartungen". Das „große und großartige Buch" sei, so das ab-

---

146 Mann: Briefe 1932–1992, 257 (G. Mann an H.-M. Gauger, 23. April 1979).

147 Beutin, Wolfgang: Rezension von: Golo Mann, Wallenstein. In: Das Argument 15 (1973), 684–688. Beutin streift mit seinem Text und den von ihm vertretenen grotesken Auffassungen ans Realsatirische: Manns Schilderungen der Zustände Deutschlands im Dreißigjährigen Krieg sähen „wie eine Deutung der gegenwärtigen Zustände Westdeutschlands aus, nämlich wie sie sich in den Köpfen rechter Zeitgenossen spiegeln. Mit dem historischen Wallenstein hat Manns Darstellung, gemessen an den Quellen und vorliegenden Forschungen, wenig zu tun" (ebd., 687). Geradezu perfide mutet die Unterstellung einer Nähe Manns zu nationalsozialistischen Positionen an (vgl. ebd., 686)! Unter Bezugnahme auf Friedrich Engels' gegen Bismarck gerichtete „Bonapartismus"-These formuliert Beutin sodann eine weitere, nicht weniger groteske Unterstellung: „Mann zeigt uns in Wallenstein einen vorverlegten Bismarck, der zudem die Züge des Intellektuellen Mann trägt. Indem der Historiker die Situation des 17. Jahrhunderts ausmalt, suggeriert er, daß der Gegenwart ebenfalls die Gestalt eines ‚Heros' und ‚Retters' bekömmlich wäre. Indem er Bismarck in Wallenstein projiziert, Wallenstein jedoch als Ordnungsstifter vorzeigt, zeigt er der Öffentlichkeit eine – nur leicht verstellte – Bismarck-Vision als Rettungsmittel gegen ein vorgebliches politisches Chaos. Illusionäre Züge der Vision: etwa daß eine Vereinigung der deutschen Staaten und eine Pax Germanica als Resultat der Politik eines deutschen Ordnungsstifters mit ‚Wendung gegen alle fremden Völker' gelingen könnte"; und im übrigen setze sich „Manns Vision [...] allen Tendenzen entgegen, die auf eine Demokratisierung zielen, auf eine Änderung der bestehenden Zustände, revolutionär oder evolutionär, zugunsten des Volkes". In der Tat: *Non difficile satiram scribere*. Ähnlich in Tenor und denunziatorischer Tendenz auch ders.: Golo Manns ‚Wallenstein'. Betrachtungen anläßlich der ‚Geburt eines Klassikers'. In: Arnold, Heinz Ludwig (Hg.): Deutsche Bestseller – Deutsche Ideologie. Ansätze zu einer Verbraucherpoetik. Stuttgart 1975, 41–61.

148 Wedgwood, Cicely Veronica: The Thirty Years War. London 1938

149 Dies.: Wallenstein. Sein Leben erzählt von Golo Mann. In: Süddeutsche Zeitung vom 6./7. November 1971.

schließende Urteil, „die umfassendste, vollständigste und aufschlußreichste Biographie Wallensteins, die wir wohl jemals erhalten werden. Aber es ist wesentlich mehr als die Lebensgeschichte eines Mannes; es ist zugleich ein bedeutsamer Beitrag zur dunklen und komplexen Geschichte des Dreißigjährigen Krieges und zum Verständnis Europas im siebzehnten Jahrhundert. Und es ist ein großes Werk der Literatur.“[150]

Schon wenige Wochen nach dem Erscheinen der ersten umfangreichen Besprechungen in Tages- und Wochenblättern nahm Golo Mann in der „Neuen Rundschau“ zu einigen Kritiken ausführlich Stellung,[151] vor allem zu Landfester (der von Mann hier allerdings nicht namentlich genannt, sondern nur als „X“ bezeichnet wird). Nach einigen Worten zur Verteidigung der Biographie als Darstellungsform setzt er sich besonders mit Landfesters Vorwurf auseinander, er selbst habe mit seinem Wallensteinwerk die „Flucht in die Literatur“ angetreten. Mann geht die Antwort grundsätzlich an und fragt, was ‚Literatur‘ denn eigentlich sei: „[...] zunächst Stil“, lautet seine erste Antwort: „Sie ist der Wille, oder doch der Versuch, durch die Organisierung des chaotischen Stoffes, durch die Energie der Sprache, durch Spannung und Farbe den Leser zu interessieren.“ In eben diesem Sinn seien „viele, wenn nicht die meisten schöpferischen Historiker ‚Literaten‘ [gewesen], in England, Frankreich, Italien allerdings noch häufiger als in Deutschland“.[152]

Mit Entschiedenheit verteidigt Golo Mann anschließend die Wissenschaftlichkeit seines Werks gegen Landfesters – in der Tat nicht leicht zu nehmenden – Vorwurf einer „agnostische[n] Zerstörung des Erkenntnisinteresses“.[153] „Erfunden wurde nichts“, so die erste Antwort des Biographen; auch seine Reflexionen über Wallensteins psychologische Dispositionen seien in genau diesem Sinn nur als „Vermutung, Interpretation, Hypothese, weiter nichts“ zu verstehen.[154] Dem Absolutheitsanspruch eines vermeintlich ausschließlich

150 Alle Zitate ebd.

151 Mann, Golo: Pro domo sua oder Gedanken über Geschichtsschreibung. In: Neue Rundschau 83 (1972) 230–242.

152 Die Zitate ebd., 232.

153 Landfester: Wohlkomponierte Flucht in die Literatur.

154 Mann: Pro domo sua, 234; zu den „Nachtphantasien“ merkt er anschließend an: „Weil ich aber doch einmal das Ungreifbare greifen wollte, so überschritt ich die Methode des Buches und brauchte ein unterschiedenes Stilmittel, indem ich, anstatt über meinen Helden zu reden, ihn selber in der ersten Person grübeln und träumen ließ. Natürlich glaube ich, daß er, schlaflos liegend, ungefähr so assoziiert haben könnte. Glauben und Wissen sind zweierlei. Der kursive Druck und das Fehlen von Anmerkungen, die sogar hier hätten geliefert werden können, zeigen dem Leser, woran er ist; mit Dichtung oder Nachdichtung, nicht mit Wissenschaft, hat er es auf diesen ausgenommenen Seiten zu tun und könnte sie ebensogut überspringen.“ Ebd., 234.

rationalen und allumfassenden Erkenntnisinteresses setzt Mann das Streben des Historikers nach redlicher Wahrheitserkenntnis entgegen, was eben auch bedeuten könne: „Man ist kein Agnostiker, wenn man nicht weiß, dort, wo nicht gewußt werden kann, oder wo es nichts zu wissen gibt. Man ist kein Irrationalist, wenn man dem Irrationalen in der Geschichte sein Recht gibt."[155] Niemand könne ihn zwingen, im Rahmen seiner Geschichtsschreibung die Strukturen von den Ereignissen zu trennen – weil sie nun einmal in der Realität untrennbar miteinander verbunden seien und weil mit einer Vernachlässigung vor allem der Ereignisse die Kontingenz aus der Geschichte verschwinden müsse.[156] Er selbst lasse sich von niemandem vorschreiben, auf welche Art und Weise wissenschaftliche Geschichte in der Gegenwart nur noch geschrieben werden dürfe: Ironie, Witz, Anekdoten, Wertungen, eingestreute Reflexionen – alle diese formalen Mittel seien letztlich immer noch zulässig.[157] Tatsächlich ging dieser Streit ins Grundsätzliche: Mann begehrte entschieden auf gegen diejenigen, die um 1970 bestrebt waren, die moderne Geschichtswissenschaft einseitig auf Sozial- und Strukturgeschichte zu reduzieren. Nicht zuletzt darin liegt die Bedeutung seines – hier als explizite Gegenmanifestation verstandenen – Werks.

Die Kontroverse um den „Wallenstein" setzte sich auch im Verlauf des Jahres 1972 weiter fort. Der „Merkur" gab beiden Positionen, der lobenden wie der kritischen, gleichen Raum. Peter Wapnewski, ein seinerzeit sehr prominenter Kritiker, ließ sich in seinem Lob des Buchs von niemandem übertreffen: Der Leser habe, so führte der Germanist aus, „die Chance, die Geburt eines Klassikers mitzuerleben",[158] einer Veröffentlichung, die man den Arbeiten eines Ranke, Burckhardt, Mommsen und Kantorowicz gleichrangig an die Seite stellen müsse. Gerade weil das Buch, „obwohl ein Werk der Geschichtsforschung, mit den Mitteln der Poesie geschrieben" sei, habe Mann jenes schon die frühere Historiographie „hart bedrängende" Problem des Verhältnisses von Individuum und Allgemeinzuständen „jenseits aller Theorie [...] auf eine durchaus ‚naive' Weise gelöst: Alles was ist, ist erzählbar. Nur

155 Ebd., 236.

156 Vgl. ebd., 237.

157 Vgl. ebd., 242: „Das alles darf nun nicht mehr sein. In gleichem Maße verbieten es Menschenliebe und Wissenschaft. Kein Licht und Witz, keine eingestreuten Reflexionen aus historischer Erfahrung sich ergebend, keine Farbe, kein Drama, keine Trauer; Abstraktion anstelle von Wirklichkeit. Das Grau in Grau soziologischer Analyse, bewegte Statistik, versetzt mit einer Dosis Aberglauben. Sonst nichts mehr. – Warum sonst nichts mehr? Wer, in einer halbwegs freien Gesellschaft, hätte das Recht, uns vorzuschreiben?"

158 Wapnewski, Peter: Golo Manns ‚Wallenstein' im Für und Wider. In: Merkur 26 (1972) 282–288, hier 282.

dadurch, daß es erzählt wird, ist es.“[159] Die Narratio konstituiere also erst den Gegenstand – damit sind die Vorwürfe der Kopitzsch und Landfester von Wapnewski gewissermaßen ins Gegenteil verkehrt: Denn was jene Mann vorwerfen, sei eigentlich seine Stärke. Und nicht zuletzt widerlege das enorme Interesse am „Wallenstein“ alle diejenigen, die behaupteten, daß es „vorbei sei nicht nur mit der Geschichte, sondern auch mit ihrem Erzählen“.[160]

Ganz anders der Historiker Albert Mirgeler, der im gleichen Heft des „Merkur“ unmittelbar nach der Eloge des Germanisten Wapnewski zu einer, wie er ausdrücklich sagte, *inhaltlichen* Kritik ansetzte.[161] Über den Stil des Buchs streitet er nicht, in formaler Hinsicht bemängelt er allerdings eine in seiner Sicht nicht ausreichende Zusammenfassung und Aufbereitung der immensen, gleichwohl von Mann auch lückenhaft präsentierten Stoffmassen.[162] „Die Sympathie des Autors für seinen Helden“ gehe, merkt Mirgeler gleich zu Beginn an, „weit über das hinaus, was der Biograph seinem Gegenstand als dem selbstverständlichen Mittelpunkt des Interesses schuldig“ sei.[163] Diese Sympathie führe denn anschließend auch zu unhaltbaren Deutungen: Gar keine Rede könne davon sein, „die außerordentlichen Vollmachten hätten Wallenstein auch *gegen* den Kaiser gedeckt und dessen langsam eskalierende Maßnahmen seien deshalb eine ‚Verschwörung gegen Wallenstein‘ gewesen. Sie waren natürlich Staatsnotstand gegen die Möglichkeit einer gegenkaiserlichen Verfügung über die Politik und des Abfalls der Armee.“[164] Es sei ebenfalls – „außer aus einer nationalen Suggestion heraus“ – nicht zu verstehen, „warum Golo Mann Wallenstein so sehr auf einen deutschen Frieden hin stilisiert, wo doch ohne Spanier, Schweden und Franzosen damals überhaupt kein Friede mehr gemacht werden konnte“.[165]

Den tieferen Grund für „Manns Plädoyer auf bedingungslose Unschuld“ des Feldherrn erkennt der gelehrte Kritiker, der hier ohne Zweifel einige ge-

---

159 Die Zitate ebd., 283, 285.

160 Ebd., 288. Wapnewskis an dieser Stelle bemerkbare kritische Anspielung auf das seinerzeit von bestimmten Literatenkreisen ausgerufene angebliche „Ende der Literatur“ bildet gewissermaßen den Subtext seiner „Wallenstein“-Rezension.

161 Mirgeler, Albert: Historische Vorspiegelung: In: Merkur 26 (1972) 288–296.

162 Vgl. ebd., 289: „Der Erzähler macht es dem Leser in der Form sehr leicht, dagegen in der Sache sehr schwer. Nur selten findet sich eine zusammenfassende Charakteristik; meist werden Bruchstücke zu einem Mosaik geboten, das man sich mit Hilfe vorwegwertender, und zwar meist abwertender Epitheta zu einem Bilde zusammensetzen darf. Informationen werden geradezu kunstvoll an weit entfernten Stellen des Bandes verstreut.“

163 Ebd., 289.

164 Ebd., 292 [Hervorhebung im Original; H.-C. K.].

165 Ebd., 293.

wichtige Argumente anführt, „in einer biographischen Behandlung [...], die öffentliche Verbindlichkeiten für eine Gestalt ‚freier Intelligenz' letzten Endes als unerheblich" ansehe. Manns historische Grundskepsis, sein „Zweifel an der Geschichte" und sein pessimistisches Menschenbild hätten ihn zu Einschätzungen verleitet, die wenigstens anfechtbar, in mancher Hinsicht sehr zu bestreiten seien. Der Biograph habe „mit suggestiver Kraft ein Bild gezeichnet, das einem Plädoyer näher steht als der geschichtlichen Wahrheit".[166] Auch Detailkritik führte Mirgeler an, so etwa, wenn er Golo Mann mangelnde Kenntnisse der „internationalen Rechtslage" des 16. und frühen 17. Jahrhunderts vorwarf.[167] Hierauf allerdings reagierte der Kritisierte ausgesprochen empfindlich, nämlich mit einer scharf formulierten Gegendarstellung, in der er dem Kritiker „Fälschungen" unterstellte und dessen Text ausdrücklich als „Unverschämtheit" bezeichnete.[168]

Die meisten fachlich gelehrten Kritiker aber ließen sich mit der eingehenden Lektüre des „Wallenstein" etwas länger Zeit; wenigstens zwei von ihnen sind hier noch zu erwähnen. Zuerst Horst Rohde, dessen Rezension 1974 in den „Militärgeschichtlichen Mitteilungen" erschien;[169] auch er bemängelt in seiner ansonsten eher wohlwollend ausgefallenen Besprechung Golo Manns Tendenz, den Feldherrn „in ein günstiges Licht zu setzen" und dessen Handlungen und Ziele stets und ständig rechtfertigen zu wollen.[170] Einzelne Stilelemente werden zwar vorsichtig gerügt – nicht aber die von Rohde sogar ausdrücklich gelobten „Nachtphantasien".[171] Auch die von Mann geübte Methode psychologischer Einfühlung wird keineswegs kritisiert, im Gegenteil: Dieses Verfahren verlange sogar „hier besondere Erwähnung wegen der erstaunlichen Intensität und Ausführlichkeit und da es auf Grund der großartigen Quellenkenntnis des Verfassers selbst dort, wo er einmal ins Spekulative, Phantastische geht, nie den Eindruck des Unsoliden oder Unseriösen, höchstens einmal den eines übergroßen Engagements erweckt".[172] Golo Mann liefere, so das Fazit Rohdes, zwar „kein entscheidend neues Bild

166 Die Zitate ebd., 294, 296.
167 Vgl. ebd., 294 Anm. 4.
168 Vgl. Mann, Golo: Zu Albert Mirgelers Kritik an Golo Manns ‚Wallenstein'. Eine Feststellung: In: Merkur 26 (1972) 402–405; vgl. dazu auch die Bemerkungen bei Lahme: Golo Mann, 349f.
169 Rohde, Horst: Rezension von Golo Mann, Wallenstein. In: Militärgeschichtliche Mitteilungen 15 (1974) 211–215.
170 Das Zitate ebd., 211; vgl. auch 213.
171 Vgl. ebd., 212.
172 Ebd.

von Wallenstein als Politiker, Feldherr oder Ökonom“, doch es gelinge ihm „ausgezeichnet, uns dem Menschen anzunähern, ihn uns verständlicher und von daher auch manches Ereignis erklärlicher zu machen“.[173] Kurz gesagt, das Werk bedeute neben einer Bereicherung unserer Kenntnis des frühen 17. Jahrhunderts auch „eine Erweiterung des Spektrums der Möglichkeiten moderner Historiographie, insbesondere der Biographie“.[174]

Das zentrale Fachorgan, die „Historische Zeitschrift“, besprach das Werk tatsächlich erst fünf Jahre nach seinem Erscheinen – und dann auch noch im Rahmen eines Rezensionsaufsatzes zusammen mit der schon 1969 publizierten Wallensteinbiographie von Hellmut Diwald.[175] Autor war der noch jüngere, aber bereits anerkannte Frühneuzeitexperte Volker Press, den man der süddeutschen Schule der eher ‚reichsfreundlich‘ eingestellten Forscher in der Nachfolge seiner Lehrer Franz Schnabel und Friedrich Hermann Schubert zurechnen kann.[176] Entsprechend distanziert fiel seine Einschätzung der Wallensteinbiographie Manns aus: Zwar lobt er dessen „gründliche Forschungsarbeit und Reflexion“ sowie das Bemühen des Biographen, „die Differenziertheit des Phänomens Wallenstein nachzuzeichnen“; auch bleibt die „fruchtbare Zusammenarbeit Golo Manns mit tschechoslowakischen Historikern“ nicht unerwähnt.[177] Aber die kritischen Bemerkungen wiegen am Ende doch schwerer: Nicht nur wirkten, so Press, Manns „Betonungen, einen Roman zu schreiben, zu erzählen, oft geradezu in grotesker Weise distanziert von der herkömmlichen Art, Geschichte zu schreiben“,[178] auch sei die neue

173 Ebd., 214.

174 Ebd., 215; der Autor fährt anschließend fort: „Berücksichtigt man, daß selbst die reine Darstellung geschichtlicher Fakten trotz aller Anstrengungen stets subjektiv gefärbt bleibt, wer möchte da unserem Verfasser den Vorwurf machen, daß bei ihm manches bisher Zweifelhafte eindeutiger aussieht? Warum soll er nicht gerade damit das echte Spiegelbild der geschilderten Persönlichkeit abgezeichnet haben? Dem Leser, den das nicht überzeugt, mag zum Trost gereichen, daß er daneben viele Seiten glänzender Erzählkunst vorfindet, die ihre Höhepunkte überall dort erreicht, wo das Einfühlungsvermögen Golo Manns einem gefestigten Quellenfundament begegnet. Kurzum, hier liegt ein Werk vor, dessen großer Umfang gar nicht bemerkbar wird, so daß man nicht nur wegen des bekannten Ausganges bedauert, es nach beendeter Lektüre aus der Hand legen zum müssen.“

175 Diwald, Hellmut: Wallenstein. Eine Biographie. München 1969; vgl. hierzu auch den Beitrag von Roland Gehrke im vorliegenden Band.

176 Press, Volker: Böhmischer Aristokrat und kaiserlicher General – Zwei Biographien Albrecht von Wallensteins. In: Historische Zeitschrift 222 (1976) 626–638.

177 Die Zitate ebd., 631f., 638.

178 Ebd., 631.

Biographie in zu geringem Maß archivalisch fundiert;[179] sodann falle dem Spezialisten auf, „daß die Kommunikationsstrukturen und Mentalitäten der Zeit noch mehr in die quellenkritische Arbeit einbezogen werden müßten".[180] Sein eigener Standort kam vor allem dort zum Ausdruck, wo Press bemängelte, es „hätten vor allem das Geflecht des böhmischen Adels, die Funktionszusammenhänge von Kaiserhof und Reich einbezogen werden müssen" – nicht ohne freilich sogleich anzufügen: „[...] da einschlägige Forschungen weitgehend fehlen, wäre dies allerdings ein schwieriges Unterfangen gewesen".[181] In ähnlicher Weise sei „die eindringliche Analyse des sozialen und politischen Hintergrundes, vor dem sich Wallensteins Handeln vollzog, [...] zu kurz" gekommen, doch auch sie „hätte allerdings [...] mit dem vorhandenen Material nur schwer geleistet werden können".[182] Press erschöpft sich nicht nur im Aufzählen von wirklichen oder vermeintlichen Forschungslücken, die zu füllen eigentlich nicht in jedem Fall die Aufgabe eines Wallensteinbiographen gewesen wäre, sondern bemängelt darüber hinaus auch die nach seiner Auffassung zu kritische Darstellung Maximilians von Bayern und Kaiser Ferdinands II.[183] Immerhin habe Mann die Tatsache sehr deutlich werden lassen, „wie fremd der böhmische Magnat den Problemen des Reiches"[184] gewesen sei. Der Subtext dieser Besprechung von Press ist bei näherem Hinsehen klar erkennbar: Golo Manns Buch füge sich – so der unterschwellige Vorwurf – nicht ein in den Kontext der stark reichsgeschichtlich orientierten westdeutschen Frühneuzeitforschung jener Zeit.

Zur großen Kontroverse mit den Vertretern der neueren sozialhistorischen Richtung kam es schließlich im Jahr 1977, als Golo Mann im Rahmen einer Tagung der Studiengruppe „Theorie der Geschichte" mit Hans-Ulrich Wehler zusammenstieß – der ihn später gern als „Goldrähmchenerzähler"[185] abqualifizierte – und damit zugleich seine eigene Position ebenso entschieden wie eloquent verteidigte.[186] Wehler plädierte vehement für die Anwendung

---

179 Vgl. ebd., 629: „Die archivalische Untermauerung einer Gesamtbiographie hätte freilich die Benutzung zahlreicher Archive zwischen Madrid und Budapest, Rom und Stockholm nötig gemacht und somit ein halbes Lebenswerk bedeutet, wie Max Braubachs große Biographie des Prinzen Eugen zeigt."

180 Ebd., 632.

181 Ebd., 634.

182 Ebd., 635.

183 Vgl. ebd., 635.

184 Ebd., 633.

185 Lahme: Golo Mann, 353.

186 Die Texte sind abgedruckt in Kocka, Jürgen u. a. (Hg.): Theorie der Geschichte. Beiträge zur Historik, Bd. 3: Theorie und Erzählung in der Geschichte. München 1979, 17–

von Theorien in der Geschichtswissenschaft, worunter er hauptsächlich soziologische und ökonomische Theorieansätze verstand, von denen er sich wiederum eine rationalere Analyse und begriffsschärfere Bestimmung historischer Phänomene und Entwicklungen versprach.[187] Sein zentrales Argument fokussierte sich auf die Behauptung, daß „explizite Theorieverwendung [...] die Rationalität der wissenschaftlichen Diskussion" steigern könne.[188] Auf die Probleme, die sich daraus für die nicht nur wissenschaftlich ambitionierte, sondern eben auch literarisch anspruchsvolle historische Darstellung ergaben, ging er indessen kaum ein.

Genau hier aber konnte Golo Mann mit seinem anschließenden „Plädoyer für die historische Erzählung" ansetzen: Er führte aus, daß bei der Arbeit des Historikers nicht die Theorie, sondern die genaue Quellenanalyse an erster Stelle zu stehen habe, denn: „keine Theorie gibt uns oder erklärt uns oder entschlüsselt uns die Fülle geschichtlicher Wirklichkeit; man bekommt sie niemals ganz in die Hand, sie ist unerschöpflich."[189] Und gleichfalls verteidigte er die Biographie als genuine historiographische Darstellungsform, die als solche stets „Erzählung sein muß oder gar nichts".[190] Mit einem Wort des französischen Althistorikers Paul Veyne bekannte er sich dazu, die Geschichtsschreibung als einen „wahren Roman mit Lücken" zu verstehen, und mit bewußt provozierender Zuspitzung formulierte er sein Credo in dem Satz: „Die Historie ist eine Kunst, die auf Kenntnissen beruht, und weiter ist sie gar nichts."[191] In einer Replik auf Wehlers Antikritik[192] beharrte er nochmals darauf, historiographische Darstellungen in einem übertragenen Sinn *auch* als „Romane" zu bezeichnen – eben deshalb, „weil die Historie allemal *erzählt*, nämlich das Einmalige, der Logik der Sache, wenn auch nicht immer der Form nach".[193]

62; vgl. zu dieser Kontroverse auch die Bemerkungen bei Lahme: Golo Mann, 353f., und Kohlhase: Golo Mann als Historiker und Erzähler, 115–119.

187 Wehler, Hans-Ulrich: Anwendung von Theorien in der Geschichtswissenschaft. In: Kocka u. a. (Hg.): Theorie der Geschichte, Bd. 3, 17–39.

188 Ebd., 29.

189 Mann, Golo: Plädoyer für die historische Erzählung. In: Kocka u. a. (Hg.): Theorie der Geschichte, Bd. 3, 40–56, hier 49. Der Beitrag ist erneut abgedruckt unter dem Titel: Theoriebedürftigkeit der Geschichte – Gespräch mit Historikern der neuesten Schule. In: ders.: Zeiten und Figuren. Schriften aus vier Jahrzehnten. Frankfurt a. M. 1979, 432–448.

190 Ders.: Plädoyer für die historische Erzählung, 52.

191 Ebd., 53.

192 Wehler, Hans-Ulrich: Fragen an Fragwürdiges. In: Kocka u. a. (Hg.): Theorie der Geschichte, Bd. 3, 57–60.

193 Mann, Golo: Antwort des Fragwürdigen. In: Kocka u. a. (Hg.): Theorie der Geschichte, Bd. 3, 61f., hier 62 [Hervorhebung im Original; H.-C. K.].

Das war zweifellos einseitig, aber auch konsequent. Golo Mann stellte sich mit diesen Äußerungen, die fälschlicherweise zumeist lediglich als Kritik der sozialgeschichtlichen Historikerschule der siebziger Jahre des 20. Jahrhunderts angesehen werden, mehr oder weniger bewußt in eine bestimmte deutsche historiographische Tradition, die auf die Klassik zurückgeht. Hieran hielt er ebenso fest wie an seiner Überzeugung vom bleibenden Wert seines Lebenswerks – in historiographischer Hinsicht ebenso wie in literarischer. Er „glaube" an seinen „Wallenstein", bemerkte Golo Mann einmal im Jahr 1977, freilich nur in einem Privatbrief: „Es ist nicht nur mein bestes, es gehört – Sie werden darüber lächeln – zum Besten, was in unserer Sprache auf historischem Gebiet in unserem Jahrhundert gemacht wurde."[194] So skeptisch er sich selbst und dem, was er schrieb, gegenüberstand – diesen Glauben hat er sich allem Anschein nach nicht mehr nehmen lassen.

IV. Historiographische Bedeutung

Die spezifische Tradition, in die sich Golo Mann mit seiner ebenso prägnanten wie letztlich immer noch gültigen Formulierung stellte, daß die – von ihm im „Wallenstein" ausdrücklich als „Halbwissenschaft" bezeichnete[195] – Historie eine Kunst sei, die auf Kenntnissen beruhe,[196] läßt sich vielleicht am besten mit einer Formulierung Wilhelm von Humboldts in einem Brief an Goethe vom 18. März 1822 erläutern, in dem es, bezugnehmend auf Humboldts berühmte Akademierede „Über die Aufgabe des Geschichtschreibers", heißt: „Ein Wort Schillers ist mir immer gegenwärtig geblieben und hat mir bei dieser Arbeit oft vorgeschwebt. Er sprach davon, daß man seine historischen Aufsätze zu dichterisch gefunden und schloß: und doch muß der Geschichtsschreiber ganz wie der Dichter verfahren. Wenn er den Stoff in sich aufgenommen hat, muß er ihn wieder ganz neu aus sich schaffen."[197] Genau hierin hat Humboldt mit Schiller das poetische Element jeder anspruchsvollen Geschichtsdarstellung gesehen.[198]

194 Lahme: Golo Mann, 356 (G. Mann an H. Völksen, 9. Mai 1977).

195 Mann: Wallenstein, 1189.

196 Ders.: Plädoyer für die historische Erzählung, 53.

197 Mandelkow, Karl Robert (Hg.): Briefe an Goethe, Bd. 2. München 1982, 313.

198 Vgl. dazu auch Humboldt, Wilhelm von: Ueber die Aufgabe des Geschichtsschreibers [1821]. In: ders.: Werke. Hg. v. Andreas Flitner und Klaus Giel, Bd. 1: Schriften zur Anthropologie und Geschichte. Darmstadt ^{3}1982 [^{1}1960], 585–606, bes. 586–588, 591f.

Diese in den Zeiten der deutschen Klassik erstmals formulierte Auffassung, daß jede wirklich große und bedeutende Geschichtsschreibung sich nicht nur durch die besondere Qualität des Inhalts, sondern eben auch die ihrer Form definiere, hat lange nachgewirkt, mehr als ein Jahrhundert. Nicht zufällig war es der bedeutendste Altertumsforscher seiner Zeit, Theodor Mommsen, der im Jahr 1874 anläßlich einer Rektoratsrede die nicht nur rein wissenschaftliche, sondern auch künstlerische Dimension des historiographischen Arbeitens mit den bekannten Worten hervorhob: „Der Schlag [...], der tausend Verbindungen schlägt, der Blick in die Individualität der Menschen und der Völker spotten in ihrer hohen Genialität allen Lehrens und Lernens. Der Geschichtsschreiber gehört vielleicht mehr zu den Künstlern als zu den Gelehrten.“[199] Und Friedrich Gundolf, für den „die Geschichtschreibung [...] ein wesentlicher Teil der Literatur überhaupt“ gewesen ist und der nachdrücklich dafür plädierte, die Historiker sollten „mehr als bisher [...] auch in der deutschen Literaturgeschichte angesehen werden auf ihre bildschaffende Kraft“,[200] hat denn auch in seinem nachgelassenen Werk über die „Anfänge deutscher Geschichtschreibung“ gerade auf diese immer noch nachwirkende antike Tradition hingewiesen,[201] die etwa, um nur noch ein weiteres Beispiel zu nennen, wohl nicht zufällig der Klassische Archäologe Ludwig Curtius noch im Jahr 1950 in die Worte fassen konnte, ohne „das dichterische Element“ sei „höhere Geschichtsschreibung überhaupt nicht möglich“.[202]

Die bedeutenden deutschen Historiker des 19. Jahrhunderts zeigten sich mit fortschreitender Zeit in dieser Frage allerdings gespalten. Der Schillerschen und Humboldtschen Tradition in besonderer Weise verpflichtet fühlte sich der junge Leopold Ranke, der 1831 in einer Vorlesungseinleitung programmatisch bemerkte: „Die Historie unterscheidet sich dadurch von anderen Wissenschaften, daß sie zugleich Kunst ist. Wissenschaft ist sie: indem sie sammelt, findet, durchdringt; Kunst, indem sie das Gefundene, Erkannte wieder gestaltet, darstellt. Andre Wissenschaften begnügen sich, das Gefundene schlechthin als solches aufzuzeichnen: bei der Historie gehört das Vermögen der Wiederhervorbringung dazu.“[203] Der Auffassung, daß im

199 Mommsen, Theodor: Rede bei Antritt des Rektorates, 15. Oktober 1874. In: ders.: Reden und Aufsätze. Berlin [2]1905, 3–16, hier 11.

200 Gundolf, Friedrich: Anfänge deutscher Geschichtschreibung. Hg. v. Elisabeth Gundolf und Edgar Wind. Amsterdam 1938, 1.

201 Vgl. ebd., 2: „Der Ruhm der großen antiken Geschichtschreiber kommt ihnen auch als Darstellern, als Schriftstellern und Redekünstlern, eben als Geschicht*schreibern* zu.“ [Hervorhebung im Original; H.-C. K.].

202 Curtius, Ludwig: Deutsche und antike Welt. Lebenserinnerungen. Stuttgart 1950, 138.

203 Ranke, Leopold von: Aus Werk und Nachlass, Bd. 4: Vorlesungseinleitungen. Hg. v.

Grunde „die Geschichtschreibung eine Kunst“ sei, hat der wohl bedeutendste deutsche Historiker der folgenden Generation, Johann Gustav Droysen, allerdings entschieden widersprochen: „Der künstlerische Gedanke ist etwas sehr anderes als der historische, der sich uns in der Forschung als der Gesichtspunkt, unter dem eine Reihe von Geschehnissen und Tatsachen zusammenzufassen und zu verstehen ist, ergeben hat.“[204] Droysen, der seine Auffassung in seiner seit Mitte der fünfziger Jahre des 19. Jahrhunderts regelmäßig gehaltenen „Historik“-Vorlesung dargelegt und begründet hat, betont vor allem die Differenz der *Mittel*, mit denen die wissenschaftliche Historie einerseits, die Kunst andererseits zu arbeiten hätten.[205] Die Geschichtswissenschaft „hat ihr einmal gegebenes [...] Material und die daraus gewonnenen Ergebnisse, an denen sie nicht mehren oder mindern, nicht ändern kann, die sie so verwerten muß, wie sie sind“. Dementsprechend sei die historische Darstellung „oft genug [...] in der Lage, bekennen zu müssen, daß ihr da und dort Lücken bleiben. Es wäre nicht wissenschaftlich, solche Lücken verbergen oder gar mit Phantasien ausfüllen zu wollen; sie würde damit den Wert und den Anspruch der empirischen Wissenschaft verlieren, sie würde zum Roman werden.“[206]

Im Vergleich mit den unterschiedlichen Standpunkten Rankes einerseits und Droysens andererseits wird die Traditionslinie genau sichtbar, in der sich Golo Mann befand und die auch sein „Wallenstein“-Buch nach Inhalt und Form geprägt hat. Das vorgeblich unwissenschaftliche, das künstlerische oder dichterische Element dieser Art von Historiographie besteht, wie zu betonen ist, keineswegs im bloßen Weglassen alles ‚Langweiligen‘ oder in einem ‚Dazudichten‘, auch nicht in einem phantasievollen Ausschmücken des Bekannten, das immer auch vom bloßen Abwandeln am Ende sogar zum Verfälschen vergangener Wirklichkeit führen kann und sich in der Tat bestenfalls für einen historischen Roman oder für eine literarische Biographie, eine „biographie romancée“ à la

Volker Dotterweich und Walther Peter Fuchs. München/Wien 1975 (Idee der Universalhistorie, Vorlesung 1831/32), 72.

204 Droysen, Johann Gustav: Historik. Vorlesungen über Enzyklopädie und Methodologie der Geschichte. Hg. v. Rudolf Hübner. München/Wien [8]1977 [[1]1937], 284.

205 Ebd., 284f.: „In der Kunst haben Mittel, mögen es Farben, Körperformen, Töne, mögen es Personen und menschliches Tun und Leiden sein, keine andere Bedeutung und Wert als den künstlerischen Gedanken, das Musische zum Ausdruck zu bringen. Zum Wesen der Kunst gehört es, daß sie in ihren Hervorbringungen die Mängel, die durch ihre Mittel bedingt sind, vergessen macht, und sie kann es in dem Maße, als die Idee, der sie in diesen Formen [...] Ausdruck geben will, diese belebt und durchleuchtet und gleichsam ihrer Mängel, ihrer Stofflichkeit enthebt, sie zu dem ätherischen Leib dieses Gedankens umwandelt. Das so Geschaffene ist eine Totalität, ein in sich Vollkommenes.“

206 Ebd., 285.

André Maurois eignet, von deren Art und Methode sich Golo Mann klar distanzierte.[207] Sein Bestreben, das er im „Wallenstein“ paradigmatisch umsetzte, war eine Art der Geschichtsschreibung, die das in genauer Quellenanalyse ermittelte Faktische in zugleich ausführlicher, kompakter, geschlossener, atmosphärisch dichter und logisch folgerichtiger, aber, wenn möglich, eben auch kunst- und anspruchsvoller sprachlicher Gestaltung verarbeitet.

Hierin wird man das zentrale Anliegen des *Historikers* Golo Mann sehen können. Und letztendlich gilt dies sogar für die beiden umstrittensten Abschnitte seiner „Wallenstein“-Biographie – die nach dem dichterischen Vorbild des inneren Monologs gestalteten poetischen Vergegenwärtigungen von Wallensteins persönlichen Reflexionen von Januar 1630 und zu Anfang 1634, also die beiden sogenannten „Nachtphantasien“.[208] Man wird diesen Texten nicht gerecht, wenn man in ihnen lediglich unzulässige und daher auch überflüssige dichterische Gestaltungen historischen Geschehens erkennen möchte; treffend merkte einer der kundigsten Rezensenten des Buches hierzu an: „die beiden ‚Nachtphantasien‘ Wallensteins [...] sind [...] glanzvolle Passagen des Werkes, nicht nur hinsichtlich der verwendeten sprachlichen Mittel, sondern vor allem auch als Dokumente gesteigerten Einfühlungsvermögens des Historikers“[209] – eines Einfühlungsvermögens freilich, dessen Ausdrucksform letztlich über dasjenige hinausgeht, was dem ausschließlich *wissenschaftlich* arbeitenden Historiker eigentlich gestattet ist. Golo Mann hat, wie schon bemerkt, ohne weiteres zugegeben, daß er mit den „Nachtphantasien“ die im eigentlichen Sinne wissenschaftliche „Methode des Buches“ überschritten hat.[210] Man kann diese ebenso merkwürdigen wie bemerkenswerten Texte aber auch als eine zwar sehr eigentümliche und außergewöhnliche, ja in ihrer Art einzigartige Ausdrucksform für das einfühlende *Verstehen* einer historischen Persönlichkeit durch den nachgeborenen Historiker auffassen, und zwar durchaus in der Tradition der älteren deutschen Geschichtsschreibung seit Ranke wie auch der neueren deutschen Hermeneutik von Dilthey über Wach bis hin zu Gadamer.[211] Treffend ist einmal bemerkt worden, Golo Manns gesamtes Werk gründe auf der These: „Der Wirklichkeit kann man

207 Vgl. Mann: Pro domo sua, 233.

208 Vgl. Anm. 116.

209 Rohde: Rezension von Golo Mann, Wallenstein, 212.

210 Vgl. Anm. 151.

211 Vgl. Dilthey, Wilhelm: Gesammelte Schriften, Bd. 7: Der Aufbau der geschichtlichen Welt in den Geisteswissenschaften. Hg. v. Bernhard Groethuysen. Stuttgart/Göttingen 1958, 205–227 u. a.; Wach, Joachim: Das Verstehen, Bd. 1–3. Tübingen 1926–1933; Gadamer, Hans-Georg: Wahrheit und Methode. Grundzüge einer philosophischen Hermeneutik. Tübingen [4]1975 [[1]1960], bes. 250–290.

sich nur nähern, bekommt sie aber nie ganz aufs Papier“[212] – und zu diesen Näherungsversuchen wird man auch jene „Nachtphantasien“ zählen dürfen.

Zweifellos aber überschreiten sie, daran ist nicht zu rütteln, die Grenze wissenschaftlicher Historie, und Mann selbst hat jene Texte als „Dichtung oder Nachdichtung“[213] bezeichnet. In genau dieser Kombination – strenge Gelehrsamkeit einerseits, poetisch freie Vergegenwärtigung abgesicherten Faktenwissens andererseits – zeigt sich tatsächlich aber das nachgerade Einzigartige seines Werks, denn welcher andere Historiker hätte es sich erlauben könnten (oder könnte dies heute), etwa – um ein beliebiges Beispiel zu nennen – eine Friedrich-, Bismarck- oder Adenauerbiographie zu verfassen und darin deren Reflexionen nach der Schlacht von Kunersdorf 1759, während der dramatischen Stunden von Nikolsburg 1866 oder auf dem Flug nach Moskau 1955 in der Form eines Inneren Monologs oder eines Wachtraums darzustellen? Golo Mann hat seine nicht genau bestimmbare Stellung zwischen Poesie, Schriftstellerei und Wissenschaft einmal mit der – wohl nicht nur scherzhaft gemeinten – Feststellung umschrieben, eigentlich sei er sein Leben lang „unter falscher Flagge gesegelt“.[214] So konnte auch nur er jene, ganz auf ihn selbst zugeschnittene, streng persönliche neue Kunstform schaffen: den „wahren Roman mit Lücken“[215] – eine Form, die insofern *im wörtlichsten Sinn einzigartig* ist, weil sie von niemand anderem als eben nur von ihm beherrscht wird – bei jedem anderen aber entweder unpassend, anstößig oder gar lächerlich wirken müßte. Nur ihm ist es gelungen, in seiner Wallensteinbiographie mit Erfolg einen mittleren Weg zwischen streng wissenschaftlicher Lebensdarstellung einerseits und bloß literarischer, auf den Publikumsgeschmack berechneter *biographie romancée* andererseits zu beschreiten.

Doch nicht nur hierin bestand die Exzeptionalität von Golo Manns wissenschaftlich-literarischem Hauptwerk, sondern noch in etwas anderem.

212 Lahme: Golo Mann, 421.

213 Mann: Pro domo sua, 234

214 Ders.: Briefe 1932–1992, 247 (G. Mann an P. Bertaux, 25. Februar 1978); vgl. hierzu auch eine aufschlußreiche Erinnerung von Fest, Joachim: Glück als Verdienst: Eine biographische Betrachtung über Golo Mann. In: ders.: Begegnungen. Über nahe und ferne Freunde. Reinbek bei Hamburg 2004, 215–248, hier 236f.: „Golo Mann hat sich einmal als einen Historiker bezeichnet, der als ‚verhinderter Erzähler‘ gesehen werden müsse, das sei so etwas wie das ‚Geheimnis‘ seines Lebens. Als ihm im kleinen Kreis entgegengehalten wurde, es handle sich dabei um ein selten offenes Geheimnis, erwiderte er, geheim daran seien einzig die Motive: Er habe sich der Geschichte unter anderem deshalb zugewandt, weil sie einem wie ihm das Empfinden verschaffe, die ‚tausend Schrecken der Welt durch Formanstrengung‘ bannen zu können.“

215 Mann: Antwort des Fragwürdigen, 62.

Denn der beim Erscheinen des „Wallenstein“ zweiundsechzig Jahre alte Autor gehörte nicht dem etablierten Wissenschaftsbetrieb der alten Bundesrepublik um 1970 an; auch als Historiker war er immer ein – allerdings stets geachteter – Außenseiter gewesen und geblieben. Die Konzeption seiner großen Darstellung hatte er in zurückgezogener vieljähriger Arbeit entwickelt, durchaus ohne ausdrückliche Bezugnahmen auf die „großen Themen“ und Frontstellungen der westdeutschen Geschichtswissenschaft der Nachkriegszeit. So kam es, daß er mit seiner (ohne die Zwänge zur akademischen Anpassung an vorherrschende Deutungsschemata konzipierten) Darstellung Wallensteins gewissermaßen zwischen den Stühlen saß: Sowenig er sich einerseits der modernen, theoriegeleiteten Sozial- und Strukturgeschichte anschließen mochte,[216] sowenig übernahm er andererseits die Interpretationen der damals vorherrschenden Frühneuzeithistorie, die stark reichsgeschichtlich geprägt war[217] und in ihrer Interpretation des Dreißigjährigen Kriegs zumindest eine Tendenz zur historiographischen Rehabilitierung insbesondere Kaiser Ferdinands II. und Kurfürst Maximilians von Bayern aufwies;[218] diese schon länger bekannten Deutungen der ‚bayerischen Geschichtsschreibung‘ hatte bereits der junge Mann zurückgewiesen; hieran hielt er auch später noch fest.

Schließlich – und auch das macht einen gewichtigen Aspekt der Bedeutung von Manns „Wallenstein“ aus – ist der Autor nicht, wie in seinem weniger bekannten Frühwerk, der während des Zweiten Weltkriegs entstandenen Biographie über Friedrich Gentz, der Versuchung erlegen, vorschnelle und bestreitbare Aktualisierungen vorzunehmen. Die Eroberung Kontinentaleuropas durch Napoleon bot seinerzeit mannigfache Parallelen zur Epoche des Zweiten Weltkriegs, die sich der frühe Golo Mann denn auch nicht hatte entgehen lassen.[219] Später wurde er darin vorsichtiger: Obwohl ihm als Zeitgenossen und sozusagen gebranntem Kind der ersten Hälfte des 20. Jahrhunderts die mannigfachen Ähnlichkeiten und Parallelen des zweiten zum ersten Dreißigjährigen Krieg der Jahre 1618 bis 1648 nur allzu deutlich vor Augen stehen mußten, ist er in seinem Wallensteinwerk jener Gefahr vorschneller Parallelisierungen und bedenklicher Aktualisierungen zielsicher aus dem Weg

---

216 Die Kontroverse mit Wehler belegt dies anschaulich.

217 Zum Zusammenhang vgl. jetzt die sehr informative und aufschlußreiche Studie von Jaana Eichhorn: Geschichtswissenschaft zwischen Tradition und Innovation. Diskurse, Institutionen und Machtstrukturen der bundesdeutschen Frühneuzeitforschung. Göttingen 2006, 311–392.

218 In diese Richtung geht auch die Kritik von Volker Press in seinem Rezensionsaufsatz. Vgl. ders.: Böhmischer Aristokrat und kaiserlicher General, 635.

219 Mann, Golo: Friedrich von Gentz. Geschichte eines europäischen Staatsmannes [zuerst 1942]. Frankfurt a. M./Berlin/Wien 1972.

gegangen. Golo Mann kam es vielmehr darauf an, ein der eigenen Gegenwart tatsächlich weit entferntes, in vieler Hinsicht den Zeitgenossen fast unverständliches, ihn selbst aber ungemein faszinierendes Zeitalter wie das der Glaubenskämpfe und der Kriege des frühen 17. Jahrhunderts in seiner Vielfalt, seinen Eigenheiten, ebenfalls in seinen zutiefst befremdlichen und abstoßenden Zügen den Lesern seines Buchs erneut anschaulich vor Augen zu führen. Auch hierin liegt die Bedeutung und Aktualität der Wallensteinbiographie Manns, auf die seitdem keine auch nur annähernd ähnlich bedeutende und umfassende Darstellung dieser historischen Persönlichkeit mehr gefolgt ist.

Wenn jene Epoche aber trotzdem eines verband mit dem napoleonischen Zeitalter oder auch dem 20. Jahrhundert, wenn also das Erstlingswerk über Gentz mit dem Haupt- und Spätwerk über Wallenstein *eines* gemeinsam hatte, dann – so Golo Mann – dieses: Es ist und bleibt „eine Geschichte vom Elend der Politik; vom Scheitern des politischen Menschen“.[220]

---

220 Ebd., 6.

Abbildungsverzeichnis

Beitrag Strohmeyer

Abb. 1: Porträt Albrecht von Wallensteins in der „Historia della Vita d'Alberto Valstain" (1643), o. S. *Bildnachweis: Privatarchiv.*

Abb. 2: Porträt Albrecht von Wallensteins in den „Annales Ferdinandei – Conterfet Kupfferstich", Suppl. 2 (1722), o. S. *Bildnachweis: Privatarchiv.*

Abb. 3: Porträt Albrecht von Wallensteins in den „Vite, et azzioni di personaggi militari, e politici" (1673), o. S.; ebenso in: Gualdo Priorato, Galeazzo: Historia di Ferdinando Terzo Imperatore [...]. Wien 1672, 468f. *Bildnachweis: Privatarchiv.*

Beitrag Ottomeyer

Abb. 1: Bildnis Graf Albrecht Wenzel Eusebius von Wallensteins, Kupferstich von Pieter de Jode dem Jüngeren nach Anthonis van Dyck, 1645/46, 31,3 x 24,8 cm (Blatt); 23,9 x 17,0 cm (Platte). *Bildnachweis: Westfälisches Landesmuseum Münster, Inv.-Nr. C-502580 PAD.*

Abb. 2: Wallenstein, Hüftbild nach rechts in Rüstung, Frontispiz zu *Curieuses Bücher=Cabinet. Dritter Eingang* [...]. Eröffnet durch Antonio Paullini, Köln/Frankfurt a. M. 1711, Kupferstich, 14,8 x 8,7 cm (Plattenrand), Herzog August Bibliothek Wolfenbüttel, Sign. Portr. I 14186 (A 23261). *Bildnachweis: Herzog August Bibliothek Wolfenbüttel, Portr. I 14186 (A 23261).*

Abb. 3: Wallenstein, Halbfigur nach rechts, aus: Heinrich Anshelm von Ziegler und Kliphausen: „Historisches Labyrinth der Zeit", 1. Teil. Leipzig 1701, nach S. 632, Kupferstich, 14,4 x 10,6 cm (Plattenrand), Herzog August Bibliothek Wolfenbüttel, Sign. Portr. I 14185 (A 23258). *Bildnachweis: Herzog August Bibliothek Wolfenbüttel, Portr. I 14185 (A 23258).*

Abb. 4: Degen mit dem Wappen Albrecht von Wallensteins, Antonio Piccinino/ Daniel Sadeler, Mailand/München 1622/25, Stahl, Eisen, Eisenschnitt, Gold, vergoldet, Gesamtlänge 85 cm. *Bildnachweis: Deutsches Historisches Museum Berlin, Inv.-Nr. W 610.*

Abb. 5: „Das Nürnberger Friedensmahl vom 25. September 1649“, kolorierter Kupferstich von Wolfgang Kilian nach einem Gemälde Joachim von Sandrats von 1606, 56 x 68,3 cm. *Bildnachweis: Deutsches Historisches Museum Berlin, Inv.-Nr. Gr 61/951.*

Abb. 6: Der Herzog von Friedland (Wallenstein) wird zu Eger hingerichtet, anonym, Deutschland 1726, Kupferstich nach Matthäus Merian von 1644, 34,6 x 41,5 cm. *Bildnachweis: Deutsches Historisches Museum Berlin, Inv.-Nr. 1988/1514.*

Abb. 7: General Octavio Graf Piccolomini Piere de Arragona (1599–1656), Herzog von Amalfi als Hauptbevollmächtigter während des Nürnberger Friedenskongresses 1650/51, Anselmus von Hulle, Nürnberg (?) 1650/51, Öl auf Leinwand, 2,45 x 1,80 m. *Bildnachweis: Deutsches Historisches Museum Berlin, Inv.-Nr. Gm 95/65.*

Abb. 8: Allegorie auf die Regierung von Kaiser Matthias (1557–1619), anonym, Prag 1614/15, Öl auf Holz, 67,2 x 42,3 cm. *Bildnachweis: Deutsches Historisches Museum Berlin, Inv.-Nr. Gm 93/1.*

Abb. 9: Wallenstein zu Pferd, vermutlich Christian Kaulfersch, 1631, Prag, Waldsteinpalais. *Bildnachweis: Privatarchiv.*

Abb. 10: Graf Albrecht von Wallenstein, Anthonis van Dyck, zwischen 1636 und 1641, Grisaillegemälde auf Holz, 23,9 x 20,1 cm (allseitig angestückt). *Bildnachweis: Bayerische Staatsgemäldesammlungen München, © ARTOTHEK.*

Abb. 11: „Wallensteins Ermordung“, Horace Vernet/Gottfried Engelmann, 1803/39, Kreidelithographie, 28,4 x 41,8 cm. *Bildnachweis: Deutsches Historisches Museum Berlin, Inv.-Nr. Gr S 56/10119.*

Abb. 12: „Seni vor der Leiche Wallensteins“, Karl Theodor von Piloty, 1855, Öl auf Leinwand, 3,65 x 4,11 m. *Bildnachweis: Neue Pinakothek München, Fotograf: © Blauel/Gnamm – ARTOTHEK.*

Abb. 13: Bildnis Adolf Hitlers, Heinrich Knirr, 1937. *Bildnachweis: Imperial War Museum London, © VG BILD-KUNST.*

Abb. 14: Filmausschnitt aus „Wallenstein“, Teil 1. *Bildnachweis: Wallenstein nach Golo Mann. Sonderausgabe der Reihen „Das Fernsehspiel im ZDF und ORF – Spezialinformation – Das Fernsehspiel im Einser“. Hg. v. ZDF und ORF. Mainz/Wien September 1978, 9.*

Beitrag Bahlcke

Abb. 1: Porträt des jungen Josef Pekař, der 1896 im Alter von 26 Jahren an der Tschechischen Karlsuniversität in Prag habilitiert wurde. *Bildnachweis: Projektbereich Schlesische Geschichte, Universität Stuttgart.*

Abb. 2: Plakat zu den Wallensteinfestspielen im westböhmischen Eger im Jahr 1911. *Bildnachweis: Projektbereich Schlesische Geschichte, Universität Stuttgart.*

Abb. 3: Titelblatt von Pekařs Wallensteinmonographie, die 2008 in Prag zum dritten Mal nach 1895 und 1933/34 in tschechischer Sprache im Druck erschien. *Bildnachweis: Projektbereich Schlesische Geschichte, Universität Stuttgart.*

Autorenverzeichnis

Professor Dr. Joachim Bahlcke, Universität Stuttgart, Historisches Institut, Lehrstuhl für Geschichte der Frühen Neuzeit, Keplerstraße 17, D-70174 Stuttgart

Professor Dr. Arnd Beise, Universität Freiburg (Schweiz), Professur für germanistische Literaturwissenschaft, Av. Europe 20, CH-1700 Freiburg

Professor Dr. Thomas Brechenmacher, Universität Potsdam, Historisches Institut, Neuere Geschichte II, Am Neuen Palais 10, D-14469 Potsdam

Privatdozent Dr. Roland Gehrke, Universität Stuttgart, Historisches Institut, Keplerstraße 17, D-70174 Stuttgart

Professor Dr. Christoph Kampmann, Philipps-Universität Marburg, Seminar für Neuere Geschichte, Wilhelm-Röpke-Straße 6C, D-35032 Marburg/Lahn

Dr. Norbert Kersken, Deutsches Historisches Institut Warschau, Pałac Karnickich, Aleje Ujazdowskie 39, PL-00-540 Warszawa

Professor Dr. Hans-Christof Kraus, Universität Passau, Lehrstuhl für Neuere und Neueste Geschichte, Innstraße 25, D-94032 Passau

Dr. Holger Mannigel, Blumenthalstraße 33, D-49076 Osnabrück

Professor em. Dr. Norbert Oellers, Universität Bonn, Institut für Germanistik, Am Hof 1d, D-53113 Bonn

Professor Dr. Hans Ottomeyer, Deutsches Historisches Museum, Unter den Linden 2, D-10117 Berlin

Dr. Hilmar Sack, Deutscher Bundestag, Abt. Presse und Kommunikation, Ref. 3, Platz der Republik 1, D-11011 Berlin

Professor em. Dr. Winfried Schulze, Virchowstr. 26, D-44801 Bochum

Professor Dr. Arno Strohmeyer, Universität Salzburg, Fachbereich Geschichte, Rudolfskai 42, A-5020 Salzburg

Professor Dr. Johannes Süßmann, Universität Paderborn, Historisches Institut, Warburger Straße 100, D-33098 Paderborn

Professor Dr. Ludger Udolph, Technische Universität Dresden, Fakultät Sprach-, Literatur- und Kulturwissenschaften, Helmholtzstraße 10, D-01069 Dresden

Professor Dr. Gerrit Walther, Universität Wuppertal, Historisches Institut, Gaußstr. 20, D-42097 Wuppertal

Personenregister

Der Name Albrecht von Wallenstein (z Valdštejna) wurde nicht in das Personenregister aufgenommen.

Ortsregister

böhlau

STUTTGARTER HISTORISCHE FORSCHUNGEN

HERAUSGEGEBEN VOM HISTORISCHEN INSTITUT DER UNIVERSITÄT STUTTGART

Eine Auswahl.

Band 3: Larry Eugene Jones, Wolfram Pyta (Hg.)
»ICH BIN DER LETZTE PREUSSE«
DER POLITISCHE LEBENSWEG DES KONSERVATIVEN POLITIKERS KUNO GRAF WESTARP
2006. X, 222 S. 8 s/w-Abb. auf 8 Taf. Gb.
ISBN 978-3-412-26805-3

Band 4: Jesko von Hoegen
DER HELD VON TANNENBERG
GENESE UND FUNKTION DES HINDENBURG-MYTHOS
2007. XII, 475 S. 24 s/w-Abb. auf 24 Taf. Gb.
ISBN 978-3-412-17006-6

Band 5: Johannes H. Voigt
DIE INDIENPOLITIK DER DDR
VON DEN ANFÄNGEN BIS ZUR ANERKENNUNG (1952–1972)
2008. XVIII, 717 S. Gb.
ISBN 978-3-412-18106-2

Band 6: Benita Berning
»NACH ALLTEM LÖBLICHEN GEBRAUCH«
DIE BÖHMISCHEN KÖNIGS-KRÖNUNGEN DER FRÜHEN NEUZEIT (1526–1743)
2008. VIII, 264 S. 3 farb. und 11 s/w-Abb. auf 12 Taf. Gb. ISBN 978-3-412-20082-4

Band 7: Matthias Langensteiner
FÜR LAND UND LUTHERTUM
DIE POLITIK HERZOG CHRISTOPHS VON WÜRTTEMBERG (1550–1568)
2008. XII, 479 S. ISBN 978-3-412-20096-1

Band 8: Ulrich Ufer
WELTHANDELSZENTRUM AMSTERDAM
GLOBALE DYNAMIK UND MODERNES LEBEN IM 17. JAHRHUNDERT
2008. X, 371 S. Mit 7 Grafiken u. 24 s/w-Abb. auf 16 Taf. Gb. ISBN 978-3-412-20118-0

Band 9: Wolfram Pyta
DAS EUROPÄISCHE MÄCHTEKONZERT
FRIEDENS- UND SICHERHEITS-POLITIK VOM WIENER KONGRESS 1815 BIS ZUM KRIMKRIEG 1853
2009. VI, 350 S. Gb.
ISBN 978-3-412-20225-5

Band 10: Peter Poguntke
GLEICHGESCHALTET
ROTKREUZGEMEINSCHAFTEN IM NS-STAAT
2010. X, 348 S. Gb.
ISBN 978-3-412-20463-9

Band 11: Andrea Denke
KONRAD GRÜNEMBERGS PILGERREISE INS HEILIGE LAND 1486
UNTERSUCHUNG, EDITION UND KOMMENTAR
2011. XII, 587 S. Gb.
ISBN 978-3-412-20608-6

Band 12: Joachim Bahlcke, Christoph Kampmann (Hg.)
WALLENSTEINBILDER IM WIDERSTREIT
EINE HISTORISCHE SYMBOLFIGUR IN GESCHICHTSSCHREIBUNG UND LITERATUR VOM 17. BIS ZUM 20. JAHRHUNDERT
2011. 406 S. 20 s/w-Abb. Gb.
ISBN 978-3-412-20609-3

TW800

BÖHLAU VERLAG, URSULAPLATZ 1, 50668 KÖLN. T: +49(0)221 913 90-0
INFO@BOEHLAU-VERLAG.COM, WWW.BOEHLAU-VERLAG.COM | KÖLN WEIMAR WIEN